PAPSTGESCHICHTE

BAND II

PAPSTGESCHICHTE

VON

Dr. GASTON CASTELLA

PROFESSOR AN DER UNIVERSITÄT FREIBURG I. Ue.

BAND II

VON DER WIEDERERNEUERUNG
DER KATHOLISCHEN KIRCHE
BIS LEO XIII.

KOMET

IMPRIMATUR
Curiae, die 4. Augustis 1944
Ben. Venzin, Vic. Gen.

Curiae, die 12. Novembris 1965
Ordinariatus Episcopalis Curiensis

Illustrierte Papstgeschichte in drei Bänden.
Aktualisierte und erweiterte Ausgabe

Gesamtherstellung: KOMET MA-Service und Verlagsgesellschaft mbH, Frechen

ISBN 3-933366-08-9

INHALTSVERZEICHNIS

Kapitel I.

DIE WIEDERERNEUERUNG DER KATHOLISCHEN KIRCHE

Seite

Kapitel II.

DAS PAPSTTUM UND DIE WELTLICHEN MÄCHTE VON PAUL III. BIS ZU PIUS V. (1534-1566)

Kapitel III.

DIE GROSSEN REFORMPÄPSTE NACH DEM KONZIL VON TRIENT

Kapitel IV.

DAS PAPSTTUM IM ZEITALTER DES DREISSIGJÄHRIGEN KRIEGES

Kapitel V.

ROM UND VERSAILLES

Kapitel VI.

RELIGIÖSE AUSEINANDERSETZUNGEN IM 17. JAHRHUNDERT

Kapitel VII.

DAS PAPSTTUM UND DER BEGINN DER AUFKLÄRUNGSBEWEGUNG

Kapitel VIII.

MARTYRIUM DES PAPSTTUMS (1758-1799)

Kapitel IX.

DER KAMPF GEGEN IRRLEHREN UND UNGLAUBEN

Kapitel X.

PAPSTTUM UND FRANZÖSISCHES KAISERTUM

Kapitel XI.

KATHOLISCHE KIRCHE UND RESTAURATION

Kapitel XII.

GREGOR XVI. UND DER KAMPF GEGEN DEN LIBERALISMUS

Kapitel XIII.

PIUS IX.

VERZEICHNIS DER FARBTAFELN ZU BAND II

Kapitel I.

DIE WIEDERERNEUERUNG DER KATHOLISCHEN KIRCHE

AUF DEM WEGE ZUR REFORM

Einmal mehr bewies die katholische Kirche ihre unerschöpfliche Lebenskraft, als sie unter Führung ihrer rechtmässigen Hierarchie die notwendige Reform unternahm und sich innerlich erneuerte. Das wichtigste kirchliche Unternehmen in dieser Zeit war das *allgemeine Konzil von Trient* (1545-1563). Sein Werk war schon vorbereitet und wurde weitergeführt durch die Gründung neuer Ordensgenossenschaften, vornehmlich der Gesellschaft Jesu, durch die Reformation des Klerus nach den Anregungen des hl. Karl Borromäus, die feste Politik des heiligen Papstes Pius' V., den neuen Aufschwung, den die hl. Theresia der katholischen Frömmigkeit gab, und die grossartige Entwicklung des Missionswerks.

Die katholische Erneuerungsbewegung schöpfte ihre Kraft aus der alten, aber immer lebendigen Quelle, dem Glauben an den mystischen Leib Christi. Der Sinn für die kirchliche Gemeinschaft war besonders in Spanien lebendig geblieben, und Spanien übernahm nun die Führung der abendländischen Kultur. Zur Zeit der Kreuzzüge hatten die Spanier wie die Portugiesen die Hilfe des Abendlandes unter Führung der Päpste erhalten, um das Joch des Islam abzuschütteln. Zu Ende des Mittelalters war endlich das Ziel erreicht und damit auch die Zeit gekommen, da die Spanier dem Abendland ihre Dankesschuld abtragen konnten. Sie taten es, indem sie der christlichen Kultur eine neue Welt erschlossen. Die beiden Nationen der Pyrenäenhalbinsel, die die politische Macht, im besondern die Seemacht, der Araber brachen, behaupteten ihre nationale Existenz, indem sie gleichzeitig unerschütterlich am katholischen Glauben festhielten ; Katholizismus und nationales Sein waren für sie aufs engste verbunden.

Spanien, das über die Reichtümer Amerikas verfügte, blieb es vorbehalten, der Kirche ihre alte Kraft zur Auseinandersetzung mit dem Protestantismus wiederzugeben und die innerkirchliche Erneuerung herbeizuführen durch den alten Glauben, den die Spanier in jahrhundertelangen, blutigen Kämpfen verteidigt hatten. Der spanische Geist wurde im Katholizismus führend ; Leben und Werk der grossen spanischen Heiligen Ignatius von Loyola und Theresia von Avila widerlegten zutiefst die religiösen Neuerer. Im Unterschied zu einem Erasmus, bei dem bittere Kritik der Misstände tatkräftiges Mitwirken an den innerkirchlichen Reformbemühungen überwog, strebten die spanischen Theologen und Mystiker danach, den Menschen innerlich umzuwandeln, ihn über das rein Menschliche zu erheben durch die Anleitung zum unablässigen Kampf mit der eigenen Natur. Sie selbst führten einen Kampf um die Seelen in dem angeborenen kriegerischen Geist, den sie schon bei der *Reconquista* ihres Vaterlandes bewiesen, mit der zähen Energie der *Conquistadores*, die Spanien und Europa die Neue Welt erschlossen hatten. Es war zum grossen Teil das Verdienst der spanischen Theologen, dass das Konzil von Trient zustandekam, das endlich die seit mehr als zweihundert Jahren von der Christenheit verlangte Reform der Kirche « an Haupt und Gliedern » verwirklichte.

Diese Reform war nicht leicht durchzuführen und erforderte Zeit. Die Übelstände waren eingewurzelt, und nur allzuoft standen die weltlichen Interessen des Papsttums der erforderlichen Erneuerung entgegen. Schwierigkeiten kamen auch daher, dass der Kaiser als Vogt der Kirche anerkannt sein wollte, und die Spanier die Herrschaft in Italien beanspruchten. Zudem hatten mehrere Päpste weniger Ansehen und sittliche Würde als guten Willen. Aber die innerkirchliche Reform kam doch zustande dank jenen kirchlichen Reformatoren, die treu dem überlieferten Grundsatz vorgingen, dass es gilt, die Menschen durch die Religion, nicht aber die Religion durch die Menschen umzumwandeln.

DAS PONTIFIKAT PAULS III. (1534-1549)

Nicht nur die Lage der Kirche, sondern auch die allgemeine europäische Lage war, wie wir sahen, sehr verworren, als Klemens VII. starb. Am 11. Oktober 1534 versammelte sich das Konklave, das ihm einen Nachfolger geben sollte. Fünfunddreissig Kardinäle waren zugegen, von denen nur noch ein einziger, Alessandro Farnese, von Alexander VI. und ein anderer, Matthäus Lang, von Julius II. ernannt war, alle andern hatten den Purpur von den zwei Mediceerpäpsten, Leo X. und Klemens VII., erhalten. Die Kardinäle bildeten verschiedene Parteien, eine spanische, italienische, französische und kaiserliche, und nur eine kleine Gruppe galt als neutral. Wie aber ein « kaiserlicher » Kardinal selbst gestand, kam unter den gegebenen Umständen nur eine neutrale Persönlichkeit für die Wahl in Frage. Dieser Auffassung entsprach das Ergebnis des Konklaves : am Morgen des 13. Oktober ward Alessandro Farnese erwählt. Er nannte sich *Paul III.*

Der neue Papst entstammte einem alten, angesehenen Geschlecht des Kirchenstaates, das nach den einen lombardischen, nach den andern französischen Ursprungs ist. Die Farnese, die treu auf Seiten der Päpste standen, verfügten über ziemlich grosse Besitzungen in der vulkanischen, weinberühmten Gegend von Viterbo und Orvieto, südwestlich des Bolsener Sees. Alessandro Farnese war von dem verstorbenen Papste mehrmals als derjenige bezeichnet worden, der am würdigsten sei, ihm nachzufolgen ; er hatte auch schon in den zwei Konklaven, aus denen Leo X. und Hadrian VI. hervorgingen, viele Stimmen erhalten. Bei seiner Wahl im Jahre 1534 war er siebenundsechzig Jahre alt und von schwacher Gesundheit. Seine Vergangenheit war nicht einwandfrei ; er hatte mehrere illegitime Kinder aus der Zeit vor seiner Priesterweihe, die ihm 1519 erteilt wurde. Danach änderte er seine Lebensführung, von der fortan nichts Ungünstiges mehr berichtet wird. Er legte eine aufrichtige Frömmigkeit an den Tag, und seine würdevolle Haltung bewirkte, dass man in Rom und in der ganzen Christenheit seine Wahl zum Papst mit grossen Hoffnungen begrüsste. Klugheit und Selbstbeherrschung, aufmerksame Zurückhaltung, bedächtiges, berechnendes Zögern bei im Grunde grosser Willensstärke und Energie waren hervorragende Eigenschaften Pauls III., der sein heftiges Temperament erstaunlich in der Gewalt hatte. Mit lebhaftem Interesse, das sich in einem höchst bezeichnenden Minenspiel äusserte, hörte er denen zu, die ihm ihre Meinung unterbreiteten, und als vorzüglich geschulter Diplomat verstand er es, ihre geheimsten Pläne und Absichten auszuforschen. In seiner Politik folgte er zwar noch mehrfach den unheilvollen Traditionen der Renaissance, aber er erhob sich weit über diese in den rein kirchlichen Angelegenheiten und befreite die Kirche wieder aus der schlimmen Lage, in der sie Klemens VII. zurückgelassen. Zwar war Paul III. kein Mann der katholischen Reformation im vollen Wortsinn — an seinem Hofe herrschte weiter der weltliche Sinn der Renaissancezeit —, aber er begünstigte doch das innerkirchliche Erneuerungsbestreben und bereitete in mancher Hinsicht die katholische Restauration vor. Sein Pontifikat kann als glückliche Überleitung zu einer neuen, entscheidenden Periode in der Geschichte des Papsttums gelten. Tizian, der grosse venezianische Meister, ebenbürtig einem Leonardo da Vinci, Michelangelo und Raffael, schuf drei vorzügliche Bildnisse Pauls III., die die Feuerseele in dem schmächtigen Körper erstaunlich gut zum Ausdruck bringen.

DIE KONZILSFRAGE[1]

Schon als Kardinal hatte Paul III. sich stets konzilsfreundlich gezeigt, und von Beginn seines Pontifikats an war er entschlossen, ohne weiteren Aufschub eine Entscheidung zu treffen. Die kirchliche Einheit war gebrochen ; es galt, sie wiederherzustellen, eine schwierige Aufgabe, aber auch die Zeitgenossen hatten die Hoffnung auf eine Versöhnung nicht aufgegeben. Paul III. berief hervorragende, wie er selbst von der Notwendigkeit raschen und energischen Vorgehens überzeugte Prälaten in das Kardinalkollegium. Aus dieser Führerschicht, zu der unter andern Gian Pietro Carafa, der entschlossen gegen die kirchlichen Misstände auftretende Venezianer Gasparo Contarini, Rodolfo Pio von Carpi, Reginald Pole, der Bischof von Modena Giovanni Morone, der Bischof von Paris Jean du Bellay, Jacopo Sadoleto und Hieronymus Aleander gehörten, wählte der Papst die Mitglieder einer Reformkommission, die eine freimütige Denkschrift über die Schäden in der Kirche und die Mittel zu ihrer Besserung ausarbeitete (1537).

Schon 1535 hatte Paul III. den Nuntius Vergerio nach Deutschland gesandt, damit er mit dem Kaiser und den lutherischen Fürsten die Berufung eines allgemeinen Konzils bespreche, zu dem auch die Protestanten eingeladen werden sollten. Vergerio, der in Wittenberg mit Luther zusammengetroffen war, schien in der Ausführung seines Auftrags Erfolg zu haben, und der Papst berief 1536 durch eine Bulle das Konzil auf das Pfingstfest des nächsten Jahres nach Mantua. Im Februar 1537 versammelten sich die protestantischen Führer in Schmalkalden, um über die Angelegenheit zu beraten. Auf Luthers dringende Vorstellungen hin beschlossen sie, sich nicht nach Mantua zu begeben und nur ein Konzil auf deutschem Boden anzunehmen. Die « Schmalkaldener Artikel » stellten gewissermassen ein zweites lutherisches Bekenntnis dar, aber der Kaiser gab doch noch nicht alle Hoffnung auf. Da der französische König nicht mit dem vorgeschlagenen Versammlungsort einverstanden war, und der Herzog von Mantua seinerseits unannehmbare Bedingungen stellte, wählte der Papst 1538 Vicenza als Ort

[1] Wir stellen hier den Gesamtzusammenhang von der Eröffnung bis zum Schluss des Konzils von Trient dar und werden im nächsten Kapitel auf die päpstliche Politik zurückkommen.

des Konzils. Indessen musste er wegen des Wiederausbruchs der Feindseligkeiten zwischen Franz I. und Karl V. die Versammlung noch einmal aufschieben ; der Friede zwischen den beiden Herrschern schien eine unerlässliche Vorbedingung für den Erfolg des Konzils.

Unentmutigt nahm Paul III. auf Bitten des Kaisers die Verhandlungen mit den Protestanten wieder auf. Karl V. legte grossen Wert auf eine Verständigung mit ihnen, um die Kräfte des deutschen Reichs einheitlich zusammenzufassen ; er beurteilte die Angelegenheit zuweilen zu ausschliesslich unter politischem Gesichtspunkt. Der Papst beauftragte zunächst den Nuntius Morone die Verhandlungen zu führen, die in Hagenau, danach in Worms (1540) und schliesslich in Regensburg (1541) stattfanden. Zu dem Regensburger Reichstag entsandte der Papst den Legaten Contarini, der bereit war, so weit als möglich Zugeständnisse zu machen. Contarini hoffte, einen Weg zur Verständigung durch die voneinander abweichenden protestantischen Bekenntnisse finden zu können. Er gab in vielen Punkten nach und erreichte schliesslich, dass verschiedene, allerdings in sehr allgemeinen Ausdrücken gehaltene Artikel betreffend den freien Willen, die Erbsünde und die Rechtfertigung wenigstens für eine Zeitlang von den Protestanten angenommen wurden. Auf unüberwindlichen, von Calvin ausgehenden Widerstand stiess jedoch der Verständigungsversuch bei der Aussprache über die Lehre von der Transsubstantiation und den päpstlichen Primat. Paul III. fand nachgerade, dass die Zugeständnisse des Legaten zu weit gingen. Karl V. hingegen, dem es vor allem darauf ankam, von den Ständen schleunige Hilfe gegen die Türken zu erhalten, willigte in den Reichstagsabschied, das *Interim von Regensburg* (1451) ein, demzufolge die verglichenen Artikel bis zu einem Nationalkonzil oder allgemeinen Konzil, oder einem neuen Reichstag in Geltung bleiben sollten. Er ging sogar noch weiter, sicherte den protestantischen Ständen den Besitz der eingezogenen Kirchengüter zu und gestattete ihnen eine « christliche Reformation » der landsässigen Kirchen und Klöster. Luther verwarf jedoch das Interim, zum Glück für die Katholiken, die so von einem unbefriedigenden Vergleich entbunden wurden.

Nun kam der Papst wieder auf den Plan eines allgemeinen Konzils zurück, und in einer Bulle vom 22. Mai 1542 berief er das Konzil auf den 1. November desselben Jahres nach Trient. Diese alte Reichsstadt an der Etsch, im italienischen Tirol, stand unter der Regierung eines Fürstbischofs und gehörte zu den Ländern König Ferdinands, des Bruders des Kaisers. Sie war Italienern, Deutschen und Franzosen gleicherweise gut zugänglich. Aber der Krieg zwischen Franz I. und Karl V. und der vom Papst mit Grund beklagte Mangel an gutem Willen bei beiden Herrschern verschoben nochmals die

Eröffnung des Konzils. Endlich kam im September 1544 der Kaiser, der nach dem Friedenschluss mit Frankreich in Crespy freiere Hand gewonnen hatte, zugleich aber auch über die Fortschritte des Schmalkaldischen Bundes beunruhigt war, auf seinen früheren Gedanken zurück und gab den Wünschen des Papstes nach. Auch Franz I. erklärte — zwar ungern — seinen Anschluss. So ward das *Trienter Konzil* neuerdings, durch die Bulle *Laetare Jerusalem* vom 19. November 1544 berufen ; seine Eröffnung wurde auf den 15. März 1545 angesetzt.

DIE ERSTE PERIODE DES TRIENTER KONZILS (1545-1547)

Nochmals gab es Aufschub. Im zähen Wunsch, die Protestanten zur Teilnahme am Konzil oder doch wenigstens zur Anerkennung seiner Autorität zu bewegen, liess ihnen der Kaiser durch seinen Bruder Ferdinand eine Einladung zugehen. Sie wurde jedoch von den protestantischen Ständen scharf zurückgewiesen. Luther begründete selbst diese Ablehnung in einer Schmähschrift « Wider das Papsttum in Rom, vom Teufel gestiftet », deren Ton so unerhört grob war, dass manche Zeitgenossen glaubten, ihr Verfasser sei verrückt geworden. Es war dies die letzte Schrift Luthers, der im folgenden Jahre starb. Melanchton versuchte seinerseits nachzuweisen, dass der Papst kein Recht zur Berufung von Konzilien habe, dass das Trienter Konzil nicht als allgemeines angesehen werden könne, weil die Laien davon ausgeschlossen seien, und dass überhaupt nichts Gutes von den dort versammelten Bischöfen zu erwarten sei, weil sie die Lehre Christi ebenso wenig verstünden, wie die Esel, die ihnen zu Reittieren dienten. Trotz allem setzte der Kaiser seine Ausgleichsverhandlungen in Worms und Regensburg fort, was der Autorität der Trienter Versammlung unzuträglich und zudem erfolglos war. Danach aber zog sich nun wieder der französische König zurück, indem er sich über das schwankende Zögern des Kaisers beklagte.

Nach neuerlichen Verhandlungen ward das Konzil endlich am 13. Dezember 1545 in Gegenwart von vier Kardinälen, vier Erzbischöfen, zweiundzwanzig Bischöfen, fünf Ordensgenerälen, drei Äbten und fünfunddreissig Theologen eröffnet. Paul III. hatte angeordnet, dass die Arbeiten, ungeachtet der Zahl der Anwesenden, gleich beginnen sollten. Er kam nicht persönlich nach Trient, um den Vorsitz des Konzils zu führen, und auch seine beiden Nachfolger taten dies später nicht. Aber er ernannte zu päpstlichen Legaten, die an seiner Stelle handeln sollten, die Kardinäle Gian Maria del Monte,

Der hl. Ignatius von Loyola (1491—1556), Begründer des Jesuitenordens. Holzplastik von J. M. Montañez, 16. Jh., Sevilla, Universitätskirche.

Der Tagungsort des Konzils zu Trient (1545—1563, zweimal unterbrochen, einmal nach Bologna verlegt). Nach einem italienischen Stich.

Eine der letzten Sitzungen des Tridentinischen Konzils im Jahre 1563. Zeitgenössischer Stich.

Paul III. (1534—1549)

Julius III. 1550—1555)

Marcellus II. (1555)

Paul IV. (1555—1559)

Pius IV. (1559—1565)

Münzporträts der Päpste. Aus der vatikanischen Medaillensammlung.

Julius III. (1550—1555). Bronzestatue auf seinem Grabmal in Perugia, von V. Danti, 1555.

den späteren Julius III., Marcello Cervini, den späteren Marcellus II., und den seiner unabhängigen Haltung wegen aus seiner englischen Heimat vertriebenen Reginald Pole. Unter den Theologen fanden sich Männer von hohem Ruf und Namen aus allen Orden. Die Gesellschaft Jesu war durch Salmeron, einen der ersten Gefährten des hl. Ignatius, Claude Le Jay, den Prokurator des Erzbischofs von Augsburg und Lainez, den späteren General der Jesuiten, vertreten ; von den Dominikanern hatten sich Domenico Soto, der Generalvikar des Ordens, Melchior Cano, Theologieprofessor zu Alcalà und Salamanca, und der ebenso fromme wie gelehrte Ambrogio Catarino eingefunden ; unter den Franziskanern ragten Luis de Carvajal, der Theologieprofessor von Salamanca André Vega, der Generalprokurator der Kapuziner, Bernardino von Asti, und der Bischof von Bitonto, Cornelio Musso, hervor.

Die erste Sorge der versammelten Väter galt der Festlegung der Geschäftsordnung. Der Kaiser, der immer noch die Protestanten zu gewinnen hoffte, wünschte, dass zuerst die ihnen zusagenden Reformfragen behandelt und die dogmatischen Erörterungen, die sie abschrecken konnten, zurückgestellt würden. Der Papst hingegen wollte zuerst die Glaubensfragen erörtert wissen, ehe man auf die Reform einginge. Schliesslich einigten sich die Väter auf einen Mittelweg ; es wurde beschlossen, Dogma und Disziplin gleichzeitig und nebeneinander zu behandeln, sodass in jeder Sitzung ein Glaubensdekret und ein Reformdekret aufgestellt werden könne. Die einzelnen Fragen sollten zuerst in *besondern*, aus Theologen und Kanonisten zusammengesezten *Kongregationen* (Kommissionen) erörtert, dann in den *Generalkongregationen* von den Bischöfen geprüft werden. Den Bischöfen war auch die Abfassung der Dekrete übertragen, über die nicht mehr wie beim Konstanzer Konzil nach Nationen, sondern nach Köpfen abgestimmt werden sollte. Schliesslich ward bestimmt, dass die Dekrete in feierlichen Sitzungen gebilligt und verkündet würden. Für dogmatische Definitionen wurde Einstimmigkeit festgesetzt. Nur die päpstlichen Legaten sollten Propositionsrecht haben und die Sitzungen präsidieren. Die Ordensgeneräle und Äbte, nicht aber ihre Prokuratoren, sollten mit beratender Stimme beigezogen werden. Nachdem so die Geschäftsordnung in den ersten drei Sitzungen festgesetzt war, ging die Synode in der vierten, am 8. April 1546 eröffneten Sitzung an die grossen dogmatischen Erörterungen.

Entgegen dem Wunsch des Kaisers unternahm man zuerst die Behandlung und Feststellung der von den Protestanten bestrittenen Dogmen. Die apostolische Tradition wurde neben der Heiligen Schrift als gleichberechtigte Glaubensquelle anerkannt, der Kanon der inspirierten Schriften festgestellt, unter den Bibelübersetzungen die Vulgata für den theologischkirchlichen Gebrauch als authentisch, das heisst beweiskräftig erklärt, endlich als Norm für die Schrifterklärung die einhellige Übereinstimmung der Väter und das Urteil der Kirche bestimmt. In der fünften, sechsten und siebten Sitzung ward nach bewegten Auseinandersetzungen, die den Kaiser neuerdings verstimmten, die kirchliche Lehre von der Erbsünde, der Rechtfertigung, den Sakramenten im allgemeinen und der Taufe und Firmung im besondern auseinandergelegt. Gleichzeitig wurden eine Anzahl Reformdekrete verkündet betreffend die Errichtung von Lehrstühlen zur Erklärung der Heiligen Schrift, die Ausübung des Predigtamtes, die Residenzpflicht der Inhaber von Benefizien, die Pfründenhäufung, die notwendigen Eigenschaften der Bischöfe, die Visitationspflicht und noch weitere Disziplinarpunkte.

VERLEGUNG DES KONZILS NACH BOLOGNA (1547)

Während sich diese Verhandlungen bis zum 3. März 1547 hinzogen, waren in den Beziehungen zwischen Papst und Kaiser neue Schwierigkeiten aufgetreten. Paul III. beunruhigte sich mit Recht über die Ansprüche Karls V., der anscheinend allein den deutschen Klerus leiten wollte. Der Papst trug sich schon länger mit dem Gedanken, das Konzil in eine italienische Stadt zu verlegen, als eine plötzlich im Frühjahr 1547 in Trient ausbrechende Fleckfieberepidemie den päpstlichen Legaten hierzu den gewünschten Anlass gab. Das Konzil nahm die Einladung nach Bologna mit grosser Mehrheit an. Karl V. aber befahl den spanischen und kaiserlichen Prälaten, in Trient zu bleiben, weil die Verlegung des Konzils die von ihm noch immer gehegte Hoffnung, die Protestanten zur Teilnahme am Konzil zu bewegen, zunichte machte. Er setzte auch alles ins Werk, um die Verkündung neuer Dekrete in Bologna zu verhindern, nachdem dort die achte Sitzung eröffnet worden war. Sein Sieg bei Mühlberg über die protestantischen Fürsten (24. April) festigte seine Stellung, und um ihn zu beschwichtigen, bot nun der Papst die nochmalige Verlegung des Konzils nach Ferrara an, dessen Herzog Reichsvassal für die Stadt Modena war. Aber der Kaiser beharrte auf der Rückverlegung nach Trient, wurde drohend und gewährte am 15. Mai 1548 den Protestanten das *Augsburger Interim*, in welchem er aus eigener Machtvollkommenheit auch dogmatische Streitfragen entschied und den Protestanten das Zugeständnis der Priesterehe und des Laienkelchs machte. Das eigenmächtige Vorgehen des Kaisers konnte die Wirren nur verschlimmern. Der Papst erachtete nun wie die Konzilsväter, dass man die Lösung der religiösen Angelegenheiten nicht länger politischen Rücksichten unterordnen solle, und befahl am 17. September 1549 dem Legaten del Monte die Auflösung der Synode von Bologna.

DIE WIEDERBERUFUNG DES KONZILS NACH TRIENT (1551) UND SEINE SUSPENSION VON 1552-1562

Paul III. starb zwei Monate nach der Auflösung der Synode von Bologna, am 10. November 1549. Das Konklave gab ihm zweiundsiebzig Tage später einen Nachfolger in dem Kardinal del Monte, der sich *Julius III.* nannte (8. Februar 1550). Der neue Papst, der bisher keine ausgesprochene Parteistellung zwischen dem Kaiser und Frankreich eingenommen hatte, leitete alsbald Verhandlungen mit Karl V. und Heinrich II., dem Nachfolger des 1547 gestorbenen Franz I., bezüglich der Rückverlegung des Konzils nach Trient ein. Karl V. unternahm auf dem Augsburger Reichstag (Februar 1551) einen neuen Versuch, die Protestanten für die Anerkennung des Konzils zu gewinnen. Sie verlangten aber, dass ihre Theologen mit beratender Stimme zugelassen würden, und bald war offenbar, dass kein Konzil sie je wieder in die kirchliche Einheit zurückführen könnte. Karl V. drang indessen weiter darauf, dass das Konzil in Trient stattfinde, wohin es Julius III. denn auch auf den 1. Mai 1551 berief.

Die Konzilsteilnehmer waren bereits versammelt, als sich der französische König Heinrich II., der im Begriffe stand, Papst und Kaiser wegen des Herzogtums Parma entgegenzutreten, der Wahl Trients widersetzte. Er liess durch einen eigenen Gesandten, Jacques Amyot, den berühmten Plutarch-Übersetzer und späteren Bischof von Auxerre, Protest gegen die Kirchenversammlung in Trient erheben, verbot danach den französischen Bischöfen, sich dorthin zu begeben und rief die bereits dort weilenden zurück. Der Papst fühlte sich durch diese Massnahmen des französischen Königs sehr betroffen ; er fürchtete, dass Heinrich II. ein Schisma hervorrufen wolle. Aber dieser gab beruhigende Zusicherungen und suchte sein Verhalten dadurch zu erklären, dass Frankreich « rein von Häresie » sei und keines Konzils bedürfe. In Wahrheit plante er, sich mit den protestantischen Fürsten Deutschlands gegen den Kaiser zu verbünden — er, der in seinem eigenen Königreiche die Gesinnungsgenossen der deutschen Protestanten verfolgte, — und er war sicher, den protestantischen Fürsten durch die Behinderung des Konzils einen Gefallen zu erweisen. Tatsächlich kam das von ihm erstrebte Bündnis 1552 im Vertrag von Chambord-Friedewalde zustande. In diesem Vertrag wurde « für gut erachtet, dass die königliche Majestät zu Frankreich aufs allerfürderlichste die Städte, so zum Reich von alters gehören und nicht deutscher Sprache sein, als nämlich Cammerich (Cambrai), Toll (Toul) in Lothringen, Metz, Verdun und was derselben mehr wären, ohne Verzug einnehme. »

Trotz der französischen Ablehnung wurde das Konzil weiter fortgesetzt. In der dreizehnten Sitzung (11. Oktober 1551) wurde ein Reformdekret über die Gerichtsbarkeit der Bischöfe und des Papstes und ein dogmatisches Dekret über die Eucharistie verkündigt. Die Frage der Kommunion unter beiden Gestalten behielt man weiteren Erörterungen vor, da sich einige protestantische Fürsten besonnen hatten, und nun auch ihre Theologen über diesen Punkt angehört werden sollten. Inzwischen wurden in der vierzehnten Sitzung Dekrete über die Sakramente der Busse und der letzten Ölung verkündet, sowie ein Dekret über die Erteilung der Weihen und die Verleihung der Benefizien (25. November 1551).

Auf unermüdliches Betreiben des Kaisers erschienen, vom Konzil mit einem Geleitbrief versehen, von Oktober 1551 bis März 1552 die Gesandten der deutschen Protestanten, nämlich des Kurfürsten von Brandenburg, des Herzogs vom Württemberg, sechs oberdeutscher Reichsstädte und des Kurfürsten Moritz von Sachsen. Aber der Kaiser musste bald einsehen, dass er sich zu grosse Hoffnungen gemacht hatte. Trotz allem Entgegenkommen waren die Verhandlungen mit den protestantischen Gesandten völlig ergebnislos, da diese teilweise unerfüllbare Bedingungen stellten, wie die Neuberatung sämtlicher bisher publizierter Dekrete, die Befreiung der anwesenden Bischöfe vom Treueid gegen den Papst und die Superiorität des Konzils über den Papst. Die Verhandlungen waren noch im Gange, als es zur Fürstenverschwörung gegen Karl V. kam und Moritz von Sachsen den Kaiser verriet. Auf die Kunde vom Zug der Verbündeten nach Süddeutschland wurde das Konzil in der sechzehnten Sitzung (28. April 1552) auf zwei Jahre suspendiert.

Tatsächlich verlief bis zu seiner Wiederaufnahme fast ein volles Jahrzehnt. Einer der Gründe für diese lange Verzögerung lag in der zusammenhangslosen Politik Julius' III. Er starb am 23. März 1555 ; sein Nachfolger *Marcellus II.* (Marcello Cervini) aber regierte nur zweiundzwanzig Tage. Nach ihm bestieg den päpstlichen Stuhl Gian Pietro Carafa als *Paul IV.* (1555-1559), der die Unvorsichtigkeit beging, sich mit den Spaniern zu entzweien. Es kam zum Kriege, und nachdem der Friede wiederhergestellt war, beschäftigte sich der Papst vornehmlich persönlich mit der Reform der Kurie. Die Wiedereröffnung der Versammlung wurde auch durch das politische

Vordringen der Protestanten verzögert und durch die Zugeständnisse, die in der Folge der Kaiser und der französische König für sie wünschten. Die Fürsten sprachen nur noch von Nationalkonzilien und Verhandlungen in kleineren Kreisen — in Frankreich bereitete man das Religionsgespräch von Poissy vor — oder wollten das allgemeine Konzil in protestantischem Sinne aufgefasst wissen. Die katholische Kirchenreform konnte erst unter *Pius IV.* (1559-1565) zu Ende geführt werden, der dabei wirksam unterstützt wurde von seinem Neffen und einflussreichsten Ratgeber, dem jungen Kardinal Karl Borromäus, und von dem Legaten Morone.

WIEDERAUFNAHME UND ABSCHLUSS DES KONZILS

Am 29. November 1560 erliess Pius IV. die Berufungsbulle zum Konzil. Nach Verhandlungen mit Kaiser Ferdinand I., dem Nachfolger des 1558 gestorbenen Karl V., dem spanischen König Philipp II. und der französischen Regentin Katharina Medici wurde das Konzil am 18. Januar 1562 in Trient in der siebzehnten Sitzung wiedereröffnet. In Frankreich begannen bald darauf die Religionskriege, die zwanzig Jahre lang dauern sollten. Während man früher in Frankreich der Trienter Versammlung feindlich gegenüber gestanden war, hoffte man jetzt, bei dem Konzil Unterstützung für die Beilegung der religiösen Krise zu finden, die sich schwer im Lande auswirkte und die königliche Autorität beeinträchtigte. Man wünschte wie in Deutschland, Spanien und den Niederlanden, eine Regelung des Verhältnisses zwischen Klerus und Heiligem Stuhl. In allen Ländern interessierte man sich jetzt für das Konzil, aber wenn dies einerseits ein günstiger Umstand war, so ergab sich anderseits aus diesem gemeinsamen Interesse auch die Gefahr von Streitigkeiten unter den Mächten.

Nachdem es zwischen Frankreich und Spanien zu einer Einigung über die Frage gekommen war, ob das Konzil als Fortsetzung des früheren gelten könne, konnte man die Arbeiten weiterführen. In zwei wichtigen Sitzungen, der einundzwanzigsten und zweiundzwanzigsten, wurden Dekrete über die Lehre von der Kommunion unter beiden Gestalten und von dem heiligen Messopfer erlassen, sowie mehrere Reformdekrete, die unter anderm die Organisation der Pfarreien und die Vollmachten der Ordinarien im Benefizialrecht sowie für die Ausführung von Testamenten betrafen. Für die dreiundzwanzigste, auf den 12. November 1562 festgesetzte Sitzung war die Erörterung des Sakraments des Ordo vorgesehen, aber die Erörterung der

Einsetzung der Bischöfe und der Überordnung der allgemeinen Konzilien über den Papst führte zu derart heftigen Auseinandersetzungen, dass man erst im Juli 1563 an die Fragen bezüglich des Sakramentes des Ordo und mehrere Reformbelange herantreten konnte. Es wurde auch ein Dekret über die Errichtung von Diözesanseminarien zur Erziehung und Bildung der künftigen Kleriker von Jugend auf erlassen. In der vierundzwanzigsten Sitzung fand die Verkündigung von Dekreten über das Sakrament der Ehe statt. Einen Monat später, anfangs Dezember, wurden dogmatische Dekrete über das Fegfeuer, die Heiligen- und Reliquienverehrung und die Ablässe verkündet, sowie ein spezielles Reformdekret über die Männer- und Frauenorden. Das geschah in der fünfundzwanzigsten und letzten Sitzung. Am 4. Dezember 1563 konnte der Legat Morone in Gegenwart von zweihundertfünfundfünfzig Vätern den Schluss des Konzils erklären.

Pius IV. bestätigte in der Bulle *Benedictus Deus* vom 26. Januar 1564 die Dekrete des Konzils und veröffentlichte noch im selben Jahre ein Glaubensbekenntnis — *Professio fidei Tridentina* —, das die Bischöfe und Universitätslehrer vor ihrem Amtsantritt zu beschwören hatten. So endete das Konzil, das mit zwei Unterbrechungen achtzehn Jahre lang gedauert hatte und, nach den Worten Rankes, « von so vielen Stürmen der Welt erschüttert, bei der dritten Versammlung aufs neue voll von Gefahr, in allgemeiner Eintracht der katholischen Welt beendigt war. » [1]

Wir wiesen in dieser kurzen Darstellung der Konzilsarbeiten mehrfach darauf hin, dass die Tridentiner Dekrete zwei verschiedene Gruppen bildeten. Die einen, oft auch *Kanones* genannten Dekrete betrafen die kirchliche Lehre *(decreta de fide)*, die andern, die Reformdekrete *(decreta de reformatione)* die kirchliche Disziplin. Die Entscheidungen entsprachen so dem doppelten Ziel, das sich das Konzil gesetzt hatte : Überwindung der Irrlehren und Wiederherstellung der kirchlichen Disziplin. Die Entscheidungen galten für die ganze Christenheit, da das allgemeine Konzil allgemeine Befugnis besass, aber sie waren in verschiedener Weise verpflichtend. Die Dekrete, die sich auf die kirchliche Lehre, also einen unveränderlichen Teil der Religion bezogen, verpflichteten im Glauben, und Zuwiderhandeln zog immer den Kirchenbann nach sich : wer sie nicht annahm, war nicht länger katholisch, wurde Häretiker. Die Widersetzung gegen die Dekrete, welche die kirchliche Disziplin betrafen, die sich nach Zeit und Ort ändern kann, wurde nur selten mit dem Kirchenbann bestraft. Wer sie nicht annahm, konnte als verwegen oder aufrühre-

[1] Leopold von Ranke : *Die römischen Päpste in den letzten vier Jahrhunderten.* Leipzig 1878 [7]. S. 183.

risch, vielleicht sogar als Schismatiker gelten, aber noch nicht ohne weiteres als Häretiker. Diese Unterscheidungen sind auch historisch wichtig für die Beurteilung der Haltung gewisser katholischer Staaten, besonders Frankreichs, gegenüber dem Konzil und der Annahme der Reformdekrete in den einzelnen Ländern. [1]

Bei den protestantischen Staaten und Fürsten bestand natürlich keine Aussicht auf Erfolg. Sie hätten die Dekrete nicht annehmen können, ohne wieder katholisch zu werden. Die Haltung der einzelnen katholischen Staaten und Fürsten aber war verschieden. Soweit die Dekrete das Dogma betrafen, sind ihrer Annahme seitens der weltlichen Fürsten keine Schwierigkeiten bereitet worden. Dagegen war es nicht leicht, die Annahme der Reformdekrete durchzusetzen. In Deutschland erfolgte sie im allgemeinen durch den Kaiser und die katholischen Fürsten auf dem Augsburger Reichstag von 1566 ; die Bischöfe zeigten allerdings zunächst wenig Eifer bei der tatsächlichen Durchführung. Venedig, die wichtigsten italienischen Staaten, Polen und Portugal nahmen die Konzilsbeschlüsse unbedingt an. Auch Philipp II. nahm sie für Spanien und die Nebenländer an, aber mit der durch sein staatskirchliches Regiment bedingten Einschränkung: « unbeschadet der königlichen Rechte ». In Frankreich fanden zunächst nur die dogmatischen Dekrete unbedingte Annahme ; die Disziplinardekrete verwarf der Hof, aber die Bischöfe suchten sie nach und nach doch durchzuführen. Der Gallikanismus hatte sein letztes Wort noch nicht gesprochen ; wir werden im folgenden noch sehen, wie der Heilige Stuhl energisch seine Rechte verteidigen musste, sie aber auch gegenüber einer mehr und mehr absolutistischen Monarchie unversehrt zu wahren verstand. Im ganzen konnte, je mehr sich die kirchliche Lehre verfestigte, der französische Klerus seine Unterordnung unter Rom behaupten.

Das allgemeine Konzil von Trient dauerte länger und hatte mit grösseren äusseren und inneren Schwierigkeiten zu kämpfen als irgend ein vorhergehendes Konzil. Aber keines hat eine so umfassende, tiefgreifende und nachhaltige Wirksamkeit für den kirchlichen Glauben und die kirchliche Disziplin entfaltet wie dieses; sie reicht bis auf unsere Tage herauf. Indem das Tridentinum die katholische Lehre gerade bezüglich der von den Reformatoren am stärksten bestrittenen und bedrohten Glaubenswahrheiten definierte und dem katholischen Glaubensbewusstsein klar und bestimmt Ausdruck gab, festigte es die innere Geschlossenheit der katholischen Welt und führte diese zu einer erstaunlichen Entfaltung neuer, reger Kraft. In den meisten europäischen Ländern trat nun an Stelle des bisherigen Zurückweichens, der bisherigen

[1] Vgl. Emile Chénon in : *Lavisse et Rambaud: Histoire générale* T. 5. S. 14 f.

Schwäche, Zerfahrenheit und Mutlosigkeit ein sicheres Selbstbewusstsein, und es konnte nun eine eigentlich katholische Reform durchgeführt werden, der der oft gebrauchte Ausdruck « Gegenreformation » nicht gerecht wird. Denn es handelte sich um eine innerkirchliche Erneuerung von Grund auf. Sie trat unter anderm in der Gründung neuer Institutionen zu Tage, die bestimmt waren, die wiedereingeführte Disziplin aufrecht zu erhalten, und in der Gründung neuer Orden, aber auch in der Verjüngung und Neubelebung der alten Ordensgemeinschaften und in einem grossen Aufschwung des Missionswerks.

Das kirchliche Leben hatte im Mittelalter ohne bemerkenswerte Abweichung die Linie seiner logischen Entwicklung eingehalten. Diese wurde aber auch jetzt durch die religiöse Revolution des sechzehnten Jahrhunderts nicht unterbrochen oder gar zunichte gemacht. Das kirchliche Leben verlief weiter wie ein grosser Strom, der Zuflüsse erhält, aber nichts von dem verliert, was er aus der entferntesten Quelle mitträgt. Das Konzil von Trient reiht sich natürlicher- und rechtlicherweise an die vorhergehenden Konzilien. Die Theologen, die in Trient hervortraten, waren vor der Zeit der protestantischen Reformation geboren und hatten vorher schon ihre Ausbildung empfangen. Sie waren alle noch erfüllt von mittelalterlichem Geist, ohne doch ihrer eigenen Zeit fremd gegenüberzustehen. Sie dachten nicht daran, an der alten Religion etwas zu ändern ; es wurde keine neue, tridentinische Religion geschaffen. Das Konzil von Trient legte nur längst bestehende Dogmen näher fest, und vor allem führte es eine Reform der kirchlichen Disziplin durch. Oder genauer noch : es dehnte eine an mehreren Orten bereits begonnene, an einigen sogar schon durchgeführte Reform allgemein aus. Es liegt kein Umbruch zwischen der Konzilszeit und dem Mittelalter. Die historische Kontinuität des Katholizismus blieb erhalten trotz des Abfalls, der bei dem grossen Sturm zu Beginn des sechzehnten Jahrhunderts erfolgte, aber eigentlich auch nur äussere Bezirke traf und den wesentlichen Mittelpunkt der Christenheit nicht berührte.

SPANIEN UND DIE KATHOLISCHE WIEDERGEBURT

Es dürfte nicht immer genügend beachtet worden sein, dass der überlieferte Glaube, während er in Europa teilweise verdrängt wurde, dafür in neuen Ländern zu weitester Ausbreitung gelangte und so noch « katholischer », das heisst allgemeiner wurde. Diese Ausbreitung hatte bereits vor der religiösen Revolution in Europa begonnen und setzte eine Lebenskraft voraus, die von vornherein den angeblich tiefen Verfall des mittelalterlichen Katholizismus fraglich erscheinen lässt. Der Wirkungsraum der Kirche dehnte sich aus und damit erstanden ihr neue Aktionszentren. Diese Tatsache legt es dem Historiker nahe, gewisse geläufige Ansichten über das Europa des sechzehnten Jahrhunderts und die geschichtliche Entwicklung richtig zu stellen.

Deutschland hatte im Verlaufe der geschichtlichen Entwicklung eine sehr verschiedene Bedeutung für das christliche Europa ; es war auch nicht immer eines der führenden europäischen Völker. Unter Karl V., der König von Spanien war, bevor er noch Kaiser wurde, drohte es fast, spanisches Nebenland zu werden. Die führende europäische Nation war schon zu dieser Zeit nicht mehr das zerrissene und machtlose Deutschland, das ein Jahrhundert später, im Dreissigjährigen Kriege, der Folge der religiösen Revolution, die in Deutschland ausgebrochen war, fast unterging. Die führende europäische Nation war damals Spanien, zu dem sich Portugal gesellte. Auf der Pyrenäenhalbinsel ging auf allen Gebieten die Entwicklung bruchlos, in harmonischer Stetigkeit aus dem Mittelalter in die Neuzeit. Der mittelalterliche Geist, wie er in den Kreuzzügen, der theologischen Wissenschaft, dem Leben der Ordensgemeinschaften, in Forschungsarbeiten, grossen Abenteuern, in hochfliegenden Träumen und heroischen Unternehmungen, auch im Missionswerk der Kirche zum Ausdruck gekommen war, lebte in Spanien weiter fort. Nur aus einem schiefen Gesichtswinkel gesehen, erscheint Kursachsen, in dem die religiöse Revolution ausbrach, als Mittelpunkt des kirchlichen Geschehens, während es in Wirklichkeit an der Peripherie lag, und scheint der Protestantismus vor der Neuzeit aufgekommen zu sein, während er in Wirklichkeit erst im Verlaufe der Neuzeit auftrat. Karl V. besass fast keine tatsächliche Macht mehr in Deutschland ; den tragenden Grund seiner Herrschaft bildeten vielmehr seine Erblande, nämlich — zur Zeit Luthers — Spanien und seine Nebenländer, die reichen Niederlande, die Freigrafschaft, das Königreich Neapel, das Mailändische, Österreich und schliesslich die erst erschlossene Neue Welt. Dieser Kaiser dachte spanisch, er sprach auch spanisch auf dem Wormser Reichstag, als er nach Anhörung Luthers sich weigerte, den überlieferten Glauben, die überlieferte Theologie und die Ehre Spaniens, seiner Heimat, vor dem rebellierenden sächsischen Mönch zu beugen. Trotz der Schwächen des in die Schwierigkeiten seiner deutschen Politik verwickelten Kaisers war es das Spanien Karls V., das die Gesellschaft Jesu stellte, die gelehrten Theologen des Konzils von Trient und die Führer jener katholischen Reform, die nun endlich, nach der zwar nie unterbrochenen, aber durch den Glaubenseifer der pyrenäischen Halbinsel neubelebten mittelalterlichen Tradition zustande kam.[1]

---

[1] Wir verweisen für diese Zusammenhänge besonders auf die Ausführungen Gustav Schnürers, von dessen in dieser Papstgeschichte oft angeführtem grossem Werk über Kirche und Kultur vom Mittelalter bis zum Ausgang des 18. Jahrhunderts wir die ersten drei Bände in

FORTGANG DER ERNEUERUNGSBEWEGUNG WERKE UND WIRKENDE

In seinem Überblick über die katholische Restauration nach dem Konzil von Trient schreibt Ranke: « Zuweilen geschieht es in dem Wechsel der Zeitalter, dass eine oder die andere Macht die Weltbewegung anregt, ein Prinzip derselben vorzugsweise in sich darstellt. An der Gesamthandlung des Jahrhunderts nimmt sie dann einen so tätigen Anteil, sie setzt sich in so eine lebendige Beziehung zu allen Kräften der Welt, dass ihre Geschichte sich in gewissem Sinne zur Universalgeschichte erweitert. In einen solchen Moment trat das Papsttum nach dem tridentinischen Concilium ein. In seinem Innern erschüttert, in dem Grunde seines Daseins gefährdet, hatte es sich zu behaupten und wieder zu verjüngen gewusst » ... « Rom ward noch einmal eine erobernde Macht: es machte Entwürfe, es fing Unternehmungen an, wie sie von diesen sieben Hügeln in der alten Zeit, in den mittleren Jahrhunderten ausgegangen waren. » [1]

Rein äusserlich gesehen, stellte sich zwar die Lage der Kirche unmittelbar nach dem Konzil von Trient sehr kritisch dar. Der Protestantismus hatte unter verschiedenen Formen — worin allerdings seine Schwäche lag — einen grossen Teil Europas gewonnen, und es bedurfte, wie wir noch sehen werden, harter Kämpfe für den Katholizismus, um verlorengeglaubte Gebiete wiederzugewinnen. Aber — auch dies bemerkt Ranke mit der ihm eigenen Objektivität — « es war den Päpsten gelungen, in dem Concilium, das sie glücklich beendigt, ihre Autorität, deren Verminderung beabsichtigt war, sogar zu vermehren und sich einen verstärkten Einfluss auf die Landeskirchen zu verschaffen » ... « Dergestalt stark in sich selbst, gewaltig durch mächtige Anhänger und eine mit ihnen verbündete Idee, gingen die Päpste von der Verteidigung, mit der sie sich bisher begnügen mussten, zum Angriff über »... [2]

Ermutigend waren dabei für das Papsttum die inneren Verhältnisse des Protestantismus, der trotz seiner äusseren Erfolge durch die Bildung gegen-

---

französischer Übersetzung herausgaben unter dem Titel: *L'Eglise et la civilisation au moyen âge* (Paris, Payot 1933-38). Der französische Historiker L. CRISTIANI hat die hier herangezogenen Ausführungen Schnürers in einem bemerkenswerten Artikel in der Zeitschrift *Ami du clergé* (Langres. Nr. vom 12. Februar 1931) zusammengefasst und darin auch auf den Aufsatz von W. OEHL (Professor an der Universität Freiburg/Schweiz) verwiesen, der in der *Schöneren Zukunft* vom 21. Dezember 1930 und 1. Januar 1931 erschien unter dem Titel: Begründet der Zustand der spätmittelalterlichen Kirche die sogenannte Reformation? Zum 3. Band von Schnürers « Kirche und Kultur im Mittelalter ».

[1] L. VON RANKE: *Die römischen Päpste in den letzten vier Jahrhunderten.* S. 278.

[2] Ebenda S. 288 f.

sätzlicher und oft sich übel befehdender Sekten innerlich zersetzt wurde. Es ging nicht lange, bis sich die Autorität der Fürsten wieder der katholischen Kirche günstig erwies. Süddeutschland und Österreich wurden bald wieder dem römischen Glauben zurückgewonnen, dessen Lebenskraft gleichzeitig in Frankreich, selbst in England, in den Niederlanden und in der Schweiz zu Tage trat. Es blieb Pius V., Gregor XIII., Sixtus V. und Urban VIII. vorbehalten, die katholische Gegenoffensive zu führen, die man unzutreffenderweise und allzu summarisch als *Gegenreformation* bezeichnet, und durch die ein grosser Teil der verlorengegangenen Gebiete wieder zurückgewonnen und nach den vom Tridentinum aufgestellten Regeln reorganisiert wurde.

Noch ehe indessen die Kirche die günstigen politischen Umstände ausnützen, solche von sich aus schaffen oder ihre Bildung fördern konnte, schuf sie mit Hilfe der weltlichen Mächte, die sie doch in den Schranken ihrer Befugnisse hielt, zwei grosse Institutionen zum Schutze des Glaubens : die *Inquisition* und den *Index*. Wir sahen schon im ersten Bande dieser Geschichte, wie die Kirche im Mittelalter dazu kam, die Aufsuchung *(inquisitio)* und Bestrafung der Häretiker zu organisieren. Im Jahre 1184 hatte Lucius III. die bischöfliche Inquisition geschaffen ; Innozenz III. betraute 1198 die Cisterzienser mit der Inquisition, Gregor IX. ernannte 1233 meist Dominikaner zu päpstlichen Inquisitoren, und in den folgenden Jahrhunderten legten weitere Päpste, besonders Sixtus IV. und Innozenz VIII., das Inquisitionsverfahren und die Aufgabe der Inquisitoren noch näher fest. Durch die Bulle *Licet ab initio* vom 21. Juli 1542 fasste Paul III. die verschiedenen einzelnen Inquisitionsgerichte zusammen und schuf ein oberstes Inquisitionsgericht für die ganze Kirche : die *Kardinalskongregation der Inquisition*.

Diese römische Zentralbehörde von sechs Kardinälen sollte künftig über die Reinhaltung des Glaubens in der ganzen Kirche wachen. Sie hatte gegen Abgefallene und Verdächtige ohne Unterschied von Person und Rang einzuschreiten und konnte Bischöfe und Kardinäle ebenso gut wie einfache Gläubige belangen. Unter dem Pontifikat Pauls IV. wurden sogar die Kardinäle Morone und Pole, trotz der glänzenden Dienste, die sie geleistet, vor dieses Gericht gezogen. Pius V. erhöhte die Zahl der mit der Inquisition betrauten Kardinäle auf acht und erteilte ihnen weitgehende Vollmachten. Von Sixtus V. ward durch die Bulle *Immensa aeterni* vom 22. Januar 1588 die ganze römische Kurie reorganisiert. Die Zahl der Kardinäle wurde auf siebzig erhöht ; fünfzehn Kardinalskongregationen wurden teils neuerrichtet, teils bestätigt und unter sie fast sämtliche kirchliche Regierungsgeschäfte aufgeteilt. Unter den Kongregationen, denen die geistlichen Angelegenheiten zur Erledigung anvertraut waren, nahm das *heilige Offizium* die erste Stelle ein. Es richtete über Glaubensvergehen, von der Häresie bis zum Missbrauch der Sakramente, und seine Gerichtsbarkeit erstreckte sich auf alle katholischen Länder.

Das Verfahren des römischen Inquisitionsgerichts unterschied sich in mehrfacher Hinsicht von den gewöhnlichen Untersuchungen. Die Tatsachen, auf die sich die Anklage berief, mussten dem Angeklagten mitgeteilt werden, jedoch unter Verschweigung des Namens der Aussagenden. Wurde die Anklage nicht abgewiesen, so wurde vom Angeklagten statt des gewöhnlichen Eides die Abschwörung der Häresie verlangt. Die gerichtliche Untersuchung wegen Häresie konnte die schwersten Strafen im Gefolge haben. Die Angeklagten konnten aller Würden verlustig erklärt und der weltlichen Macht ausgeliefert werden ; schliesslich war bei inquisitionsgerichtlichen Verfahren die bei den gewöhnlichen kirchlichen Gerichten verbotene Folter nicht unzulässig. [1]

Die drakonische Strenge, mit der vornehmlich Paul IV. die Inquisition handhabte, stand im Widerspruch zu der überlieferten ursprünglichen Toleranz der Kirche. Man übernahm von der weltlichen Gerichtsbarkeit Praktiken, die an die Barbarei ferner Zeiten erinnern. Ganz im Gegensatz dazu hatte einst im neunten Jahrhundert der heilige Papst Nikolaus I. geschrieben : « Das Geständnis eines Menschen, der eines Verbrechens angeklagt ist, muss freiwillig erfolgen. Es ist eine Ungerechtigkeit, einen solchen Menschen der Folter zu unterziehen, die nur ein erzwungenes Geständnis ergibt, und oft sogar einen unglücklichen Unschuldigen dazu bringt, sich schuldig zu erklären. Es gibt weder ein göttliches noch ein menschliches Gesetz, das ein solches Vorgehen rechtfertigen könnte. » Die um die Mitte des sechzehnten Jahrhunderts angewandte Strenge, ja Grausamkeit, lässt sich zu einem Teil aus den Zeitumständen erklären. In dem damaligen grossen Kampfe, der übrigens noch lange fortgesetzt werden sollte, verfolgten sich religiöse und politische Gegner mit äusserstem Hass. Nach den sittlichen Auffassungen und dem Recht jener Zeit war es durchaus in der Ordnung, dass die weltliche Macht von der Kirche in Anspruch genommen wurde, was unseren heutigen Auffassungen so sehr widerspricht, und der Begriff der Toleranz, den wir heute so hoch werten, war damals Katholiken und Protestanten gleich fremd, die beide die Wahrheit zu besitzen glaubten. Auf die Verschärfung der römischen war die spanische Inquisition nicht ohne Einfluss. Durch die spanische Inquisition, die, wie erinnerlich, Ferdinand und Isabella 1481 zur Einigung des Landes eingeführt hatten, dessen Wiedergewinnung, *reconquistà*, damals noch nicht vollendet war, sollten die Mauren und Juden entweder der Kirche zugeführt oder aus-

---

[1] Mourret : *Histoire de l'Eglise.* T. 5. S. 512.

gewiesen werden. Die spanische Inquisition bezweckte vor der Reformation vornehmlich die Aufsuchung und Bestrafung nur scheinbar Bekehrter, und zwar sowohl der Judenchristen *(Marranos)* als auch der unterworfenen Mauren *(Moriscos)* im Süden. Sie wurde in den letzten Regierungsjahren Karls V. neuorganisiert und von dessen Sohn Philipp II. stark eingesetzt. Durch ihre masslose Strenge und Grausamkeit erlangte sie eine traurige Berühmtheit. « Wahrhaftig, wir haben Henkerherzen ! », schrieb 1522 der grossmütige spanische Humanist Luis Vives, der als Christ gegen die fürchterlichen Strafen protestierte, die den Hexen auferlegt wurden. Er hatte nur zu sehr Recht. Die Berichte über die Hinrichtungen und die immer wieder im Verlauf der Religionskriege bei beiden Parteien zu Tage tretende Unmenschlichkeit lässt einen schaudern. Um vergleichsweise die Anwendung solcher Mittel zu verstehen, muss man bedenken, dass in jener Zeit der religiöse Glaube dieselbe Stellung einnahm, wie sie in der europäischen Gesellschaft von gestern noch die Idee von grundlegenden Institutionen wie Familie und Vaterland innehatten. Wenn im sechzehnten Jahrhundert Kirche und Staat, sowohl auf katholischer wie auf protestantischer Seite, Dissidenten und Nonkonformisten verfolgten, so geschah es, weil sie den Triumph eines Glaubens wollten, der dem Kollektivbewusstsein der Nation voll entsprach und die wichtigste Grundlage der Kultur bildete.

Die Inquisition ging streng nicht nur gegen alle Personen vor, die der Häresie verdächtig waren, sondern auch gegen alle häretischen Schriften. Schon seit den ersten Zeiten hatte die Kirche häretische Bücher verurteilt. Das Aufkommen des Buchdrucks machte ihre Aufgabe in dieser Hinsicht viel schwieriger. Leo X. dehnte die Geltung der von Alexander VI. 1501 für einige deutsche Kirchenprovinzen erlassenen Zensurvorschrift auf die ganze Kirche aus. Paul III. führte 1543 eine scharfe Bücherzensur ein und liess nach dem Beispiel der Universitäten Paris und Löwen Verzeichnisse der verbotenen Bücher *(Indices librorum prohibitorum)* anfertigen ; Paul IV. veröffentlichte 1559 ein Verzeichnis häretischer Schriftsteller und Bücher ; es war der erste im Auftrag eines Papstes veröffentlichte römische *Index.* Die ihm beigegebenen allgemeinen Bestimmungen waren so streng, dass der erste deutsche Jesuit, der heilige Petrus Canisius, den Index wegen seiner Härte als Stein des Anstosses erklärte und dass ihm seine Beobachtung, besonders in Deutschland, unmöglich erschien. Dieser Index wurde denn auch einige Jahre später durch neue Verfügungen ausser Kraft gesetzt. Am 26. Februar 1562 wurde auf dem Konzil von Trient eine eigene Kommission eingesetzt mit dem Auftrag, ein Verzeichnis der verbotenen Bücher aufzustellen und die Aufstellung allgemeiner Regeln für den Index vorzubereiten ; die Arbeit der Kommission ward dem

Papste zur Schlussredaktion übergeben, und 1564 veröffentlichte Pius IV. diesen Index. Seine Ergänzung wurde der sieben Jahre später von Pius V. errichteten *Indexkongregation* anvertraut, die erst 1917 durch Vereinigung mit dem Hl. Offizium aufgehoben wurde. Von den mehr als vierzig folgenden Neuausgaben des Index sei besonders die Ausgabe Leos XIII. erwähnt (Rom 1900), die auch die allgemeinen, der neuen Zeit angepassten Bestimmungen der Konstitution Leos XIII. *Officiorum ac munerum* vom 25. Januar 1897 über die Bücherzensur enthält. Ein französischer Literaturkritiker des neunzehnten Jahrhunderts, Francisque Sarcey, dem doch die Verteidigung der Kirche sonst fern lag, schrieb über den Index : « Hier sind Männer, die einen bestimmten Glauben haben und mit seinem Schutz beauftragt sind. Sie sagen denen, die denselben Glauben teilen : « Gebt acht ! die Ideen dieses Buches sind gefährlich ; enthaltet euch dessen. » Was wäre vernünftiger, dem gesunden Menschenverstand entsprechender? » [1]

Hinsichtlich der kanonischen Schriften hatte das Konzil von Trient bestimmt, dass die alte lateinische, grossenteils vom heiligen Hieronymus verfasste Übersetzung der *Bibel*, welche sich unter dem Namen *Vulgata* durch den Gebrauch so vieler Jahrhunderte in der Kirche bewährt habe, bei öffentlichen Vorlesungen, Disputationen, Predigten und Erklärungen als authentisch anzusehen sei. In demselben Dekret wurde auch die grösste Sorgfalt und Korrektheit für die künftigen Bibelausgaben vorgeschrieben. Nach längeren Vorarbeiten brachte im Jahre 1590 Sixtus V., der Begründer der vatikanischen Druckerei, eine Ausgabe der Vulgata heraus, die als die vom Tridentinum authentisch erklärte Vulgata gelten sollte. Eine zweite, von dem berühmten italienischen Jesuiten, dem Kardinal Bellarmin, verbesserte Ausgabe erschien 1592 ; eine dritte Ausgabe folgte 1593 und eine vierte 1598. Das Konzil hatte auch Bestimmungen über die Anfertigung und Ausgabe eines verbesserten *Missale*, eines verbesserten *Breviers* und allgemeinen *Katechismus* getroffen und die Verordnung erlassen, dass für die Veröffentlichung aller Schriftwerke, die von heiligen Dingen handelten, die *Druckerlaubnis*, das *Imprimatur*, des Diözesanbischofs eingeholt werden müsse. Der vom Konzil von Trient veranlasste *römische Katechismus* wurde unter Aufsicht des heiligen Karl Borromäus von vier hervorragenden Theologen ausgearbeitet und 1566 von Pius V. veröffentlicht. Pius V. gab auch den Konzilsbeschlüssen entsprechend ein verbessertes Brevier (1568) und Missale (1570) heraus. Gregor XIII. veröffentlichte im Jahre 1582 eine verbesserte Ausgabe des kanonischen Rechtsbuches *(Corpus iuris canonici)*, deren Ausarbeitung Pius V.

[1] Zitiert bei Mourret, a.a.O. T. 5. S. 515, Anm. 4.

schon 1566 angeordnet hatte. Die Kirche verdankt Gregor XIII. auch die Errichtung von Jesuitenkollegien in Frankreich, Deutschland, Ungarn und in der Schweiz, die Erweiterung des vom hl. Ignatius gegründeten und 1552 von Julius III. genehmigten und beschenkten *Collegium Germanicum* in Rom und die Reorganisation des *Collegium Romanum*, das danach den Namen *Universitas Gregoriana* erhielt. Auch die bedeutsame Reform des alten julianischen Kalenders wurde von Gregor XIII. durchgeführt. Zur Ausgleichung der Differenz, die zwischen dem astronomischen und bürgerlichen Jahr entstanden war, verfügte der Papst durch eine Bulle vom 13. Februar 1582 (24. Februar nach neuer Zeitrechnung), dass auf den 4. Oktober 1582 unmittelbar der 15. Oktober folgen solle. Durch diese wissenschaftlich begründete Kalenderreform, die von grosser Tragweite war, erwarb sich Gregor XIII. ein bedeutendes Verdienst. Aus Hass gegen das Papsttum lehnten die Protestanten zwar zunächst den neuen Kalender ab ; seine allgemeine Annahme erfolgte erst im achtzehnten Jahrhundert.

Indessen kam alles darauf an, dass die kirchliche Reform den ganzen Welt- und Ordensklerus und das gesamte Volk der Gläubigen erfasse. In dieser Hinsicht konnte aber nichts so sehr wirken, wie das persönliche Beispiel von solchen, die die neue Gesinnung in ihrem ganzen Wesen zum Ausdruck brachten, in die Tat umsetzten und durch ihre Heiligkeit dem neuen Idealismus die Herzen gewannen. Unter diesen Führern war der hervorragendste der hl. *Karl Borromäus*, der von seinem Onkel, Pius IV., mit zweiundzwanzig Jahren zum Erzbischof von Mailand und Kardinal ernannt worden war. Karl Borromäus, der sich durch vollendete Umgangsformen auszeichnete und das gesellschaftliche Leben in den gebildeten Kreisen der lombardischen Hauptstadt nicht verachtete, stand durch seine Tugendhaftigkeit, Klugheit und tiefinnerliche Frömmigkeit allgemein in höchstem Ansehen. Er war die rechte Hand Pius' IV., der « gute Genius » seines Pontifikates, und ihm ist es hauptsächlich zu verdanken, dass die Kirchenreform kräftig weiterging. Das grösste Verdienst erwarb er sich durch sein Eintreten für die Errichtung von *Diözesanseminarien*, wobei er sein Organisationstalent, seine Energie und seinen klugen Weitblick glänzend bewies.

Das Dekret über die Errichtung von Diözesanseminarien war in einer der letzten Sitzungen des Konzils von Trient erlassen worden und sollte endlich traurigen Übelständen abhelfen. Die für den geistlichen Stand bestimmten Jünglinge waren im Frühmittelalter in den Domschulen ausgebildet worden ; an deren Stelle waren allmählich die Klosterschulen getreten, und schliesslich wurden in der Nähe der Universitäten in den grossen Städten Kollegien errichtet. Aber diese Kollegien waren nun nicht mehr auf der Höhe, sie unterschieden sich kaum mehr von den Bursen, in denen die Rechts- und Medizinstudenten zusammenlebten. Zudem waren die besten dieser Kollegien der grossen Zahl der für die Pfarreiseelsorge bestimmten Jünglinge unzugänglich, die weiterhin von den Pfarrern praktisch herangebildet wurden. Ihre Erziehung und Schulung waren aber mangelhaft, und nur allzu oft hatten lediglich Wünsche der Eltern oder Wohltäter oder materielle Interessen und Ehrgeiz die jungen Leute zum Ergreifen des geistlichen Berufs bestimmt. Die Folge dieser ungeregelten Verhältnisse waren eine weitgehende Unwissenheit und Sittenverderbnis, von denen sichere Zeugen sehr dunkle Schilderungen hinterlassen haben.

Die durch das Konzil von Trient eingeleitete und von Karl Borromäus durchgeführte Reform fand bald in allen katholischen Ländern Verbreitung und hatte als glückliche Folge die Heranbildung eines gebildeten und frommen Klerus, der sehr viel zur katholischen Restauration beitrug. An dem grossen kirchlichen Erneuerungswerke in Durchführung der Tridentiner Dekrete arbeiteten auch zwei enge Freunde von Karl Borromäus massgebend mit: der Erzbischof von Braga, *Bartholomäus de Martyribus*, und der Stifter der Oratorianer, der hl. *Philipp Neri*, dieser sich selbst gegenüber so strenge und andern gegenüber so milde römische Aszet. Zusammengefasst aber wurde das Wirken der einzelnen durch einen heiligen Papst : *Pius V.* Die Kirche verdankt diesem Papst, wie wir noch sehen werden, manche äusseren Erfolge; noch mehr aber wurde ihre innere Geschichte durch die segensreichen Früchte der tiefgreifenden Wirksamkeit des Heiligen bereichert. Besonders eindrucksvoll ist die Verehrung, die Pius V. der heiligen Jungfrau erwies. Wie der hl. Bernhard, brachte er ihr eine ergreifende kindliche Liebe zum Ausdruck und wies die Gläubigen immer wieder auf die Macht ihrer Fürbitte hin. Zum dauernden Gedächtnis an den Sieg von Lepanto (1571) sollte auf seine Anordnung alljährlich am 7. Oktober das Fest Unserer Lieben Frau vom Sieg gefeiert werden. Gregor XIII. verlegte das Fest als Rosenkranzfest auf den ersten Oktobersonntag. Pius V. änderte auch als Papst kaum seine frühere mönchische Lebensweise; er trug weiter unter den päpstlichen Gewändern das rauhe Kleid seines Ordens. Die kirchliche Wissenschaft fand einen eifrigen Förderer in diesem Papst, der Thomas von Aquin zum Kirchenlehrer erhob. Mit Vorliebe suchte Pius V. sich mit Heiligen zu unterhalten wie mit Karl Borromäus und Philipp Neri. Er selbst wurde 1712 von Klemens XI. heiliggesprochen; er ist der letzte Papst, dem diese höchste Ehre zuteil wurde.

Die Kirche, sagt Massillon im folgenden Jahrhundert, bedarf nicht grosser Namen, aber grosser Tugenden, und grosse Tugenden werden zugleich grosse Namen sein. Wie im Mittelalter trat in der auf das Tridentinum folgenden Epoche das Wirken grosser Heiliger hervor, vornehmlich des hl. *Ignatius von Loyola*, des Gründers der Gesellschaft Jesu und der hl. *Theresia von Avila*, die den Karmelitenorden erneuerte, wobei ihr der hl. *Johannes vom Kreuz* zur Seite stand. An der Förderung der neuen und alten Ordensgemeinschaften, der Gesellschaft Jesu, der Karmeliter, Benediktiner, Trinitarier, Prämonstratenser, Camaldulenser, Somasker, der Barmherzigen Brüder und Ursulinen, nahmen die Päpste jener Zeit, von Paul III. bis zu Sixtus V., Anteil. Sie unterstützten und schützten die frommen Unternehmungen, die der Kirche die Mitwirkung neuer oder erneuerter Kräfte an dem grossen Reformwerk unter Führung der Päpste brachten.

Wenn auch eine Überspitzung darin liegt, zu sagen, dass « die im Mittelalter benediktinische Kirche von der Renaissance ab jesuitisch wurde », so darf doch die einzigartige Bedeutung der Gesellschaft Jesu nicht unterschätzt werden. Als Paul III. am 27. September 1540 durch die Bulle *Regiminis militantis Ecclesiae* Ignatius von Loyola und seine Genossen zur Bildung der Gesellschaft ermächtigte, konnte man das grosse Werk, das sie vollbringen sollten, noch nicht vorausahnen. Die « geistlichen Übungen » des hl. Ignatius führten zu einer Erneuerung des christlichen Lebens, und die neue Unterrichtsmethode *(Ratio studiorum)* der Jesuiten hatte einen glänzenden Aufschwung der Kollegien zur Folge, die die Gesellschaft in allen Ländern gründete, während die Jesuitenmissionen in Asien und Amerika dem Katholizismus neue Kontinente erschlossen. Der heilige *Petrus Canisius* allein, dessen Gebeine in schweizerischer Erde, in Freiburg, ruhen, gewann Hunderttausende in Deutschland und in der Schweiz wieder der römischen Kirche zurück oder stärkte sie im überlieferten Glauben.

Auch der Wiederaufschwung der theologischen Wissenschaft und der Philosophie, die an die besten Leistungen des Mittelalters, vor allem an Thomas von Aquin, anknüpften und sie zugleich weiterentwickelten, war eine Folge des Konzils von Trient. Wir können hier nur einige hervorragende Namen nennen : *Franz von Vittoria*, *Franz Suarez*, *Robert Bellarmin*, *Melchior Cano*, *Wilhelm van Est*, *Johann Maldonatus*. In der viel umstrittenen Frage des Zusammenwirkens von Gnade und freiem Willen kam es dabei gegen Ende des sechzehnten Jahrhunderts im molinistischen Streit zu einem heftigen Zusammenstoss zwischen Dominikanern und Jesuiten. [1]

In der nachtridentinischen Zeit entstanden auch allenthalben in den katholischen Ländern künstlerische und literarische Meisterwerke mit einem

---

[1] Für die weiteren Zusammenhänge verweisen wir auf SCHNÜRER : *Kirche und Kultur im Mittelalter*. Bd. 3 und : *Kirche und Kultur in der Barockzeit.*

ausgesprochen religiösen Grundzug. In Italien schuf Tasso sein *Befreites Jerusalem*, in Portugal Camoës die *Lusiaden*, in Spanien Lope de Vega das spanische Nationaldrama. In der Malerei zeichnet sich eine ähnliche Entwicklung ab ; sie kommt vor allem in der von den Carracci gegründeten bolognesischen Malerschule, in den Werken von Domenichino, Guido Reni, Guercino zum Ausdruck. In der zweiten Hälfte des sechzehnten Jahrhunderts entstanden die ersten Barockkirchen — wir werden noch auf den Namen « Barock » zurückkommen, der eine ganze Kulturepoche kennzeichnet. Unter den ersten Barockbaumeistern tritt besonders Jacopo Vignola hervor, der 1568 mit dem Bau der Kirche al Gesù in Rom begann. In der Musik klärte *Palestrina* den von den Niederländern geschaffenen polyphonen Stil so ab, dass er ihm für die Kirchenmusik weiteren Bestand sicherte. Der Kirchengesang und die Kirchenmusik überhaupt waren nämlich im Laufe des Mittelalters allmählich ziemlich verweltlicht, so dass manche Eiferer auf dem Konzil von Trient geradezu die völlige Verbannung der polyphonen Musik aus der Kirche und die Rückkehr zum reinen gregorianischen Choral verlangten. Aber die von Pius IV. zur Behandlung dieser Fragen eingesetzte Kardinalskommission schloss sich nicht dieser extremen Ansicht an ; sie verlangte nur eine Reinigung der Kirchenmusik und nahm dabei die Auffassungen Palestrinas an, der soeben, besonders durch seine berühmt gewordene Messe des Papstes Marcellus und seine grossartigen Improperien für den Karfreitag den glänzenden Beweis erbracht hatte, dass die Kunst als solche an den gerügten Misständen keine Schuld trage.

Der Wiederaufschwung der theologischen Wissenschaft und Bildung, der Philosophie, der Kunst und Literatur beantwortete gewissermassen eine Frage, die die Kirche damals sehr beschäftigte : wieweit konnte sich der Katholizismus den Renaissancegeist aneignen, was musste davon verworfen, was konnte und sollte angenommen werden ? Wir sahen schon, dass die vom Tridentinum ausgelöste Bewegung keine « Gegenreformation », keine einfache Reaktion war, sondern ein eigentliches Wiederaufbauwerk schuf, auf das die Bezeichnung « Katholische Reform » zutrifft. Wie passte sich nun die Kirche der neuen Zeit an, indem sie ihren Glauben, ihre Lehre, Überlieferung, Einheit und Autorität unversehrt erhielt ? Es war schwieriger, gegenüber der Renaissance als gegenüber der Reformation die richtige Haltung zu finden. [1]

---

[1] Eine aufschlussreiche Erörterung dieser Fragen bietet G. de Reynold in seiner Studie : « La conception catholique de l'Etat aux temps de la Contre-Réforme et du baroque », die in der 3. Auflage seines Buches *La démocratie et la Suisse* (Biel 1934) erschien. Diese Studie findet sich auch in der von Oskar Eberle herausgegebenen, reichhaltigen Aufsatzsammlung : *Barock in der Schweiz*. (Einsiedeln, Benziger 1930.)

Bei der Renaissance sah sich die Kirche nicht einer Häresie, sondern einer neuen Geistesrichtung, einer neuen Lebensauffassung, einer neuen Weltanschauung gegenüber, und es galt zu prüfen, was von diesem Neuen zu übernehmen, was zu verwerfen sei. Es lag in der Renaissance eine schwere Gefahr für das Christentum, für den Protestantismus ebensowohl wie für den Katholizismus ; sie bestand in dem Wiederaufleben heidnischen Geistes, dem unchristlichen Naturalismus, jenem humanistischen Formkult, der nicht nur sinnlich bezauberte, sondern auch den Geist betörte. Aber anderseits konnte auch nicht verkannt werden, dass die Renaissance der Kunst, der Wissenschaft und Literatur einen ganz neuen Aufschwung gegeben hatte, dass sie einen neuen Stil, neue Formen, neue Methoden und eine neue Staatsauffassung geschaffen, die dem gotischen, für die Zeitgenossen Leos X. und Pauls III. schlechthin « barbarischen » Stil, den mittelalterlichen Formen, der scholastischen Methode entgegengesetzt waren.

Die Kirche verwirft die naturalistische und heidnische Renaissance, aber sie lässt die humanistischen Errungenschaften auf dem Gebiet der Ästhetik, der wissenschaftlichen Forschung, der philologischen Kritik gelten. Sie nimmt eine Umformung der Apologetik und des Unterrichtswesens an, sie anerkennt die tiefe Wandlung, die das religiöse Gefühl selbst erfahren. Sie verkennt nicht das Gemeinsame, das Renaissance, protestantische Reformation und katholische Reform noch verbindet. Sie sieht den Menschen Gott gegenüber und zu seinen Füssen die ganze Natur, deren Mittelpunkt er ist. Aus der zentralen Frage nach der Bestimmung des Menschen ergeben sich die neuen Auffassungen von der Wissenschaft, der Kunst und dem Staate, die die nachtridentinische Periode kennzeichnen.

Man hat dieser neuen Kunst, dieser neuen Staatsauffassung und gesamten neuen Kultur den Namen *Barock* gegeben, der nun allgemein als historische Bezeichnung angenommen ist. Was bedeutet er ? Die Benennung « barock », die ursprünglich in engbegrenztem Sinn eine verächtliche Herabsetzung ausdrückte, Bizarres, lächerlich Gekünsteltes bezeichnete, kam in der Mitte des achtzehnten Jahrhunderts für den damals schon stark ausgearteten Stil der vorhergehenden Zeit auf, der nun als widersinnig angesehen und der Lächerlichkeit preisgegeben wurde. Wahrscheinlich ist die Benennung von einer besonders gekünstelten logischen Schlussform der scholastischen Schule hergenommen, die man als *baroco* bezeichnete ; nach andern stammt sie vom dem spanischen Wort *barucco*, das von Juwelieren für eine unregelmässig geformte Perle verwendet wurde. Vornehmlich die französischen Kunsthistoriker bezeichneten nun mit dem Worte Barock zwar auch eine Epoche und einen bestimmten Stil, aber sie betrachteten diese noch lange lediglich als Verfallserscheinung.

In Deutschland, Italien, Spanien und in der Schweiz setzte sich hingegen eine andere Auffassung durch. Es wird wie bei dem gotischen Stil auch bei dem Barockstil ein Aufstieg unterschieden und ein Abstieg, der in Süddeutschland und in der Schweiz noch eine schöne, tief im Volksgemüt wurzelnde Nachblüte erlebte, die weit bis ins Ende des achtzehnten Jahrhunderts fortdauerte. In Rom insbesondere spricht man von einem Frühbarock, der einen ernsten, noch strengen Zug zeigt, und einem Hochbarock, der, freier und gelöster, Lebensfreude zu oft überschwenglichem Ausdruck bringt. Der französische Kunsthistoriker Jean Cassou bezeichnet allgemein den Barock als « eine Kunstform, die vom Ende der Renaissance, besonders von Michelangelo ausgehend, sich über ganz Europa verbreitete und zwei Jahrhunderte fortlebte, bis zur modernen Epoche »... « Der von römischem Geist angeregte Barockstil folgt den Jesuiten bei ihren Kreuzzügen und wird die eigentliche Kunstform der Gegenreformation ».[1] « Von nun an », schreibt G. de Reynold, « bezeichnet Barock eine jener grossen Zeiten, da der Katholizismus sich wiederaufrichtete, sich erneuerte und aufblühte, da er seine Theologie, sein Geistesleben allgemein, seine Sitten und seine Mystik, seine künstlerischen und literarischen Anregungen neubelebte, da er den christlichen Menschen und den christlichen Staat erneuerte, da er, in einem Worte, der neuen Zeit entsprach. » Um die Mitte des folgenden Jahrhunderts drang in Frankreich mit dem Klassizismus eine Bewegung durch, die in gewissem Sinne sich gegen den früheren Barock wandte, in anderm Sinne diesen aber auch vollendete. Im achtzehnten Jahrhundert aber wurde die barocke, in Frankreich die klassische Kultur, zersetzt durch die neuen Strömungen des Jansenismus und der Aufklärung, denen schliesslich die französische Revolution folgte.

Kommen wir, ehe wir diese Entwicklung weiter verfolgen, noch einmal auf die engere Geschichte des Papsttums zur Zeit der kirchlichen Wiedererneuerung durch das Konzil von Trient zurück und auf das Wirken, das die Päpste im Neubewusstsein ihrer Rechte und Pflichten entfalteten.

---

[1] Wir verweisen auf das schöne Buch von EMILE MÂLE : *L'art religieux après le concile de Trente.* 2 Bde. (Paris 1932) und die Darstellung von H. WÖLFFLIN : *Renaissance und Barock.* Eine Untersuchung über Wesen und Entstehung des Barockstils in Italien. Bearb. v. H. Rose. 4. A. München 1926.

Kapitel II.

DAS PAPSTTUM UND DIE WELTLICHEN MÄCHTE VON PAUL III. BIS ZU PIUS V. (1534-1566)

PÄPSTE UND FÜRSTEN

Die Tätigkeit der Päpste erschöpfte sich zur Zeit des Konzils von Trient nicht in der Kirchenreform. So gross auch das Werk der innerkirchlichen Erneuerung war, das die Oberhirten der Kirche von Paul III. bis zu Sixtus V. zu leiten hatten, die äussere Politik und die Verwaltung des Kirchenstaates beanspruchten doch auch die volle Aufmerksamkeit der Päpste. Die politischen Geschehnisse hatten sich, wie wir sahen, selbst auf die Kirchenreform ausgewirkt. Zur Ergänzung unserer Darstellung gehen wir daher noch etwas näher auf die Beziehungen des Papsttums zu den einzelnen Mächten ein.

Der Kampf zwischen dem Kaiser und Frankreich war zu Beginn des Pontifikates Pauls III. noch nicht beendet, und auch die Auseinandersetzung zwischen dem Kaiser und den protestantischen Fürsten in Deutschland noch nicht abgeschlossen. In der Folge wurde unter Philipp II. Spaniens Vorherrschaft begründet, die immer schwerer auf Italien lastete. Der Papst aber, als italienischer Landesfürst und Oberhaupt der Kirche zugleich, wurde zwangsläufig in die Streitigkeiten um das europäische Gleichgewicht einbezogen. Und gleichzeitig führten andere Umstände, vornehmlich die Verwicklung religiöser und politischer Interessen, zum Eingreifen der Päpste in die inneren Angelegenheiten der Staaten, in denen die katholischen mit den protestantischen Kräften rangen.

Die im sechzehnten Jahrhundert in der europäischen Geschichte vorherrschenden religiösen Auseinandersetzungen erhielten noch ein besonderes Gewicht dadurch, dass Völker und Fürsten weiterhin Glaubenseinheit wollten. So musste jeder Versuch, zwei Bekenntnisse nebeneinander bestehen zu lassen, lediglich als Waffenstillstand erscheinen. Mit wenigen Ausnahmen war man überall der Ansicht, dass die religiöse Frage, die Frage des Seelenheils, wenn nötig gewaltsam entschieden werden müsse.

Für Rom, das in dem gespaltenen Europa das Bestehende zu erhalten und das Verlorene wiederzugewinnen suchen musste, war die Anwendung politischer Mittel unbedingte Notwendigkeit. So wurden ständige Nuntiaturen geschaffen, die der päpstlichen Diplomatie ein neues Aktionsfeld eröffneten. Unermüdlich wirkten hier vor allem die Jesuiten mit. Aber es war unausbleiblich, dass in den heiklen Verhandlungen, in denen es um heilige Dinge ging, die engstens mit nichtheiligen verbunden waren, gelegentlich die Hoffnung auf Erfolg dazu verführte, Konzessionen zu machen und das Absolute dem Relativen zu opfern. Das seltsame Zwielicht der katholischen Restauration lässt auch die Gestalten ihrer Päpste für moderne Augen oft unfasslich erscheinen. [1]

Das Hauptwerk Pauls III. (1534-1549) war, wie wir schon sahen, die erneute Berufung des Konzils von Trient. Ein weiteres grosses Verdienst erwarb sich der Nachfolger Klemens' VII. dadurch, dass er die Schwierigkeiten einer Verständigung mit dem Kaiser zu überwinden wusste, ohne sich doch mit Frankreich zu entzweien. Der Farnesepapst mit seiner humanistischen Geisteshaltung gab die kämpferische Politik seines Vorgängers auf ; er bemühte sich vielmehr, zwischen Karl V. und Franz I. zu vermitteln und im Einvernehmen mit dem Kaiser und Venedig die Türkengefahr zu bannen. Je nach der Lage näherte er sich bald mehr dem Kaiser, bald mehr Frankreich, Venedig oder den Schweizern.

Das Vordringen des Protestantismus in Deutschland forderte eigentlich ein enges Zusammengehen von Papst und Kaiser, und Karl V., in dem noch wie in seinen mittelalterlichen Vorgängern das Bewusstsein lebte, dass er der Schirmherr der Christenheit sei, wollte es nicht hinnehmen, dass der Papst sich gegenüber dem Machtstreit zwischen den Häusern Habsburg und Valois neutral verhielt, ja eher letzterem zuneigte. Der Papst aber wollte nicht zugeben, dass der Kaiser in Italien eine Vorherrschaft erlange, die die Unabhängigkeit des Kirchenstaates gefährdete. Trotzdem hielt Paul III. von einem engen Einvernehmen mit Franz I. die Tatsache zurück, dass der französische

---

[1] Vgl. J. Bernhart : *Der Vatikan als Thron der Welt.* S. 255.

König damals mit dem Erbfeind der Christenheit, den Türken, im Bunde stand und enge Beziehungen zu den protestantischen Fürsten in Deutschland pflegte. Weitere Schwierigkeiten ergaben sich aus dem eigenmächtigen Vorgehen des Kaisers bei der grossen religiösen Auseinandersetzung in Deutschland und anderseits aus dem Nepotismus Pauls III., seinem masslosen Streben nach Erhöhung seines Hauses. Seinem Sohn Pier-Luigi, einem hemmungslosen Lüstling, verlieh der Papst mit dem neugebildeten Herzogtum Castro Parma und Piacenza, und seinem Enkel, Ottavio Farnese, der mit Margareta von Österreich, einer natürlichen Tochter Karls V., vermählt wurde, gab er das Herzogtum Camerino als erbliches Lehen.

Der unter dem Datum des 18. September 1544 unterzeichnete Friedensvertrag von Crépy zwischen Karl V. und Franz I. brachte eine, allerdings vorübergehende, Annäherung der beiden Herrscher zustande. Der Vertrag sah die Heirat einer Tochter oder Nichte des Kaisers mit dem zweiten Sohne Franz' I., dem Herzog von Orléans, vor, dem in diesem Falle Mailand ohne die Festungen als kaiserliches und Reichslehen überlassen würde. Trotzdem gab der französische König nicht seine Verbindung mit der Hohen Pforte und den gegen den Kaiser stehenden deutschen Protestanten auf, wenn nun Karl V. auch zum entscheidenden Schlage gegen die protestantischen Fürsten ausholen konnte. Karl V. suchte hierfür die Hilfe des Papstes. Auf dem Wormser Reichstag (Mai 1545) eröffnete er seinen Plan dem Kardinallegaten Alessandro Farnese, und die Verhandlungen führten schliesslich zu einem Bündnisvertrag zwischen Papst und Kaiser. Der Papst verpflichtete sich, Truppen und Geld zur Verfügung zu stellen, unter der Bedingung, dass sie ausschliesslich zum Kampf gegen die protestantischen Reichsstände verwendet würden, und dass der Kaiser nur im Einvernehmen und mit ausdrücklicher Billigung der Kurie ein Abkommen mit den Gegnern treffen dürfe.

Aus mehreren Gründen, nicht zuletzt wegen der nepotistischen Politik Pauls III. wurde der Beginn des Feldzugs bis zum Sommer 1546 aufgeschoben. Am 24. April errangen die kaiserlichen Truppen den glänzenden Sieg bei Mühlberg an der Elbe. Die Beziehungen zwischen Papst und Kaiser wurden aber bald wieder ernstlich gefährdet durch die Ermordung von Pauls III. Sohn, Pier-Luigi Farnese (September 1547), und die Besetzung von Piacenza durch den kaiserlichen Statthalter in Mailand, Ferrante Gonzaga. Die Spannung verschärfte sich noch im folgenden Jahre infolge des Augsburger Interims, von dem im vorhergehenden Kapitel die Rede war. Die Furcht, dass der Kaiser ein Schisma heraufbeschwören könne, hielt den Papst davon ab, den Übergriffen Karls V. auf rein kirchliches Gebiet stärkeren Widerstand entgegenzusetzen. Aber alle Nachgiebigkeit konnte den Kaiser nicht zufriedenstellen; insbesondere trat er der päpstlichen Politik hinsichtlich von Parma und Piacenza scharf entgegen.

Nicht allein die deutschen und italienischen Angelegenheiten bereiteten Paul III. schwere Sorgen, sondern ebenso sehr auch das *englische Schisma* und die *Türkengefahr*.

Schon einige Monate vor dem Beginn des Pontifikats Pauls III. war die Trennung Englands von der katholischen Kirche zur Tatsache geworden. Im folgenden Jahre, 1535, wurden auf Befehl Heinrichs VIII. der Kardinal Fisher und der Kanzler Thomas Morus hingerichtet, die die Kirche als Selige verehrt. Die Kunde von der schweren Bluttat rief grosse Empörung in Rom hervor und traf besonders den Papst. [1] Vor ihrem Tode legten die beiden Märtyrer bei Gott und der Kirche Berufung gegen das ungerechte Urteil des Königs ein. Der Papst liess auch eine Bulle vorbereiten, in der dem König gedroht wurde, dass, falls er hartnäckig bliebe, über sein Land das Interdikt verhängt, er selbst des Thrones für verlustig erklärt, und seine Untertanen vom Treueid entbunden würden. Aber politische Bedenken hinderten einmal mehr die Fürsten, sich dem Papste für ein Vorgehen gegen England zur Verfügung zu stellen. Der « allerchristlichste König », Franz I., legte Wert auf das Bündnis, das er mit England geschlossen, und wollte nicht die Beziehungen zu dem schismatischen König brechen. Der Kaiser, der doch als Schutzherr der Kirche aufzutreten liebte, fürchtete, das englisch-französische Bündnis zu stärken, wenn er sich gegen Heinrich VIII. erklärte, und Ferdinand von Österreich stimmte seine Haltung nach der seines kaiserlichen Bruders ab.

Der Papst unternahm einen zweiten Versuch. Im Jahre 1537 beauftragte er Reginald Pole, einen Vetter Heinrichs VIII., den er zum Kardinal erhoben hatte, mit Karl V. und Franz I. über die Mittel zu beraten, durch die der englische König zum Gehorsam gegen Rom zurückgeführt werden könne. Aber Poles Bemühungen, die katholischen Herrscher zu einer Koalition gegen Heinrich VIII. zu bewegen, hatten keinen Erfolg. Heinrich VIII. erklärte Poles Unternehmungen als verräterisch und gegen die englischen Interessen gerichtet und traf die Familie des Kardinals mit schweren Vergeltungsmass-

[1] Thomas Morus, einer der glänzendsten Vertreter des christlichen Humanismus und vollendeter englischer Gentleman, behielt bis zuletzt den unerschütterlichen Humor bei, den er zeitlebens mit der frommen Haltung eines tiefüberzeugten Christen und der Würde des englischen Staatsbeamten verbunden hatte. Als ihm der Aufgang zum Schafott nicht fest genug schien, bat er den Henker, ihm beim Hinaufsteigen zu helfen, bei dem Heruntersteigen hätte er es nicht mehr nötig. Dann kniete er nieder, betete sein bevorzugtes Gebet, das *Miserere*, und legte selbst sein Haupt unter das Fallbeil. — Über Thomas Morus s. das schöne Buch von D. Sargent: *Thomas More*. London 1933 (36), deutsch von R. Egloff. Luzern 1935.

nahmen. Er liess Poles Mutter und zwei seiner nahen Verwandten hinrichten. Nach dem Tode Heinrichs VIII. (28. Januar 1547) hoffte der Papst erneut, dass nun die Rückkehr Englands zur katholischen Kirche erfolgen würde. Aber er wurde bald enttäuscht. Eduard VI., der Sohn und Nachfolger Heinrichs VIII., verschärfte noch die Gesetze gegen die Katholiken, und in der anglikanischen Kirche traten noch radikalere Bestrebungen zu Tage. Im Jahre 1549 wurde trotz ernsten Widerstandes das « Allgemeine Gebetbuch » *(Book of common prayer)* eingeführt, das, 1552 in kalvinischem Sinn umgearbeitet, den gesamten Gottesdienst regelte und noch heute im wesentlichen für die englische Hochkirche im Gebrauch ist.

Als eine seiner wichtigsten Aufgaben bezeichnete der Farnesepapst selbst den *Kampf gegen die Türken.* Die Türkengefahr erhielt damals eine besondere Schwere durch den Gegensatz zwischen den zwei grössten christlichen Herrschern, dem Kaiser und dem König von Frankreich, der letzteren dazu führte, sich mit dem Sultan zu verbünden (1536). Dieses Bündnis des allerchristlichsten Königs mit dem jahrhundertealten Erbfeind der Christenheit unter Verleugnung des sonst immer noch lebendigen christlichen Gemeinschaftsgefühls erregte mit Recht schweres Ärgernis in Europa. Franz I. hatte selbst ein schlechtes Gewissen und suchte die Verbindung zu verbergen. Allerdings zog Frankreich Nutzen aus dem Bündnis, denn es wirkte seiner bedrohlichen Umklammerung durch das mächtige Staatengefüge Karls V. entgegen. Das Bündnis ist übrigens bezeichnend für das sechzehnte Jahrhundert. Es zeigt, dass, so sehr diese Zeit auch noch von religiösen Fragen erfüllt war, man da und dort doch schon Politik und Religion zu trennen begann. Frankreich, von dem einst die Kreuzzüge ausgegangen waren, gab nun das erste Beispiel religiöser Indifferenz bei aussenpolitischen Angelegenheiten. Der französische König, der sich in seinem eigenen Staate für die Verteidigung des alten Glaubens einsetzte, bediente sich des Druckes der Türken, um seine Machtstellung im Ringen um das europäische Gleichgewicht zu sichern.

Indessen unterstützte Paul III. durch die Zahlung von Hilfsgeldern und die Entsendung einer kleinen Flotte den Zug Karls V. gegen den Renegaten Chaireddin Barbarossa, der von seinem Piratenstaat Algier aus das Mittelmeer unsicher machte. Nach Überwindung grosser Schwierigkeiten gelang es den kaiserlichen und päpstlichen Truppen, Goletta und Tunis zu erobern und Tausende von Christensklaven zu befreien.

Aber die osmanische Macht war dadurch kaum erschüttert, und zudem schloss Franz I., als der Kampf zwischen ihm und dem Kaiser um Mailand und Savoyen neu entbrannte (1536), nun das schwerwiegende Bündnis mit Soleiman, von dem wir sprachen. Die Türken landeten in Otranto und gefährdeten ernstlich die venezianischen Besitzungen. Es gelang dem Papst, zur Abwehr der Türken ein Bündnis mit Karl V., König Ferdinand und Venedig zu schliessen. Aber Frankreich vermochte er nicht zum Anschluss an diese « heilige Liga » zu bewegen. Er musste sich damit begnügen, dass durch seine Vermittlung ein zehnjähriger Waffenstillstand zwischen dem Kaiser und dem französischen König zustande kam. Paul III. hoffte nach dem Zustandekommen der Liga, dass nun ein entscheidender Schlag gegen den Erbfeind der Christenheit geführt und danach das osmanische Reich aufgeteilt werden könne. Aber diese kühne Hoffnung wurde bald zunichte. In der Seeschlacht von Prevesa im Jonischen Meer (September 1538) fügten die Türken der christlichen Flotte eine schwere Niederlage bei ; im Mittelmeer blieb die Herrschaft des Halbmonds gesichert und auf dem Balkan dehnte sie sich weiter aus. Ohne Widerstand zu finden, konnte der Sultan die Moldau und Walachei zu Vasallenstaaten machen. Venedig, dem auch nun wieder seine Handelsinteressen wichtiger waren als die Verteidigung des Abendlandes, schloss einen Sonderfrieden mit der Hohen Pforte. Der Sultan stiess noch mehrmals als Verbündeter des französischen Königs in Ungarn vor ; 1541 bemächtigte er sich der Hauptstadt Ofen, die nun fast anderthalb Jahrhunderte in seiner Hand blieb. Die christliche Flotte wagte nur noch einige kleine Handstreiche, und alle Versuche, eine neue Koalition gegen den Sultan zustande zu bringen, scheiterten an der Uneinigkeit der christlichen Herrscher.

In der Politik hat Paul III. kaum Erfolge gehabt. Die schweren Zerwürfnisse mit seiner Familie beschleunigten, nach der allgemeinen Auffassung der Zeitgenossen, sein Ende. Anfang November 1549 erkrankte er, und schon am 10. November starb er, nachdem er am Vorabend die Sterbesakramente empfangen. Auf dem Sterbelager bekannte er selbst, dass sein schwerster Fehler der Nepotismus gewesen sei, und in seinen letzten Stunden wiederholte er die Psalmenworte : « Meine Sünde schwebt mir immerdar vor Augen. Wenn sie über mich nicht geherrscht hätte, so würde ich ohne schweren Vorwurf dastehen. »

Das Grabmal Pauls III., von Guglielmo della Porta geschaffen, eines der besten und wertvollsten Papstdenkmäler in Sankt Peter, ist des Farnesepapstes würdig, der an dem Neubau der Peterskirche, der grössten Zierde der Ewigen Stadt, einen so erheblichen Anteil hatte. Der humanistisch gebildete Papst, der sich als Mäzen von Kunst und Wissenschaft erwies, zeigte an den Plänen Michelangelos das regste Interesse und förderte den Meister in jeder Weise. So hat er auch einen wesentlichen Anteil an dem einzigartigen Kunstwerk, das der mächtige, innerlich und äusserlich vollendete Kuppelbau von Sankt Peter darstellt. Er gab Michelangelo, den er unter seine Familiaren aufnahm und zum obersten Architekten, Bildhauer und Maler des vatikanischen Palastes ernannte, auch die Möglichkeit, sein unvergleichliches Meisterwerk, das *Jüngste Gericht* in der Sixtina, zu schaffen. Das Verdienst, für die Kunst des Meisters diesen glänzenden Vorwurf ersonnen zu haben, gebührt zwar dem zweiten Mediceerpapst, Klemens VII., aber Paul III. kann den Ruhm beanspruchen, die Verwirklichung dieses Werks herbeigeführt zu haben, das in seiner einzigartigen Grösse und Dramatik das monumentalste Denkmal der italienischen Renaissancemalerei bildet.

Die feierliche Enthüllung des Freskos am Vorabend des Allerheiligenfestes von 1541, zu der ganz Rom herbeigeströmt war, rief einen gewaltigen Eindruck hervor. Es fehlte aber auch nicht an Anfeindungen. Die Kardinäle der strengen Reformpartei erklärten völlig unbekleidete Figuren als unpassend für ein Gotteshaus und verlangten ihre Übermalung. Diese Forderung kam später unter Pius IV., in Anwendung der strengen Bestimmungen, die das Konzil von Trient in seiner letzten Sitzung gegen unpassende Darstellungen in den Kirchen erlassen, zur Ausführung. Michelangelo erlebte diesen Eingriff in sein Werk nicht mehr ; er starb drei Tage vorher, am 18. Februar 1564. Unter Sixtus V. wurden noch weitere Übermalungen vorgenommen ; die letzte Arbeit dieser Art ist im 18. Jahrhundert unter Klemens XIII. ausgeführt worden. So ist heute ein Urteil über die malerischen Qualitäten des ursprünglichen Freskos nicht mehr möglich. Trotz alledem überwältigt noch heute das Fresko den Beschauer, es « fesselt ihn », wie Pastor schreibt, « mit Zauberkraft, so dass er sich wie gebannt in die urgewaltige Schöpfung versenkt. Der erste Eindruck des sechzig Fuss hohen und dreissig Fuss breiten Bildes, auf das Michelangelo mit unerhörter Kühnheit seine titanenhaften Gedanken entfesselt hat, ist allerdings verwirrend : erst allmählich findet sich das Auge zurecht und gelangt zur Klarheit. »[1] Der Tod Pauls III. war von Michelangelo tief betrauert worden ; mit dem Farnesepapst hatte der Meister seinen besten persönlichen Gönner verloren : « Er hat mir nur Gutes erwiesen, und noch mehr durfte ich von ihm hoffen. »

JULIUS III.

Fast drei Monate vergingen, bis Paul III. einen Nachfolger erhielt. Erst am 8. Februar 1550 einigte sich das Konklave auf den Kardinal Giovanni Maria del Monte. Aus Dankbarkeit gegen Julius II., der sich ihm und seiner

---

[1] Pastor, a.a.O. 5. (Freiburg i. Br. 1909). S. 788.

Familie als Wohltäter erwiesen, nannte sich der neue Papst *Julius III.* Seine Wahl war durch die Parteiungen im Kardinalskollegium, die ihre Stütze in den beiden grossen feindlichen Mächten, Habsburg und Frankreich, hatten, verzögert worden. Schliesslich kam sie durch die Einigung der französischen und der Farnese-Partei zustande. Der neue Papst, der als grosser Herr auftrat und glänzende Feste liebte, hatte bisher keine ausgesprochene Parteistellung eingenommen, aber man konnte annehmen, dass er mehr auf die französische Seite neige. Jedenfalls lag für Karl V. kein Grund vor, über die Wahl befriedigt zu sein ; Julius III. war auch gegen die Rückverlegung des Konzils von Bologna nach Trient gewesen. Für die Reformpartei bestand auch keine Veranlassung zu sonderlicher Freude. Julius III. hatte noch ganz die Art eines Kirchenfürsten der Renaissance und änderte als Papst seine Haltung nicht. Er gab sich heiterem Lebensgenuss hin, suchte gern Erholung in einem prunkvollen Landsitz, der « Villa di Papa Giulio », die er sich unweit Roms, vor der Porta del Popolo erbaut hatte, und ergötzte sich bei glänzenden Gastmählern, die er mit seinen sprichwörtlichen und sehr unbefangenen Redensarten würzte. Er schloss auch nicht den Nepotismus aus ; seine besondere, unverständliche Gunst erfuhr ein junger Affenwärter, den er von seinem Bruder adoptieren liess und alsbald nach seiner Wahl zum Kardinal erhob. Aber so sehr auch Julius' III. persönliche Haltung zu wünschen übrig liess, es fehlte dem neuen Papste doch nicht das Verständnis für das, was die Lage der Kirche erforderte. Er willigte bald in die Wiederberufung des Trienter Konzils ein, und dessen Fortsetzung ist ohne Zweifel das grösste Verdienst seiner Regierung. Julius III. kann nicht für die ablehnende Haltung des französischen Königs gegen das Konzil verantwortlich gemacht werden ; diese Ablehnung lag im Gegensatz zwischen Heinrich II. und Karl V. begründet. Die Weigerung des Kaisers, seine Zustimmung zur Überlassung Parmas an Ottavio Farnese durch den Papst zu geben, führte schliesslich, da Ottavio bei dem französischen König Unterstützung suchte, einen kleinen Krieg herauf, in dem Julius III. auf die Seite Karls V. trat. Da aber dem Papst und dem Kaiser das nötige Geld zu wirksamer Kriegführung fehlte, und der König von Frankreich mit der Versammlung eines Nationalkonzils drohte, während Ottavio Farnese weite Strecken des Kirchenstaates verwüstete, blieben schliesslich Parma und Castro dem Farnese.

Indessen liess sich Julius III. nicht von weiterem Wirken für die Kirchenreform abhalten. Durch eine vom 21. Juli 1550 datierte Bulle bestätigte er erneut die aufblühende Gesellschaft Jesu, und durch eine weitere Bulle vom 31. August 1552 ward das Collegium Germanicum gegründet, das dem deutschen Katholizismus hervorragende Dienste leisten sollte.

Heinrich VIII., König von England, 1471—1547

Papst Paul III., 1534—1549

Sitzung des Konzils von Trient, 1545—1563

Die «Sala Ducale» (Herzogssaal) im Vatikanpalast, Rom

Während die kirchliche Lage in Deutschland für den Heiligen Stuhl noch besorgniserregend war, gab die Entwicklung in England zu grossen Hoffnungen Anlass. Zur Zeit Eduards VI. waren die Katholiken noch durch den Regentschaftsrat, insbesondere den Grafen Warwick, schwer verfolgt worden. Nun aber trat mit dem Regierungsantritt Marias der Katholischen, 1553, ein plötzlicher Umschwung ein. Maria, die älteste Tochter Heinrichs VIII. aus seiner Ehe mit Katharina von Aragonien, hatte ihres katholischen Glaubens wegen viel erdulden müssen, war aber dadurch nur in ihrer Gesinnung bestärkt worden. Sie strebte vor allem danach, England wieder zur katholischen Kirche zurückzuführen. Tatsächlich wurde am 30. November 1554 der Wiederanschluss feierlich in Westminster vollzogen. Aber die Heirat Marias mit dem Sohn Karls V., dem späteren Philipp II. von Spanien, und die Härte mit der die Königin, durch Widerstände gereizt, gegen die Anhänger der Neuerung vorging, entfremdeten ihr das englische Volk, das wohl ohne grosse Schwierigkeiten zum katholischen Ritus zurückgekehrt war, jedoch der Annahme der päpstlichen Oberhoheit widerstrebte. « Maria die Blutige », wie sie von ihren Gegnern genannt wurde, griff auch dann noch sehr hart durch, als Karl V. und der inzwischen zum Erzbischof von Canterbury erhobene Kardinal Pole ihr zur Mässigung rieten. So bleibt das Andenken an die Königin getrübt trotz ihrer aufrichtigen Glaubensüberzeugung, ihren hohen Absichten und ihrem geraden Wesen. Sie hatte kein Verständnis für die besonderen Schwierigkeiten ihrer Zeit und den englischen Volkscharakter. Nach ihrem Tode (1558) folgte ihr die Tochter Heinrichs VIII. aus der Ehe mit Anna Boleyn, Elisabeth, auf dem Throne nach, die als Vorkämpferin für den Anglikanismus, dem königlichen Vorkämpfer für den Katholizismus, Philipp II., entgegentrat.

Drei Jahre vor Maria der Katholischen war Julius III. am 23. März 1555 gestorben. Den an sein Pontifikat geknüpften Hoffnungen hat er nicht entsprochen.

MARCELLUS II.

Marcellus II., der frühere Kardinal Marcello Cervini, übernahm am 9. April 1555 die Nachfolge Julius' III. Schon seit langem war die Erhebung eines Papstes nicht mehr mit so frohen Erwartungen begrüsst worden, und diese Erwartungen waren auch wohlbegründet. Marcellus II. hatte schon unter Paul III. einflussreiche Stellungen innegehabt und als einer der Präsidenten des Trienter Konzils der Kirche wertvolle Dienste geleistet. Er stand seines makellosen Lebenswandels und seiner hervorragenden Geistesgaben wegen in hohem Ansehen. Gleich bei seinem Regierungsantritt gab er seine Absicht kund, sich von den politischen Streitigkeiten fernzuhalten, und alles zu tun, um den Frieden zwischen den christlichen Fürsten herbeizuführen. « Ich hatte gebetet », schreibt ein Zeitgenosse, « es möchte ein Papst kommen, der die schönen Worte : Kirche, Konzilium, Reform von der Verachtung zu befreien wüsste, in die sie gefallen. Durch diese Wahl hielt ich meine Hoffnung für erfüllt, mein Wunsch schien mir Tatsache geworden zu sein. » Doch schon am 1. Mai, nach einem Pontifikat von nur zweiundzwanzig Tagen starb Marcellus II., gerade zu der Zeit, da er eine Denkschrift über die Kirchenreform vorbereitete. Sein Tod machte einen niederschmetternden Eindruck. Die Römer wandten die Worte Vergils von einem andern Marcellus, dem mit achtzehn Jahren gestorbenen Neffen und Erben des Augustus, nun auf Marcellus II. an :

Ostendent terris hunc tantum fata, neque ultra
Esse sinent (Aeneis. 6, 869-870) :

« Ihn wollte das Schicksal der Welt nur zeigen und nichts überdies gewähren ».

PAUL IV. (1555-1559)

Dank der Bemühungen des Kardinals Alessandro Farnese ging am 23. Mai 1555, gegen den Willen des Kaisers, der neunundsiebzigjährige Gianpietro Carafa als *Paul IV.* aus dem Konklave hervor. Er entstammte einer neapolitanischen Adelsfamilie, hatte ein Leben strenger Aszese und tiefer Frömmigkeit geführt und war von einem stürmischen Glaubenseifer erfüllt. Schon seit mehr als einem halben Jahrhundert war Carafa einer der entschiedensten Vorkämpfer der innerkirchlichen Reform. Er gehörte zu den ersten Mitgliedern des Oratoriums der Göttlichen Liebe, hatte mit Gaetano da Tiene den Theatinerorden gegründet und unter Paul III. die Inquisition reorganisiert. Gleich nach seiner Wahl bildete er eine Kongregation für die allgemeine Reform und teilte den Universitäten gewisse Fragen zur Beratung mit. Mit dem ganzen rücksichtslosen Idealismus, der ihm eigen war, suchte er dem Heiligen Stuhl wieder seine alte, alles beherrschende Machtstellung zu verschaffen und handelte, wie wenn er noch im Zeitalter eines Innocenz III. oder Bonifaz VIII. lebte, da die Päpste die Könige absetzten. Es bedrückte ihn schwer, Italien unter Fremdherrschaft zu sehen ; er hatte eine leidenschaftliche, bis zum

Hass gesteigerte Abneigung gegen die Spanier, die er noch beim Sacco di Roma erlebt, und hielt ihnen gegenüber nicht mit den schlimmsten Beschimpfungen zurück. Da Karl V. bemüht war, sich mit den Protestanten in Deutschland zu verständigen, erschien dem Papst die Gesinnung des Kaisers verdächtig.

Pauls IV. Gedanke, die Befreiung Italiens durch den Bruch der spanischen Herrschaft zu erreichen, erinnert an die Pläne Julius' II. Paul IV. war auch ebenso stürmisch und gewaltsam wie Julius II., sodass man ihn gelegentlich wie den Roverepapst *il terribile* nannte. Aber die Zeiten waren andere geworden, und der Carafapapst besass auch nicht die hohe politische Befähigung seines grossen Vorgängers. Es war ein Unglück für die Kirche, dass dieser Greis, in dem noch die feurige Tatkraft eines Jünglings lebte, sich in kriegerische Abenteuer stürzte. Der französische Gesandte in der Schweiz hielt Paul IV. für « einen Freund und grossen Diener des Königs ». Tatsächlich betrachtete der Papst, trotz einer gewissen Bevorzugung des französischen Königs, der seine Wahl begünstigt hatte, die Hilfe der Franzosen für die Vertreibung der Spanier als einen provisorischen Behelf, und wie Julius II. suchte er vielmehr die Unterstützung der Schweizer zu gewinnen.

Die Verwirklichung der Pläne Pauls IV. geschah in einer für ihn selbst und für das Papsttum verhängnisvollen Weise. Der Papst hatte mehrere Neffen, die er zu fördern wünschte. Eine besondere Vorzugsstellung nahm Carlo Carafa ein, der ein rohes, wüstes Kriegerleben geführt, aber trotzdem die Kardinalswürde erhalten hatte. Er suchte in jeder Weise ein Bündnis mit dem französischen Hof zu erreichen, und tatsächlich kam ein solches auch am 15. Dezember 1555 zustande. Als zwei Monate später, am 5. Februar 1556, zu Vaucelles ein fünfjähriger Waffenstillstand zwischen dem Kaiser, Spanien und Frankreich geschlossen wurde, der die Grundlage zu einem dauernden Frieden geboten hätte, ging Carafa persönlich an den französischen Hof, um trotz der neuen Wendung der Dinge seine Ziele zu erreichen. Paul IV. blieb seinerseits auch hartnäckig bei dem verhängnisvoll abenteuerlichen Plan des spanischen Krieges. Mit Zustimmung Heinrichs II. gewann er die Unterstützung der Schweizer, von denen schon mehrere tausend in der italienischen Armee der Guisen standen. Als die schweizerischen Truppen, etwa dreitausend Mann, zu der päpstlichen Armee in Rom stiessen, begrüsste sie der Papst als von Gott zu seiner Befreiung gesandte Engel und verlieh den Hauptleuten goldene Ketten und die Ritterwürde. [1]

---

[1] Über die Rolle der Schweizer in diesem Kriege s. Castella : *So ist die Treue dieses Volkes.* (Fraumünster-Verlag A.-G., Zürich.) S. 145 ff.

Philipp II., der seinem Vater als König von Spanien nachgefolgt war und bei seiner Vermählung mit Maria der Katholischen von Karl V. die Herrschaft über dessen italienische Besitzungen Mailand und Neapel erhalten hatte, war indessen nicht untätig geblieben. Nachdem er von der Universität Löwen und mehreren spanischen Theologen ein Gutachten eingeholt, dass er unter den gegebenen Umständen durch Eröffnung der Feindseligkeiten seine Pflichten als katholischer König und als Sohn der Kirche nicht verletze, liess er den Herzog von Alba, seinen besten General, von Neapel aus in den Kirchenstaat einrücken. Im nächsten Jahre, am 27. Juli 1557, erlitten die von Italienern und Schweizern gebildeten päpstlichen Truppen eine schwere Niederlage bei *Paliano*. Als sich die Armee des Herzogs von Guise zur Unterstützung des Papstes anschickte und man schon auf einen entscheidenden Kampf vor Rom gefasst war, traf die Nachricht von dem grossen Siege ein, den die Spanier am 10. August bei St. Quentin in Nordfrankreich über die Franzosen errungen. So erhielt Guise den Befehl, sein Heer unverzüglich nach Frankreich zurückzuführen.

Einen Monat später, am 12. September, kam es zum Friedensschluss von Cave bei Palestrina zwischen dem Papst und dem König von Spanien. Der Sieger zeigte sich massvoll. Aus politischen und religiösen Gründen hatte schon der Herzog von Alba einen neuen Angriff auf die Ewige Stadt vermieden, den vielleicht ebenso schreckliche Gewaltsamkeiten begleitet hätten, wie sie sich 1527 ereignet hatten. Der Friedensvertrag gab dem Kirchenstaat alle besetzten Gebiete zurück, Paul IV. musste aber sein Bündnis mit Frankreich aufgeben und versprechen, fürderhin neutral zu bleiben, auch den spanischen König wieder als gehorsamen Sohn aufnehmen. So massvoll sich Philipp II. auch gezeigt hatte, der Papst konnte sich doch keiner Täuschung darüber hingeben, dass er eine völlige Niederlage erlitten hatte und die spanische Herrschaft in Italien gefestigt war. Sie wurde bald darauf noch stärker gesichert durch den Friedensschluss von Cateau-Cambrésis (3. April 1559), der den vierzigjährigen Krieg zwischen Frankreich und Habsburg beendete und die spanische Vorherrschaft begründete. Spanien behielt das Königreich Neapel und das Mailändische, der französische König verzichtete auf Piemont und Savoyen, die dem Herzog Emanuel-Philibert zurückgegeben wurden, behielt aber Metz, Toul und Verdun und erhielt Calais. Es war bedeutsam, dass der Sieg Philipps II. in die Zeit der kirchlichen Erneuerung fiel.

Der unglückliche Feldzug, der zu der Niederlage von Paliano führte, war nicht das einzige Unternehmen Pauls IV. gegen Habsburg. 1556 hatte der Papst dagegen Einspruch erhoben, dass die Kurfürsten nach der Abdankung Karls V. dessen Bruder Ferdinand zum Kaiser erwählten, während

König Philipp II. von Spanien (1555—1598); links hinter ihm der Thronfolger Don Carlos. Denkmal im Escorial bei Madrid, 16. Jh.

Paul IV: (1555—1559) unterdrückte mit grosser Strenge weltliche wie geistliche Missbräuche in Rom. Grabmal von Pirro Ligorio, 16. Jh., Rom, Santa Maria Sopra Minerva.

Pius IV. (1559—1565) arbeitete eng mit dem Mailänder Kardinal Karl Borromäus für die Kirchenreform zusammen. Skulptur von A. Siciliano, 16. Jh., Rom, Santa Maria Maggiore.

Krönung Pius' V. (1566—1572). Mönch, Kardinal, Grossinquisitor, auch als Papst immer noch Asket, wurde er durch den Einfluss von Kardinal Borromäus gewählt. Grabmal, Relief von S. Milanese, 16. Jh., Rom, Santa Maria Maggiore.

Überführung der sterblichen Hülle Pius' V. (1566—1572) in die Basilika Santa Maria Maggiore. Fresko des 16. Jh., Rom, Vatikanische Bibliothek.

Die Werke Gregors XIII. (1572—1585), dargestellt in einem Stich des 17. Jh. Zu beachten: «A» Einrichtung von Glaubensmissionen, «B» Gründung des Collegium Germanicum, «K» Kalenderreform.

Die Werke Gregors XIII., Fortsetzung der Darstellung von der gegenüberliegenden Seite. Stich aus dem 17. Jh.

Gregor XIII. (1572—1585), Schöpfer des Gregorianischen Kalenders. Grabmal von Giuseppe Rusconi, 16. Jh., Rom, Peterskirche.

Karls Sohn als Philipp II. König von Spanien wurde. Paul IV. zeigte sich aufs höchste darüber erregt, dass ihm keine Mitwirkung bei der Kaiserwahl gestattet wurde, während drei protestantische Kurfürsten daran teilnahmen, und dass Ferdinand sich auf die Bestimmungen des Augsburger Religionsfriedens verpflichtete. Mit der ihm eigenen Hartnäckigkeit vertrat er die Auffassung, dass dem Papst das Recht zustehe, die Kaiserwahl zu bestätigen oder abzulehnen, und dass der Gewählte vor seiner Bestätigung durch den Papst nicht die Regierung führen dürfe. So erhob Paul IV. wieder jene päpstlichen Machtansprüche, die im Mittelalter zu dem schweren Streit zwischen Papsttum und Kaisertum geführt hatten. Der Kaiserhof wies diese Ansprüche mit Entrüstung zurück ; Ferdinand dachte nicht daran, nachzugeben, und schliesslich blieb dem Papst nichts anderes übrig, als die Tatsache anzuerkennen.

Ein weiterer Widerstand seinerseits hätte der katholischen Sache in Deutschland unabsehbar geschadet, nachdem der vor kurzem, am 25. September 1555, geschlossene *Augsburger Religionsfriede* die religiösen Auseinandersetzungen beendet hatte, die seit einem Vierteljahrhundert Deutschland spalteten. Dieser Friedensvertrag war zwar weit davon entfernt, eine in jeder Hinsicht befriedigende Lösung zu bieten, und mit den Klauseln, die er enthielt, lief er mehr auf ein Waffenstillstandsabkommen hinaus. Der Kaiser hatte darin den Reichsständen die freie Wahl der Religion zugestanden, und die Protestanten sollten das schon 1552 in ihrem Besitz befindliche Kirchengut weiterhin behalten dürfen. Hingegen verordnete Ferdinand kraft kaiserlicher Vollmacht in dem sogenannten « geistlichen Vorbehalt » *(Reservatum ecclesiasticum)*, dass künftig ein Bischof oder Abt, der zur neuen Religion übertrete, seines Amtes, seiner Einkünfte und seines Landes verlustig gehe, diese also der alten Religion verblieben.

Die freie Wahl der Religion wurde im Augsburger Religionsfrieden den Reichsständen, das heisst den Fürsten, Reichsstädten und der reichsunmittelbaren Ritterschaft, nicht aber den Untertanen zugestanden. Von Katholiken und Protestanten wurde der Grundsatz angenommen, dass die Reichsstände das Recht und die Pflicht hätten, die Religion ihrer Untertanen zu bestimmen. Sie besassen das *Ius reformandi*, wie es später genannt und in die Worte gefasst wurde : *cuius regio, eius et religio :* wem das Land gehört, dem gehört auch die Religion. Die mittelbaren Reichsstände (der niedere Adel) und die übrigen Untertanen hatten in religiöser Beziehung einfach der Anordnung des Landesherrn zu folgen ; es wurde ihnen nur das Recht der Auswanderung ohne Schaden an Ehre und Gut vorbehalten. So hatte der Augsburger Religionsfriede für das Volk schwere Folgen. In der Pfalz zum Beispiel änderte sich in vierzig Jahren viermal die Religion.

Der Augsburger Religionsfriede enthielt zudem manche Keime künftiger Konflikte. Die Katholiken waren insofern gegenüber den Protestanten benachteiligt, als die Ritter, Städte und Kommunen in den geistlichen Fürstentümern, die schon länger der Augsburger Konfession anhingen, auch in Zukunft freie Religionsübung haben sollten. Hiergegen erhoben die Katholiken sofort Einspruch, während die Protestanten sich gegen den geistlichen Vorbehalt verwahrten, der keine ergiebigen Säkularisationen mehr zuliess. Vom Kalvinismus war im Augsburger Religionsfrieden überhaupt nicht die Rede. Die kirchliche Spaltung in Deutschland blieb weiterhin bestehen. In der Folge versuchten die Kaiser, den Protestantismus zu unterdrücken, was die Protestanten veranlasste, da ihre eigenen Kräfte zur Verteidigung nicht ausreichten, auswärts Unterstützung zu suchen. So kam es dazu, dass fremde Mächte sich in die deutschen Angelegenheiten einmischten, und dass Deutschland zu Beginn des siebzehnten Jahrhunderts zu einem europäischen Schlachtfeld wurde, wie es Italien zu Beginn des vorhergehenden Jahrhunderts gewesen war.

Dass der Augsburger Religionsfriede, seine Annahme durch Karl V. und die Wahl Ferdinands die Entrüstung Pauls IV. hervorriefen, versteht sich bei einem Papst, der von seinen Vorrechten dieselbe Auffassung wie seine mittelalterlichen Vorgänger hatte. Aber eine tiefe Tragik war es, dass der Gegensatz gegen die habsburgische Macht Paul IV. auf die Bahnen des Nepotismus führte, weil er glaubte, auf diese Weise wirksame Unterstützung zu finden. Die Nepoten, der eher als Kondottiere erscheinende Kardinal Carlo Carafa, der Herzog von Paliano, der Kardinal Alfonso Carafa, der Marchese von Montebello, erhielten hohe Ämter. Die übertriebenen Gunstbezeugungen des Papstes gefährdeten geradezu die Reform. Paul IV. sah dies selbst gegen Ende seines Pontifikats ein, als ihm die Misswirtschaft und das zügellose Leben besonders Carlo Carafas in erschütternder Weise enthüllt wurden. Nun ging er mit der ihm eigenen rücksichtslosen Energie gegen diejenigen vor, die ihn und sein Haus so tief in Schande verstrickt hatten. Er verurteilte damit selbst den politischen Nepotismus grossen Stils, der der Kirche zur Renaissancezeit so schweres Unheil bereitete.

Nachdem seine politischen Unternehmungen missglückt waren, liess Paul IV. die weltlichen Geschäfte zurücktreten und widmete sich nun wieder vornehmlich der Kirchenreform, der er sich gleich zu Beginn seines Pontifikats voll Eifer zugewandt hatte. Dabei begann er mit der Kurie selbst. Danach dehnte er die Reform auf alle Gebiete aus, nahm mit unerbittlicher Strenge den Kampf gegen die kirchlichen Misstände auf, führte die Arbeiten des Konzils fort und erweiterte die Befugnisse der Inquisition. Er predigte selbst und nötigte die Prälaten, in den römischen Kirchen zu predigen. Er sah es als seine Pflicht an, den Sitzungen des Hl. Offiziums beizuwohnen. Vor allem wachte er darüber, dass die Inquisitoren sich nicht durch persönliche Rücksichten hemmen liessen. Seine mit unerbittlicher Strenge durchgeführten Reformmassnahmen waren an sich angebracht und fanden auch grossenteils Aufnahme in die Reformgesetzgebung des Tridentinums. Zu Ehren Pauls IV. wurde eine Gedenkmünze geprägt mit dem Bilde Christi, der die Händler aus dem Tempel jagt.

Der apostolische Eifer rieb schliesslich die letzten Kräfte des greisen Papstes auf. Zu dieser Zeit kam aus England die Kunde von den ersten Massnahmen der Königin Elisabeth gegen die Katholiken. Nach der Erkrankung Pauls IV. liefen gleich beunruhigende Gerüchte in Rom um. Aber obgleich der Zustand des Papstes ernst und seine Schwäche schon sehr gross geworden war, versammelte er noch mehrmals in seinem Gemache die Inquisitionskongregation; er wollte sich vergewissern, dass seine Verordnungen streng ausgeführt würden, und lobte Philipp II. für sein Vorgehen gegen die Lutheraner in Spanien. Pauls IV. Tod wurde durch einen Umstand beschleunigt, der für den Carafapapst charakteristisch ist. Noch als Schwerkranker beobachtete er so peinlich gewissenhaft das Fastengebot, dass sein Schwächezustand sich aufs äusserste steigerte. Er starb am 18. August 1559. Vor seinem Tode empfahl er den Kardinälen noch besonders die Inquisition und den Bau der Peterskirche.

Auf die Kunde vom Tode des Papstes entstand ein Aufruhr in Rom, an dem sich das Volk und römische Adlige beteiligten. Nachträglich noch kam die Empörung darüber zum Ausdruck, dass Paul IV. versucht hatte, in den Bahnen der kämpferischen Päpste der Renaissancezeit weiterzugehen, obwohl Italien nun durch ein halbes Jahrhundert blutiger Kriege erschöpft war und sich bereits in die Botmässigkeit gefügt hatte. Die von persönlichen Feinden des Papstes geschürte Volkswut tobte sich in der Brandschatzung des Inquisitionsgebäudes und in der Zertrümmerung einer Marmorstatue Pauls IV. aus, deren Kopf in den Strassen umhergeschleift und schliesslich in den Tiber geworfen wurde. In Schmähschriften aller Art wurde der Papst mit seinem Hause verhöhnt. Aus Furcht vor weiteren Ausschreitungen des Pöbels setzte man die Leiche Pauls IV. am 19. August so tief als möglich in Sankt Peter bei und stellte eine Wache am Grabe auf. Die sterblichen Überreste Pauls IV. blieben in Sankt Peter, bis Pius V., der seinen Vorgänger hoch verehrte, sie 1566 nach S. Maria sopra Minerva in ein von ihm gestiftetes Grabmonument überführen liess.

Um einen Mann wie Paul IV., bei dem sich persönlich strengste und entsagende Lebensführung mit unerhörter Härte und Gewaltsamkeit verbanden, gerecht zu beurteilen, muss man sich, wie Pastor mit Recht schreibt,

« die heillosen Zustände der Zeiten Alexanders VI. und Leos X. vergegenwärtigen. Die Abstellung so alter, tief eingewurzelter und mit vielen Verhältnissen nur zu fest verwachsener Missstände war freilich nur möglich durch ein gewaltsames Vorgehen, das alle Härten einer unerbittlichen Repression an sich trug. Hierfür aber war Paul IV. der rechte Mann. Seine Feuerseele, die in hellem Zorn aufloderte, wenn ihm ein Missbrauch des Heiligen entgegentrat, konnte sich nicht genugtun, um mit glühendem Eisen die Wunden auszubrennen, die eine unselige Zeit der Kirche geschlagen hatte. »[1] Die Päpste der nachfolgenden Zeit führten mit Erfolg das Restaurationswerk auf dem Grunde weiter, den der Carafapapst gelegt hatte.

PIUS IV. (1559-1565)

Der erste Nachfolger Pauls IV. hätte es von sich aus wohl kaum gewagt, die Wiedererneuerung der kirchlichen Disziplin in Angriff zu nehmen, die sein Vorgänger, vornehmlich mittels der Inquisition, so unerbittlich streng durchgeführt hatte. Nun aber setzte er das Reformwerk, allerdings viel massvoller und behutsamer, fort.

Das am 5. September 1559 eröffnete Konklave, an dem mehr als vierzig Kardinäle teilnahmen, dauerte fast vier Monate. Zwei Parteien standen sich vornehmlich gegenüber : eine spanische, die von dem Gesandten Philipps II., Francisco di Vargas, mit grossem Eifer und nicht ohne Rücksichtslosigkeit beeinflusst wurde, und eine französische. Eine dritte Partei wurde von dem Nepoten Pauls IV., Carlo Carafa, geführt, der vom Kardinalkollegium wieder in seine kardinalizischen Rechte eingesetzt worden war. Bei Carlo Carafa lag die Entscheidung, da die andern Parteien ohne ihn nicht die nötige Mehrheit erlangen konnten. Trotz aller Bemühungen des Königs von Spanien ward schliesslich der durch Herzog Cosimo Medici von Florenz unterstützte Kardinal Giovanni Angelo Medici in der Nacht vom 25. auf den 26. Dezember gewählt. Er nannte sich *Pius IV.*

Die Mailänder Adelsfamilie, der der neue Papst entstammte, war mit den berühmten Medici von Florenz nicht verwandt. Giovanni Angelo Medici hatte zuerst Medizin studiert, dann Jurisprudenz und in der Folge verschiedene Stellen in der Verwaltung des Kirchenstaates bekleidet. Zu jener Zeit war seine Lebensführung nicht einwandfrei ; et hatte drei uneheliche Kinder. Die Heirat eines seiner Brüder mit einer Verwandten der Farnese hatte ihm den

[1] Pastor, a.a.O. 6. (Freiburg i. Br. 1913) S. 626.

Zugang zu kirchlichen Würdenstellen eröffnet. Im Jahre 1545 wurde er Erzbischof von Ragusa und erhielt die Priesterweihe. Paul III. ernannte ihn zum Kardinal. Da er nicht als Anhänger der Reform, der Inquisition und der spanienfeindlichen Politik Pauls IV. galt, waren seine Beziehungen zum Carafapapst schlecht. Er blieb auch dem Kardinalkollegium fern. Erst zum Konklave, aus dem er als Papst hervorgehen sollte, kam er wieder nach Rom. Seine Wahl wurde freudig begrüsst, da das despotische Regiment der Carafa schwer auf allen gelastet hatte, und das ganze Wesen Pius' IV. von dem seines Vorgängers völlig verschieden war. Der neue Papst war friedliebend, heiter, gütig und herablassend, ein kluger Staatsmann, Humanist und Mäzen. Er wurzelte persönlich mehr in der Renaissance. Aber einsichtig und pflichtbewusst führte er die Kirche weiter auf dem eingeschlagenen Wege der Reform. Sein hohes Verantwortungsgefühl bestimmte seine Haltung. Er suchte die guten Beziehungen zu den christlichen Mächten wiederherzustellen und zu pflegen, da er klar sah, wie wichtig deren Unterstützung für die Kirche war.

Zunächst verständigte er sich mit dem Kaiser und dem König von Spanien. Er gab den von seinem Vorgänger gegen die Wahl Ferdinands erhobenen Einspruch auf und anerkannte, dass das Papsttum der Unterstützung durch den König von Spanien bedürfe. Aber auch die diplomatischen Beziehungen zu den andern Mächten waren ihm angelegen ; er ernannte verschiedene neue Nuntien. Bei alledem sorgte er sich auch um die Kirchenreform, nur wollte er jetzt massvoller vorgehen. Deshalb beschränkte er die Befugnisse der Inquisition, die Paul IV. übermässig erweitert hatte, und hielt die allzu stürmischen Reformer zurück.

Wir sahen schon, wie unter Pius IV. das Konzil von Trient zum guten Abschluss gelangte. In verdienstvoller Weise führte der Papst die hierfür nötigen Verhandlungen. Durch die Entsendung von Zaccaria Delfino als Nuntius an den Kaiserhof und später von Giovanni Commendone nach Deutschland ebnete er nach dieser Seite hin die Wege zur Verständigung. Er wusste auch zu verhindern, dass der französische König ein Nationalkonzil berufe, das das allgemeine Konzil ernstlich gefährdet hätte. Pius IV. sah schon die wachsenden Schwierigkeiten, welche der französischen Regierung durch das Vordrängen der Hugenotten bereitet wurden. Seinem Nachfolger sollte es vorbehalten bleiben, in die Religionskämpfe einzugreifen, zu denen es schliesslich in Frankreich kam. Die von Pius IV. nach Trient entsandten Legaten waren geschickt ausgewählt. Ercole Gonzaga, die Kardinäle Lodovico Simonetta, Giacomo Puteo, Girolamo Seripando und Stanislaus Hosius führten ihre Aufträge erfolgreich aus. Für die Verständigung mit den drei grossen katholischen Mächten, mit dem Kaiser, den Königen von Frankreich und Spanien, waren manche Schwierigkeiten zu bewältigen. Sie traten besonders im Jahre 1563 in Innsbruck zu Tage, als Theologen und Prälaten dieser drei Mächte durchzusetzen suchten, dass über die Konzilsbeschlüsse nach « Nationen » beraten werde. Auf diese Weise sollte das zahlenmässige Übergewicht der Italiener beseitigt werden. Die Ernennung des Kardinals Morone, der unter dem strengen Regiment Pauls IV. so manches zu erdulden gehabt hatte, zum Konzilspräsidenten trug wesentlich zur Behebung der Schwierigkeiten bei. Morones mit grundsätzlicher Festigkeit verbundenem diplomatischem Geschick ist der glückliche Abschluss des allgemeinen Konzils in erster Linie zu verdanken. Nach heftigen Auseinandersetzungen gelang es, den Streit über die Residenzpflicht der Bischöfe im Sinne des Papstes zu entscheiden. Die Frage des päpstlichen Primats wurde noch nicht auf dem Tridentinum durch eine dogmatische Formulierung entschieden; erst das vatikanische Konzil von 1870 brachte diese Entscheidung durch die dogmatische Definition des Universalepiskopats und der Unfehlbarkeit des römischen Papstes.

Pius IV. hatte sich noch über zwei weitere Reformdekrete auszusprechen. Das erste betraf die Kommunion unter beiderlei Gestalt, das zweite die Priesterehe. Wie erinnerlich, hatte das Konzil von Trient schon die Entscheidung getroffen, dass die Kommunion unter einer Gestalt genüge, und das besonders von deutscher Seite erhobene Verlangen nach Aufhebung des Zölibates abgewiesen. Aber Kaiser Ferdinand I. verlangte nachdrücklich, dass in seinen Ländern, mit Rücksicht auf die Auseinandersetzung mit den Protestanten, die Kommunion unter beiden Gestalten erlaubt werde und dass im Hinblick auf den herrschenden Priestermangel auch verheiratete Laien zu den Weihen zugelassen würden. Im ersten Punkte gab der Papst soweit nach, dass er für eine Reihe deutscher Diözesen unter gewissen Bedingungen die Kommunion unter beiden Gestalten bewilligte. Er hoffte, so die Stellung der deutschen Katholiken zu festigen. In der Frage des Zölibates wies er nicht gleich förmlich das Begehren des Kaisers ab, sondern suchte die Angelegenheit hinauszuziehen. In der Tat konnte man hoffen, dass durch die Gründung von Seminarien, die allen Bischöfen vom Konzil anbefohlen wurde, allmählich dem Priestermangel abgeholfen würde. Das Dekret über die Kommunion unter beiden Gestalten wurde in Deutschland mit Befriedigung aufgenommen und blieb hier bis zu Beginn des siebzehnten Jahrhunderts in Kraft. Das Verlangen nach Aufhebung des Zölibates wurde schliesslich von Pius V., dem Nachfolger Pius' IV., endgültig abgewiesen. Fügt man zu den erwähnten Reformmassnahmen Pius' IV. noch die von ihm vorgenommene Neuregelung des kirchlichen Bücherverbots, den Index, von dem wir schon sprachen, so zeigt sich die grosse Bedeutung des durchgeführten Reformwerks.

Nur einmal ergriff Pius IV., allerdings mehr unter dem Druck der öffentlichen Meinung als aus eigener Initiative, sehr scharfe Massnahmen, nämlich gegen die Nepoten Pauls IV. Zwar hatte sich der Kardinal Carafa bei der letzten Papstwahl für Pius IV. eingesetzt und dadurch dessen Dankbarkeit erworben. Aber Pius IV. konnte anderseits nicht das unheilvolle Treiben des Kardinals und der andern Nepoten unter Paul IV. vergessen, und die Erregung im Volk über die Carafa war durch die Massnahmen des verstorbenen Papstes gegen seine schuldigen Verwandten noch nicht beschwichtigt. Auch Philipp II. wünschte ein strenges Vorgehen. Der Anlass hierzu bot sich, als der Herzog von Paliano seine Gemahlin wegen Verdachts des Ehebruchs erdolchen liess und den angeblichen Liebhaber selbst ermordete. Der Papst ordnete nun eine gerichtliche Untersuchung an (1560-1561), die mit der Verurteilung und Hinrichtung des Kardinals Carlo Carafa und seines Bruders, des Herzogs von Paliano, endete. Der Marchese von Montebello flüchtete, und der Kardinal Alfonso Carafa, der am Treiben der übrigen Nepoten nicht beteiligt gewesen war, wurde schliesslich begnadigt. Das Gericht muss indessen doch als zu streng angesehen worden sein, denn Pius V. liess 1567 eine Revision des Prozesses vornehmen, die zur Aufhebung des unter Pius IV. gefällten Urteils und zur Restituierung des Hauses Carafa führte. Mit der Verurteilung der Carafa war jedoch das Verdammungsurteil über den Nepotismus überhaupt gesprochen worden, der in der Renaissancezeit so schweres Unheil angerichtet hatte. Er erklärt sich freilich zum Teil aus der Notwendigkeit, in der sich öfters die Päpste befanden, gegenüber zusammengeschlossenen feindlichen Mächten eine Stütze an unbedingt ergebenen Verwandten zu suchen. Aber er wirkte sich besonders in der Renaissancezeit nur allzu oft verderblich und höchst ärgerniserregend aus, und bei dem Carafa-Prozess wurde gewissermassen die während eines Jahrhunderts angestiegene Volkswut über die schlechten Nepoten, die Riario, Rovere, Borja, Medici und Farnese, an den Carafa ausgelassen.

Indessen war auch Pius IV. nicht ganz frei von Nepotismus. Besonders die drei Familien der Borromäi, Hohenems und Serbelloni wurden von ihm mit hohen Ämtern und Reichtümern ausgestattet. Aber dank göttlicher Gnade war einer der bevorzugten Verwandten auch ein Heiliger : Karl Borromäus, der gute Geist des Pontifikats Pius' IV. und hervorragend verdienstvolle Mitarbeiter an der innerkirchlichen Reform.

Unser Bild Pius' IV. wäre unvollständig ohne Erwähnung der Förderung, die dieser Papst auch Wissenschaft, Kunst und Literatur zuteil werden liess. Die grosszügige Unterstützung, die er Humanisten wie Seripando, Hosius, Commendone, Marcantonio Colonna und Karl Borromäus gewährte, welch letzterem er den Purpur verlieh, zeigte, wie hoch der Papst die *humaniores litterae*, die humanistische Bildung, schätzte. In der von Karl Borromäus gegründeten vatikanischen Akademie fanden sich seit 1562 auserwählte Vertreter der neuen Geistesbildung zusammen, und unter ihnen suchte der Kardinal nach der täglichen Arbeit Erholung. Die vatikanische Bibliothek wurde durch Neuanschaffungen bereichert ; im Amt des Präfekten folgte der Kardinal Mula dem Kardinal Alfonso Carafa nach. Pius IV. ernannte auch einen Korrektor der griechischen Handschriften. Er liess, was ihm zur Ehre gereicht, eine weitgehende Freiheit der Meinungsäusserung zu. Lodovico Parisetti widmete Pius IV. eine lateinische Schrift, in der er in Briefform den Papst daran erinnert, dass keiner einmal strenger vor dem höchsten Richterstuhl zur Rechenschaft gezogen werden wird als der Stellvertreter Christi.

Der Krieg, finanzielle Schwierigkeiten und die Sorge um die Durchführung der Reform hatten Paul IV. gehindert, den Künsten die traditionnelle Förderung durch den Heiligen Stuhl teilwerden zu lassen. Pius IV. aber war es angelegen, den Ruf des Mäzenatentums, den die Medici genossen, seinerseits zu rechtfertigen. Er tat namentlich viel für die Verschönerung des Vatikans ; das Belvedere wurde vollendet, und in den vatikanischen Gärten entstand das anmutige « *Casino di Pio IV* ». Zudem liess der Papst die Befestigungen der Leostadt und der Engelsburg ausbauen. Im Jahre 1561 legte Pius IV. den Grundstein zu der berühmten Porta Pia, die einen neuen Stadteingang eröffnete ; durch dieses Tor zogen am 20. September 1870 die Truppen des Königs von Italien in Rom ein.

Eines der grössten Bauunternehmen Pius' IV. war der Umbau des besterhaltenen Teils der Diokletiansthermen in ein grosses Gotteshaus. Am 5. August 1561, am Feste Maria Schnee, legte der Papst den Grundstein zu der neuen Kirche, S. Maria degli Angeli, die der Jungfrau Maria als Engelskönigin geweiht wurde. Den Bau hatte Michelangelo meisterhaft ausgeführt. Zu Ehren des Anlasses ward eine Denkmünze geprägt mit der Aufschrift : « Was früher heidnischem Brauche gedient, ist jetzt Tempel der Jungfrau, Stifter ist Pius, fort ihr Dämonen ! » Mit dem Gottesdienst in S. Maria degli Angeli wurden die Karmeliter betraut. So ward aus dem Bau, den sich einst Diokletian, der schlimmste Christenverfolger, zu seiner Verherrlichung errichtet, ein Heiligtum zu Ehren der Muttergottes, die der Kaiser zu vernichten sich eingebildet hatte.

Besonders der greise Michelangelo erfuhr die ständige Gunst des Papstes. Pius IV. verteidigte ihn gegen die Feindseligkeit, die geniale Schöpfer gerade ihrer Grösse wegen so oft erfahren müssen, und nahm regen Anteil an der Vollendung der Peterskirche. Er hatte auch die Freude, die Arbeiten so weit fortschreiten zu sehen, dass man sich schon die vollendete Basilika als « das grösste Wunder der Welt », wie ein Zeitgenosse rühmt, vorstellen konnte. Michelangelo gab am 18. Februar 1564, im neunzigsten Lebensjahr, seine Seele dem Schöpfer zurück, den er in seinen einzigartigen Meisterwerken verherrlicht. Er wurde in Florenz bestattet.

Pius IV. überlebte den grossen Künstler nicht lange. Im folgenden Jahre, am Abend des 9. Dezember 1565, starb er mit dem Kruzifix in den Händen. Sein treuer Berater, der Kardinal Karl Borromäus, war am Vorabend noch am Sterbelager eingetroffen ; er reichte dem Papst ein letztes Mal die heilige Kommunion und erteilte ihm die letzte Ölung. Eine der letzten Äusserungen Pius' IV. waren die Worte : « Der Wille des Herrn geschehe ! » Die sterblichen Überreste des Papstes wurden zunächst in Sankt Peter beigesetzt, 1583 aber nach S. Maria degli Angeli überführt.

Das Pontifikat, das sein Ende gefunden hatte, war für die katholische Erneuerung von grosser Bedeutung. Obwohl Pius IV, noch nicht von dem neuen Geiste erfüllt war, den sein Nachfolger als Heiliger in höchster Form vertrat, so kommt ihm doch das unbestreitbare Verdienst zu, das Konzil von Trient zum guten Abschluss geführt zu haben. Mit vollendetem Geschick hatte er es verstanden, den Forderungen der religiösen und politischen Lage Rechnung zu tragen. Mehr als sein Vorgänger, der an sich ausgezeichnete Massnahmen oft durch seine schroffe, gewalttätige Art verdarb, machte sich Pius IV. um die Weiterführung der Konzilsarbeiten verdient. Er besass bei seinem beweglichen, Übertreibungen fremden Wesen wohl nicht die majestätische Würde, auch nicht die für die Abstellung der schlimmsten Misstände nötige Unnachgiebigkeit des Carafapapstes. Aber die kluge Mässigung, die besonders seine Haltung gegenüber den katholischen Fürsten auszeichnete, wirkte sich später noch günstig aus. Das Wichtigste war, dass er die Reform weiterführte. Seine Beharrlichkeit in dieser Richtung wurde vor allem durch den Kardinal Karl Borromäus gestärkt, der mit seiner Uneigennützigkeit, seiner tiefen Gläubigkeit und makellosen Lebensführung zum guten Geist des Papstes wurde, der ihn klugerweise zum engsten Mitarbeiter erkor.

Kapitel III.

DIE GROSSEN REFORMPÄPSTE NACH DEM KONZIL VON TRIENT

VON PIUS V. BIS ZU KLEMENS VIII.

Nach dem Tode Pius' IV. schenkte die Vorsehung der Kirche drei grosse Päpste ; einen Heiligen, der für die Reform des sittlichen Lebens sorgte, einen Gelehrten, der die kirchlichen Studien zu einem grossartigen Aufschwung führte, und einen grossen Verwalter, der der Kurie eine neue Organisation gab. Ein vierter Papst stellte in verdienstvoller Weise wieder ein engeres Verhältnis zwischen Rom und der französischen Monarchie her, nachdem diese eine lange dynastische Krise überwunden hatte, und er wusste auch in Spanien einen guten Ausgleich zwischen den Rechten der Kirche und des Königtums zu schaffen. Die Aufgabe, die im Trienter Konzil beschlossenen Reformen im kirchlichen Leben in die Tat umzusetzen, war zu gross, um während eines einzigen Pontifikats bewältigt zu werden. So viel anderseits auch die Päpste von Paul III. bis auf Pius IV. schon für die Kirchenreform getan hatten, sie hatten sich doch nicht völlig von jenem Renaissancegeist gelöst, der mit einer tieferen innerkirchlichen Erneuerung unvereinbar war. Diese Erneuerung war nun das Werk von Pius' IV. Nachfolgern : *Pius V.*, *Gregor XIII.*, *Sixtus V.* und *Klemens VIII.*

Für das politische Geschehen, auf das die religiösen Verhältnisse in den einzelnen europäischen Staaten starken Einfluss ausübten, war es bedeutsam, dass der Sieg des spanischen Königs Philipp II., den der Friede von Cateau-

Cambrésis besiegelte, mit dem Sieg des alten Glaubens zusammentraf. Aber bald darauf wirken sich zersetzende Kräfte aus. In Frankreich führen die Thronfolgestreitigkeiten im Hause Valois und der Widerstand des Adels gegen das Königtum zu Bürgerkriegen, die gleichzeitig Religionskriege sind. Während Deutschland nach dem Siege Karls V. bei Mühlberg und dem Augsburger Religionsfrieden eine verhältnissmässig ruhige Zeit erlebt, spielt sich in Frankreich die schwere Auseinandersetzung zwischen der römischen Kirche und der stärksten Richtung des Protestantismus, dem Kalvinismus, ab, dessen religiösen Mittelpunkt Genf bildet.

Zur gleichen Zeit führen die zentralistischen Massnahmen im spanischen Reich und der hier unternommene Versuch, die Glaubenseinheit um jeden Preis aufrecht zu erhalten, zum Freiheitskrieg der Niederlande. In England entwickelt sich das Schisma zur Häresie, und die protestantische Königin Elisabeth tritt dem katholischen König von Spanien entgegen. Engländer und Holländer, die beiden grossen Seefahrer-Völker, suchen Spanien sein reiches Kolonialland abzugewinnen. In der Tat stehen die Religionskriege in Frankreich und den Niederlanden in engstem Zusammenhang mit dem grossen Ringen zwischen England und Spanien um die Herrschaft über die Meere.

Das endende sechzehnte Jahrhundert sieht die letzten Phasen dieser Auseinandersetzung. Heinrich IV. tritt nach dem Tode Philipps II. (1598) und Elisabeths (1603), und nachdem er selbst den religiösen und politischen Frieden im französischen Königreich wiederhergestellt hat, als massgebender Herrscher in Europa auf. Sein tragisches Ende (1610) verzögert nur die Wiederaufnahme des langen Ringens zwischen Frankreich und Habsburg, bei dem schliesslich die Vormacht der beiden habsburgischen Herrscherhäuser ihr Ende findet.

In derselben Zeitspanne bilden sich im Laufe der Entwicklung der politischen Institutionen und der dogmatischen Auseinandersetzungen eine neue religiöse Geisteshaltung und eine neue Staatsauffassung aus, die dem siebzehnten Jahrhundert seine geistesgeschichtliche Eigenart geben, zugleich von weitem aber auch schon die politische und allgemeingeistige Revolution des folgenden Jahrhunderts vorbereiten.

PIUS V. (1566-1572)

« Mit dem Kardinal Karl Borromäus » schreibt ein Kirchenhistoriker, « trat ein Heiliger in den Rat des Oberhauptes der Kirche ein ; mit Michele Ghislieri, der sich *Pius V.* nannte, bestieg ein Heiliger selbst den päpstlichen

Stuhl. »[1] Die Wahl erfolgte am 7. Januar 1566, nachdem mehrere andere Kandidaturen, unter anderem die des Kardinals Morone, gescheitert waren. Sie war vornehmlich das Werk von Karl Borromäus, der sie seit dem Beginn des Konklaves erstrebte.

Michele Ghislieri entstammte einer sehr armen Familie von Bosco bei Alessandria. Im Jahre 1518 war der erst Vierzehnjährige in das Dominikanerkloster von Voghera eingetreten und zeichnete sich hier bald durch seine Frömmigkeit, seine strenge Lebensführung und seine Tüchtigkeit aus. Als Inquisitor in der Diözese Como und Generalkommissar der Inquisition in Rom unter Julius III. erwarb er sich die besondere Anerkennung des Kardinals Carafa und wurde dann auch von Paul IV. zum Bischof von Sutri und Nepi, dann zum Kardinal und Grossinquisitor erhoben. Diese Ehrungen brachten ihn aber keineswegs von seiner strengen Aszese ab, und auch als Papst behielt Pius V. seine mönchischen Lebensgewohnheiten bei ; unter den päpstlichen Gewändern trug er weiter das rauhe Kleid seines Ordens und hielt streng das Fasten ein. Er nahm gern an den römischen Prozessionen teil, barfuss und ohne Kopfbedeckung, und das Volk war ergriffen von der Heiligkeit und Güte die bei solchen Gelegenheiten von seiner Person ausstrahlten. Selbst auf nüchterne Politiker und Diplomaten machte das heiligmässige Wesen des neuen Papstes tiefen Eindruck ; der spanische Botschafter schrieb seinem Herrn, seit drei Jahrhunderten habe die Kirche kein besseres Oberhaupt gehabt.

Die persönliche Heiligkeit Pius' V. bekundete sich auch in der ganzen Tätigkeit, die er während seines Pontifikates entfaltete. Sie erklärt die streng von ihm durchgeführte Reform des Klerus, mit der er bei den obersten Würdenträgern begann, die genaue Aufsicht, die er über die Beobachtung der Residenzpflicht und der Ordensklausur hielt ; sie erklärt sein Bestreben, alle weltlichen Einflüsse aus den kirchlichen Angelegenheiten auszuschalten, sein Vorgehen gegen den Nepotismus in jeder Form, die Einfachheit, die nun am päpstlichen Hofe herrschte, und die strengen Vorschriften hinsichtlich des Sittenlebens. Pius V. brachte besonders zu Beginn seines Pontifikates zum Ausdruck, dass er wenig von menschlicher Unterstützung halte und sich allein auf göttlichen Beistand verlasse. Er war auch weder Politiker noch Diplomat und legte keinen Wert darauf, es zu werden. In mancher Hinsicht lebte er noch in mittelalterlichen Vorstellungen vom Papsttum. Vor allem kam es ihm darauf an, der Häresie entgegen zu wirken, wo immer sie sich einschleichen könnte, und die Seelen vor ihr zu retten. Allerdings führten

[1] Mourret, a.a.O. T. 5. S. 470.

seine politische Unerfahrenheit und sein Mangel an Welt- und Menschenkenntnis auch oft zu Schwierigkeiten und Spannungen, die um so leichter eintraten, als die katholischen Fürsten sich allzuoft mehr durch die Staatsräson als durch religiöse Interessen leiten liessen.

Pius V. äusserte einmal, er wisse wohl, dass er nicht mit Engeln, sondern mit Menschen zu tun habe. Aber angesichts gewisser Gesetze, die er im Kirchenstaat aufstellte oder aufzustellen suchte, scheint zweifelhaft, ob er selbst dieser Worte immer eingedenk blieb. Bei seiner ganzen Haltung überrascht es nicht, dass er Kunst und Wissenschaft wenig Interesse schenkte. In den Meisterwerken der antiken Bildhauerei sah er einfach heidnische Götterbilder und kaum die künstlerische Leistung. Hingegen unterstützte er den Druck einer neuen Ausgabe der Werke des heiligen Bonaventura und des heiligen Thomas, weil dies im kirchlichen Interesse lag. Der gleiche Sinn bekundet sich bei seinem Plan, eine Widerlegung des gelehrten protestantischen Geschichtswerks der « Magdeburger Zenturien », abfassen zu lassen. Der Plan wurde aber erst viel später durch die *Annales ecclesiastici* von Baronius verwirklicht. Wir sprachen früher schon von der Sorge Pius' V. für die Ausarbeitung des Missale, des Breviers und des römischen Katechismus und von dem regen Anteil, den er wie einst Kardinal Carafa, am Wirken der Inquisition nahm. Die Strenge, mit der das Inquisitionsgericht in Italien waltete, hatte immerhin das Ergebnis, dass hier die Neuerungen so gut wie völlig unterdrückt wurden, und Italien die Schrecken des Religionskrieges, wie sie Deutschland und Frankreich erleben mussten, erspart blieben. Aber das scharfe Vorgehen Pius' V. gegen die Juden, die im Kirchenstaat nur noch im Ghetto von Rom und Ancona geduldet wurden, trug dem Papst einmal die Mahnung eines Kapuziners ein, er möge doch bedenken, dass auf eine Stelle in der heiligen Schrift, die Gott gerecht nennt, zehn andere kommen, die seine Barmherzigkeit hervorheben.

DIE GNADENSTREITIGKEITEN

Zur Zeit des Pontifikats Pius' V. begannen auch die Gnadenstreitigkeiten, die im siebzehnten und achzehnten Jahrhundert zu schweren Auseinandersetzungen, besonders in der Kirche Frankreichs, führten, und mit denen der Jansenismus in Zusammenhang steht. Der Protestantismus hatte schon die schwierige Frage des Zusammenwirkens von Gnade und freiem Willen von neuem aufgeworfen und so den Gegensatz der beiden Richtungen, der seit dem Prädestinationsstreit im fünften Jahrhundert unter den katholischen

Theologen bestand, neu aufleben lassen. Das Konzil von Trient hatte zwar gegen die Glaubensneuerer entschieden, dass der menschliche Wille unter dem Einfluss der Gnade frei bleibe, aber sich nicht mit der Frage befasst, wie diese wirksam wird. Das Problem des Zusammenwirkens von Gnade und freiem Willen wurde nun von der nachtridentischen Theologie lebhaft erörtert. Die Thomisten vertraten die Auffassung, dass die Gnade die freie Einstimmung des Willens zu ihr wirkt, diese sich also zu jener verhält wie die Wirkung zur physischen Ursache. Gott bestimmt unseren Willen physisch vorher, dass wir in der Zeit das tun, was er von Ewigkeit her beschlossen hat (*praemotio physica* oder Praedetermination). Der Mensch erscheint als ein zum Handeln des äusseren Anstosses bedürftiges Werkzeug, alle geschöpflichen Ursachen *(causae secundae)* so wesentlich von Gott in allen ihren Werken abhängig, dass sie weder in der natürlichen noch in der übernatürlichen Ordnung etwas Gutes leisten können, ohne dass sie Gott dazu bestimme und antreibe. Die altkirchliche Unterscheidung der bloss hinreichenden und der wirksamen Gnade wird von dieser Lehre wohl anerkannt, aber die Auffassung vertreten, dass die wirksame Gnade nicht nur der Seele die Kraft zum Guten gibt, sondern sie auch von innen heraus und kraft ihrer Natur so bestimmt, dass sie aktuell das Gute will und tut und zwar auch frei. Die Wirksamkeit der Gnade hat demnach ihren letzten Grund im Willen Gottes, nicht in dem des Menschen. Dagegen vertraten besonders die Jesuiten die Auffassung, dass die hinreichende Gnade nicht aus sich selbst wirksam ist, sondern vielmehr die menschliche Zustimmung entscheidet. Damit sollte grösserer Nachdruck auf die Freiheit des Willens gelegt werden.

Der Anfang dieser langwierigen Gnadenstreitigkeiten, in denen der Apostolische Stuhl mit seiner Entscheidung zurückhielt, knüpft sich an die Lehre eines Professors an der Löwener Universität, *Michael Bajus* (Michel du Bay, 1513-1589). Bajus kam durch einseitige Ausdeutung der augustinischen Lehren dazu, den übernatürlichen Charakter der Gnadenausstattung im Paradiese zu leugnen, und folgerte daraus die völlige Verderbnis des Menschen durch den Sündenfall und die Erbsünde, seine Unfreiheit und Unfähigkeit zum sittlich Guten und die Unwiderstehlichkeit der wirksamen Gnade.

Im Jahre 1560 hatte bereits die Sorbonne, die Pariser theologische Fakultät, achtzehn Sätze aus den Schriften des Bajus verurteilt. Die Aufregung, die darüber entstanden war, suchte 1561 Pius IV. vergeblich zu beruhigen. Schliesslich verurteilte Pius V. am 1. Oktober 1567 durch die Bulle *Ex omnibus afflictionibus* neunundsiebzig Sätze des Bajus als häretisch. Diese Verurteilung wurde 1580 durch Gregor XIII. wiederholt und bestätigt, da über den Sinn und die Tragweite der Bulle Pius' V. Meinungsverschiedenheiten entstanden waren. Bajus unterwarf sich endlich, aber seine Lehre wirkte fort. Sie wurde im folgenden Jahrhundert besonders durch Jansenius wiederaufgenommen und weiterentwickelt. So übte sie eine tiefgreifende Wirkung auf den französischen Katholizismus, auf das allgemeine Glaubensleben in Frankreich und auf die Entwicklung der Theologie und Philosophie aus.

Die entschiedene Stellungnahme Pius' V. gegenüber den häretischen Bewegungen kam nicht nur im rein kirchlichen Bereich zur Geltung. Die Sorge des Papstes um Reinerhaltung des Glaubens erklärt auch seine Politik gegenüber den Staaten, auf welche die Glaubensneuerung überzugreifen drohte, insbesondere gegenüber Frankreich.

DIE RELIGIONSKRIEGE IN FRANKREICH

Wenn das französische Königtum auch nicht gezögert hatte, sich mit den protestantischen deutschen Fürsten gegen Habsburg zu verbünden, so trat es doch im eigenen Lande der häretischen Bewegung entgegen. Die kirchlichen Vorrechte, die der französische König durch das Konkordat von 1516 erhalten hatte, mussten ihn von einer Politik abhalten, die die Neuerung in Frankreich begünstigte. Er hatte gar kein Interesse an einer religiösen Revolution, und zudem hielten auch der Grossteil des französischen Klerus und Volkes aus Überzeugung am alten Glauben fest. So war selbst Franz I., der unter dem Einfluss seiner Schwester, Margarete von Valois, wohl auch aus Rücksicht auf die protestantischen Fürsten in Deutschland und aus einer persönlichen Neigung zur Toleranz anfänglich zur Begünstigung der Neuerer neigte, diesen schliesslich doch entgegengetreten. Als im Oktober 1534 Anhänger Luthers in Paris und anderen Städten Flugschriften verbreiteten, die heftig den katholischen Glauben angriffen, hatte der König, unterstützt von dem Pariser Parlament und der Sorbonne, strenge Massnahmen ergriffen ; manche Protestanten wurden zum Feuertod verurteilt. Einige Jahre später ging man in der Gegend von Vaucluse mit geradezu barbarischer Strenge gegen die dort zusammengeschlossenen Waldenser vor, zerstreute oder vernichtete sie.

Heinrich II., der Nachfolger Franz' I., war ein harter Herrscher und zögerte nicht wie sein Vater, scharfe Massnahmen anzuwenden. Zu dieser Zeit begann der Kalvinismus in Frankreich vorzudringen und an die Stelle der lutherischen Bewegung zu treten. Alsbald erfolgte nun die Abwehr. Zwischen 1547 und 1550 sprach eine Kammer des Pariser Parlaments, die sogenannte *Chambre ardente*, mehr als fünfhundert Verurteilungen, darunter sechzig Todesurteile aus. Diese radikale Verfolgung hatte jedoch das Ergebnis aller Verfolgungen : sie bestärkte nur die Kalvinisten in ihrer Überzeugung und liess sie mit unbeugsamer Festigkeit die schlimmsten Strafen erdulden. Die strengen Edikte von Châteaubriant (1551) und von Ecouen (1559) vermochten das Vordringen der Neuerer nicht einzudämmen. 1555 waren diese schon so zahlreich, dass sie sich eine Kirchenordnung nach Genfer Vorbild und nach den besonderen Weisungen Kalvins geben konnten ; Kalvin sandte ihnen auch Pastoren. 1559 bildeten die Neuerer bereits zweiundsiebzig kirchliche Gemeinschaften ; zwei Jahre später zweitausend, und 1559 hatten sie bereits in einer Nationalsynode zu Paris ein Glaubensbekenntnis, die *Confessio gallicana*, festgesetzt.

Von grosser Bedeutung war es, dass sich auch zahlreiche Mitglieder des Adels, besonders im Süden und Westen des Landes, der neuen Lehre anschlossen. Während die ersten Kalvinisten, die grösstenteils Handwerker und Intellektuelle waren, der Verfolgung nur ihre Standhaftigkeit entgegenzustellen hatten, sollten nun die Adligen als geborene Krieger ihr mit der Waffe entgegentreten.

Auf Heinrich II. folgten, während sich die Kalvinisten zusammenschlossen, der noch unmündige Franz II., ein schwächlicher, noch nicht sechzehnjähriger Knabe, der nur siebzehn Monate König war, und danach der zehnjährige Karl IX. (1560-1574), für den seine Mutter, Katharina von Medici, zunächst die Regentschaft führte. Drei Familien am französischen Hofe konnten rechtmässig eine Beteiligung an der Regierung beanspruchen : die Bourbonen, eine Nebenlinie des Königshauses, die Montmorency und die Guisen. Von den Bourbonen waren Anton, der König von Navarra, und sein Bruder Ludwig, der Prinz von Condé, zum Kalvinismus übergetreten ; von den Montmorency hatten sich der Admiral von Coligny und Franz von Andelot, der Neffe des Connétable von Montmorency, eines eifrigen Katholiken, ebenfalls der neuen Lehre angeschlossen ; die beiden Guisen hingegen, der Herzog Franz von Guise und sein Bruder Karl, Erzbischof von Reims und Kardinal von Lothringen, traten leidenschaftlich für die katholische Sache ein. Unter diesen Umständen musste es zu einem Kampf um die Macht kommen und zur Bildung von Parteien, wobei sich persönliche, politische und religiöse Interessen eng verbanden.

Während die kalvinistische Partei, die *Hugenotten*, allmählich geradezu einen Staat im Staate bildeten, wollte die herrschsüchtige und skrupellose, in Dingen der Religion gleichgültige Königinmutter Katharina von Medici, die die Regentschaft führte, aus eigenem Interesse keine der beiden Mächtegruppen zu stark werden lassen. Der Kampf war hart. Schon im Frühjahr

1560 versuchten die Hugenotten in der Verschwörung von Amboise, sich der Person des jungen Franz' II. zu bemächtigen, um ihn dem Einfluss der Guisen zu entziehen. Das Unternehmen scheiterte jedoch, Condé wurde zum Tode verurteilt, dann allerdings von der Regentin begnadigt. Im folgenden Jahre ward zu Poissy bei Paris ein Religionsgespräch abgehalten, an dem als Führer der Kalvinisten Beza von Genf, von katholischer Seite insbesondere der Kardinal Karl von Guise und der Jesuitengeneral Lainez teilnahmen. Aber es gelang nicht, eine Verständigung zu erreichen. Besonders bezüglich des Dogmas von der wirklichen Gegenwart in der Eucharistie bestand ein unüberbrückbarer Gegensatz. In der Folge wurde im Edikt von St. Germain (17. Januar 1562) den Protestanten im ganzen Königreich Gewissensfreiheit, ausserhalb der Städte auch freie Religionsübung unter der Aufsicht der Obrigkeit zugestanden. Aber wirkliche Toleranz lag beiden Parteien gleich fern. Immer häufiger wurden die Gewalttaten, und am 1. März 1562 kam es in Vassy zu einem Handgemenge zwischen dem Gefolge des Herzogs von Guise und Hugenotten, die ihren Gottesdienst hielten, und schliesslich richteten die Leute des Herzogs ein furchtbares Blutbad an. Das war das Signal zum Ausbruch des ersten der acht Hugenottenkriege, die von 1562 bis 1593 dauerten und besonders anfänglich mit entsetzlicher Grausamkeit von beiden Seiten geführt wurden. Es ging um religiöse, politische und dynastische Belange zugleich. Fast von Anfang an wurde grundsätzlich auch die königliche Macht bestritten, und beide Parteien suchten Unterstützung im Ausland. Die Kriege fanden erst ihr Ende, als Heinrich IV. 1593 der Häresie abschwur, aber 1598 im dem Toleranzedikt von Nantes den Hugenotten weit entgegenkam.

Bei dem furchtbaren Ringen war es sehr schwierig für den Papst, die richtige politische Linie zu finden, die die kirchlichen Interessen am besten wahrte. Pius IV. war vorsichtig und zurückhaltend. Er sah wohl, wie Katharina von Medici durch ihre schwankende Haltung die katholische Sache gefährdete, aber er wollte doch Massnahmen vermeiden, die einen Bruch mit Frankreich und als Rückwirkung eine noch stärkere Abhängigkeit des Apostolischen Stuhls von Spanien zur Folge hätten. Die Gefahr eines französischen Nationalkonzils bestand noch immer, und kam es zustande, dann war das Werk des Trienter Konzils bedroht. Der 1561 nach Frankreich entsandte Kardinal Ippolito d'Este vermochte die katholischen Interessen nicht wirksam zu vertreten. Als im folgenden Jahre nach dem Blutbad von Vassy der Bürgerkrieg ausbrach und die Hugenotten Elisabeth von England Le Havre auslieferten als Pfand für die Truppen und Hilfsgelder, die ihnen die englische Königin sandte, versprach zwar Pius IV. seinerseits der französischen Regentin finanzielle Unterstüzung. Aber diese Summen wurden nur zum Teil ausbezahlt, weil die königliche Regierung zögerte, die vom Papst gestellten Bedingungen zu erfüllen, namentlich energisch gegen die Hugenotten vorzugehen.

Mit der Energie, die er in allem bekundete, nahm sich nun Pius V. der französischen Angelegenheiten an. Er war überzeugt, dass die Interessen der Kirche sich mit den wohlverstandenen Interessen Frankreichs deckten. Im Jahre 1566 entsandte er einen neuen Nuntius nach Paris, den Grafen Michele della Torre, Bischof von Ceneda, mit der Weisung, auf die Durchführung der Beschlüsse des Trienter Konzils zu dringen. Der Nuntius sollte auch die Vollstreckung des Urteils verlangen, das den Kardinal Odet de Châtillon seiner Würde entsetzt hatte, weil er zum Kalvinismus übergetreten war und sich verheiratet hatte. Noch gegen sechs weitere französische Bischöfe liess Pius V. das Absetzungsurteil wegen Häresie veröffentlichen; es konnte jedoch nicht vollstreckt werden, da der Hof nicht gegen diese Prälaten vorgehen wollte. Trotzdem sandte Pius V. der katholischen Partei Hilfsgelder und Hilfstruppen; am Siege von Moncontour (1569) war ein päpstliches Hilfskorps beteiligt. Indessen vermochte die päpstliche Diplomatie nicht zu verhindern, dass im Frieden von St. Germain (8. August 1570) das Edikt von Amboise von 1563 erneuert und den Hugenotten Religionsfreiheit, wenigstens in beschränktem Masse, gewährt wurde.

Pius V. wollte aber die Unterdrückung der Hugenotten. Denn er sah nicht nur die religiösen Interessen, sondern auch die kirchenstaatlichen Gebiete Avignon und Venaissin durch sie bedroht und befürchtete sogar einen Einfall der Hugenotten in Italien. Aber sein Vorgehen wurde erschwert durch die schwankende Politik Katharinas von Medici, die das Königtum als massgebende Macht über den Parteien zu halten suchte. Katharina bat damals auch den Papst um die nötige Dispens für eine Vermählung ihrer Tochter Margarete von Valois mit dem hugenottischen König von Navarra, dem späteren Heinrich IV. Das ging offenbar gegen die katholischen Interessen, und Pius V. verweigerte auch diese Dispens. Er hätte vielmehr die eheliche Verbindung Margaretes mit dem katholischen König Sebastian von Portugal gewünscht. Margarete heiratete trotzdem im Jahre 1572 Heinrich von Navarra; allerdings sollte sie sich später wieder von ihm trennen. So bereitete Pius V. während seines ganzen Pontifikats die Lage in Frankreich Sorge. Sein Nachfolger, Gregor XIII., aber erlebte dann jene Wendung der königlichen Politik, die sich in der berüchtigten Bartholomäusnacht (1572) vollzog.

PIUS V. UND DAS SPANISCHE STAATSKIRCHENTUM

Zu der Beunruhigung durch die Entwicklung der Lage in Frankreich kamen für Pius V. noch die Sorgen, die ihm die Beziehungen zum König von Spanien bereiteten. Zwar musste Philipp II. nicht zu strengem Vorgehen gegen die Häresie gemahnt werden, aber dafür sah sich der Papst genötigt, energisch die Rechte der Kirche gegenüber dem spanischen Herrscher und seinen Vizekönigen zu wahren, die nur allzu sehr zu Übergriffen in kirchliche Angelegenheiten neigten. Der spanische Hof hielt zähe an den Ansprüchen jenes Staatskirchentums fest, das sich auf der Pyrenäenhalbinsel seit der Zeit der *reconquista* ausgebildet und dann auch auf die spanischen Nebenländer Neapel und Mailand ausgedehnt hatte. Mit Festigkeit trat Pius V. Philipp II. entgegen, als dieser die Inquisition zu einem Werkzeug der Regierung machen wollte und allzu eifrig gegen Häretiker und Ungläubige vorging. Er liess nicht nach, bis der 1558 unter dem Verdacht mangelnder Rechtgläubigkeit von der spanischen Inquisition verhaftete und eingekerkerte Erzbischof von Toledo, Bartolomeo Carranza, nach Rom ausgeliefert wurde, wo sein Prozess geführt werden sollte. In gleichem Sinne sorgte Pius V. für eine Erleichterung der Bedingungen, unter denen rückfällige Judenchristen wieder in die kirchliche Gemeinschaft zurückkehren konnten, und dafür, dass zum Tode Verurteilten vor der Hinrichtung die Sakramente gespendet wurden. Durch seinen Nuntius brachte er auch wiederholt beim spanischen König die Misstände in den westindischen Kolonien zur Sprache und trat für eine menschenwürdige Behandlung der Eingeborenen und deren Christianisierung ein.

Das Bestreben, unzulässige Einmischungen katholischer Herrscher in kirchliche Angelegenheiten zu verhindern, veranlasste Pius V. auch zur Erweiterung und Verschärfung der sogenannten *Abendmahlsbulle.* Diese Bulle, eine Zusammenstellung der dem Papste vorbehaltenen Exkommunikationssentenzen, geht in ihrem Ursprung auf das dreizehnte Jahrhundert zurück. Pius V. fügte neue Bestimmungen zu den alten hinzu und erhob die Bulle zu einem kirchlichen Strafgesetz von dauernder Rechtskraft. In den neuen Zusätzen wurde die Appellation an ein allgemeines Konzil mit dem Bann bedroht und die Einmischung von Laien jedweden Standes in Strafsachen gegen geistliche Personen bei Strafe der Exkommunikation untersagt. Gregor XIII. und Sixtus V. erweiterten später nochmals die päpstlichen Vorrechte, welche diese gegen das Staatskirchentum gerichtete Bulle festlegte. Es konnte nicht ausbleiben, dass die noch ganz in mittelalterlichem Geist gehaltenen Bestimmungen Pius' V. in den Staaten, in denen ein ausgebautes Staatskirchentum bestand, wie in Spanien und der Republik Venedig, auf Widerstand stiessen. Philipp II. lehnte die Bulle ab und ebenso sein Vizekönig in Neapel, der schliesslich mit der Verhängung des Interdikts über das gesamte Königreich Neapel bedroht wurde. Den völligen Bruch zwischen Rom und Madrid verhinderten nur die allgemeine politische und religiöse Lage in Europa und die hervorragende Bedeutung Spaniens für die Abwehr der Häresie. Auch die geschickt vermittelnde Tätigkeit des Nuntius Giovanni Battista Castagna in Madrid trug wesentlich zur Lösung der Spannung bei.

DIE ENTWICKLUNG DER RELIGIÖSEN LAGE IN ENGLAND

Eine Verständigung zwischen dem Papsttum und dem spanischen König war besonders dringlich angesichts der Vorgänge in England, die Pius V. schwere Sorge bereiteten. Die kurze katholische Restauration in England hatte mit dem Tode Marias der Katholischen (1558) ihr Ende gefunden. Nach Maria bestieg deren Halbschwester Elisabeth, die Tochter Heinrichs VIII. und der Anna Boleyn, den englischen Thron. Ihre fünfundvierzig Jahre lange Regierungszeit (1558-1603) bildet eine der glänzendsten Perioden der englischen Geschichte. Elisabeth, die ebenso energisch für den Protestantismus wie Philipp II. für den Katholizismus eintrat, gab der anglikanischen Kirche ihre endgültige Organisation und unterstützte die Neugläubigen in Frankreich und den Niederlanden. Sie sorgte für den Ausbau der englischen See- und Handelsmacht, den auch der Krieg gegen Spanien erforderte. In religiöser Hinsicht war die englische Königin offenbar gleichgültig. Der protestantische Historiker Green bezeichnet sie als « eine Stahlnatur, von einer schamlosen und unheilbaren Falschheit ». Nüchtern und berechnet, ohne jeden grossmütigen Schwung, erstrebte Elisabeth immer nur das Mögliche und Nützliche um den geringsten Preis ; dabei war sie allerdings auch ausdauernd, zäh, folgerichtig im Denken und Handeln. Sie besass eine gute Bildung, sprach mehrere Sprachen, und nicht zuletzt gewann ihr auch ihr sicheres, bestimmtes und kluges Auftreten die unbedingt ergebene Anhänglichkeit ihrer Untertanen.

Schon im Jahre 1559 erklärte das englische Parlament die Königin als « oberste Regentin des Reiches in allen geistlichen und weltlichen Angelegenheiten », und Elisabeth selbst erliess eine Akte, durch die alle fremden, in Gegensatz zur Krone stehenden Gewalten abgeschafft wurden. Der Titel « oberste Regentin » *(supreme governor)* war absichtlich an Stelle des von

Heinrich VIII. geführten Titels «Haupt der Kirche» gewählt, um die Nonkonformisten, Katholiken und Kalvinisten, nicht abzuschrecken. 1563 erhielt die anglikanische Kirche ihr Glaubensbekenntnis in neununddreissig Artikeln, und die Pflicht des 1559 schon von allen Staats- und Kirchendienern geforderten Suprematseides wurde auf die Mitglieder des Unterhauses, die öffentlichen Lehrer und Anwälte, sowie auf alle Personen ausgedehnt, die im Verdacht der Anhänglichkeit an die alte Religion standen. Da die katholischen Bischöfe den Suprematseid verweigerten, wurden sie ihrer Ämter entsetzt und eingekerkert; an ihre Stelle trat eine anglikanische Hierarchie mit Matthew Parker als Erzbischof von Canterbury an der Spitze. Die Königin hatte verstanden, dass ihr Volk auch eine grundstürzende Reform annehmen werde, wenn das anglikanische Bekenntnis von allen zu ausgesprochen kalvinistischen oder zwinglianischen Elementen freigehalten und als wesentlich national hingestellt würde. Die noch Widerstrebenden aber wurden nun schonungslos verfolgt. Trotzdem zögerte Rom noch lange, gegen die englische Königin Massnahmen zu ergreifen, die diese selbst ernstlich fürchtete. Pius IV. hoffte nämlich immer noch, England auf friedlichem Wege zur katholischen Kirche zurückführen zu können, obgleich die Bemühungen seiner Legaten, die der König von Spanien unterstützte, nacheinander scheiterten. Philipp II. seinerseits glaubte, durch das von den Habsburgern so gern und oft auch erfolgreich angewandte Mittel der Heiratspolitik, in diesem Falle durch die Vermählung Elisabeths mit einem katholischen Fürsten, die Rückkehr Englands zur katholischen Kirche erreichen zu können. Seine Enttäuschung sollte schliesslich ebenso gross sein wie die des Papstes. Er verfolgte übrigens mit seinen Bemühungen nicht ausschliesslich ein religiöses, sondern auch ein politisches Ziel; bei dem spanisch-französischen Gegensatz war England als Gegengewicht gegen Frankreich unerlässlich. Eine Zeitlang konnte Philipp hoffen, dass sich die englische Königin aus Furcht vor Maria Stuart gewinnen lasse, die ihr als Königin des mit Frankreich verbündeten Schottland und einstige Gemahlin Franz' II. von Frankreich mit ihren Ansprüchen auf den englischen Thron gefährlich werden konnte. Maria Stuart wurde von vielen englischen Katholiken als rechtmässige englische Thronerbin angesehen. Aber Elisabeth verstand es, durch ihre ausserordentliche Verstellungskunst den König zu überlisten, und die unglückliche Maria Stuart endete bekanntlich nach langer, schwerer Haft auf dem Schafott, ein Opfer des politischen und religiösen Hasses und der wilden Eifersucht der englischen Königin (1587).

Nachdem Pius V. das Trügerische der Hoffnung auf eine Umkehr Elisabeths erkannt hatte, entschloss er sich zu entscheidendem Vorgehen. Er wurde in seinem Entschluss noch bestärkt durch die Vorstellungen englischer Katholiken, die erklärten, dass sie sich aus Gewissensgründen nicht gegen Elisabeth erheben könnten, solange diese nicht vom Papste abgesetzt sei. Nach langer, reiflicher Überlegung erliess Pius V. am 25. Februar 1570 die Bulle *Regnans in excelsis*, durch die Elisabeth in den Bann getan, des Thrones für verlustig erklärt und ihre Untertanen vom Treueid entbunden wurden. Indessen waren bei dem Erlass dieser Bulle gewisse Förmlichkeiten ausser Acht gelassen worden, wodurch zwar der Bann nicht ungültig, aber einem Teil der englischen Katholiken Anlass geboten wurde, die Rechtskraft der Bulle zu beweifeln.

Die Bannbulle gegen Elisabeth von England ist das letzte Absetzungsurteil, das ein Papst gegen einen regierenden Fürsten ausgesprochen hat, und selbst nach dem Urteil katholischer Historiker stellt es einen Fehlgriff dar. Die Zeiten, da ein Gregor VII. und Innocenz III. derartige Rechte beanspruchten, waren endgültig vorüber. Eine gewaltmässige Durchführung des Urteils durch eine fremde Macht kam nicht in Frage. Weder der Kaiser, noch der König von Spanien, die gar nicht unterrichtet worden waren, verbargen ihre Missbilligung der päpstlichen Massnahme. So blieb in politischer Hinsicht die Bulle wirkungslos, wohl aber veranlasste sie nun Elisabeth zu einer noch schärferen Verfolgung der Katholiken. Die englischen Katholiken waren ihrerseits gespalten ; das Verbot, der gebannten Königin zu gehorchen, die indessen doch rechtmässig zur Herrschaft gelangt war, trieb sie in schwere Gewissensnöte. Die Feindschaft gegen das Papsttum, die noch jahrhundertelang in England zum Ausdruck kam, dürfte zu einem grossen Teil durch die Bulle Pius' V. begründet sein. Die Bulle hat jedoch nicht den grossen Abfall von der katholischen Kirche in England verursacht. Dieser Abfall war vielmehr schon in den ersten Regierungsjahren Elisabeths erfolgt, und zwar nicht in der Form eines ausdrücklichen Bruches mit Rom, sondern als ein — im Grunde viel gefährlicheres — allmähliches Abgleiten. Seinen Anfang bildete die von der Königin allen Untertanen auferlegte Verpflichtung zur Teilnahme am anglikanischen Gottesdienst. So entstand eine äussere Gewöhnung, die allmählich auch den inneren Anschluss nach sich zog. Unter diesen Umständen wirkte die Bulle Pius' V. wie ein Alarm auf die englischen Katholiken. « Es ist schwer einzusehen », schreibt ein katholischer englischer Historiker, « was anders die Katholiken aus ihrem verhängnisvollen Todesschlaf aufrütteln konnte, wenn nicht ein Donnerschlag : die Bulle ».[1] Als

---

[1] John Hungerford Pollen, S. J. : *The English Catholics in the reign of Queen Elizabeth.* (London 1920.)

Pius V. einige Tage vor seinem Tode englische Flüchtlinge in Rom antraf, lieh er ihnen gleich seine Unterstützung, indem er ausrief : « Herr, Du weisst, dass ich bereit bin, mein Leben für das Heil dieser Nation zu opfern ! »

DIE KIRCHLICHE LAGE IN DEUTSCHLAND

Auch die kirchlichen Verhältnisse in Deutschland verfolgte Pius V. mit grosser Aufmerksamkeit. Zu Beginn seines Pontifikats war die Lage der Kirche in Deutschland noch besorgniserregend, und wenn in der Folge eine erhebliche Besserung eintrat, so war dies zu einem guten Teil das persönliche Verdienst des Papstes. Als Pius V. den päpstlichen Thron bestieg, waren die Beschlüsse des Tridentinums in Deutschland noch weit von der Durchführung entfernt, und die unklare Haltung Kaiser Maximilians II. legte die Vermutung nahe, dass er innerlich dem Augsburger Bekenntnis anhing. Pius V. ging nun zugleich bestimmt und vorsichtig vor ; in kluger Weise liess er sich vielfach von dem ersten deutschen Jesuiten, dem hl. Petrus Canisius, und von dem gelehrten Dominikaner Felician Ninguarda beraten, die beide viel Verständnis für die Lage der Kirche in Deutschland besassen und hier erfolgreich wirkten. Die von Ninguarda ausgearbeiteten Reformdekrete, die auf einer Salzburger Provinzial-Synode 1569 angenommen wurden, führten in diesem wichtigen Sprengel im Südosten des Reichs zu einer merklichen Besserung der kirchlichen Zustände.

Unterdessen hatten sich dank den geschickten Bemühungen des Nuntius Commendone die katholischen Stände schon auf dem Augsburger Reichstag von 1566 zur Annahme der Beschlüsse des Konzils von Trient bereit erklärt. Um die Durchführung der Beschlüsse zu sichern, gab der Papst in einigen Einzelbelangen mit klugem Entgegenkommen nach, unter anderm hinsichtlich gewisser Fälle von Pfründenhäufung. Nachdem er zunächst entschieden den Augsburger Religionsfrieden von 1555 verworfen, überliess er hernach die förmliche Verwahrung dagegen dem Ermessen des Nuntius Commendone und wandte nichts mehr dagegen ein, dass dieser sie unterliess. Wo er es aber als nötig erachtete, zeigte er eine unbeugsame Strenge. So lehnte er unbedingt das Begehren Maximilians II. auf Gewährung des Laienkelchs und der Priesterehe ab. Der Kaiser gab übrigens, obwohl er wiederholt dem Apostolischen Stuhl seine Ergebenheit bekundete, dem Papst Anlass zur Beunruhigung, besonders als er 1568 dem Adel in Niederösterreich den Gebrauch der Augsburgischen Konfession für sich und seine Untertanen gestattete. Eine weitere Verschärfung trat in den Beziehungen zwischen Papst und Kaiser ein, als

Pius V. 1569 den Herzog Cosimo von Toskana zum Grossherzog erhob. Maximilian sah darin eine Verletzung seiner Rechte als Reichsoberhaupt und unterstützte den Rivalen von Cosimo, den Herzog Alfonso d'Este von Ferrara, den Sohn der kalvinistisch gesinnten Renata von Ferrara. Schliesslich konnte aber der Konflikt, mit dem sich auch der Reichstag von Speyer (1570) befasste, doch beigelegt werden.

Die kirchliche Lage in der Schweiz gestaltete sich indessen befriedigend für den Papst, der auch eine gewisse Vorliebe für die Eidgenossen wegen ihrer Tüchtigkeit und Ehrlichkeit bekundete. Nach Karl Borromäus' Zeugnis hingen in den katholischen Orten Volk und Obrigkeit in aufrichtiger Treue an dem Glauben der Väter. Es ist ein schöner Ruhmestitel für die Innerschweizer, dass schweizerisches Wesen und Brauchtum, wie es der Kardinal in einem Bericht von 1567 schildert, heute noch bei ihnen weiterlebt. In den katholischen Teilen der Schweiz stellten sich damals dem Papsttum zur Förderung der katholischen Sache viele Männer von erprobter staatsmännischer und militärischer Tüchtigkeit, von Reichtum und Ansehen in der Heimat wie im Ausland mit unbedingter Hingebung und ausserordentlichem Eifer zur Verfügung. Wir erinnern hier nur an Ludwig Pfyffer von Luzern, den « Schweizerkönig », der den französischen König bei dem Rückzug von Meaux (1567) rettete, an Melchior Lussy von Unterwalden, der mit dem Fürstabt von Einsiedeln die Schweiz bei dem Konzil von Trient vertreten hatte, an Joachim Eichhorn, Walter Roll und Hans Zumbrunnen von Uri, an Christoph Schorno von Schwyz, den Historiker Tschudi von Glarus. Angesichts dieser stattlichen Zahl hervorragender Persönlichkeiten versteht man, dass die katholischen Orte damals ein Ansehen genossen, das in gar keinem Verhältnis mehr zu ihrem kleinen Lande und ihren an sich beschränkten Möglichkeiten stand.

DER SIEG VON LEPANTO (1571)

Der so erfolgreich für die Durchführung der Trienter Konzilsdekrete arbeitende Papst beobachtete auch aufmerksam die Gefahr, die der Christenheit durch die Türken drohte, und mit seinem in manchen Zügen noch mittelalterlichen Idealismus unternahm er energisch die Einigung der abendländischen Christenheit zum Kreuzzug gegen die Türken. Dabei liess er sich auch durch alle Schwierigkeiten nicht entmutigen, die ihm die nur auf ihre Sonderinteressen bedachten Mächte bereiteten und insbesondere das Bündnis des französischen Königs mit dem Sultan. Selim II. forderte zu jener Zeit von Venedig die Abtretung Cyperns. Nach langem unentwegtem Bemühen brachte nun Pius V. am 25. Mai 1571 eine heilige Liga zwischen dem Papsttum, Spanien, Venedig und den Malteserrittern zustande, und bald schlossen sich der Grossherzog von Toskana, Genua, der Herzog von Savoyen, Mantua, Parma, Lucca und Ferrara dem Bunde an. Pius V. wünschte auch die Beteiligung der Schweizer. Aber trotz ihrer Anhänglichkeit an den Heiligen Stuhl und ihres im Jahre 1565 geschlossenen Bündnisses mit dem Papst lehnten sie den Vorschlag ab, da sie durch ihre eigene Verteidigung unmittelbar in Anspruch genommen waren. Umsonst bemühte sich die päpstliche Diplomatie auch, den Kaiser, Frankreich, Portugal, Polen und Russland zum Anschluss an den Bund zu bewegen. Nachdem die Liga in beschränktem Masse zustande gekommen, wurde zum Oberbefehlshaber der vereinigten Geschwader Don Juan d'Austria, der Halbbruder Philipps II., bestimmt und zu seinem Stellvertreter Marcantonio Colonna, der Führer der päpstlichen Flotte. Die grosse Armada der Liga setzte sich aus mehr als zweihundert gutbewaffneten Galeeren mit mehr als dreissigtausend Soldaten zusammen. Sie errang einen glänzenden Sieg. Am 7. Oktober 1571 ward die gleichstarke türkische Flotte auf der Höhe von Lepanto, am westlichen Ende des Golfs von Korinth vernichtend geschlagen.

Die grosse Siegesnachricht traf in der Nacht vom 21. auf den 22. Oktober in Rom ein. Sofort liess der Kardinal Rusticucci den Papst wecken. In Tränen der Freude ausbrechend, sprach Pius V. die Worte des greisen Simeon : *Nunc dimittis servum tuum, Domine, secundum verbum tuum in pace* (Nun entlässt Du, Herr, Deinen Diener in Frieden). Unablässig hatte er für den Sieg der christlichen Waffen gebetet und beten lassen. Nun verordnete er, dass zum dauernden Gedächtnis des Sieges fortan alljährlich am 7. Oktober das Fest Unserer lieben Frau vom Sieg gefeiert werde. Dieses Fest wurde von Gregor XIII. als Rosenkranzfest auf den ersten Oktobersonntag verlegt. Lepanto, von einem Zeitgenossen « der grösste Sieg » genannt, « den man seit tausend Jahren gesehen », stellte in der Tat eine glänzende Waffentat dar, und sie war in erster Linie durch die zähe Energie Pius' V., sein langes, aber schliesslich erfolgreiches Bemühen um eine grosse christliche Koalition ermöglicht worden. Der Papst war sich jedoch bewusst, dass die osmanische Macht trotz allem noch nicht gebrochen war. Darum mahnte er die katholischen Fürsten zur völligen Niederwerfung der Türken. Aber alle Vorstellungen waren vergebens, und so blieb der schöne Sieg infolge der Zerrissenheit des Abendlandes ohne Auswirkung. Schon 1573 schloss Venedig durch französische Vermittlung einen Sonderfrieden mit den Türken, der für diese günstig war.

Pius V. blieb der Schmerz über diesen Rückschlag espart. Zu Beginn des Jahres 1572 erkrankte er und ging mit grosser Gefasstheit dem Tode entgegen. Um als einfacher Mönch zu sterben, liess er sich das Kleid des hl. Dominikus anlegen. Die ihn trauernd Umgebenden tröstete er, indem er ihnen sagte, Gott der Herr werde nötigenfalls aus den Steinen den Mann erwecken, dessen seine Kirche in so schwerer Zeit bedürfe. Wenn er bei den heftigen Schmerzen, die ihn quälten, einen Augenblick zu sich kam, hörte man ihn mit leiser Stimme flehen : « Herr, vermehre meine Schmerzen, aber vermehre auch meine Geduld ». Am 1. Mai 1572 hauchte der Achtundsechzigjährige seine heilige Seele aus. Das Gefühl war allgemein, dass mit ihm ein Heiliger dahingeschieden sei. Karl Borromäus äusserte 1568 mit Recht, die Kirche habe seit langem kein besseres und heiligeres Oberhaupt besessen. Vom ersten bis zum letzten Tage seines Pontifikats hatte Pius V. alle seine Kräfte dem Schutz der Kirche gegen die Feinde des katholischen Glaubens, der Abschaffung von Missbräuchen aller Art und der Verteidigung des christlichen Abendlandes gegen den Ansturm des Islam gewidmet. Die Kürze seines Pontifikates erlaubte es ihm nicht, überall entscheidende Erfolge zu erreichen. Aber besonders auf dem Gebiet der kirchlichen Wiedererneuerung ernteten später seine Nachfolger vielfach was er gesät. Die Heiligsprechung Pius' V. erfolgte im Jahre 1712 durch Klemens XI., und sein Fest wurde auf den 5. Mai verlegt. Die sterblichen Überreste des heiligen Papstes ruhen in S. Maria Maggiore, wo Sixtus V. seinem grossen Vorgänger ein prachtvolles Grabmal errichten liess.

GREGOR XIII. (1572-1585)

Die Bedeutung des Pontifikats Gregors XIII. ist im Urteil der Nachwelt lange Zeit in den Schatten gestellt worden durch den Umstand, dass ein Heiliger wie Pius V. Gregors Vorgänger und eine herrschgewaltige Persönlichkeit wie Sixtus V. sein Nachfolger war. Indessen ist Ugo Boncompagni von Bologna, der am 13. Mai 1572 als *Gregor XIII.* aus einem nur vierundzwanzigstündigen Konklave hervorging, sicher kein mittelmässiger Papst gewesen.

Seine Wahl war ohne Schwierigkeit erfolgt. Philipp II. hatte von dem Kardinal Alessandro Farnese erlangt, dass er im Interesse des Friedens in Italien zugunsten des Kardinals Boncompagni zurücktrat. Der neugewählte Papst war ein Mann der Rechtswissenschaft und Verwaltung. Er hatte seine Ausbildung an der berühmten Rechtsschule seiner Vaterstadt erhalten und dann hier selbst als Lehrer gewirkt. 1539 begann er in Rom seine kirchliche Laufbahn und trat dann schon auf dem Konzil von Trient hervor. Als Lohn für sein verdienstvolles Wirken verlieh ihm Pius IV. den Purpur.

Da sich Boncompagni in seiner Jugend gerne weltlichen Freuden hingegeben hatte, glaubten manche, dass sein Pontifikat von dem strengen vorhergehenden erheblich abweichen werde. Aber diese Erwartungen erwiesen sich bald als Täuschung. Nicht allein war Gregors XIII. Lebenswandel durchaus einwandfrei, würdig und schlicht, der neue Papst widmete sich auch in unermüdlicher täglicher Arbeit der Reform. Schon seit längerem übte die vorbildliche Frömmigkeit des hl. Karl Borromäus einen tiefen Einfluss auf ihn aus. Seine Mildtätigkeit, die sich in freigebiger Unterstützung von Armen jeder Art bekundete, wurde allgemein gerühmt. Mit Geschick wählte Gregor XIII. seine Mitarbeiter. Die erste Stelle unter ihnen nahm der Kardinal von Como, Tolomei Galli, ein, den man mit Recht als den ersten päpstlichen Staatssekretär in modernem Sinn bezeichnete. [1]

Gleich zu Beginn des Pontifikats Gregors XIII. zeigte sich, dass der neue Papst ernstlich gewillt war, die Dekrete des Konzils von Trient weiter durchzuführen, und tatsächlich geschah während seiner Regierung viel in dieser Hinsicht. Die kirchliche Disziplin wurde besonders in den Diözesen Italiens, aber auch über dessen Grenzen hinaus gefestigt ; die Schaffung neuer Nuntiaturen in Graz, Köln und Luzern förderte in diesen Gebieten in beträchtlicher Weise das Reformwerk. Das Pontifikat Gregors XIII. bildet einen Markstein in der Entwicklung des Nuntiaturwesens. Während bisher die Nuntien vornehmlich als diplomatische Vertreter des Papstes bei den auswärtigen Herrschern wirkten, wurde jetzt ihre Tätigkeit auf das Gebiet der innerkirchlichen Reform erweitert ; in beträchtlichem Masse wurden ihnen auch Aufgaben rein kirchlicher Art, Visitationen, Weihen, kirchliche Gerichtsbarkeit, Durchführung der Reformdekrete, übertragen. Bei der vielfach noch schwierigen Lage der Kirche war es besonders wichtig, dass in der Person der Nuntien unmittelbare Vertreter des Oberhauptes der Kirche in den katholischen Ländern anwesend waren. Eine tiefgehende Wirksamkeit entfalteten vornehmlich die Nuntien Giovanni Francesco Bonhomini in der Schweiz, Bartolomeo Portia und Felician Ninguarda in Süddeutschland. Die katholische Schweiz verdankt Bonhomini namentlich die Gründung der Jesuitenkollegien in Luzern und in Freiburg, wo der hl. Petrus Canisius seine segensreiche Tätigkeit entfaltete.

Die Gesellschaft Jesu erfreute sich besonderer Gunst und Förderung seitens Gregors XIII. Wir sprachen schon von dem *Collegium Romanum*, das von Ignatius von Loyola geplant und mit Hilfe Julius' III. gegründet worden war ; nun stellte Gregor XIII. seinen Bestand durch reiche Dotation sicher. Er kann daher als der eigentliche Gründer dieser Anstalt gelten, die auch bis heute den Namen *Universitas Gregoriana* führt und unter den kirch-

---

[1] P. Richard : *Origines et développement de la secrétairie d'Etat apostolique* (1417-1823). Revue d'histoire ecclésiastique XI (1910). S. 527.

lichen Universitäten einen bevorzugten Platz einnimmt. Nicht mindere Bedeutung erlangte das *Collegium Germanicum*, das ebenfalls von Gregor XIII. bedeutsam gefördert wurde. 1587 schloss sich an das Germanicum ein 1578 von Gregor XIII. errichtetes ungarisches Kollegium, und so führt die Anstalt bis heute den Namen *Collegium Germanicum et Ungaricum.*

Das 1579 gegründete *englische Kolleg* sollte durch die Heranbildung englischer Priester für England dieselbe Aufgabe erfüllen wie das Germanicum für Deutschland. Es trat zu dem Seminar in Douai, das 1558 der spätere Kardinal William Allen errichtet hatte, weil die Katholikenverfolgungen der Königin Elisabeth die Ausbildung von Priestern in England selbst unmöglich machten. Das englische Kolleg in Rom erhielt bald nach seiner Gründung den Ehrentitel « Märtyrerkolleg » ; den Zöglingen, die nach vollendeter Ausbildung nach England zurückkehrten, war nämlich das Martyrium so gut wie sicher. Wenn der hl. Filippo Neri diese jungen Engländer traf, pflegte er sie mit den Worten zu grüssen : *Salvete flores Martyrum !* Seid gegrüsst, Blüten der Märtyrer !

Auch für die Maroniten und Armenier und insbesondere für die Griechen gründete Gregor XIII. römische Seminarien. Es war in der Tat ein weltenweites Wirken, das der Papst mit der Schaffung dieser Lehranstalten entfaltete, umsomehr als er sich nicht mit den römischen Gründungen begnügte, sondern namentlich auch in Deutschland die Errichtung einer ganzen Reihe von Jesuitenkollegien durch reiche Unterstützung ermöglichte. Solche Kollegien entstanden damals unter anderem in Wien, Graz, Prag, Fulda und Dillingen. Sie stellten einen guten Teil der Kräfte, mit denen man von katholischer Seite nach langen Jahren verzagten Zurücktretens mit neuem Selbstvertrauen sich wiederbehaupten und Verlorenes wiederzugewinnen trachten konnte. Schliesslich gründete der besonders um die deutschen Angelegenheiten besorgte Papst auch noch die « Deutsche Kongregation », in die eine Reihe deutscher oder mit den deutschen Verhältnissen vertrauter Kardinäle berufen wurden, um sich der Erhaltung des von so schweren Stürmen heimgesuchten deutschen Katholizismus anzunehmen.

Die Lage der Kirche in Deutschland stellte bei ihrer Verknüpfung mit der politischen Lage noch schwere Aufgaben. Aber unter Gregor XIII. gelang eine erfreuliche Besserung der Verhältnisse. Ein grosses Verdienst daran hatten auch katholische Fürsten in Deutschland, besonders die Herzöge von Bayern, Albrecht V. und Wilhelm V., und der Erzherzog Ferdinand II., sowie hohe kirchliche Würdenträger, vornehmlich die Bischöfe von Würzburg und Strassburg und der Abt von Fulda. Auch die 1582 gegründete Universität Würzburg trug zur Förderung der katholischen Interessen in Deutschland bei.

In *Polen* und *Schweden* trat in jener Zeit ebenfalls eine Wendung zum Besseren in den kirchlichen Verhältnissen ein. Als mit dem Tode des Polenkönigs Sigismund August der Mannesstamm der Jagellonen erlosch, fürchtete Rom die Erhebung eines protestantischen Fürsten. Aber diese Gefahr wurde durch die Wahl Heinrichs von Valois durch den polnischen Adel beschworen. Heinrich von Valois regierte zwar nur wenige Monate und kehrte nach Frankreich zurück, wo er als Heinrich III. den Thron bestieg, aber danach wurde der überzeugte und eifrige Katholik Stephan Báthory in Polen zum König erwählt, unter dessen Regierung der Klerus einmütig die Dekrete des Konzils von Trient annahm und die Jesuiten eine eifrige Wirksamkeit entfalteten. Die erneuerte katholische Kirche in Polen bildete einen festen Stützpunkt für die Gegenreformation im Norden und Osten Europas.

Eine Zeitlang konnte man in Rom auch die Hoffnung hegen, dass Schweden zur katholischen Kirche zurückkehren werde. König Johannes III. hatte die polnische Prinzessin Katharina, die Schwester von Sigismund August, geheiratet und strebte nach dem Tode seines Schwagers nach der polnischen Königskrone. Er neigte persönlich zum Katholizismus und nahm durch eine Gesandtschaft nach Rom die Beziehungen zum Papst auf. Daraufhin sandte Gregor XIII. den Jesuiten Possevin nach Schweden, und es gelang diesem, den König zum Übertritt zur katholischen Kirche zu bewegen. In der Folge wünschte jedoch Johannes grössere Zugeständnisse von Rom, die nicht erfüllt werden konnten, wie die Priesterehe und die Kommunion unter beiderlei Gestalt. Unter diesen Umständen war es nicht möglich, die so erfreulich angeknüpften Beziehungen aufrecht zu erhalten.

Auch in *Russland* hatte Possevin nicht den erhofften Erfolg, da der Grossfürst von Moskau, Iwan der Schreckliche, zwar die Verbindung mit Rom aufgenommen hatte, dann aber die Wiedervereinigung der russischen mit der römischen Kirche heftig ablehnte. So war schliesslich Gregors XIII. Bemühen, den Nordosten Europas der Kirche zurückzugewinnen, gescheitert mit Ausnahme von Polen, das aber deshalb umso grössere Bedeutung als Bollwerk der abendländischen Kultur vor den Toren des Ostens erlangte.

DIE BARTHOLOMÄUSNACHT

Schwere Sorge bereitete dem Papst die Entwicklung der Lage in Frankreich. Nach dem Erlass des Edikts von St. Germain hatte fast zwei Jahre lang Frieden geherrscht, und die Vermählung der Schwester Karls IX., Margarete von Valois, mit dem Führer der Hugenotten, Heinrich von Navarra, schien schon die Gegner auszusöhnen. Viele protestantische Adlige waren am Hofe. Aber von ihnen hatte besonders der Admiral Coligny so grossen Einfluss auf den jungen König gewonnen, dass die Königinmutter um ihre Herrschaft zu fürchten begann, die sie doch so eifersüchtig zu wahren strebte. In ihrem verzweifelten Ehrgeiz wurde sie den Ratschlägen der Feinde Colignys in ihrer Umgebung, besonders des jungen Heinrich von Guise, umso zugänglicher und beschloss nun, den Admiral zu beseitigen. Am 22. August 1572 wurde Coligny von der Kugel eines von Katharina und Heinrich von Guise gedungenen Mörders getroffen, jedoch nur verletzt. Karl IX. aber war höchst empört über das Attentat und schwor, Coligny zu rächen. Er liess sofort eine Untersuchung einleiten, die bald die Schuld des Herzogs von Guise aufdeckte und unausweichlich auch die Königinmutter blossstellen musste. Um ihr Leben zu retten, ging Katharina nun von dem misslungenen Attentat weiter zu einem der düstersten Verbrechen, das die neuere Geschichte kennt. Zu den Festlichkeiten der Hochzeit Margaretes mit Heinrich von Navarra waren auch die führenden Hugenotten in Paris erschienen. Katharina aber hatte Karl IX. so getäuscht, dass er nun in jene Morde einwilligte, denen in der fürchterlichen Bartholomäusnacht (24. August 1572) zahlreiche Hugenotten zum Opfer fielen. Coligny wurde im Morgengrauen ermordet, eine ganze Reihe von protestantischen Adligen im Louvre selbst umgebracht, und danach ein schreckliches Blutbad unter allen Pariser Kalvinisten angerichtet. Das Morden setzte sich in Paris bis zum 26. August und dann auch noch in der Provinz fort. Schliesslich stieg die Zahl der Getöteten auf sechs- bis achttausend. An leider nur zu wenig Orten traten Bischöfe und Provinzgouverneure dem königlichen Befehl entgegen und retteten die Protestanten vor den wilden Fanatikern.

Mit einer dreisten Lüge aber wurden dann die Mordtaten der Bartholomäusnacht, dieses persönliche Verbrechen der skrupellos herrschsüchtigen Königin und ihrer Genossen, dem französischen Volke und den auswärtigen Fürsten als eine Verteidigungsmassnahme gegen eine Verschwörung Colignys und seiner Freunde hingestellt. In der Tat hatten keine religiösen Beweggründe mitgespielt, sondern lag ein rein politisches Verbrechen vor. Gregor XIII. war, entgegen allzu oft wiederholten Beschuldigungen, weder in die Vorbereitungen noch in die Gewalttaten selbst der Bartholomäusnacht irgendwie verwickelt. Dass er, als er die ersten, ungenauen Nachrichten erhielt, in Rom ein *Te Deum* singen, ein feierliches Dankfest veranstalten und eine Gedenkmünze prägen liess, erklärt sich daraus, dass er wie alle Welt an die Unterdrückung eines grossen Komplotts der Hugenotten gegen die königliche Familie glaubte. Der päpstliche Nuntius in Paris, Salviati, hatte vielleicht etwas von dem geplanten Schlag erfahren, den er übrigens nicht billigte ; jedenfalls hat er zunächst keine Mitteilung darüber nach Rom gemacht und wurde deshalb auch vom Kardinalstaatssekretär getadelt. Erst später, gegenüber der Darstellung des französischen Hofes, unterrichtete er die Kurie über die wahren Beweggründe des Massenmordes. [1]

Die Religionskriege in Frankreich dauerte noch zwanzig Jahre lang, und die Beziehungen zwischen der königlichen Regierung und dem Heiligen Stuhl besserten sich nach der Bartholomäusnacht nicht. Gregors XIII. Bemühen, die Trienter Dekrete in Frankreich zur Annahme zu bringen, scheiterte an dem zähen Widerstand des Gallikanismus, der zu einflussreicher Machtstellung in der französischen Kirche aufzusteigen begann.

GREGOR XIII. UND ELISABETH VON ENGLAND

Durch seine Haltung gegenüber der englischen Königin hat sich Gregor XIII. noch heftigere Kritik als durch sein Verhalten gegenüber den Ereignissen der Bartholomäusnacht zugezogen. In der Tat ist verständlich, dass er Philipp II. zum Krieg gegen England mahnte, um die Häresie niederzuwerfen, aber weniger, dass er die Unternehmungen so skrupelloser Abenteurer wie Stukely und James Fitzmaurice Fitzgerald in Irland unterstützte. Die von Elisabeth mühelos unterdrückten Handstreiche führten schliesslich nur dazu, dass die Königin noch strenger gegen die daran unbeteiligten englischen Katholiken vorging. Gregor XIII. hielt weiterhin an dem Invasionsplan fest, weil er die Hoffnung, England wieder mit der katholischen Kirche vereinigen zu können, nicht aufgeben wollte. Er erneuerte den von seinem Vorgänger verhängten Bann und das Absetzungsurteil über die englische Königin, die « Jezabel des Nordens », ja er ging sogar so weit, Mordpläne, die in England gegen sie geschmiedet wurden, zu billigen. So konnten die Verschwörer folgern, dass die Ausführung ihrer Tat keine Sünde sein würde.

Diese schrecklichen Zustände können keineswegs gerechtfertigt werden, wenn sie auch eine Erklärung in der unglaublichen Verbitterung und schonungslosen Gewalttätigkeit finden, mit der sich Katholiken und Protestanten damals bekämpften, in der tiefen Feindseligkeit auf beiden Seiten, die erst nach mehr als zwei Jahrhunderten eine Abschwächung erfuhr, in den grausamen Verfolgungen, die die Königin verhängte, und schliesslich auch

---

[1] Vgl. Mgr. M. Besson : *Les « victimes » des papes.* Etude historique. 2e éd. Fribourg, Fragnière 1921. S. 49 ff.

in der Tatsache, dass schon seit der Renaissance der politische Mord weithin als gerechtfertigt galt. Aber so viele theoretische Begründungen auch für den Tyrannenmord beigebracht wurden — und die damalige Epoche ist reich an Streitschriften über diese Frage — die Politik der Päpste muss doch nach den unverrückbaren Masstäben des Sittengesetzes beurteilt werden.

Gregors XIII. allzu zeitbedingte Haltung gegenüber den französischen und englischen Angelegenheiten kann indessen nicht die Verdienste schmälern, die sich dieser Papst durch seine Sorge um die allgemeine Durchführung der Trienter Reformdekrete und besonders um die Kirche in Deutschland und Polen erwarb. Rühmlich ist auch seine Mildtätigkeit, seine Kalenderreform, bei der er Wissenschaft und Religion in Einklang brachte, die Förderung die er, vielfach mit Hilfe der Gesellschaft Jesu, dem Bildungswesen angedeihen liess, und die Unterstützung, die er Gelehrten und Künstlern gewährte. Er sorgte für die rege Weiterführung des Neubaus der Peterskirche und spendete reiche Mittel für den Bau von il Gesù in Rom, der prächtigsten barocken Jesuitenkirche. Zudem tat er vieles für den Ausbau des Vatikans und begann auf dem Quirinal einen grossen Palast zu errichten, der als päpstliche Sommerresidenz dienen sollte. Der Bau von Santa Maria in Vallicella *(Chiesa nuova)*, den Filippo Neri, der Gründer des vom Papst bestätigten Oratoriums, unternahm, fand in Gregor XIII. einen freigebigen Gönner. Im Kirchenstaat nahm der Papst Steuerreformen vor, die alte Misstände beseitigen sollten, mit denen sich die Nutzniesser nur allzu gut abfanden. Eine weitere, dringende Reform führte dann Gregors XIII. Nachfolger durch, indem er energisch gegen das Banditenunwesen einschritt, das zum Teil durch den Widerstand gegen Gregors XIII. Reformen aufkam.

Am 10. April 1585 starb Gregor XIII. nach kurzer Krankheit im Alter von vierundachtzig Jahren. Mit grosser Seelenruhe war er dem Tode entgegengegangen. Alsbald nach Empfang der letzten Ölung verschied er. Er erhielt ein Grabmal bei der Capella Gregoriana, die er selbst in St. Peter hatte einrichten lassen. Wir bemerkten schon, dass Gregor durch ungerechte Vergleiche lange Zeit unterschätzt wurde. In der Tat konnte er sich aber sagen, dass er in seiner rastlosen Sorge für alle Nationen, besonders durch die Errichtung und Unterstützung von geistlichen Erziehungs- und Bildungsanstalten für Missionäre der verschiedensten Länder, mehr getan habe als irgend einer seiner Vorgänger. Ein Zeitgenosse schreibt denn auch, das Andenken Gregors XIII. werde stets gesegnet bleiben, denn er habe der Welt eine der Hauptpflichten des wahren Nachfolgers Petri gezeigt.

SIXTUS V. (1585-1590)

In der schweren, erregten Zeit, die damals die Kirche und die ganze Christenheit erlebten, erwies sich der Nachfolger Gregors XIII., *Sixtus V.*, vor allem als ein ausserordentlich energischer und organisationsbegabter Oberhirte. Er trat mit grosser Festigkeit und Strenge auf, ohne doch die Grenzen zu überschreiten, die ihm sein Gerechtigkeitssinn auferlegte. Unter seinem Regiment herrschte Ordnung ; er sorgte für die Reform nicht nur des päpstlichen Finanzwesens, sondern auch der geistlichen Verwaltung, schmückte Rom mit neuen Kunstwerken und trat für die Wahrung des europäischen Gleichgewichts ein, indem er jedem Streben nach Vormacht seine Unterstützung verweigerte. Sixtus V. dürfte der bedeutendste Papst des sechzehnten Jahrhunderts gewesen sein ; er war sicher der Papst, der damals am besten die Interessen der Kirche zu fördern verstand.

Felice Peretti wurde am 13. Dezember 1521 in Grottamare in der Mark Ancona als Sohn einer armen, aus Dalmatien stammenden Familie geboren. Ein Bruder seiner Mutter, Fra Salvatore, der als würdiger und strenger Priester in dem bei Montalto gelegenen Kloster der Franziskaner-Konventualen lebte, nahm den neunjährigen Felice zu sich und sorgte mit grosser Liebe für seine Erziehung und Bildung. Felice zeichnete sich bald durch seine Begabung aus ; mit zwölf Jahren wurde er Novize, und schon mit neunzehn Jahren war er als Prediger bekannt und berühmt. 1552 wurde er zur Abhaltung der Fastenpredigten in SS. Apostoli berufen und hatte hier einen Erfolg, der für seine Zukunft entscheidend wurde. Er zog die Aufmerksamkeit hoher kirchlicher Würdenträger auf sich ; sowohl der Kardinal Carafa, der spätere Paul IV., wie der Kardinal Ghislieri, der spätere Pius V., und der Kardinal Carpi kamen gern mit ihm zusammen, um sich eingehend mit ihm zu besprechen. Peretti hatte seine theologischen Studien in Ferrara beendet und mit sechsundzwanzig Jahren die Priesterweihe erhalten. Danach war er zur Leitung der theologischen Studien im Franziskanerkloster von Siena berufen worden ; nach seinem Aufenthalt in Rom wurde er Regent der Niederlassung seines Ordens in Neapel und 1556 von seinen Obern zum Studienleiter des Klosters in Venedig bestimmt. Ein Jahr später ernannte ihn Paul IV. zum Inquisitor in Venedig ; Pius V. verlieh ihm 1566 das Bistum Sant' Agata de' Goti in Unteritalien und 1570 den Purpur. Gregor XIII. jedoch, der sich schon als Kardinal Boncompagni und Nuntius in Spanien mit dem ihn begleitenden Peretti nicht verstanden hatte, hielt diesen dann von allen Geschäften fern.

So lebte der zum Kardinal Montalto gewordene Fra Felice zurückgezogen, emsig mit wissenschaftlicher Arbeit beschäftigt, als Gregor XIII. starb. Zehn

Tage später fanden sich neununddreissig Wähler zum Konklave ein. Die Parteien hatten sich zuvor schon gebildet, und der Kardinal Montalto galt als aussichtsreicher Papstkandidat. Für ihn trat besonders der Kardinal Ferdinando Medici ein, der nicht nur als grosser Kunstfreund wie seine Vorfahren, sondern auch als geschickter Diplomat galt, und dank dessen eifrigem Bemühen schliesslich, am 24. April 1585, Montalto einstimmig gewählt wurde. « Die Wahl Sixtus' V. », schrieb der venezianische Botschafter Lorenzo Priuli dem Dogen, « wird als Werk des Heiligen Geistes angesehen, da alle Kardinäle so rasch einmütig zu seiner Erhebung mitwirkten. » Der Kaiser, Frankreich und Spanien hatten sich zwar früher schon das Recht angemasst, Kandidaten, die ihnen nicht genehm waren, von der Papstwahl auszuschliessen. Aber Kaiser Rudolf II. interessierte sich nicht für die römischen Angelegenheiten, Heinrich III. von Frankreich besass nur wenig Einfluss auf das Konklave, da die französischen Kardinäle infolge der Auseinandersetzung zwischen dem König und der Liga uneins waren, und Philipp II. hatte, glücklich über seine soeben errungenen Erfolge in Flandern, dem Konklave Freiheit gelassen.

Die verbreitete Erzählung, dass Sixtus V. als Kardinal im Konklave gebückt und auf einen Stock gestützt einherschlich, nach seiner Wahl aber den Stock weggeworfen und sich kraftvoll aufgerichtet habe, ist eine Fabel, durch die man die Dinge so hinstellen wollte, als habe der Kardinal Montalto schwach und kränklich erscheinen wollen, um die Kardinäle durch die Aussicht auf ein kurzes Pontifikat für sich zu gewinnen. Diese Fabel geht auf den italienischen Protestanten Gregorio Leti zurück, einen phantasiereichen Geschichtschreiber, der 1669 in Lausanne eine historisch wertlose Biographie erscheinen liess, die den grossen Papst als eine groteske Persönlichkeit schildert.[1]

DIE UNTERDRÜCKUNG DES BANDITENUNWESENS IM KIRCHENSTAAT

Zunächst ging Sixtus V. an die Reorganisation des Kirchenstaates, wo sich die dringliche und schwierige Aufgabe stellte, für Ruhe und Sicherheit zu sorgen, da sich seit etwa fünfzehn Jahren das Banditenunwesen in unheimlichem Masse entwickelt hatte. Die Bandenführer waren zum Teil Mitglieder vornehmer Adelsgeschlechter, ja hin und wieder sogar Priester. Von Zeit zu

---

[1] Über Sixtus V. s. die Lebensbeschreibung von A. FREIHERR VON HÜBNER : *Sixtus V.* Deutsche Ausgabe. 2 Bde. Leipzig 1871. S. ferner die hervorragende kurze Darstellung von PAUL GRAZIANI in der Sammlung « Science et Religion », Nr. 430. Paris, Bloud & Cie, 1907.

Zeit wurden regelrechte Truppen gegen sie ausgesandt, aber diese waren von der Bevölkerung fast ebenso gefürchtet wie die Banditen. Dabei galt damals ein Bandit nicht als ehrenloser Mann ; er wurde vielmehr als ein Abenteurer betrachtet, der ausserhalb der Gesellschaft lebte, aber doch wieder in sie aufgenommen werden, ja mit der Verzeihung der Grossen sogar deren Gunst erlangen konnte. Sixtus V. war entschlossen, diesen unerhörten Zuständen rücksichtslos ein Ende zu machen. Nachdem er die Polizei und die sonstigen Truppen reorganisiert, liess er die Bandenführer mit unerbittlicher Strenge verfolgen, festnehmen und verurteilen. Die Todesurteile mehrten sich in rascher Folge. Grösstes Aufsehen erregte der Prozess gegen den Grafen Giovanni Pepoli von Bologna, der Banditen Zuflucht gewährt hatte. Auf Befehl des Papstes wurde Pepoli 1585 hingerichtet. Sixtus V suchte sich auch mit den verschiedenen italienischen Staaten zur Unterdrückung des Banditenunwesens zu verständigen, aber er hatte dabei nur teilweise Erfolg. Im Kirchenstaat selbst räumte er jedoch mit der schrecklichen Plage auf ; nach zwei Jahren waren die meisten Übeltäter bestraft oder doch sonst unschädlich gemacht. Dabei waren auch hochgestellte Persönlichkeiten der unerbittlichen Strenge des Papstes nicht entgangen.

NEUORDNUNG DES PÄPSTLICHEN FINANZWESENS

Sixtus V. nahm sich auch angelegentlich eines der wichtigsten Belange des Staatenlebens, der Finanzen, an. Um der Autorität des Apostolischen Stuhls Respekt zu verschaffen und seine aussenpolitischen Pläne zu verwirklichen, brauchte er viel Geld. In wenigen Jahren brachten nun sein neues Finanzsystem und seine Sparmassnahmen die für die damalige Zeit beträchtliche Summe von fünfundvierzig bis fünfzig Millionen Goldfranken ein. Der Papst verwandte seine Geldmittel vornehmlich für die Unterstützung der katholischen Fürsten, für eine grosszügige Bautätigkeit auch gemeinnütziger Art, für die Förderung von Kunst und Wissenschaft und die Verbesserung der kirchlichen Verwaltung. Erhebliche Einnahmen schuf sich Sixtus V. auch durch den schon seit längerem üblichen Verkauf von Ämtern, bei dem er jedoch der Eignung der Käufer Rechnung zu tragen wusste, sowie durch Vermehrung der Staatsanleihen und Steigerung der Steuererträgnisse. Die Staatsanleihen des Heiligen Stuhls, die sogenannten *Monti* stellten die konsolidierte Staatsschuld dar. Die Anteilscheine waren förmliche übertragbare Rententitel, die ihren Kurs hatten wie die modernen Staatspapiere. Die Zinsen betrugen fünf bis zehn Prozent. Solche Anlagen waren bald sehr gesucht. Ohne sich durch den Tadel aufhalten zu lassen, dass er Schätze sammle, häufte Sixtus V. die Goldmünzen in seinen Kassen an, und er wusste dann auch guten Gebrauch davon zu machen. Zu einer Zeit, da das Geld bereits eine Macht war, trug er keine Bedenken, sich wie die anderen Herrscher für ihre Staaten seinerseits die für den Wohlstand im Kirchenstaate und die päpstliche Weltpolitik nötigen Reichtümer zu beschaffen. Da Kredit- und Bankwesen damals noch wenig ausgebildet waren, konnten sich die Fürsten nur durch Ansammeln von Gold und Silber die nötigen Mittel zur Verfügung bereithalten.

DIE PÄPSTLICHE BAUTÄTIGKEIT

Sixtus V. verwandte seine Reichtümer auch zur Ausschmückung Roms mit neuen Kunstwerken. Im Unterschied zu seinen Vorgängern der Renaissancezeit, war aber seine Tätigkeit auf diesem Gebiete durchaus vom Geist der katholischen Restauration getragen, also massgebend durch religiöse Gesichtspunkte bestimmt. Rom erhielt durch Sixtus V. den Charakter der grossen Barockstadt, der ihm heute noch eigen ist. Leider wurde aber bei den Neubauten vielfach auf die bestehenden altrömischen und frühchristlichen Denkmäler keine Rücksicht genommen. Von den städtebaulichen Unternehmungen des Papstes sind besonders die neuen Strassenanlagen, die Schaffung der grossen, nach Sixtus V. benannten Via Sistina hervorzuheben, ferner die Aufrichtung und Versetzung von antiken Obelisken, die nun mit dem Kreuz geschmückt wurden. Das bedeutendste Werk aber war die Vollendung der Riesenkuppel des Petersdomes nach den Plänen Michelangelos durch Giacomo della Porta und den aus Melide stammenden Tessiner Künstler Domenico Fontana. Fontana zog auch seinen Landsmann Carlo Maderna nach Rom und dieser noch einen weiteren Tessiner Künstler, Francesco Borromini, nach seinem eigentlichen Namen Castelli, der mit dem berühmten Bernini wetteiferte und nach Madernas Plänen im folgenden Jahrhundert den bewundernswerten Säulengang schuf, der zum Vorhof von St. Peter führt. Fontana errichtete den neuen Lateranpalast, die Scala Santa und die neue vatikanische Bibliothek, die von Sixtus V. so weitgehend reorganisiert wurde, dass er als ihr Neubegründer gelten kann. Eine Grosstat Sixtus' V. war es, dass er Rom reichlich mit ausgezeichnetem Wasser versah, indem er die mächtige Wasserleitung der Acqua Felice erbaute, wonach die öffentlichen Plätze Roms mit prächtigen Brunnen geschmückt wurden.

DIE REFORMEN DER GEISTLICHEN REGIERUNG

Noch viel wichtigere Aufgaben als die Verwaltung des Kirchenstaates und die Sorge für Rom stellten sich Sixtus V. auf innerkirchlichem Gebiete. Sein Pontifikat erhält eine besondere Bedeutung durch die Neuordnung der Kurienverwaltung, die vornehmlich durch den Ausbau der Kardinalkongregationen erfolgte.

Seit dem Hochmittelalter wurden die wichtigeren kirchlichen Angelegenheiten unter Vorsitz des Papstes im Konsistorium erledigt, das heisst in der Vollversammlung der in Rom anwesenden Kardinäle. Die Kardinäle berieten hier über die vom Papste vorgelegten Fragen, und nach Anhörung ihrer Meinungen entschied der Papst in letzter Instanz. Bei der starken Zunahme der Geschäfte erwies sich aber diese Regierungsweise allmählich als unzulänglich. So kamen die Päpste dazu, vor der Versammlung des Konsistoriums gewisse, durch ihre persönliche Befähigung oder Erfahrung besonders zuständige Kardinäle über die zu verhandelnden Fragen zu Rate zu ziehen. Allmählich bildeten sich für diese Vorberatungen besondere Kommissionen von Kardinälen. Als erste ständige Kardinalkongregation war von Paul III. das Heilige Offizium geschaffen worden, dessen Aufgabe in der Reinerhaltung des Glaubens und der Bekämpfung der Häresie bestand. Unter Gregor XIII. traten noch weitere Kongregationen hinzu, die indessen nicht sehr gut organisiert waren.

Mit seinem überragenden Verwaltungstalent und der ihm eigenen Energie nahm nun Sixtus V. eine Neuorganisation vor. In den Konsistorien, an denen Kardinäle teilnahmen, die mit den Herrscherhäusern verwandt waren, und Kardinäle, die in engem Verhältnis zu Frankreich standen, kam es nur zu oft vor, dass die Interessen gewisser Familien oder Auftraggeber auf Kosten der Interessen der Kirche verteidigt wurden. Sixtus V. stiess in diesen Versammlungen auch oft auf starken Widerstand, den er allerdings mit seiner energischen und geistreichen Art zu brechen verstand. Ohne nun auf die Konsistorien zu verzichten, nahm er eine gewisse Arbeitsteilung vor, indem er die bestehenden Kongregationen reorganisierte und dazu neue schuf. Durch die Bulle *Immensa aeterna Dei* vom 22. Januar 1588 errichtete er fünfzehn Kardinalkongregationen, von denen die mit den geistlichen Angelegenheiten betrauten heute noch bestehen. Dieser systematische Ausbau des Kongregationswesens war für das gesamte kirchliche Regierungssystem von einschneidender Bedeutung. Sixtus V. wurde so der grosse Organisator der kirchlichen Regierungsarbeiten. Erst durch die Konstitution *Sapienti consilio* Pius' X. vom 29. Juni 1908 ist eine durch die veränderten Verhältnisse nötig gewordene durchgreifende Neuorganisation der Kurie vorgenommen worden.

Die kirchlichen Ziele Sixtus' V. offenbaren sich besonders deutlich bei seinen Kardinalsernennungen. Die von ihm mit dem Purpur Ausgezeichneten waren im allgemeinen Männer von tadelloser Vergangenheit und hohen Verdiensten. Unter ihnen ragten besonders hervor der Venezianer Morosini, der Engländer Alan, der Generalgouverneur von Rom, Pierbenedetti, und Ippolito Aldobrandini, der spätere Papst Klemens VIII. Durch die Bulle *Postquam verus ille* vom 3. Dezember 1586 verordnete Sixtus V., dass fortan die Zahl der Kardinäle nicht mehr als siebzig betragen dürfe, nämlich sechs Kardinalbischöfe, fünfzig Kardinalpriester und vierzehn Kardinaldiakone. Besondern Wert legte der Papst darauf, dass sich das Kardinalkollegium so viel als möglich aus verschiedenen Nationalitäten zusammensetze. Im übrigen sollten mindestens vier Kardinäle Magister der Theologie, vornehmlich aus den Mendikantenorden, sein und die Diakone wenigstens das zweiundzwanzigste Altersjahr erreicht haben. Weitere Bestimmungen gingen dahin, dass die Kardinalswürde nur an solche verliehen werde, die bereits die vier niederen Weihen empfangen, dabei auch nicht unterlassen haben, ein Jahr lang Tonsur und geistliches Gewand zu tragen. Werden solche, die sich nicht an der Kurie aufhalten, ernannt, so müssen sie bei Empfang des Biretts den Eid leisten, binnen Jahresfrist zur Verleihung des Titels nach Rom zu kommen.

Sixtus V. nahm sich auch angelegentlich der Orden an. Nur einem Orden gegenüber zeigte er sich trotz dessen Verdienste und hohen Ansehens zurückhaltender als seine Vorgänger : der Gesellschaft Jesu. Die Gesellschaft Jesu wurde in Italien und Spanien vielfach angefeindet. Die spanische Inquisition fand die Befugnisse des Ordensgenerals zu weitgehend und sah darin eine Beeinträchtigung ihrer Vorrechte. Philipp II. beauftragte den spanischen Botschafter in Rom, den Grafen Olivares, eine Visitation des Ordens beim Papste zu beantragen. Sixtus V. prüfte auch selbst die Ordenskonstitutionen, und nachdem er den Ordensgeneral Acquaviva angehört, beauftragte er die römische Inquisition mit der weiteren Prüfung. Er verwahrte sich gegen die Unterstellung, dass er die Gesellschaft aufheben wolle, und betonte, dass es ihm nur angelegen sei, Fehler zu verbessern. Zum Unglück für den Orden liessen indessen gewisse Vorkommnisse den Zorn des Papstes gegen einzelne Jesuiten und die ganze Gesellschaft Jesu hoch auflodern. Unter anderm hatte am Himmelfahrtstage 1590 in Madrid ein Jesuit auf offener Kanzel Sixtus' V. Stellung zu Heinrich IV. von Frankreich als Begünstigung eines Häretikers bezeichnet. Empört beschwerte sich der Papst bei der spanischen Regierung, dass sie den Prediger nicht gleich bestraft habe. Acquaviva fügte sich schliesslich in die Änderung des Namens der Gesellschaft Jesu, den der Papst herausfordernd gegenüber den andern Orden und den Gläubigen fand. Aber das betreffende Dekret war noch nicht unterzeichnet, als ein schneller Tod dem Leben des Papstes ein Ende machte, und so kam es nie zur Ausführung.

SIXTUS V., SPANIEN UND ENGLAND

Als früherer Ordensmann hatte Sixtus V. bis zu seiner Erhebung der Politik ferngestanden. Danach wurde er aber rasch ein geschickter, kluger und erstaunlich gut unterrichteter Politiker. Grosse Schätze hatte er angehäuft. Welche mochte ihre beste Verwendung sein ? Es ist wohl möglich, dass er zunächst wie seine Vorgänger an einen Kreuzzug gegen die Türken dachte. Aber die europäischen Angelegenheiten, die damals einer Krise zutrieben, waren ihm doch noch viel wichtiger. In erster Linie galt es, die vordringende Häresie zu bekämpfen, England zu retten, soweit dies noch möglich war, und sich der französischen Angelegenheiten mit grösster Sorgfalt anzunehmen.

Zunächst suchte sich Sixtus V. mit Philipp II. ins Einvernehmen zu setzen. Der spanische König, eine energische, etwas düstere Herrschergestalt, ein Mann von zähem Willen und erstaunlichem Arbeitseifer, von dem bei seiner Thronbesteigung gesagt wurde, dass die Welt erzittere, wenn er sich bewege, wollte der weltliche Schutzherr der Christenheit, der wachsame Soldat der Kirche sein. Er rottete die Häresie in Spanien aus ; kein anderer Herrscher zeigte so leidenschaftlichen Eifer für die Verteidigung des katholischen Glaubens. Trotzdem liebte ihn Sixtus V. nicht. Mit geheimer Abneigung standen sich diese beiden grossen Männer gegenüber. Der katholische König wollte nicht zulassen, dass der Papst in die religiösen Angelegenheiten seines Reiches eingreife; er sollte hier sein oberhirtliches Amt nicht ohne Ermächtigung durch die königliche Gewalt ausüben. In mystischem Sinn fühlte sich Philipp II. vor Gott für das Seelenheil seiner Untertanen verantwortlich, und dieses rein geistliche Vorrecht hätte er gerne nach seiner Vorstellung von einem priesterlichen Königtum erweitert. Aber dies entsprach nicht den Auffassungen des Papstes. Nach ihm sollten die weltlichen Fürsten sich überhaupt nicht mit kirchlichen Dingen befassen. Ratschläge oder Bitten von ihrer Seite war er sehr wenig geneigt anzunehmen, da er allein über Fragen der Disziplin und vor allem der Lehre entscheiden wollte.

So waren häufige Zusammenstösse zwischen dem Papst und dem von der spanischen Inquisition unterstützen König unausbleiblich. Die Gemeinsamkeit der Interessen und, trotz gegenteiligen Anscheins, auch die gewisse massvolle Haltung Philipps II. liessen es jedoch nie zum offenen Bruch kommen. Papst und König verfolgten dasselbe Ziel, die Glaubenseinheit auf der Welt. Aber

Philipp II. wollte diese Einheit zugunsten seiner eigenen Krone verwirklichen; wie so manche Herrscher vor und nach ihm träumte er davon, das Haupt einer Universalmonarchie zu werden. Sixtus V. hingegen wollte das europäische Gleichgewicht; es sollte nicht die ganze Macht in Europa in der Hand eines einzigen Herrschers vereinigt sein. Da Philipp II. ein grosser Teil Italiens unterstand, musste der Papst befürchten, dass er bei allzu starkem Wachsen der spanischen Macht schliesslich in die Rolle eines Hofkaplans des spanischen Königs gedrängt würde.

Zunächst eröffnete Sixtus V. seine aussenpolitischen Pläne dem spanischen Botschafter in Rom, Olivares: der Kampf gegen die Ungläubigen sollte wieder aufgenommen und Königin Elisabeth von England zur katholischen Kirche zurückgeführt werden. Philipp II., der sich in erster Linie um seine Stellung in Europa sorgte, wollte jedoch von einer Belagerung Algiers nichts wissen. Olivares brachte den Papst auch von dem Gedanken eines Bündnisses zwischen dem französischen König und dem eben mit ihm versöhnten katholischen Adel Frankreichs gegen England ab, indem er mit Recht darauf hinwies, dass damit den Protestanten in Frankreich das Feld geräumt würde. Die schwere englische Frage beschäftigte ständig Sixtus V. Er sah eigentlich nur zwei Lösungen: entweder die Rückkehr der Königin zur katholischen Kirche oder als letztes Mittel einen Kriegszug gegen sie. Übrigens anerkannte er Elisabeths Bedeutung als Herrscherin mit kaum verhohlener Bewunderung. Sie sei eine tapfere Frau, äusserte er einmal, wäre sie nicht Häretikerin, so wöge sie eine Welt auf. Aber die Hinrichtung von Maria Stuart (1587) nahm ihm seine letzten Hoffnungen, und schliesslich war er überzeugt, dass nur noch durch einen Feldzug der Katholizismus in England wiederhergestellt werden könne.

Philipp II. beschloss nun, eine gewaltige Flotte auszurüsten — die *unbesiegbare Armada* — um die englische Rivalin niederzuwerfen und sich die Seeherrschaft zu sichern, die ihm die kühnen englischen Seeleute streitig machten. Der Papst billigte den Plan, versprach, eine Million Golddukaten beizusteuern, von der die Hälfte sofort nach der Landung in England, der Rest in zweimonatlichen Raten ausgezahlt werden sollte, und drängte den katholischen König, nicht länger zu zögern. Die Saumseligkeit Philipps beunruhigte ihn. « Der König versäumt die Zeit », sagte er, « und lässt so der Königin Musse, sich zu seinem Empfang vorzubereiten. » Damit täuschte er sich nicht. Als die Armada endlich auslief, ging sie jener vernichtenden Niederlage entgegen, die ihr die englische Flotte zwischen dem 31. Juli und 8. August 1588 im Kanal bereitete. Die schweren spanischen Schiffe, die ein stürmisches Meer hin und her warf, wurden von den viel leichteren, beweglicheren und besser bewaffneten englischen Schiffen versenkt oder in Brand gesteckt.

Gross war die Bestürzung in Rom und Madrid, als die Unglücksbotschaft eintraf. Sixtus V., der die ganze Tragweite des Unheils ermass, hielt Olivares das schwankende Zögern seines Herrn vor und verweigerte nun jede weitere Unterstützung. Während Elisabeth für ihren Sieg der Vorsehung dankte, und Philipp seine Niederlage den Naturkräften zuschrieb, sah der Papst allein ein, dass der eigentliche Grund des englischen Sieges in der tapferen Entschlossenheit der Königin und ihres Volkes lag. Das Scheitern seines Unternehmens, England wieder zur katholischen Kirche zurückzuführen, bekümmerte ihn tief. Aber dabei verhehlte er sich nicht, dass durch Philipps II. Niederlage die Gefahr einer drückenden spanischen Vorherrschaft vom Apostolischen Stuhl abgewandt worden war. Mehr denn je war er nun entschlossen, sich nicht in das Schlepptau des spanischen Königs nehmen zu lassen. Das sollte bald auch sein Verhalten gegenüber den französischen Angelegenheiten beweisen.

Das Streben nach Unabhängigkeit, die Befürchtung einer den kirchlichen Interessen schädlichen Vormacht bestimmten Sixtus' V. Politik in Italien. Um den Druck der spanischen Herrschaft im Mailändischen abzuschwächen, suchte er ein Bündnis zwischen Rom, Toskana und Venedig zu erreichen, dem sich dann die übrigen Staaten anschliessen würden. Als der Herzog Karl Emanuel von Savoyen, der Schwiegersohn Philipps II., sich Genfs bemächtigen wollte, billigte er zunächst diesen Plan. Aber die französische Diplomatie stimmte ihn um. Heinrich III. wünschte keinen Verbündeten des spanischen Königs an der französischen Grenze am Eingang zur Schweiz zu haben. Der Papst zeigte sich auch damit einverstanden, dass der Herzog von Savoyen sich durch einen Überfall der zu Frankreich gehörenden Markgrafschaft Saluzzo bemächtige; er geriet aber dadurch in Schwierigkeiten mit Spanien, Frankreich und dem Herzogtum Parma, die diese Ausdehnung Savoyens nicht dulden wollten. Der König von Spanien aber, so gut katholisch er auch war, empfand keine Betrübnis darüber, dass der Herzog von Savoyen seinen Plan hinsichtlich Genfs aufgeben musste, und dass auch der Angriff, den er gegen Lausanne führte, misslang (1588). In der Tat hätte Philipp durch eine Unterstützung seines Schwiegersohns bei dem Angriff gegen Genf sich einem Feldzug der protestantischen Schweizer gegen die spanische Freigrafschaft ausgesetzt, und selbst der spanische König suchte einen Bruch mit der starken Republik Bern zu vermeiden. Der kurze Krieg, zu dem es in der Folge zwischen Bern und Savoyen kam, wurde indessen von den Bernern schlecht geführt. Es gelang ihnen immerhin, die Waadt und das Genfer Gebiet zu verteidigen.

Einige Jahre später, 1602, scheiterte ein neues savoyisches Unternehmen gegen Genf in der Nacht der Escalade.

In *Deutschland* gab dem Papst der Widerstand der protestantischen Fürsten gegen Kaiser Rudolf II. Anlass zur Sorge. Der Kaiser hatte wenig Energie, und es fehlte ihm auch an Geld. So war sich Sixtus V. klar darüber, dass von Rudolf nicht viel für die Gegenreformation in Deutschland zu erwarten war.

In *Polen* hätte es der Papst gerne gesehen, wenn König Stephan Báthory, zu dem er eine besondere Zuneigung hatte, seinen grossen Angriffsplan gegen die Türken verwirklicht hätte. Damit verband sich die Hoffnung auf eine Unterwerfung Russlands. Aber der Tod des Königs (1587) vernichtete diese Pläne. Zwei Bewerber stritten sich nach Stephan Báthorys Tod um den Thron : Sigismund von Schweden und Erzherzog Maximilian von Österreich. Sigismund, der die Rückkehr Schwedens zur katholischen Kirche in Aussicht gestellt hatte, setzte sich durch. Maximilian wurde gefangengenommen, aber durch Vermittlung des päpstlichen Legaten Aldobrandini wieder freigelassen ; auf seine Thronansprüche musste er allerdings verzichten.

SIXTUS V. UND FRANKREICH

In Frankreich hatte sich die politische und religiöse Lage äusserst zugespitzt, und der Papst sah sich vor die schwierigsten Probleme gestellt. Der Bürgerkrieg zerriss das Land. Während sich die Protestanten um Heinrich von Navarra scharten, führte Heinrich von Guise die mächtige, aus der Reaktion des Volks hervorgegangene *Liga.* Zwischen beiden Parteien standen jene Katholiken, die eine Politik der Toleranz und Religionsfreiheit wünschten, und einmal den gar nicht geachteten, bald über die Massen frommen, bald ausgelassenen König Heinrich III. anerkannten, dann wieder unschlüssig zwischen den verschiedenen Führern hin- und herschwankten. Schliesslich riefen die Guisen den spanischen König zu Hilfe, während Heinrich von Navarra und Condé sich an England und die deutschen Protestanten wandten. In dem von der katholischen Partei und dem König von Spanien geschlossenen Vertrag von Joinville (15. Januar 1585) wurde der Kardinal von Bourbon als Thronerbe anerkannt ; Navarra und jeder andere protestantische Bewerber sollte von der Nachfolge ausgeschlossen sein.

Sixtus V., der das innere Gleichgewicht Frankreichs ebenso aufrecht zu erhalten wünschte wie eine gleichmässige Kräfteverteilung in Europa, zögerte eine Zeitlang, Stellung zu nehmen. Erst nach dem Erlass des Edikts von Nemours (1585), das der Liga gewaltige Vorteile sicherte und den König verpflichtete, nur noch die katholische Religion in Frankreich zuzulassen, erliess er eine Bulle, durch welche Heinrich von Navarra und Condé als rückfällige, notorische Häretiker und Feinde des wahren christlichen Glaubens ihrer Würden und insbesondere der Thronansprüche für verlustig erklärt wurden. Aber bald schon musste er einsehen, dass dieses Einschreiten kein sehr glückliches war. Philipps II. Pläne, in Frankreich einzugreifen, beunruhigten ihn, und so kam er, als eine Rückkehr Heinrichs von Navarra zur katholischen Kirche in das Bereich des Möglichen rückte, auf den Gedanken einer Verständigung zwischen Heinrich III. und der Liga zurück.

Heinrich von Guise verschaffte sich durch einige Erfolge so grossen Anhang im Volk, dass er, während die Liga allmächtig wurde, nachgerade als der eigentliche König erschien. Da griff Heinrich III. zum letzten Mittel. Er liess Guise zu sich rufen und im königlichen Schloss zu Blois unter seinen Augen durch seine Offiziere ermorden, am nächsten Tag auch den Bruder, den Kardinal von Lothringen (23. und 24. Dezember 1588). Nun aber brach die Liga in offene Empörung aus, und der Papst, zutiefst entrüstet, zitierte den König unter Androhung des Kirchenbanns vor den Richterstuhl des hl. Petrus. Kurz darauf fiel Heinrich III. der Volkswut zum Opfer ; am 1. August 1589 wurde er von dem jungen Dominikaner Jacques Clément ermordet. Sterbend anerkannte er noch Heinrich von Navarra als seinen rechtmässigen Nachfolger. Die Liga hingegen hatte gleich nach dem Tode der Guisen den Kardinal Karl von Bourbon als rechtmässigen König proklamiert. Nun setzte sich der Papst in Verbindung mit ihr und mit Philipp II., der auf die französische Krone als Entschädigung für die Katastrophe der Armada hoffte. Aber Heinrich von Navarra wachte. Er stand in guten Beziehungen zu Venedig, und dessen Gesandte, auf die man in Rom hörte, rieten Sixtus V., sich im Interesse seines Ansehens nicht mit der Liga einzulassen. Gleichzeitig liess Heinrich von Navarra durch einen seiner Anhänger, den Herzog Franz von Luxemburg, in Rom in Aussicht stellen, dass er seinen Irrtümern entsagen würde. Es gelang ihm zwar nicht gleich, den Papst zu überzeugen, aber Sixtus V. nahm nun immerhin eine vorsichtig abwartende Haltung ein, obwohl inzwischen Philipp II. seinem Bündnisvorschlag voll und ganz zugestimmt hatte.

Er änderte erst seine Haltung, nachdem die Siege Heinrichs von Navarra bei Arques und Ivry (September 1589 und März 1590) dessen Durchdringen immer wahrscheinlicher machten. Als Philipp ihm vorschlug, der Liga Truppen und Geld zu schicken, verweigerte er dies, weil er nun überzeugt war, dass der Hader der Häuser Bourbon und Guise nichts mit der Religion zu tun habe. Zu der Thronfrage nahm er indessen noch nicht Stellung, und ehe es noch zu einer Entscheidung kam, starb er, am 27. August 1590.

Seine sterblichen Überreste ruhen in der von ihm bei der Basilika S. Maria Maggiore erbauten Sixtinischen Kapelle gegenüber dem Grabe Pius' V., den er besonders verehrt hatte.

Den Anstrengungen, die ihm die Regierung der Kirche unter ausserordentlich schweren Umständen auferlegte, und dem drückenden Gefühl der gewaltigen Verantwortung, die seine Entscheidungen in sich bargen, war schliesslich sein geschwächter Körper, trotz der zähen Willenskraft, die ihn beseelte, doch nicht mehr gewachsen gewesen. Die Haltung, die er zuletzt noch eingenommen, sollte in den folgenden Jahren durch die Entwicklung der Lage in Frankreich als richtig bestätigt werden. Nach dem Tode des Liga-Königs, Karl von Bourbon, proklamierten die Generalstände im Januar 1593 Heinrich von Navarra als König. Als Heinrich IV. bestieg er den Thron. Vergeblich hatte Philipp II. Thronansprüche für seine Tochter Isabella erhoben. Dagegen sträubte sich das französische Nationalbewusstsein, das bei den meisten Angeordneten ebenso stark war wie das religiöse Gefühl. Drei Jahre nach Sixtus' V. Tode tat Heinrich von Navarra den Schritt, den der Papst erhofft hatte. Am 25. Juli 1593 erklärte er in St. Denis, dass er zur katholischen Kirche zurückkehre.

Das zu Ende gegangene Pontifikat war ebenso ereignisreich gewesen, wie die Leistungen des Papstes bedeutend. Die Ordnung im Kirchenstaat und in den innerkirchlichen Verhältnissen war wiederhergestellt, Rom durch bedeutende Kunstwerke verschönert worden, das Studium der Heiligen Schrift hatte durch die päpstliche Vulgata-Ausgabe neue Anregung erfahren. Im Zuge der grossen Bautätigkeit des Papstes war sogar der Plan eines Kanals aufgetaucht, der das Mittelmeer mit dem Roten Meer verbinden sollte. Auf politischem Gebiet hatte Sixtus V. immer nach dem Grundsatz gehandelt, dass er nur dann in die Angelegenheiten eines Landes eingreifen wolle, wenn die Religion bedroht sei. Sein Ideal war es, als gemeinsamer Vater der Christenheit möglichst unparteiisch über allen politischen Mächten Stellung zu nehmen. Von weltgeschichtlicher Bedeutung wurde es, dass er in der grossen Krise in Frankreich dem französischen Volk den katholischen Glauben erhielt und es zugleich bei der Wahrung seiner Unabhängigkeit unterstützte. Denn nur durch die Erhaltung Frankreichs als unabhängiger Grossmacht konnte das politische Gleichgewicht im westlichen Europa und damit auch die Freiheit und Unabhängigkeit des Apostolischen Stuhls gewahrt bleiben. Dass die zwei grossen Pläne Sixtus' V., der Kampf gegen die Türken und die Rückführung Englands zur katholischen Kirche, nicht verwirklicht werden konnten, war durch menschliches Versagen und durch die Umstände begründet.

Ein Papst im Vollsinn des Wortes, bewusst seiner Unfehlbarkeit in Dingen des Glaubens, hätte Sixtus V. bei einem längeren Pontifikat das Ansehen des Papsttums wohl wieder so stark wie zu den Zeiten eines Gregor VII. und Innocenz III. erstrahlen lassen. Nach den Worten eines heutigen Geschichtschreibers der Päpste verlor die Kirche mit ihm « einen der bedeutendsten und genialsten Päpste, die je den Stuhl Petri geziert haben. »[1]

DIE ERSTEN NACHFOLGER SIXTUS' V.

In der kurzen Zeitspanne von knapp anderthalb Jahren, vom 27. August 1590 bis zum 30. Dezember 1591, folgten einander drei Päpste auf dem Stuhl Petri. *Urban VII.* regierte vom 15. bis 27. September 1590, *Gregor XIV.* vom 5. Dezember 1590 bis zum 15. Oktober 1591 und *Innozenz IX.* vom 29. Oktober bis zum 30. Dezember 1591. Die Wahl dieser drei Päpste erfolgte unter dem Druck des spanischen Königs, dem nunmehr keine so starke Persönlichkeit wie zu Zeiten Sixtus' V. entgegenwirkte.

Kurz vor seinem Tode hatte Sixtus V. noch eine Reform der Papstwahl geplant. Statt der Zweidrittelmehrheit sollte fortan die absolute Mehrheit der abgegebenen Stimmen für die Wahl genügen und diese in geheimer Abstimmung erfolgen. Die Wahl durch « Adoration », das heisst durch die Huldigung, die die Kardinäle dem von ihnen Gewählten darbrachten, sollte abgeschafft werden. Der Plan Sixtus' V. entsprach demselben Ziel, das der Papst auch bei seinen zahlreichen Kardinalsernennungen verfolgt hatte: er wollte die kommende Wahl auf eine Persönlichkeit lenken, die die Fortsetzung seines Werkes gewährleistete. Aber sein Tod kam der Ausführung dieses Planes zuvor.

Bei dem neuen Konklave machte sich der spanische Einfluss stark geltend. Die Vertreter Philipps II. übergaben dem Kardinalkollegium eine Liste von fünf Kandidaten, unter denen der neue Papst gewählt werden sollte. Schliesslich fiel die Wahl auf Giambattista Castagna, der als *Urban VII.* jedoch nur zwölf Tage regierte. Der neue Papst, der sich durch Güte und Frömmigkeit auszeichnete, hatte sich schon grosse Verdienste erworben. Er war bei den Verhandlungen in der letzten Periode des Tridentinums hervorgetreten und hatte danach bei mehreren diplomatischen Sendungen eine erfolgreiche Tätigkeit entfaltet.

---

[1] F. X. Seppelt: *Das Papsttum in der neueren Zeit.* (Geschichte des Papsttums. Bd. 5). Leipzig, Hegner 1936. S. 212.

Bezeichnend für die Stimmung jener Zeit ist die angebliche *Papstweissagung des hl. Malachias*, die damals entstand. Sie besteht aus hundertelf kurzen Sinnsprüchen, durch welche die Pontifikate der einzelnen Päpste von Zölestin II. (1143-1144) bis zum Ende der Welt charakterisiert werden sollen. Malachias, Erzbischof vom Armagh († 1148), war einer der beliebtesten Heiligen Irlands. Ein Freund des hl. Bernhard von Clairvaux, hatte er diesem eine Lebensbeschreibung gewidmet, die auch von den Wundern und Prophezeiungen des hl. Bernhard berichtet. Aber eine Papstweissagung findet sich nicht in der Schrift. Erst gegen Ende des sechzehnten Jahrhunderts trat diese in einer Sammlung von Legenden aus dem Leben von Heiligen des Benediktinerordens auf, die ein Ordensbruder, Arnold Wion, unter dem Titel *Lignum vitae* (Lebensholz) 1595 veröffentlichte. Warum die sicher unechte Weissagung dem hl. Malachias zugeschrieben wurde, weiss man nicht ; der tatsächliche Verfasser ist unbekannt.

Das nach Urbans VII. Tode stattfindende Konklave stand noch stärker unter spanischem Einfluss als das vorhergehende. Es dauerte zwei Monate und verlief sehr stürmisch. Die Römer waren höchst erbost über die Einflussnahme des spanischen Königs, der den Wählern sieben ihm genehme Persönlichkeiten benannt hatte. Schliesslich bestieg Nicolo Sfrondato als *Gregor XIV.* den päpstlichen Thron. Er wählte seinen Namen zum Zeichen der Dankbarkeit gegenüber Gregor XIII., von dem er zum Kardinal erhoben worden war. Eine enge Freundschaft verband den tieffrommen Mann mit Karl Borromäus und Philippo Neri. Aber eine schwankende Gesundheit, ein allzu nachgiebiger Charakter und politische Unerfahrenheit liessen den neuen Papst seiner hohen Aufgabe nicht gewachsen erscheinen. Er geriet auch gleich unter den Einfluss seines Neffen Paolo-Emilio Sfrondato, den er in das Kardinalkollegium aufnahm und zum Staatssekretär erhob. Sfrondato setzte dann, um seine Machtstellung zu stützen, die weitere Berufung mehrerer Verwandten in wichtige Ämter durch. Infolge dieses unheilvollen Nepotismus wurden die Bahnen der klugen Politik Sixtus' V. verlassen, und der spanische Einfluss wirkte sich noch stärker aus. Der Papst oder vielmehr der allmächtige Nepote unterstützte mit reichlichen Hilfsgeldern das von Heinrich IV. belagerte Paris, wo die Liga eine eigentlich revolutionäre Regierung errichtet hatte, und ein durchaus spanisch gesinnter Nuntius ward nach Frankreich entsandt. Indessen vollbrachte das päpstliche Söldnerheer der Liga keine Ruhmestaten, und überhaupt erwies sich die französische Politik Gregors XIV. bald als verfehlt.

Bei der Wahl seines Nachfolgers machte sich der spanische Druck zwar wiederum, jedoch etwas mässiger geltend. Noch war für die Gegner Spaniens die Stunde für ein offenes Auftreten nicht gekommen. Nach einem nur zweitätigen Konklave einigten sich die Wähler auf den Kardinal Gian Antonio Fachinetti, einen kränklichen Greis, dessen Sympathien für Spanien bekannt waren. Als *Innozenz IX.* regierte der neue Papst nur zwei Monate. Er hielt die gleiche politische Linie wie sein Vorgänger ein und konnte einige Erfolge der spanisch-päpstlichen Truppen unter dem Oberbefehl von Alessandro Farnesè in Frankreich buchen. Bald aber sollte sich nun die Lage von Grund auf wandeln.

KLEMENS VIII. (1592-1605)

Zum vierten Mal innert sechzehn Monaten versammelte sich das Konklave zur Papstwahl. Die Kardinäle mussten jetzt einsehen, dass bei der gefahrenreichen politischen und religiösen Lage ein so rascher Wechsel in der obersten Leitung der Kirche sehr ungünstig war und dass es galt, einen Mann zu wählen, dessen Gesundheitszustand Aussicht auf eine längere, stärkere Wirksamkeit bot. Bevorzugter Kandidat des spanischen Königs war der Kardinal Santorio, Erzbischof von Santa Severina, ein hochangesehener und sehr einflussreicher Mann. Aber seiner Wahl stand eine sehr starke, von Mark Sittich von Hohenems geführte Opposition entgegen. Man fand in diesen Kreisen, dass die Strenge, die Santorio als Grossinquisitor gezeigt, ihn nicht für die oberste Leitung der Kirche geeignet erscheinen lasse. Bald trat ein neuer Kandidat in den Vordergrund, der Kardinal Aldobrandini. Er war der Letztgenannte der spanischen Liste. Nach einem ziemlich bewegten Konklave wurde er schliesslich am 30. Januar 1592 einstimmig gewählt. In Erinnerung an Klemens VII., den letzten Medici-Papst, nannte er sich *Klemens VIII.*, obgleich die berühmte, wie die Medici aus Florenz stammende Familie der Aldobrandini einst von jenen aus ihrer Vaterstadt vertrieben worden war.

Ippolito Aldobrandini war 1536 in Fano, im Kirchenstaat geboren und hatte dank der Freigebigkeit des Kardinals Alessandro Farnese die Rechte studieren können. Danach war er während sieben Jahren als Uditore der von Martin V. organisierten Rota, dem päpstlichen Gerichtshof zur Entscheidung kirchlicher und bürgerlicher Rechtsstreitigkeiten aus dem Kirchenstaat, tätig gewesen und von Sixtus V. zum Kardinal erhoben worden. Nach dem Tode Stephan Báthorys mit einer wichtigen diplomatischen Mission in Polen betraut, hatte Aldobrandini hier die Freilassung des Erzherzogs Maximilian, des unglücklichen Mitbewerbers Sigismunds von Schweden um den polnischen Thron, erwirkt. Das Geschick, das er bei diesen schwierigen Verhandlungen bewies, trug ihm hohes Ansehen ein. Klemens VII. galt als sehr frommer

Mann und übte sein priesterliches Amt mit grosser Gewissenhaftigkeit aus. Ein besonderes Anliegen war es ihm, das Jubiläum des Jahres 1600 zu einem würdigen Fest zu gestalten. Tiefe Freundschaft verband ihn mit Filippo Neri, und täglich beichtete er dem Kardinal Baronius. Leider wirkte sich indessen sein schlechter Gesundheitszustand auf sein ganzes Wesen aus ; er war fast krankhaft unruhig, wechselte beständig seine Residenz und war sehr viel auf Reisen.

Seine Regierung litt unter diesen Umständen umsomehr als auch die ausgesprochene Vorliebe des Papstes für glänzende Repräsentation die päpstlichen Finanzen schwer belastete. Bedeutende Kosten verursachte zu dem der Nepotismus Klemens' VIII. Bald nach seiner Thronbesteigung erhob der neue Papst zwei seiner Neffen zu Kardinälen, Cinzio und Pietro Aldobrandini, und letzterer wurde Staatssekretär. Diese Neffen übten zusammen mit dem Jesuiten-Kardinal Francisco de Toledo und nach dessen Tode mit dem Kardinal Bellarmin einen sehr grossen Einfluss auf die kirchliche Regierung aus. Noch weitere Verwandte, besonders Francesco Aldobrandini, einen Laien, liess der Papst in reichlichem Masse seine Gunst geniessen. Gerechterweise muss aber auch erwähnt werden, dass Cinzio und Pietro ihre grossen Einkünfte zu manchen guten Zwecken verwandten. Cinzio unterstützte den genialen Dichter des « Befreiten Jerusalem », Torquato Tasso, und liess jene Ausgrabungen vornehmen, welche das unter dem Namen « Aldobrandinische Hochzeit » berühmt gewordene Fresko zu Tage förderten. Pietro erbaute die prachtvolle Villa Aldobrandini in Frascati, ein Meisterwerk künstlerischen Sinns.

Wenn auch die Regierung Klemens' VIII. nicht die Bedeutung der grossen Pontifikate eines Pius' V. oder Sixtus' V. erlangte, so bildet sie doch einen wichtigen Abschnitt der Kirchengeschichte. Zur Leitung der Kirche in einer Zeit berufen, da es galt, Entscheidungen von grösster Tragweite zu treffen, handelte Klemens VIII. mit Klugheit und Sicherheit. Als geschickter Diplomat verstand er es, die Umstände zu nützen und hatte denn auch zumeist den Erfolg auf seiner Seite, was immer stark ins Gewicht für das Ansehen eines Mannes fällt.

DIE FRANZÖSISCHEN ANGELEGENHEITEN

Gegenüber Heinrich IV., der sich allmählich sein Königreich eroberte, entschloss sich Philipp II., der bisher nur als Verbündeter der Liga zu kämpfen schien, den Kampf auf eigene Rechnung weiter zu führen. So aber mündeten

Sixtus V. (1585—1590). Grabmal von S. da Viggiù, Ende 16. Jh., Rom, Santa Maria Maggiore.

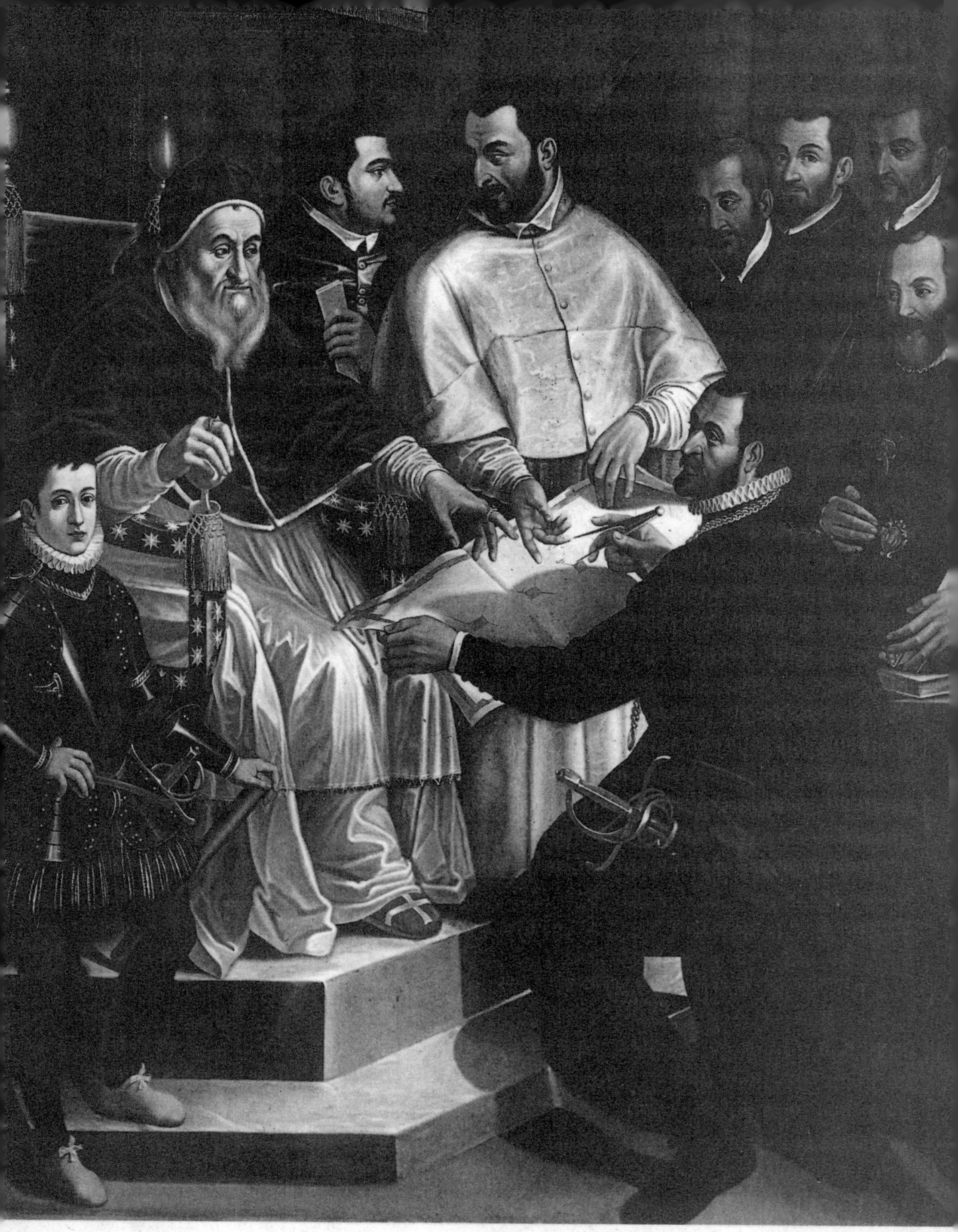

Der Architekt Domenico Fontana unterbreitet Sixtus V. (1585—1590) die Pläne zur neuen Vatikanischen Bibliothek. Gemälde des 16. Jh., Rom, Vatikanische Bibliothek.

Diegos Heiligsprechung durch Sixtus V. (1585—1590). Relief vom Grabmal des Papstes von N. und E. Fiammingo, 16. Jh., Rom, Santa Maria Maggiore.

Der Petersplatz in Rom zur Zeit Sixtus' V., Ende des 16. Jh. Im Hintergrund, noch ohne die Kuppel, der Rundturm von St. Peter (vollendet 1590). Gemälde aus dem 16. Jh., Rom, Vatikanische Bibliothek.

Der Petersplatz in Rom erhielt seine endgültige Gestalt, die im wesentlichen bis heute geblieben ist, erst später — im 17. Jh. — durch die Verwirklichung der Pläne des päpstlichen Architekten Lorenzo Bernini (1598—1680).

Atrium der Peterskirche in Rom, deren Bau unter Julius II. 1506 begonnen und 1626 durch Urban VIII. eingeweiht wurde.

Die Basilika Santa Maria Maggiore zur Zeit Sixtus' V. (1585—1590). Gemälde aus dem 16. Jh., Rom, Vatikanische Bibliothek.

Krönung Klemens' VIII. (1592—1605). Relief vom Grabmal des Papstes von P. Bernini, 17. Jh., Rom, Santa Maria Maggiore.

die Religionskriege wieder in das alte Ringen zwischen Frankreich und Habsburg aus. Welche Politik war bei dieser Lage vom Papst zu erwarten ? Würde er Spanien gegen Frankreich unterstützen und dadurch der spanischen Vorherrschaft trotz der Bedrohung des Heiligen Stuhls, die sie in sich barg, die Wege ebnen, oder um eine europäische Kräfteverteilung wie Sixtus V. bemüht sein und eine Verständigung mit Heinrich IV. suchen ?

Zu Beginn des Pontifikats Klemens VIII. war die Lage in Frankreich noch zu unübersichtlich für eine entschiedene Stellungnahme des Papstes. So unterstützte Klemens VIII. zunächst noch wie seine Vorgänger durch Hilfsgelder und Truppen den katholischen König. Ein Hugenotte, so erklärte er, könne nicht König von Frankreich sein, und entsprechend erhielt der Kardinallegat Sega die Weisung, für die Wahl eines katholischen Herrschers und die Einigung der französischen Katholiken zu wirken. « Vor allem », erklärte der Kardinal Sega, « wünscht der Papst, dass die katholische Religion im französischen Königreiche erhalten und dieses wieder in seinem alten Glanz und seiner alten Würde aufgerichtet werde. » « Lob für den Eifer und die Anstrengungen der Liga um die Verteidigung der katholischen Religion, jedoch keine Unterstützung ihrer Aufstandsbewegungen, weil diese die Einheit Frankreichs bedrohten ; anderseits Ermunterung der Royalisten, ihren häretischen Führer zu verlassen, jedoch Aufrechterhaltung der Verbindung mit ihnen, weil sonst, nach den Worten Klemens' VIII., « ein für die ganze Christenheit wichtiges Band zerrissen würde » : darin bestand das Geheimnis der scheinbar wechselnden und gegensätzlichen, in der Tat aber sehr folgerichtigen, sehr vorsichtigen und sehr hohen Politik, die die letzten Päpste des sechzehnten Jahrhunderts verfolgten. »[1]

Heinrich IV., der noch keinen entscheidenden Sieg errungen hatte, näherte sich seinerseits dem Papste und schickte einen Gesandten nach Rom. Die Verhandlungen zogen sich jedoch in die Länge, weil der Papst solange Heinrich misstraute, bis dieser, wie wir schon erwähnten, am 25. Juli 1593 förmlich zur katholischen Kirche übertrat. Zu Beginn dieses Jahres hatte der König Sully, der später sein Minister wurde und protestantisch war, um Rat gebeten, was er tun solle. Die Antwort Sullys lautete : ... « es wird Euch unmöglich sein, je friedlich zu regieren, solange Ihr einem Bekenntnis angehört, dem Grosse und Kleine (von uns) so abgeneigt sind ». Am 20. Juli erklärte der König in einer Versammlung von Prälaten und Theologen, die er zu seiner Unterrichtung berufen hatte : « Ich lege heute meine Seele in Eure Hände ; geht vorsichtig mit ihr um, ich bitte Euch, denn wahrlich, von dort, wohin Ihr

---

[1] Mourret, a.a.O. Bd. 5. S. 441.

mich einführt, trete ich erst durch den Tod wieder aus. »[1] Nachdem der König der Häresie abgeschworen, wurde er durch den Erzbischof von Bourges von der Exkommunikation losgesprochen, vorbehaltlich der Genehmigung des Apostolischen Stuhls. Unverzüglich bemühte er sich nun, die Absolution des Papstes zu erhalten und entsandte zu diesem Zwecke den Herzog von Nevers nach Rom. Aber es kostete einige Mühe, die Kurie von der Aufrichtigkeit des Königs zu überzeugen. Man glaubte hier, dass sein Schritt aus rein politischen Rücksichten erfolgt sei, und wusste auch, dass Heinrich IV. an seiner ungebundenen Lebensweise nichts geändert habe. Die Ligaanhänger unterliessen es ihrerseits nicht, das Misstrauen des Papstes wachzuhalten. Schliesslich war klar, dass die Absolution und die Anerkennung Heinrichs IV. als rechtmässiger König von Frankreich den Bruch mit Spanien im Gefolge haben musste. Es fehlte nicht an eindeutigen Drohungen von dieser Seite.

Indessen festigte sich Heinrichs IV. Stellung in Frankreich zusehends. Am 27. Februar 1594 wurde der König feierlich in der Kathedrale von Chartres gekrönt, und einige Zeit später hielt er Einzug in « seine gute Stadt Paris », die gleichzeitig von der spanischen Garnison geräumt wurde. Starken Eindruck machte es in Rom, dass die Sorbonne, die berühmte theologische Fakultät, den neuen König anerkannte, und dass überhaupt die Gegner Heinrichs nun in ständig wachsender Zahl auf seine Seite traten. Man fürchtete an der Kurie nicht ohne Grund, dass das deutlich erstarkende Nationalbewusstsein dem Gallikanismus zugute kommen werde ; in gewissen Kreisen sprach man tatsächlich schon von einer Wiederinkraftsetzung der Pragmatischen Sanktion von Bourges. Unter solchen Umständen schien ein Schisma nicht ausgeschlossen.

Jetzt setzte sich der Kardinal Sega entschieden für die Absolution des Königs ein. Die Bedingungen der Absolution wurden während des Jahres 1594 in eingehenden Verhandlungen erörtert, welche der Kardinal Gondi, Bischof von Paris, der Bischof von Evreux, der bald darauf zum Kardinal ernannte Abbé Arnaud d'Ossat und, als massgeblichster Teilnehmer, der gelehrte Theologe und kurz darauf zum Kardinal erhobene Jacques Davy Du Perron führten. Am 17. September 1595 erfolgte schliesslich die feierliche Absolution in Sankt Peter in Gegenwart von Du Perron und d'Ossat, die als Vertreter des Königs zuvor in dessen Namen das Tridentinische Glaubensbekenntnis abgelegt hatten. Unmittelbar danach wurde Alessandro Medici als Kardinallegat nach Paris entsandt. Er erreichte ohne Schwierigkeiten die Ratifikation der Absolutionsbulle durch den König und dessen Versprechen, die eingegangenen Bedingungen einzuhalten.

---

[1] Mourret, a. a. O. Bd 5, S. 443.

Die Folgen des Übertritts Heinrichs IV. zeigten sich bald. Während in Frankreich der Religionsfriede wiederhergestellt wurde, sank der spanische Einfluss in Rom, und der Papst erlangte wieder seine Bewegungsfreiheit zurück, die der spanische Hof bisher stark eingeschränkt hatte. Durch die Rückkehr Heinrichs IV. zur katholischen Kirche wurde das Gleichgewicht zwischen den zwei grossen katholischen Mächten wiederhergestellt und der päpstlichen Politik ein grosses Hindernis aus dem Wege geräumt. Der Papst aber krönte sein Werk, indem er seine Friedensvermittlung zwischen Spanien und Frankreich anbot. Es kam zu Verhandlungen, in denen besonders der Kardinallegat Medici und der General der Franziskaner, Bonaventura Segusi von Caltagirona, eine wichtige Rolle spielten. Am 2. Mai 1598 wurde in Vervins der Friede geschlossen; Philipp II., der wenige Monate später sterben sollte, anerkannte Heinrich IV. als König von Frankreich.

Klemens VIII. vermittelte auch eine Einigung über die Markgrafschaft Saluzzo zwischen dem französischen König und dem Herzog von Savoyen. Im Frieden von Lyon (1601) wurde Saluzzo dem Herzog Karl Emanuel von Savoyen überlassen; Heinrich IV. erhielt dafür vom Herzog Bresse und Bugey auf dem rechten Rhoneufer. Der französische König unterstützte seinerseits den Papst bei dessen Auseinandersetzung mit dem Grossherzog von Toskana bezüglich Ferraras. Nach dem Tode des kinderlosen Herzogs von Este-Ferrara erhob nämlich der Papst auf Grund des Devolutionsrechts Ansprüche auf Ferrara, und tatsächlich kam dieses auch dank der entschiedenen Stellungnahme Heinrichs IV. an den Kirchenstaat.

Im gleichen Jahre erliess Heinrich IV. das *Edikt von Nantes* (13. April 1598), um den religiösen Frieden in Frankreich zu sichern, zu dem sein Übertritt die Wege geebnet hatte. Das Edikt von Nantes stellte einerseits den katholischen Gottesdienst im ganzen Lande, auch da, wo er unterdrückt worden war, wieder her, gewährte aber anderseits auch den Protestanten im ganzen Königreiche Gewissensfreiheit und in weitem Umfang freie Religionsübung. Die Hugenotten erhielten ferner Zutritt zu den Staatsämtern in gleicher Weise wie die Katholiken, mit denen sie nun völlig gleichberechtigt waren. In jedem Parlament wurden « gemischte » Kammern geschaffen, das heisst solche, in denen protestantische und katholische Richter in gleicher Zahl vertreten waren. Zudem durften sich die Protestanten nun von Rechts wegen in Synoden vereinigen, und für die Dauer von acht Jahren wurden ihnen hundert Sicherheitsplätze gewährt. Diese letzten Bestimmungen des Edikts stellten eigentliche Privilegien dar; sie erlaubten den Protestanten, weiterhin eine organisierte Partei im Königreich zu bilden.

Der Geist der Toleranz, der im Edikt von Nantes zum Ausdruck kam, wäre heute selbstverständlich, aber für die damalige Zeit war er ausserordentlich, ja den meisten Katholiken und dem Papst schienen die Bestimmungen des Edikts zu weitgehend. Die Beunruhigung wurde auch durch die Versicherung Heinrichs IV. nicht behoben, dass das Edikt in erster Linie den inneren Frieden im Königreich gewährleisten und zudem in vorteilhafter Weise für die katholische Religion ausgeführt werden solle. Selbst die Gallikaner in den Parlamenten erhoben lebhaften Einspruch, und es bedurfte des entschiedensten Auftretens des Königs, damit das Edikt doch registriert wurde. So aber begann nun eine neue Epoche, in der die geistige Auseinandersetzung an Stelle der Verfolgungen trat. Um die Bedeutung dieser Entwicklung zu ermessen, braucht man sich nur zu vergegenwärtigen, dass zur selben Zeit, da in Frankreich das Edikt von Nantes erlassen wurde, in Deutschland, England und Spanien die Untertanen unter Strafe der Verbannung, wenn nicht gar unter Todesstrafe zur Ausübung der Religion des Herrschers gezwungen waren.

Wenn der Papst durch das Edikt von Nantes nicht befriedigt war, so hatte er anderseits die Genugtuung, dass Heinrich IV. 1603 den Jesuitenorden in Frankreich wieder zuliess. Die Jesuiten waren nach dem Attentat des früheren Jesuitenzöglings Jean Châtel auf den König (Dezember 1594) vom Pariser Parlament ausgewiesen worden auf Grund der Anklage, dass sie den Königsmord predigten. Nach ihrer Wiederzulassung zeichnete sich die Gesellschaft durch ihre kraftvolle Verteidigung der alten Religion weiter aus. Neben andern Orden, insbesondere den Kapuzinern, wirkte sie erfolgreich für die vom Heiligen Stuhl dringend gewünschte Besserung der kirchlichen Verhältnisse in Frankreich, die der dreissigjährige Bürgerkrieg schwer geschädigt hatte. Heinrich IV. sorgte seinerseits angelegentlich für die Ausführung des Edikts von Nantes. Während er noch Vorbereitungen zum Krieg gegen den Kaiser und Spanien traf, wurde er, am 14. Mai 1610, durch den verrückten Schullehrer Ravaillac ermordet.

DIE JESUITEN UND DIE LEHRE VOM TYRANNENMORD

Heinrichs IV. Entschluss, die Jesuiten wieder zurückzurufen, war umso gewichtiger als sich auch in der unmittelbaren Umgebung des Königs die stärksten Widerstände dagegen geltend machten. Die Hugenotten und auch die schon erwähnte gemässigte Partei der « Politiker » hatten dem König unablässig vorgestellt, dass die Jesuiten, die einst überaus eifrigen Anhänger der Liga, nur den spanischen Interessen dienten. Aus dem Prozess gegen Ravaillac ergab sich zwar in gar keiner Weise eine Mitschuld der Jesuiten. Aber früher, fünf Jahre nach dem Attentat von Jean Châtel auf Heinrich IV., hatte der Jesuit *Juan Mariana* (1535-1624) in der Philipp III. gewidmeten Schrift *De rege et de institutione regis* (1599) als seine persönliche Ansicht die Meinung vertreten, dass der Tyrannenmord unter gewissen Bedingungen erlaubt sei, und dabei auf die Tötung Heinrichs III. hingewiesen. Mariana unterschied nämlich zwischen dem König und dem Tyrannen und suchte zu beweisen, dass ein Tyrann — der übrigens nicht unbedingt ein Usurpator sein musste — von einem Einzelnen getötet werden dürfe, wenn bei einem tyrannischen Regiment eine Versammlung der Vertreter der Nation unmöglich sei, der Wille des Volks aber die Beseitigung des Tyrannen zu verlangen scheine. Als nun nach Heinrich III. auch Heinrich IV. durch Mörderhand fiel, stellte man diese Morde auf eine Linie ; das Parlament und die Sorbonne vergassen dabei, dass die Tat von Jacques Clément auch von ihrer Seite gebilligt, ja sogar moralisch unterstützt worden war. Am 8. Juni 1610 wurde die Ausgabe des *De rege* von 1605, die indessen vorsichtiger als die erste Ausgabe gehalten war, öffentlich verbrannt. Nun entspann sich eine heftige Polemik ; von der Gesellschaft Jesu wurde der Beichtvater des Königs, der P. Coton, besonders angegriffen. Im Grunde trat indessen mit dieser Polemik nur der alte Kampf des Parlaments und der Universität gegen die Jesuiten in eine neue Phase. Schliesslich bot die öffentliche Stellungnahme des Jesuitengenerals Acquaviva gegen Mariana (6. Juli 1610) einen Grund zur Einstellung der Kontroverse.

TÜRKENGEFAHR. RELIGIÖSE VERHÄLTNISSE IN ENGLAND, SCHWEDEN UND POLEN

So wichtig auch die Entwicklung der Lage in Frankreich war, sie hinderte Klemens VIII. doch nicht, sich gleichzeitig auch angelegentlich mit anderen Belangen zu befassen. Er griff den vom Papsttum nie ganz aufgegebenen Plan wieder auf, eine grosse Liga der christlichen Völker zum *Kampf gegen die Türken* zu bilden, die sich damals zu einem neuen Vorstoss gegen Ungarn und Österreich vorbereiteten. Ein Feldzug gegen sie hätte gleichzeitig auch einem drohenden türkischen Unternehmen gegen Oberitalien vorgebeugt. Trotz seiner schwierigen Finanzlage sandte der Papst Kaiser Rudolf II. bedeutende Geldunterstützungen. Den kaiserlichen und päpstlichen Truppen waren jedoch nur Teilerfolge und bald Rückschläge beschieden. Vergeblich hatte sich der Papst bemüht, von Heinrich IV. Unterstützung zu erhalten. Nach einigen unverbindlichen Versprechungen zog sich der französische König ganz zurück ; ein Bündnis mit dem Sultan schien ihm vorteilhafter für die französischen Handelsinteressen und die katholischen Missionen im Orient.

Die politische und religiöse Lage in *England* gab dem Papst zunächst Anlass zu grossen Hoffnungen. Eine Zeitlang schien der Sohn von Maria Stuart, Jakob VI. von Schottland, der nach Elisabeths Tod den englischen Thron besteigen sollte, den gleichen Schritt tun zu wollen wie der französische König. Aber es zeigte sich dann, dass er nur solange in Rom Hoffnungen auf seinen Übertritt unterhielt, als ihm der Papst und die Katholiken zur Unterstützung seiner Thronansprüche dienlich schienen. Ein zeitgenössischer Jesuit meinte, der ehrgeizige Mann hätte die englische Krone auch gern aus der Hand des Teufels genommen. Gleich nach seiner Thronbesteigung (1603) zeigte Jakob VI., als König von England Jakob I., seine wahre Gesinnung. Nicht nur die Katholiken sondern auch die Presbyterianer oder Puritaner wurden schwer von ihm verfolgt. Obgleich er Sohn einer katholischen Mutter war, hatte Jakob I. eine protestantische Erziehung genossen, und nun erwies er sich als entschiedener Anglikaner und Gegner aller « Nonkonformisten », das heisst aller jener, die sich nicht zum Anglikanismus bekannten. Klemens VIII. blieb jedoch der Schmerz über das endgültige Scheitern seiner Bemühungen in England erspart ; er starb, ehe die Verfolgungen wieder einsetzten (1605).

Auch in *Schweden* waren der päpstlichen Politik keine Erfolge beschieden. Die Hoffnung, dass Sigismund III. Wasa, ein überzeugter Katholik, der seit 1587 König von Polen und auch rechtmässiger Erbe der schwedischen Königskrone war, Schweden zur katholischen Kirche zurückführen würde, ging nicht in Erfüllung. Sigismund Wasa fand in Schweden einen starken Gegner in seinem Onkel, dem Herzog Karl von Södermanland ; er wurde von diesem besiegt, von den Reichsständen abgesetzt (1599) und musste nach Polen zurückkehren. Schweden aber blieb lutherisch.

Befriedigend für den Papst gestaltete sich hingegen die Lage in *Polen*. Dank den Bemühungen der Jesuiten, insbesondere Piotr Skargas und Possevins, kam 1596 die Union der unter polnischer Herrschaft stehenden schismatischen Ruthenen oder Kleinrussen mit der lateinischen Kirche auf Grund des Florentiner Dekrets von 1439 zustande. Der Papst gewährte den Ruthenen die Beibehaltung ihres Ritus sowie die Priesterehe.

DER GNADENSTREIT

Schon in den ersten Jahren seines Pontifikats hatte Klemens VIII. in der grossen Streitfrage des Verhältnisses von Gnade und Willensfreiheit Stellung zu nehmen, die damals die Gemüter aufs stärkste erregte. Wir sprachen zu Beginn dieses Kapitels bereits von den Auseinandersetzungen zur Zeit Pius' V. und Gregors XIII. über die Lehre von Michael Bajus. Im Jahre 1588 liess nun der gelehrte spanische Jesuit *Luis de Molina* (1535-1600) in Lissabon ein lateinisches Werk unter dem Titel *Concordia liberi arbitrii cum gratiae donis* erscheinen, in dem er seine Auffassung des Verhältnisses von Willensfreiheit und Gnade eingehend darlegt. Molina war einer der führenden Philosophen und Theologen des sechzehnten Jahrhunderts, unter denen der Dominikaner Franz von Vitoria, der als erster eine systematische Lehre des Kriegsrechts aufstellte und massgebend für die Erneuerung der Scholastik war, ferner die Dominikaner Melchior Cano, Dominicus Soto, Domingo Bañez hervortreten und anderseits die Jesuiten Pedro da Fonseca, Diego Laynez, Gabriel Vasquez, Franz Toledo, Franz Suarez und Robert Bellarmin, der Verteidiger des päpstlichen Primats. Molina betonte der Lehre des hl. Thomas gegenüber die Freiheit des menschlichen Willens, der in der wirksamen Gnade mitwirken oder ihr widerstehen könne. Dieser Lehre trat der Dominikaner Domingo Bañez entgegen, und bald entwickelte sich aus der Streitfrage eine grosse Auseinandersetzung zwischen Dominikanern und Jesuiten, die heute noch nicht abgeschlossen ist. Bañez, ein Kastilianer wie Molina, war während mehrerer Jahre der Beichtvater der hl. Theresia von Avila gewesen. Gegenüber Molina wollte er, der thomistischen Lehre entsprechend, nichts von der Allmacht des göttlichen Willens preisgeben, dessen wirksamer Bestimmung sich unmöglich etwas entziehen könne. Die Gnade wirkt nach ihm die freie Einstimmung des Willens zu ihr.

Der Streit entbrannte bald zu so grosser Heftigkeit, dass Klemens VIII. 1594 die Angelegenheit an sich zog, weitere Disputationen untersagte und 1597 eine Kommission zur Prüfung der strittigen Fragen berief. Persönlich neigte Klemens VIII. der von den Dominikanern vertretenen Richtung zu. Als er starb (1605) war noch keine Entscheidung erfolgt, und es kam auch in der Folge nicht zu einer solchen. Klemens' VIII. Nachfolger, Paul V., machte jedoch der Polemik ein Ende, indem er am 28. August 1607 den beiden Orden gegenseitige Verketzerung streng verbot. Im Jahre 1611 erliess er das weitere Verbot, irgend etwas über die strittigen Fragen ohne Erlaubnis der Inquisition zu veröffentlichen, und dieses Verbot wurde von Urban VIII. und Innozenz X. in der ersten Hälfte des siebzehnten Jahrhunderts erneut und verschärft. Die heftige Auseinandersetzung hatte indessen doch auch gewisse positive Ergebnisse für die Entwicklung der Theologie. Das Problem bestand zwar weiter, aber die Theologen waren durch diese Erörterungen auf die Bekämpfung der gefährlichsten und wohl folgenreichsten Irrlehre des siebzehnten Jahrhunderts, des Jansenismus, vorbereitet worden.

ENDE DES PONTIFIKATS KLEMENS' VIII.

Am 5. März 1605 ging das mehr als dreizehnjährige Pontifikat des Aldobrandini-Papstes zu Ende. Ein Jahr zuvor war der Kardinal d'Ossat gestorben, der Klemens VIII. wohlwollend gegenüber Frankreich gestimmt hatte. Sein Tod traf den Papst umso schwerer, als dessen letzte Lebensjahre durch zwei grosse Prozesse und die heftige Feindschaft zwischen den Familien Farnese und Aldobrandini verdüstert waren.

Die Hinrichtung der *Beatrice Cenci* rief infolge der hohen sozialen Stellung der Beschuldigten grossen Aufsehen hervor. Beatrice gehörte jener römischen Adelsfamilie an, aus der einst schon, im zehnten Jahrhundert, zwei düstere Persönlichkeiten hervorgegangen waren : Papst Johannes X., der 928 abgesetzte Günstling der Theodora, und der berüchtigte Tyrann Crescentius, der gegen Ende des zehnten, des « eisernen» Jahrhunderts zwei Päpste getötet und zwei Gegenpäpste aufgestellt hatte. Um Beatrice, die Shelley den « Engel des Vatermords » nannte, hat sich im Laufe der Zeit eine ganze Legende gebildet. In Wahrheit war sie schlechthin eine Verbrecherin. Im Einvernehmen mit ihrer Stiefmutter und ihrem Bruder Giacomo Cenci hatte sie ihren Vater, von dem sie gefangengesetzt und misshandelt worden war, meuchlings töten lassen. Klemens VIII. war entsetzt über die Verbrechen dieser entarteten Familie und überlieferte Beatrice und ihren Bruder dem Henker.

Zu heftigen Angriffen gegen Papsttum und Kirche führte der Prozess gegen *Giordano Bruno*, der am 17. Februar 1600 zum Feuertode verurteilt und daraufhin von den Feinden des Papstes als Märtyrer der Inquisition und heldenmütiger Vertreter freier Geistigkeit gefeiert wurde. Bruno war einst Dominikaner gewesen, hatte dann aber völlig mit der Kirche gebrochen und in verschiedenen Schriften eine pantheistische Naturphilosophie gelehrt, welche die Inquisition zum Einschreiten veranlasste. Seine Verurteilung und Hinrichtung als Apostat entsprach dem allgemeinen, für heutige Begriffe allerdings oft unverständlich harten Rechtsverfahren jener Zeit. Sie rief übrigens bei den Zeitgenossen nur wenig persönliches Mitleid mit dem Verurteilten hervor. Denn es war bekannt, dass der nacheinander von Paris,

London und Strassburg vertriebene Bruno vor seiner Verurteilung durch die Inquisition auch von den Kalvinisten und Lutheranern abgelehnt worden war. Noch auf dem Feuerstoss wandte er sich vom Kruzifix ab. Aber die Inquisition schuf doch durch seine Hinrichtung « der Anarchie, die sich den Namen der Freiheit gibt, einen weithin werbenden Märtyrer ».[1]

Die Feindschaft zwischen den Aldobrandini und Farnese war aus dem Einfluss entstanden, den der Kardinal Pietro Aldobrandini auf den alternden Papst, seinen Oheim, gewonnen hatte. Die Aldobrandini waren zudem als Freunde Frankreichs bekannt, während die Farnese zu Spanien hielten. Eine Zeitlang musste man geradezu fürchten, dass diese Familienstreitigkeiten wieder so schwer ausarten würden wie jene des vierzehnten und fünfzehnten Jahrhunderts. Dank der Klugheit des Kardinals Farnese und der Geschmeidigkeit des Kardinals Aldobrandini wurde jedoch eine Katastrophe vermieden, die die geschickte Politik Klemens' VIII. vernichtend getroffen hätte. Der Kardinal Aldobrandini erreichte auch, dass sich die italienischen Staaten zu einem Bunde unter französischem Schutz zusammenschlossen.

Zu jener Zeit waren die Tage des Papstes bereits gezählt. Das Wechselfieber, unter dem Klemens VIII. litt, und das damals in Rom bei der Vergiftung durch die Pontinischen Sümpfe häufig auftrat, wurde plötzlich schlimmer. Am 5. März 1605 starb Klemens VIII. im Alter von neunundsechzig Jahren.

Der dahingeschiedene Papst hatte sich als geschickter Politiker und umsichtiger Förderer der Kirchenreform erwiesen. Wenn er auch nicht das Format eines Pius V. oder Sixtus V. besass, so hatte er doch das Schifflein Petri auch durch die schwierigsten Übergänge zu steuern verstanden. Er neigte zwar zu Frankreich, brach deshalb aber nicht mit Habsburg. Mit Bestimmtheit und einem vollendeten Geschick hatte er die Rückkehr des französischen Königs zur Kirche unterstützt. Mehr Bewegungsfreiheit als auf politischem Gebiet war ihm bei der geistlichen Regierung der Kirche beschieden gewesen. Mit Hilfe des Kardinalkollegiums, in das er Männer aufgenommen hatte, die sich ebenso sehr durch ihr Wissen wie durch ihre Charaktereigenschaften auszeichneten, wie d'Ossat, Du Perron, Baronius und Bellarmin, waren wichtige Reformen zustande gekommen. Klemens VIII. hatte ausser verschiedenen liturgischen Büchern eine neue Ausgabe des Index und eine verbesserte Ausgabe der Vulgata veröffentlicht, die sogenannte *Vulgata Clementina*, die heute noch in Geltung ist. Auch das vierzigstündige Gebet geht auf ihn zurück. Seine oberhirtliche Fürsorge war auch den in Italien niedergelassenen Ruthenen zugute gekommen, denen die Beibehaltung ihres Ritus gestattet war. Wachsam

---

[1] Joseph Bernhart : *Der Vatikan als Thron der Welt.* S. 264.

hatte Klemens VIII., der selbst unbedingt auf die Beobachtung der kanonischen Vorschriften hielt, darauf geachtet, dass in der ganzen Christenheit den Tridentiner Dekreten strenger nachgelebt würde. Das Ansehen des Papsttums war unter seiner Regierung besonders glanzvoll anlässlich des grossen Jubiläums von 1600 zum Ausdruck gekommen, zu dessen Feier sich mehr als drei Millionen Pilger in Rom eingefunden hatten.

In dem nach den Beerdigungsfeierlichkeiten eröffneten Konklave erhielt der gelehrte Kardinal Baronius zwei Drittel der Stimmen. Da er aber scharfe Kritik an den von Spanien in Unteritalien beanspruchten Vorrechten in geistlichen Dingen geübt hatte, wurde er von der spanischen Partei abgelehnt. Nun bat er selbst seine Anhänger, ihre Stimmen einem anderen Kandidaten zu geben. Damit erlangte die spanische Partei jedoch nur einen halben Erfolg. Das Zusammenwirken des Kardinals Aldobrandini mit der französischen Partei unter Führung des Kardinals Joyeuse führte am 1. April 1605 zur Wahl des Kardinals Alessandro Medici, eines siebzigjährigen, grosszügigen, prunkfreudigen und liebenswürdigen Greises. Er nannte sich *Leo XI.*, starb jedoch schon am 27. April desselben Jahres.

Das harte Ringen zwischen den katholischen Mächten hatte das Papsttum in die grosse Gefahr gebracht, von der Übermacht der einen Partei überwältigt und mit der andern entzweit zu werden. Diese Gefahr war überwunden. Aber schon kündigten sich auf politischem Gebiet neue Konflikte und auf religiösem Gebiet ein Wiederaufleben schwerer Auseinandersetzungen an. Europa und die Kirche traten in ein neues Zeitalter ein.

Kapitel IV.

DAS PAPSTTUM IM ZEITALTER DES DREISSIGJÄHRIGEN KRIEGES

DIE ZEITVERHÄLTNISSE

Die politische und soziale Ordnung der europäischen Nationen im siebzehnten und achtzehnten Jahrhundert, die mit der französischen Revolution eine gewaltsame Wandlung erfuhr und daher im französischen Sprachgebrauch als das *Ancien Régime* bezeichnet wird, ist vornehmlich durch die Entwicklung der absoluten Monarchien, die Zentralisierung der Verwaltung, die Straffung lockerer und freiheitlicherer Staatengefüge gekennzeichnet.

In Frankreich, das an Stelle Spaniens zur Vorherrschaft gelangt, wirft im siebzehnten Jahrhundert der Gallikanismus die Frage des Verhältnisses von Staat und Kirche auf, die jansenistischen Wirren berühren dogmatische und moralische Grundfragen, und im Streit um den Quietismus kommt es zu einer verfänglichen Erörterung aszetischer und mystischer Probleme. Während Pascal die Apologetik zu verjüngen sucht, strebt Leibniz, die tiefe Krise, die der Protestantismus durchmacht, durch ein Vordringen zum Wesen des Christentums zu überwinden. Im achtzehnten Jahrhundert aber wird die Kirche durch die Aufklärungsbewegung zur Verteidigung der übernatürlichen Ordnung überhaupt gedrängt.

Die Krise des europäischen Denkens zu jener Zeit ist zutiefst eine religiöse Krise. Schismatische, häretische, areligiöse, zumeist aus dem Protestantismus hervorgehende Strömungen durchziehen das siebzehnte Jahrhundert und werden im folgenden Jahrhundert von der Freimaurerei weitgehend aufgefangen. Sowohl der Jansenismus wie ein gewisser Gallikanismus, der Quietismus und selbst noch die Aufklärung weisen einen Zusammenhang mit den protestantischen, ihrerseits stark vom Rationalismus durchsetzten Lehren auf.

Während diese zutiefst religiösen Auseinandersetzungen ausgetragen werden, führt allmählich die europäische Expansion zu weltgeschichtlichen Wandlungen. Das wirtschaftliche Leben wird zunächst noch vom Merkantilismus beherrscht, gegen den allmälich der wirtschaftliche Liberalismus aufstrebt. Indessen bildet sich aus der experimentellen Forschung und dem methodischen Aufspüren der Naturgesetze allmählich ein neues wissenschaftliches Weltbild heraus.

Die zukunftsträchtige Entwicklung jener Zeit stellte das Papsttum vor gewaltige neue Aufgaben. Schon im Mittelalter waren, wie wir im Laufe unserer Darstellung sahen, manche kulturelle Belange von der kirchlichen Führung nicht erfasst oder ihr entglitten. Zu Beginn des siebzehnten Jahrhunderts aber hatte die Kirche nach den grossen und teilweise auch fruchtbaren Auseinandersetzungen die Herrschaft, die sie im Mittelalter trotz allem im kulturellen Bereich innehatte, nicht wiedererlangt. Allerdings wurde dieser Misserfolg durch eine innerliche Erneuerung von hervorragender Bedeutung weitgehend aufgewogen. Aber die allgemeine politische Führung ist in der Barockzeit von der Kirche auf die staatlichen Gewalten übergegangen, die sie ausschliesslich beanspruchen. Noch schwerwiegender war die Einbusse an Ansehen und geistiger Wirkung, die die Kirche auf wissenschaftlichem Gebiet erlitt. Zu spät sah man in Rom ein, wie verhängnisvoll es war, dass zur Zeit eines Kepler und Galilei die aufstrebenden Naturwissenschaften und die philologischkritische Quellenbehandlung statt umsichtiger Förderung das drückende Misstrauen der mit der Gewalt der Inquisition drohenden Kirche erfahren hatten. Auf sozialem Gebiet schliesslich hat die Zeit der katholischen Restauration nicht die nötige tiefe Erneuerung gezeitigt. Die Barockkultur, die die Erbschaft der Renaissance antrat, blieb eine Kultur der oberen Schichten ; mit sozialen Problemen haben sich die grossen Denker und Führer jener Zeit kaum befasst. [1]

Das grosse Geschehen, das zunächst eine politische Neuordnung heraufführt, ist der Dreissigjährige Krieg (1618-1648). Vier Päpste lösen sich während dieser Zeit in der Regierung der Kirche ab : *Paul V.* (1605-1621), *Gregor XV.* (1621-1623), *Urban VIII.* (1623-1644) und *Innocenz X.* (1644-1655).

---

[1] Eine eingehende Behandlung dieser Zusammenhänge bietet Gustav Schnürer : *Katholische Kirche und Kultur in der Barockzeit.* Paderborn, Schöningh 1937.

Der *Dreissigjährige Krieg* wuchs aus den konfessionnellen Gegensätzen in Deutschland hervor. Seine unmittelbare Veranlassung bildete der Aufstand einer radikal protestantischen Gruppe tschechischer Aristokraten gegen den entschieden katholischen Erzherzog und späteren Kaiser Ferdinand II. als König von Böhmen. In seinem weiteren Verlauf aber weitete sich das harte und verheerende Ringen zu einem europäischen Kampf auf deutschem Boden gegen die spanisch-österreichische Vormacht aus. Während der Dreissigjährige Krieg in seiner ersten Periode (1619-1623 : böhmisch-pfälzischer Krieg) bereits von den österreichischen Erblanden auf die Pfalz und Westfalen übergreift, tritt in seiner zweiten Periode (1625-1629 : niedersächsisch-dänischer Krieg) der von England und Holland unterstützte Christian IV., König von Dänemark und Norwegen, Herzog von Holstein, als Oberster des niedersächsischen Kreises an der Spitze der Protestanten gegen den Kaiser auf. Nach der Zurückweisung Christians steht der Kaiser auf der Höhe seiner Macht. Der Protestantismus ist schwer bedroht. Da greift für dessen Sache Gustav Adolf von Schweden ein, und der Krieg tritt in seine dritte Periode (1630-1635 : schwedischer Krieg), in der das Waffenglück von der einen zur andern Seite wechselt. Nun aber erklärt Frankreich, durch Richelieus Politik eng mit Schweden verbunden, dem Kaiser und bald auch dem König von Spanien den Krieg, der damit in seine vierte und schrecklichste Periode tritt (1635-1648). Er artet immer mehr in ein zielloses Plündern und Verwüsten, Morden und Schänden aus ; Deutschland wird weitgehend entvölkert und in eine Wüste verwandelt. Nach langen und schwierigen Verhandlungen in Münster und Osnabrück kommt schliesslich der *Westfälische Friede* zustande (1648), der den völligen Ruin der Machtstellung des Hauses Habsburg in Deutschland und die Ohnmacht des Deutschen Reiches nach aussen besiegelt. Neben dem siegreichen Frankreich erlangt im Norden Schweden die Vorherrschaft, die Niederlande und die Schweiz werden als unabhängig vom Reiche anerkannt. Der weitere Krieg gegen Spanien führt 1659 zum *Pyrenäischen Frieden*, der das Ende der spanischen Vorherrschaft der Habsburger in Europa bedeutet. Frankreich übernimmt an Spaniens Stelle die Führung.

Aber auch der politische Einfluss des Papsttums wurde durch den fürchterlichen Machtkampf gebrochen. « Die politische Geschichte des siebzehnten und achtzehnten Jahrhunderts », schreibt ein katholischer Historiker, « kann in grossen Zügen gezeichnet werden, ohne das Papsttum zu erwähnen. Dieses spricht nur noch in den Angelegenheiten der bescheidenen, schwachen Gruppe der zweitrangigen europäischen Mächte mit. Jede andere Einflussnahme ist ihm von dem neuen, durch die westfälischen Friedensverhandlungen besiegelten Staatsrecht abgesprochen worden. Umsonst protestiert der Heilige Stuhl, umsonst verlassen seine Nuntien die Verhandlungen. Mit dem westfälischen Frieden wird das Papsttum beurlaubt »... « Aber in seiner Verbannung vom politischen Schauplatz, bei seiner Ohnmacht, Europa zu befriedigen und seine Leiden zu lindern, bleiben ihm andere Aufgaben vorbehalten. » [1]

DAS PONTIFIKAT PAULS V. (1605-1621)

War der Niedergang des spanischen Einflusses schon bei der Wahl Leos XI. offenkundig, so trat er nun bei der Wahl von dessen Nachfolger wiederum deutlich zu Tage. In dem am 8. Mai 1605 eröffneten Konklave war zunächst der Kardinal Baronius massgebend, der die Stimmen der Kardinäle auf Bellarmin lenkte. Als dieser jedoch eine Wahl ablehnte, setzten sich Aldobrandini und Montalto für den Kardinal Camillo Borghese ein, und am Abend des 16. Mai wurde Borghese einstimmig gewählt. Aus Dankbarkeit gegen Paul III., einen Gönner seines Vaters, nannte er sich *Paul V.* Seine Laufbahn und seine Leistungen waren zwar nicht so glänzend wie die eines Baronius oder Bellarmin. Aber bei seiner hohen Gesinnung, seiner tadellosen, würdigen Lebensführung und seinem Seeleneifer konnte man Grosses von ihm erwarten. Es bestand auch Grund zu der Annahme, dass er die Politik Klemens' VIII. weiterführen werde. Seine Wahl war ohne Intrigen zustandegekommen ; er selbst sah zeitlebens in seiner Erhebung einen Ruf der göttlichen Vorsehung und widmete sich seinem Amt im tiefen Bewusstsein seiner verantwortungsvollen Aufgaben. Er hielt es für seine erste Pflicht, die Immunität und Freiheit der Kirche als Sache Gottes zu verteidigen. Von seiner Laufbahn her — er war Konsistorialadvokat gewesen — hatte er sich eine juristische Präzision des Denkens und die unbedingte Achtung der bürgerlichen und kanonischen Gesetze bewahrt. Diese Gesetze wandte er streng an. Eine seiner ersten Handlungen bestand darin, dass er einen Bürger von Cremona, Piccinardi, den Verfasser eines heftigen Pamphlets gegen Klemens VIII., dem Gericht überlieferte. Auf Majestätsbeleidigung stand damals die Todesstrafe, und so wurde Piccinardi enthauptet. Streng wachte der Papst auch über die Beobachtung der Tridentiner Reformdekrete. Er hielt insbesondere darauf, dass auch die hohen geistlichen Würdenträger der Residenzpflicht nachkamen.

---

[1] G. Goyau, A. Pératé, P. Fabre : *Le Vatican. Les papes et la civilisation. Le gouvernement central de l'Eglise.* Paris 1895. S. 181-183.

DER KONFLIKT MIT VENEDIG

Schon gleich zu Beginn seiner Regierung musste sich Paul V. mit drei wichtigen auswärtigen Angelegenheiten befassen, die seinen Mut auf die Probe stellten. Es waren dies der Konflikt mit Venedig, die Katholikenverfolgungen in England und die religiöse Auseinandersetzung in Deutschland, aus der der Dreissigjährige Krieg hervorgehen sollte.

Die stolze Markusrepublik war im Laufe ihrer Geschichte schon oft in Konflikt mit den Päpsten geraten. Zu Beginn des siebzehnten Jahrhunderts schien sie sich über den ihr drohenden Niedergang durch eine zusehends hochmütigere Haltung gegenüber dem Heiligen Stuhl trösten zu wollen. Während des Pontifikats Klemens' VIII. hatte der Senat bereits Gesetze erlassen, die einen Konflikt heraufbeschworen, so 1603 verboten, dass ohne seine Erlaubnis Kirchen, Klöster und Spitäler erbaut würden, und 1605 fügte er das weitere Verbot hinzu, dass liegende Güter im Besitze von Laien in geistliche Hand übergingen. Die Lage spitzte sich noch mehr zu, als der Senat bald darauf unter Missachtung des besonderen Gerichtsstandes des Klerus einen Bischof und einen Priester vor das weltliche Gericht zog. Auf den Rat von Baronius und Bellarmin forderte Paul V. die Republik in sehr bestimmtem Tone auf, jene Gesetze aufzuheben und die zwei Angeklagten dem apostolischen Nuntius auszuliefern (Dezember 1605). Aber die stolze Antwort des Senates lautete, dass er von Gott allein seine Macht habe, Gesetze zu erlassen. Daraufhin unterbreitete der Papst die Angelegenheit einem Konsistorium, und dieses erklärte, dass ein Nachgeben ohne Verletzung der kirchlichen Rechte nicht möglich sei.

Nun zögerte Paul V. nicht länger. Am 17. April 1606 verkündete er, dass er den Dogen und den Senat mit dem Kirchenbann und das venezianische Staatsgebiet mit dem Interdikt belegen werde, wenn nicht binnen vierundzwanzig Tagen die Forderungen des Heiligen Stuhls erfüllt seien. Die Serenissima gab jedoch nicht nach, ja sie warb nun im europäischen Umkreis für ihre Sache, und als der Papst mit Waffengewalt gegen die Widerspenstigen vorgehen wollte, drohten der englische König und Holland, eine Flotte zur Unterstützung Venedigs auszusenden, und in Frankreich ergriffen auch die Gallikaner Partei für die Republik.

In Venedig selbst trat ein Angehöriger des Servitenordens, Fra Paolo Sarpi, als rücksichtsloser Vorkämpfer der Regierung auf. Sarpi, ein hochbegabter, auf den Gebieten der Naturwissenschaften, der Philologie, des Rechts und der Theologie ausserordentlich bewanderter, aber zugleich auch verbitterter und leidenschaftlicher Mann, warf sich mit glühendem Patriotismus in den Streit. Er veröffentlichte einen aufsehenerregenden « Traktat über das Interdikt », der die päpstlichen Strafmassnahmen als unbegründet und unzulässig darstellte, und dem weitere Denkschriften folgten, nachdem Sarpi zum Staatstheologen geworden und im Volke grossen Anhang gewonnen hatte. Der von der Regierung abhängige Klerus fügte sich zum Teil den Massnahmen der Republik gegen das Interdikt. Die Kapuziner, Theatiner und Jesuiten hingegen blieben dem Papste gehorsam und wurden infolgedessen ausgewiesen. Die hervorragendsten Jesuitentheologen, Adam Tanner, Jakob Gretser, Bellarmin und Suarez, verteidigten die päpstlichen Schritte und Rechte.

In ganz Europa war bald die öffentliche Meinung durch die erbitterte Auseinandersetzung erregt. Schliesslich fand Heinrich IV. den Weg zu einem Vergleich, der von beiden Teilen angenommen wurde. Da mehrere italienische Staaten für Venedig waren und der spanische König seinerseits schwankte, wurde es dem Kardinal Joyeuse möglich, den spanischen Gesandten, Graf Francisco de Castro, einen Neffen des leitenden spanischen Staatsmannes, des Herzogs von Lerma, zu einem gemeinsamen Friedensschritt zu bewegen. Im März 1607 erklärte sich der Senat bereit, die beiden gefangengehaltenen Geistlichen der kirchlichen Behörde auszuliefern und das gegen die päpstlichen Zensuren veröffentlichte Manifest zurückzuziehen. Er weigerte sich jedoch, die Jesuiten wieder zuzulassen, da er sie als die eigentlichen Stützen des Widerstands gegen die Regierung betrachtete. Zunächst wollte der Papst nun die Gesellschaft nicht zugunsten des Vergleichs preisgeben, dann aber liess er sich um des Friedens willen dazu bewegen, nicht ihre sofortige Rückkehr zu verlangen, und am 21. April 1607 erhielten der Doge und sechzehn Räte als Vertreter des Senates die Lossprechung von den Zensuren.

Der Ausgang des Konflikts war kein Sieg für Venedig, das auch die Unterstützung auswärtiger Mächte nicht in dem erwarteten Masse erlangt hatte. Aber auch der Papst hatte sich nicht unbedingt durchgesetzt, und er war sehr enttäuscht, dass seine Zensuren so wenig Wirkung ausgeübt hatten. Sein schliessliches Entgegenkommen war darin begründet, dass er die völlige Zerrüttung der kirchlichen Verhältnisse in Venedig vermeiden musste, die nur allzu leicht dem Protestantismus die Tore geöffnet hätte. Paul V. musste einsehen, dass mit kirchlichen Strafmassnahmen nichts mehr gegen einen Staat zu erreichen war. Das Interdikt, mit dem er Venedig belegte, war denn auch das letzte, das ein Papst über ein ganzes Staatswesen verhängte. Nachdem der Ausgleich zustande gekommen war, wurden die diplomatischen Beziehungen zwischen dem Papsttum und der Markusrepublik wieder normal. Der Senat verweigerte aber weiter die Wiederzulassung der Jesuiten und wollte auch der Inquisition nicht Fra Paolo Sarpi ausliefern, der bei seiner feindseligen Haltung gegen Rom beharrte, und nach einem Attentat, das im Oktober 1607 auf ihn verübt wurde, den Anlass zu einem neuen Aufflammen des Hasses gab. 1619 liess Sarpi unter dem Decknamen Pietro Soave in London eine Geschichte des Konzils von Trient erscheinen, die trotz der hohen Begabung des Verfassers eigentlich nur eine Verteidigung der kirchlichen Politik Venedigs bietet.

DIE KIRCHLICHEN VERHÄLTNISSE IN ENGLAND

Die Frage des Verhältnisses zwischen Kirche und Staat stellte sich damals im Königreiche Jakobs I. in einer Weise, dass es unbedingt einer Abklärung bedurfte.

Bald nach seiner Thronbesteigung hatte der englische König, wie wir im vorhergehenden schon sahen, die Katholikenverfolgungen wieder aufgenommen. Jakob I. war von dem Bewusstsein durchdrungen, dass die Könige ihre Macht von Gott allein haben, und ihnen also unbeschränkte Macht zusteht. Das suchte er auch in einer Schrift zu beweisen, die unter dem griechischen Titel *To basilikon Doron* (Die königliche Gabe) die erste grundsätzliche Darlegung der absolutistischen Theorien bietet. Im November 1605 fassten einige durch die Verfolgungen erregte englische Katholiken den verwegenen Plan, den König und das Parlament zu London in die Luft zu sprengen. Diese « Pulververschwörung » wurde aber entdeckt, und die öffentliche Meinung in England war äusserst erbost darüber. Sie legte das geplante Verbrechen dem Katholizismus schlechthin zur Last, und so erweckte die Verschwörung einer kleinen radikalen Gruppe den Hass des ganzen Volkes gegen den Katholizismus, einen Hass, der noch zwei Jahrhunderte lang fortwirken sollte.

Jakob I. aber wollte nach dem misslungenen Attentat vornehmlich jene Katholiken treffen, die seine Oberhoheit als der päpstlichen untergeordnet betrachteten. Er setzte beim Parlament den Beschluss durch, dass den Katholiken ein besonderer Treueid auferlegt werde, in dem das Recht des Papstes, den König abzusetzen und die Untertanen vom Treueid zu entbinden, für eine gottlose und ketzerische Lehre erklärt war. Über die Erlaubtheit dieses Eides waren die englischen Katholiken verschiedener Meinung. Während die einen sich dagegen verwahrten, fanden die andern, dass der Eid geleistet werden könne, weil er nur das Versprechen rein bürgerlichen Gehorsams enthielte. Paul V. aber verwarf durch ein Breve vom 22. September 1606 den Eid, da er in mancher Hinsicht dem Glauben und dem Seelenheil zuwiderlaufe. Diese päpstliche Verurteilung erschreckte zahlreiche englische Katholiken, denn die Strafen, die das englische Gesetz gegen die Widerspenstigen vorsah, waren äusserst hart ; sie bestanden in lebenslänglichem Gefängnis und Güterentzug. Der Erzpriester Blackwell weigerte sich, das Breve zu veröffentlichen, da es ihm nicht unter dem vom Kirchenrecht vorgeschriebenen Förmlichkeiten mitgeteilt worden sei. Am 22. September 1607 erneuerte jedoch Paul V. die Verurteilung, die Gläubigen fügten sich, und viele von ihnen fielen nun der Verfolgung zum Opfer.

DER WIDERSTAND DER GALLIKANER

Nicht nur in Venedig und England stiessen die Rechte und hergebrachten Ansprüche des Papsttums auf Widerstand, sondern auch in den französischen Parlamenten, besonders dem Pariser Parlament. Dessen zweiter Präsident, Auguste de Thou, der einer Familie von Gelehrten und Juristen entstammte, veröffentlichte damals ein weltgeschichtliches Werk, in dem er ausgesprochen gallikanische Auffassungen vertrat. Das Buch kam auf den Index (1609), aber das Parlament ergriff für den Verfasser Partei und verordnete nun seinerseits die Verbrennung des Indexdekrets. Zur Verbrennung verurteilt wurden auch, wie wir schon sahen, das Buch Marianas und nun eine Schrift des Kardinals Bellarmin, die eine Theorie von der *potestas indirecta*, der mittelbaren Gewalt des Papstes im Zeitlichen, entwickelte. Der päpstliche Nuntius konnte von der Regentin Maria von Medici, der Witwe Heinrichs IV., nur erlangen, dass die Veröffentlichung des Dekrets gegen Bellarmins Werk suspendiert wurde. Indessen durften eine Papstgeschichte des Kalvinisten Philippe Du Plessis-Mornay unter dem herausfordernden Titel « Geheimnis der Bosheit » und ähnliche polemische Schriften, wie das « Theater des Antichrist » von Nicolas Viguier, ferner auch der Traktat des Syndicus der Sorbonne, Edmond Richer, über die kirchliche und politische Macht ungehindert verbreitet werden.

Die grosse Mehrheit des französischen Klerus stand jedoch den extremen gallikanischen Theorien, wie sie besonders von Richer vertreten wurden, ablehnend gegenüber. Der Erzbischof von Sens, Kardinal Du Perron, und die Bischöfe seiner Kirchenprovinz verurteilten die Ansichten Richers als häretisch, allerdings mit dem Vorbehalt « unbeschadet der Rechte des Königs und der Freiheiten der gallikanischen Kirche ». Dieselbe Haltung zeigten bei dem Zusammentritt der Generalstände 1614 Klerus und Adel, die auch bereit waren, die Tridentiner Reformdekrete anzunehmen, während der Dritte Stand unter dem Einfluss des Pariser Parlaments erklärte, dass der König seine Macht von Gott allein habe, und dass der Papst nicht berechtigt sei, den König abzusetzen. Diese Stellungnahme sollte von allen Franzosen geteilt werden und Widerspruch dagegen als Hochverrat gelten. Es bedurfte eines energischen Einschreitens von Seiten des Kardinals Du Perron, damit der Beschluss des Dritten Standes auf königlichen Befehl zurückgezogen wurde. Paul V. war sehr erfreut über diesen Erfolg und noch mehr, als er vernahm, dass die Generalversammlung des französischen Klerus auf Drängen des Kardinals Du Perron am 7. Juli 1615 beschlossen habe, die Reformdekrete des Konzils von Trient anzunehmen, und kein Einspruch der Krone hiergegen erfolgt sei.

Indessen beanspruchte die bedrohliche Entwicklung in Deutschland wieder in erster Linie die Aufmerksamkeit des Papstes.

VORBOTEN UND BEGINN DES DREISSIGJÄHRIGEN KRIEGES

Zu Anfang des siebzehnten Jahrhunderts erlebte Deutschland eine neuerliche politische und religiöse Krise. Es musste in Rom Besorgnis erregen, dass das Kaisertum der Habsburger, das als sicherste Stütze der alten Religion erschien, in verschiedener Hinsicht gefährdet war. Die durch die Säkularisationen bereicherten protestantischen Fürsten hielten mehr denn je auf Selbständigkeit, und auch die katholischen Fürsten, die vielfach die Religionseinheit in ihren Herrschaftsbereichen durch kraftvolle Anstrengung wiederhergestellt hatten, waren nicht mehr geneigt, sich dem Kaiser unbedingt unterzuordnen. Der im Augsburger Religionsfrieden (1555) kraft kaiserlicher Vollmacht verordnete « geistliche Vorbehalt », demzufolge ein Bischof oder Abt, der zur neuen Religion übertritt, seines Amtes, seiner Einkünfte und seines Landes verlustig gehe, wurde von den Protestanten nicht beachtet. Am unzufriedensten waren die Kalvinisten, denen die Vorteile der Lutheraner vorenthalten waren. Mit dem Hass gegen die katholische Kirche verband sich bei ihnen der Hass gegen den Kaiser. Überall gärte es, und der Ausbruch des Krieges hing nur noch von einem Zwischenfall ab.

Als nun im April 1606 die Neugläubigen in der vorwiegend protestantischen Reichsstadt Donauwörth eine Prozession gewaltsam zerstreuten und eine Kirche plünderten, ächtete Kaiser Rudolf II. die Stadt. Die Reichsexekution wurde durch den tatkräftigen und überzeugt katholischen Herzog Maximilian von Bayern (1607) vollstreckt, der wie berufen schien, die Führung der katholischen Kräfte Deutschlands zu übernehmen. Ihn unterstützten vornehmlich Erzherzog Ferdinand, der spätere Kaiser Ferdinand II., der Fürstbischof von Würzburg und der geistliche Kurfürst von Mainz.

Allgemein spürte man, dass ein schwerer Zusammenstoss in Deutschland unmittelbar bevorstehe. Nach der Reichsexekution gegen Donauwörth schlossen sich im Jahre 1608 eine Reihe protestantischer Stände unter Führung des Kurfürsten Friedrich IV. von der Pfalz zur *protestantinischen Union* zusammen. Friedrich IV. fand kräftigen Rückhalt besonders an dem Markgrafen von Baden-Durlach und dem Herzog von Württemberg. Der protestantischen Union trat schon im folgenden Jahre die katholische Liga mit Maximilian von Bayern an der Spitze gegenüber. Während die Liga bei Spanien Unterstützung suchte, verständigte sich die Union mit Frankreich, England und Schottland. Der scharfe Gegensatz zwischen Protestanten und Katholiken war schon auf dem Reichstag zu Regensburg im April 1608 zu Tage getreten, als der Kaiser Türkenhilfe begehrte. Die protestantischen Stände hatten ihre Zusage von einer erneuten Bestätigung des Augsburger Religionsfriedens abhängig gemacht, wofür die Katholiken wiederum zur Bedingung gestellt hatten, dass alle seit 1555 entfremdeten reichsunmittelbaren und mittelbaren Kirchengüter von den Protestanten herausgegeben würden. Eine Einigung war nicht zustandegekommen, und man war ohne Abschied auseinandergegangen.

Welche Haltung war gegenüber dieser äusserst gespannten Lage vom Papst zu erwarten ? Obwohl Paul V. die deutsche Politik seiner Vorgänger weitergeführt und durch Vermittlung der Nuntien an dem Zustandekommen eines Schutzbündnisses der katholischen Fürsten gearbeitet hatte, zögerte er nun, die Liga zu unterstützen. Diese Zurückhaltung erklärt sich zum Teil wohl aus der Einwirkung der französischen Diplomatie auf den Papst, vor allem aber aus dessen Sorge, dass die Sonderbündnisse zum offenen Kriege führen würden. Im Interesse der Kirche lag jedoch offenbar die Aufrechterhaltung des Friedens, selbst eines Kompromissfriedens, sofern die Bedingungen erträglich waren. Zur Wahrung des Friedens hatte Paul V. auch soeben noch ein dringendes, gegen Spanien gerichtetes Bündnisgesuch Heinrichs IV. abgelehnt und, freilich erfolglos, eine Verständigung zwischen Frankreich und Spanien gesucht. Als Heinrich IV. dann in den jülisch-clevesschen Erbfolgestreit eingriff, der die beiden Parteien bereits zu den Waffen zu rufen drohte, tat der Papst wiederum sein Möglichstes, um den Krieg zu verhindern. Die Ermordung Heinrichs IV. durch Ravaillac (1610) kam damals, wie wir sahen, dem Eingreifen des französischen Königs zuvor. Als danach der Friede besser gesichert schien, war der Papst noch weniger zu einer Unterstützung der Liga bereit. Er wollte nicht — was ihm zur Ehre gereicht — zu einem Religionskrieg Veranlassung geben, dessen Ausgang angesichts der gesamten europäischen Lage auch sehr fraglich schien. Unter den gegebenen Umständen war es Paul V. vielmehr erwünscht, dass der Augsburger Religionsfriede aufrecht erhalten werde, der in gewisser

Hinsicht eher vorteilhaft für die Katholiken war. Ja, der Papst erklärte geradezu, dass er den Katholiken keinen Pfennig zukommen lasse, wenn sie entgegen dem Religionsfrieden etwas gegen die Protestanten unternähmen. Sollte es freilich ohne Herausforderung von ihrer Seite doch zum Kriege kommen, so könne die Liga auf seine Unterstützung zählen.

Bald boten die Ereignisse dem Papst Gelegenheit, sein Versprechen einzulösen. Im Jahre 1618 kam es zu dem Aufstand in Böhmen, der den Anstoss zum Dreissigjährigen Kriege gab. Wir können hier den Verlauf des furchtbaren Geschehens nur in ganz grossen Zügen umreissen. Die protestantischen Böhmen erhoben sich, als Kaiser Matthias — übrigens in Übereinstimmung mit dem geltenden Staatsrecht, das überall, wo die Macht dazu vorhanden war, den abweichenden Kult unterdrückte — befahl, die Kirchen zu schliessen, die sie entgegen den bestehenden Bestimmungen auf klösterlichem Herrschaftsgebiet zu Braunau und Klostergrab errichtet hatten. Die Protestanten erhoben hiergegen Einspruch, und als dieser abgewiesen wurde, gingen sie in Prag gewaltsam gegen die kaiserliche Regierung vor ; die kaiserlichen Statthalter und der Sekretär wurden zu den Fenstern der Hofburg hinausgestürzt und eine provisorische Regierung aufgestellt. Danach versagten die Böhmen dem neuen Kaiser Ferdinand II. (1619-1637) als König von Böhmen den Gehorsam und wählten Friedrich V. von der Pfalz zu ihrem König. Der Aufstand weitete sich auf die böhmischen Nebenländer, Mähren, Schlesien und Lausitz, ja selbst auf das Erzherzogtum Österreich und Ungarn aus und führte so zu dem böhmisch-pfälzischen Krieg, in dem schliesslich die kaiserlich-ligistischen Truppen den Sieg auf dem Weissen Berge bei Prag errangen (8. November 1620).

Schon im Jahre zuvor hatte Paul V. trotz seiner misslichen Finanzlage dem Kaiser beträchtliche Hilfsgelder zukommen lassen. Noch wichtiger war die Unterstützung, die der Kaiser durch die päpstliche Diplomatie erfuhr, die verhinderte, dass Frankreich Friedrich von der Pfalz als König von Böhmen anerkannte. Der Sieg der kaiserlich-ligistischen Truppen wurde allenthalben in der katholischen Welt begrüsst. Der Papst hielt einen feierlichen Dankgottesdienst in der deutschen Nationalkirche Santa Maria dell'Anima in Rom (3. Dezember 1620).

PAULS V. INNERKIRCHLICHES WIRKEN

Die grossen internationalen Ereignisse hatten den Papst nicht von der Weiterführung der innerkirchlichen Reform und von der Sorge um die Ordnung im Kirchenstaat abgehalten. Die sozialen Zustände in der römischen Campagna liessen sehr zu wünschen übrig. Um die grossen Adelsfamilien wimmelte es von dunkeln Trabanten, armen Leuten, deren unsichere Lage das Verbrechertum begünstigte. Paul V. bemühte sich, diese Unglücklichen ansässig zu machen, erleichterte das Los der Bauern und sorgte für Ordnung. Besonders dringlich war die religiöse Unterweisung der unteren Volksschichten, und der heiligmässige Papst setzte sich mit grossem Eifer um eine Erneuerung des christlichen Lebens ein. Er sorgte für die Heranbildung eines tüchtigen und würdigen Klerus und wachte über die Befolgung der Tridentiner Dekrete hinsichtlich der Lebensführung der Geistlichen. Die streng kirchliche Richtung Pauls V. fand auch einen bezeichnenden Ausdruck in dem grossen Eifer des Papstes für die Verehrung der Heiligen. Er erhob Karl Borromäus und Francesca Romana zur Ehre der Altäre ; Ignatius von Loyola, Franz-Xaver, der Apostel Indiens und Japans, Filippo Neri und Theresia von Avila wurden von ihm seliggesprochen.

Auch die Förderung von Wissenschaft und Kunst liess sich Paul V. angelegen sein. Er bereicherte die vatikanische Bibliothek durch bedeutende Neuanschaffungen und verordnete, dass in allen Ordensgemeinschaften Lehrstühle für Hebräisch, Latein und Griechisch und an den katholischen Universitäten ein Lehrstuhl für die arabische Sprache errichtet werde. Rühmlich ist auch seine Sorge um die Verschönerung Roms. Mit seinem Namen ist die Vollendung der Peterskirche verbunden. Die grosse Aufgabe einer Umarbeitung der Pläne Michelangelos und Bramantes wurde dem schon erwähnten Tessiner Architekten Maderna übertragen, der sie mit Geschick zu lösen verstand. Im Jahre 1612 ward Pauls V. Name in die Inschrift aufgenommen, welche die Fassade des gewaltigen Werks, dieses grossen Tempels der Christenheit, zieren sollte.

Mit seinem ruhmvollen Mäzenatentum verband der Borghese-Papst aber auch einen Nepotismus, der einen dunkeln Schatten auf sein Pontifikat wirft. Seine Begünstigung der Borghese und Rospigliosi kamen der Kirche teuer zu stehen. Allerdings darf darüber nicht vergessen werden, dass diese Familien auch grosse, verständnisvolle Förderer der Künste waren, denen Rom das Meisterwerk der Villa Borghese bei der Porta del Popolo verdankt und so manche prachtvollen Gemälde und Skulpturen, die ihre Paläste schmückten.

Am 28. Januar 1621 ereilte Paul V. der Tod. Vier Tage zuvor hatte ihn bei der Feier der heiligen Messe ein Schlaganfall getroffen, dem noch weitere folgten. Pauls V. langes Pontifikat bildet, als Ganzes betrachtet, einen ruhmvollen Abschnitt der Kirchen- und Kulturgeschichte.

GREGOR XV. (1621-1623)

In dem Konklave nach Pauls V. Tod lehnten sowohl der Kardinal Bellarmin wie der Kardinal Federigo Borromeo die Tiara ab. So ward die Wahl des Kardinalkollegiums auf den Kardinal Alessandro Ludovisi, Erzbischof von Bologna und früheren Nuntius in Savoyen und der Schweiz, gelenkt. Am 9. Februar 1621 bestieg Ludovisi als *Gregor XV.* den päpstlichen Stuhl. Er war zu diesem Zeitpunkt schon ein Greis, und seine Gesundheit war immer schwach gewesen. Alessandro Ludovisi entstammte einem Bologneser Adelsgeschlecht ; er hatte seine erste Ausbildung von den Jesuiten im Collegium Romanum erhalten und sich hernach an der Universität seiner Vaterstadt ausgedehnte juristische Kenntnisse erworben. Ein Freund der Borghese, war er von seinem Vorgänger schon in die Geschäfte eingeweiht worden und so zur Weiterführung der Politik Pauls V. vorbereitet, die darauf ausging, die Habsburger in Österreich zu unterstützen, ohne doch Frankreich zu verstimmen. Der neue Papst war auch als ein Freund der Orden, insbesondere der Gesellschaft Jesu, bekannt, und man konnte erwarten, dass er deren Dienste für die Fortführung der kirchlichen Erneuerung zu verwerten wissen werde. Besonderen Grund zu grossen Hoffnungen gab Gregor XV. durch die Ernennung seines Neffen Ludovico Ludovisi zum Kardinal und durch dessen Betrauung mit der Leitung der Geschäfte. Ludovico Ludovisi war damals erst fünfundzwanzigjährig, aber überaus geschickt, eifrig und tatkräftig, und selbst seine Feinde anerkannten seine politische Begabung. Wie sein Oheim war er von den Jesuiten im Collegium Romanum ausgebildet worden. Er wurde nun vom Papst mit Ämtern und Würden überhäuft, benützte aber seine Reichtümer auch zu grossmütigen Spenden für Kirchenbauten und wohltätige Zwecke und für die Anlage einer prachtvollen Gemäldegalerie und Antikensammlung. Indessen beanspruchte die Entwicklung der Lage in Deutschland schon gleich zu Beginn des Pontifikats Gregors XV. die volle Aufmerksamkeit des Papstes und seines tüchtigen jungen Nepoten.

DIE EROBERUNG DER PFALZ

Die Niederwerfung des Aufstands in Böhmen hatte in ganz Europa Aufsehen erregt. In Rom erachtete man nun wie im katholischen Lager in Deutschland den Augenblick für gekommen, um von der Verteidigung zum Neuausbau des Katholizismus überzugehen. Der päpstliche Nuntius am Kaiserhof erhielt die Weisung, alles für eine umfassende katholische Restauration ins Werk zu setzen, und die päpstlichen Hilfsgelder flossen Ferdinand II. und der Liga in beträchtlich erhöhtem Masse zu. Die wichtigste Vorbedingung für eine katholische Restauration in Deutschland war indessen die Wiederherstellung guter Beziehungen zwischen den grossen katholischen Mächten, dem Kaiser, Frankreich und Spanien. Zunächst stellte die Eroberung der Oberpfalz durch die bayrischen und der Rheinpfalz durch ligistisch-spanische Truppen die päpstliche Diplomatie vor ein neues Problem.

Das Versprechen Ferdinands II., Maximilian von Bayern im Falle des Sieges die Oberpfalz und die pfälzische Kurwürde zu übertragen, hatte für die katholische Sache grosse Bedeutung. Kam nämlich die Pfalz an Bayern, so erlangten die Katholiken die Mehrheit im Kurfürstenkollegium. Aber gerade deshalb machten sich Widerstände von Seiten der Kurfürsten geltend. Zudem musste auch der König von Spanien erst noch für diesen Plan gewonnen werden, der ihm aus Rücksichten auf die allgemeine politische Lage und im besondern auf sein Verhältnis zu England — der englische König war der Schwiegervater Friedrichs V. von der Pfalz — nicht in jeder Hinsicht erwünscht war. Es fiel dem Kaiser nicht leicht, angesichts dieser Widerstände sein Versprechen einzulösen. Aber Rom setzte sich nachdrücklich für Maximilian ein. Ein besonderer Gesandter, der Kapuzinerpater Hyazinth, ein aussergewöhnlich geschickter Diplomat, wurde an den Kaiserhof gesandt, und schliesslich führten die unablässigen Bemühungen trotz allem zum Ziel. Am 25. Februar 1623 wurde auf dem Regensburger Fürstentag in feierlicher Form die Belehnung Maximilians mit der pfälzischen Kur vollzogen, allerdings nur für seine Person; die Ansprüche der Erben Friedrichs V. sollten dadurch nicht berührt werden. Zum Dank für die päpstliche Unterstüzung sandte Maximilian die wertvolle und berühmte Bibliotheca Palatina von Heidelberg als Geschenk für den Papst nach Rom. Gregor XV. zeigte sich überaus erfreut darüber und fügte die wertvollen Bestände in die vatikanische Bibliothek ein.

DIE VELTLINER WIRREN

Auch auf dem scheinbar entlegenen, aber strategisch ausserordentlich wichtigen Veltliner Gebiet spielte sich eine Phase des grossen Machtstreits zwischen Habsburg und Frankreich ab, ja eine Zeitlang hingen von den Geschehnissen in diesem kleinen Tal, dessen Bewohner katholisch, aber den protestantischen Bündnern untertan waren, geradezu die europäischen Machtverhältnisse und der Verlauf der europäischen Geschichte ab. Die heftige religiöse Auseinandersetzung in der Föderativrepublik der Rhätischen Bünde wurde durch politische Beziehungen von weiter Bedeutung. Während die Protestanten an Venedig und Frankreich Rückhalt fanden, wurden die Katholiken von Österreich und Spanien unterstützt. Denn während für die Habsburger das Veltlin die beste Verbindung zwischen dem von Spanien beherrschten Mailand und der österreichischen Grafschaft Tirol und darüber hinaus eine wichtige Landbrücke für die von Spanien erstrebte Verbindung Italiens und der Niederlande bildete, war es für Frankreich und Venedig entsprechend verlockend, hier den österreichisch-spanischen Verbindungen einen Riegel vorzuschieben. Die Bedeutung des schweizerischen Bündnisses mit Frankreich und der Alpenpässe zeigt sich hier besonders deutlich. Als es nun bei der konfessionnellen Auseinandersetzung in Graubünden zu einem Aufstand kam, bei dem zahlreiche Protestanten in Tirano (Veltlin) ermordet wurden, besetzten die Österreicher das bündnerische Münstertal und die Spanier das Veltlin (1620). Zwei Jahre später mussten die Bündner auf das Veltlin verzichten und dem spanischen König das Durchzugsrecht gewähren.

Schon zu Beginn der Veltliner Wirren hatte man von beiden Seiten versucht, den Papst zu gewinnen. Aber Paul V. hatte sich zurückgehalten und Gregor XV. bemühte sich, dem Konflikt zwischen Frankreich und Spanien vorzubeugen und gleichzeitig die Rechte der Veltliner zu schützen. Als jedoch Frankreich, Venedig und Savoyen sich zur Vertreibung der Spanier aus dem Veltlin zusammenschlossen, fand sich Gregor XV. bereit, das Schiedsrichteramt zu übernehmen und bis zur Lösung der strittigen Angelegenheit als Treuhänder das Veltlin durch päpstliche Truppen besetzen zu lassen. Diese Vertrauensstellung zeigt, wie hoch damals bei den katholischen Mächten noch das päpstliche Ansehen stand, aber sie war von kurzer Dauer. Frankreich, das vor allem die Besetzung durch die päpstlichen Truppen gewünscht hatte, änderte seine Stellungnahme, nachdem Richelieu zur Regierung gelangt war (1624). Ein schweizerisches Heer in französischem Solde zwang die päpstlichen Truppen zum Rückzug. Unter Urban VIII., dem Nachfolger Gregors XV., kam dann zwischen Richelieu und dem Escorial der Vertrag von Monzon (Spanien) zustande, der dem Veltlin in weitem Masse Unabhängigkeit gewährte, eine bündnerische Garnison verbot und die ausschliessliche Ausübung des katholischen Glaubens nicht nur im Veltlin sondern auch in den weiteren bündnerischen Untertanenländern Bormio und Chiavenna gewährleistete. 1639 wurde in Mailand ein neuer Vertrag zwischen Spanien und Graubünden abgeschlossen, der letzterem seine Untertanenländer zurückgab ; der Protestantismus aber blieb von diesen Gebieten ausgeschlossen. So konnten die Päpste schliesslich mit dem Ausgang der Veltliner Angelegenheit, die eine wichtige Episode des Dreissigjährigen Krieges bildete, zufrieden sein.

GREGOR XV. UND FRANKREICH

Obwohl seine Aufmerksamkeit durch die politischen und militärischen Ereignisse in Deutschland stark in Anspruch genommen war, nahm Gregor XV. doch auch eifrig die Gelegenheiten wahr, die sich zur Herstellung und Sicherung guter Beziehungen zwischen Rom und Frankreich boten. Auf Bitten Ludwigs XIII. erhob er 1622 die Diözese Paris zur Metropole und unterstellte ihr auch die Bistümer von Orléans, Meaux und Chartres. Im gleichen Jahre gab er dem französischen Hof einen neuen Beweis seines Wohlwollens, indem er den geistlichen Berater der Königin Maria Medici, den sechsunddreissigjährigen *Armand Richelieu*, der seit 1616 Staatssekretär war und bald der einflussreichste Mann in Europa werden sollte, zum Kardinal erhob.

Noch in anderer Weise wusste Gregor XV. die Verbindung Frankreichs mit dem Heiligen Stuhl zu festigen. Er wandte sich an Frankreich, damit dieses den Schutz der Christen im türkischen Reich übernehme. Dabei sollte die Vorzugsstellung ausgenützt werden, die Frankreich seit Franz I. im Orient besass. Mehr denn je aber brauchten nun die französischen Könige, nach den Worten eines französischen Historikers, « zum Schutze des Christentums jenes Bündnis, das das Christentum gerade zu vernichten schien. »

INNERKIRCHLICHE REFORMEN GREGORS XV

Die diplomatische Tätigkeit Gregors XV. war so gross, dass man sie für die bedeutendste Seite seines kurzen Pontifikats halten könnte. In der Tat waren aber die innerkirchlichen Reformen dieses Papstes noch viel wichtiger. Sie stellen geradezu Marksteine der kirchlichen Entwicklung dar. Nachdem

Sixtus V. das Kardinalkollegium reorganisiert hatte, erliess nun Gregor XV. grundlegende Bestimmungen über die Papstwahl.

Diese Bestimmungen sind in der Bulle *Aeterni patris filius* vom 15. November 1621 enthalten und heute im allgemeinen noch in Geltung. Die Bulle unterscheidet als Arten der Wahl: Die Wahl durch Inspiration, Adoration oder Akklamation, die Kompromisswahl und die Wahl durch Abstimmung und durch Akzess.

Die Wahl vollzieht sich durch Akklamation (Zuruf), wenn die Kardinäle wie aus übernatürlicher Eingebung *(per quasi inspirationem)* einem aus ihrer Mitte als Papst huldigen. Gregor XV. liess diese bestehende Art der Wahl gelten, band sie aber an strenge Bedingungen : jederart vorherige Vereinbarung macht sie ungültig ; sie muss in absoluter Einstimmigkeit erfolgen, eine einzige Gegenstimme genügt, um sie aufzuheben.

Die Wahl durch Kompromiss findet dann statt, wenn die Kardinäle angesichts unüberwindlicher Schwierigkeiten übereinkommen, sich dem Entscheide eines oder mehrerer unter ihnen anzuschliessen. Gregor XV. bestimmte nun, dass ein solcher Kompromiss nur dann gültig ist, wenn alle Kardinäle ihn annehmen ; der Einspruch eines einzigen genügt, um die Wahl ungültig zu machen.

Am häufigsten war die Wahl durch Abstimmung und Akzess. Sie erforderte, um gültig zu sein, die Zweidrittelmehrheit und dazu noch eine der abgegebenen Stimmen. Die Bulle Gregors XV. regelte nun weitere Einzelheiten dieser Wahlform. Danach muss der Wähler seinen eigenen Namen und den des Kardinals, dem er seine Stimme gibt, auf den Stimmzettel schreiben, und bevor er diesen in den dafür bestimmten Kelch legt, schwören, nur jenen genannt zu haben, den er für den besten hält. Ein Kardinal, der diese Gesetze nicht befolgt, verfällt der Exkommunikation. Der Akzess findet statt, wenn beim ersten Wahlgang noch kein Kandidat die Zweidrittelmehrheit erlangt hat, und daraufhin ein zweiter Wahlgang vorgenommen wird, bei welchem die Wähler einen der Kandidaten nennen können, für den sie im ersten Wahlgang nicht gestimmt haben, um so die nötige Stimmenmehrheit zu erreichen. Die besonderen Bestimmungen für den Akzess weichen kaum von denjenigen der ersten, eigentlichen Abstimmung ab. Eine zweite Bulle Gregors XV. *Decet Romanum pontificem* vom 12. März 1622 setzte das Zeremoniell der Papstwahl bis in die letzten Einzelheiten fest.

Die Verordnungen Gregors XV. bezüglich der Papstwahl waren so wohl abgewogen, dass erst Pius X. im Jahre 1904 mit Rücksicht auf die neuen Zeitverhältnisse gewisse Abänderungen daran vornahm. Gregor XV. mit seinem juristischen Sinn hatte den Zeitpunkt für gekommen erachtet, um strengere und genauere Regeln als die bis dahin üblichen aufzustellen. Vornehmlich war es ihm darum zu tun, einer Einmischung der katholischen Fürsten in die Papstwahl vorzubeugen. Wir sahen schon, welch langer Bemühungen es im Mittelalter von seiten der Päpste bedurfte, um die Kirche von einer kaiserlichen Bevormundung freizuhalten. Sie führten um die Mitte des elften Jahrhunderts zu der Verordnung Nikolaus II., dass zuerst die Kardinalbischöfe über den zu Wählenden beraten, dann alle Kardinäle die Wahl vollziehen, und schliesslich der übrige Klerus und das Volk der vollzogenen Wahl beitreten. Die Wahl sollte jedoch weiterhin « unbeschadet der schuldigen Achtung und Ehrerbietung » gegen den Kaiser erfolgen. Zu Ende des zwölften Jahrhunderts war dann das dritte Laterankonzil einen Schritt weitergegangen, indem es bestimmte, dass nur die Kardinäle den Papst wählten, und Kaiser, Klerus und Volk als Faktoren der Papstwahl ausschieden. Aber die neuerlichen Versuche im vierzehnten, fünfzehnten und sechzehnten Jahrhundert, den Päpsten einen Kompromiss aufzudrängen, hatten dann doch wiederum eine strengere und genauere Festlegung der Verordnungen bezüglich der Papstwahl nötig gemacht.

Es gelang indessen Gregor XV. nicht, die oft drückende Einflussnahme der katholischen Mächte für alle Zukunft zu unterbinden. Dieser Einfluss nahm mit der Zeit nur andere Formen an. Er kam besonders zur Geltung in dem Ausschliessungsrecht, dem Veto gegen einzelne Kandidaten, das die katholischen Herrscher als ein Vorrecht offen und amtlich in Anspruch nahmen. Erst zu Beginn des zwanzigsten Jahrhunderts, als Österreich nach dem Tode Leos XIII. (Juli 1903) gegen den Kardinal Rampolla das Veto einlegte, wurde das Ausschliessungsrecht von Pius X., dem Nachfolger Leos XIII., durch strenge Verordnungen endgültig beseitigt (1904).

Zu der Reform der Papstwahl fügte Gregor XV. noch eine andere, ebenso wichtige Reform durch die Begründung der Propaganda-Kongregation *(De propaganda fide)*, die zu der aussergewöhnlichen Bedeutung seines Pontifikats beitrug. Schon die grossen Päpste der katholischen Restauration hatten den Missionen, die sich seit dem Zeitalter der Entdeckungen stark weiterentwickelten, ihre Fürsorge zugewandt. Paul III. war bereits mit dem Gedanken einer Organisation der Missionsarbeiten umgegangen, Pius V. hatte eine eigene Kardinalkongregation zur Bekehrung der Ungläubigen eingesetzt, Gregor XIII., der Gründer der grossen Kollegien zur Heranbildung eines einheimischen Klerus für die verschiedenen Länder, hatte eine Kommission für die Orientmission geschaffen, und Klemens VIII. eine Kardinalkongregation zur Verbreitung des Glaubens eingesetzt. Die Schaffung einer Zentralbehörde war nun umso dringlicher als einerseits Rivalitäten zwischen den einzelnen Orden bestanden, und anderseits das Patronat, das die spanischen und portugiesischen Könige beanspruchten, oft einer einheitlich ausgerichteten kirchlichen Wirksamkeit im Wege war.

So entschloss sich nun Gregor XV. die Propaganda-Kongregation zu schaffen. Er gründete sie am Dreikönigsfeste 1622 und legte ihre Rechte und Aufgaben im Juni desselben Jahres in der Konstitution *Inscrutabili divinae providentiae* noch näher fest. Durch eine weitere Bulle sicherte er noch besonders die finanzielle Grundlage der neuen Behörde. Diese setzte sich aus achtzehn Kardinälen und mehreren weiteren Prälaten zusammen. Neben der Propagandakongregation wurde dann ergänzend noch ein Propagandakolleg zur Ausbildung von Missionaren geschaffen. Der Prälat Vives stellte diesem Kolleg seinen römischen Palast zur Verfügung, die Kardinäle Barberini und Ludovisi trugen mit grosszügiger Freigebigkeit zur Erweiterung des Instituts bei, und die eindrucksvollen Predigten des sprachgewaltigen Kapuzinerpaters Hieronymus von Narni warben in weitem Umkreis erfolgreich für das neue Kolleg. Die Propagandakongregation befasste sich nicht nur mit den Heidenländern ausserhalb Europas, sondern auch mit allen Gebieten in Europa, in denen durch die Reformation die kirchliche Hierarchie zerstört war und die Katholiken sich als Minderheit bedroht fanden. Das Werk Gregors XV., das die Gläubigen zu besonderem Dank gegenüber diesem grossen Papst verpflichtet, trug bald reiche Früchte trotz aller Schwierigkeiten, die nur zu oft von seiten der Kolonialmächte hervorgerufen wurden.

Das Bild des Pontifikats Gregors XV. wäre unvollständig ohne Hervorhebung dessen, was dieser Papst auch zur Wiederbelebung der Frömmigkeit tat. Zunächst durch sein persönliches Beispiel. Der schwächliche Greis liess sich selbst in schmerzlichen Krankheitszeiten nicht von der Erfüllung seiner hohen Amtspflichten abhalten und bewies dabei eine höchst erbauliche christliche Geduld. Er bestätigte und förderte Ordensgemeinschaften wie die in Frankreich entstandene Benediktinerkongregation der Mauriner, deren Gelehrsamkeit die Bewunderung der wissenschaftlichen Welt erregte. Als einstiger Jesuitenzögling nahm Gregor XV. mit besonderer Freude die Heiligsprechung von Ignatius von Loyola und Franz Xaver vor ; am gleichen Tage wurden auch die grosse Mystikerin Teresa de Jesùs, Filippo Neri und der spanische Landmann Isidor heiliggesprochen. Gregor XV. dehnte auch das Fest des hl. Bruno, des Gründers der Kartäuser, auf die ganze Kirche aus. Besonders eindrucksvoll ist die Entwicklung, die damals die Verehrung der Muttergottes, der heiligen Anna und des heiligen Joseph nahm. Allgemein verehrten die Gläubigen zu jener Zeit schon das Geheimnis der Unbefleckten Empfängnis ; Gregor XV. erliess im Jahre 1622 das Verbot, dieses Geheimnis irgendwie in

Zweifel zu ziehen, die dogmatische Lehrverkündigung erfolgte schliesslich durch Pius IX. am 8. Dezember 1854.

Im Juni des Jahres 1623 neigten sich die Tage des Papstes dem Ende zu ; am 7. Juli konnte er nicht mehr selbst das heilige Messopfer feiern ; er liess zwei Messen in seiner Gegenwart lesen und erhielt die letzte Ölung. Am folgenden Tage verschied er, nachdem er noch in seiner grossen Demut den Kardinälen gesagt, er scheide mit dem tröstlichen Gedanken, dass es ihnen nicht schwer fallen werde, ihm aus ihrer Mitte einen Nachfolger zu geben, der würdiger und fähiger als er selbst sein und einige Fehler in der Verwaltung der christlichen Republik verbessern werde. Das prachtvolle Grabmal, das der Kardinal Ludovisi Gregor XV. in der Kirche San Ignacio errichten liess, ehrt das Andenken dieses Papstes, dessen Pontifikat wie kaum sonst noch ein so kurzes fruchtbar für die Kirche war.

URBAN VIII. (1623-1644)

Gregors XV. Nachfolger wurde der Kardinal Maffeo Barberini, der einem der ältesten und angesehensten Geschlechter von Florenz angehörte. Im Konklave waren zuerst einige Schwierigkeiten aufgetreten. Der König von Spanien hatte den Ausschluss von zwei Kandidaten gefordert ; die Anhänger der Borghese und der Ludovisi waren ungefähr gleich stark gewesen. Schliesslich aber erfolgte am 6. August 1623 fast einstimmig die Wahl Barberinis. In Erinnerung an den grossen Kreuzzugs-Papst Urban II. nannte sich der neue Papst *Urban VIII.* Wie Gregor XV. war er bei den Jesuiten in die Schule gegangen und hatte sich eine feine humanistische Bildung erworben. Seine besondere Vorliebe galt der alten Dichtkunst ; in jungen Jahren war er selbst auch mit formvollendeten lateinischen Gedichten hervorgetreten, die zumeist einen religiösen Vorwurf hatten. Sein literarischer Sinn kam dann auch bei der Reform des Breviers zur Geltung, die er allerdings mehr zur Befriedigung der Gelehrten und Humanisten als der Kanonisten vornahm.

Der neue Papst hatte von der Zeit her, da er als Nuntius in Paris geweilt, eine ausgesprochene Sympathie für Frankreich, die nun nicht ohne Einfluss auf seine Politik blieb. Bei seiner diplomatischen Laufbahn war er mit den Problemen der europäischen Politik vertraut geworden ; nun plante er Grosses für den Kirchenstaat. Die durch den Dreissigjährigen Krieg geschaffene Lage sollte ihn öfters vor weittragende Entscheidungen stellen, denen er nicht auswich, und deren geschichtliche Bedeutung wir im folgenden sehen werden.

Urbans VIII. Pontifikat fällt zeitlich mit der Regierung des Kardinals Richelieu zusammen, der seit 1624 als Chef des Staatsrats Ludwigs XIII. die französische Politik leitete. Dadurch, dass ein Kirchenfürst an der Spitze der französischen Regierung stand, erhielt die zukunftsschwere Politik jener Zeit eine gewisse tragische Grösse. Denn der Erfolg oder das Scheitern der Pläne dieses massgebenden Kirchenfürsten konnte in gewissem Masse von der Haltung des sichtbaren Oberhaupts der Kirche abhängen. Urban VIII., dem die Regierung der Kirche mitten in dem grossen europäischen Konflikt zufiel, bei dem sich religiöse Belange engstens mit entscheidenden politischen Auseinandersetzungen verbanden, erachtete es als notwendig, dass der Heilige Stuhl zu den europäischen Ereignissen Stellung nehme. Um sich auch für alle Fälle gegen die Gefahr kriegerischer Verwicklungen zu sichern, liess er in Rom neue Befestigungen schaffen, Waffenfabriken einrichten und grosse Waffenlager anlegen.

Ranke vertritt die Ansicht, dass zu jener Zeit allgemein das religiöse Element zurückgetreten sei, und politische Rücksichten die Welt beherrschten. [1] Jedenfalls vertrat keiner damals so massgeblich diese neue Richtung als Kardinal Richelieu. Sein Regierungsprogramm, wie er es bei seiner Machtübernahme dem König entwickelte, bestand in der Unterdrückung der Hugenottenpartei, der Zurückdrängung der ehrgeizigen französischen Grossen und der Erhöhung von Frankreichs Ansehen in Europa. Seine auswärtige Politik war ausschliesslich von dem Streben geleitet, die Macht des Hauses Habsburg zu vernichten. Dabei liess er sich in der Wahl der Mittel nicht durch die Rücksicht auf Recht und Moral oder kirchliche Gesichtspunkte hemmen ; die Staatsräson allein war ihm ausschlaggebend. Schliesslich führte die Politik dieses Kardinals der römischen Kirche zu einer starken Festigung der Machtstellung der Protestanten in Europa. Richelieu opferte seinem Streben nach nationaler Grösse und nationalem Ansehen bedeutende Zukunftsmöglichkeiten. Die Ausführung des Plans, den ihm der Kardinal de Bérulle vortrug, nämlich Habsburg durch einen Bund katholischer Staaten, dem es selbst angehören würde, in Schranken zu halten, und im Innern und Äussern die Protestanten abzuwehren, hätte wahrscheinlich nicht nur dem Katholizismus, sondern auch der Machtstellung Frankreichs auf lange Sicht besser gedient. Dieser Plan lag auch weitgehend und trotz eines gegenteiligen Anscheins, durch den sich manche Historiker täuschen liessen, im Sinne Urbans VIII. Aber Urban VIII. vermochte ihn nicht zu verwirklichen, während Richelieu seine Ziele erreichte.

---

[1] Ranke : *Die römischen Päpste.* S. 582.

Das Werk des grossen französischen Staatsmanns hatte im übrigen wie alles Menschliche seine guten und schlechten Seiten. Wenn Richelieu einerseits die Majestät des Königtums so hoch stellte, dass er sie « die zweite nach der göttlichen » nannte, so hatte er anderseits auch eine sehr hohe Auffassung von den Pflichten des Königtums, dessen « einziges Ziel » nach ihm das Gemeinwohl sein sollte. Bei seiner oft gewalttätigen und herzlosen Herrschernatur, war ihm anderseits doch auch eine aufrichtige Gläubigkeit eigen, und Frankreich verdankt ihm zu einem guten Teil jenen religiösen und allgemein geistigen Aufschwung, der die französische Geschichte in der ersten Hälfte des siebzehnten Jahrhunderts kennzeichnet.

Die Veltliner Angelegenheit, von deren Ursprung und Entwicklung wir schon sprachen, nötigte in ihrem weiteren Verlauf den Papst, sich über die zu befolgende politische Richtung klar zu werden. Die langen Verhandlungen, die er mit dem französischen Hofe führen musste, und bei denen er sich dem Kardinal Richelieu gegenübergestellt fand, scheinen seine Stellungnahme bestimmt zu haben. [1]

URBAN VIII. UND DER FRANZÖSISCH-HABSBURGISCHE GEGENSATZ

In Deutschland hatte sich damals die Stellung der Katholiken gefestigt. Der böhmische Aufstand war niedergeschlagen und danach auch Christian IV. von Dänemark zurückgedrängt worden, der für die Verteidigung des Protestantismus eingetreten war. In dem niedersächsisch-dänischen Krieg hatten das Heer der Liga unter Tilly und das kaiserliche Heer unter Wallenstein bei Dessau und bei Lutter am Barenberg den Dänenkönig so entscheidend geschlagen, dass er im Frieden zu Lübeck (1629) auf weitere Einmischung in die Reichsangelegenheiten verzichten musste. Nach diesen Siegen, die in Rom mit Freuden begrüsst wurden, entschloss sich Ferdinand II., zwar nach langem Bedenken, zum Erlass des *Restitutionsediktes* vom 6. März 1629, wonach die Protestanten alle seit dem Passauer Vertrag von 1552 eingezogenen Kirchengüter zurückzuerstatten hatten. Nötigenfalls sollte das Edikt mit

---

[1] Über die ausserordentlich verwickelte Veltliner Angelegenheit und die auswärtige Politik Urbans VIII. bieten guten Aufschluss EDOUARD ROTT in den vier, der Geschichte des Veltlins gewidmeten Bänden seiner *Histoire de la représentation diplomatique de la France auprès des cantons suisses*, ferner LAVISSE in : *Histoire de France*, T. VI, 2e partie, und AUGUSTE LEMAN : *Urbain VIII et la rivalité de la France et de la maison d'Autriche de 1631 à 1635*. (Mémoires et travaux publiés par les professeurs des Facultés catholiques de Lille. Fasc. XVI.)

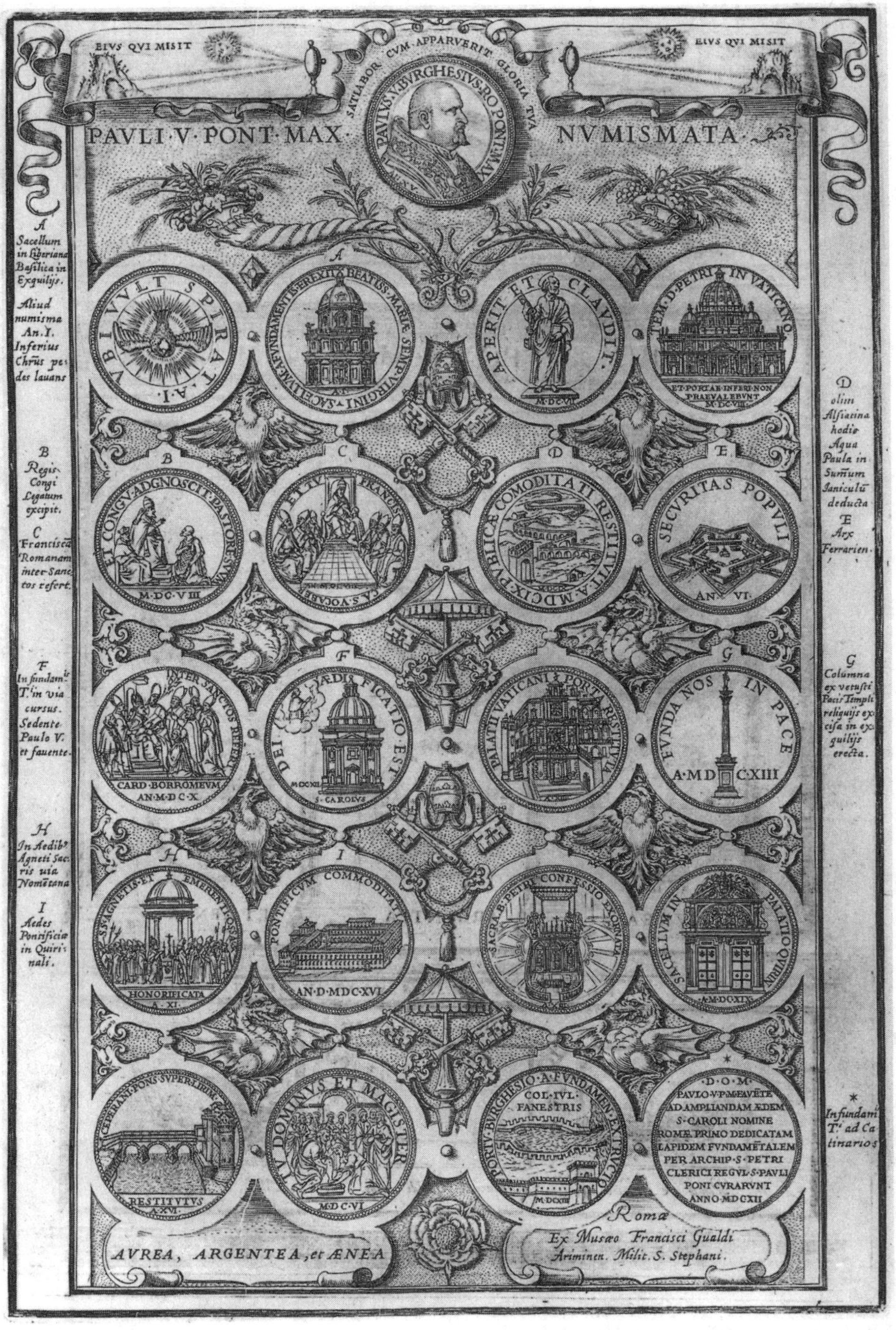

Gedenkmünzen aus dem Pontifikat Pauls V. (1605—1621). Stich aus dem 17. Jh.

Kardinal Robert Bellarmin (1542—1621), Jesuit, berühmt durch seine «Schriften gegen die Irrlehren dieser Zeit», 1930 heiliggesprochen. Stich von F. Villameno, 1604.

Galileo Galilei (1564—1642) geriet wegen der Lehre von der Achsendrehung und Umlaufbahn der Erde in Konflikt mit Urban VIII. (1623—1644). Stich des 18. Jh.

Reise eines Papstes im 17. Jh. Truppenparade vor den Mauern Roms und Bettlerscharen, denen päpstliche Beauftragte Brot und Almosen verteilen.

Gemälde von Michelangelo Cerquozzi, 17. Jh., Berlin, Museum.

Gedenkmünzen aus dem Pontifikat Urbans VIII. (1623—1644). Stich aus dem 17. Jh.

Papst Urban VIII. (1623—1644) als Kardinal Maffeo Barberini, damals päpstlicher Nuntius in Paris. Sein Kampf gegen den Jansenismus und seine Auseinandersetzungen mit Galileo Galilei (1564—1642) kennzeichneten sein Pontifikat. Büste von Lorenzo Bernini, 17. Jh., Paris, Louvre.

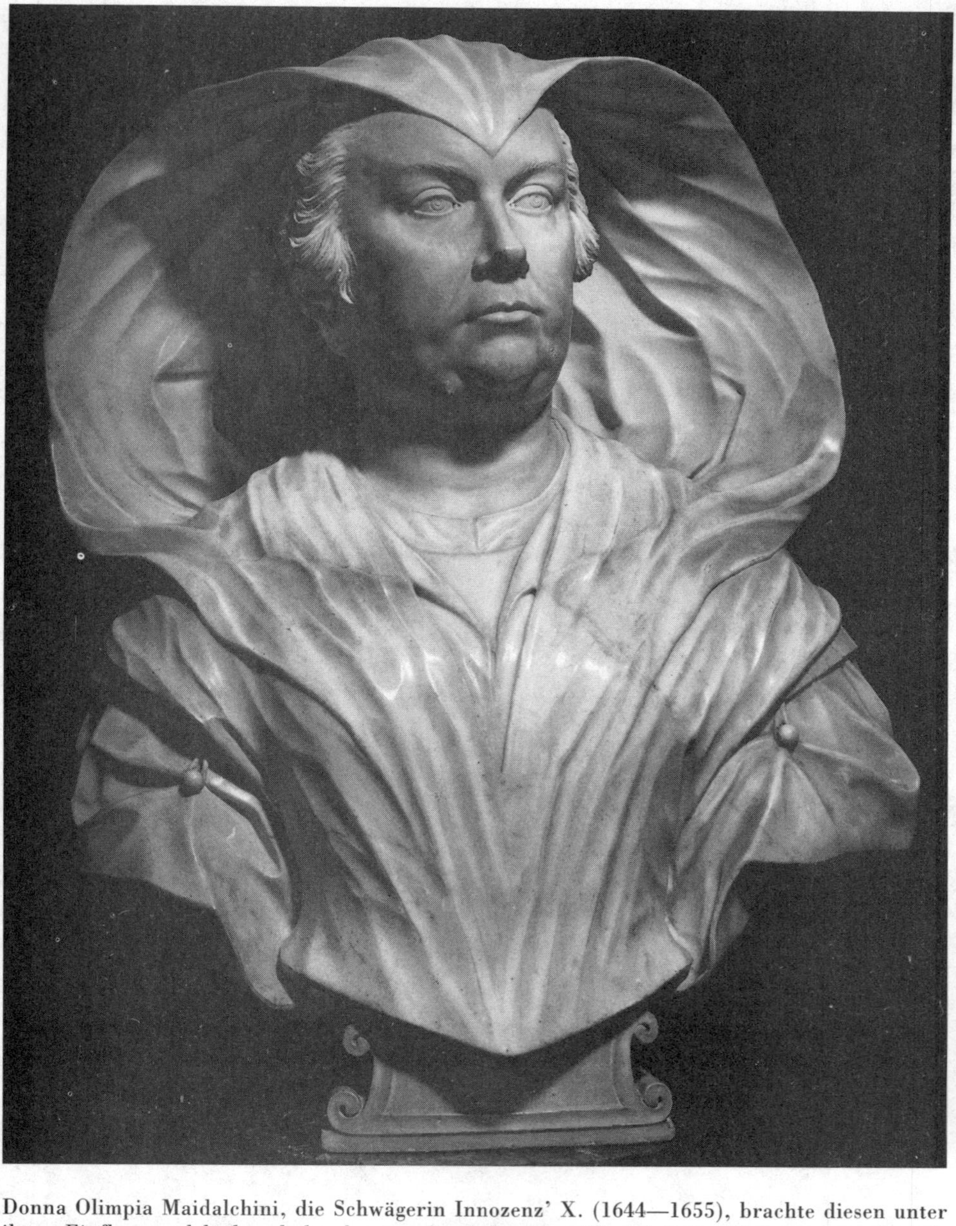

Donna Olimpia Maidalchini, die Schwägerin Innozenz' X. (1644—1655), brachte diesen unter ihren Einfluss und lenkte dadurch weitgehend die päpstliche Politik. Büste von A. Algardi, 17. Jh., Rom, Palazzo Doria.

militärischer Hilfe durchgeführt werden. Dieses Vorgehen des Kaisers drohte die Macht des deutschen Protestantismus schwer zu erschüttern, und Ferdinand suchte gleichzeitig seine eigene Machtstellung zu festigen. Er plante, das Kaisertum in seinem Hause erblich zu machen, und strebte auch — wie wir bei der Veltliner Angelegenheit schon sahen — nach einer dauernden Verbindung der spanischen Besitzungen in Italien und der österreichischen Grafschaft Tirol. Mit der Verwirklichung dieses Ziels hätte Ferdinand eine fast so bedeutende Machtstellung erreicht, wie sie einst Karl V. innehatte. Aber er stiess vor allem auf den Widerstand Frankreichs und des mit ihm verbündeten Schweden, das seine durch die kaiserlichen Siege gefährdete Vormachtstellung an der Ostseeküste zu sichern und erweitern strebte.

Richelieu, der zu eben dieser Zeit den Widerstand der Hugenotten durch die Einnahme von La Rochelle (1628) gebrochen hatte, unterstützte durch Hilfsgelder den Schwedenkönig Gustav Adolf, als dieser zum Angriff gegen den Kaiser vorging. Obgleich überzeugter Protestant, nahm Gustav Adolf doch vornehmlich aus politischen, nicht religiösen Beweggründen den Kampf auf, der allerdings die Stellung der Katholiken in Deutschland aufs schwerste bedrohte. Nachdem er in der Schlacht bei Breitenfeld-Leipzig (September 1631) den bisher unbesiegten kaiserlichen Feldherrn Tilly geschlagen, schlossen sich ihm fast alle protestantischen deutschen Fürsten an. In raschem Siegeszuge rückte dann der Schwedenkönig, der glänzendste Feldherr jener Zeit, bis nach München vor, fand aber, nachdem der Kaiser in höchster Not Wallenstein zu Hilfe gerufen, in der unentschiedenen Schlacht von Lützen (1632) den Tod. In der Folge errangen die Kaiserlichen den grossen Sieg über die Schweden bei Nördlingen (September 1634), der Süddeutschland wieder in ihre Gewalt brachte, und im Mai 1635 schloss der Kurfürst Johann Georg von Sachsen mit Kaiser Ferdinand einen Separatfrieden, dem nachher die meisten anderen protestantischen Stände Deutschlands beitraten. Der Krieg war fortan ein rein politischer, und nun beteiligte sich Frankreich auch offen daran ; unter Richelieus Führung erfolgte 1635 seine Kriegserklärung, zunächst an den Kaiser und bald darauf auch an den König von Spanien.

Da sich Urban VIII. während des schwedischen Krieges neutral verhalten, wurde er des Zusammengehens mit den Feinden Habsburgs beschuldigt. Der kaiserliche Gesandte in Rom, der ungarische Kardinal Pázmány, machte ihm schwere Vorwürfe, und im katholischen Lager in Deutschland beklagte man sich empört darüber, dass der Papst aus Hass gegen die Habsburger und aus Furcht vor einer Bedrohung des Kirchenstaats durch die spanisch-österreichische Vormacht Frankreich und Schweden unterstütze. Diese Vorwürfe waren nicht unbedingt berechtigt. Urban VIII. hatte grosse Befriedigung über die Niederlage der Schweden und den Tod Gustav Adolfs gezeigt, einen Dankgottesdienst in der deutschen Nationalkirche abgehalten und den Kaiser beglückwünscht. Ebenso befriedigt hatte er sich über die Einnahme von La Rochelle und die Eroberung Magdeburgs durch Tilly geäussert. Wenn er nicht weiter Stellung nahm, so begründete er dies selbst dadurch, dass er sich als den « gemeinsamen Vater » aller Gläubigen betrachte und unentwegt die Versöhnung der katholischen Mächte erstrebe. Eine neutrale Haltung wird kaum je von allen Kriegführenden verstanden. Die Neutralität Urbans VIII., der früh zu durchschauen glaubte, dass der Krieg vielmehr ein politischer als ein religiöser sei, war indessen für den Kaiser und die Liga ungünstig. Denn die Vermittlungsversuche des Papstes und sein Bemühen, einen Friedenskongress zustande zu bringen, scheiterten. Richelieu war nicht der Mann, um sich durch die päpstlichen Mahnungen und die Aussicht auf einen Friedenskongress von seinem Streben abbringen zu lassen; er wollte selbst den Frieden diktieren.[1] Unter diesen Umständen kam nun aber die päpstliche Politik zwangsläufig den Protestanten zustatten. Denn jede Opposition gegen die kaiserliche Politik, selbst wenn sie durch die politischen Interessen des Papsttums geboten scheinen mochte, musste mittelbar den Gegnern des Kaisers zugute kommen.

Der Erwerb des Herzogtums Urbino durch den Papst, nachdem der Herzog Francesco Maria della Rovere ohne männlichen Erben gestorben war (1631), bildete noch lediglich eine Vergrösserung des Kirchenstaats. Von weiterer Bedeutung aber war der *Mantuanische Erbfolgekrieg*. Im Jahre 1627 starb der Herzog Vincenzo II. von Mantua und Montferrat, und mit ihm erlosch der Mannesstamm des Hauses Gonzaga. Nächstberechtigter Erbe war der einer Nebenlinie der Gonzaga entstammende Carlo Gonzaga, der durch die Heirat seines Vaters mit der Erbin von Nevers und Rethel französischer Vasall geworden war. Wegen dieses Umstandes wollte Spanien nicht dulden, dass Mantua an Carlo Gonzaga und so unter französischen Einfluss komme, und setzte sich für einen andern Agnaten, den Herzog von Guastalla, ein. Ferdinand II. erklärte als Oberlehnsherr die Herzogtümer Mantua und Montferrat als erledigte Lehen; vorläufig sollte niemand als Herzog anerkannt werden und ein kaiserlicher Kommissar die Verwaltung führen. Aber Urban VIII., der eine Ausweitung der habsburgischen Herrschaft fürchtete, schloss sich dem französischen König an, um einen kaiserlichen Kandidaten abzuwehren. Schliesslich musste Ferdinand II. auf dem Kurfürstentag von Regensburg (1630) unter dem Druck nachgeben, den Richelieus Diplomatie und die

[1] Über die päpstlichen Vermittlungsversuche s. das oben erwähnte Buch von Auguste Leman.

mit Frankreich im Einvernehmen stehende Liga unter Führung Maximilians von Bayern auf ihn ausübten. Der bayrische Kurfürst und die Liga waren nämlich unzufrieden mit dem Einfluss Wallensteins und Spaniens auf den Kaiser ; sie wollten keine weiteren verfänglichen Einmischungen Spaniens in die Reichsangelegenheiten dulden.

Indessen war die Haltung Urbans VIII. gegenüber Ferdinand II. weitgehend auch dadurch bestimmt, dass der Papst mehr politische als religiöse Beweggründe beim Kaiser annahm. Tatsächlich war zu einer Zeit wie der des Dreissigjährigen Krieges, da die politischen und religiösen Interessen sich so eng verbanden, eine reinliche Scheidung sehr schwierig. Allerdings neigte der Papst auch persönlich mehr zu Frankreich, er wünschte jedoch aufrichtig, den Frieden durch eine Einigung der katholischen Fürsten wiederherzustellen. Nach dem Scheitern seiner Bemühungen hatte er fast keinen Einfluss mehr auf die Entwicklung der Lage. Die grossen französischen Siege in der letzten Periode des Dreissigjährigen Krieges gaben Frankreich eine mächtige Vorherrschaft, und nun konnte der Sieger nicht mehr zur Mässigung angehalten werden. Ebenso war es zu spät für einen Versuch, die Schützlinge und Verbündeten Frankreichs um die Früchte des gemeinsamen Sieges zu bringen. Der Westfälische Friede, der unter Urbans VIII. Nachfolger geschlossen wurde, fiel nicht nur für Deutschland, sondern auch allgemein für die katholische Sache sehr ungünstig aus. So kann man sich nicht wundern, wenn heute noch katholische deutsche Geschichtsschreiber die Frage aufwerfen, wie sich die Lage für Deutschland gestaltet hätte, wenn der Papst dem Kaiser und der Liga die Schätze Sixtus' V. zur Verfügung gestellt hätte, die er statt dessen sorglich in der Engelsburg verwahrte, oder auch nur einen Teil der Gelder, die er allzu freigebig unter die Barberini verteilte.

Als Urban VIII. die päpstlichen Belange aus dem Interessen-Komplex der streitenden Mächte herauslösen und die Ausführung des Restitutionsedikts fördern wollte, das der Kaiser selbst fallen lassen musste, hatte das Papsttum schon viel von seinem Ansehen und Einfluss verloren. Noch offensichtlicher wurde dies — und nicht nur auf politischem sondern auch auf wissenschaftlichem Gebiet — als die Autorität des Heiligen Stuhls unvorsichtigerweise in zwei folgenschwere Angelegenheiten, den *Krieg um Castro* und den *Galileiprozess*, einbezogen wurde.

Schon seit langem bestand eine Rivalität zwischen den Familien der Farnese und der Barberini. Die Farnese herrschten in dem Herzogtum *Castro*, das sie als Lehen der Kirche von dem Farnese-Papst Paul III. erhalten hatten. Nun aber liess der Barberini-Papst Urban VIII. auf Drängen seiner Familie Castro von päpstlichen Truppen besetzen (1641), und im Januar des folgenden

Jahres exkommunizierte er den Widerstand leistenden Odoardo Farnese. Dieses gewaltsame Vorgehen führte dazu, dass Toskana, Modena und Venedig, die sich durch die Erweiterung des Kirchenstaats bedroht fühlten, auf die Seite des Farnese traten, der nun siegreich in den Kirchenstaat eindrang. Erst durch französische Vermittlung kam es schliesslich zum Frieden von Venedig (1644), in dem der Papst den Farnese Castro überlassen musste.

Dieser unglückliche Krieg, der dem Ansehen des Pontifikats Urbans VIII. schwer schadete, war eine Folge des Nepotismus, den sich der Barberini-Papst wie so manche seiner Vorgänger zu Schulden kommen liess. Urban VIII. überhäufte seine Familie mit reichen Zuwendungen. Zwar verwandten mehrere Barberini diese Mittel zu einem grosszügigen Mäzenatentum, zum Bau von Palästen, die Rom verschönerten, und zu wertvollen Sammlungen von Antiken, Gemälden und kostbaren Büchern, aber einige Mitglieder der Familie machten sich auch durch ihre Habgier und Anmassung nicht nur selbst verhasst, sondern riefen zudem eine Misstimmung gegen den Papst hervor. In Rom kam die Redensart auf: *Quod non fecerunt Barbari, faciunt Barberini* : was die Barbaren nicht taten, tun die Barberini. Das Bienenwappen der Barberini zeugt indessen noch heute mancherorts in Rom für die Grosszügigkeit, mit der Urban VIII. und seine Verwandten das Kunstschaffen förderten. Unter Urbans Pontifikat begann Bernini die geniale Neugestaltung des weiten Platzes vor dem Petersdom, insbesondere den Bau der Kolonnaden, die einen würdigen Vorhof für die Basilika des Apostelfürsten bilden, und schuf den gewaltigen Bronzebaldachin über dem Petrusgrab *(Confessio S. Petri)*. Andere berühmte Künstler, wie Domenichino und Nicolas Poussin, führten die Ausschmückung der Kapellen und Altäre der Peterskirche aus, die nach fast zwei Jahrhunderte langer Bauzeit am 18. November 1626 von Urban VIII. eingeweiht ward.

DER GALILEIPROZESS

Schwerwiegendere geschichtliche Bedeutung als das Mäzenat des Barberini-Papstes erlangte leider die verhängnisvolle Verurteilung Galileis durch den Index und die Inquisition, die unter Urbans VIII. Pontifikat erfolgte. Diese Verurteilung fällt in die für das abendländische Geistesleben so hervorragend fruchtbare Zeit der ersten Hälfte des siebzehnten Jahrhunderts, zu dessen berühmtesten Vertretern der Italiener Galilei neben seinem Landsmann Torricelli, den Engländern Bacon und Newton, den Franzosen Descartes und Pascal, den Deutschen Kepler und Leibniz, dem Holländer Huygens gehört.

Auf wissenschaftlichem Gebiet wurden besonders in der Mathematik, Astronomie und Physik bahnbrechende Fortschritte erzielt. Während Descartes den Grund zum Ausbau der analytischen Geometrie legte, Pascal der Wahrscheinlichkeitsrechnung und Leibniz der Differential- und Integralrechnung die Wege wiesen, erneuerten Kepler, Galilei, Newton und Huygens die Astronomie, die sie durch ihre Forschung zu einer exakten Wissenschaft im strengen Sinn ausbildeten.

Ein Vorläufer dieser genialen Astronomen war im sechzehnten Jahrhundert der Frauenburger Domherr Nikolaus Kopernikus, den Beobachtungen und Rechnungen zu der Entdeckung geführt hatten, dass nicht die Sonne um die Erde dreht, wie der griechische Geograph und Astronom Ptolemäus im zweiten Jahrhundert nach Christus gelehrt und wie es noch im ganzen Mittelalter geglaubt wurde, sondern die Erde um die Sonne. Kopernikus hatte seine Entdeckung in dem 1543 zu Nürnberg erschienenen Werk « Über die Revolution der Himmelskörper » der Öffentlichkeit dargelegt. Nikolaus von Cues, von dessen führender Rolle in der Renaissancebewegung wir in einem früheren Kapitel sprachen, hatte schon im fünfzehnten Jahrhundert in seiner *Docta ignorantia* die Achsenumdrehung der Erde gelehrt und philosophisch erläutert.

Kopernikus' Lehre, die sowohl den traditionellen wissenschaftlichen Anschauungen, wie auch den geläufigen Bibelerklärungen widersprach, war von den Protestanten nicht mit geringerem Misstrauen aufgenommen worden wie von den Katholiken. Indessen hatte Rom das neue System nicht verurteilt, das von Kopernikus auch nur als Hypothese aufgestellt worden war. Erst Galilei vertrat es jetzt als bewiesene Wahrheit und geriet dadurch in dieselben Schwierigkeiten wie der gelehrte Protestant Kepler, der von seinen Glaubensgenossen ebenso scharf angegriffen wurde, wie Galilei von katholischer Seite. Man wäre auf beiden Seiten besser dem Kardinal Baronius gefolgt, der einmal äusserte, die heilige Schrift bezwecke nicht, die Himmelsbewegungen zu lehren, sondern den Menschen den Weg in den Himmel zu weisen.

Galileo Galilei, dessen Eltern aus Florenz stammten, war am 12. Februar 1564 in Pisa geboren ; von 1589 bis 1592 lehrte er an der Universität seiner Geburtsstadt und danach an der Universität von Padua Mathematik. Im Jahre 1609 verfertigte er hier nach dem Vorgang des Holländers Lipperhey ein Fernrohr für seine wissenschaftlichen Zwecke und entdeckte damit die Mondgebirge und Sonnenflecken, die vier Jupitermonde, die Zusammensetzung der Milchstrasse aus vielen kleinen Sternen, den Ring des Saturn und die Phasen der Venus. Später verfertigte Huygens ein noch stärkeres Fernrohr. Galilei teilte seine Entdeckungen, die ihm als Bestätigung des kopernikanischen Systems galten, in seinem « Himmelsboten » (*Siderius nuntius*, Venedig 1610) der Öffentlichkeit mit. Gerade damals wurde aber das kopernikanische System von den Anhängern der alten ptolemäischen Lehre heftig angegriffen. Diese Schule warf nun Galilei unter anderem vor, dass seine Theorie im Widerspruch zur Bibel stünde, da im Psalm 103 stehe, das Josue der Sonne befohlen habe, stille zu stehen, was doch deren Fortbewegung voraussetze. Galilei hingegen behauptete mit Recht, dass sein System nichts enthalte, was einer sinnvollen Auslegung der Bibel zuwiderlaufe.

Aber er vermochte nicht durchzudringen. Am 19. Februar 1616 verurteilte die Inquisition die beiden ihr zur Begutachtung vorgelegten Sätze Galileis, dass die Sonne der Mittelpunkt der Welt sei und stillstehe, und dass die Erde sich um ihre Achse und um die Sonne bewege, also nicht Mittelpunkt der Welt sei. Am 5. März wurde von der Indexkommission auch das Buch des Kopernikus mit allen Schriften, die das kopernikanische System verteidigten, verboten. Diese scharfen Massnahmen brachen mit einer bisher geübten Duldung. Der spätere Kardinal Pázmány hatte noch keine Schwierigkeit gehabt, als Professor in Graz zu lehren, dass sich aus den Stellen der Heiligen Schrift nichts gegen die Lehre des Kopernikus folgern lasse, und von der Universität Salamanca war das Buch des Kopernikus in den Statuten vorgeschrieben. Die Indexkommission beanstandete übrigens auch jetzt nur, dass das kopernikanische Weltsystem als feststehende Wahrheit hingestellt wurde. Auch gegen Galilei persönlich wollte man Milde walten lassen. Die Inquisition trug zunächst dem Kardinal Bellarmin auf, Galilei zum Aufgeben der kopernikanischen Lehre zu bewegen zu suchen. Als Bellarmin dies nicht erreichte, wurde dem Gelehrten Stillschweigen auferlegt, widrigenfalls man gegen ihn vorgehen würde. Daraufhin versprach Galilei zu schweigen. Die gegen ihn ergriffene Massnahme war also eine rein disziplinarische, und die Verurteilung seiner Lehre, die lediglich in Form eines Dekrets einer römischen Kongregation erfolgte, konnte nicht als Glaubensdefinition durch den Papst gelten ; sie belangte auch nicht dessen Unfehlbarkeit in Glaubensentscheidungen.

Indessen wurde Galilei durch seine Freunde gedrängt, seine Lehre doch zu verteidigen, und gleichzeitig von seinen Gegnern mehr denn je mit gehässigen Schmähungen überschüttet. Anderseits erhielt er neuen Grund zu grossen Hoffnungen, als Kardinal Barberini, mit dem ihn eine persönliche Freundschaft verband, und der mit entgegenkommendem Interesse einige seiner Schriften gelesen hatte, als Urban VIII. den Stuhl Petri bestieg. Bei einem Besuch in Rom im Jahre 1624 wurde Galilei auch ehrenvoll vom Papst aufgenommen. Stundenlang unterhielt sich Urban VIII. mit dem Gelehrten,

In Arcetri bei Florenz erhielt der sterbende Galiläi den Segen Urbans VIII. (1642).

beschenkte ihn und gab ihm ein höchst lobendes Empfehlungsschreiben an den Grossherzog von Toskana. Durch diese Gunstbezeugungen ermutigt, ging nun Galilei an die Ausarbeitung seiner « Dialoge über die Weltsysteme », in denen er seine Theorien weiterentwickelte und sich auch nicht von Spott über seine Gegner zurückhielt. Es gelang ihm auch dank der eigenartig unsichern Haltung des ihm befreundeten päpstlichen Palastmeisters, des Dominikaners Nicolo Riccardi, die Druckerlaubnis zu erhalten, unter der Bedingung, dass gewisse Stellen noch geändert würden. 1632 erschien nun das Werk mit dem Imprimatur versehen, aber ohne die versprochenen Abänderungen.

Durch dieses nicht ganz ehrliche Vorgehen zog sich Galilei eine zweite Verurteilung zu. Eine 1633 besonders mit der Untersuchung seines Falls beauftragte Kommission warf dem Gelehrten vor, dass er sein 1616 gegebenes Versprechen gebrochen habe und die Lehre von der Bewegung der Erde nicht als Hypothese, sondern als feststehende Wahrheit darstelle. Galilei wurde nach Rom vorgeladen. Er folgte dieser Vorladung, übrigens nicht gewaltsam herbeigeführt durch die Häscher der Inquisitionsbehörde, sondern freiwillig; im Reisewagen des Grossherzogs von Toskana traf er in Rom ein. Auch weiterhin wurde er hier mit aller Rücksicht behandelt. Man verbrachte ihn nicht in eine Gefangenenzelle, sondern liess ihn zunächst bei dem Gesandten des Herzogs von Toskana absteigen und gab ihm dann eine der Wohnungen der Mitglieder der Inquisitionsbehörde. Bei dem folgenden Verhör, bei dem ihm übrigens die Folter nur angedroht wurde — man pflegte, wie Galilei wusste, sie nicht auf Leute seines hohen Alters anzuwenden — erklärte er, dass er innerlich die verurteilte Lehre des Kopernikus nicht teile und versprach, sich zu unterwerfen. Dass er dann die berühmten Worte ausgerufen : « Und sie bewegt sich doch ! » *(e pur si muove !)* gehört ins Reich der Legende. Aber er wurde nun doch der Häresie verdächtig erklärt, sein Werk verboten und er selbst zur Abschwörung seiner als Irrtum bezeichneten Lehren veranlasst. Zur Busse wurde ihm auferlegt, drei Jahre lang wöchentlich einmal die sieben Busspsalmen zu beten. Die angekündigte Gefängnisstrafe aber erliess man ihm ; der Papst befahl zunächst, ihn zum grossherzoglichen Gesandtschaftspalast zurückzubringen, dann durfte er sich bald schon nach Siena in die Obhut seines dortigen Schülers und Freundes, des Erzbischofs Ascanio Piccolomini, begeben, und schliesslich wurde ihm gestattet, auf seinem schönen Landsitz Arcetri bei Florenz Aufenthalt zu nehmen. Hier waren ihm nur noch gewisse Beschränkungen im Verkehr auferlegt ; im übrigen konnte er seine Forschungen auf dem Gebiet der Astronomie und Mechanik weiterführen. Er machte auch noch manche bedeutsame Entdeckungen und veröffentlichte 1638 in Leyden sein bedeutendstes Werk über die Bewegungsgesetze. Am 8. Januar 1642 starb er in Florenz, nachdem er auf dem Krankenlager noch den Segen des Papstes erhalten hatte.

Wie alle geschichtlichen Begebenheiten darf auch der Galileiprozess nicht nach unsern heutigen Masstäben beurteilt, sondern muss aus seiner Zeit heraus zu verstehen gesucht werden. Die Kirche, die übrigens persönlich nicht hart mit Galilei verfuhr, hat in erster Linie eine religiöse und nicht eine wissenschaftliche Aufgabe. Da ihr vor allem die Wahrung der Lehre obliegt, kann sie sich neuen Theorien gegenüber nur äusserst vorsichtig verhalten und sie erst annehmen, wenn ihre Richtigkeit sicher erwiesen ist. Die Gelehrten hielten damals allgemein die Erde für unbeweglich, und die Kirche teilte diese althergebrachte Meinung. Durch die Verurteilung Galileis wird auch die Lehre von der Unfehlbarkeit des Papstes nicht in Frage gestellt, da sie nicht in Zusammenhang damit steht. Zweifellos war die Verurteilung Galileis ein höchst bedauerlicher Fehlgriff, aber sie wird verständlich, wenn man bedenkt, dass damals durchschlagende Beweise für die Richtigkeit der kopernikanischen Lehre noch nicht vorlagen und auch von Galilei noch nicht beigebracht wurden, und dass die Verbindung der neuen Auffassungen mit theologischen Fragen damals bedenklich erscheinen konnte. Anderseits hat Galilei durch sein unkluges und herausforderndes Vorgehen es auch selbst verschuldet, dass sich die Inquisition mit ihm befassen musste. Trotzdem bleibt freilich die Tatsache bestehen, dass die Inquisition ihre Zuständigkeit überschritt, und dass ihre Verurteilung der kopernikanischen Lehre ein folgenschweres Fehlurteil war. Aber auch das Unglück hat noch sein Gutes. Und so hatte auch der Galileiprozess noch die gute Folge, dass er zu einer Klärung des Begriffes von der Unfehlbarkeit des Papstes beitrug. In anderer Hinsicht ist der Vorgang ein Beispiel unter vielen für das grosse Gesetz im Reich der geistigen Entwicklung, wonach jede neue Erkenntnis sich ihren Platz erobern und den anfänglichen Widerspruch, den herrschende Anschauungen ihr entgegensetzen, überwinden muss, um gerade dadurch ihre innere Kraft zu erweisen und die Zustimmung der Geister allmählich zu erringen. Auf kirchlicher Seite traten freilich die Folgen der Verurteilung in eben dem Masse zu Tage als sich die Richtigkeit der kopernikanischen Lehre erwies. Noch lange wurde Rom wegen der Unzulänglichkeit, die die Inquisition in diesen wissenschaftlichen Fragen gezeigt hatte, beschuldigt, die naturgemässe Entwicklung der Wissenschaft bekämpft zu haben. [1]

---

[1] s. A. Müller : *Der Galileiprozess (*1632-1633*) nach Ursprung, Verlauf und Folgen.* Freiburg 1909. Eine gute Zusammenfassung bietet Mgr. M. Besson : *Les « victimes » des papes.* Fribourg 1921.

DIE BEURTEILUNG DES PONTIFIKATS URBANS VIII.

Urban VIII. wurde schon — und nicht ohne Grund — einer der unglücklichsten Päpste genannt. Dabei dachte man nicht nur an den Galileiprozess, sondern an die noch schwerwiegendere Reihe politischer Misserfolge dieses Papstes. Tatsächlich erscheint Urbans VIII. Haltung gegenüber Richelieu und allgemein gegenüber den politischen Fragen, die die damalige europäische Lage stellte, unglücklich, auch wenn man berücksichtigt, dass dem Papst eine Ausweitung der spanischen Vorherrschaft für den Kirchenstaat bedrohlich scheinen musste. Urban VIII. trägt keine leichte Verantwortung für die Entwicklung der religiösen Lage in Deutschland. Und seine Massnahmen zur Förderung christlichen Geistes, seine aufmerksame Sorge für die Verkündigung des Evangeliums unter den Ungläubigen, seine Heiligsprechungen und sein Eifer um die Abstellung von Missständen vermochten doch nicht den ungünstigen Eindruck zu verwischen, der durch sein Zögern, ja sein widersprüchliches Verhalten in politischen Dingen entstand. Zwar wurde dadurch die geistliche Stellung des Papsttums nicht erschüttert, aber der Niedergang der päpstlichen Autorität im weltlichen Bereich war deutlich. Urban VIII. empfand diesen Niedergang auch selbst mit einer gewissen Bitterkeit, denn wenn er auch oft zögernd und unbestimmt war, besass er doch ein hohes, herrscherliches Selbstgefühl. Es wäre jedoch, wie auch aus dem Pontifikat von Urbans VIII. Nachfolger hervorgeht, ungerecht, den Päpsten allein die Misserfolge ihrer auswärtigen Politik zur Last zu legen. Diese Misserfolge haben allgemeinere, weitere und tiefere Gründe.

Als Urban VIII. angesichts der in Italien eingetretenen Befriedung der Geister an die Weiterführung der Reform gehen wollte, waren seine Tage bereits gezählt. Vielleicht ist sein Ende beschleunigt worden durch die offen zu Tage tretende Misstimmung der Römer gegen die vom Papst mit Begünstigungen überschütteten Barberini und durch die Misserfolge, die er selbst bei seinen politischen Unternehmungen erlitt. Er starb am 29. Juli 1644 im Alter von siebenundsiebzig Jahren, zu eben der Zeit, da der grosse europäische Konflikt seinem Ende entgegenging.

INNOZENZ X. (1644-1655)

Am 15. September 1644 wählte das Kardinalkollegium den Nachfolger Urbans VIII. in der Person des Kardinals Giambattista Pamfili. Der neue Papst, der einer alten römischen Familie entstammte, nannte sich *Innozenz X.* Er war bei seiner Wahl zweiundsiebzig Jahre alt und erstrebte nur noch ein Ziel : die Weiterführung der katholischen Restauration und Verteidigung der Stellung des Katholizismus. Sein Pontifikat ist durch eine wichtige Lehrentscheidung gekennzeichnet, die Verurteilung des Jansenismus (1653), auf die wir im nächsten Kapitel über die allgemeine religiöse Entwicklung jener Zeit näher eingehen werden. In der auswärtigen Politik kam es zur Zeit Innozenz' X. zum Abschluss des Westfälischen Friedens, der eine europäische Neuordnung derart vollzog, dass sich der Papst verpflichtet fühlte, Protest zu erheben.

Die Wahl Innozenz' X. kam zustande, bevor noch Kardinal Mazarin, der nach Richelieus Tode (1642) die Leitung der französischen Politik übernommen hatte, dagegen Einspruch erheben konnte. Der neue Papst verdankte seine Erhebung vornehmlich dem Kardinal Francesco Barberini, den er einst auf einer Legationsreise nach Spanien und Frankreich begleitet hatte. Trotzdem ging nun Innozenz X. gegen die Barberini vor, die sich durch ihre Anmassung und die ungeheuren Reichtümer, die sie der Schwäche Urbans VIII. verdankten, den Hass des Volks zugezogen hatten. Es wurde ein Untersuchungsverfahren gegen sie eingeleitet, das schwere Unregelmässigkeiten und Veruntreuungen feststellte ; die Nepoten flohen daraufhin nach Frankreich, und ihre Güter wurden beschlagnahmt. Sofort aber trat nun Mazarin, der die Wahl Innozenz' X. als eine schwere Niederlage empfand, für die Barberini ein, und er wusste einen solchen Druck auszuüben, dass schliesslich Innozenz X. die Angeklagten begnadigte und auch den Bruder Mazarins zum Kardinal erhob, was er früher beharrlich verweigert hatte.

Indessen hielt sich Innozenz X. selbst ebenso wenig vom Nepotismus frei wie seine Vorgänger. Trotz seiner Frömmigkeit, Mildtätigkeit, seiner unbedingten persönlichen Ehrenhaftigkeit und dem freundlichen Wohlwollen, das er allen erwies, geriet er leider doch unter den Einfluss seiner habgierigen und herrschsüchtigen Verwandtschaft. Besonders die Witwe seines Bruders, Olimpia Maidalchini — *olim pia, nunc impia*, sagten böse Zungen — gewann einen ungemessenen Einfluss auf ihn ; sie wurde nachgerade die mächtigste Person an der Kurie, um deren Gunst und Fürsprache sich selbst Kardinäle, Gesandte und Prälaten bemühten. Die kluge und herrschsüchtige Frau spielte sich allmählich alle Fäden der Politik in die Hand. Umsonst protestierten die Barberini, die französische und die spanische Partei. Donna Olimpia wusste ihren greisen Schwager gänzlich zu umgarnen und sich auch gewaltige Summen von ihm zu verschaffen. Als Innozenz X. am 7. Januar 1655 starb, wollte sie jedoch nicht einmal die Kosten für seine Beerdigung übernehmen, so dass seine Leiche drei Tage verlassen in einem Gemach des Palastes blieb. Die Kurie hatte sich darauf verlassen, dass Donna Olimpia sich um das Notwendige kümmern werde, aber diese sorgte gar nicht dafür, dass dem Toten die gebührende Ehre erwiesen werde, sie bestellte nicht einmal einen Sarg. Vorwürfen begegnete sie, die ihre Stellung mit unersättlicher Habgier zu ihrer Bereicherung ausgenützt hatte, mit dem Ausruf, dass sie eine arme Witwe sei. Schliesslich wurde der tote Papst aufs einfachste beigesetzt. « Eine eindrucksvolle Lehre für die Päpste ! », bemerkt der Chronist Pallavicini. « Sie stellt ihnen vor Augen, was sie von Verwandten zu gewärtigen haben, für die sie ihr Gewissen und ihre Ehre belasteten ».

DER WESTFÄLISCHE FRIEDE

Der trotz seiner Schwächen grossmütige Pamfili-Papst, der auch ein feinsinniger Kunstfreund war und Berninis prunkvolle Ausstattung Sankt Peters zu würdigen wusste, sah sein Pontifikat durch den Friedensschluss verdüstert, der damals den Dreissigjährigen Krieg beendete, aber nicht auf Recht und Gerechtigkeit fusste, sondern rücksichtslos eine neue Machtverteilung herstellte.

Als die entscheidenden Siege der französischen und schwedischen Heere Ferdinand III. im Oktober 1648 zum Friedensschluss zwangen, hatte man schon vier Jahre lang über die Friedensbedingungen verhandelt. Inzwischen waren die Kriegführenden nicht nur des Kampfes müde geworden, in dem sich ihre Kräfte allmählich erschöpften, sondern trotz allem auch nicht gleichgültig gegenüber den Leiden der vom Kriege so furchtbar heimgesuchten Bevölkerungen geblieben. Auch die Neutralen standen unter dem Eindruck der grauenvollen Verheerung und Not. Deutschland war weithin verwüstet ; mehr als ein Jahrhundert sollte hier zum Wiederaufbau nötig sein. Seit 1636 waren von Urban VIII. und Venedig Vermittlungsvorschläge gemacht worden. Der Papst hatte Köln als Kongressort vorgeschlagen, aber auf protestantischer Seite wollte man überhaupt von einer päpstlichen Vermittlung nichts wissen, und so kamen die Verhandlungen gar nicht in Gang. Immerhin gab man nicht alle Verständigungspläne auf, und 1641 willigte der Kaiser notgedrungen in eine Präliminarvertrag ein, der festsetzte, dass im Mai 1642 die Friedensverhandlungen mit Frankreich in Münster und mit Schweden in Osnabrück eröffnet werden sollten. Erst nach und nach trafen die Gesandten ein, zunächst der Nuntius Chigi und der venezianische Gesandte Contarini ; die französischen Bevollmächtigten, d'Avaux und Servien, liessen bis zum Frühjahr 1644 auf sich warten. Die ernstlichen Verhandlungen begannen gegen Ausgang des Jahres 1644 und fanden erst am 24. Oktober 1648 ihren Abschluss.

Drei grosse Fragenkomplexe lagen diesem eigentlich internationalen Kongress vor : die religiösen Angelegenheiten Deutschlands, die politische Organisation Deutschlands und der europäische Friede. Wir müssen uns hier damit begnügen, die bekannten politischen Bestimmungen und die Ordnung der Gebietsverhältnisse, zu denen es schliesslich kam, kurz in Erinnerung zu rufen ; auf die Regelung der religiösen Angelegenheiten und die rechtliche und moralische Tragweite der Verträge und deren Bedeutung für das Papsttum werden wir sachgemäss etwas näher eingehen.

Eine bedeutende Neuordnung der Gebietsverhältnisse wurde zugunsten des bayrischen und besonders des protestantischen brandenburgischen Kurfürsten getroffen ; die von letzterem gewonnene Gebietserweiterung bildete die Grundlage zum Aufstieg Brandenburg-Preussens. Auch Schweden erhielt einen bedeutenden Gebietszuwachs. Den grössten Gewinn aber machte Frankreich mit seiner Ausdehnung im Elsass. Endgültig vernichtete der Westfälische Friede die Machtstellung des Hauses Habsburg in Deutschland. Für die Gesetzgebung, die Kriegserklärung und Kriegführung, für Truppenaufstellung und Befestigungsanlagen, für den Abschluss von Bündnis- und Friedensverträgen war der Kaiser fortan an den Reichstag gebunden. Indem der innerdeutsche Ausgleich in einem internationalen Vertrag zustande kam und niedergelegt wurde, traten Frankreich und Schweden als Garanten des Friedens und der durch ihn geschaffenen Verhältnisse im Reich auf. Es war dies eine jener Formeln, wie sie, nach den Worten des französischen Historikers Lavisse, « die Regierungen von Zeit zu Zeit finden, um der Politik einen Anschein von Anständigkeit zu wahren ». In der Tat war Deutschland unter die Kontrolle des Auslandes gestellt und zu einem Objekt der europäischen Politik herabgesunken. Der Kaiser trug nur noch einen leeren Titel, in Wirklichkeit war er ganz auf seine habsburgische Hausmacht beschränkt. Deutschland war — zugunsten Frankreichs — zu völliger Ohnmacht verurteilt. Dreihundertfünfzig unabhängige Staaten wurden durch den Friedensvertrag im Reich anerkannt, mehr als fünfhundert, vorher mehr oder weniger selbständige Gebiete gingen an mächtige Nachbarn über, und in bedeutendem Umfang wurde Kirchenbesitz nach der verschönernden Formel « säkularisiert », zu Gebietsabrundungen benutzt.

Für die Kirchengeschichte ist von den Bestimmungen des Westfälischen Friedens hauptsächlich das « Friedensinstrument von Osnabrück » *(Instrumentum pacis Osnabrugense)* vom 24. Oktober 1648 wichtig. Danach waren fortan die verschiedenen christlichen Bekenntnisse gleichberechtigt, auch das reformierte Bekenntnis, der Kalvinismus, der infolge der Bemühungen des Kurfürsten von Brandenburg nun als erlaubte Religion Anerkennung erlangte. Der Augsburger Religionsfriede (1555) wurde bestätigt, und ebenso blieb der geistliche Vorbehalt aufrecht erhalten, der fortan für beide Teile gleichmässig gelten sollte, allerdings praktisch keine grosse Bedeutung mehr hatte. Es wurde allseitige Amnestie und Restitution in den Besitzstand von 1618 gewährt. Für den Besitz der Konfessionen an Kirchengütern und die Religionsübung in den Reichsstädten sollte, um Streitigkeiten vorzubeugen, der 1. Januar 1624 (die Mitte zwischen 1618 und 1630) als Normaltag beziehungsweise Normaljahr gelten. Für die Festsetzung dieses Datums, das für die Katholiken noch verhältnismässig günstig war, da sie zu diesem Zeitpunkt noch in besserer Lage waren, hatte sich auch die französische Diplomatie eingesetzt. Indessen blieb für die gesetzliche und öffentliche Religionsübung der unglückliche Grundsatz *cuius regio, illius et religio* (wem das Land gehört, dem gehört auch die Religion) massgebend, den das christliche und das moderne Recht, wenn auch aus verschiedenen Gründen, gleicherweise verwerfen. Endlich wurde bestimmt, dass bei allen Religionssachen auf den Reichstagen künftig eine Scheidung der Stände in ein *Corpus Catholicorum* und ein *Corpus Evangelicorum* eintreten solle.

So hatte die untragbare Not des Krieges und die Entkräftung beider Parteien schliesslich in kirchlicher Hinsicht einen Notausgleich auf der Basis einer gewissen bürgerlichen Toleranz und Parität der Bekenntnisse erzwungen. Aber für die katholische Kirche Deutschlands bedeutete dieser Ausgleich eine gewaltige Schädigung. Abgesehen von den grossen Mengen mittelbaren Kirchenguts, das in protestantische Hand kam oder dort verblieb, fielen der Säkularisation nicht weniger als zwei Erzbistümer und zwölf Bistümer, sowie eine Reihe reichsunmittelbarer Abteien zum Opfer. So begreift es sich unschwer, dass der Papst energisch gegen den Friedensschluss protestierte. Das Papsttum hatte, wie wir sahen, sich unentwegt für die Wiederherstellung des europäischen Friedens eingesetzt. Aber der Nuntius Chigi kam in Münster nicht gegen das allgemein zu Tage tretende Streben nach einer rücksichtslosen Beuteteilung auf, wobei man die Gerechtigkeit überhaupt, die kirchlichen Rechte und die Gebote einer christlichen Sozialordnung ausser Acht liess. Wenn sich die französische Diplomatie bis zu einem gewissen Grade auch noch bemüht hatte, den Schaden zu beschränken, so war er doch immer noch gewaltig. Der Westfälische Friede stellt einen Markstein in der Desorganisation des Staatsrecht in Europa durch die bewusste Abkehr von den Idealen dar, die die mittelalterliche Christenheit trotz allem in Ehren gehalten hatte.

Am 26. November 1648 erhob Innocenz X. durch das Breve *Zelus domus Dei* Protest gegen die Friedensbestimmungen und erklärte sie für null und nichtig. Er sah zwar die Wirkungslosigkeit dieser Einsprache voraus, aber sie war ihm angesichts der furchtbaren Schädigung der katholischen Kirche selbstverständliche Pflicht. Die Mächte hatten auch diesen Protest erwartet und von vornherein zurückgewiesen.

DER « GRUNDSATZ » DES EUROPÄISCHEN GLEICHGEWICHTS

Der Protest des Papstes gegen die offenkundig begangene Ungerechtigkeit führt an den Kern der wichtigsten Frage, die der Westfälische Friede aufwirft. Der politische Grundsatz, der für die Friedensbestimmungen massgebend war, die manche Historiker und Juristen gewissermassen als die Urkunde der modernen Diplomatie feierten, ist das *europäische Gleichgewicht*, der « Grundsatz » des Gleichgewichts, wie man schon sagte, besser noch die Politik des Gleichgewichts. Aus dem Bestreben der Gegner Habsburgs, dessen machtvolle Vorherrschaft in Europa niederzuringen, bildete sich allmählich ein allgemeines System heraus, das nach dem Westfälischen Frieden für die europäische Politik massgebend wurde. Sein Ziel lässt sich etwa dahin zusammenfassen : damit die Unabhängigkeit und Sicherheit aller europäischen Staaten gewährleistet sei, darf keiner dieser Staaten ein Übergewicht erlangen, das es den andern Mächten erschwerte, ihn von einem ehrgeizigen Übergreifen zurückzuhalten. Aus diesem ursprünglichen, negativen System ergab sich allmählich eine positive Regel. Danach sollen die europäischen Grosstaaten als solche oder durch ihre Bündnisse etwa gleichstarke, sich gegenseitig die Wage haltende Kräftegruppen bilden. Da in diesem Gleichgewicht die Garantie für den europäischen Frieden und die politische Sicherheit der einzelnen Staaten erblickt wird, soll jeder äusseren Machterweiterung eines europäischen Grosstaates eine gleichwertige Machterweiterung der andern Grosstaaten entsprechen, so dass das Kräfteverhältnis gewahrt bleibt. Diese Regel war für das internationale Recht vom siebzehnten Jahrhundert bis auf unsere Tage in Europa massgebend.

Indessen handelt es sich dabei um eine Politik, nicht um einen Grundsatz, um ein politisches Mittel, das nach dem Auseinanderfall des sozialen und rechtlichen Gefüges der mittelalterlichen Christenheit angebracht schien. Auf diese Weise mag jedoch die europäische Ordnung nur gewährleistet werden, wenn höhere Rücksichten auf Recht und Gerechtigkeit hinzutreten. Das Gleichgewicht der Kräfte bildet wohl einen Faktor, dem Rechnung getragen werden muss, aber es ist nicht ausschliesslich massgebend. Höher stehen das Recht der Staaten, das Recht der Völker, deren Lebensinteressen, rechtmässige Bestrebungen und achtenswerte Traditionen, die unerlässliche Verpflichtung zu Ehrenhaftigkeit in den gegenseitigen Beziehungen, zur Achtung eingegangener Verbindlichkeiten und fremden Gutes. Verfolgt die Gleichgewichtspolitik auch die Wahrung dieser höheren Güter, so ist sie ausgezeichnet, aber allein bildet sie noch nicht die oberste Richtschnur des internationalen Rechts. Wird wie im Westfälischen Frieden das Gleichgewicht der Kräfte als ausschliesslich massgebender Grundsatz angenommen, dem rechtmässig alle anderen Rücksichten geopfert werden dürfen, so stellt man ein scheinbares Recht auf, das in Wirklichkeit dem Recht zuwiderläuft. Wenn er ausschliesslich gilt, entspricht der « Grundsatz » des Gleichgewichts einer reinen Interessenmoral und verfälscht den wesentlichen Charakter des Rechten und Guten. Er lief auch allzu lange nur auf Machenschaften hinaus, bei denen das Recht der Schwachen dem Vorteil der Starken geopfert wurde.

Die Gleichgewichtspolitik kann also nicht grundsätzlich, wie einige dies vertraten, für die Organisation Europas massgebend sein. Sie vermag nicht eine *organische Gemeinschaft der Mächte* zu bilden, eine Gemeinschaft, wie sie Europa und die Welt noch erwarten, und die, um lebensfähig zu sein und den letzten, bleibenden Ordnungsgesetzen zu entsprechen, frei und in der Achtung der Rechte aller sich bilden muss.

Nach diesen Ausführungen mag es in weiterem Sinne verständlich sein, dass das Papsttum feierlich gegen die Westfälischen Friedensbestimmungen Protest erhob, wenn sie auch unmittelbar der Beendigung des Dreissigjährigen Krieges dienen mochten. Der Protest war freilich vergeblich. Unter den führenden Staatsmännern jener Zeit, die nach den Worten Innozenz' X. « mehr ihre eigenen Interessen als die Sache Gottes im Auge hatten », gab es keinen, der sich sonderlich von dem Protest beeindrucken liess, den der Papst aus Gewissensgründen erhoben hatte, « um », wie er sagte, « nicht dereinst vor Gottes Richterstuhl der Nachlässigkeit angeklagt zu werden ». Sogar der Kaiser verbot die Verbreitung des päpstlichen Protestes, und die deutschen Kirchenfürsten unterliessen mit einer Ausnahme die Veröffentlichung. Sie fürchteten, dass den deutschen Katholiken nur neuer Schaden dadurch erwachse, indem ihre Gegner durch die päpstliche Stellungnahme gereizt würden.

Mit Innozenz X. schied nicht nur ein Papst dahin. Sein Tod bedeutete das Ende eines ganzen Zeitalters, eines Zeitalters, in dem die Päpste noch Gehör fanden, wenn sie für eine christliche Ordnung in Europa eintraten, zu dessen Kultur und Organisation sie einst den Grund gelegt hatten. [1]

INNOZENZ X. .UND SPANIEN

Indessen hatte der Westfälische Friede noch nicht den Krieg zwischen Frankreich und Spanien beendet. Zwischen diesen beiden Mächten kam erst 1659 der Pyrenäische Friede zustande. Wie sein Vorgänger wahrte Innozenz X. eine vorsichtige Haltung gegenüber Spanien, dessen Stellung in Italien immer noch stark war. Als Portugal, das seit 1580 in Personalunion mit Spanien vereinigt war, sich 1640 unabhängig machte und in einem Abkömmling des alten portugiesischen Herrscherhauses, Johannes von Braganza, einen eigenen König gab, wollte noch Innozenz X. nach dem Vorgang Urbans VIII. den neuen König Johann IV. zunächst nicht anerkennen. Er weigerte sich auch diesem zuzugestehen, dass er die Besetzung der erledigten portugiesischen Bistümer vornehme, ein Recht, das nach wie vor von der Krone Spaniens beansprucht wurde. Erst nachdem Spanien im Jahre 1668 nach neuen französischen Siegen sich zur Anerkennung der Unabhängigkeit Portugals und seiner Kolonien bereit fand, wurde auch die kirchliche Frage zwischen Portugal und dem Heiligen Stuhl geregelt.

Dieselbe vorsichtige Haltung nahm Innozenz X. ein, als es in Neapel unter Führung Masaniellos zu einem Aufstand gegen die spanische Herrschaft kam (1647). Während der König von Spanien vom Papst verlangte, dass er mit geistlichen Strafen gegen die Aufständischen vorgehe, drängte anderseits die französische Diplomatie Innozenz X., seine Rechte als Oberlehensherr wahrzunehmen und das Königreich Neapel dem Kirchenstaat anzugliedern. Unter diesen Umständen musste es der Papst als eine Erleichterung empfinden, dass schliesslich die Spanier ihre Herrschaft wiederaufrichten konnten ; so wurde ihm eine Stellungnahme erspart, die unter den gegebenen Umständen

---

[1] Wir haben uns bei diesen Ausführungen von den von Y. de la Brière, S. J. entwickelten Gedanken in *La Société des Nations ? Essai historique et juridique.* (Paris 1918) und *La communauté des puissances.* (Paris 1932) leiten lassen, sowie von den Ausführungen von Ch. Dupuis in seinem Buche : *Le principe d'équilibre et le concert européen de la paix de Westphalie à l'acte d'Algésiras.* (Paris 1909). — Für den Wortlaut des Breves Innozenz' X. *Zelus domus Dei* verweisen wir auf Joseph Müller : *Das Friedenswerk der Kirche in den letzten drei Jahrhunderten* 1598-1917. (Berlin 1927.) S. 176-180.

sehr schwierig gewesen wäre. Rom hatte nämlich kein Interesse daran, dass Spanien, dessen Machtstellung bereits in unaufhaltsamem Niedergang war, in Neapel durch das eben so unaufhaltsam zur Vorherrschaft emporstrebende Frankreich verdrängt würde.

In der Galeria Doria in Rom findet sich das wundervolle Bildnis Innozenz' X. von Velasquez, das zu den grossartigsten Papstbildnissen gehört. Mit vollendeter Realistik gibt der grosse spanische Meister den forschenden, durchbohrenden Blick der blaugrauen Augen wieder, ihren klugen, etwas misstrauischen Ausdruck. Gegenüber dem aufkommenden Absolutismus mussten die Päpste, die sich übrigens des Niedergangs ihres Ansehens und Einflusses im weltlichen Bereich bewusst waren, bei aller Festigkeit in ihrer grundsätzlichen Haltung, wie sie Innozenz X. besonders gegenüber dem Jansenismus und dem Rechtsmissbrauch der Westfälischen Friedensbestimmungen gezeigt hatte, mehr denn je eine zurückhaltende Vorsicht wahren.

Kapitel V.

ROM UND VERSAILLES

DAS PONTIFIKAT ALEXANDERS VII. (1655-1667)

In der zweiten Hälfte des siebzehnten Jahrhunderts werden mit dem aufstrebenden Absolutismus die politischen Interessen vorherrschend und die religiösen Fragen zurückgedrängt. Immer offenkundiger gilt den katholischen Fürsten die Kirche nur noch als Regierungsinstrument. Sie sind wohl bereit, der Kirche auch zu dienen, ja nötigenfalls sie zu verteidigen, aber sie soll ihnen untergeordnet sein. Wenn die geistlichen Belange in Gegensatz zur Staatsräson geraten, setzt sich meist letztere durch. Seit dem Westfälischen Frieden, der den Interessen der Fürsten auf Kosten der Rechte der Kirche diente, ist das Ansehen des Papsttum deutlich im Niedergang. Die Päpste sind fortan ganz auf das kirchliche Gebiet beschränkt und vermögen in der europäischen Politik nur noch sehr schwach mitzusprechen. Wohl protestieren sie im Bewusstsein ihrer Autorität noch nachdrücklich gegen die neuen Formen des Irrtums, aber tatsächlich sind sie machtlos gegenüber dem langsamen, jedoch beständigen Aufkommen der aufgeklärten Geistigkeit, die im folgenden Jahrhundert vorherrschend wird.

Dieser Niedergang des päpstlichen Ansehens kann indessen nicht den damaligen Inhabern des Stuhles Petri zur Last gelegt werden, die würdige und fähige, ja zum Teil hervorragende Persönlichkeiten waren. Er stellt sich vielmehr als eine Folge des siegreichen Absolutismus und der allgemeinen geistesgeschichtlichen Entwicklung dar. Schliesslich führte übrigens die Übersteigerung der absolutistischen Politik der Fürsten zur Erschütterung nicht nur der Stellung der Kirche sondern auch der staatlichen Gefüge selbst, wie sie im Zeitalter des Absolutismus geschaffen wurden. Der Stolz des Sonnenkönigs, der eine Genugtuung darin fand, den Papst zu demütigen, stellt sich nachgerade wie sein politischer Absolutismus als einer der weiteren Gründe der Revolution dar.

Das zu Beginn des Jahres 1655 eröffnete Konklave wies im Vergleich zu den bisherigen Konklaven einen bemerkenswerten Unterschied auf. Es gab keine aus den Nepoten und ihren Anhängern bestehende Partei, da Innozenz X. keinen Neffen hinterlassen hatte, der eine massgebliche Wählergruppe hätte bilden können. Indessen kam eine Gruppe von Kardinälen zur Geltung, die unabhängig von äusseren, politischen Einflüssen nur den nach ihrer Überzeugung Würdigsten wählen wollten. Der spanische Botschafter bezeichnete sie als *squadrone volante*, fliegende Schar, und der Name blieb in der Folge in ähnlichen Fällen üblich. Die zunächst im Vordergrund stehende Kandidatur des hervorragenden Kardinals Giulio Sacchetti scheiterte an dem Widerstand Spaniens, und von einer Wahl des Kardinals Fabio Chigi wollte Mazarin nichts wissen, da Chigis Haltung als Nuntius auf dem Friedenskongress zu Münster seine Unzufriedenheit erregt hatte. Aber schliesslich gab Mazarin doch nach, und so konnte am 7. April 1655 Fabio Chigi gewählt werden. In Erinnerung an seinen grossen sienesischen Landsmann, Papst Alexander III., nannte er sich *Alexander VII.*

Der neue Papst, der sich als Nuntius in Köln und als Staatssekretär Innozenz' X. ausgezeichnet hatte, genoss wegen seiner Tüchtigkeit und Frömmigkeit, seiner klugen Gewandtheit bei aller Festigkeit des Auftretens, seiner Gelehrsamkeit und seines Kunstsinnes hohes Ansehen. Allgemein sah man seinem Pontifikat mit grossen Erwartungen entgegen. Zunächst schienen sich diese auch voll zu bestätigen. Alexander VII. enthielt sich im Anfang seiner Regierung jeglichen Nepotismus' ; er untersagte sogar seinen Verwandten in Siena, nach Rom zu kommen. Leider änderte er jedoch nach einiger Zeit seine Haltung, und zwar merkwürdigerweise unter dem Einfluss der Kardinäle, die nun ihrerseits dazu drängten, dass der Papst seine Verwandten zu Diensten heranzöge. So kamen diese nun doch nach Rom, und wie so viele Nepoten vor ihnen wurden sie bald vom Papst reichlich mit einträglichen Ämtern und Würden versorgt. Ihr Einfluss auf die Regierungsgeschäfte blieb jedoch beschränkt ; das wichtige Amt des Staatssekretärs übertrug Alexander VII. dem Kardinal Giulio Rospigliosi, der als Klemens IX. sein Nachfolger werden sollte.

SCHWIERIGKEITEN MIT FRANKREICH

Die Unzufriedenheit Mazarins mit dem einstigen Nuntius Chigi legte sich nicht nach dessen Erhebung zum Papst; gleich zu Beginn des neuen Pontifikats verschärfte sich die Spannung zwischen dem französischen Minister und Alexander VII. Mazarin wollte nämlich unbedingt den Kardinal von Retz, der einst zeitweilig an der Spitze der Fronde gestanden, von der Verwaltung des Erzbistums Paris fernhalten; er war soweit gegangen, den Kardinal unter der Anklage der Majestätsbeleidigung und des Verrats einkerkern zu lassen. Aber dann gelang es dem Kardinal, nach Rom zu entkommen. Alexander VII. bestand auf Einhaltung des Rechtsweges in der strittigen Angelegenheit, bemühte sich jedoch, den zugleich schlauen und stürmischen Minister des jungen Ludwig XIV. nach Möglichkeit zufrieden zu stellen. Schliesslich kam ein Kompromiss zustande; der Papst fand sich zu dem Zugeständnis bereit, die Verwaltung des Pariser Erzbistums im Namen des rechtmässigen Inhabers durch einen dem König genehmen Suffraganbischof führen zu lassen. Als 1662, nach dem Tode Mazarins, Ludwig XIV. selbst mit seiner bekannten Energie die Regierung in die Hand nahm, trat der Kardinal von Retz überhaupt von seinem Amt zurück. Mazarin hatte noch in seiner letzten Regierungszeit dem Heiligen Stuhl Ungelegenheiten bereitet, wo immer er es konnte. Er unterstützte die Ansprüche der Este und Farnese auf kirchenstaatliche Gebiete und schloss vor allem den Papst von den Verhandlungen zwischen Frankreich und Spanien aus, die 1659 zum Pyrenäischen Frieden führten. In dem Ausschluss des Papstes von diesen zwischen den zwei grossen katholischen Mächten geführten, wichtigen Verhandlungen, die auch päpstliche Interessen berührten, wurde neuerdings der Niedergang des päpstlichen Ansehens deutlich. Das Ende des langen erbitterten Ringens zwischen Frankreich und Spanien war durch das von Mazarin mit dem Lord-Protektor Oliver Cromwell geschlossene Offensivbündnis zugunsten Frankreichs beschleunigt worden; der Pyrenäische Friede besiegelte den Niedergang Spaniens und begründete zugleich die französische Vormachtstellung im Zeitalter Ludwigs XIV.

Die Folgen dieses Wandels der Machtverhältnisse machten sich bald auch in Rom geltend. Das herausfordernde Verhalten des neuen französischen Gesandten, des Herzogs von Créqui, schuf eine Spannung, zu deren Verschärfung schon kleine Zwischenfälle genügten. Als es einmal zu einer Prügelei zwischen einem korsischen, in päpstlichem Dienst stehenden Soldaten und Leuten aus dem Gefolge Créquis kam, drangen die erbitterten päpstlichen Soldaten gewaltsam in das französische Gesandtschaftspalais ein und bedrohten den Gesandten und seine Gemahlin. Den Zwischenfall griff der junge, sehr selbstbewusste Ludwig XIV. mit einer übrigens vorgetäuschten Entrüstung auf. Er wies den päpstlichen Nuntius aus Frankreich aus, liess Avignon und Venaissin besetzen und als Eigentum der französischen Krone erklären, und schliesslich drohte er sogar mit einem militärischen Vorgehen gegen den Kirchenstaat. Unter diesem Druck blieb Alexander VII. nichts anderes übrig, als die überspannten Forderungen anzunehmen, durch die der allerchristlichste König in brutaler Weise den Papst demütigen wollte. Zunächst musste Alexander VII. seinen Neffen, den Kardinal Flavio Chigi, und den Gouverneur der Stadt Rom zur Entschuldigung nach Paris schicken und dann in Rom eine Pyramide als Sühnedenkmal errichten. Zudem mussten nun die Ansprüche der Verbündeten Frankreichs in Italien, der Farnese und Este, befriedigt werden. Erst nachdem diese Bedingungen des Friedens von Pisa (1664) erfüllt waren, wurden Avignon und Venaissin dem Heiligen Stuhl zurückgegeben. Dieser bedauerliche Konflikt blieb, wir wir noch sehen werden, nicht der letzte zwischen dem Papst und dem « Grossen König », vor dem als Kind schon die andern alle knieten, ehe er noch selbst vor Gott zu knien gelernt hatte.

DIE BEZIEHUNGEN ZU VENEDIG UND ZUM KAISER

Das Verhältnis Alexanders VII. zu Venedig gestaltete sich in einer Weise, die eine gewisse Entschädigung für die unerfreulichen Beziehungen zu Frankreich bot. Nach längeren Verhandlungen willigte die Signoria in die Rückberufung der zur Zeit Pauls V. ausgewiesenen Jesuiten ein, und der Papst zeigte sich für dieses Zugeständnis erkenntlich, indem er Venedig erhebliche Hilfsgelder für den Türkenkrieg verschaffte. Er gewährte der Republik die Besteuerung der Kirchengüter und die Auferlegung eines Zehnten, ja selbst die Aufhebung einiger venezianischer Klöster, deren beträchtlicher Güterbesitz im Wert von einer Million Dukaten zum Türkenkrieg verwendet werden konnte.

In Deutschland suchte nach dem Tode Kaiser Ferdinands III. (1657) Mazarin mit Unterstützung Schwedens, Englands und selbst einzelner Kurfürsten, um jeden Preis die Wahl eines Habsburgers zu verhindern ; eine Zeitlang dachte er sogar die Kaiserwürde dem französischen König zu. Schliesslich setzte sich aber doch Erzherzog Leopold durch, nachdem sein gefährlichster Mitbewerber, der Kurfürst Ferdinand Maria von Bayern, auf seine Kandidatur verzichtet hatte. Der Papst, der sich für die Wahl des Habsburgers eingesetzt hatte, verhehlte nicht seine Freude über diesen Ausgang der Kaiserwahl.

FESTE HALTUNG IN UMSTRITTENEN LEHRFRAGEN

Mehr Erfolg als in der Politik war Alexander VII. auf innerkirchlichem Gebiet beschieden. Der Papst förderte die innerkirchlichen Reformbestrebungen, liess insbesondere eine gründliche Visitation der Kirchen Roms und der suburbikarischen Bistümer vornehmen und beseitigte mancherlei Missstände.

Mit Entschiedenheit wahrte er vor allem die Reinheit der Lehre. In den jansenistischen Wirren, auf die wir im folgenden noch näher eingehen werden, trat er gelegentlich den Jesuiten trotz seiner Vorliebe für ihren Orden ebenso fest wie ihren jansenistischen Gegnern entgegen. Im Jahre 1657 verurteilte die römische Inquisition die Gegenschrift des Jesuiten Georges Pirot gegen Pascals Provinzialbriefe, in der die Kasuisten verteidigt wurden ; anderseits forderte der Papst selbst das Generalkapitel des Dominikanerordens auf, im Anschluss an den hl. Thomas von Aquin den neuen, wenig sicheren, laxen Aufstellungen auf moraltheologischem Gebiet entgegenzutreten.

Die christliche Frömmigkeit erhielt durch Alexander VII. neue Anregungen durch die Heiligsprechung des hl. Franz von Sales, Bischof von Genf, und die Bulle *Sollicitudo* vom 8. Dezember 1661 über die Lehre von der Unbefleckten Empfängnis der heiligen Jungfrau. « Ohne eigentlich die Lehre zu definieren »... « bestätigte sie doch der Papst in allen Punkten, empfahl die Verehrung des Geheimnisses und verurteilte ausdrücklich und unter Androhung schwerster kanonischer Strafen jene, die es wagen sollten, öffentlich oder in engerem Kreise den frommen Glauben anzugreifen. » [1] Die Bulle wurde in der ganzen Christenheit, vor allem in Spanien, freudig aufgenommen.

Eine besondere Genugtuung empfand man in Rom über den allgemein aufsehenerregenden Übertritt der Königin Christine von Schweden zur katholischen Kirche. Christine, die Tochter Gustav Adolfs, des grossen protestantischen Heerführers im Dreissigjährigen Kriege, verzichtete im Oktober 1654 auf die schwedische Königskrone und legte am Weihnachtsabend desselben Jahres zu Brüssel das katholische Glaubensbekenntnis ab. Am 3. November des folgenden Jahres wurde sie in der Hofkirche zu Innsbruck feierlich in die katholische Kirche aufgenommen. Danach kam sie einer Einladung Alexanders VII. folgend nach Rom und wurde hier mit grossen Ehren empfangen. Bis zu ihrem Tode (1689) hielt sie sich, von einigen grösseren Reisen abgesehen, dauernd in Rom auf. Mit einer hohen Begabung und einem starken Selbstbewusstsein verband Christine eine tiefe Gläubigkeit, und man hielt sich in Rom nicht sonderlich über ihre etwas exzentrische Art und die kritische Ab-

---

[1] Mourret, a.a.O. T. 6. S. 249.

neigung auf, die sie gegenüber manchen Andachtsübungen, Legenden und Reliquien zum Ausdruck brachte. Der Palazzo Corsini, in dem sie Wohnung nahm und ihre reiche Bibliothek und wertvollen Kunstsammlungen aufstellte, wurde zu einem Treffpunkt von Künstlern und Gelehrten.

Christinens geistige und künstlerische Interessen entsprachen auch denen Alexanders VII., der selbst einst als Dichter hervorgetreten war und sich als Papst durch sein verständnisvolles Mäzenatentum auszeichnete. Gelehrte und Künstler, mit denen er gerne seine Mussestunden verbrachte, bezeugten ihm eine hohe Verehrung. Die besondere Sorge des Papstes galt der römischen Universität, der « Sapienza », und der Vatikanischen Bibliothek, die er durch die bedeutende Büchersammlung der Herzöge von Urbino bereicherte. Dazu schuf Alexander VII. die nach ihm benannte Chigibibliothek, eine der wertvollsten Roms. Noch grösser waren die Verdienste, die sich der Papst durch die Förderung des Kunstschaffens, insbesondere die Verschönerung Roms erwarb. Unter seinem Pontifikat wurden der unter Leo X. nach den Plänen Michelangelos begonnene Bau der Sapienza und die prachtvollen Kolonnaden auf dem Petersplatz durch Bernini vollendet, die Familienkapelle der Chigi in Santa Maria del Popolo mit Statuen ausgeschmückt und der schöne Chigiplatz gestaltet. Im Auftrag des Papstes führte Bernini auch den Aufbau der Cathedra Petri in der Chornische des Petersdomes mit den prächtigen Riesengestalten der vier Kirchenväter Augustinus, Ambrosius, Athanasius und Chrysostomus aus.

Der greise Bernini sollte nach so vielen Meisterwerken auch noch das Grabmal für Alexander VII. im Petersdom schaffen. Am 15. April 1622 versammelte der schon seit langem kranke Papst, obwohl schon äusserst geschwächt, die Kardinäle um sein Sterbebett, um ihnen, nachdem er einen Rückblick auf sein Pontifikat geworfen, den Segen zu erteilen. Mit den Worten « Eitelkeit der Eitelkeiten, alles ist nur Eitelkeit ! » wies er auf den Sarg, den er einst gleich nach seiner Thronbesteigung in sein Schlafgemach hatte stellen lassen, damit er immer an die Nichtigkeit irdischer Dinge erinnert werde. Am Abend des 22. Mai 1667 starb Alexander VII. im Alter von neunundsechzig Jahren.

KLEMENS IX. (1667-1669)

Zwei kurze Pontifikate folgten in den nächsten zehn Jahren dem Alexanders VII. Auf die zweijährige Regierung Klemens' IX. folgte die sechsjährige Klemens' X. (1670-1676).

Papst Alexander VII. (1655—1667). Grabmal von Lorenzo Bernini, 17. Jh., Rom, Peterskirche.

Kardinal Richelieu (1585—1642). Für ihn war die Majestät seines Königs (Ludwig XIII.) «die zweite nach der göttlichen». Grabmal von François Girardon, 17. Jh., Paris, Sorbonne-Kirche.

◀ Ludwig XIV. von Frankreich (1643—1715), der «Sonnenkönig». Apotheose, Gemälde von Ch. Lebrun, 17. Jh., Budapest, Museum für Bildende Kunst.

Cornelius Jansen (1585—1638), Begründer des Jansenismus, Stich von Morin, 17. Jh.

Kloster Port Royal des Champs bei Versailles, seit 1636 Zentrum des Jansenismus, 1707 aufgehoben und zerstört. Stich aus dem 17. Jh.

Kardinal Jules Mazarin (1602—1661), Nachfolger Richelieus als leitender Minister Frankreichs, verwendete sich für die Barberini-Nepoten, die wegen ihrer Bereicherung unter Urban VIII. durch Innozenz X. (1644—1655) verfolgt wurden. Stich von R. Nanteuil, 1656.

Gregor XV. (1621—1623).

Innozenz X. (1644—1655).

Klemens X. (1670–1676).

Alexander VIII. (1689—1691).

Innozenz XII. (1691—1700).

Innozenz XIII. (1721—1724).

Porträtmünzen aus der Vatikanischen Münzensammlung in Rom.

Turnier im Vatikan, wie es unter grossem Aufwand im 16. Jh. stattfand — hier im Karneval 1565. Das Bild vermittelt eine Vorstellung von der damals herrschenden Prunkliebe. Zeitgenössischer Stich.

Klemens IX. (1667—1669). Gemälde von Carlo Maratta, 17. Jh. Rom, Galleria Rospigliosi-Pallavicini.

Verhältnismässig rasch einigten sich in dem Konklave nach Alexanders VII. Tod die Kardinäle auf die Wahl des Staatssekretärs des verstorbenen Papstes, Giulio Rospigliosi. Die Wahl befriedigte nicht nur Frankreich und Spanien, sondern auch die *squadrone volante*, die sich grundsätzlich ohne politische Rücksichten für den Würdigsten einsetzte. Die Behauptung des französischen Gesandten, des Herzogs von Chaulnes, dass die Erhebung Rospigliosis auf seinen Einfluss zurückgehe, war offenbar eine starke prahlerische Übertreibung. Der neue Papst hatte sich bereits als Nuntius und Staatssekretär durch seinen politischen Sinn und seine diplomatische Begabung ausgezeichnet. Seine Güte, Frömmigkeit und würdige Lebensführung waren allgemein bekannt, und seine literarische Begabung überragte den Durchschnitt. Er vermied als Papst den verhängnisvoll abwegigen Nepotismus, nahm im Gegensatz zu der bisherigen Übung keinen Beamtenwechsel vor und ernannte den Kardinal Decio Azzolini, ein Mitglied der *squadrone volante*, zum Staatssekretär.

Schon gleich zu Beginn seines Pontifikats bekundete *Klemens IX.* jenes Streben nach Frieden und Ausgleich, das er bis zu seinem Lebensende auf religiösem wie auf politischem Gebiet zur Geltung brachte. Die jansenistischen Wirren, auf die wir noch näher eingehen werden, hatten damals infolge gewisser, unter Alexander VII. getroffener Verfügungen, die den französischen Klerus spalteten, ihren Höhepunkt erreicht. Klemens IX. gab sich nun mit einem Nachgeben der Widerstand Leistenden zufrieden, das nicht so unbedingt war, wie es sein Vorgänger gefordert hatte, und so kam 1669 ein Friede zustande, der mit Recht als Klementinischer Friede bezeichnet werden konnte. Ludwig XIV. war über den Ausgleich so erfreut, dass er eine Medaille zum Andenken daran prägen liess.

DIE SPANISCHE ERBFOLGE

Klemens IX. bemühte sich auch angelegentlich um das Zustandekommen des Friedens von Aachen, der 1668 einen neuen Krieg Ludwigs XIV. gegen Spanien, den Devolutionskrieg, die erste Phase der spanischen Erbfolgestreitigkeiten, beendete.

Die Frage dieser wichtigen Erbfolge begann die europäischen Kabinette zu dem Zeitpunkt zu beschäftigen, da Ludwig XIV. 1661 selbst die Regierung Frankreichs übernahm. Allgemein hielt man damals das Aussterben der männlichen Nachkommenschaft Karls V. für nahe bevorstehend, da Philipps IV. Sohn aus einer zweiten Ehe, Karl II., ein schwächliches Kind war, dem keine lange Lebenszeit beschieden schien. In der Tat belief sie sich schliesslich auf vierzig Jahre. Ansprüche auf das Erbe erhoben Ludwig XIV. und Kaiser Leopold I., die beide spanische Prinzessinen zur Mutter und zur Frau hatten, und so zugleich Vettern und Schwäger waren. Nun waren zwar einerseits Ludwigs XIV. Mutter, Anna von Österreich, und seine Gemahlin Maria Theresia älteste Töchter spanischer Könige, während die Mutter Leopolds, Maria-Anna, und seine Gemahlin Margareta-Theresia jüngere Töchter waren, und nach dem sogenannten Devolutionsrecht, das in einigen brabantischen Provinzen galt, hatten Ludwigs XIV. Ansprüche den Vorrang. Aber anderseits hatte Ludwig XIV. in dem Ehevertrag mit der Infantin Maria Theresia, der anlässlich des Pyrenäischen Friedens vereinbart worden war, ausdrücklich und unbedingt auf alle Erbansprüche verzichten müssen, da die Habsburger einer Vereinigung von Frankreich und Spanien vorbeugen und vielmehr sich gegenseitig ihre Erbansprüche sichern wollten. So waren auch entsprechend im Heiratsvertrag Leopolds I. mit der Infantin Margareta-Theresia deren Erbrechte ausdrücklich vorbehalten worden. Von französischer Seite wurde allerdings aus verschiedenen Gründen die Gültigkeit des Verzichts Ludwigs XIV. bestritten. Als 1665 Philipp IV., der Schwiegervater Ludwigs XIV. und Leopolds I. starb, standen die beiden Herrscher schon in Verhandlungen über einen Teilungsvertrag. Sie konnten sich aber nicht einigen, und Ludwig XIV. drang nun mit Waffengewalt in die spanischen Niederlande ein. Mit Berufung auf das erwähnte Devolutionsrecht forderte er nämlich von der spanischen Erbschaft die französischen Provinzen der spanischen Niederlande, einen Teil Flanderns und die Franche-Comté, die schon längst von der zielbewussten französischen Politik zur Verbesserung der französischen Grenzen erstrebt wurden ; zudem wünschte er in Italien gewisse Gebiete zu erlangen, die er als Tauschobjekt für Lothringen und Savoyen zu verwerten plante. Da die Spanier nur schwachen Widerstand zu leisten vermochten, drangen die französischen Truppen rasch in den Niederlanden vor und hatten bald die wichtigsten Städte besetzt. Als sich jedoch angesichts der französischen Machtentfaltung die Republik der Niederlande mit England und Schweden zu einer Koalition zusammenschloss, fand sich Ludwig XIV. zu Verhandlungen bereit, die schliesslich zum Frieden von Aachen (1668) führten, in dem Frankreich mehrere flandrische Festungen, nicht aber die Franche-Comté erhielt, deren sich Ludwig erst zehn Jahre später bemächtigen sollte.

Persönlich und durch seine Nuntien hatte Klemens IX. sich gleich nach dem Ausbruch dieses Devolutionskrieges bemüht, den Frieden wiederherzustellen. Aber weniger die päpstliche Diplomatie als die Rücksicht auf die politische Lage hatten schliesslich den französischen König zum Friedensschluss bestimmt.

Die Wiederherstellung des Friedens zwischen den zwei grossen katholischen Mächten war dem Papst besonders angesichts der immer drohenderen *Türkengefahr* angelegen. Klemens IX. wünschte die Unterstützung Frankreichs oder des Kaisers für Venedig zu gewinnen, das auf Kreta (Candia), der Schlüsselstellung des östlichen Mittelmeers, hart von den Türken bedrängt wurde. Es gelang ihm auch, Ludwig XIV. durch Eingehen auf dessen Wünsche hinsichtlich der Verleihung von Benefizien und der Ernennung von Kardinälen dahin zu bringen, dass er, trotz des französischen Bündnisses mit den Türken, dem Papst ein Hilfskorps zur Verfügung stellte, das unter päpstlichem Oberbefehl eingesetzt wurde. Auch Madrid, der Kaiser und einige katholische deutsche Fürsten leisteten dem päpstlichen Aufruf Folge. Aber aller Heldenmut der Venezianer und der mit ihnen kämpfenden Verbündeten vermochte den Fall der Festung Candia nur aufzuschieben. Am 6. September 1669 musste Candia, allerdings unter ehrenvollen Bedingungen, kapitulieren. Das Scheitern dieses Feldzugs, um den er sich so angelegentlich bemüht, traf den neunundsechzigjährigen Papst sehr schwer. Bald nach der Übergabe Candias, am 9. Dezember 1669 starb er. Mit Recht fügte der französische Geschäftsträger in Rom der Nachricht vom Tode Klemens' IX., die er seinem Herrn erstattete, hinzu : « Eure Majestät und die ganze Christenheit verlieren viel an ihm. »

KLEMENS X. (1670-1676)

In dem Konklave, das alsbald nach Klemens' IX. Tode eröffnet ward, standen sich die spanische und französische Partei etwa gleichstark gegenüber, wodurch sich die Wahl vier Monate lang verzögerte. Spanien sprach die Exklusive gegen den Kardinal Brancaccio aus, und dasselbe tat Ludwig XIV. gegen den Kardinal D'Elce. Endlich einigte man sich am 29. April 1670 auf Emilio Altieri, den Klemens IX., wie man sagte, im Vorgefühl, dass er sein Nachfolger werden sollte, zum Kardinal ernannt hatte.

Der neue Papst, der sich *Klemens X.* nannte, um anzuzeigen, dass er gewillt sei, die Politik seines Vorgängers fortzuführen, war ein fast achtzigjähriger, frommer, gütiger und friedlicher Greis. Mit Rücksicht auf sein hohes Alter zog er gleich einen engen Mitarbeiter heran ; es war der Kardinal Paluzzo Paluzzi, dessen Neffe eine Nichte des Papstes geheiratet hatte. Paluzzi wurde bald so massgebend, dass ihm tatsächlich die Staatssekretarie unterstellt war, und er und seine Angehörigen alle die Begünstigungen erfuhren, die den päpstlichen Verwandten zuteil zu werden pflegten.

Auch Klemens X. musste in die jansenistischen Streitigkeiten eingreifen, die wieder heftig auflebten, als die drei hervorragendsten Minister Ludwigs XIV., Lionne, Le Tellier und Louvois, eine wohlwollende Haltung gegenüber den Jansenisten annahmen. Die Übergriffe des französischen Staatsrats, der 1669 eingenmächtig auch die exemten Ordensleute völlig der Jurisdiktion der Bischöfe unterwarf, beantwortete der Papst durch die Konstitution *Superna magni patris familias* vom 21. Juni 1670, in der er eine wohlabgewogene Regelung der bischöflichen Rechte traf und sich die Entscheidung über Streitigkeiten, die noch auftreten könnten, vorbehielt.

DIE BEZIEHUNGEN DES HEILIGEN STUHLS ZU DEN MÄCHTEN

Auf grössere Schwierigkeiten als in diesen innerfranzösischen Angelegenheiten stiess der Papst bei seinem Bemühen um die Befriedung Europas, die umso dringender war, als noch immer die Türkengefahr drohte, auch im Norden, und Polen durch innere Wirren in seiner Widerstandskraft geschwächt war. Klemens X. bemühte sich nun, den inneren Frieden in Polen wiederherzustellen und sandte auch Hilfsgelder nach Warschau. Mit Freuden vernahm er dann die Wahl Johann Sobieskis, der sich in den Türkenkriegen ausgezeichnet hatte, zum König (20. Mai 1674). Während sich die Beziehungen der Kurie zu Kaiser Leopold I. befriedigend gestalteten, traten Schwierigkeiten im Verhältnis Roms zu Spanien auf, das sich weiterhin Übergriffe des Staatskirchentums zuschulden kommen liess. Zudem kam es nun wieder zu einer Spannung zwischen Rom und Frankreich. Ludwig XIV. forderte nämlich die Ernennung neuer, ihm genehmer Kardinäle, verfügte eigenmächtig über Kirchengut, um sich Mittel für seine Rüstungen zu beschaffen, und dehnte in missbräuchlicher Weise das Asylrecht seines Botschafters in Rom aus. Um den Frieden zu erhalten, liess sich der Papst zu einigen Zugeständnissen herbei.

Als der französische König in die Niederlande einfiel (1672), spalteten sich die europäischen Mächte ihren Bündnissen entsprechend in zwei grosse Lager, und der Krieg wurde ein europäischer. Die Vermittlungsbemühungen des Papstes, der sich nicht von Ludwig XIV. vortäuschen liess, dass das Unternehmen gegen Holland der Sache des Katholizismus nützen werde, blieben vergeblich. Schliesslich blieb Spanien unterlegen. Im Frieden von Nimwegen musste es die Franche-Comté und ein Dutzend befestigter Plätze Flanderns herausgeben (1678). Unterdessen nahm die Türkengefahr immer zu, und die französische Politik, auf die Wahrung des französischen Bündnisses mit der Hohen Pforte bedacht, verhinderte das Zustandekommen des grossen Plans einer Vereinigung sämtlicher christlicher Mächte zur Abwehr der Türken, der Klemens vor allem am Herzen lag.

Das Friedensbestreben Klemens' X. kam auch in der Regelung zum Ausdruck, die er hinsichtlich gewisser Fragen der Jurisdiktion in den Missionen des Fernen Ostens traf, und in weiteren Angelegenheiten der Missionsorden. In Rom erliess der Papst Bestimmungen betreffend die Erhebung von Reliquien aus den römischen Katakomben. Er nahm auch mehrere Heiligsprechungen vor, so die Gaetanos da Tiene, des Stifters des Theatinerordens, und des Jesuitengenerals Franz Borja ; Südamerika erhielt die erste Heilige in Rosa von Lima. Der grosse spanische Mystiker Johannes vom Kreuz ward seliggesprochen. Im hohen Alter von sechsundachtzig Jahren, aber körperlich und geistig noch von bewundernswerter Rüstigkeit, erlag Klemens X. am 22. Juli 1676 einem plötzlich aufgetretenen Fieber. Er hatte den Erwartungen, die sich an seinen Regierungsantritt knüpften, voll entsprochen und sich während seiner ganzen Regierungszeit als friedliebender und friedensbemühter Oberhirte erwiesen.

INNOZENZ XI. (1676-1689)

Unter den nicht wenigen Mitgliedern des Kardinalkollegiums, die nach dem Tode Klemens' X. als *papabili* galten, nahm der aus Como stammende und fast im Rufe eines Heiligen stehende Kardinal Benedetto Odescalchi die erste Stelle ein. Und doch konnte — ein Zeichen der Zeit — seine Wahl erst als gesichert gelten, nachdem das Einverständnis Ludwigs XIV. gewonnen war. Die Wahl erfolgte am 21. September 1676. Aus Dankbarkeit gegenüber Innozenz X., der ihn zum Kardinal erhoben hatte, nannte sich der neue Papst *Innozenz XI.*

Man sehnte sich damals in kirchlichen Kreisen nach einem Papst, der einen kühneren Unternehmungsgeist als seine zwei letzten Vorgänger zur Geltung bringen würde. Zwar unterschätzte man keineswegs die Vorteile, die deren versöhnliche Haltung der Kirche eingetragen hatte, aber man hielt doch dafür, dass angesichts der Gefahren, die von dem aufstrebenden, von Ludwig XIV. selbst und Colbert vertretenen Gallikanismus, von dem Jansenismus und zudem in wachsendem Masse von den Türken drohten, das Schifflein Petri mit festerer Hand gesteuert werden müsse. Innozenz XI. entsprach den Hoffnungen, die man auf ihn setzte ; sein Pontifikat dürfte das bedeutendste des siebzehnten Jahrhunderts sein. In seiner persönlichen Lebensführung von jeher schlicht und streng, hielt der neue Papst auch in der kirchlichen Verwaltung auf grösste Sparsamkeit ; er wusste bald die päpstlichen Finanzen wieder in Ordnung zu bringen und sich neue Mittel zu verschaffen, die er zu den besten Zwecken verwandte. In dieser Hinsicht gleicht sein Pontifikat dem Sixtus' V. Innozenz XI. enthielt sich selbst allen Nepotismus', und nur der Widerstand des Kardinalkollegiums hielt ihn vom Erlass einer Bulle ab, die dieses Unwesen ein für allemal beseitigt hätte.

Sein Eifer für die Reinerhaltung der Lehre, was Glaube und Sitten betrifft, liess nie nach. Mit scharfen Erlassen trat er der Sittenlosigkeit und dem Luxus entgegen, die sich in Rom breit machten, und jüdischen Wucherpraktiken. Gleich Alexander VII. nahm er Stellung gegen den Laxismus in der Moral, der in der Form des Probabilismus von einigen Jesuiten vertreten, aber auch von einem ihrer eigenen Ordensbrüder, dem P. Thyrsus Gonzales de Santalla, Professor an der Universität Salamanca, zurückgewiesen wurde. Wir werden im folgenden noch näher auf den Kampf gegen die abwegigen Lehren jener Zeit eingehen und dabei sehen, wie Innozenz XI. den Quietismus des spanischen Priesters Molinos verurteilte und ebenso den Gallikanismus in seinen verschiedenen Formen, die sogenannten « Vier Artikel », die Ausdehnung des Regalienrechts und die missbräuchliche Ausweitung der Immunität des französischen Gesandten in Rom. Innozenz XI. wusste wohl, dass Ludwig XIV. schliesslich seine Wahl unterstützt hatte, aber er liess diesen Umstand nicht ins Gewicht fallen, als er sich genötigt sah, Übergriffe des französischen Königs auf Rechte des Heiligen Stuhls abzuwehren. Indessen war Innozenz XI. durchaus kein persönlicher Gegner Ludwigs XIV. ; seine Politik wurde nur durch das unbedingte Pflichtbewusstsein bestimmt, das ihn zur Wahrung der kirchlichen Rechte anhielt.

DIE AUSWÄRTIGE POLITIK INNOZENZ' XI.

In der Tat wünschte der Papst eine gleichmässige Machtverteilung, aber der Imperialismus Ludwigs XIV. durchkreuzte ständig die päpstliche Politik, die auf den Schutz der allgemeinen Interessen der Christenheit gerichtet war.

Ein besonders schwerer Zwischenfall brachte Innozenz XI. gegen Ende seines Pontifikats nochmals in Gegensatz zu Ludwig XIV. Die Besetzung des Kölner Erzstuhls war unter den damaligen politischen Umständen von besonderer Bedeutung. Ludwig XIV. wollte unbedingt die Erhebung des ganz von Frankreich abhängigen Wilhelm Egon von Fürstenberg durchsetzen, aber der Papst, in dessen Hand die Entscheidung rechtmässig lag, bestätigte den bayrischen Prinzen Josef Klemens als Erzbischof von Köln. Höchst aufgebracht über das Scheitern seiner Pläne, hielt nun der französische König den vom Papst abberufenen Nuntius Ranuzzi zurück, liess wiederum Avignon und Venaissin besetzen, ja er drohte sogar, mit Truppenmacht in den Kirchenstaat einzurücken und Berufung an ein allgemeines Konzil einzulegen. Der Papst gab trotzdem nicht nach ; als er starb, war noch kein Ausgleich zustande gekommen.

Schon gleich bei seiner Thronbesteigung hatte Innozenz XI. seine Absicht kundgetan, die christlichen Fürsten zu versöhnen und zu gemeinsamer Abwehr der Europa und die Kirche so schwer gefährdenden Türken zusammenzuschliessen. Das lag auch im eigenen Interesse Kaiser Leopolds, und die Polen entsprachen ihrerseits dem päpstlichen Wunsch. Ludwig XIV. hingegen, der nur das eine Ziel, die Schwächung des deutschen Reichs, verfolgte, ermunterte geradezu die Türken, gegen Österreich und Sizilien vorzustossen. Mit dieser kleinlichen Machtpolitik arbeitete er dem grosszügigen, von den edelsten Absichten bestimmten Unternehmen des Papstes entgegen.

Für das Gelingen der päpstlichen Pläne war die Wiederherstellung des Friedens in Europa unerlässliche Vorbedingung. Der Papst sandte daher den Nuntius Bevilacqua von Wien nach Nimwegen, wo die Friedensverhandlungen zwischen dem siegreichen Ludwig XIV., den Niederländern, und ihren Verbündeten geführt wurden. Der Nuntius war angewiesen, auf die Verständigung der katholischen Fürsten hinzuarbeiten, ohne in die Angelegenheiten, die die Protestanten betrafen, einzugreifen. Er ging mit sehr viel Takt und Geschick vor und erwarb sich dadurch allgemein hohes Ansehen, aber seine Bemühungen hatten doch nur geringen Erfolg. Der von Ludwig XIV. diktierte Friede (1678) brachte Frankreich auf den Höhepunkt seiner Macht und trug dem König in Frankreich den Namen « Ludwig der Grosse » ein. Tatsächlich sollte Ludwig XIV. während der nächsten zehn Jahre der Herr Westeuropas sein.

Die Erwartung des Papstes, dass mit der Beendigung der Feindseligkeiten das grösste Hindernis für ein gemeinsames Vorgehen der christlichen Fürsten gegen die Türken beseitigt sei, erfüllte sich nicht. Es gelang Innozenz XI. nicht, eine Verständigung zwischen Polen und Russland zu vermitteln, besonders aber bereitete Ludwig XIV. weiterhin der päpstlichen Politik unüberwindliche Schwierigkeiten. Der allerchristlichste König trug kein Bedenken, die aufständischen Ungarn gegen Österreich zu unterstützen, und deren

Führer scheute nicht vor einem Bündnis mit den Türken zurück. Der französische Gesandte in Warschau warb in Polen Hilfstruppen für die Ungarn, und Johann Sobieski selbst versprach zunächst den Aufständischen Unterstützung. Die französische Diplomatie wusste auch die Polen von einem Bündnis mit Russland und von dem Abschluss einer Defensivliga mit dem Kaiser abzuhalten. Zudem ermunterte sie die Türken geradezu zum Vorgehen gegen Österreich durch die Erklärung, dass der Kaiser auf keine Unterstützung Frankreichs gegen sie rechnen könne. Dem Papst aber liess der Sonnenkönig sagen, Kreuzzüge seien seit der Zeit Ludwigs des Heiligen aus der Mode gekommen.

Trotz dieser Schwierigkeiten gestaltete sich die Lage schliesslich doch noch verhältnismässig günstig für die Christenheit. Dank der unentwegten Bemühungen der Nuntien Buonvisi in Wien und Pallavicini in Warschau kam zwischen dem Kaiser und dem Polenkönig eine Verständigung und am 31. März 1683 ein förmliches Bündnis gegen die Türken zustande. Die französischen Intrigen waren vereitelt. Der Papst sowie mehrere italienische Staaten liessen nun Polen Hilfsgelder zukommen.

DIE BEFREIUNG WIENS (1683)

Es war höchste Zeit, dass der Widerstand organisiert wurde. Starke türkische Heere drangen bereits unter der Führung des Grosswesirs Kara Mustafa in der Richtung auf Wien vor, und die aufständischen Ungarn gingen zu ihnen über. Gegen diese erdrückende Übermacht konnte das schwache kaiserliche Heer nicht Stand halten. Anfang Juli standen die Türken vor Wien, und Mitte Juli begannen sie die Belagerung der Kaiserstadt, deren Verteidigung Graf Rüdiger von Starhemberg führte. Aber nun nahte glücklich, wenn auch langsam das Ersatzheer, das sich aus kaiserlichen Truppen, Hilfskontingenten katholischer wie protestantischer Reichsstände und etwa vierundzwanzigtausend Polen zusammensetzte. Schliesslich waren etwa vierundachtzigtausend Mann an der Donau versammelt. Den Oberbefehl führte förmlich der Polenkönig, in der Tat Herzog Karl von Lothringen, der Schwager Kaiser Leopolds. Am 12. September 1683 kam es zu der grossen Schlacht am Kahlenberg und zu dem denkwürdigen Siege der vereinigten Deutschen und Polen, der das Abendland vor dem letzten gewaltigen Ansturm der Mohammedaner rettete. Johann Sobieski trat, nachdem er die Messe gedient und kommuniziert, an die Spitze seiner Truppen und führte sie mit den berühmt gebliebenen Worten zum Sturm: *Non nobis, Domine, non nobis sed nomini tuo da gloriam* (Nicht uns, Herr, nicht uns, sondern Deinem Namen gib den Ruhm). Wien ward befreit, und das türkische Heer flutete in wilder Flucht nach Ungarn zurück.

Die Befreiung Wiens war ein abendländischer Sieg von weltgeschichtlicher Bedeutung. Sie reiht sich zu den grossen Siegen Karl Martells bei Poitiers (732) und der spanisch-französischen Ritterheere bei Navas de Tolosa (1212) über die Araber und zu dem glänzenden Seesieg Spaniens und Venedigs bei Lepanto (1571) über die Türken. Nicht allein Österreich und das Reich waren gerettet, sondern mit ihnen Europa und die abendländische Kultur. In Rom, wo man die Entwicklung der Lage mit höchster Spannung verfolgt hatte, herrschte grosser Jubel. Zur bleibenden Erinnerung an den herrlichen Sieg, der der Fürbitte der Muttergottes zugeschrieben wurde, setzte der Papst das Fest des Namens Mariae ein. Die Christenheit schuldet Innozenz XI. tiefen Dank dafür, dass er sich unablässig und unentwegt trotz aller Schwierigkeiten für die Einigung der christlichen Kräfte zur Abwehr des Islam eingesetzt. Noch sechzehn Jahre lang sollte nach der Befreiung Wiens der Krieg gegen die Türken weitergeführt werden, obgleich der Widerstand Europas gegen Ludwig XIV. einen Teil der kaiserlichen Kräfte von dem östlichen Kriegsschauplatz abzog. In dem Vertrag von Karlowitz (1699) musste schliesslich die Pforte Ungarn mit Ausnahme des von Serben bevölkerten Banats von Temesvar dem Kaiser ausliefern und die Oberhoheit des Reichs über Siebenbürgen anerkennen. Dieser Vertrag stellt gewissermassen den ersten Akt des europäischen Gegenvorstosses gegen die Türken dar, mit dem deren Zurückweichen vom europäischen Festlande begann.

Für die päpstliche Diplomatie bedeutete indessen der siegreiche Entsatz Wiens noch nicht das Ende ihrer Aufgabe. Obwohl ihr Ludwig XIV., der sich durch den deutsch-polnischen Sieg gedemütigt fühlte und seine Eroberungspolitik in Europa fortsetzte, weiterhin Schwierigkeiten bereitete, gelang es ihr, das Bündnis zwischen Wien und Warschau zu festigen, ja zu verstärken. Sie brachte auch Venedig zum Anschluss an die Allianz zwischen Leopold I. und Johann Sobieski. Die venezianische Flotte bildete eine wertvolle Ergänzung der Landstreitkräfte der « Heiligen Liga », sie trug auch wesentlich zu deren weiteren Siegen bei, durch die die Halbinsel Morea, Athen und Teile Mittelgriechenlands den Türken entrissen wurden.

INNOZENZ XI. UND ENGLAND

Ereignisse von grosser Bedeutung für die Geschichte Europas spielten sich unter dem Pontifikat Innozenz' XI. auch in England ab. Durch die unblutige, « glorreiche » Revolution des Jahres 1688 kam Wilhelm von Oranien auf den englischen Thron, und im folgenden Jahre wurde das Gesetz der Rechte *(Declaration of rights)* erlassen, das die verfassungsmässigen Freiheiten der Nation sicherte. Gehen wir kurz auf die Vorgeschichte ein. Die republikanische Verfassung, von Cromwell eingeführt, der den Stuart Karl I. absetzen und hinrichten liess, war mit dem Stuart Karl II. wieder durch das Königtum abgelöst worden (1660). Karls II. fünfundzwanzigjährige Regierungszeit ist durch einen neuen Versuch, das Parlament auszuschalten und ein absolutistisches Regiment zu begründen, gekennzeichnet, sowie durch die Reaktion der Anglikaner gegen die Puritaner, mit denen sie einst in gemeinsamen Hass gegen den « Papismus » den König zur Stellungnahme gegen die Katholiken gezwungen hatten. Karl II., der Sohn der katholischen Henriette von Frankreich und Gatte der ebenfalls katholischen Katharina von Portugal wünschte aus persönlicher Neigung zur Toleranz, sowie aus aussenpolitischen und finanziellen Gründen den Katholiken Duldung zu gewährleisten. Seine gewissenlos verschwenderische Lebensführung, die ihn viel Geld kostete, führte ihn dazu, dass er sich Ludwig XIV. verkaufte. Daraufhin bekämpfte er zunächst die Holländer, dann verband er sich aber wieder mit ihnen, und schliesslich suchte er neuerdings die Unterstützung des französischen Königs. Nun löste er das Parlament auf, erhielt neue Subsidien von Frankreich und versprach, zum Katholizismus überzutreten. Tatsächlich bekannte er sich auf dem Sterbebett zum katholischen Glauben. Als Jakob II. folgte ihm sein Bruder auf dem englischen Throne nach.

Der neue König war katholisch und gewillt, England wieder zur katholischen Kirche zurückzuführen. Am Tage nach seiner Thronbesteigung liess er mit grosser Feierlichkeit in seinem Palast die Messe feiern ohne Rücksicht auf die Empörung, die er dadurch bei seinen Untertanen hervorrufen musste. Sein Verhalten war besonders unklug angesichts des Umstandes, dass die Protestantenverfolgungen, die in Frankreich zur selben Zeit vorgenommen wurden, und die Aufhebung des Edikts von Nantes durch Ludwig XIV. den Hass der Engländer gegen den Katholizismus gesteigert hatten. Ein Aufstand der Protestanten unter Führung des Herzogs von Monmouth, des Neffen Jakobs II., wurde niedergeschlagen, und daraufhin ergriff der König in geradezu herausfordernder Art Massnahmen zugunsten der Katholiken. Er ernannte katholische Priester an anglikanische Pfarreien, liess die Jesuiten nach England zurückkehren und nahm einen von ihnen, den ehrgeizigen Edward Petre zu seinem einflussreichsten Berater. Durch dieses Vorgehen und auch seine absolutistische, in Anlehnung an Frankreich geführte Politik schuf sich Jakob II. Feinde in rasch wachsender Zahl. Die Erregung wuchs noch mehr, als er eine Gesandtschaft nach Rom sandte und seinerseits in Windsor einen päpstlichen Gesandten mit ausserordentlichen Ehren empfing.

Innozenz XI. ermahnte den König zu grösserer Klugheit und Rücksicht auf die Empfindlichkeit seiner Untertanen. Aber Jakob II. liess sich nicht zur Mässigung anhalten, und die Art, wie er die Verfolgungsgesetze gegen die Katholiken und Puritaner beseitigte und England auf ungesetzlichem Wege zur katholischen Kirche zurückzuführen suchte, musste den einmütigen Widerstand der Protestanten hervorrufen. Doch zögerten die Engländer noch, sich offen zu erheben ; die anglikanische Kirche lehrte, dass jede Auflehnung gegen die königliche Macht Todsünde sei. Zudem fiel der Umstand ins Gewicht dass die Erbinnen des schon älteren Jakob II. aus dessen erster Ehe protestantisch und mit Protestanten verheiraten waren ; die älteste Tochter des Königs, Maria, war die Gemahlin Wilhelms von Oranien, des Statthalters der Niederlande, die jüngere, Anna, die Gemahlin Georgs von Dänemark. Da also keine katholische Restauration nach dem Tode des Königs zu befürchten schien, waren die Engländer zunächst noch zur Geduld geneigt.

Aber ihre Haltung änderte sich, als die zweite Gemahlin Jakobs II., die katholische italienische Prinzessin Maria d'Este 1688, dem König einen Sohn schenkte. Damit schwand die Aussicht auf eine protestantische Thronfolge, und nun forderten die Engländer Wilhelm von Oranien auf, zum Schutze der protestantischen Religion und zur Wiederherstellung der Rechte und Freiheiten des englischen Volks einzugreifen. Umsonst ward Jakob II. durch Ludwig XIV. auf die ihm drohende Gefahr aufmerksam gemacht ; er erwiderte nur hochmütig, dass er keines Beschützers bedürfe. Aber wenige Monate später war er bereits abgesetzt und musste nach Frankreich flüchten ; an seiner Stelle bestieg Wilhelm von Oranien als Wilhelm III. den englischen Thron. Im nächsten Jahre (1689) ward das Gesetz der Rechte *(Declaration of rights)* erlassen, das zum Grundgesetz der englischen Freiheit und Parlamentsherrschaft wurde. Der schon vierzig Jahre früher zur Zeit Cromwells verkündete Grundsatz der Volkssouveränität triumphierte. Der Katholizismus aber wurde nun weiterhin unterdrückt. Die innere Befriedung Englands, die den Wünschen der grossen Mehrheit des Volkes entsprach, blieb nicht ohne wichtige aussenpolitische Folgen. England nahm nun wieder in der europäischen Politik die hervorragende Stellung ein, die es zu Ende des vorhergehenden Jahrhunderts bessessen, und konnte im achtzehnten Jahrhundert seine Weltherrschaft begründen.

Die Haltung Innozenz' XI. gegenüber Jakob II. ist nicht immer gerecht beurteilt worden. Unter andern vertrat auch Ranke die Ansicht, der Papst sei Jakob II. gegenüber zurückhaltend gewesen, ja er habe sogar mittelbar das Unternehmen des Oraniers gefördert, weil er eingesehen habe, dass Jakobs II. unvorsichtige Politik der Sache des Katholizismus nicht dienen werde, vor allem, dass ein Sieg des Königs, der sich engstens an Frankreich angeschlossen hatte, zu einer bedrohlichen Verstärkung des französischen Übergewichts führen werde. Seine Franzosenfeindlichkeit — die in der Tat nicht vorhanden war — hätte also den Papst dazu gebracht, die Interessen des Katholizismus in England zu opfern. Indessen haben die neuesten historischen Forschungen die Unrichtigkeit dieser Ansicht dargetan. Innozenz XI. tat sein Möglichstes, um Jakob II. von seiner ungeschickten, herausfordernden Politik abzuhalten, aber nichts lag ihm ferner als das Unternehmen des protestantischen Oraniers fördern zu wollen.

TOD INNOZENZ' XI.

Am 12. August 1689 starb Innozenz XI. im Alter von neunundsiebzig Jahren. Als ihm kurz vor seinem Tode ein Gesandter sagte, sein Herr werde die Familie der Odescalchi unter seinen Schutz nehmen, antwortete ihm der strenge Papst : « Ich besitze weder ein Haus noch eine Familie. Gott hat mir meine päpstliche Würde verliehen nicht zum Vorteil meiner Verwandten, sondern für die Führung der Kirche und ihrer Völker. »[1] Diese Antwort war ein ehrlicher Ausdruck seines Charakters. Innozenz XI. ist eine der edelsten Gestalten des Papsttums. Selbst Historiker, die an seiner Politik manches auszusetzen fanden, anerkannten doch — so zum Beispiel Ranke — dass der Papst mit unerschütterlicher Festigkeit allen jenen gegenübertrat, die die Freiheit der Kirche bedrohten, und dass sein Verhalten durch unbedingt selbstlose und edle Absichten bestimmt war. Die Unabhängigkeit, die er gegenüber den Mächten dieser Welt zu behaupten wusste, gibt Innozenz XI. Anspruch auf den besondern Dank der Christenheit.

Zwei kurze Pontifikate beschliessen die Kirchengeschichte im Zeitalter Ludwigs XIV. Sie hatten nicht die Bedeutung der Regierung Innozenz' XI., aber beiden kam noch dessen zielsichere Politik zustatten und zugleich auch der Wandel, der damals in der politischen Lage Europas vor sich ging.

---

[1] Mourret, a.a.O. Bd. 6. S. 256.

ALEXANDER VIII. (1689-1691)

Der aus vornehmem venezianischen Geschlecht stammende und am 6. Oktober 1689 zur höchsten kirchlichen Würde erhobene Pietro Ottoboni verdankte seine Wahl jener Partei, die man fortan *zelanti* nannte, und die nur das Interesse des Heiligen Stuhls zu wahren und förden suchte. Ludwig XIV. hatte zuerst der Wahl wegen der Rolle widerstrebt, die der Kardinal Ottoboni unter dem vorhergehenden Pontifikat in französischen Angelegenheiten gespielt. Aber die französische Gesandschaft war beruhigt worden, als Kardinal Ottoboni ihr gegenüber nicht mit Kritik an der Politik Innozenz' XI. zurückhielt und sich zu einer gewissen Berücksichtigung der Wünsche des französischen Königs bereit zeigte.

Der Neugewählte war schon neunundsiebzig Jahre alt, aber noch durchaus rüstig. Von Innozenz X. 1652 zur Kardinal erhoben, hatte er sich in verschiedenen wichtigen Ämtern durch seine Klugkeit und seinen Arbeitseifer ausgezeichnet. Während man seine Geschäftskenntnis allgemein rühmte, beklagte man hingegen den Nepotismus, durch den er schon als Kardinal aufgefallen war.

Sein kurzes Pontifikat war erfüllt von der Sorge um Beilegung der Konflikte mit Ludwig XIV. Schliesslich beendete die Konstitution *Inter multiplices*, deren Veröffentlichung Alexander VIII. noch auf seinem Sterbelager verordnete, den Widerstand der Gallikaner. Der König gab seine weitgehendsten Forderungen mit Rücksicht auf die allgemeine politische Lage auf, die es ihm nahelegte, die Zahl seiner Feinde nicht zu vermehren. Angesichts der englischen Revolution, der mächtigen, sogenannten Augsburger Allianz zwischen dem Kaiser, Spanien, Schweden und mehreren deutschen Ständen und der folgenschweren spanischen Erbfolgefrage, die jederzeit akut werden konnte, fand sich der König bewogen, eine Verständigung mit dem Heiligen Stuhl zu suchen.

Alexander VIII. nahm auch zu gewissen theologischen Streitfragen Stellung und wies irrige Thesen zurück, wie die von der philosophischen Sünde, die den Laxismus in neuer Form erstehen liess und in französischen Jesuitenkreisen vertreten wurde. Sie behauptete, dass eine schwere Sünde dann keine Beleidigung Gottes sei und nicht die ewige Strafe nach sich ziehe, wenn der Sünder Gott nicht kenne oder bei der Sünde nicht an ihn denke. Die These, die die Jansenisten sehr erregte, wurde am 24. August 1690 durch ein Dekret des Heiligen Offiziums verurteilt. Am 7. Dezember desselben Jahres folgte auf Anzeige des Erzbischofs von Mecheln die Verurteilung einer Reihe von jansenistischen Irrtümern, die von Löwener Theologen ausgingen.

Alexander VIII. ging schliesslich auch mit Strenge gegen die Reste quietistischer Zirkel in Rom vor.

Am 1. Februar 1691 starb der mehr als achtzigjährige Papst, nachdem er noch den Kardinälen nachdrücklich anempfohlen, sich im nächsten Konklave nur nach den Interessen der Kirche zu richten.

INNOZENZ XII. (1691-1700)

Das Konklave, aus dem der Nachfolger Alexanders VIII. hervorgehen sollte, währte nahezu sechs Monate. Die anfänglich aussichtsreiche Kandidatur des Kardinals Gregorio Barbarigo stiess auf den Widerstand der spanisch-kaiserlichen und französischen Partei ; sie war sowohl dem Kaiser als auch Ludwig XIV. unerwünscht. Nachgerade begann man aber in Rom ungeduldig zu werden, und auch die Beschwerlichkeiten der steigenden Sommerhitze bewirkten schliesslich, dass sich die Wähler am 12. Juli 1691 einigten. Der Gewählte war der aus einem neapolitanischen Adelsgeschlecht stammende Kardinal Antonio Pignatelli. Um seine Dankbarkeit gegen Innozenz XI. zu bezeugen, der ihn zum Kardinal erhoben hatte, und auch seinen Wunsch kundzutun, dessen Werk fortzuführen, nannte er sich *Innozenz XII.* Der neue, bereits sechsundsiebzigjährige Papst zeichnete sich durch ein sehr würdevolles, zugleich aber auch verbindlich-liebenswürdiges Wesen aus ; er schien, schreibt der Annalist Muratori, die ganz von christlicher Sanftmut erfüllte Seele eines römischen Kaisers zu haben.

MASSNAHMEN GEGEN DEN NEPOTISMUS

Eine seiner ersten Regierungshandlungen war der Erlass der Bulle *Romanum decet Pontificem* vom 22. Juli 1692, die den Nepotismus verbot. Nicht nur für sich selbst, sondern auch für seine Nachfolger stellte Innozenz XII. die Regel auf, dass kein Papst, unter welchem Vorwand auch immer, nicht einmal zur Belohnung geleisteter Dienste, über irgend ein kirchliches Gut oder Amt zugunsten seiner Verwandten oder Freunde verfügen dürfe. Arme Verwandte der Päpste sollten wie andere Bedürftige behandelt werden. Eine Reihe vom Ämtern, mit denen man üblicherweise die Nepoten ausstattete, wurden aufgehoben. Wenn ein Nepote um wirklicher Verdienste willen zum Kardinal erhoben würde, so sollten jedenfalls seine Einkünfte nicht die Summe von zwölftausend Scudi übersteigen. Der Papst bestimmte auch, dass die

Bulle von allen Kardinälen, den gegenwärtigen wie den zukünftigen, beschworen werde.

Nachdem er so dem allzu oft ärgerniserregenden und verhängnisvollen Nepotismus ein Ende gesetzt, suchte Innozenz XII. alsbald eine Lösung der *Streitfragen zwischen Rom und dem französischen Hof.* Da wir im nächsten Kapitel näher auf diese Zusammenhänge eingehen werden, erwähnen wir hier nur, dass ein Inquisitionsdekret vom 6. Februar 1694 und ein Breve vom 25. November 1696 das berühmte Formular Alexanders VII. in vollem Umfang bestätigte. Im Jahre 1699 wurde der von Madame Guyon in Anlehnung an Molinos vertretene Quietismus, den Fénelon verteidigte, während ihn Bossuet bekämpfte, verurteilt. Die Spannung, welche die Erklärung des gallikanischen Klerus von 1682 hervorgerufen hatte, konnte bis zu einem gewissen Grade ausgeglichen und die strittige Frage des Regalienrechts gelöst werden, nachdem sich der Papst hinsichtlich des Regalienrechts zu einigen Zugeständnissen bereit gefunden hatte. Die Probleme, die der Gallikanismus aufwarf, waren damit allerdings noch nicht gelöst ; sie sollten bis in die napoleonische Zeit noch fortbestehen. Innozenz XII. erreichte in dieser Hinsicht nur einen teilweisen Erfolg. Wenn Ludwig XIV. eine gewisse Nachgiebigkeit gezeigt hatte, so war dies aus Rücksicht auf die allgemeine politische Lage geschehen, deren Schwierigkeiten ihm die Herstellung guter Beziehungen zur Kurie geraten scheinen liessen.

INNOZENZ XII. UND KAISER LEOPOLD I.

Ehe noch die zur Entscheidung herangereifte spanische Erbfolge die volle Aufmerksamkeit des Papstes in Anspruch nahm, kam es zu einer Trübung der anfänglich ausgezeichneten Beziehungen zwischen Innozenz XII. und Leopold I. Zu Anfang seines Pontifikats hatte der Papst dem Kaiser, mit dem er von seiner Nuntiatur in Wien her persönlich bekannt war, Hilfsgelder zur Weiterführung des Türkenkrieges gewährt, den die kaiserlichen Truppen erfolgreich fortsetzten. Am 19. August 1691 erlitten die Türken eine schwere Niederlage bei Szlankamen. Aber bald danach traten Misshelligkeiten zwischen Papst und Kaiser auf. Innozenz XII. war nicht mit der Verleihung der neunten Kurwürde an den Herzog von Hannover einverstanden, da sie ungünstig für die Katholiken schien. Anderseits nahm man es in Wien übel auf, dass die Friedensmahnungen des Papstes auch an den Kaiser gerichtet waren ; Leopold I. fand, dass sie in erster Linie für den französischen König als Kriegsurheber angebracht seien. Die Spannung wurde verschärft durch das

Verhalten des kaiserlichen Gesandten in Rom, der den Papst als Feind des Kaisers hinstellte, weil sich die Beziehungen zwischen Rom und dem französischen Hof gebessert hatten. Als nun zwei kaiserliche Edikte veröffentlicht wurden, durch die alle, welche in Italien ein Lehen vom Kaiser besassen, aufgefordert wurden, ihre Besitztitel nachzuweisen, empfand dies Innozenz XII. als Eingriff in seine Souveränitätsrechte im Kirchenstaat, und als der kaiserliche Gesandte herausfordernd auftrat, weigerte er sich, ihn überhaupt noch zu empfangen. Die französische Diplomatie aber wusste diese Spannung so wohl auszunützen, dass schliesslich die Kurie zu dem Zeitpunkt, da die spanische Erbfolgefrage brennend wurde, auf die Seite Frankreichs neigte.

DIE SPANISCHE ERBFOLGE

Nicht mit Unrecht hat der französische Historiker Mignet die spanische Erbfolgefrage, die im Jahre 1700 durch den Tod Karls II. zur Entscheidung kam und einen dreizehnjährigen europäischen Krieg heraufführte, als «Drehpunkt der Regierung» Ludwigs XIV. bezeichnet. Die Angelegenheit hatte weltweite Bedeutung und interessierte vornehmlich die beiden mächtigsten Herrscherhäuser Europas, die Habsburger und Bourbonen. Eine Verwicklung entstand dadurch, dass der spanische König Karl II. mehrere Testamente hinterlassen hatte und schon vor dessen Tode auf Ludwigs XIV. Betreiben mehrere Teilungsverträge geschlossen wurden. Der sieche, geistesschwache und kinderlose Karl II., der zu einem frühen Tode verurteilt schien, hatte sein Leben doch fast vierzig Jahre lang hingeschleppt und schliesslich, nach den eindrucksvollen Worten Saint-Simons, « die Dinge dieser Welt nur noch im schrecklichen Fackelschein gesehen, mit dem man Sterbende umgibt. » Im November 1698 hatte er zu seinem Universalerben den Kurprinzen Josef Ferdinand von Bayern, den noch in kindlichem Alter stehenden Enkel seiner Schwester Margarete Theresia von Spanien und Kaiser Leopolds I., eingesetzt. Diese Lösung war vom Papste gutgeheissen worden, da sie drohenden Streitigkeiten vorzubeugen schien. Ludwig XIV. seinerseits hatte im September und Oktober desselben Jahres mit England und den Niederlanden, denen das europäische Gleichgewicht angelegen war, einen Teilungsvertrag vereinbart, der dem Kurprinzen den grössten Teil der Erbschaft vorbehielt.

Aber der plötzliche Tod Josef Ferdinands am 6. Februar 1699 stürzte alle diese Pläne um. Im März desselben Jahres kam nun ein zweiter Teilungsvertrag zustande, nach dem der grösste Teil des Erbes dem zweiten Sohn des Kaisers, Erzherzog Karl, zufallen sollte. Der Kaiser trat jedoch dieser Vereinbarung nicht bei, da er hoffte, dass dem Erzherzog doch noch testamentarisch die ganze Erbschaft zugesprochen werde.

Er sollte schwer enttäuscht werden. Karl II. wollte zwar selbst wieder einen Universalerben einsetzen und bevorzugte den Erzherzog Karl, aber die spanischen Grossen setzten sich für einen französischen Prinzen ein, der ihrer Meinung nach dank der vollen Unterstützung Ludwigs XIV. den Bestand des spanischen Gesamtreichs besser gewährleisten könne als der Erzherzog. Entscheidend fiel schliesslich die Stellungnahme des Primas von Spanien, Kardinal Portocarrero, für den französischen Prinzen ins Gewicht. Fast einstimmig empfahl daraufhin der spanische Staatsrat dem König, den Herzog Philipp von Anjou, den Enkel Ludwigs XIV. zum Universalerben einzusetzen. Der Papst, den Karl II. um eine gutachtliche Äusserung bat, unterbreitete die schwierige Frage einer eigens zu ihrer Beratung eingesetzten Kardinalskongregation und schloss sich dann dem Vorschlag des spanischen Staatsrats an. So fand sich schliesslich Karl II. veranlasst, ein neues Testament zugunsten Philipps von Anjou zu machen, jedoch mit der Klausel, dass die spanische Erbschaft nie mit der französischen Krone verbunden werden solle. Einen Monat später, am 1. November, starb der spanische König.

Seine testamentarische Verfügung wurde am 9. November Ludwig XIV. mitgeteilt, aber dieser zögerte noch fünf Tage, sie anzunehmen. Im Interesse Frankreichs schien ihm nämlich vielmehr die Annahme des zweiten Teilungsvertrags geboten, der eine Abrundung des französischen Gebiets dadurch in Aussicht stellte, dass die italienischen Besitzungen, die darin dem französischen König zugesprochen waren, gegen Savoyen und Lothringen eingetauscht würden. Anderseits legte freilich das dynastische Interesse seines Hauses dem französischen König die Annahme des Testaments nahe, stellte es doch einen seiner Enkel an die Spitze des grössten Weltreichs. Am 15. November teilte Ludwig XIV. schliesslich im Schloss von Versailles seine Entscheidung dem Hofe mit, indem er mit den Worten auf den Herzog von Anjou wies : « Meine Herren, dies ist der König von Spanien. » Wenige Monate später ward der Herzog von Anjou als spanischer König Philipp V. von allen Herrschern mit Ausnahme des Kaisers anerkannt.

Aber wieder einige Monate später war die gesamte Lage von Grund auf gewandelt. Im September 1701 schlossen England, die Niederlande und die meisten deutschen Fürsten im Haag die « Grosse Allianz » mit dem Kaiser und sicherten ihm ihre Unterstützung in seinem bereits gegen Philipp V. begonnenen Kriege zu. Diesen Umschwung hatten einerseits die Beunruhigung der Seemächte angesichts der Machtentfaltung der Bourbonen, anderseits aber auch der Hochmut und die Unklugheit Ludwigs XIV. bewirkt. Der französische König wahrte nämlich entgegen den Bestimmungen Karls II. dem neuen spanischen König das Thronrecht in Frankreich, und da daraufhin kriegerische Verwicklungen drohten, liess er gleich französische Truppen in Mailand einrücken und sieben Grenzfestungen in den spanischen Niederlanden besetzen. Zudem begrüsste er auch noch den Sohn des Stuart Jakob II., den nach der englischen Krone strebenden Jakob III. als König von England, obgleich er als solchen bereits Wilhelm III. anerkannt hatte. So kam es nun zu jenem langen, erbitterten Kriege, in dem schliesslich der alternde Sonnenkönig noch sein eigenes Königreich verteidigen musste, ehe in Utrecht (1713) und Rastatt (1714) der Friede geschlossen wurde. Innocenz XII. erlebte nicht einmal mehr den Anfang dieses grossen europäischen Machtkampfes. Er starb am 27. September 1700. Nachdem er während seines kurzen Pontifikats unentwegt die Rechte der Kirche verteidigt und für den Frieden gearbeitet hatte, musste er nun doch seinem Nachfolger die schwere Aufgabe hinterlassen, sich mit der Leitung der Kirche in den gründlich verworrenen europäischen Verhältnissen zurechtzufinden.

Kapitel VI.

RELIGIÖSE AUSEINANDERSETZUNGEN IM SIEBZEHNTEN JAHRHUNDERT

DIE KATHOLISCHE ERNEUERUNGSBEWEGUNG

Das siebzehnte Jahrhundert, eine der wichtigsten Epochen der europäischen Geistesgeschichte, führte nicht nur bedeutende religiöse Auseinandersetzungen, sondern auch entscheidende Geschehnisse für die politische Entwicklung Europas herauf. Während die christlichen Fürsten, wie wir schon sahen, die letzten politischen Verbindungen, die noch zwischen ihnen und dem Papsttum bestanden, abbrachen und von den Trienter Konzilsbeschlüssen nur diejenigen durchführten, die sie nicht in ihrem Machtstreben hinderten, wirkte sich der Geist, der vom grossen Konzil ausging, doch allenthalben in Europa aus, und die innerkirchliche Erneuerungsbewegung trug immer reichere Frucht. Auf den verschiedensten Gebieten entfaltete sich eine grossartige katholische Renaissancebewegung. *Spanien*, das der Kirche in der zweiten Hälfte des vorhergehenden Jahrhunderts so viele grosse Reformatoren geschenkt, brachte weiterhin eine Reihe bedeutender Theologen und Heiliger hervor. Die wirtschaftliche und soziale Krise, die der Zustrom der Edelmetalle aus Amerika heraufführte, und die politische Entwicklung zum Despotismus lähmten nicht das geistige Leben in Spanien. Die religiöse Bewegung, die eine besondere Prägung durch den hl. Ignatius und die hl. Theresia erhalten hatte, blieb bedeutend ; sie erschien der katholischen Welt besonders in den Gestalten eines Alfonso Rodriguez und einer Maria d'Algreda, der Vertrauten des unglücklichen Philipps IV., verkörpert. Durch die grossen Theologen von Salamanca tat sich die lebenskräftige Rechtgläubigkeit dieser berühmten hohen Schule kund. In *Italien* blühten dank des segensreichen

Wirkens der Heiligen Karl Borromäus und Filippo Neri die Lehrorden und die wohltätigen Gemeinschaften. Die Katholiken in *Deutschland* waren trotz der politischen und religiösen Zerrissenheit des Reichs eifrig und erfolgreich um die Hebung des geistigen und religiösen Lebens bemüht, das vornehmlich durch den hl. Canisius und seine Ordensbrüder eine Neubelebung erfuhr; in Österreich, Bayern und den Rheinlanden triumphierte trotz aller Widerstände der Reformwille.

Besonders reich entfaltete sich die katholische Erneuerungsbewegung in *Frankreich*, nachdem mit dem Regierungsantritt Heinrichs IV. die Religionskriege eine Ende gefunden. «Seit dem Ende des sechzehnten Jahrhunderts ist das kirchlich erneuerte Frankreich im Ordenswesen führend und wird geradezu zu einem Garten der Heiligkeit und einer Schule edelster Mystik.» [1] Im Gefolge der Heiligen Franz von Sales und Vinzenz von Paul und der Gesellschaft Jesu blühten allenthalben fromme und wohltätige Werke auf. Franz von Sales ist der glänzendste Vertreter des « frommen Humanismus »; mit seiner gewinnenden Form und ausserordentlichen Milde verstand er es wie keiner, den Weltleuten in Frankreich die Religion anziehend zu machen. Seine Werke *Introduction à la vie dévote* oder *Philothea* und *Traité de l'amour de Dieu* haben Generationen frommer Christen gebildet. Um die Entwicklung des Unterrichtswesens und die Hebung des sittlichen Lebens machten sich die Jesuiten hervorragend verdient; ihre Stellung ward dank des geschickten P. Coton, der das Misstrauen Heinrichs IV. gegenüber der Gesellschaft zu beseitigen wusste, gesichert. Mit der Erneuerung des Ordensklerus vollzog sich gleichzeitig die Erneuerung des Weltklerus. Die Klosterreform führte der Kardinal La Rochefoucauld; in Saint-Etienne-du-Mont, Clairvaux, Citeaux und besonders bei den Trappisten unter dem stürmischen Abt Rancé, dem *Abbé-tempête*, wurden die alten Regeln den neuen Anforderungen jener bewegten Zeit, auf die die religiöse Krise noch nachwirkte, angepasst.

Für die Vertiefung des religiösen Lebens und besonders gegen die Verflachung der Auffassung vom geistlichen Beruf wirkten erfolgreich die grossen Reformmittelpunkte, wie das Oratorium des Kardinals von Bérulle, des Zeitgenossen Richelieus, Saint-Nicolas, Saint-Lazare und Saint-Sulpice. In den neuorganisierten Seminarien erreichten die theologischen Studien einen Hochstand wie noch nie zuvor. Führend waren hier vor allem Jean Eudes und Jean-Jacques Olier, der Gründer der Priestergenossenschaft der Sulpizianer, die unmittelbar dem Papst unterstellt wurde. Zur selben Zeit widmete

---

[1] Funk-Bihlmeyer : *Kirchengeschichte.* 3. Teil. Die Neuzeit und die neueste Zeit. 8. und 9. Aufl. (Paderborn 1934).

sich der hl. Vinzenz von Paul, ein wahrer « Wundermann der Nächstenliebe », mit vollkommener Aufopferung den Werken der Wohltätigkeit. Mit der von Henri de Lévis, Herzog von Ventadour, gegründeten *Compagnie du Saint-Sacrement* kam eine eigenartige, starke Bewegung auf, der die französische Gesellschaft die Beseitigung schlimmer Misstände und die Vertiefung der Frömmigkeit verdankt. Indessen erweckte diese eifrige Gemeinschaft durch die unbedingte Gefolgschaft, die sie dem Papst leistete, und ihren Widerstand gegen den Jansenismus das Misstrauen der Legisten, die voll Eifersucht darüber wachten, dass sogar noch auf dem Gebiet der Wohltätigkeit und der Sittenreform der Staat allein massgebend bleibe.

Die Päpste verfolgten mit wohlwollendster Aufmerksamkeit und unterstützten mit ihrer ganzen Autorität diese Bewegungen und die aus ihnen hervorgehenden, für die Kirche so segensreichen Werke. Gleichzeitig nahm sich der Heilige Stuhl auch der *auswärtigen Missionen* an, deren Betreuung ihm das Evangelium als eine seiner heiligsten Pflichten auferlegt. Im Gefolge des hl. Franz Xaver († 1551) führten die Jesuiten, die sich von Anfang an durch ein besonderes Gelübde zur Heidenmission verpflichtet hatten, das Missionswerk in Indien, Japan und China weiter. Durch geschickte Anpassung an die Sitten und Anschauungen der Eingeborenen wussten sie namentlich in China dem Christentum Eingang auch in die gebildeten Klassen zu verschaffen. Diese Anpassung ging allerdings manchmal sehr weit. So erlaubte P. Ricci den bekehrten Chinesen unter anderm die Beibehaltung des Ahnenkults. Über diese Akkommodationsfragen entspannen sich bald Auseinandersetzungen in kirchlichen Kreisen ; Papst Innozenz X. verwarf die hauptsächlichsten der « chinesischen Gebräuche », und sein Urteil wurde im folgenden Jahrhundert durch Klemens XI. und Benedikt XIV. bestätigt. Auch in Indien schritt der Römische Stuhl gegen die Akkomodation an die sogenannten malabarischen Gebräuche ein. Einen grossen Aufschwung nahmen die Missionen zur selben Zeit in Amerika. In Brasilien liessen selbst die wildesten Stämme die Verkündung der christlichen Lehre zu. In Paraguay machten die Jesuiten mit der Gründung der berühmten « Reduktionen » den kühnen Versuch, eine Art theokratisch-patriarchalisch geleiteter Gemeinwesen zu schaffen. Zum Schutze gegen die Ausbeutungspolitik und gegen den schlimmen sittlichen Einfluss der Kolonisten vereinigten sie die bekehrten Indianer in streng nach aussen abgeschlossenen Niederlassungen, die völlig unter der Leitung der Missionäre standen. Der Grund und Boden und der Ertrag der gemeinsamen Arbeit gehörte allen zusammen, nur in geringem Umfang gab es auch Privatbesitz. In Kanada und gemeinsam mit den Franziskanern in Kalifornien unternahmen die Jesuiten eine grosszügige Kolonisation. Afrika blieb im grossen und ganzen bis ins neunzehnte Jahrhundert hinein auch in missionarischer Hinsicht der « dunkle Erdteil », aber zu den schon im fünfzehnten Jahrhundert erfolgten Ansätzen der Glaubensverkündigung im Kongogebiet, in Angola und Mozambique fügten sich im siebzehnten Jahrhundert noch weitere in Oberguinea, auf Madagaskar und in Abessinien.

Während die Glaubensbotschaft bis in die fernsten Länder zu den Ungläubigen gebracht wurde, kam es im Abendlande selbst zu einem grossen Wiederaufschwung der theologischen Wissenschaft. Alle theologischen Disziplinen wurden eifrig gepflegt, die Dogmatik, die Moraltheologie, die Apologetik, die biblischen Studien und die historische Theologie. Auf letzterem Gebiet legten der belgische Jesuit Bollandus und seine Mitarbeiter den Grund zu dem Riesenwerk der *Acta Sanctorum* und damit zu der wissenschaftlichen Erforschung der Heiligenleben. Eine andere Art der religiösen Vertiefung zeigte sich in der neuen Blüte der Mystik. Der Aufschwung der theologischen Wissenschaft zu jener Zeit, da in den Naturwissenschaften, den Geisteswissenschaften und der Kunst immer mehr der Zug zur Verselbständigung gegenüber der Theologie zu Tage trat, kam auch im Kampf der Kirche gegen die damaligen Irrlehren zur Geltung.

NEUE POLITISCHE UND RELIGIÖSE IRRTÜMER

Bis zur Mitte des siebzehnten Jahrhunderts hatte die Kirche ihre besten Kräfte für die Wiedererneuerung des Glaubens- und Sittenlebens einsetzen können. Danach aber wurde sie voll in Anspruch genommen durch den Kampf gegen immer stärker aufkommende Irrtümer. Mit der ganzen Autorität, die ihnen ihre göttliche Sendung verleiht, führten die Päpste diese Abwehr. Die irrigen Lehren, die damals auftraten, wurzelten vielfach unmittelbar im Protestantismus, oder waren doch stark von ihm beeinflusst, so der Gallikanismus, wie er in Frankreich vom Parlament vertreten wurde, der Jansenismus, der Quietismus, ja selbst noch die Aufklärungsphilosophie des folgenden Jahrhunderts. Gleichzeitig ging im Protestantismus selbst eine innere, in seinem Wesen begründete Entwicklung vor sich. Luther, Kalvin und Zwingli hatten behauptet, sich rechtmässig von Rom zu trennen und dabei doch Christen zu bleiben ; so konnte aber auch ihren Anhängern nicht bestritten werden, dass sie sich nun ihrerseits von ihnen trennen und doch Protestanten bleiben könnten. Die Krisen innerhalb des Protestantismus und die Erneuerungsversuche unter der Führung von Leibniz und Spener in Deutschland, die politische und religiöse Revolution Cromwells in England, das Unternehmen der französischen Kalvinisten, einen Staat im Staate zu bilden, liegen ausserhalb des Rahmens unserer Darstellung. Der Gallikanismus und Jansenismus hingegen beanspruchen unsere Aufmerksamkeit, da sie innerhalb des Katholizismus das Verhältnis von Kirche und Staat, ja selbst die Grundlagen der Glaubens- und Sittenlehre in Frage stellten und die Päpste zu einer Stellungnahme nötigten.

DER GALLIKANISMUS

Trotz seines Namens stellt im Grunde genommen der Gallikanismus keine rein französische Lehre dar. Das Bestreben, die Macht der Kirche durch die staatliche Macht zu beschränken, mitunter sogar die erstere der letzteren unterzuordnen, zeigte sich schon im Mittelalter bei dem grossen Kampf zwischen Papsttum und Kaisertum ; es tritt im achtzehnten Jahrhundert in Österreich wieder mit dem « Josephinismus » und überall in Europa mit dem « aufgeklärten Despotismus » auf. In der Form des Gallikanismus erhielt es indessen eine logisch-systematische Durchbildung, wie sie dem französischen Geiste entsprach.

Die Spannung, zu der es in Frankreich zur Zeit Ludwigs XIV. zwischen Papst und König kam, bildete den Höhepunkt der schon seit dem dreizehnten Jahrhundert geführten Auseinandersetzung über das Verhältnis von geistlicher und weltlicher Gewalt. Diese Auseinandersetzung hatte sich anfänglich auf einzelne politische und religiöse Belange, insbesondere auf Fragen der Gerichtsbarkeit, beschränkt, aber mit der Zeit immer mehr ausgeweitet. In der Verwirrung, die das grosse abendländische Schisma mit sich brachte, hatten einige Herrscher wie der französische König Karl VII. im fünfzehnten Jahrhundert Verordnungen, sogenannte « pragmatische Sanktionen » erlassen, die den Ansatz zur Staatskirchenhoheit bildeten. Diese Bestrebungen verstärkten sich, als der Protestantismus die höchste religiöse Autorität vom Papste an die Fürsten übertrug, und in einem gewissen Zusammenhang hiermit der Absolutismus die Könige daran gewöhnte, dass sich alles vor ihnen beugte. «Nachdem die Legisten einst die politischen Ansprüche der Päpste im Mittelalter mit Berufung auf die gegenseitige Unabhängigkeit der beiden Gewalten bekämpft, suchten sie nun die Lehre von der politischen Oberhoheit des Staates über die Kirche zur Anerkennung zu bringen. In der Zeit vom dreizehnten bis zum sechzehnten Jahrhundert wurden nachgerade die Rollen vertauscht.»[1]

[1] E. Chénon in : Lavisse et Rambaud. *Histoire générale.* T. VI. S. 250.

Die Bezeichnung « Gallikanismus » wird für mehrere Bewegungen gebraucht, die von einander unterschieden werden müssen. So hebt sich von dem *politischen Gallikanismus*, den wir in einigen Grundzügen umrissen, der *kirchliche Gallikanismus* ab, der innerhalb der Kirche selbst die Machtbefugnis des Papstes durch die der Bischöfe, der Gesamtheit des Klerus, ja selbst durch die Zuständigkeit der Gläubigen zu beschränken suchte. Der kirchliche Gallikanismus, wie er auf den Konzilien von Konstanz und Basel zu Tage trat und von dem wir im ersten Bande unserer Darstellung sprachen, lebte auch nach dem Grossen Schisma in verschiedenen Formen fort. Er bestand vielfach nur in einer misstrauischen Abwehr möglicher Übergriffe der Kurie, verbunden mit einem eifersüchtigen Bestreben, die nationalen kirchlichen Gebräuche und die Vorrechte der weltlichen Gewalt zu wahren. In letzterer Hinsicht berührte er sich mit dem politischen Gallikanismus, aber er fiel nicht mit diesem zusammen.

Von dem politischen und dem kirchlichen unterscheidet sich schliesslich der *parlamentarische Gallikanismus*, der in Frankreich in eben dem Masse aufkam als die Legisten mächtig wurden und sich auf die Parlamente, die Gerichtshöfe, stützte, die eine ständige politische Macht bildeten, während die Generalstände von den Königen beiseite geschoben wurden. Dieser parlamentarische Gallikanismus bildete die Theorien und die Politik des politischen Gallikanismus zum System aus. Von ihm wurde im siebzehnten und achtzehnten Jahrhundert die stärkste Opposition gegen das Papsttum geführt. Aber schon in der zweiten Hälfte des sechzehnten Jahrhunderts hatte er eine beträchtliche Anhängerschaft auch in breiten, diesen Auseinandersetzungen bisher fernstehenden Volkskreisen gefunden. Man schloss sich ihm hier an aus Reaktion gegen die spanienfreundliche Haltung der Kurie und gewisse Vorkommnisse wie die Absetzung Heinrichs IV. durch den Papst unter der Anklage der Häresie. Auch das gewaltsame Vorgehen der Liga führte manche zum Anschluss an den parlamentarischen Gallikanismus. Die Gallikaner hatten in geschickter Weise die auf Heinrich III. und Heinrich IV. verübten Attentate propagandistisch ausgenutzt und die Vorstellung von einem Zusammenhang der Machtansprüche des Papsttums mit der Lehre vom Tyrannenmord erweckt. Wir sprachen schon von der literarischen Polemik, die sich daraus entspann.

Die Leitsätze des parlamentarischen Gallikanismus, die dann auch der politische und der kirchliche Gallikanismus gewissermassen als eine neue Waffe benutzen sollten, finden sich in der berühmten, 1594 erschienenen Schrift des Parlamentsadvokaten *Pierre Pithou : Les libertés de l'Eglise gallicane.* Dem französischen König werden hier die weitgehendsten Rechte zugeschrieben. So soll es ihm zustehen, den Verkehr der Bischöfe mit dem Papst zu unterbinden, päpstliche Erlasse vor ihrer Veröffentlichung zu prüfen und gegebenenfalls ihre Veröffentlichung zu untersagen, Appellationen an Rom und die Versammlung von Konzilien in Frankreich zu verbieten, hier auch die Annahme von Dekreten selbst allgmeiner Konzilien zu verhindern. Dieser letztere Grundsatz wirkte sich, wie erinnerlich, hinsichtlich der Tridentiner Konzilsbeschlüsse aus. Theorien wie die von Pithou vertretenen konnten allenfalls noch in protestantischen Ländern verständlich sein, wo der Landesherr zugleich Haupt der Kirche war ; in einem katholischen Lande, in dem nur der Papst als Oberhaupt der Kirche gelten konnten, waren sie zumindest widersinnig. Der französische König erklärte sich gewissermassen wie Kaiser Konstantin im vierten Jahrhundert als « Bischof der äusseren Angelegenheiten » und verdrängte so den eigentlichen Bischof. Im übrigen mochten die « gallikanischen Freiheiten » dem Papst gegenüber Freiheiten bedeuten, dem König wurden dadurch die Untertanen nur noch botmässiger gemacht.

Mit ihrem erfinderischen Geist stellten die Legisten zum Schutze der dem König so nützlichen gallikanischen Freiheiten die Theorie der « Appellation wegen Missbrauchs » *(Appel comme d'abus)* auf. Sie sollte den Parlamenten einen Vorwand liefern, um kirchliche, ja selbst dogmatische Entscheidungen zu treffen. Offenbar liess sich jetzt nicht mehr der Papst, sondern der König Übergriffe zuschulden kommen. Der Gallikanismus stand nachgerade dem Protestantismus — jedenfalls einem disziplinarischen Protestantismus — nicht mehr fern, aber trotz ihrer Drohungen schritten die Gallikaner doch nicht zum offenen Schisma.

Den Gallikanern stellten sich in Frankreich selbst die sogenannten *Ultramontanen* (die sich nach Rom, jenseits der Berge, *ultra montes* Richtenden) entgegen. Während der Syndikus der Pariser theologischen Fakultät, der Sorbonne, der einst auf Seiten der Liga stehende Edmond Richer, im Jahre 1611 eine aufsehenerregende Schrift « Über die geistliche und weltliche Gewalt » erscheinen liess, die im folgenden Jahre unter dem Pontifikat Pauls V. von Rom verurteilt wurde, verherrlichte der Jesuit Santarelli im Gegenteil die päpstliche Macht. Richelieu als kirchlicher Würdenträger und Staatsmann zugleich, suchte einen Mittelweg zwischen den extremen Richtungen und trat ebenso scharf den gallikanischen wie den ultramontanen Veröffentlichungen entgegen ; er liess die Schrift Santarellis verbrennen und zwang Richer zum Widerruf (1626-1629).

Danach suchte Ludwigs XIII. leitender Minister, seinerseits eine Lehre über das Verhältnis von Kirche und Staat durchzusetzen und beauftragte den königlichen Staatsrat Pierre Marca, eine Abhandlung über das Verhältnis der beiden Gewalten zu schreiben. Die Schrift erschien 1641 unter dem Titel *De concordantia sacerdotii et imperii.* Der Verfasser anerkennt zwar die päpstliche Unfehlbarkeit, meint aber, dass die entsprechenden päpstlichen Entscheidungen « einer gewissen Zustimmung der Kirche » bedürfen. Er vertritt die Auffassung, dass die Könige ihre Macht von Gott hätten, tadelt aber gleichzeitig die Übergriffe der oströmischen Kaiser und Philipps des Schönen auf kirchliche Angelegenheiten. Anderseits verteidigt er die Rechtmässigkeit der «Appellation wegen Missbrauchs». Seine Schrift wurde 1642 unter dem Pontifikat Urbans VIII. verurteilt und nochmals 1664 zur Zeit Alexanders VII.

Mitarbeiter und Freunde des Kardinal-Ministers vertraten die Ansicht, dass die französische Kirche nach einem Patriarchalsystem organisiert und Richelieu als Nationalpatriarch an ihre Spitze treten solle. Es ist nicht ganz klargestellt, ob hiermit nur eine Einschüchterung Roms bezweckt war oder ernstliche Pläne verfolgt wurden. Auf Veranlassung Richelieus setzte sich auch ein Jesuit, Michel Rabardeau, für diese Theorien ein, die natürlich von Rom verurteilt wurden. Richelieus Religionspolitik wirkte nach dem Tode des Kardinals (1642) noch fort, ja sie wurde in einer Weise weitergeführt, die Richelieu selbst wohl missbilligt hätte. Ludwig XIV. machte aus dem Gallikanismus geradezu eine Kriegswaffe, deren sich dann alle bedienten: die Universität und das Pariser Parlament, um die päpstlichen Erlasse zu entkräften, die französische Diplomatie, um den Papst im Kirchenstaat zu bedrohen, der König, um die Bischöfe und den Ordensklerus zur Unterwerfung zu zwingen. Bossuet musste seine ganze Autorität aufbieten, um dem Zug zum Schisma auf der grossen Klerusversammlung von 1682 entgegenzuwirken, deren berühmte « Vier Artikel » bald darauf von Alexander VIII. verurteilt wurden.

DER KAMPF UM DAS REGALIENRECHT

Als Ludwig XIV. 1661 persönlich die Regierung übernahm, besass der Gallikanismus einen obersten Führer im König selbst, ein ausgebildetes Programm und eine Kampftruppe, gebildet vom Parlament, der theologischen Fakultät und dem hohen Klerus. Das Parlament war im eigentlichen Sinn « antiklerikal », das heisst, es stellte sich in jeder Weise dem Klerus entgegen. In den Kreisen der Sorbonne und des hohen Klerus fanden sich wohl auch Anhänger der Lehre von der päpstlichen Unfehlbarkeit, aber massgebend war auch hier der Einfluss des Königs. Obwohl Ludwig XIV. offenkundig alle Körperschaften zurückdrängen wollte, die seine Gewalt zu einer mittelbaren machten, zögerte er doch nicht, beim Parlament Unterstützung für seinen

Kampf gegen den Papst zu suchen. Die Feindseligkeit des Königs, der Gallikaner und der Jansenisten kam schon bei an sich unbedeutenden Anlässen gleich heftig zum Ausdruck. So bei der Veröffentlichung einer Schrift des Jesuiten Coret, der die päpstliche Unfehlbarkeit verteidigte (1661), bei dem schon erwähnten Zwischenfall, den die in päpstlichem Dienst stehenden Korsen in Rom auslösten, und bei der Veröffentlichung eines weiteren Jesuiten, Drouet de Villeneuve, der, zwar in gemässigter Form, im Grunde dieselben Ansichten wie sein Ordensbruder Coret vertrat (1663).

In der Regalienfrage aber gingen Gallikaner und Jansenisten auseinander. Wie allgemein die Mitglieder des Klerus bezogen auch die Erzbischöfe und Bischöfe ihre Einkünfte aus den Gütern, die den einzelnen Diözesen gehörten ; es waren dies die sogenannten *Temporalien.* Nach dem Tode eines Bischofs bezog indessen bis zur Einsetzung eines neuen Bischofs der König in den meisten Bistümern Mittel- und Nordfrankreichs diese Einkünfte. Dieses Recht, das auf Grund des Konkordats von 1516 für den König in Anspruch genommen wurde, war das Recht der sogenannten « nutzbaren Regalie » *(regalia temporalis).* Zudem aber besetzte der König auch die während der Vakatur eines Bistums frei werdenden geistlichen Stellen ; das war das königliche Recht der geistlichen Regalie *(regalia spiritualis).* Das Regalienrecht bestand jedoch nicht in den Bistümern Südfrankreichs. Ludwig XIV. wollte nun in seinem Streben nach Zusammenfassung und Vereinheitlichung der Verwaltung diese Ausnahme beseitigen und entschied, dass er künftighin das Regalienrecht im ganzen Königreiche ausüben werde.

Gegen diesen königlichen Beschluss erhoben zwei hervorragende südfranzösische Bischöfe, Nicolas Pavillon, Bischof von Alet, und François de Caulet, Bischof von Pamiers, Einspruch. Sie neigten beide dem Jansenismus zu und hatten 1665 die Unterzeichnung des Formulars Alexanders VII. verweigert. Ihre Stellungnahme in der Regalienfrage wurde von Papst Innozenz XI. gutgeheissen. Ludwig XIV. aber liess 1678 die Temporalien des Bischofs von Pamiers beschlagnahmen ; der Bischof von Alet war inzwischen gestorben. Nach eingehender Prüfung der Angelegenheit richtete Innozenz XI. drei energische Breven an den König, in denen er ihm ernstliche Vorhaltungen machte und ihn zur Achtung des Rechts aufforderte. In dem dritten Breve schrieb der Papst : « Wir werden diese Angelegenheit nicht weiter brieflich verfolgen, aber auch nicht die Mittel ausser Acht lassen, die uns die Macht, mit der wir von Gott ausgestattet, in die Hand gibt. » (1679). In diesen Worten lag eine Drohung mit dem Kirchenbann. Aber Ludwig XIV. beugte sich nicht und suchte beim französischen Klerus Unterstützung. Der Kampf mit dem Papsttum begann.

Überall triumphierte der Gallikanismus. Um seine absolute Herrschaft noch weiter zur Geltung zu bringen, legte der König Hand auf eine Institution, die das Konkordat von 1516 gewissermassen der weltlichen Autorität entzogen hatte, die Nonnenklöster. Eine grosse Frauenabtei stellte zu Ende des siebzehnten Jahrhunderts geradezu eine soziale, fast eine politische Macht dar ; die Äbtissinnen nannten sich wie der König « von Gottes Gnaden ». Dem König zu Gefallen suchten nun die Legisten angebliche Rechte des Königs auf die Frauenklöster nachzuweisen, die Sorbonne erging sich in theoretischen Argumenten dafür, und der König selbst vergab die reichsten Abteien an Günstlinge. Er stiess allerdings zuweilen auf Widerstand. Als den Schwestern von der Kongregation Unserer Lieben Frau in Charonne auf königlichen Befehl eine Oberin gegeben wurde, verweigerten ihr die Schwestern das Betreten des Hauses und beschwerten sich beim Papst. Ludwig XIV. brachte die Angelegenheit vor das Parlament. Innozenz XI. verwarf aber dessen Entscheid und bestätigte die von den Schwestern gewählte Oberin. Daraufhin ward das Kloster durch den Erzbischof von Paris, François de Harlay, einen vollendeten Höfling, säkularisiert ; auf den päpstlichen Protest achtete man nicht. Die Spannung verschärfte sich immer mehr.

DIE KLERUSVERSAMMLUNGEN VON 1681-1682

Da Rom nicht nachgab, suchte der König, der seine Exkommunikation befürchtete, den französischen Klerus zwischen sich und den Papst zu stellen. Auf Veranlassung Harlays wurde eine ausserordentliche Generalversammlung des französischen Klerus auf königlichen Befehl berufen. Im Oktober 1681 trat sie in Paris zusammen; den Vorsitz führte Harlay. Dem Erzbischof von Paris trat der Bischof von Meaux, Jacques Bénigne Bossuet, einer der glänzendsten Vertreter der französischen Kirche, gegenüber. Bossuet, der gefeierte Kanzelredner und gelehrte Theologe, der mit seinen Predigten in Paris und am Hofe seit mehr als zehn Jahren eine ausserordentliche Wirkung ausübte und weit über Frankreich hinaus bewundert wurde, war als Kontroversist ein gefährlicher Gegner. Als Erzieher des Dauphin genoss er das Vertrauen des Königs und hatte dies schon durch mehrere geistvolle Schriften bekräftigt, besonders seine Bücher über die *Politique tirée de l'Ecriture sainte*, in denen er die Monarchie als von Gott eingesetzte Staatsform verherrlicht. Er vertrat einen gemässigten Gallikanismus. Trotz seiner tiefen Überzeugung vom päpstlichen Primat befürchtete er doch Übergriffe des Heiligen Stuhls auf weltliche Angelegenheiten der Staaten, und er meinte, dass die Protestanten, die er seit dem Beginn seiner seelsorgerlichen Tätigkeit in Metz zur Kirche zurückzuführen suchte, durch dieselbe Befürchtung von der Rückkehr zur Kirche abgehalten würden. Auf der unter dem Druck des Königs zustandegekommenen Klerusversammlung herrschte ein ausgesprochen gallikanischer Geist. Man hatte durch geeignete Massnahmen dafür gesorgt, dass nur gefügige Geistliche als Vertreter gewählt würden, von denen zu erwarten war, dass sie den Herrscher in der Frage des Regalienrechts und den weiteren strittigen Angelegenheiten unterstützen und insgesamt für die Überordnung der allgemeinen Konzilien über den Papst stimmen würden.

Es war Bossuet nicht recht, dass der Regalienstreit von der Versammlung benützt wurde, um die Frage der päpstlichen Unfehlbarkeit aufzurollen, aber nachdem er dies nicht verhindern konnte, suchte er wenigstens zu retten, was noch zu retten war und einen Ausgleich zu finden. Die Predigt über die « Einheit und Ordnung in der Kirche », mit der er am 9. November 1681 die Pariser Versammlung feierlich eröffnete, war ein Meisterstück von Kanzelberedsamkeit und überaus klug und massvoll gehalten. Der Prediger huldigte der « Fülle der apostolischen Gewalt » des Heiligen Stuhls ; « der römische Glaube », führte er aus, « ist immer der Glaube der Kirche ; man glaubt noch was man einst glaubte ; dieselbst Stimme lässt sich überall vernehmen, und Petrus bleibt in seinen Nachfolgern der tragende Grund für die Gläubigen ». Aber, fügte er hinzu, « wenn alles vom Oberhaupte abhängt, so doch in einer gewissen Ordnung » ; über die Bischöfe müsse man an den Heiligen Stuhl gelangen. Und übergehend auf die Rechte der Fürsten und die gallikanischen Freiheiten, wie er selbst sie verstand, führte er aus, dass ein Weitergehen in den Bahnen eines heiligen Ludwig und Karl des Grossen nicht zu einem Zerwürfnis mit dem Heiligen Stuhl führe, sondern dass dabei im Gegenteil bis in die innersten Fasern die Bande gewahrt blieben, die die Glieder mit dem Oberhaupt vereinigen, und die Fülle der apostolischen Gewalt nicht irgendwie verringert würde. Bossuets Rede, von der er selbst sagte, er hätte sie auch in Rom unter den Augen des Papstes halten können, befriedigte Innozenz XI. ebenso wie den König und die Bischöfe.

Nach der feierlichen Eröffnung begann die Versammlung alsbald ihre Beratungen über die Regalienfrage. Viele dem Hof ergebene Geistliche, auch der Beichtvater des Königs, der Jesuit de La Chaise, suchten eine Lösung im Sinne des Königs. Bossuet tat sein Möglichstes, um zu verhindern, dass die Stellungnahme der Versammlung beleidigend für den Papst ausfalle. Wenigstens teilweise drang er auch durch. Die Versammlung billigte zwar die Ausdehnung des Regalienrechts auf alle Bistümer des Reichs durch den König, aber dieser erklärte sich seinerseits damit einverstanden, dass die Geistlichen, die von ihm kraft des Regalienrechts ein kirchliches Amt erhielten, seitens der kirchlichen Obern die *missio canonica*, die zur amtlichen Verkündigung der katholischen Glaubenslehre erforderliche kirchliche Sendung, einholen sollten. Auf diese Weise wurde die nutzbare Regalie weiter ausgedehnt, die geistliche Regalie aber annähernd abgeschafft, und das Kirchenrecht schien respektiert. Gleich nach der Abstimmung über diese Beschlüsse, am 3. Februar 1682, richtete die Versammlung ein Schreiben an den Papst, in dem sie hervorhob, wie sie sich um die notwendige Einigung zwischen König und Papst bemüht habe. Mit fast naiver Überheblichkeit belehrte sie den Papst über die Grenzen der geistlichen und weltlichen Gewalt und hob zugleich die Verdienste des Königs um die Kirche hervor.

Innozenz XI. antwortete am 2. April mit unmissverständlicher Deutlichkeit, dass er wohl die kanonischen Vorschriften mildern könne, wenn schwerwiegende Umstände dafür sprächen, aber niemals soweit, dass dadurch die Disziplin und die Autorität der Kirche erschüttert würden. Im gegebenen Fall sei die Autorität der Kirche verletzt, da die Vergebung der Benefizien als ein königliches Recht und nicht als ein Zugeständnis von seiten der Kirche betrachtet werde. Daher verwerfe er, der Papst, kraft der ihm von Gott anvertrauten Gewalt in feierlicher Weise alle Handlungen und Beschlüsse des französischen Klerus in der Regalienfrage und fordere von den Bischöfen einen Widerruf.

DIE « VIER ARTIKEL » VON 1682

Schon vor der Ausfertigung dieses Breves war jedoch die Klerusversammlung noch weitergegangen. Der König, der die Versammlung seinen Wünschen gefügig fand, hatte von ihr eine allgemeine Erklärung gefordert, in der sie sich in seinem Sinne über die Grenzen der weltlichen und geistlichen Gewalt aussprechen sollte. Eine grosse Auseinandersetzung über die päpstliche Autorität war nun unausweichlich. Als die Versammlung nach den ersten Beratungen zu einer Erklärung aufgefordert wurde, dass nicht nur der Papst für seine Person, sondern auch der Heilige Stuhl als solcher in Häresie fallen könne, protestierte Bossuet. An der unerschütterlichen Glaubenstreue des Heiligen Stuhls hielt er fest. Sie war ihm unbestreitbar auf den Worten Christi zu Petrus begründet : « Ich habe für dich gebeten, dass dein Glaube nicht aufhöre » (Luk. XXII, 32). Im übrigen wollte Bossuet unterscheiden zwischen einzelnen Päpsten, d[illegible] zeitweilig einem Irrtum verfallen könnten, und dem Heiligen Stuhl, der jedem dauernden Irrtum bewahrt sei.

Nun wurde Bossuet von der Versammlung beauftragt, die gallikanische Lehre zusammenzufassen. Er tat dies in den berühmten *Vier Artikeln von* 1682, die dahin lauten : « 1. Die Päpste haben nur eine geistliche Gewalt von Gott erhalten. Die Könige und Fürsten sind in weltlichen Dingen keiner kirchlichen Gewalt unterworfen ; sie können daher nicht kraft der kirchlichen Schlüsselgewalt abgesetzt und die Untertanen nicht des Treueides entbunden werden. — 2. Die Vollgewalt des Apostolischen Stuhls ist beschränkt durch die Konstanzer Dekrete über das Ansehen der allgemeinen Konzilien, die dauernd, nicht bloss für die damalige Zeit des Schismas gelten. — 3. Die Ausübung der päpstlichen Gewalt ist geregelt durch die kirchlichen Kanones ; daneben müssen aber auch die seit alters bestehenden Grundsätze und Gewohnheiten der gallikanischen Kirche in Kraft bleiben. — 4. Bei Entscheidung von Glaubensfragen hat der Papst zwar den vorzüglichsten Anteil, aber seine Entscheidung ist ohne Konsens der Gesamtkirche nicht unabänderlich. »[1]

Am 19. März 1682 wurden diese vier Artikel von den zweiundsiebzig Mitgliedern der Versammlung angenommen. « Wenigstens zwei dieser vier Artikel », schreibt ein katholischer französischer Rechtsgelehrter, « betrafen dogmatische Fragen, die allein ein allgemeines Konzil lösen konnte, und für die also selbst eine allgemeine Versammlung des französischen Klerus nicht zuständig war. *Rechtlich* war also die Erklärung von 1682 nichtig, selbst wenn sie *tatsächlich* den kirchlichen Lehren entsprochen hätte. »[2] Wir können hier nicht näher auf diese Auseinandersetzung eingehen, für deren Beurteilung Theologen, Juristen und Kanonisten zuständig sind. Es sei nur noch darauf hingewiesen, dass die Lehre von der päpstlichen Unfehlbarkeit zu jener Zeit noch kein Glaubenssatz war ; sie ist dies erst seit dem Vatikanischen Konzil (1870).

Bossuet verhinderte zwar die Aufnahme eigentlich schismatischer Formulierungen in die vier Artikel, aber er konnte doch nicht verhindern, dass die Versammlung offenbar zum Schisma neigte. Ludwig XIV., dessen Wille auf der ganzen Linie befolgt worden war, beeilte sich, die Erklärung der Versammlung durch ein Edikt zu bestätigen (22. März) und sofort durch das entschieden gallikanisch gesinnte Pariser Parlament einregistrieren zu lassen. Das königliche Edikt verbot allen Untertanen jeden Widerspruch gegen die Erklärung und verpflichtete alle Theologieprofessoren und Bewerber um die akademischen Grade in der Theologie und im kanonischen Recht auf die vier Artikel. Trotzdem hielt der beste Teil des französischen Klerus weiter an der

---

[1] Funk-Bihlmeyer : *Kirchengeschichte.* 3. S. 206.

[2] E. Chénon in : Lavisse et Rambaud : *Histoire générale.* T. VI. S. 255. — S. auch Mourret, a.a.O. S. 331.

päpstlichen Unfehlbarkeit fest ; die Sorbonne verhielt sich ablehnend gegen die Erklärung, und vom Parlament musste der König die Registrierung erzwingen. Schliesslich gaben die Theologieprofessoren soweit nach, dass sie sich bereit fanden, die vier Artikel auszulegen, aber manche von ihnen taten dies nicht im Sinne des Versammlung. 1713, etwas spät freilich, sah auch der König seinen Missgriff ein ; nun behauptete er, dass er niemand verpflichtet habe, « gegen die eigene Überzeugung die Aufstellungen des französischen Klerus zu unterstützen. »

Die öffentliche Meinung hielt zum unabhängigen Klerus, und Spottlieder in geistreicher französischer Art gingen über die Hofbischöfe und Hofgeistlichen um. Indessen hielt Innozenz XI. den Augenblick noch nicht für gekommen, um die vier Artikel förmlich zu verurteilen. Er verweigerte nur allen vom König ernannten Bischofskandidaten, die an der Klerusversammlung teilgenommen hatten, die Bestätigung. Daraus ergab sich aber, dass zu Beginn des Jahres 1688 schon fünfunddreissig französische Bischofssitze unbesetzt waren, beziehungsweise ihre Inhaber ohne die bischöfliche Weihe blieben.

DER STREIT ÜBER DIE QUARTIERFREIHEIT

Ein neuer Zwischenfall verschärfte noch die Spannung zwischen dem Papst und dem französischen Hof. Zu eben der Zeit, da sich eine neue Koalition gegen Ludwig XIV. bildete, die Augsburger Liga (1686), nahm der König wieder eine besonders herausfordernde Haltung gegenüber Innozenz XI. ein. Nach einem alten Brauch genossen die Gesandten der fremden Mächte in Rom das Asylrecht für ihre Person und ihr Gesandtschaftspalais ; allmählich dehnten sie dieses Recht aber in ungebührlicher Weise auf das ganze umliegende Quartier aus. Dieser offenkundige Missbrauch war ein unerträgliches Hindernis für eine geordnete Polizeiverwaltung und Rechtspflege ; vielfach nützten ihn Verbrecher aus, um sich der päpstlichen Polizei zu entziehen. Innozenz XI. entschloss sich deshalb, das Quartierrecht aufzuheben, und erreichte auch, dass sich die fremden Mächte seiner Anordnung fügten. Nur Ludwig XIV. entgegnete hochmütig, Gott habe ihn eingesetzt, damit et den andern ein Beispiel sei, nicht aber dem Beispiel anderer folge. Sein neuer Gesandter, der Marquis von Lavardin, zog in herausforderndster Weise mit einem starken, schwerbewaffneten Gefolge in Rom ein und nahm wieder die Quartierfreiheit in Anspruch. Obwohl er dann exkommuniziert wurde, fanden sich doch einige Prälaten und Geistliche bereit, Beziehungen mit ihm aufzunehmen. Ludwig XIV. aber liess nun wiederum Avignon besetzen. In Gegenwart seines

Beichtvaters, des Père de La Chaise, und des Pariser Erzbischofs beschloss er, bezüglich aller Streitpunkte mit dem Papst Berufung an das künftige Konzil einzulegen (1687).

Alexander VIII., der Nachfolger Innozenz' XI., verweigerte weiterhin die Bestätigung der vom König ernannten Bischofskandidaten ; durch die Konstitution *Inter multiplices* vom 4. August 1690 erklärte er die 1682 von der französischen Klerusversammlung beschlossene Ausdehnung des Regalienrechts und die vier Artikel für ungültig und nichtig. Aber erst auf seinem Sterbelager ordnete er die Veröffentlichung dieser Konstitution an, und gleichzeitig sandte er dem französischen König ein Schreiben, in dem er ihn in eindrucksvollen Worten dringend bittet, sich jetzt endlich so zu verhalten, wie es sich für den Erstgeborenen der Kirche gezieme.

Allmählich bahnte sich nun doch ein Ausgleich an. Der Tod Colberts und die Bildung der Augsburger Liga hatten den stolzen Sonnenkönig in eine schwierige Lage gebracht. Anderseits war unter dem Einfluss von Madame de Maintenon auch wieder Ludwigs XIV. Religiosität erwacht, und der König empfand nun das Bedürfnis, seine katholische Gesinnung zu bezeugen. Dieser Grund spielte auch bei der Aufhebung des Edikts von Nantes mit, auf die wir im folgenden noch zurückkommen. Unter Innozenz XII. kam es zur Einigung zwischen Papst und König. Der Papst versprach die Bestätigung der vom König ernannten Bischofskandidaten, sofern sie aufrichtig ihre Teilnahme an der Versammlung von 1682 bedauerten und alles verwürfen, was dabei gegen die päpstliche Autorität geschehen sei. Der König seinerseits erklärte am 14. September 1693 in einem Schreiben an Innozenz XII., er habe die notwendigen Befehle gegeben, dass die Vorschriften des Edikts von 1682, zu denen ihn damals die Umstände veranlasst hätten, nicht ausgeführt werden sollten. Danach liess es der Papst zu, dass das königliche Recht aur die nutzbare Regalie im ganzen Königreich gelte. Bossuet, zu einer Umarbeitung seiner Verteidigung der Erklärung von 1682 gedrängt, die während seiner letzten Lebensjahre schwer auf ihm lastete, und die er nicht zu veröffentlichen wagte, erklärte schliesslich enttäuscht, dass er die ganze Erklärung fahren lasse. Damit gab er allerdings noch nicht den gallikanischen Geist preis, der in der Erklärung zum Ausdruck gekommen war. Er blieb stets ein Gegner der päpstlichen Unfehlbarkeit, hielt aber immer an der unerschütterlichen Glaubenstreue des Heiligen Stuhles fest und entwickelte seine diesbezüglichen Auffassungen immer mehr in papstfreundlichem Sinn.

DIE EXKOMMUNIKATION LUDWIGS XIV. (1687)

Die Auseinandersetzung zwischen Innozenz XI. und Ludwig XIV. über die Quartierfreiheit hatte ein Nachspiel, das nur ganz wenigen im siebzehnten Jahrhundert bekannt wurde. Am 18. November 1687 beauftragte Innozenz XI. den Pariser Nuntius Angelo Maria Ranuzzi, dem König zur Kenntnis zu bringen, dass er der Exkommunikation verfallen sei. Der Auftrag wurde am 16. Dezember erneuert und vor dem 12. Januar 1688 durch den unerschrockenen italienischen Doktor Dominico Ammonio dem König ausgerichtet. Nur fünf oder sechs Personen hatten damals von diesem Vorgang Kenntnis : der Papst, sein Vertrauter, der Chiffrensekretär Lorenzo Casoni, vielleicht der Kardinal-Staatssekretär Cibo, der Nuntius in Paris, der Doktor Ammonio und Colbert de Croissy, der ebenfalls exkommunizierte französische Minister des Auswärtigen.

Schon längst hatte Ludwig XIV. befürchtet, vom Papst exkommuniziert zu werden. Innozenz XI. hatte ja schon im Dezember 1679 drohend auf die Mittel hingewiesen, « die uns die Macht, mit der wir von Gott ausgestattet, in die Hand gibt ». Die wiederholte Warnung veranlasste den König, alles zu tun, um gegebenenfalls seine Untertanen zu beruhigen und auch den Papst einzuschüchtern. Zwar fühlte er sich als gallikanischer Christ durch eine Zensur wegen einer, seiner Auffassung nach rein weltlichen Angelegenheit nicht tiefer beeindruckt, aber er fürchtete, dass die Veröffentlichung seiner Exkommunikation Unruhen im Königreich auslösen werde. Diese Befürchtung und die entsprechenden Vorsichtsmassnahmen des Königs waren indessen überflüssig; Innozenz XI. wollte keineswegs Unruhe in Frankreich stiften, sondern nur das Gewissen des Königs beunruhigen.

So erhielt auch der Nuntius Ranuzzi erst am 18. November, zwei Tage nach dem herausfordernden Einzug des französischen Gesandten Lavardin in Rom, den Auftrag, dem König, und zwar durch Ammonio, zur Kenntnis zu bringen, dass er exkommuniziert sei. Ammonio war ein angesehener italienischer Arzt in Paris und auch Leibarzt des öfters kranken Königs selbst. Er führte in den letzten Tagen des Jahres 1687 oder Anfang 1688 seinen heikeln Auftrag gewissenhaft und mutig aus. Der König hörte ihn aufmerksam an und legte ihm dann strengstes Stillschweigen auf ; Ammonios Leben hing von der Wahrung dieses Geheimnisses ab. Der Nuntius teilte dem Papst mit, dass der Schritt erfolgt sei, der tatsächlich völlig geheim blieb. Indessen drang Innozenz XI. durch verschiedene Persönlichkeiten, die von der Exkommunikation nichts ahnten, weiter in den König und appellierte an sein Gewissen. Er glaubte nämlich, dass Ludwig XIV. schwer erkrankt und in Lebensgefahr sei.

Der Schritt Ammonios hatte zur Folge, dass der König eine noch tiefere Frömmigkeit zur Schau trug, zum Nachgeben vermochte er ihn jedoch nicht zu bewegen. Einige Tage später wandte sich Ludwig XIV. an den Oberstaatsanwalt des Pariser Parlaments, Achille de Harlay, und frug ihn, ohne irgendwie das Vorgefallene zu berühren, welcher Schutz gegebenenfalls gegen päpstliche Massnahmen für ihn in Frage käme. Der Staatsanwalt empfahl die berühmte « Appellation wegen Missbrauchs », von der wir schon sprachen, und die Appellation an das künftige Konzil. Dem Doktor Ammonio trug der König nichts nach, aber dem Nuntius erging es sehr schlecht, als die diplomatischen Beziehungen zwischen Rom und dem französischen Hof abgebrochen wurden. Der König vermochte nicht einzusehen, dass die Massnahme des Papstes nur ihm persönlich galt. Tatsächlich störte sie nicht den innern Frieden in Frankreich, aber Innozenz XI. stellte noch kurz vor seinem Tode mit Bedauern fest, dass auch die Ruhe des königlichen Gewissens nicht durch den Kirchenbann gestört worden war.[1]

DAS EDIKT VON 1695 ÜBER DIE ORGANISATION DER FRANZÖSISCHEN KIRCHE

Im Jahre 1695 erliess Ludwig XIV. ein langes Edikt, das die Zuständigkeit der schon durch eine Reihe früherer Verfügungen stark eingeschränkten kirchlichen Gerichte endgültig festlegte und ohne wesentliche Abänderung bis zur französischen Revolution massgebend blieb. Die weltliche Gerichtsbarkeit, die seit Jahrhunderten in mehr oder minder weitem Masse auch kirchliche Stellen ausübten, wurde diesen völlig entzogen. Die geistliche Gerichtsbarkeit blieb scheinbar den kirchlichen Gerichten ganz erhalten, aber in der Tat war dies weniger der Fall. « Die von einem Offizialat erlassenen Urteile », schreibt der schon von uns angeführte Rechtsgelehrte, « wurden zwar durch die Zivilgewalt bestätigt, aber unter der Bedingung, dass sie das zuständige Parlament nicht als missbräuchlich erklärte. Obwohl der König den weltlichen Richtern verbot, sich in geistliche oder disziplinarische Angelegenheiten einzumischen, erlaubte er ihnen doch deren Prüfung in Hinsicht auf etwaigen Missbrauch, und nachgerade liessen Ausnahmen die Regel fast hinfällig werden. Hatte man im Mittelalter den kirchlichen Gerichten vorgeworfen, dass sie

[1] Über die wenig bekannte Angelegenheit s. MARC DUBRUEL : *L'excommunication de Louis XIV* (16-18 novembre 1687) in : « Etudes ». 1913, T. 137, S. 608-635 ; dazu den L. B. gezeichneten Artikel in : « Revue des cours et conférences », T. 22/2, S. 94-104.

auf das Gebiet der weltlichen Rechtssprechung übergriffen, so konnte dieser Vorwurf im siebzehnten Jahrhundert umgekehrt erhoben werden.»[1] Das Edikt von 1695, das eine lange Entwicklung beschliesst, unterschied indessen doch in gerechterer Weise als dies bisher der Fall gewesen, zwischen den beiden Gewalten, der weltlichen und der geistlichen.

DIE AUFHEBUNG DES EDIKTS VON NANTES (1685)

Während seiner Streitigkeiten mit Innozenz XI. hatte Ludwig XIV. wiederholt dem Papst gegenüber seine Verdienste um die Bekämpfung der Hugenotten hervorgehoben ; er hoffte, dadurch auf den frommen Papst Eindruck zu machen. Namentlich glaubte er, durch die Aufhebung des Edikts von Nantes sich ein Anrecht auf das Entgegenkommen des Papstes zu erwerben.

Das 1598 von Heinrich IV. erlassene Edikt von Nantes hatte den Protestanten eine ausserordentlich günstige politische Lage geschaffen ; sie konnten danach ihre Stellung so weit ausbauen, dass sie geradezu eine Art Föderativrepublik, ja fast einen Staat im Staate bildeten, was einer Kriegserklärung an die Monarchie gleichkam. Die Aufstände, zu denen es kam, schlug jedoch Richelieu nieder, und nach einer denkwürdigen Belagerung eroberte er La Rochelle, die stärkste Festung der Kalvinisten (1628). Im folgenden Jahre wurden den Protestanten durch das Gnadenedikt von Nîmes die politischen Sonderrechte genommen und die Sicherheitsplätze entzogen, im übrigen aber ihre religiösen und bürgerlichen Freiheiten im früheren Umfang bestätigt. Danach verhielten sie sich, wie Mazarin und Ludwig XIV. selbst zugestehen mussten, als loyale Untertanen. Richelieu hatte die nicht ganz eindeutigen Stellen des Edikts von Nantes noch in einem für die religiöse Minderheit günstigen Sinne ausgelegt. Aber der König, der noch eifriger als Richelieu nach der religiösen Einheit des Reiches strebte, ging andere Wege. Zunächst hoffte er noch, dass durch Massenübertritte der Protestanten das Edikt überflüssig gemacht werden könne, und verfolgte während einiger Jahre eine Politik der Überredung. Aber als sich seine Erwartungen nicht erfüllten, ging er zu Einschüchterungsmassnahmen und schliesslich zum eigentlichen Terror über. Man darf indessen nicht übersehen, dass damals in den Augen der grossen Mehrzahl der Katholiken wie der Protestanten die Duldung zweier Religionen in demselben Staatswesen das ganze soziale Gefüge aufs schwerste zu gefährden

[1] Chénon, a.a.O. S. 260.

schien. Anfänglich hegte der König auch sicher den aufrichtigen Wunsch, die Dissidenten durch Religionsgespräche und sonstige freie Auseinandersetzungen dazu zu bringen, dass sie aus Überzeugung zur Kirche zurückkehrten.

Es waren verschiedene Gründe, die Ludwig XIV., als sich dieser Wunsch nicht erfüllte, zur Ergreifung von Zwangsmassnahmen bewogen. Persönlich stand er unter dem starken Einfluss von Madame de Maintenon, der zum Katholizismus übergetretenen Enkelin eines der hervorragendsten Kalvinisten des sechzehnten Jahrhunderts, Agrippa d'Aubigné. Im Jahre 1684 war Madame de Maintenon dem König heimlich angetraut worden. Unter ihrem Einfluss änderte Ludwig XIV. seine bisherige, ungebundene Lebensweise und legte eine tiefere christliche Gesinnung an den Tag. Er ging aber nun so weit, dass er durch einen Kreuzzug gegen die Andersgläubigen gewissermassen Sühne für seinen früheren leichtfertigen Lebenswandel leisten wollte. « Der König », schreibt boshaft Saint-Simon in seinen berühmten Memoiren, « hatte sich immer geschmeichelt, auf Kosten anderer Busse zu tun. Nun wollte er sie auf Kosten der Hugenotten und Jansenisten tun. » Mit dem Einfluss von Madame de Maintenon verband sich der Einfluss des königlichen Beichtvaters, P. de La Chaise, und auch die Predigten Bossuets bewirkten, dass sich der König ernstliche Vorwürfe wegen der schweren Verfehlungen machte, die er sich in seinem Privatleben hatte zuschulden kommen lassen. Zudem wollte er nun dem Papst seinen religiösen Eifer beweisen, und schliesslich fürchtete er auch, dass die französischen Kalvinisten einen Landungsversuch der Holländer in Frankreich unterstützen könnten. Aus diesen verschiedenen persönlichen und politischen Beweggründen wurde Ludwig XIV. veranlasst, den Protestanten alles, was ihnen das Edikt von Nantes nicht ausdrücklich zubilligte, zu untersagen und die rücksichtslosesten Massnahmen gegen sie zu ergreifen. Und als er dann auf Grund entstellender Berichte glaubte, dass nur noch einige hundert « Hartnäckige » übrig blieben, unterzeichnete er am 18. Oktober 1685 das Aufhebungsedikt. Es bestimmte, dass alle protestantischen Gotteshäuser zerstört würden ; die Prediger hatten unter Galeerenstrafe binnen vierzehn Tagen das Königreich zu verlassen ; die noch nicht bekehrten Gläubigen sollten verschont werden, aber wenn sie auszuwandern versuchen würden, zur Galeerenstrafe verurteilt sein, und ihre Kinder sollten in der katholischen Religion erzogen werden.

Der Widerruf des Edikts von Nantes wurde von hoch und nieder in Frankreich mit Begeisterung begrüsst. Selbst die hervorragendsten Vertreter des französischen Geisteslebens, Racine, La Bruyère, La Fontaine, Madame de Sévigné, äusserten sich voll Bewunderung über die arge Gewalttat. Nur zwei Männer missbilligten den königlichen Schritt, Marschall Vauban, der Schöpfer der neuen Befestigungstechnik, der für die sozialen Schwächen des damaligen Frankreich ein scharfes Auge hatte, und Saint-Simon. «Die Könige», schreibt Vauban, « sind wohl Herrscher über Leben und Gut ihrer Untertanen, aber niemals über deren Gesinnung, denn die inneren Gefühle entgehen ihrer Macht». Angesichts der überaus harten königlichen Massnahmen erhoben auch einige Bischöfe Protest. So Bossuet und Fénelon, von welchen der erstere schrieb : « Wenn man diejenigen zum Anhören der Messe zwingt, die die Beichte und was zu ihr gehört verweigern, so führt man sie in Irrtum und setzt die Messe in ihren Augen herab. » Der Bischof von Grenoble, Le Camus, der am nachdrücklichsten Einspruch gegen die königliche Verfügung erhob, wurde nicht lange nach der Aufhebung des Edikts zum Kardinal erhoben. Der König selbst kam angesichts der Auswanderung von etwa dreitausend Protestanten, die um ihres Glaubens willen auf alles verzichteten, ja selbst ihre Freiheit und ihr Leben aufs Spiel setzen, zur Einsicht, dass er einen schweren Fehler begangen habe. Tatsächlich erfuhr Frankreich infolge der Aufhebung des Edikts von Nantes eine weitgehende moralische, wirtschaftliche, politische und militärische Schwächung.

Die vom König verfügten Unterdrückungs- und Zwangsmassnahmen waren ohne jede Mitwirkung des Papstes erfolgt. Innozenz XI. hatte sie weder angeraten noch irgendwie den König dazu ermutigt. Wohl äusserte er sich in einem Breve vom 13. November 1685 in einer Weise, die als Billigung des königlichen Ediktes aufgefasst werden konnte, aber Ludwig XIV. erwartete mehr. Am 7. Dezember drang er in den Papst, er möge doch « mit allen Mitteln, die ihm Gott verliehen, sein Unternehmen unterstützen ». Zugleich beauftragte er seinen Gesandten in Rom, noch weitere Versuche in dieser Richtung zu machen. Aber « je schärfer die französische Regierung gegen die Dissidenten vorging, desto milder zeigte sich der Papst gegenüber den Personen und strenger hinsichtlich der Lehre.»[1] Der Papst, schreibt Legendre in seinen Memoiren, erklärte, « dass er weder den Beweggrund noch die Mittel gutheissen könne, die zu diesen Übertritten zu Tausenden führten, von denen kein einziger freiwillig sei. » Und Saint-Simon, der dem Papst ebenso feindselig gesinnt war als dem König, bemerkt in seinen Memoiren, dafür dass er so hart die Hand auf die Hugenotten legte, hätte der König nicht die mindeste Anerkennung vom Papst erlangt. Schliesslich fand sich Innozenz XI. bewogen, den englischen König Jakob II. durch seinen Nuntius zu bitten, er möge beim

[1] Ch. Gérin : *Le pape Innocent XI et la révocation de l'Edit de Nantes* (« Revue des questions historiques ». T. 24).

französischen König für die französischen Protestanten eintreten. Es sollte Ludwig XIV. klar werden, dass die Kirche, so sehr sie auch die Rückkehr der Andersgläubigen wünscht, doch nicht die Achtung vergisst, die ihrer freien Entscheidung gebührt.

DER JANSENISMUS

Während der Gallikanismus halbwegs zurückgedrängt wurde — völlig sollte er erst im neunzehnten Jahrhundert zurücktreten — blieb in Frankreich eine andere Lehre wirkkräftig, die die christliche Ordnung noch schwerer gefährdete, und mit der sich der Gallikanismus auch mehr als einmal im Kampfe gegen Rom verband, der Jansenismus. Wie der Gallikanismus sollte angeblich auch der Jansenismus eine Reformbewegung aus gutem konservativem Geist sein; die Jansenisten behaupteten, altchristlichen Geist gegen die nachtridentinische Theologie und den damals in Frankreich herrschenden religiösen Humanismus zu verteidigen und zu wahren. In der Tat entfremdete der Jansenismus Scharen von Gläubigen der Kirche und dem Christentum.

Die jansenistische Bewegung kam um die Mitte des siebzehnten Jahrhunderts auf, aber die Lehre und die ganze Geisteshaltung, die ihr zugrunde lag, bestanden schon länger. Sie waren namentlich von der theologischen Fakultät der Universität Löwen zur Zeit der Gnadenstreitigkeiten ausgebildet worden. Wir vermerkten schon den Beginn dieses Streits unter dem Pontifikat Pius' V. und die 1567 erfolgte, von Gregor XIII. 1580 erneuerte Verurteilung des Michael Bajus. Andererseits wurde der *Molinismus* des spanischen Jesuiten Molina von Klemens VIII. verurteilt. Bajus hatte sich der päpstlichen Entscheidung unterworfen, aber seine Lehren wurden durch *Cornelius Jansenius* (1585-1638) wieder aufgegriffen und auf die Spitze getrieben. Jansenius, Professor der Theologie an der Löwener Universität, wurde der geistige Erbe des Bajus. Wie dieser wollte er mit der zeitgenössischen Theologie, namentlich wie sie von den Jesuiten vertreten wurde, brechen und redete einer Wiederaufnahme der nach seiner Meinung von der Scholastik missverstandenen oder vernachlässigten Ideen des hl. Augustinus über Gnade und Freiheit das Wort. Mit seinem Jugendfreund und Gesinnungsgenossen, dem Südfranzosen Jean Duvergier de Hauranne, einem Schüler der Löwener Universität, der 1620 Abt von *Saint-Cyran* wurde, hatte er sich in das Studium der Schriften des hl. Augustinus vertieft. Er entwickelte dann seine Theorien in dem erst 1640, zwei Jahre nach seinem Tode veröffentlichten, aus langjährigen gelehrten Studien hervorgegangenen *Augustinus.* Aber schon vor dem Erscheinen dieses aufsehenerregenden Buchs waren des Jansenius' Auffassungen, die sich stellenweise mit der Prädestinationslehre Kalvins berührten, weit verbreitet. Sie wurden gleich von den Jesuiten heftig bekämpft, die sie als Erneuerung des Kalvinismus und als widersprechend der Lehre des Tridentinums brandmarkten.

Duvergier de Hauranne, gewöhnlich Saint-Cyran genannt, verstand es, sich die Gunst der Grossen zu erwerben, die in Gegensatz zu Richelieu standen. Auf Befehl des allmächtigen Ministers wurde er 1638 verhaftet, aber 1643 wieder freigelassen. Er fand begeisterte Anhänger in gesellschaftlich hochstehenden Kreisen, und diese Gleichgesinnten schlossen sich dann in dem verlassenen Kloster von *Port-Royal des Champs* im schönen Chevreuse-Tal in der Nähe von Paris zu einer kleinen Einsiedler-Gemeinschaft zusammen. Die Einsiedler waren ganz erfüllt von den Lehren des Jansenius. 1633 hatte dieser eine heftige Streitschrift, *Mars Gallicus*, gegen die auswärtige Politik Richelieus geschrieben, und Richelieu, der den Verfasser noch nicht kannte, forderte Saint-Cyran auf, eine Entgegnung zu schreiben. Anderseits belohnte der spanische König, der Herrscher von Flandern, den Jansenius, der sich durch seine Schrift als guter Untertan bekundet, durch Verleihung des Bischofsstuhls von Ypern (1636). In Port-Royal bildete die Familie Arnauld den Mittelpunkt der Gemeinschaft. Sie war vertreten durch Robert Arnauld d'Andilly und seinen jüngsten Bruder Antoine, den « grossen Arnauld », Doktor der Sorbonne, der Wortführer von Port-Royal wurde, sowie den Neffen der beiden, den Advokaten Antoine Lemaître, und dessen beide Brüder, den Priester, Dichter und Bibelübersetzer Lemaître de Sacy und den früheren Offizier Lemaître de Séricourt. Mehrere Mitglieder der Familie Arnauld waren einst zum Kalvinismus übergetreten. Zu den genannten Arnauld gesellten sich in Port-Royal der Theologe Pierre Nicole, der Hellenist Lancelot, der Prediger Singlin, der als Spiritual grossen Einfluss auf die Gemeinschaft ausübte, und der berühmte Pascal. In enger Verbindung mit diesen ersten Jansenisten stand die Äbtissin des Cisterzienserinnen-Klosters Port-Royal von Paris, Angélique Arnauld, die später mit einem Teil ihrer Nonnen und Schülerinnen auch nach Port-Royal-des-Champs kam. Ihr Kloster wurde hier der Stolz der Familie Arnauld, wie die Familie Arnauld der Stolz des Klosters war. Die Äbtissin selbst trat als eine der zähesten Verteidigerinnen des Jansenismus hervor. Ein Angriff gegen Jansenius galt in Port-Royal als Angriff auf den hl. Augustinus selbst, und man wollte beide verteidigen, ja gelegentlich rächen. Die Äbtissin Angélique Arnauld hatte sich einst dem hl. Franz von Sales als Seelenführer anvertraut ; nach dem Tode des grossen Bischofs fehlte ihr offenbar eine massgebende geistige Leitung. « Rein wie Engel und stolz wie Teufel » nannte einmal ein Pariser Erzbischof die Nonnen von Port-Royal. Schon früh traf dieses Urteil auf die Äbtissin und ihre Gefolgschaft zu.

Die Lehre der Jansenisten, die übrigens eine organisierte Partei bildeten, war nach den Worten des französischen Kirchenhistorikers Mourret « eine verzweifelte Lehre ; sie gründete auf der Annahme der Prädestination, der Versklavung des Willens und der kleinen Zahl Auserwählter ; es entsprach ihr eine bis zur Unmenschlichkeit strenge Moral, wonach alle Poesie verworfen, die Auffassung von der Ehe erniedrigt, alle Familienliebe und alles natürlich Anziehende unterdrückt wurde ; es entsprach ihr eine völlig glanzlose Liturgie, die die strengsten Gebräuche der ersten christlichen Jahrhunderte übernahm, wie die öffentliche Busse und die Verpflichtung zum Besuch des Hochamts, eine hierarchische Disziplin, die aber im wesentlichen entkräftet wurde, indem man die päpstlichen Entscheidungen ebenso wenig gelten liess wie die der Bischöfe, denen eine einzige schwere Sünde die Amtsgewalt entzöge. Dieser Jansenismus war im Grunde ein halber Protestantismus. »[1] Sainte-Beuve, der eine der eindringendsten Studien über Port-Royal hinterliess, übrigens selbst dem kirchlichen Glauben fern stand, sah die Verhältnisse sehr gut : « Es bestand wirklich ein Zusammenhang zwischen der innern christlichen Eingebung, wie sie Saint-Cyran und wie sie die grossen Reformatoren lehrten; für sie alle ist der Glaube an das Wort Gottes weniger in der kirchlichen Überlieferung als in der Eingebung des Heiligen Geistes begründet. Zudem nahm man beiderseits eine Unterbrechung der Überlieferung und eine gründliche Verdorbenheit in der katholischen Kirche an. » Saint-Cyran gab auch, nach dem Zeugnis des hl. Vinzenz von Paul, unumwunden zu, dass er die Gedanken Kalvins für richtig hielt und nur ihre ungeschickte Formulierung verwarf *(Calvinus bene sensit, male locutus est)*. Mit ihrer unmenschlichen, verzweifelten Theologie tragen die Jansenisten eine schwere Verantwortung für die Bewegung, die im nächsten Jahrhundert so viele Geister dem Rationalismus und dem Unglauben zutrieb.

Der « *Augustinus* » hatte bei seinem Erscheinen im Jahre 1640 gleich den grössten Erfolg in breiten Gesellschaftskreisen und wurde von den Jesuiten ebenso heftig bekämpft wie von den Anhängern des Jansenius verteidigt. Papst Urban VIII. wollte anfänglich in diesem Streit nur einen Verstoss gegen das Dekret Pauls V. erblicken, der, wie erinnerlich, im Jahre 1607 jede weitere Veröffentlichung über die umstrittenen Fragen der Gnadenlehre verboten hatte. Daher untersagte am 1. August 1641 ein Dekret der römischen Inquisition sowohl den « Augustinus » als auch die von den Jesuiten gegen dieses

---

[1] Mourret, a.a.O. 6, S. 362-363.

Werk gerichteten Schriften. Die Jansenisten triumphierten. War nicht ihre Meinung auf dieselbe Stufe gestellt wie die der Jesuiten ? Nach dem Tode Richelieus (1642) gewann Saint-Cyran die Freiheit wieder, und die jansenistischen Lehren wurden nun selbst in Notre-Dame in Paris gepredigt. Ihre Anhänger suchten in jeder Weise die Veröffentlichung einer päpstlichen Verurteilung zu verhindern, und sie glaubten schon, dies erreichen zu können, als ihnen der Heilige Stuhl am 19. Juni 1643 mit der Bulle *In eminenti* entgegentrat, die den « Augustinus » verurteilte. Einige Monate später, am 11. Oktober, starb, völlig erschöpft vom Streit, der Abt von Saint-Cyran, nachdem er noch die letzte Ölung empfangen.

Nun aber ergriff der « grosse Arnauld » die den Händen des Führers entglittene Fahne. Der « hässliche schwarze kleine Mann », nach den Worten des Arztes Guy-Patin, des Verfassers aufschlussreicher Memoiren über die damalige Gesellschaft, erwies alsbald seine Führereigenschaften. Im Jahre 1643 erschien seine aufsehenerregende Schrift *De la fréquente communion*, in der er der Laienwelt seine Bedenken gegen die von den Jesuiten empfohlene häufige Kommunion unterbreitet. Seit der vierzig Jahre früher erschienenen *Philothea* oder *Introduction à la vie dévote* des hl. Franz von Sales hatte keine religiöse Schrift solchen Erfolg gehabt. Sie brachte Fragen vor die grosse Öffentlichkeit, die bisher nur Theologen oder einige theologisch Interessierte der höheren Gesellschaft beschäftigt hatten. In kirchlichen Kreisen war man beunruhigt ; von Seiten der Jesuiten, in den Kreisen von Saint-Lazare und Saint-Sulpice wurde heftiger Widerspruch laut.

DIE ABWEHR

Vor allem traten die Jesuiten gegen Arnauld auf. « In jeder Hinsicht », schreibt zutreffend der keineswegs apologetisch eingestellte französische Historiker Ernest Lavisse, « widersprach der jansenistische Geist dem Geist der Gesellschaft Jesu. Die Jesuiten, deren Orden zu einer Zeit grosser Gefahr für die Kirche entstanden war, traten für die Wiederherstellung von Ordnung und Disziplin ein »... « Die Jansenisten waren Individualisten »... « Die wichtigste Persönlichkeit in religiösen Belangen war ihnen der Seelenführer, der zum Gewissen spricht, denn entscheidend war ihnen das Gewissen. »[1] Die Jesuiten sahen übrigens in ihren Gegnern auch die gelehrten Erzieher, die ihnen die Jugend streitig machten ; tatsächlich hatten die von Saint-Cyran

---

[1] Lavisse : *Histoire de France*. T. VII, 1re partie. S. 101.

gegründeten « Kleinen Schulen » *(Petites Ecoles)* grossen Erfolg ; die vornehmen Familien vertrauten ihnen gerne ihre Kinder an. Aber die Widerlegung von Arnaulds Kommunionbuch durch den Jesuiten Dionysius Petavius trug dann zu einem Umschwung der öffentlichen Meinung bei. Arnauld erklärte sich nun bereit, seine Ausführungen dem Urteil Roms zu unterziehen. Innozenz X. hielt es jedoch nicht für angezeigt, die umstrittene Schrift als solche zu verurteilen, und erklärte nur einen scheinbar unbedenklichen Satz des Vorworts als häretisch, in dem Arnauld als Vorbild der Busse « die beiden Häupter der Kirche, die nur eines ausmachen », hinstellt. Dieses unscheinbare Sätzchen berührte nämlich die katholische Lehre vom Vorrang des Papstes insofern, als diese Lehre sich darauf stützt, dass Petrus zum Haupt der Kirche bestellt wurde, und dass Petri Nachfolger auf dem römischen Bischofssitz auch sein Nachfolger als Haupt der Kirche ist. Es bestand tatsächlich Grund zum Misstrauen gegen die Jansenisten, wenn sie über die Natur der kirchlichen Gewalt sich äusserten ; auch waren gewisse Ansprüche der Gallikaner in Rom noch in frischer Erinnerung. Alexander VIII. ging 1690 in der Verurteilung noch weiter, und in Frankreich selbst stiess Arnauld auf den Widerspruch sowohl des hl. Vinzenz von Paul, als auch des Gründers der französischen Oratorianer, Bérulle, und des Gründers der Sulpizianer, Olier. Bald sollten die Sorbonne, die Bischöfe, der König und der Papst auch gegen die Lehren des Jansenius vorgehen.

Der Syndikus der Sorbonne, Nicolas Cornet, übernahm die schwierige Aufgabe, diese Lehre in fünf Hauptsätzen zusammenzufassen und so der theologischen Fakultät zur Prüfung vorzulegen. Er stellte die Lehren von der gründlichen Verdorbenheit der menschlichen Natur, der Unwiderstehlichkeit der Gnade, der nichtbestehenden Willensfreiheit und der beschränkten Zahl der Ausserwählten heraus, rief aber damit einen Sturm der Entrüstung bei den Jansenisten hervor. Das Pariser Parlament, in dem die Jansenisten manche Vertreter hatten, verbot der Sorbonne, sich mit der Angelegenheit zu befassen (1649). Eine Klerusversammlung im folgenden Jahre hingegen bat den Papst einzuschreiten, und achtundachtzig Bischöfe unterschrieben ein an Innozenz X. gerichtetes Gesuch, über jene fünf Sätze ein klares Urteil zu fällen. Daraufhin ernannte der Papst im April 1651 eine besondere Kardinalskommission, die mit der Prüfung der fünf Sätze betraut wurde, und der nur ein einziger Jesuit angehörte. Nachdem die Prüfung gründlich vollzogen, erliess der Papst am 31. Mai 1653 die Bulle *Cum occasione*, die die Verurteilung der fünf Sätze aussprach, die Gegenstand der Untersuchung gewesen waren und nach einem Wort Bossuets « die Seele des Buches des Jansenius » bildeten. Die Erregung in Frankreich war gross. Der hl. Vinzenz von Paul aber fand nun Gelegenheit, einmal mehr seine bewundernswerte Nächstenliebe zu beweisen, indem er seine Freunde von zu lautem Triumphieren abhielt ; anderseits führte er mehrere hochgestellte Persönlichkeiten zum Gehorsam gegen den Heiligen Stuhl zurück.

Die Wortführer der jansenistischen Partei waren durch die päpstliche Verurteilung in grosse Verlegenheit geraten. Sie suchten sich nun mit der berühmten und berüchtigten Unterscheidung zu helfen, dass sie die Verurteilung der fünf Sätze wohl annähmen, diese aber nicht im « Augustinus » enthalten seien. Um solchen Zweifeln und Verdrehungen ein Ende zu machen, erläuterte Innozenz X. noch durch ein Breve vom 29. September 1654 seine Verurteilung der fünf Sätze dahin, dass sein Spruch die Lehren treffen solle, die im « Augustinus » des Jansenius enthalten seien. Indessen war die Angelegenheit in gewisser Hinsicht auch zu einer politischen geworden. Der französische Hof hatte sich nämlich durch die Gefangennahme des Kardinals Retz das Missfallen Roms zugezogen und glaubte nun, den Papst günstiger stimmen zu können, wenn er die päpstliche Entscheidung gegen die Jansenisten unterstütze. Da das Parlament nicht die Entscheidungen der Inquisition in Frankreich anerkennen wollte, erliess der König auf Anregung Mazarins kraft eigener Machtvollkommenheit ein Verbot aller jansenistischen Schriften. Durch ein Rundschreiben von fünfzehn Prälaten wurden ferner alle französischen Bischöfe zur Annahme der Verurteilung der fünf Sätze durch Innozenz X. ermahnt ; sie sollten zudem auch ein Formular unterzeichnen, das die fünf Sätze ausdrücklich dem Jansenius zuschrieb und dem hl. Augustinus absprach. Aber die Jansenisten gaben trotz allem den Kampf nicht auf. Besonders Arnauld führte ihn erbittert weiter ; er verteidigte seine Stellungnahme auch in einem offenen Briefe an den Herzog von Luynes *(Lettre à un duc et pair de France)*. Nun schritt aber nach langen und erregten Debatten die Sorbonne zur Verurteilung Arnaulds ; mit sechzig seiner Anhänger strich sie ihn aus der Liste der Doktoren (Januar 1656). Alexander VII. erklärte seinerseits durch die Konstitution *Ad sacram beati Petri sedem* vom 16. Oktober 1656, dass die von Innozenz X. zensurierten Sätze dem Werk des Jansenius entnommen und in dem von ihm gebrauchten Sinn verurteilt seien. Die Unterwerfung unter diese Bulle wurde nun in das von der französischen Klerusversammlung aufgestellte Formular aufgenommen, das von den Geistlichen binnen einem Monat unterzeichnet werden sollte. Auf königlichen Befehl musste sich auch das Parlament zur Einregistrierung der päpstlichen Bulle verstehen.

So schien im Jahre 1656 die Lage der Jansenisten äusserst gefährdet. Besonders die Verurteilung durch die Sorbonne traf Arnauld und seine Anhänger schwer ; das gleichlautende Urteil der Pariser theologischen Fakultät, die ein unbestrittenes Ansehen genoss, trat zu dem Urteilsspruch der höchsten kirchlichen Autorität. Aber in jenen kritischen Tagen fanden die Jansenisten einen Helfer, der mit einem Schlage die weite Öffentlichkeit, besonders die gebildete Welt für sie zu gewinnen wusste und sie selbst in der Fortführung des Kampfes ausserordentlich bestärkte. Im Januar 1656 begann der geniale *Blaise Pascal* mit seinen berühmten Provinzialbriefen für Arnauld in die Schranken zu treten. Pascal stand schon seit einigen Jahren in engen Beziehungen zu Port-Royal, wo seine Schwester Nonne war. Unter dem Einfluss der Jansenisten hatte sich sein religiöses Leben in einer Weise vertieft, von der mehrere Schriften *(Prière pour le bon usage des maladies, Lettre sur la mort de M. Pascal père, Discours sur les passions de l'amour)* beredten Ausdruck geben, und nach einem erschütternden mystischen Erlebnis in der Nacht des 23. November 1654 hatte er beschlossen, sich ganz Gott hinzugeben.

Pascal empfand einen tiefen Abscheu vor den Wegen einer zu abstrakten und formalistischen Kasuistik, und zudem bestimmten ihn die Leiden seiner Freunde, für sie einzutreten. Als Arnaulds Verurteilung durch die Sorbonne immer näher gerückt war, hatte er den ersten seiner berühmten, in glänzender, meisterhafter Sprache und geistreicher Angriffslust geschriebenen Provinzialbriefe entworfen, der in Port-Royal lebhafte Zustimmung fand und am 23. Januar 1656 im Druck erschien. In kurzer Zeit folgten diesem ersten drei weitere Briefe. Pascal sucht darin zu beweisen, dass die jansenistische Gnadenlehre die wahre christliche Lehre ist ; sie beruht nach ihm auf der Anerkennung einer unverdienten Hilfe Gottes, der von Jesus Christus verdienten Gnade, ohne die der Mensch unfähig ist, sein Ziel zu erreichen. Pascal führte in gemeinverständlicher Form den Streit über die zureichende Gnade weiter. In den folgenden Briefen — es waren ihrer im ganzen achtzehn, die bis März 1657 erschienen — richtete er die schärfsten Angriffe gegen die kasuistische Moraltheologie, wie sie von Jesuiten vertreten wurde. Trotz aller Verurteilungen und Verbote von staatlicher Seite und durch die Inquisition hatten diese Briefe eine gewaltige, weitreichende Wirkung. Sie erklärt sich einerseits aus dem leidenschaftlichen Interesse, mit dem man damals diese Auseinandersetzungen verfolgte, vor allem aber aus dem glänzenden Stil der Briefe, die ein Meisterwerk französischer Prosa sind. Pascal schuf damit eine Stimmung gegen die Jesuiten, die eine Vorbereitung für deren Ausweisung aus Frankreich und anderen Ländern im folgenden Jahrhundert war.

Der gewaltige Erfolg der Provinzialbriefe gab den Jansenisten neuen Mut ; zudem fanden sie sich innerlich bestärkt durch eine von Ärzten und Priestern festgestellte wunderbare Krankenheilung zu Port-Royal, der noch andere Wunder folgten. Die erste dieser Heilungen geschah an Pascals Nichte durch einen Dorn der Krone Christi, der in Port-Royal verehrt wurde. Die Wunder lösten eine triumphierende Freude bei den Jansenisten aus.

DAS FORMULAR ALEXANDERS VII.

Alle diese Ereignisse hatten zur Folge, dass sich der Widerstand der Jansenisten gegen das Formular, das die Verurteilung der Sätze des Jansenius im Sinne der päpstlichen Entscheidungen und die aufrichtige Unterwerfung unter diese aussprach, noch verstärkte. Unter Führung von Arnauld und Pierre Nicole unternahmen die Jansenisten in einer Flut von Streitschriften einen erbitterten Kampf gegen das Formular. Um dem ein Ende zu setzen, erliess Alexander VII. auf Wunsch des Königs die Konstitution *Regiminis apostolici* vom 15. Februar 1665. Die Konstitution schrieb vor, dass alle Geistlichen binnen drei Monaten ein Formular unterzeichneten, in dem die Unterwerfung unter die päpstlichen Entscheidungen und die Verurteilung der zensurierten Sätze des Jansenius ohne jeden Vorbehalt ausgesprochen war. Am 29. April 1665 befahl der König die Registrierung der päpstlichen Bulle durch das Parlament und verbot jeden Widerspruch gegen das Formular und die Verurteilung des Jansenius.

Aber auch jetzt noch gab ein Teil der Jansenisten nicht den hartnäckigen Widerstand gegen die päpstliche, vom König unterstützte Verordnung auf. Vor allem die Nonnen von Port-Royal verweigerten die Unterschrift. Dasselbe taten aber auch vier Bischöfe, namentlich der Bischof Nicolas Pavillon von Alet in den Pyrenäen und der Bischof Caulet von Pamiers, die schon im gallikanischen Streit hervorgetreten waren. Erst nach langwierigen Verhandlungen, nach eindringlichen Ermahnungen und Disziplinarmassnahmen und grossenteils auch dank dem Eingreifen Bossuets gaben schliesslich die Nonnen nach, und zugleich erfolgte auch die Unterwerfung der vier Bischöfe, allerdings in nicht ganz eindeutiger Form. Klemens IX. richtete ein Breve an die vier Bischöfe (19. Januar 1669), in dem er seine Freude darüber aussprach, dass sie das Formular Alexanders VII. unterschrieben hätten, aber auch deutlich zum Ausdruck brachte, sein Wohlwollen sei davon abhängig, dass die Unterschriften tatsächlich in vollem Gehorsam erfolgt seien. Das päpstliche Breve fand in Frankreich freudige Aufnahme. Dank dem versöhnlichen Entgegenkommen des Papstes war der « Klementinische Friede » hergestellt, der wenigstens äusserlich zunächst einen Ausgleich schuf und die Ruhe wiederherstellte, wenn auch zu einer endgültigen, vorbehaltlosen Unterwerfung der Jansenisten noch vieles fehlte. Arnauld und seine Freunde widmeten nun gemäss der Mahnung des Nuntius ihre Feder der Verteidigung des katholischen Glaubens gegen die Kalvinisten. 1669 erschien der erste Band ihres grossen Werks, das den katholischen Glauben über die wirkliche Gegenwart Christi als die Überzeugung der ganzen christlichen Vergangenheit erweist, und das nach dem Urteil Bossuets « völlig mit dem katholischen Glauben übereinstimmt ». Das Werk ist neben Nicoles vielbewunderter Darstellung der Sittenlehre *(Essais de morale)* die bedeutendste Veröffentlichung der Jansenisten.

Der Erfolg dieser Schriften war gross. Aber der jansenistische Geist wirkte auch noch fort. Nach dem Tode Arnaulds (1694) trat als Führer der Jansenisten *Paschasius Quesnel* hervor, der 1657 in das Oratorium eingetreten war, dieses aber 1681 wieder verliess, weil er sich weigerte, sich vom Jansenismus loszusagen, wie dies die Oratorianer von ihm forderten. Quesnel hatte sich schon durch eine Ausgabe der Werke Leos des Grossen den Ruf eines tüchtigen Gelehrten erworben, als er 1672 eine französische Ausgabe der Evangelien mit Anmerkungen und erbaulichen Erwägungen veröffentlichte, die mehrere Auflagen erlebte und 1699 in endgültiger Fassung unter dem Titel *Le Nouveau Testament avec des réflexions morales* erschien. Da das Buch jansenistische Gedanken vertrat, wurde es von Klemens XI. verurteilt.

DER QUIETISMUS

Zu eben der Zeit, da mit Quesnel der Jansenismus in eine neue Phase trat, begann noch eine andere Auseinandersetzung. Sie wurde durch die pseudomystische Bewegung des Quietismus ausgelöst, der auch als Reaktion gegen eine allzu formalistische Kasuistik aufkam. Die Bewegung ging von dem spanischen Weltpriester *Michael Molinos* aus, der seit 1663 in Rom lebte und hier in höheren gesellschaftlichen und selbst in kirchlichen Kreisen als Beichtvater und Seelenführer grosses Ansehen genoss. Molinos vertrat in seiner weitverbreiteten, in mehrere Sprachen übersetzten Schrift « Geistlicher Wegweiser » die Anschauung, das Ziel des geistlichen Lebens bestehe in einer so vollkommenen Ruhe und Passivität der Seele vor Gott, dass nicht einmal das Verlangen nach der Seligkeit, nach Tugend und Vollkommenheit, überhaupt kein eigenes Tun und Streben des Menschen mehr statthabe. Obwohl Innozenz XI. Molinos persönlich sehr hoch schätzte, verurteilte er doch durch die Bulle *Coelestis pastor* vom 19. November 1687 achtundsechzig Sätze aus dem « Wegweiser ». Molinos schwor im selben Jahre feierlich seine Irrtümer ab.

Ähnliche Anschauungen wie die von Molinos vertretenen wurden damals in Frankreich durch die fromme, aber zur Exaltation und Schwärmerei neigende *Madame Guyon* und ihren Seelenführer, den Barnabiten *Franz Lacombe* verbreitet. Lacombe hatte in Rom den Einfluss Molinos' erfahren, und die Auffassungen, die er mit Madame Guyon teilte und vertrat, deckten sich im wesentlichen mit Molinos' Lehre : die Vollkommenheit bestehe in der reinen und uneigennützigen Liebe zu Gott *(amour désintéressé)*, welche jede Rücksicht auf Lohn und Strafe ausschliesse, und so ein dauernder Zustand, nicht einzelner Akt sei. Angesichts des Anklangs, den diese Auffassungen fanden, sahen sich die kirchlichen Stellen zum Einschreiten veranlasst. Der Pariser Erzbischof François de Harlay liess Lacombe und Madame Guyon in Haft nehmen (1687-1688) und verurteilte im Jahre 1694 die Schriften letzterer. Inzwischen war in Issy bei Paris eine vom König ernannte Kommission zusammengetreten, um die quietistischen Lehren zu prüfen. Dieser Kommission gehörte auch Fénelon an ; den Vorsitz führte Bossuet. In dreissig Artikeln wurde den quietistischen Überspannungen gegenüber die kirchliche Lehre über die Mystik eindeutig dargelegt. Madame Guyon fügte sich zunächst und unterschrieb demütig die Artikel der Kommission ; als sie aber dann doch noch Anhänger zu gewinnen suchte, wurde sie wieder verhaftet und bis 1702 in der Bastille gefangen gehalten. Sie starb fünfzehn Jahre später eines frommen Todes.

Nach den Konferenzen von Issy schien die Angelegenheit des Quietismus erledigt. Da kam es neuerdings zu einem ernsten Konflikt über diese Fragen zwischen den beiden hervorragendsten Bischöfen Frankreichs, Bossuet und Fénelon. Bossuet hatte nämlich, um die Verbreitung der quietistischen Lehren zu verhindern, eine Schrift veröffentlicht *(Instruction sur les états d'oraison)*, in der er streng über Madame Guyon urteilte, und er wünschte, dass Fénelon ihm zustimme. Aber als treuer Freund von Madame Guyon verweigerte dies Fénelon, ja er nahm sogar 1697 in der Schrift *Explication des maximes des Saints* die Lehre von der reinen und selbstlosen Liebe zu Gott in Schutz. Daraus ergab sich ein heftiger literarischer Kampf zwischen den beiden Bischöfen, in dem die tiefe Verschiedenheit ihrer Geistes- und Seelenhaltung zum Ausdruck kam. Fénelon beschloss nun, selbst das Urteil des Papstes über seine Schrift nachzusuchen, und Innozenz XII. beauftragte zwölf Theologen mit der Prüfung. In der Zwischenzeit trat Bossuet mit dem Erzbischof von Paris und dem Bischof von Chartres zusammen, und gemeinsam veröffentlichten die drei eine Erklärung, die den *Maximes des Saints* entgegentrat (1697). Der Streit erregte in Frankreich grosses Aufsehen, und Ludwig XIV. drängte den Papst zur Entscheidung. Am 12. März 1699 verurteilte Innozenz XII. schliesslich die Richtung der *Maximes* im allgemeinen und dreiundzwanzig Sätze insbesondere. Fénelon zögerte nicht, sich dem päpstlichen Urteil « einfach, unbedingt und ohne jeden Vorbehalt » zu unterwerfen, und seine vorbildlich demütige Haltung setzte dem ganzen Streit ein Ende.

Aber der Irrtum wirkte sich doch aus. « Zu Ende dieses siebzehnten Jahrhunderts », schreibt sehr zutreffend ein Kirchenhistoriker, « sehnten sich die von der finstern jansenistischen Morallehre bedrückten, ausgetrockneten Seelen nach einem freien Aufschwung in der Liebe. Der in kirchlichen Kreisen unternommene Versuch, diesem Verlangen gerecht zu werden, schlug fehl; er wurde vereitelt und auf Abwege gebracht durch die Verirrungen einer schwärmerischen Frau. Danach aber war der Weg frei für einen rationalistischen Sentimentalismus, wie er revolutionären Utopien vorherzugehen pflegt. » [1]

VOM BAROCK ZUR AUFKLÄRUNG

Das siebzehnte Jahrhundert neigte seinem Ende zu. Das grosse Streben der Zeit nach Verbindung klassischer Kultur mit christlichem Geist trug in Italien und Spanien, in Deutschland, den Niederlanden und England, besonders schliesslich in Frankreich überaus reiche Frucht.

Die Kirche hatte sich die Errungenschaften der Renaissance in weitem Masse angeeignet und die grosse katholische Reform durchgeführt, die nicht sehr zutreffend als Gegenreformation bezeichnet wird. Seit dem Ende des sechzehnten und während fast des ganzen siebzehnten Jahrhunderts war christliche Kultur in einer Fülle und Grossartigkeit entfaltet worden, die mit dem kulturellen Hochstand des Mittelalters verglichen werden können. Wie die Barockkultur in Italien, Spanien, den Niederlanden und Deutschland, im kaiserlichen Machtbereich der Habsburger, so entfaltete sich die « Klassik » in Frankreich, im königlichen Machtbereich der Bourbonen. Der Grundzug des französischen siebzehnten Jahrhunderts, des *grand siècle*, ist durch die katholische Reform geprägt. « Der französische Klassizismus bringt », wie die treffende Formulierung G. de Reynolds lautet, « die verschiedenen Kräfte der Renaissance zum Ausgleich; er bildet den Höhepunkt der modernen Epoche. Tatsächlich ist in Frankreich der vollkommenste Typus des modernen Menschen ausgebildet worden, jener Typus des *honnête homme*, der gleichermassen, in wohlabgewogener Zuordnung die Ideale des Humanisten der Renaissance, des mittelalterlichen Ritters und des Christen der katholischen Reform-

[1] Mourret, a.a.O. Bd 6, S. 410.

bewegung in sich vereinigt. Die führende französische Gesellschaft, die *honnêtes gens*, des siebzehnten Jahrhunderts, bildete eine Elite, die sich ganz Europa zum Vorbild nahm. »[1]

Das siebzehnte Jahrhundert stellt sich « wie ein Damm » zwischen das sechzehnte und achtzehnte Jahrhundert. Es führte zu dem « letzten Triumph der Ordnung », den die moderne Welt erleben sollte. Aber diese Ordnung wurde innerlich gefährdet, indem man sie übertrieb. Zu Ende des siebzehnten Jahrhunderts entstand allgemein in Europa eine geistige Krise : das Streben nach individueller Autonomie setzte neuerdings auf den beiden Gebieten ein, auf denen es sich früher schon angebahnt hatte, dem religiösen und dem intellektuellen. Als eine Unterströmung hatte die individualistische und rationalistische Bewegung schon das siebzehnte Jahrhundert durchzogen ; am Ende der Epoche begann sie immer stärker hervorzutreten. Den führenden Geistern der Barockzeit galt die Vernunft, die Ratio, als regulatives Prinzip für jede Art von Synthese; sie sicherte das Masshalten und blieb dem Glauben untergeordnet, der höheren Eingebung, dem « geheimen Einfluss des Himmels », wie Boileau sagt. Aber schon um die Jahrhundertwende beginnt der analytische und kritische Verstand zu überwiegen, der alles in Frage stellt und sich dem Glauben und den Offenbarungsgeheimnissen mit einer ganz neuen Heftigkeit entgegenstellt.

Die « Krise des europäischen Geistes » setzt zuerst in den protestantischen Ländern ein ; ihr Hauptherd ist England ; von hier greift sie zunächst auf Holland, dann auf Deutschland über. Sie entsteht infolge einer starken Gegenbewegung gegen die trockene Rechtgläubigkeit, den offiziellen Konformismus, das Staatskirchentum, in welche die Reformation nach der Zeit ihrer heroischen Anfänge, ihres « Mittelalters, ausgelaufen war. Der grundsätzliche Individualismus, wie ihn die Reformation ausgebildet hatte, wird nun neu belebt durch den aus der Renaissancebewegung hervorgegangenen Rationalismus, und dieser rationalistische Individualismus geht jetzt viel weiter als je in der Renaissancezeit. Er stellt die Grundlage selbst, die ersten Grundsätze des Glaubens in Frage und mündet schliesslich in Skeptizismus und Atheismus.

In Verbindung mit diesem autonomen Rationalismus bahnt sich ein letztlich gleichgerichteter Sentimentalismus an, der zur Natur zurückführen soll. Er führt schliesslich im religiösen Bereich zu einem Gefühlschristentum,

---

[1] Über die geistige Bewegung jener Epoche, die für die Folgezeit von entscheidender Bedeutung ist, s. PAUL HAZARD : *La crise de la conscience européenne* (1680-1715). 3 Bde. Paris 1934. Deutsche Übertragung von HARRIET WEGENER : *Die Krise des europäischen Geistes* (1680-1715). Hamburg, Hoffmann & Campe, 1939 (Europa-Bibliothek). — S. auch G. DE REYNOLD : *Cercles concentriques.* Bienne 1943. S. 216-218.

das keine Autorität mehr anerkennt und von vornherein dazu neigt, sich völlig aufzulösen in einen zerfliessenden Pantheismus oder — was letztlich auf dasselbst hinausläuft — in eine Art von unklaren Deismus. An dieser geistigen Entwicklung ist englischer Geist entscheidend beteiligt. In England nimmt die Aufklärungsbewegung ihren Anfang; die französischen Aufklärer übertreffen ihre englischen Lehrer und Vorläufer kaum an Kühnheit des Vorstosses und Heftigkeit der Ausdrucksweise. Die Verbindung der französischen und englischen Geistesbewegung aber führt schliesslich jenen « sozialen Kosmopolitismus » herauf, der die europäische Geschichte des achtzehnten Jahrhunderts massgeblich bestimmt. In diesem geistigen Umkreis wird der heftigste Sturm vorbereitet, der noch je gegen die Fundamente der alten religiösen und politischen Ordnung geführt wurde: die französische Revolution.

Kapitel VII.

DAS PAPSTTUM UND DER BEGINN DER AUFKLÄRUNGSBEWEGUNG

DAS VORDRINGEN DER AUFKLÄRUNGSPHILOSOPHIE

Das wichtigste Geschehen des achtzehnten Jahrhunderts, schreibt einer der besten Geschichtsschreiber der französischen Revolution, « spielt sich nicht in den Kriegen ab, nicht in den Tagen der Revolution, sondern in der Auflösung und Umkehrung der Ideen, die für das siebzehnte Jahrhundert wegweisend und beherrschend gewesen waren. » [1] Wir wiesen schon bei unserer Darstellung der Glaubensspaltung darauf hin, dass sich überhaupt das eigentliche geschichtliche Geschehen im Bereich des Geistes vollzieht, und wir sahen im Vorhergehenden die Bedeutung jener « Krise des europäischen Geistes », die schliesslich zur Vorherrschaft der Aufklärung führte, in deren Zeichen das ganze achtzehnte Jahrhundert steht. Massgebend ist zu dieser Zeit die autonome, kritisch-analytische Vernunft. In der zweiten Jahrhunderthälfte ist der neue Geist voll entfaltet, er findet seinen Ausdruck in den grossen Werken der aufgeklärten Philosophen, während sich zugleich das Freidenkertum und die revolutionäre Partei organisieren. Eine eigentliche « Gegenkirche » entsteht in jener Zeit mit eigenen Dogmen, die den christlichen grundsätzlich zuwiderlaufen und im heidnischen Humanismus der Renaissance wurzeln. Die französische Revolution, sagt mit Recht der französische Historiker Miche-

[1] Pierre Gaxotte : *La Révolution française.* Paris 1928. S. 50.

let, der selbst dieser Geisteswelt entstammte und erfüllt von ihrer Grösse war, « liess keine Kirche gelten. Warum ? Weil sie selbst eine Kirche war. » Mit Voltaires und der Enzyklopädisten Kampfparole *Ecrasons l'Infâme* ! wird *Infâme* das Schlagwort für die Kirche Christi.

Die Gedankenwelt des achtzehnten Jahrhunderts ist nicht nur mannigfaltig, sondern auch tiefgehend widersprüchlich. Vor allem bestand ein Widerspruch zwischen den beiden leitenden Ideen, aus denen heraus die alte Ordnung zerstört und danach die Neuordnung geschaffen werden sollte, der Idee von der Vernunft und von der Natur. Indessen lassen sich doch die Dogmen der geistigen Revolution, die für alle Reformen jener Zeit massgebend waren, in drei wichtigste zusammenfassen : das Dogma von der ursprünglichen und bleibenden Güte des Menschen und der selbstherrlichen menschlichen Vernunft, woraus sich der humanitäre Optimismus ergibt, der der christlichen Lehre von der Erbsünde widerspricht ; der Glaube an das menschliche Recht auf Glück im irdischen Leben und der Glaube an den unbegrenzten Fortschritt. Der Mensch erscheint bei dieser Philosophie als das Mass aller Dinge ; er genügt sich selbst, existiert durch sich selbst, und er wird vergöttert, da in seinen Gedanken die Wahrheit und in seinem Willen sein Gesetz begründet ist. [1]

Alle sozialen Kräfte wussten die führenden Aufklärer auf die Revolution hinzulenken, zunächst auf die Revolution der Ideen und hernach auf den Umsturz der alten Gesellschaftsordnung. Die Wirkung der Aufklärer erstreckte sich auf den ganzen europäischen Umkreis. Allgemein verstanden sie es, die öffentliche Meinung zu beeinflussen, und sie konnten dies umso leichter als Ursachen genug zur Unzufriedenheit mit den bestehenden politischen und sozialen Zuständen vorhanden waren. Die organisierte Beeinflussung der öffentlichen Meinung geschah vornehmlich durch gewisse Gesellschaften, deren bestausgebildeten Typus die Freimaurerei darstellte, und deren Rolle in Frankreich von Augustin Cochin durch die zutreffende Bezeichnung *sociétés de pensée* charakterisiert wurde. An sich hätten die politischen, wirtschaftlichen und sozialen Probleme, die sich zu Ende des achtzehnten Jahrhunderts besonders der französischen Monarchie stellten, ohne gewaltsame Sprengung

---

[1] Die Aufklärung beansprucht für den menschlichen Geist jene Aseität, jenes Von-sich-selbst-Sein, das nach der thomistischen Lehre Eigenschaft Gottes und der Grund aller göttlichen Vollkommenheiten ist. Einen guten Einblick in die Gedankenwelt der Aufklärer vermittelt Jacques Maritain : *Antimoderne.* Paris 1922. (Deutsche Übersetzung von Franz Damaris, hrsg. v. Karl Eschweiler unter dem Titel : *Antimodern. Die Vernunft in der modernen Philosophie und Wissenschaft und in der aristotelisch-thomistischen Erkenntnisordnung.* Augsburg 1930.) — Ich verweise hier auch auf meinen Beitrag zur Festschrift Albert Büchi († 1920) : *L'Esprit de la Révolution.* Fribourg 1924.

der alten Ordnung gelöst werden können. Aber in diesen Problemen trat die viel tiefergehende, allgemeine Krise in Erscheinung, die damals schon so fortgeschritten war, dass einzelne Massnahmen nichts mehr ausrichten konnten. Gegen Ende des Jahrhunderts hatten die Aufklärer die öffentliche Meinung in Frankreich schon daran gewöhnt, das neue Ideensystem, die *philosophie*, engstens mit einer bestimmten Vorstellung von Freiheit und Reformen zu verbinden. Und sie hatten es so wohl verstanden, die Geister allmählich umzubilden, die Achtung vor der Tradition, der religiösen wie der politischen, zu untergraben und die Idee einer möglichen Änderung einzuführen, dass selbst in den Kreisen der « Privilegierten », der Nutzniesser der alten Ordnung, merkwürdig viele für die « Philosophie » schwärmten.

Eine Art allgemeiner Liga gegen die Autorität, die religiöse Autorität insbesondere, war mit der Zeit zustande gekommen. Für diese Entwicklung sind aber auch die Fürsten verantwortlich, die sich ihres « aufgeklärten Despotismus » rühmten und dabei der Kirche gegenüber eine Haltung einnahmen, die eine schwere Schwächung der Lebenskräfte des Christentums zur Folge hatte. Die unaufhaltsam vordrängende Bewegung, bei der sich zunächst die aufgeklärten Philosophen mit den Gallikanern und Jansenisten gegen die Jesuiten verbanden, konnte aber schliesslich doch nicht die Kirche zerstören, während Adel und Königtum ihr zum Opfer fielen. Als die Gesellschaft Jesu in den verschiedenen Ländern verfolgt, von den aufgeklärtem Fürsten bedroht, umgarnt und endlich vom Heiligen Stuhl aufgehoben wurde, war die Bedeutung dieser Niederlage des Ordens allgemein klar. Aber der Glaube der Revolutionäre, dass nach dem Sturz des französischen Königtums auch für das Papsttum die letzte Stunde gekommen sei, ging fehl. Das Schicksal der Kirche ist an keine bestimmte politische Gesellschaftsordnung gebunden. So erstieg auch damals die Kirche einmal mehr erneut aus den Ruinen, um weiter ihrer ewigen Berufung zu folgen. Die Zeit schwerer Auseinandersetzung war freilich mit der Revolution nicht vorbei, als deren geistiger Erbe der Liberalismus der Kirche entgegentrat. Der tiefe Gegensatz zwischen Katholiken und Liberalen durchzieht das ganze neunzehnte Jahrhundert und beruht, wie der grosse liberale belgische Historiker Henri Pirenne schreibt, « auf der unvereinbar verschiedenen Auffassung, die man hüben und drüben von der Bestimmung des Menschen hatte. »

Das Papsttum war während des ganzen achtzehnten Jahrhunderts schwer bedrängt. Während die Freidenker hofften, es gänzlich vernichten zu können, nahmen die katholischen Fürsten, die sich als Freunde und Stützen des Heiligen Stuhls ausgaben, nur insofern noch einige Rücksicht auf Rom, als dies in ihrem eigenen Interesse lag. In der Welt der Diplomaten, dieser glänzenden, äusserst kultivierten, für die Geistigkeit des achtzehnten Jahrhunderts repräsentativen Gesellschaft, die sich aus Leuten verschiedenster religiöser Gesinnung und grundsätzlicher Haltung zusammensetzte, in ihrer Mehrheit zwar eher zum Skeptizismus neigte, bestand bei allen Spannungen in einer Hinsicht immer völliges Einvernehmen, in der Einstellung gegen die Gesellschaft Jesu, die zum Verschwinden gebracht werden sollte.

Acht Pontifikate fallen in die Zeit von 1700 bis 1799. Die fünf ersten, von Klemens XI. bis Benedikt XIV., behandeln wir in diesem, die drei letzteren, in die letzten vierzig Jahre des Jahrhunderts fallenden, das Pontifikat Klemens' XIII., Klemens' XIV. und Pius' VI., im folgenden Kapitel. Gegenstand des letzten, abschliessenden Kapitels wird der Kampf der Päpste gegen den Unglauben sein, wobei wir im einzelnen sehen werden, wie die Oberhirten der Kirche deren Gefährdung durch Jansenismus, Josephinismus und besonders durch die Freimaurerei abwehrten.

DAS PONTIFIKAT KLEMENS' XI. (1700-1721)

Das lange Pontifikat *Klemens' XI.* zu Beginn des Jahrhunderts der Aufklärung wurde durch die Auseinandersetzung mit der neuen Geistesbewegung von einer überaus schweren Aufgabe erfüllt. Auf politischem Gebiet begann damals der spanische Erbfolgekrieg, der insofern auch den Heiligen Stuhl bedrängte, als ein Übergreifen der Feindseligkeiten auf den Kirchenstaat zu befürchten war, der inmitten Italiens gelegen, an die spanischen Herrschaftsgebiete Neapel und Mailand grenzte. Unter diesen Umständen war zu erwarten, dass die Mächte sich bemühen würden, auf das Konklave Einfluss zu gewinnen, das Innozenz XII. einen Nachfolger geben sollte. Da sich aber die kaiserliche und die französische Partei annähernd das Gleichgewicht hielten, konnte sich schliesslich die politisch neutrale Partei der *zelanti* durchsetzen, die nur das eine Anliegen kannte, dass für den neuen Papst das wesentliche Interesse der Christenheit allein massgebend sei.

Am 23. November 1700, drei Wochen nach dem Tode des Königs von Spanien, Karls II., ward der Kardinal Gian Francesco Albani einmütig erwählt. Zunächst weigerte er sich zwar, die Wahl anzunehmen. Er fand sich erst dazu bereit, als man ihm dies in seiner Umgebung als eine Pflicht dartat, da die einstimmige Wahl Gottes Willen zum Ausdruck gebracht habe. Klemens XI. war feingebildet und ein Freund von Kunst und Wissenschaft, der auch in den gelehrten römischen Kreisen um die Königin Christine von Schweden besonderes Ansehen genossen hatte. Von Alexander VIII. zum Kardinal erhoben, war er als Sekretär der Breven im Verkehr mit den europäischen Höfen gestanden. Er hatte an der Abfassung der Bulle mitgearbeitet, die Alexander VIII. noch auf seinem Sterbebette gegen die gallikanische Klerusversammlung von 1682 erliess, und ebenso an der Konstitution Innozenz' XII. gegen den Nepotismus. Die politische Rolle, die ihm schon vor seiner Wahl zum Papst zugefallen war, entbehrte nicht der Bedeutung. Albani hatte die Bewerbung des Kurfürsten Friedrich August von Sachsen um die polnische und die des Herzogs von Anjou um die spanische Königskrone unterstützt. Die Engländer waren dadurch auf ihn besonders aufmerksam geworden, dass er die katholischen Anhänger Jakobs II. Stuart, die der Sieg Wilhelms von Oranien zur Auswanderung aus England zwang, unterstützte und in Rom aufnahm.

Nicht minder bedeutend als die politische Befähigung war die vorbildliche Lebensführung des neuen Papstes, der bei seiner Wahl erst im einundfünfzigsten Lebensjahr stand und ein langes, erfolgreiches Pontifikat erhoffen liess. Durch seine tiefe, aufrichtige Frömmigkeit, die sich mit persönlicher Anspruchslosigkeit und Mildtätigkeit verband, stand er bei den Römern in hohem Ansehen und war auch im Volke beliebt ; er hielt sich gewissenhaft an die Konstitution gegen den Nepotismus, und sein Privatleben war stets ebenso würdevoll wie sein öffentliches Auftreten. Leider gingen ihm nur die Energie und Entschlusskraft ab, die die Umstände zur Zeit seiner Wahl in besonderem Masse forderten.

Es wäre jedoch sehr ungerecht, Klemens XI. persönlich die Misserfolge zur Last zu legen, die sein Pontifikat verdunkeln. Die politische Lage war damals so verwickelt, die Interessengegensätze im grossen politischen Machtstreit waren so gewaltig, dass fraglich erscheint, ob selbst ein entschlossener, tatkräftiger auftretender Papst die Schwierigkeiten leichter bewältigt hätte, vor die sich damals der Heilige Stuhl gestellt sah. Seit dem Westfälischen Frieden und dem Beginn von Ludwigs XIV. Vorherrschaft hatte sich die europäische Gesamtlage in einer Weise entwickelt, dass den Päpsten nur noch eine zweitrangige Bedeutung unter den europäischen Mächten zukam, die vornehmlich auf ein zu ihren Gunsten sich auswirkendes europäisches Gleichgewicht bedacht waren. Die Interessen des Papsttums, in Hinsicht sowohl auf seine allgemeine geistliche Macht als auch auf den Kirchenstaat, wogen nicht schwer in den politischen Berechnungen der katholischen Fürsten.

DER SPANISCHE ERBFOLGEKRIEG (1701-1714)

Nach dem Ausbruch der Feindseligkeiten zur Zeit Innozenz' XII.[1] hatte nun ein Vermittlungsangebot Klemens' XI., der Philipp V. wohlgesinnt war, wenig Aussicht auf Erfolg. Der Papst kam selbst in eine schwierige Lage, als sowohl der Enkel Ludwigs XIV., als auch Kaiser Leopold I. von ihm als Oberlehensherrn die Investitur in das Königreich Neapel und Sizilien verlangten, und jener Streit um die grosse Insel entstand, der zu Ende des Krieges wieder aufleben sollte. Mit Unwillen erfuhr Klemens XI., dass der Kaiser der Annahme der Königswürde durch den Kurfürsten Friedrich III. von Brandenburg zustimmte, um diesen für seine Sache zu gewinnen (1701). Die Kurie nahm besonders Anstoss daran, dass sich der Königstitel auf das frühere, zur Zeit der Reformation säkularisierte Ordensland Preussen gründete. Aber der Heilige Stuhl erhob auch grundsätzlich Protest dagegen, dass ein neues Königreich ohne seine Billigung errichtet worden sei. Dieser Protest blieb freilich im katholischen Wien ebenso erfolglos wie in Berlin, der Hauptstadt des jungen protestantischen Königreichs.

Da man am kaiserlichen Hofe die Politik Klemens' XI. offenkundig franzosenfreundlich fand, zog, als die kaiserlichen Truppen in Italien vordrangen, für den Kirchenstaat die Gefahr einer Besetzung herauf. Anderseits fanden die Franzosen, dass der Papst sich ihnen nicht entschieden genug wohlgesinnt zeige. Zum Bruch zwischen Kaiser und Papst kam es, als der junge Joseph I. 1705 seinem Vater Leopold I. auf dem Kaiserthron nachfolgte. Nach den Siegen des Prinzen Eugen über die Franzosen sah sich der Papst genötigt, den kaiserlichen Truppen den Durchzug durch den Kirchenstaat zum Angriff gegen Neapel zu gewähren. Als aber der Herzog von Parma und Piacenza mit dem Prinzen Eugen ein Abkommen schloss, das die Rechte des Heiligen Stuhls verletzte, erliess der Papst eine Bulle, welche die grosse Exkommunikation über die Schuldigen verhängte. Die Strafmassnahmen blieben allerdings wirkungslos. Der Herzog von Modena begünstigte seinerseits die Besetzung von Comacchio durch kaiserliche Truppen, und daraufhin entschloss sich Klemens XI. die für seine Verteidigung notwendigen militärischen Massnahmen zu ergreifen.

Im Jahre 1708 kam es zum offenen Kriege zwischen Papst und Kaiser. Die Lage entwickelte sich bald zugunsten des Kaisers, und im Friedensvertrag, der 1709 zustande kam, musste der Papst die Anerkennung Karls III., des Bruders des Kaisers, als spanischen Königs zusagen. Nun wies Philipp V.

---

[1] S. o. S. 317.

den päpstlichen Nuntius in Madrid aus und belegte die Einkünfte des Apostolischen Stuhls aus Spanien mit Beschlag. Klemens XI., der sich nur aus Furcht vor einem neuen Sacco di Roma zur Annahme der kaiserlichen Forderungen entschlossen hatte, war in der unglücklichsten Weise zwischen die beiden Gegner geraten.

In der Folge zeigte sich noch deutlicher, wie sehr das Ansehen des päpstlichen Stuhles im Sinken war. Klemens XI. erfuhr eine neuerliche Demütigung bei der Wahl des Nachfolgers Kaiser Josefs I., Karls VI. Der zur Kaiserwahl nach Frankfurt entsandte Nuntius, der Neffe des Papstes, Kardinal Annibale Albani, der gegen die Wahl Karls III. zum König von Spanien protestiert hatte, wurde rücksichtslos abgewiesen.

Bei den Friedensschlüssen von Utrecht und Rastatt (1713-1714) wurde Sizilien dem Herzog Viktor Amadeus II. von Savoyen zugesprochen ohne jede Rücksicht auf die Rechte des Papstes als Oberlehensherr. Der neue König nahm alsbald auch gewisse, in der sogenannten *Monarchia Sicula* beschlossene kirchliche Privilegien in Anspruch, die die Päpste bisher noch immer den Herrschern Siziliens bestritten hatten. Als nun Klemens XI. durch die Bulle *Romanus Pontifex* vom 20. Februar 1715 die *Monarchia Sicula* aufhob, wurden die Geistlichen aus Sizilien ausgewiesen, und der Heilige Stuhl musste mit beträchtlichem Kostenaufwand für ihren weiteren Unterhalt sorgen. Man suchte auch nicht das Einverständnis des Papstes, als der Herzog von Savoyen später das weniger ergiebige Sardinien mit der Königswürde im Tausch gegen das reiche Sizilien erhielt, das an Österreich kam (Vertrag von London 1720). Eine gewisse Genugtuung boten Klemens XI. hingegen die Friedensverträge von Rastatt und Baden. Trotz der gegenteiligen Bemühungen Englands, Hollands und Preussens erreichte der Papst, dass die Ausübung der katholischen Religion in den von Frankreich geräumten Gebieten am Rhein gewährleistet wurde. Diese Bestimmung ging auf eine 1697 von Ludwig XIV. durchgesetzte Klausel des Ryswicker Friedens zurück.

Die allgemeine politische Lage hatte sich unterdessen gewandelt. Nach dem Tode Ludwigs XIV. im Jahre 1715 hatte Philipp von Orléans die Regentschaft für die Zeit der Minderjährigkeit Ludwigs XV. übernommen. Die endgültige Regelung der spanischen Erbfolgefrage erwies sich weiterhin als sehr schwierig ; lange, von den vielfältigsten Intrigen durchsponnene Verhandlungen zogen sich bis 1725 hin. Wir erinnern hier nur an die Bildung der von Frankreich, England, Holland und dem Kaiser geschlossenen Quadrupelallianz, die sich den ehrgeizigen Plänen Philipps V. von Spanien entgegenstellte. Philipp V. wurde durch seine zweite Gemahlin, Elisabeth Farnese, und den allmächtigen Minister Alberoni, einen Gärtnerssohn aus Piacenza, der von Jesuiten erzogen worden war, dazu getrieben, die spanischen Besitzungen in Italien zurückzugewinnen, die im Kriege verloren gegangen waren. Er entschloss sich auch, über die Klausel des Utrechter Friedens hinwegzugehen, durch die er auf seine Ansprüche auf den französischen Thron verzichtet hatte. Indessen erhob der Papst, dem Drängen des Königs von Spanien und Alberonis selbst nachgebend, den ränkereichen Minister zum Kardinal (1717).

Noch im gleichen Jahre ging der Kardinal an die Verwirklichung seiner weiten Pläne. Er benützte den Umstand, dass der Kaiser wieder mit den Türken zu tun hatte, um eine spanische Flotte nach Sardinien zu schicken und sich des Landes zu bemächtigen. In England suchte er durch den Thronanwärter Stuart und König Karl XII. von Schweden einen Umsturz herbeizuführen, und in Frankreich unterstützte er eine gegen Philipp von Orléans gerichtete Verschwörung, deren Seele der spanische Botschafter Cellamare war. Der Papst wurde durch den spanischen Angriff gegen Sardinien peinlich überrascht und kam dadurch in grosse Verlegenheit. Von kaiserlicher Seite verdächtigte man ihn des Einverständnisses mit dem hinterlistigen Alberoni und da er, obgleich er getäuscht worden war, Spanien gegenüber entgegenkommend blieb, entstand neuerdings eine Spannung zwischen der Kurie und dem Kaiserhof.

Tatsächlich behinderte Alberonis Politik den Kaiser im Türkenkrieg, indem sie die kaiserlichen Besitzungen in Italien gefährdete. Schliesslich wurden jedoch die Türken durch die glänzenden Siege des Prinzen Eugen zurückgewiesen. Klemens XI. hatte sich seinerseits wie sein Vorgänger in jeder Weise bemüht, die Gefahr zu bannen, die der Christenheit durch den Islam drohte. Der Friede von Passarowitz (1718) besiegelte nun das neuerliche Zurückweichen der Türken und sicherte die Eroberungen, die Österreich schon im Frieden von Karlowitz (1699) zuerkannt worden waren. Österreich wurde im Besitz des Banats von Temesvar, des grössten Teils von Serbien mit Belgrad und der Kleinen Walachei bestätigt. Alberonis Pläne aber scheiterten. Ein zunächst noch erfolgreiches spanisches Unternehmen gegen Sizilien endete kläglich mit der Versenkung des spanischen Geschwaders durch die englische Flotte am Kap Passaro und dem Eindringen eines französisch-englischen Heeres in Spanien. Der Kardinal-Minister hatte die Kräfte Spaniens überschätzt, und Philipp V. war nun gezwungen, sich der Quadrupelallianz zu fügen. 1725 kam mit den Wiener Verträgen die Aussöhnung zwischen Österreich und Spanien nach fünfundzwanzigjährigen Kriegen und Verhandlungen zustande, und bald darauf folgte die Aussöhnung zwischen Frankreich und Spanien, die sich danach in einem Bündnis zwischen diesen beiden Mächten festigte ; dieses Bündnis währte bis zum Sturz des französischen Königshauses, während die französisch-englische Allianz schon 1740 ihr Ende fand. Der Papst konnte von dieser Entwicklung der politischen Lage insofern befriedigt sein, als der Friede, für den er unentwegt gearbeitet hatte, wiederhergestellt war und auch aufrecht erhalten blieb.

KLEMENS XI. UND DIE MISSIONEN

In der Geschichte der Missionen kommt Klemens XI. besondere Bedeutung zu durch sein Eingreifen in den sogenannten Akkomodationsstreit, jenen Streit zwischen Missionaren und Theologen über die Frage, wieweit Zugeständnisse an Sitte und Brauchtum der zu missionierenden Völker angebracht und zulässig seien.

Schon Gregor XV. hatte, wie erinnerlich, sich veranlasst gesehen, zu der Streitfrage der *malabarischen Gebräuche* Stellung zu nehmen, die das erfolgreiche missionarische Wirken des Jesuiten Robert de Nobili zu Beginn des siebzehnten Jahrhunderts aufgeworfen hatte. Die Jesuitenmissionen in Indien waren rasch aufgeblüht; schon ein halbes Jahrhundert nach ihrem Beginn waren vierhundert Mitglieder der Gesellschaft hier tätig. Aber nur die niederen Kasten waren zunächst zur Aufnahme der christlichen Glaubensbotschaft bereit, und die Inder der höheren Kasten verachteten die bekehrten « Parias » ebenso wie die fremden Prediger, die sich durch den Umgang mit den « Unberührbaren » verunreinigten. Robert de Nobili wollte nun auch die Vornehmen gewinnen und suchte deshalb in seiner Lebenshaltung ganz den Sitten der Brahmanen zu entsprechen; er lebte als Einsiedler und drang durch eifriges Studium der heiligen Bücher der Inder in deren Geheimlehren ein. « Ich passte meine Ausdrucksweise ihren Ideen an, » schrieb der fromme Missionar, « nach dem Beispiel des Apostels (des hl. Paulus), der den Athenern den unbekannten Gott predigte. » Dabei hatte Nobili so erstaunlichen Erfolg, dass der Jesuitengeneral Aquaviva ihn als die Verkörperung des idealen Missionars bezeichnete.

Aber das feindselige Misstrauen gewisser Brahmanen und der Anstoss, den gewisse christliche Kreise an den Zugeständnissen Nobilis nahmen, führte dazu, dass sich der Missionar vor dem Bischof von Goa zu verantworten hatte. Es gelang Nobili zwar, sich in Rom zu rechtfertigen, und Papst Gregor XV. billigte seine neue Missionsmethode in der Bulle *Romanae sedis antistes* vom 31. Januar 1623. Die Kapuziner und Dominikaner, die bald hernach nach Asien kamen, gingen trotzdem andere Wege. Erstere griffen die malabarischen und letztere die chinesischen Gebräuche an, von denen noch die Rede sein wird. In der Folge verwarf Innozenz X. 1645 die jesuitische Akkomodation als heidnisch, wohingegen Alexander VII. 1656 wieder auf das Urteil Gregors XV. zurückkam. So bestand in dieser Frage an massgebender Stelle eine Meinungsverschiedenheit, durch die sich der Streit unabsehbar hinauszuziehen drohte. Klemens XI. beschloss nun, die Streitfrage in den Missionen selbst durch einen Legaten prüfen zu lassen, und übertrug diese Aufgabe dem Patriarchen Tournon von Antiochien. Der Legat verurteilte die Zulassung der sogenannten malabarischen Gebräuche und verwarf dann auch in China die Anpassung an die chinesischen Gebräuche. Tournon ward im Jahre 1707 zum Kardinal ernannt, und Klemens XI. bestätigte sein Urteil in der Bulle *Ex illa die* vom 19. März 1715.

Die Frage der chinesischen Gebräuche wurde besonders heftig umstritten. Der eigentliche Begründer der Mission in China, der italienische Jesuit Matteo Ricci, der hier zu Beginn des siebzehnten Jahrhunderts wirkte, verband mit einem hervorragenden mathematischen und astronomischen Wissen eine gute Kenntnis der chinesischen Sprache. Dadurch genoss er hohes Ansehen selbst bei den Mandarinen, die die öffentlichen Ämter verwalteten, zu denen schwierige Prüfungen erforderlich waren. Ricci schrieb in chinesischer Sprache eine Abhandlung über die wahre Lehre von Gott, in der er zwar gegen den Buddhismus und Taoismus Stellung nahm, sich aber doch bemühte, die Lehre des Konfuzius in ähnlicher Weise zu verwerten wie die Apologetiker der ersten christlichen Jahrhunderte die platonischen und aristotelischen Lehren verwertet hatten. Er erlaubte den neubekehrten Chinesen eine gewisse Weiterführung des Ahnenkults, ja sogar eine beschränkte Verehrung des Konfuzius, da er hierin nur bürgerliche Riten sehen zu dürfen glaubte. Er liess auch die Bezeichnung des wahren Gottes durch den von Konfuzius und den Gebildeten in seinem Gefolge gebrauchten Namen Schang-ti (höchster Herr) zu, sowie die Bezeichnung des Himmels durch den dem religiösen Wortschatz der Chinesen entnommenen Ausdruck Tien.

Riccis Zugeständnisse fanden jedoch in seinem eigenen Orden Widerspruch. Der Visitator, P. Andreas Palmeiro, und Riccis eigener Nachfolger Longobardi verboten die chinesischen Gebräuche. Im allgemeinen führten aber die Jesuiten Riccis Akkomodationspraxis weiter fort und hatten auch viele Erfolge damit. Besonders der aus Köln stammende P. Johann Adam Schall und der Belgier P. Verbiest, genossen durch ihre mathematischen und astronomischen Kenntnisse hohes Ansehen am Kaiserhof. Indessen vertraten die Missionare, die anderen, besonders dem Dominikaner- und Franziskaner-Orden angehörten, zumeist strengere Auffassungen als die Jesuiten, und auf einen Bericht des Dominikaners P. Moralès hin, der die chinesischen Gebräuche verurteilte, erfolgte 1645 ein Propagandadekret, das die Akkomodation, wie sie von den Jesuiten geübt wurde, verwarf. Innozenz X. bestätigte 1652 dieses Dekret. Von Alexander VII. erwirkten die Jesuiten jedoch 1656 ein neues Dekret, das die früheren Verfügungen insofern abänderte, als es den bekehrten Chinesen doch einige Riten als rein bürgerliche Bräuche erlaubte unter der Bedingung, dass alles Abergläubische davon ausgeschlossen sei. Da indessen der Streit weiterging, sah sich Klemens IX. veranlasst, in einem dritten Dekret 1669 zu erklären, dass beide vorhergehenden Dekrete zu Recht bestünden. Damit war allerdings die umstrittene Frage noch nicht abgeklärt.

Eine eindeutige Entscheidung traf erst Klemens XI., als er 1704 die Verehrung des Konfuzius und die Ahnenverehrung verbot und die Verwendung der Ausdrücke Schang-ti und Tien als Gottesnamen untersagte. Als der Legat Tournon, seiner Aufgabe entsprechend, dieses Dekret veröffentlichte und seine Durchführung unternahm, liess ihn der Kaiser gefangen setzen (1705). Ein neuer Legat, der Patriarch Mezzabarba von Alexandrien, wurde zwar vom Kaiser empfangen, musste dann aber, obgleich er vermittelnde Vorschläge überbrachte, unverrichteter Dinge Peking wieder verlassen (1721). Benedikt XIV. traf schliesslich die endgültige Entscheidung. Am 11. Juli 1742 verurteilte er durch die Konstitution *Ex quo singulari* die chinesischen Gebräuche mit der Begründung, dass die Reinheit des christlichen Kultus vor jeglicher Makel des Aberglaubens unberührt bewahrt werden müsse, und am 12. September 1744 bestätigte er nochmals seine Entscheidung durch die Bulle *Omnium sollicitudinum*. Durch diesen Spruch Roms waren nun die chinesischen und malabarischen Gebräuche endgültig untersagt.

TOD KLEMENS' XI.

Zu dem Zeitpunkt, da der Ritenstreit beendigt wurde, weilte Klemens XI. schon lange nicht mehr unter den Lebenden; er war schon am 19. März 1721 gestorben. Eine schlichte Marmorplatte in der Chorkapelle von Sankt Peter bezeichnet die Stätte seines Grabes. Dem frommen, von heiligem Eifer erfüllten und durch einen tadellosen Lebenswandel ausgezeichneten Papst war es nicht leicht gewesen, zugleich den Pflichten, die ihm als gemeinsamem Vater der Gläubigen auferlegt waren, und jenen andern Aufgaben nachzukommen, die damals dem Papst als Herr eines italienischen Staates zufielen. Nur allzu oft musste Klemens XI. auch die bittere Erfahrung machen, dass die Herrscher der europäischen Staaten kaum mehr die Rechte des Heiligen Stuhls berücksichtigten, wenn ihre eigenen Interessen auf dem Spiele standen.

Wohl huldigte man dem Oberhaupt der Kirche weiter mit höfischen Redensarten, aber in der Tat war die Staatsräson allein massgebend. Klemens XI. hatte auch noch die ersten Erfolge des vordringenden Freidenkertums erlebt. In Fontenelles « Geschichte der Orakel » und Bayles « Historisch-kritischem Wörterbuch » wurden nicht allein der gebildeten Gesellschaft Frankreichs, sondern darüber hinaus ganz Europas alle die Thesen vorgetragen, mit denen man nun schon seit anderthalb Jahrhunderten die christliche Religion zu untergraben suchte. Das Jahrhundert der Enzyklopädie und der Revolution hatte begonnen.

INNOZENZ XIII. (1721-1724)

Auf die lange Regierung Klemens' XI. folgte ein kurzes Pontifikat. Die Mehrheit des Kardinalkollegiums wollte Klemens XI. in der Person seines Staatssekretärs, des Kardinals Fabrizio Paolucci, einen Nachfolger geben, aber der Kardinal Althan sprach im Auftrage Kaiser Karls VI. gegen ihn die Exklusion aus. Fünf Wochen später, am 8. Mai 1721 erwählten die fünfundvierzig im Konklave versammelten Kardinäle einstimmig den Kardinal Michel Angelo Conti. In Erinnerung an Innocenz III., mit dessen Familie die Conti verwandt waren, nannte sich der neue Papst *Innozenz XIII.* Fast alle Päpste des achtzehnten Jahrhunderts entstammten der italienischen Aristokratie, waren in der päpstlichen Diplomatie geschult und zeichneten sich durch die Würde ihrer Lebensführung aus. Der französische Memoirenschreiber Saint-Simon, der indessen bei seiner leidenschaftlichen Parteilichkeit nicht sehr zuverlässig ist, behauptet, dass die Wahl Contis durch den französischen Hof betrieben worden sei, und zwar nachdem der Kardinal schriftlich sein Entgegenkommen für die Regelung schwebender Fragen bezüglich der Jansenisten und die Erhebung des Erzbischofs Dubois von Cambrai zum Kardinal versprochen hätte. Tatsächlich liess der französische Regent dem Kardinal Conti ein Schriftstück in diesem Sinne überreichen, aber der Kardinal erklärte lediglich, dass er nichts Unzulässiges daran finde, und es liegt gar kein Beweis dafür vor, dass er das schriftliche Versprechen gegeben habe, von dem Saint-Simon berichtet.

Die nur dreijährige Regierungszeit des kränklichen Innozenz XIII. verlief verhältnismässig ruhig. Wir werden im letzten Kapitel auf die Stellung zurückkommen, die dieser Papst im Jansenistenstreit einnahm. Fast ganz erfolglos suchte Innozenz XIII. die Rechte des Heiligen Stuhls dem Kaiser gegenüber zu wahren. Notgedrungen musste er Karl VI. die Belehnung mit Neapel und

Sizilien gewähren, die unter seinem Vorgänger unterblieben war, da der Papst als Oberlehnsherr bei dem Übergang dieser Länder an die deutschen Habsburger (1720) überhaupt nicht gefragt worden war. Zur Enttäuschung des Papstes übte der neue Herrscher wieder die Privilegien der *Monarchia Sicula* aus, die Klemens XI. aufgehoben hatte. Es gelang Innozenz XIII. auch nicht, die Rückgabe Comacchios an den Kirchenstaat zu erreichen und die Anerkennung der päpstlichen Lehensrechte auf Parma und Piacenza durchzusetzen, die Karl VI. wie sein Vorgänger als Reichslehen in Anspruch nahm.

In Frankreich erhielt der Erzbischof von Cambrai, Guillaume Dubois, vom Papste die Kardinalswürde, obwohl er sie sicherlich nicht im Hinblick auf seine Tugenden verdiente. Dubois war einst Erzieher des jungen Herzogs von Orléans, des späteren Regenten, gewesen und bekam dann durch diesen die Leitung der Staatsgeschäfte in die Hände. Er erwies sich als realistischer und scharfsinniger Politiker, aber auch als durchaus skrupellos, wie dies damals die ganze herrschende Gesellschaft in Frankreich war, die im Herzog von Orléans ihr Vorbild sah. Der Herzog bezeichnete übrigens selbst diese Leute, die für alles zu haben waren, Unglauben und Lasterhaftigkeit priesen und nun an Stelle der *dévots*, der Frömmler, der letzten Regierungszeit Ludwigs XIV., den Ton angaben, als *roués*, das heisst würdig der ärgsten Strafe, nämlich gerädert zu werden. Dubois hatte mit dem englischen Minister Stanhope die französisch-englische Verständigung in die Wege geleitet, die dann zur Tripel- und schliesslich zur Quadrupelallianz führte. Nachdem er vom Regenten zum Minister des Auswärtigen ernannt war, wurde er auf Wunsch der europäischen Höfe nun auch noch zum Kardinal erhoben (1722).

Innozenz XIII. starb schon am 7. März 1724. Seine Demut und Mildtätigkeit hatten ihn in Rom sehr beliebt gemacht, aber sein Bemühen, das Ansehen des Oberhaupts der Kirche unter den europäischen Mächten zu wahren, war an den unaufhaltsam erstarkenden politischen Kräften gescheitert, denen gegenüber die Rechte des Heiligen Stuhls immer unbedeutender erschienen.

BENEDIKT XIII. (1724-1730)

Auch dem Nachfolger Innozenz' XIII. war nur ein kurzes Pontifikat beschieden. Es war der am 29. Mai 1724 gewählte, dem Dominikanerorden angehörende Kardinal Pietro Orsini. Nachdem ihn der Kardinal Annibale Albani, der Neffe Klemens' XI. in Vorschlag gebracht, erklärten sich nach einigen Wochen die französische, spanische und kaiserliche Partei mit seiner Wahl einverstanden. Der neue Papst wollte sich zuerst Benedikt XIV. nennen; da aber der 1394 zur Zeit des abendländischen Schismas aufgestellte Gegenpapst Pedro de Luna sich Benedikt XIII. genannt hatte, nahm der Kardinal Orsini nun selbst diesen Namen an, um deutlich zu bekunden, dass derjenige, der vor ihm diesen Namen geführt, nur ein Eindringling war.

Der rechtmässig erwählte *Benedikt XIII.* entstammte dem alten Adelsgeschlecht der Orsini, das der Kirche schon zwei Päpste, Cölestin III. (1191-1198) und Nikolaus III. (1277-1280) und zahlreiche Kardinäle gegeben hatte. Entgegen den Wünschen seiner Familie hatte er auf sein Erbe, das Herzogtum Gravina, und alle seine Rechte verzichtet und war in den Dominikanerorden eingetreten. Nachdem er als Dreiundzwanzigjähriger zum Kardinal ernannt worden war (1672), wurde ihm 1686 das Erzbistum Benevent verliehen. Durch seine theologische Gelehrsamkeit, seine Frömmigkeit und die Strenge seiner Lebensführung war er immer als leuchtendes Vorbild erschienen. Er gehörte der Gruppe der *zelanti* an, die sich bei der Papstwahl ausschliesslich nach dem Interesse der Kirche richteten.

Benedikt XIII. bemühte sich eifrig um kirchliche Reformen. Er erliess zahlreiche Verordnungen für Welt- und Ordensklerus und wandte sich insbesondere gegen den Luxus, den gewisse Kardinäle trieben. Auch gegen die Jansenisten schritt er ein, die, wie wir im folgenden noch sehen werden, hartnäckig in der Opposition verharrten. In seinen Massnahmen gegen diese unheilstiftende Bewegung kam die ganze Sicherheit, Entschlossenheit und Strenge hinsichtlich der Wahrung der reinen Lehre zur Geltung, die überhaupt diesen Dominikanerpapst und treuen Gefolgsmann des hl. Thomas von Aquin kennzeichnet. Benedikt XIII. nahm mehrere Heiligsprechungen vor; der grosse spanische Mystiker Johannes vom Kreuz, der durch seine Reinheit besonders für die Jugend vorbildliche Jesuit Aloysius Gonzaga, der Märtyrer des Beichtgeheimnisses Johannes von Nepomuk, der grosse Reformpapst des elften Jahrhunderts, Gregor VII., und Stanislaus Kostka, eine Zierde des Jesuitenordens wie der hl. Aloysius, wurden von ihm zur Ehre der Altäre erhoben. Das Offizium des 1728 von Benedikt XIII. auf den 25. Mai festgesetzten Festes Gregors VII. erregte indessen an den gallikanisch gesinnten Höfen Anstoss, da es daran erinnerte, wie Heinrich IV. in Canossa von Gregor VII. gedemütigt worden war, und diese Erinnerung an eine Zeit, da sich die päpstliche Macht selbst gegenüber den Königen geltend machte, war den selbstherrlichen Fürsten des frühen achtzehnten Jahrhunderts unerträglich. Nicht nur in Frankreich, sondern auch am Kaiserhof in Wien und anderwärts kam lauter Widerspruch zum Ausdruck, und die Regierungen trafen Massnahmen gegen diese Brevierlesung. Aber der Papst war trotz all seiner Friedensliebe weit davon entfernt, in dieser Angelegenheit nachzugeben.

Benedikt XIII. hatte sich vor seiner Wahl kaum in Rom aufgehalten und war mit den politischen Geschäften wenig vertraut. Unter diesen Umständen gewann der Kardinal Coscia, der ihm schon in Benevent zu Diensten gestanden, einen massgeblichen Einfluss auf die Geschäftsführung. Coscia war von niederer Herkunft und vielleicht noch niedererer Gesinnung. Intrigant und bestechlich, trieb er eine schamlose Günstlingswirtschaft und schädigte die Finanzen des Kirchenstaats aufs schwerste. Er war wie der böse Geist des Pontifikats des frommen Papstes. Erst nach dem Tode Benedikts XIII. musste sich Coscia wegen seiner Veruntreuungen verantworten, die ihm nun eine lange Haft, die Einziehung seiner Güter und eine Geldbusse von hunderttausend Skudi eintrugen. Sein unwürdiges Treiben, das ihn beim römischen Volk verhasst gemacht hatte, trübte zu Unrecht auch das Andenken an Benedikt XIII. Aber Pastor hat doch Grund zu der Bemerkung: « ein ausgezeichneter Ordensmann zu sein genügt nicht, um auch ein tüchtiger Papst zu werden. »[1]

Der einzige kirchenpolitische Erfolg, der Benedikt XIII. beschieden war, bestand darin, dass der Kaiser endlich doch in die Rückgabe Comacchios einwilligte. Anderseits führte jedoch Coscias Einfluss zu den bedauerlichsten Zugeständnissen. So erhielt der König von Sardinien, Viktor Amadeus II., das Präsentationsrecht für alle Bistümer der Insel, und für Sizilien gewährte Benedikt XIII. das überaus weitgehende Privileg, dass nur die wichtigsten kirchlichen Angelegenheiten dem Papst vorbehalten wurden, im übrigen der König einen obersten Richter bestellen durfte, der in allen andern geistlichen Angelegenheiten entscheiden sollte. Zwar nahm die Bulle *Fideli* vom 30. August 1728, die diese Verfügung enthielt, nicht ausdrücklich die Entscheidung Klemens' XI. zurück, der die Privilegien der *Monarchia Sicula* aufgehoben hatte, aber das Zugeständnis war tatsächlich doch sehr beträchtlich. Glücklicher war die Kardinalsernennung des Bischofs von Fréjus, Fleury, des Erziehers und späteren Ministers Ludwigs XV., und vor allem die des Bolognesen Prospero Lambertini, der später als Benedikt XIV. den päpstlichen Stuhl besteigen sollte. Fleury, einer der wenigen, der noch einen tieferen Einfluss auf den in seine Leidenschaften verstrickten König auszuüben vermochte, wirkte während seines langen Ministeriums ausgleichend und befriedend und trat manchen Misständen entgegen. Als er 1743 im Alter von neunzig Jahren starb, meinte Ludwig XV., nun in stolzer Selbständigkeit regieren zu können,

---

[1] Pastor: *Geschichte der Päpste.* 15. (Freiburg i Br. 1930.) S. 604.

aber in Wirklichkeit regierten nun die Favoritinnen, die das Königreich an den Rand des Abgrunds führten. Eine von ihnen, die allzu berühmte Marquise von Pompadour, die Freundin der aufgeklärten Philosophen, sollte eine wichtige und verhängnisvolle Rolle bei der Aufhebung der Gesellschaft Jesu in Frankreich spielen.

Der Tod Benedikts XIII. am 21. Februar 1730 war gewissermassen das Signal zu Ausbrüchen der Volkswut gegen Coscia und seine Anhänger, die sich am Kirchengut bereichert hatten. Viele von denen, die dem verstorbenen Papst näher gekommen waren, verehrten ihn als Heiligen. Benedikts XIII. übergrosse Güte und anderseits die allgemeine Geistesrichtung jener Zeit, die mehr und mehr von kirchlichem Glauben und christlicher Sittlichkeit abwich, hatten in das zu Ende gegangene Pontifikat viel Schweres und Unglückliches gebracht.

KLEMENS XII. (1730-1740)

Auch der neue Papst fand sich noch in einer recht bedrängten Lage. Das Konklave nach Benedikts XIII. Tod verlief sehr bewegt, und der Einfluss der absolutistischen Höfe trat einmal mehr offen zu Tage. Die allgemeine politische Lage in Europa war gespannt. Die Bildung neuer Staaten — Sardiniens, das der Herzog Viktor Amadeus II. von Savoyen mit dem Königstitel erhielt, des Königreichs Preussen und der russischen Grossmacht — und das bevorstehende Aussterben der Medici und Farnese in Italien regten neue Machtstreitigkeiten an. Als Nachfolger des verstorbenen Papstes schien anfänglich der achtzigjährige Kardinal Lorenzo Imperiali vornehmlich in Betracht zu kommen. Seine Kandidatur wurde von den *zelanti* gefördert, aber sie scheiterte dann an der Exklusive, die die beiden von Bourbonen regierten Staaten, Spanien und Frankreich, aussprachen. Schliesslich erfolgte, nicht ohne Schwierigkeiten, die Einigung auf die Person des Kardinals Lorenzo Corsini. Am 12. Juli 1730 ward der neue Papst gewählt; er nannte sich *Klemens XII.*

Lorenzo Corsini entstammte einer reichen Florentiner Adelsfamilie und genoss den Ruf eines grossen Förderers von Kunst und Wissenschaft. Aber er war bei seiner Wahl schon neunundsiebzig Jahre alt und durch seine Kränklichkeit fast dauernd ans Bett gefesselt. Im zweiten Jahre seines Pontifikats erblindete er völlig. So übernahmen die hohen Kuriebeamten die Führung der Geschäfte, und der Neffe des Papstes, der Kardinal Neri Corsini gelangte zu vorherrschendem Einfluss. Offenbar war die politische Begabung Klemens' XII. nicht so bedeutend wie sein künstlerisches und wissenschaftliches Interesse, und dies musste sich auf seine Regierungstätigkeit auswirken. Ausschlaggebend für die Misserfolge des Papstes war indessen die Haltung der Fürsten, vornehmlich die Feindseligkeit der bourbonischen Höfe gegen den Heiligen Stuhl und den Kirchenstaat.

Im Kirchenstaat bemühte sich Klemens XII. angelegentlich um eine bessere Verwaltung. Besonders durch Coscia waren die Finanzen zerrüttet worden. Aber die Massnahmen, durch die Klemens XII. Ordnung schaffen wollte, hatten keinen grossen Erfolg. Weder die Sparmassnahmen, noch die Förderung von Handel und Gewerbe, noch die Wiedereinführung des bei den Römern so beliebten Lottospiels, bei dem man das Glück durch allerhand Wahrsagekünste, ja selbst abergläubische Praktiken zu gewinnen suchte, noch die Ausgabe von Papiergeld vermochten die Finanzlage wirklich zu bessern.

Klemens' XII. auswärtige Politik lief fast durchwegs in Misserfolge aus. Nach dem Tode des letzten Farnese, des Herzogs Antonio Farnese (1731), nahm Spanien Parma und Piacenza in Besitz und ging über den Einspruch hinweg, den der Papst als Oberlehensherr erhob. Im gleichen Jahre wies die Republik Genua in hochmütiger Weise die Vermittlung des Papstes in einer Streitsache zwischen ihr und Korsika ab. Vor allem aber hatte der Kirchenstaat unter dem polnischen Thronfolgekrieg zu leiden. Nach dem Tode König Augusts II. (Februar 1733) wählte die Mehrheit des polnischen Adels Stanislaus Lesczinski, den Schwiegervater Ludwigs XV., gegen eine Minderheit, die für den Kurfürsten von Sachsen, August III., war. August III. wurde von Österreich und Russland, Stanislaus hingegen von Frankreich, Spanien und Sardinien unterstützt. Der Thronfolgekrieg spielte sich hauptsächlich in Italien ab, wo Frankreich mit Spanien und Savoyen die österreichischen Besitzungen an sich zu reissen suchte.

Dabei wurde auch der Kirchenstaat in Mitleidenschaft gezogen. Frankreich und Spanien vereinbarten in dem 1733 zwischen ihnen geschlossenen Vertrage, dass Neapel und Sizilien an Don Carlos, den Sohn Philipps V. von Spanien und der Elisabeth Farnese, fallen sollten. Im Frieden zu Wien (1738) wurde Don Carlos in diesem Besitz bestätigt und ihm zugleich der Titel eines « Königs beider Sizilien » verliehen ; dafür erhielt Österreich Parma und Piacenza. Der Herzog von Lothringen, Franz Stephan, der Gemahl Maria Theresias, der Tochter Karls VI., wurde durch das Grossherzogtum Toskana für die Herzogtümer Lothringen und Bar entschädigt, die er Stanislaus Lesczinski abtreten musste, der seinerseits auf den polnischen Thron verzichtete. Nach dem Tode Lesczinskis (1766) fielen, wie vereinbart, die Herzogtümer an Frankreich. Der Papst, dem der König von Spanien und der König beider

Sizilien schroff entgegentraten, musste Karl III. bedingungslos mit dem Königreich beider Sizilien belehnen.

Klemens XII. Hoffnung, dass sein Entgegenkommen eine entsprechende Erwiderung fände, wurde bald zunichte. Auf Karls III. Politik übte der der Kurie feindselig gesinnte Minister Tanucci einen bestimmenden Einfluss aus. Er veranlasste den König, masslose kirchenpolitische Forderungen zu stellen, insbesondere die Kollation sämtlicher Benefizien zu beanspruchen. Gleichzeitig musste der Papst dem König von Spanien bei dem Abschluss des Konkordats von 1737 neue Zugeständnisse machen. Schliesslich brach Sardinien die diplomatischen Beziehungen mit dem Heiligen Stuhl ab, als sich dieser nicht zu ähnlichen Zugeständnissen bereit fand, wie sie Karl III. erzwungen hatte.

Die feindselige Haltung der bourbonischen Höfe lastete schwer auf Klemens XII. Das Streben der Bourbonen nach einer engen Verbindung der grossen romanischen Staaten war, obgleich es sich um katholische Länder handelte, ausschliesslich von einer Staatsräson bestimmt, die auf die Rechte der Kirche gar keine Rücksicht nahm. Die Grundsätze dieser Politik waren dieselben, die schon Legisten und Humanisten vertraten, und die auf die alte Lehre vom Staatswohl zurückgingen, die schon das alte Rom in die Tat umgesetzt und der Welt gelehrt hatte, und nach der letztlich die Macht allein ausschlaggebend ist. Diesen Geist vermochte das Papsttum nicht niederzuringen, und seine Auswirkung war umso gefährlicher, als sich mit der geistigen eine wachsende sittliche Ungebundenheit verband. Paris, das weithin tonangebend war, bildete damals schon den Mittelpunkt jener « Republik der Gebildeten », der Voltaire bald huldigen sollte. Zur selben Zeit begann auch die grosse neue Geheimgesellschaft der Freimaurer ihr Netz über Europa zu spannen und alle politischen und sozialen Kräfte, die dem Christentum entgegenstanden, zu sammeln. Wir werden später bei der Darstellung des Kampfes, den die Kirche gegen den Unglauben zu führen hatte, näher auf Ursprung und Entwicklung der Freimaurerei eingehen. Hier soll nur schon erwähnt werden, dass Klemens XII. als erster Papst diese heraufziehende Gefahr klar erkannte und durch die Konstitution *In eminenti* vom 28. April 1738 die Teilnahme an dem neuen Geheimbund unter Androhung der Exkommunikation verbot.

Besondere Verdienste erwarb sich Klemens XII. nicht nur als Gönner von Kunst und Wissenschaft sondern vornehmlich auch als Förderer der Missionen. Er sandte Glaubensboten nach Thibet und gründete unter anderen ein Missionskolleg in Kalabrien für junge Kleriker des griechischen Ritus. Den Franziskaner Jakob von Kremsir sandte er an den koptischen Patriarchen, um ihm das Glaubensbekenntnis zur Unterschrift vorzulegen, und an den Negus von Abessinien, der sich mit dem Gedanken der Union mit der römischen Kirche trug, ordnete er zwei Franziskaner ab. Durch Klemens XII. erfolgte auch die Heiligsprechung Vinzenz' von Paul (1737). Die Protestanten Sachsens, dessen Herrscherfamilie seit der Konversion Augusts des Starken (1697) katholisch war, suchte der Papst zur katholischen Kirche zurückzuführen, indem er ihnen für diesen Fall den ungestörten Besitz der säkularisierten Kirchengüter zusicherte. Das Anerbieten brachte die edle Gesinnung des Papstes zum Ausdruck, es zeigt aber auch, dass er die Lage verkannte. Tatsächlich blieb es erfolglos.

Klemens' XII. Mäzenatentum bekundete sich besonders in der Förderung des koptischen Gelehrten Assemani, in der Erweiterung und Bereicherung der vatikanischen Bibliothek und im Bau der grossen Hauptfassade der Lateranbasilika, den der Florentiner Architekt Alessandro Galilei ausführte. An der Basilika liess Klemens XII. eine herrliche Kapelle zu Ehren des mit ihm verwandten heiligen Andrea Corsini errichten. In dieser Kapelle hat er seine letzte Ruhestätte gefunden. Er starb am 6. Februar 1740 im Alter von achtundachtzig Jahren. Sein zehnjähriges Pontifikat fiel in eine Zeit, da sich schon deutlich der Aufstieg der grossen nichtkatholischen Mächte, Englands, Preussens und Russlands, und die Ansätze der zur grossen Revolution führenden Bewegung erkennen lassen.

BENEDIKT XIV. (1740-1758)

Ein langes Pontifikat folgte nach einer langen Sedisvakanz auf die Regierung Klemens' XII. Das Konklave, aus dem schliesslich Benedikt XIV. hervorging, war das längste der neueren Zeit ; es zog sich über sieben Monate hin. Seine lange Dauer erklärt sich nicht aus dem Fehlen geeigneter Persönlichkeiten sondern aus dem Umstand, dass sich zwei annähernd gleichstarke Parteien gegenüberstanden : Franzosen und Österreicher um den Nepoten des verstorbenen Papstes, Neri Corsini, und anderseits die von Spanien mit Neapel und Toskana gebildete Gruppe um den Kardinal Annibale Albani, den Nepoten Klemens' XI. Anfänglich schien die Kandidatur des hochangesehenen Kardinals Gotti aussichtsreich und noch mehr die des geschickten Diplomaten Aldovrandi, mit dessen Wahl die drei Hauptmächte einverstanden gewesen wären. Aber es gelang nicht, Aldovrandi die einzige Stimme zu gewinnen, die einer Mehrheit für ihn noch fehlte. Schliesslich einigte man sich am 17. August 1740 auf den Kardinal Prosper Lambertini, für den sich sein Freund, der spanische Botschafter in Rom, Kardinal Aquaviva, nachdrücklich eingesetzt hatte. Der neue Papst nannte sich *Benedikt XIV.*

Seine Wahl war eine äusserst glückliche. Benedikt XIV., der im vierundsiebzigsten Lebensjahre stand, zeichnete sich nicht nur durch seine theologische Gelehrsamkeit und tiefe Frömmigkeit sondern auch durch seine Charaktereigenschaften aus, seine Güte, sein freundliches und geistreiches Wesen, seine Feinfühligkeit ; vor allem aber liess ihn sein sicheres Urteil, das sich mit einer ausserordentlichen geistigen Aufgeschlossenheit verband, zur Leitung der Kirche gerade unter den schwierigen Verhältnissen der damaligen Zeit geeignet erscheinen. Mit Vorliebe hatte er sich neben seiner kirchlichen Tätigkeit wissenschaftlicher Arbeit hingegeben und war als Verfasser bedeutender Werke über die Messe und die Kanonisation der Heiligen hervorgetreten. Die Vereinigung so vieler vorzüglicher Eigenschaften in einer Person machte schon auf die Zeitgenossen grossen Eindruck, wie es unter anderen der italienische Historiker Muratori und der englische Minister Horace Walpole bezeugen, und trug dem Papste die allgemeine Achtung und Verehrung ein.

Prosper Lambertini, 1675 zu Bologna als Sohn einer vornehmen Familie geboren, war im Jahre 1728 von Benedikt XIII. zum Erzbischof von Ancona und Kardinal erhoben worden. Seine juristische Bildung stand nicht hinter seinen gründlichen theologischen Kenntnissen zurück. Mit seinen hervorragenden wissenschaftlichen Werken wurde er wegweisend, indem er die historische Methode auf dem Gebiet des kanonischen Rechts anwandte ; ein Jahrhundert später kam mit Savigny, einem der Hauptvertreter der « Historischen Rechtsschule », diese neue Methode auch auf dem Gebiet der übrigen Jurisprudenz zur Geltung. Es lag nahe, dass der gelehrte Benedikt XIV. die Wissenschaften besonders förderte. An der römischen Universität schuf er neue Lehrstühle für höhere Mathematik und Chemie und liess ein neues chemisches Laboratorium sowie ein physikalisches Institut einrichten. An der Universität Bologna, wo er übrigens auch zwei Frauen Lehrstühle übertragen liess, schuf er einen Lehrstuhl für Chirurgie und ein anatomisches Museum. Manche Gelehrte erfuhren persönliche Förderung und Unterstützung von ihm, so die dem Dominikanerorden angehörenden Historiker Orsi und Mamachi, der gelehrte Diplomat Garampi, der vom Papst zum Präfekten des vatikanischen und des Engelsburg-Archivs ernannt wurde, die durch ihre orientalistischen Kenntnisse ausgezeichnete Gelehrtenfamilie der Assemani, die Brüder Ballerini, die die Herausgabe der Werke Leos des Grossen (440-461) unternahmen, und der grosse, als « Vater der italienischen Geschichtsforschung » berühmte Ludovico Antonio Muratori. Mit zahlreichen Gelehrten stand Benedikt XIV. im Briefwechsel, und selbst mit Voltaire trat er in schriftliche Verbindung. Als Voltaire dem Papste seinen « Mahomet » widmete und in Erwiderung darauf ein äusserst höfliches Schreiben erhielt, antwortete er seinerseits : « Ich sehe mich genötigt, die Unfehlbarkeit Eurer Heiligkeit in Sachen der Literatur ebenso wie andere in ehrwürdigeren Dingen anzuerkennen ». Wenn es ihm nützlich schien, liess sich der Gutsherr von Ferney keine Gelegenheit entgehen, um den politischen Mächten, ja selbst der geistlichen Macht der Kirche zu huldigen. Als grosser Bücherfreund und Kunstliebhaber bereicherte Benedikt XIV. die vatikanische Bibliothek, vornehmlich durch den Erwerb der Bibliothek Ottoboni, und liess an der Basilika Maria Maggiore die grosse Hauptfassade mit der Loggia errichten, von der aus die Päpste den Segen zu spenden pflegten. Das Kapitolinische Museum erhielt durch ihn viele berühmte antike Statuen. Damals fand Winckelmann in Rom entscheidende Anregung für seine neuen kunstgeschichtlichen Konzeptionen. Der besonderen Gunst des Papstes erfreute sich der Meister der Kupferstechkunst Piranesi, der in seinen grossen Werken der Nachwelt ein Bild des damaligen Rom überlieferte.

Die Regierung der Kirche, die zu jener Zeit des fürstlichen Absolutismus und der allgemeinen, immer ausgesprochener kirchenfeindlichen Geistesrichtung den Statthalter Christi vor sehr schwierige Aufgaben stellte, führte Benedikt XIV. von Anfang an mit dem Willen, ein möglichst gutes Verhältnis mit den Staaten aufrecht zu erhalten. Seine Politik kluger Mässigung und Friedensliebe ersparte ihm nicht den Vorwurf einer übertriebenen Nachgiebigkeit. Aber er liess sich dadurch nicht in seinem Streben beirren, alle nützlich scheinenden Massnahmen zur Vermeidung von Konflikten zu ergreifen, die nicht nur dem Kirchenstaat sondern darüber hinaus der Kirche allgemein nachträglich gewesen wären, und in jeder Weise für das Wohl nicht nur seiner Untertanen, sondern der gesamten Christenheit zu sorgen. Im Jahre 1743 legte er durch die Bulle *Vix pervenit* die kirchliche Lehre über verzinsliche Darlehen fest. Diese Darlehen waren im Mittelalter von den Theologen verurteilt worden. Nun blieb zwar weiterhin der Gewinn aus einem reinen Darlehen durch Zinserhebung verurteilt, dagegen sollte die Ausbedingung eines entsprechenden Ersatzes vom Entleiher für rechtmässig gelten, wenn die Darlehensgewährung einen sicheren Schaden oder den Verlust eines sicheren Gewinns zur Folge hätte.

Klemens XI. (1700—1721) ging energisch gegen den Jansenismus vor und wandte sich gegen nichtchristliche Gebräuche der bekehrten Chinesen und Inder. Gemälde von C. Maratta, 17./18. Jh., Rom, Villa Albani.

Benedikt XIII. (1724—1730). Grabmal nach einem Entwurf von C. Marchionni, 18. Jh., Rom, Santa Maria Sopra Minerva.

Klemens XII. (1730—1740). Grabmal von Maini und Monaldi, 18. Jh., Rom, San Giovanni in Laterano.

Empfang von Karl III., König von Neapel und Sizilien (1735—1759), später von Spanien (1759—1788), bei Benedikt XIV. (1740—1758) im Quirinal.

Gemälde von Gian Paolo Pannini, 18. Jh., Neapel, Pinacoteca del Museo Nazionale.

Benedikt XIV. (1740—1758). Grabmal von A. Bracci und G. Sibilla, 18. Jh., Rom, Peterskirche.

Klemens XIII. (1758—1769). Gemälde von R. Mengs, 18. Jh., Mailand, Pinacoteca Ambrosiana.

Klemens XIV. (1769—1774). Grabmal von A. Canova, 18. Jh., Rom, Basilica dei S. Apostoli.

BENEDIKTS XIV. POLITIK

Benedikt XIV. war sich wohl der Schwäche des Kirchenstaates und des Niedergangs des päpstlichen Ansehens bewusst und gab sich keiner Täuschung über die Ansprüche hin, welche die alten und neuen, grossen und mittleren Mächte, die sich in die Herrschaft Europas teilten, erhoben. Sicheren Urteils hatte er sofort die schwierige Lage des Papsttums erfasst, und er war sich klar darüber, dass die Zeiten vorbei waren, in denen die Päpste Könige einsetzten und absetzten. Es schien ihm oft besser, zu biegen als zu brechen und, sofern das Wesentliche gewahrt blieb, soweit als möglich nachzugeben. Nicht seine Politik sondern Umstände, über die er nichts vermochte, haben die Kirche zu jener Zeit in Bedrängnisse geführt, unter denen der Papst selbst am meisten litt.

Mit grossem Entgegenkommen führte Benedikt XIV. schon gleich zu Beginn seines Pontifikats Verhandlungen mit verschiedenen Höfen. Sardinien, Neapel, Portugal und Spanien machte er weitgehende Zugeständnisse hinsichtlich der Investitur der Bischöfe, der Verleihung von Benefizien und der kirchlichen Gerichtsbarkeit. In allen diesen Ländern gestand er um des Friedens willen eine starke Einschränkung althergebrachter kirchlicher Immunitäten zu. Während sich aber der Papst dann an die getroffenen Vereinbarungen hielt, machten ihm die Regierungen in Turin, Neapel, Lissabon und Madrid in der Folge mehr als einmal Schwierigkeiten. Der König von Sardinien, der König von Portugal, dem der Papst die Ehrenbezeichnung *Rex fidelissimus* verlieh, und die « Katholische Majestät » von Spanien trugen keine Bedenken, den Klerus ihrer Länder in engste Abhängigkeit von der Krone zu bringen. In Spanien erhielt der König das Recht, sämtliche Benefizien — es waren ihrer an zwölftausend — zu verleihen ; nur zweiundfünfzig geistliche Stellen sollten ausgenommen und vom Papste frei zu besetzen sein. Dabei liessen es hohe geistliche Würdenträger, wie die spanischen Kardinäle Molina und Aquaviva und der königliche Beichtvater, der französische Jesuit Le Fèvre, nicht an Eifer im Verlangen der weitgehendsten Rechte für ihren Herrn fehlen.

Auch den nichtkatholischen Staaten gegenüber erwies sich Benedikt XIV. sehr entgegenkommend. Dem König von Preussen, der für die päpstliche Kanzlei bisher nur der « Markgraf von Brandenburg » gewesen war, erkannte Benedikt XIV. den Königstitel zu, nachdem Friedrich II. seinerseits den Bau der Hedwigskirche in Berlin gefördert hatte. Seinen Hauptgrund hatte das Entgegenkommen des Papstes darin, dass seit der Eroberung Schlesiens Preussen viele katholische Untertanen gewonnen hatte. Im Jahre 1742 erreichte der Papst auch, dass sich der preussische König verpflichtete, die Rechte der

Katholiken Schlesiens so aufrecht zu erhalten, wie sie unter österreichischer Herrschaft bestanden hatten. Hingegen widersetzte sich der Papst dem Plan der Errichtung eines katholischen Generalvikariats in Berlin, da er damit die Gefahr verbunden sah, dass eine katholische Landeskirche für Preussen unter der Oberhoheit des Königs entstünde. Die Befürchtung war nicht unbegründet. Tatsächlich suchte Friedrich II. Einfluss auf die katholische Kirche in Schlesien zu gewinnen. Er ernannte aus eigener Vollmacht den jungen Grafen von Schaffgotsch, der Mitglied des Freimaurerordens war, zum Koadjutor des Breslauer Fürstbischofs, Kardinal Graf Sinzendorf. Nach längerem Widerstande gegen diese eigenmächtige Ernennung gab schliesslich der Papst doch nach und nahm die Präkonisierung Schaffgotschs vor, nachdem eine Untersuchung durch den päpstlichen Nuntius ergeben hatte, dass der Günstling des Königs seinen Lebenswandel gebessert habe. Tatsächlich erfüllte Schaffgotsch auch gewissenhaft seine Amtspflichten, bis er sich mit dem König entzweite und seines Amtes enthoben ward. Die Lage der Katholiken Schlesiens aber sollte in der Folge dem Heiligen Stuhl noch schwere Sorgen bereiten.

DER OESTERREICHISCHE ERBFOLGEKRIEG (1740-1748)

Dieser Krieg, der sich bald zu einem europäischen Krieg erweiterte, und aus dem Preussen schliesslich vergrössert und gestärkt hervorging, brachte den Papst in grosse Schwierigkeiten. Durch die Pragmatische Sanktion (1713) hatte Karl VI. eine neue Erbfolgeordnung festgesetzt, welche die zur österreichischen Monarchie gehörigen, unteilbaren Länder in Ermangelung männlicher Nachkommen nach dem Erstgeburtsrecht auf seine Töchter vererbte. So trat nach dem Tode des Kaisers (20. Oktober 1740) dessen älteste Tochter Maria Theresia das Erbe an. Maria Theresias Gemahl, der Herzog Franz Stephan von Lothringen, hatte, wie erinnerlich, im Frieden zu Wien die Herzogtümer Lothringen und Bar an Stanislaus Lesczinski abgetreten und dafür das Grossherzogtum Toskana erhalten. Nun erhob aber auf das habsburgische Erbe auch der Kurfürst Karl Albert von Bayern Anspruch, der die Pragmatische Sanktion nicht anerkannt hatte und sich auf seine Rechte als Nachkomme einer Tochter Ferdinands I. auf Grund eines Testaments von 1547 berief. Er wurde von Frankreich unterstützt, das aber zugleich auch Philipp V. von Spanien und Friedrich August II. von Sachsen veranlasste, Ansprüche zu erheben. Frankreichs Ziel blieb die Niederringung des Hauses Habsburg. Zu diesen Feinden Maria Theresias gesellte sich Friedrich II., der Schlesien gewinnen wollte und nun auch rasch hier vordrang, während Franzosen und Bayern in Österreich einrückten. Am 24. Januar 1742 wurde Karl Albert von Bayern als Karl VII. zum deutschen Kaiser gewählt. Österreich ward aus der grössten Gefahr durch die unverzagte Energie der jungen Herrscherin und die Treue ihrer Untertanen errettet, musste aber Schlesien an Friedrich II. abtreten.

Benedikt XIV. hatte anfänglich das Erbrecht Maria Theresias anerkannt und seinem Nuntius in Frankfurt die Instruktion gegeben, sich bei der Kaiserwahl für keinen bestimmten Kandidaten einzusetzen. Nach der vollzogenen Wahl anerkannte er jedoch trotz des Protestes des österreichischen Gesandten Karl VII. als Kaiser. Daraus ergab sich eine starke Spannung zwischen Wien und Rom. Anderseits wurde der Papst aber auch bald durch den neuen Kaiser enttäuscht, der sich für den Plan einer Säkularisation mehrerer süddeutscher Bistümer gewinnen liess ; der Plan wurde zwar dann, als ihn Österreich gegen den Kaiser ausnützen wollte, fallen gelassen.

Vor allem geriet der Papst durch den eigentlichen österreichischen Erbfolgekrieg in eine bedrängte Lage. Nachdem sich dieser Krieg, hauptsächlich durch das preussisch-französische Bündnis, zu einem europäischen erweitert hatte, kam der Kirchenstaat in Gefahr, und seine Neutralität wurde tatsächlich auch mehrfach durch spanische und österreichische Truppen so schwer verletzt, dass der Papst dem ihm befreundeten Kardinal Tencin klagte, er könne einen Traktat über das Martyrium der Neutralität schreiben.

In fünften Kriegsjahre starb Kaiser Karl VII. (20. Januar 1745). Die Hauptlast des Krieges trugen nun Frankreich und Österreich, da Friedrich II. mit der Eroberung Schlesiens sein Ziel erreicht fand. Nach dem Tode des Kaisers verhandelte dessen Sohn mit Maria Theresia, und am 13. September 1745 wurde Maria Theresias Gemahl, Franz Stephan von Lothringen, als Franz I. zum deutschen Kaiser gewählt. Vergeblich hatte sich der französische König bemüht, die Wahl Augusts III. von Sachsen durchzusetzen und auch den Papst für eine Unterstützung dieser Kandidatur zu gewinnen gesucht. Der päpstliche Nuntius hatte sich auf Weisung des Papstes streng unparteilich gehalten. Auch in der Folge gab Benedikt XIV. nicht dem Drängen Frankreichs und Spaniens nach, die wünschten, dass er Franz I. nicht anerkenne. Als Grossherzog von Toskana war zwar der neue Kaiser ein unangenehmer Nachbar des Kirchenstaates gewesen, aber der Papst sah voraus, dass schliesslich Frankreich und Spanien selbst Franz I. anerkennen würden, was auch tatsächlich im Frieden von Aachen (1748) geschah, der endlich den langen und blutigen Krieg beendete. In diesem Friedensvertrage trat Maria Theresia einen Teil des Herzogtums Mailand an Sardinien und Parma und Piacenza an den spanischen Infanten Don Philipp ab. Dabei wurde auf die päpstliche Lehenshoheit gar keine Rücksicht genommen, ja vorübergehend war davon die Rede, dass das Investiturrecht für diese Herzogtümer dem Kaiser zuerkannt werden solle. Friedrich II. behielt seinerseits Schlesien, während Frankreich alle seine Eroberungen herausgeben musste. Die Verstimmung hierüber war gross in Frankreich ; für die Pariser Hallendamen galt es nun als grösste Beschimpfung jemand « dumm wie der Friede » zu nennen. Übrigens war in Wirklichkeit nur ein Waffenstillstand geschlossen. Acht Jahre später entbrannte der Siebenjährige Krieg, der aber Preussen neuen Gewinn brachte, während Frankreich den grössten Teil seines Kolonialreiches an England verlor.

INNERKIRCHLICHE REFORMEN BENEDIKTS XIV.

Die politische Lage im allgemeinen und besonders die immer verwickelteren Beziehungen der italienischen Staaten untereinander veranlassten den Papst im Jahre 1751, das alte Patriarchat von Aquileja aufzuheben. An Stelle des Jurisdiktionsbezirks des Patriarchen, der österreichisches und venezianisches Gebiet umschloss, traten zwei neue Erzbistümer, das venezianische von Udine und das österreichische von Görz (Gorizia).

Auf allen Gebieten suchte der Papst die kirchlichen Institutionen den neuen Zeitverhältnissen anzupassen, wobei seine hervorragende Kenntnis des Kirchenrechts und seine theologische Gelehrsamkeit voll zur Geltung kamen. Durch die Deklaration *Matrimonia quae* vom 3. November 1741, die geläufig als *Benedicta* bezeichnet wird, lockerte er die Bestimmungen des Konzils von Trient hinsichtlich des kirchlichen Eherechts. Seine Aufgeschlossenheit für die Bedürfnisse der Zeit bekundete sich auch darin, dass er die zwei neugegründeten Genossenschaften, die vom hl. Paul vom Kreuz gegründeten Passionisten und die Redemptoristen des hl. Alphons von Liguori, bestätigte. Besonderes Interesse wandte Benedikt XIV. der Liturgie zu, mit der er sich schon in seinen früheren wissenschaftlichen Arbeiten beschäftigt hatte. Als Papst unternahm er nun eine Reform des *Breviers*, die allgemein erwünscht war. Wie er seinem Freunde, dem Kardinal Tencin 1743 schrieb, wollte er, dass die Texte des Breviers ausschliesslich der Heiligen Schrift und den unbestritten echten Schriften der ersten Kirchenväter entnommen und alles Apokryphe oder sonst vor der Kritik nicht zu Rechtfertigende ausgeschieden werde. So sollten auch verschiedene Heiligenlegenden wegfallen. Aber es wäre unrichtig, deshalb in Benedikt XIV. einen Gegner der Heiligenverehrung zu sehen. Vielmehr hat der gelehrte Papst auf diese Weise und auch durch die Beschränkung der Heiligenfeste, die er vornahm, die Heiligenverehrung nur geläutert. Tatsächlich war die Zahl der Festtage damals übermässig gross, sodass den Arbeitenden Schaden erwuchs, und häufig arteten die Feiern auch in weltliche Lustbarkeiten aus.

Grosse Klugheit verbunden mit edelster Gesinnung bezeugt auch die Reform des *Index,* die Benedikt XIV. vornahm. Durch die Konstitution *Sollicita ac provida* vom 10. Juli 1753 verordnete der Papst, dass die Indexkongregation bei ihrem verantwortungsschweren Amte Verurteilungen sorgfältigst erwägen sollte. Sie sollte es vermeiden, ein Werk wegen einer vereinzelten Stelle zu verurteilen, da ein dunkler Ausdruck oft an anderen, deutlicheren Stellen desselben Werks eine Erklärung fände. Bei katholischen, frommen und gelehrten Verfassern verlange es die Billigkeit, ihre Ausdrücke soweit wie möglich in gutem Sinn zu deuten. Die Nachdrücklichkeit, mit der Benedikt XIV. für den gelehrten, dem Orden der Augustinereremiten angehörigen Kardinal Noris, den Verfasser einer grossen Geschichte der Pelagianer, eintrat und ebenso für den italienischen Historiker Muratori, bezeugt noch besonders seinen Willen, wissenschaftliche Forschungsarbeit zu schützen. Auch für die Achtung der Persönlichkeit im gesellschaftlichen Leben trat der Papst ein; in diesem Sinne verurteilte er 1752 streng das Duell.

Mit seiner grossen Weitherzigkeit und tiefen Güte vereinte Benedikt XIV. jedoch eine unbedingte grundsätzliche Festigkeit. Als Voltaire das gewisse Interesse, das ihm der Papst anlässlich der Veröffentlichung des « Mahomet » bekundete, ausnützen und sich den Anschein geben wollte, als stünde er in der Gunst des Papstes, stellte Benedikt XIV. durch die Verurteilung von Voltaires Werken (22. Februar 1753) eindeutig die Verhältnisse klar. Ebenso vereitelte er das durch die Freimaurer verbreitete Gerücht, dass seit seinem Regierungsantritt die sie betreffende Bulle seines Vorgängers nicht mehr in Geltung sei, und durch die Bulle *Providas* vom 18. Mai 1751 erneuerte er die von Klemens XII. ausgesprochene Verurteilung. Auch gegenüber dem Jansenismus, auf dessen weitere Entwicklung wir noch eingehen werden, nahm Benedikt XIV. eine feste und doch von kluger Mässigung bestimmte Haltung ein. Der allgemein beliebte Papst, dessen tiefe Frömmigkeit auf die Pilger aus aller Welt, die im Jahre 1750 zum Jubiläum nach Rom strömten, einen nachhaltigen Eindruck machte, wusste sich anderseits selbst in den Kreisen der Aufklärer Achtung zu verschaffen.

Gegen Ende von Benedikts XIV. Pontifikat trat eine überaus wichtige und überaus heikle Angelegenheit in den Vordergrund, die noch während der Regierung von Benedikts erstem und zweitem Nachfolger den Heiligen

Stuhl schwer beschäftigen sollte, die *Jesuitenfrage.* Die Gesellschaft Jesu hatte zahlreiche Feinde und setzte sich auch in gewisser Hinsicht der Kritik aus. Benedikt XIV. musste sich noch in demselben Jahre, da seine Regierung zu Ende ging, näher mit den Angelegenheiten der Gesellschaft befassen. In Portugal, dessen Staatsgeschäfte der aufgeklärte Marquis von Pombal leitete, war es über Kolonialangelegenheiten zu einem Konflikt mit den Jesuiten gekommen, worauf der Papst am 1. April 1758 den Kardinal Saldanha mit der Visitation der portugiesischen Jesuiten beauftragte. Saldanha sollte die Visitation gründlich, aber mit Mässigung und möglichst geheim führen. Hätte Benedikt XIV. länger gelebt, so hätte er vielleicht eine durchgreifende Reform der Gesellschaft vorgenommen und es auf diese Weise ermöglicht, dass die Jesuiten auch weiterhin der Kirche so hervorragende Dienste leisteten, wie sie es nun schon seit mehr als zwei Jahrhunderten taten.

Aber Benedikt XIV. starb am 3. Mai 1758. Bis in den Tod wahrte er die sanfte Heiterkeit und Ausgeglichenheit seines Wesens, und sein Andenken wurde allgemein in Ehren gehalten. In London errichtete man ihm ein Monument, auf welches der Sohn des Ministers Walpole die Inschrift setzen liess : « Von den Katholiken geliebter, von den Protestanten geachteter, demütiger, uneigennütziger Papst ; Herrscher ohne Günstlinge, Papst ohne Nepotismus, Richter ohne Strenge, Gelehrter ohne Stolz. » Die Entspannung der Lage, die Benedikt XIV. durch seine kluge, vermittelnde Art herbeigeführt hatte, konnte nach dem Tode des Papstes nicht mehr lange gewahrt werden, und bald lebte von neuem eine scharf kirchenfeindliche Stimmung auf.

Kapitel VIII.

MARTYRIUM DES PAPSTTUMS (1758-1799)

KLEMENS XIII. (1758-1769)

Das Konklave nach Benedikts XIV. Tode war durch die Frage der Erhaltung oder Aufhebung der Gesellschaft Jesu beherrscht. So scheiterte die Wahl des Kardinals Cavalchini, dessen Jesuitenfreundlichkeit bekannt war, an der Exklusive, die der Kardinal Luynes im Namen des französischen Königs gegen ihn aussprach. Ludwigs XV. Vertreter brachte übrigens die Stellungnahme aller bourbonischen Höfe zum Ausdruck. Schliesslich einigte man sich, vornehmlich dank der Vermittlung des kaiserlichen Vertreters, des Fürstbischofs von Konstanz, Kardinal von Rodt, am 6. Juli 1758 auf den Kardinal Carlo Rezzonico, Bischof von Padua. Der Neugewählte nannte sich *Klemens XIII.* (1758-1769).

Klemens XIII. stammte aus Venedig, wo er 1693 geboren war. Er galt als gelehrter Theologe und Kanonist, war auch persönlich hochgeachtet und hatte als Mitarbeiter das Vertrauen des verstorbenen Papstes genossen. In Venedig herrschte grosse Freude über seine Wahl ; sie bekundete sich auch darin, dass die Republik nun ihr Dekret von 1754 aufhob, das die päpstlichen Bullen und Breven dem Placet unterstellte, und über dessen Zurückziehung unter Benedikt XIV. vier Jahre lang ergebnislos verhandelt worden war. Die persönliche Art des neuen Papstes unterschied sich sehr von der seines Vorgängers. Klemens XIII. besass zwar dasselbe hohe Pflichtbewusstsein wie Benedikt XIV., aber bei ihm verband sich damit eine Ängstlichkeit und Unschlüssigkeit, die ihn in Abhängigkeit von seiner Umgebung brachte. Vor allem gelangte der Staatssekretär, Kardinal Luigi Torrigiani, zu grossem

Einfluss, und dieser war insofern ungünstig, als dem Kardinal die Welterfahrenheit abging, die unter den schwierigen Verhältnissen besonders nötig gewesen wäre. Die katholischen Fürsten hatten in ihren Kondolenzschreiben zum Tode Benedikts XIV. den Wunsch ausgedrückt, dass dessen Nachfolger vom gleichen Geiste beseelt sein möge. Sie mussten bald erfahren, dass Klemens XIII. andere Wege ging. In seiner ersten Ansprache an das Kardinalkollegium betonte der neue Papst seinen Willen, die Rechte des Heiligen Stuhls energisch zu verteidigen. Sehr bald sollte er diese Entschlossenheit durch seine Stellungnahme in der Jesuitenfrage unter Beweis stellen.

Die gegen die Gesellschaft erhobenen Vorwürfe waren vielfältiger Art, und der leidenschaftliche Hass, mit dem man den Orden verfolgte, hatte sehr verschiedene Gründe. Zunächst war er schon wegen der hervorragenden Stellung, die er in der Kirche einnahm, der Kritik ausgesetzt ; wer sich hervortut, muss immer mit Angriffen rechnen. Zudem waren nicht nur die aufgeklärten Philosophen, sondern auch die absolutistischen Regierungen, die stark unter dem Einfluss der neuen Geistesbewegung standen, und für die die Staatsräson ausschlaggebend war, die natürlichen Feinde eines Ordens, der sich von Anfang an in erster Linie für die Verteidigung des Glaubens und der päpstlichen Autorität eingesetzt hatte. Ebenso feindselig, wenn auch aus anderen Gründen, die wir schon erwähnten, standen Jansenisten und Gallikaner der Gesellschaft gegenüber. In breiteren Kreisen stiess man sich an dem Einfluss, den die Jesuiten als Hofbeichtväter und Berater auf die Fürsten ausübten. Zu alledem kam noch die wachsende Opposition gegen die jesuitischen Erziehungsmethoden ; mit ihren zahlreichen und blühenden Kollegien hatte die Gesellschaft allmählich wie ein Monopol im Erziehungswesen gewonnen, was natürlich Eifersucht, selbst bei anderen Orden, erregte. Da auch die Wirksamkeit der Gesellschaft oder einiger ihrer Mitglieder zuweilen an Takt und Diskretion zu wünschen übrig liess, wurden die Kritiker und Gegner immer zahlreicher. Ein gewisser moralischer Laxismus sowie die weitgehenden von den Päpsten verurteilten Zugeständnisse der Jesuitenmissionare an die Gebräuche der Inder und Chinesen liessen in den Augen von manchen den Geist der Gesellschaft verdächtig erscheinen. Schliesslich erregten der Reichtum des Ordens und gewisse wirtschaftliche Unternehmungen, die Konkurrenzen schufen, auch sachlich nicht immer unanfechtbar waren, mancherorts schweren Anstoss. Gerade die Kreise, die in jener Zeit des Rationalismus, des Freidenkertums und Materialismus den grössten Einfluss auf die öffentliche Meinung ausübten, waren zu Feinden eines Ordens geworden, der mit unermüdlichem Eifer für die Grösse der Kirche gearbeitet hatte. Gewiss waren nicht alle Feinde der Jesuiten auch Feinde des Christentums, aber die eigentlichen, übrigens mit den raffiniertesten Methoden arbeitenden Führer des Kampfes gegen die Gesellschaft Jesu waren zugleich auch die gehässigsten Feinde jeder Offenbarungsreligion.

Die Päpste wussten wohl, dass eine Reform der Gesellschaft notwendig geworden war, aber sie wollten sie nicht überstürzen. Indessen forderten fast alle katholischen Höfe die Aufhebung des Ordens, ja dies war eines der wenigen gemeinsamen Ziele, zu dessen Erreichung sich überhaupt die Mächte im achtzehnten Jahrhundert einmal zusammenschlossen. Klemens XIII. hatte sich von Anfang seines Pontifikats an mit dem schweren Problem zu beschäftigen.

Die Offensive gegen die Gesellschaft begann in Portugal. Der von Benedikt XIV. zum Visitator des Jesuitenordens ernannte Kardinal Saldanha hatte den Jesuiten alle Handelsgeschäfte untersagt und die Befugnis zur Predigt und zum Beichthören entzogen. Klemens XIII. erschien dies zu weitgehend ; er verbarg dem Kardinal nicht seine Unzufriedenheit und gebot ein massvolleres Vorgehen. Aber inzwischen war im September 1758 ein Mordanschlag gegen König Joseph I. von Portugal erfolgt, und unter diesem Vorwand ergriff der Minister Pombal, ein erklärter Feind der Jesuiten, die schärfsten Massnahmen gegen die Gesellschaft. Obwohl gar kein Beweis für eine Beteiligung der Jesuiten an der Verschwörung vorlag, liess Pombal viele Patres verhaften ; die anderen wies er aus dem Königreich und den Kolonien aus, schob sie in den Kirchenstaat ab und beschlagnahmte die Ordensgüter. Vergeblich trat der Papst für die Gesellschaft ein. Der als Jesuitenfreund bekannte päpstliche Nuntius in Lissabon, Acciaioli, ward ausgewiesen (1760). Auf neue Schritte des Papstes, der auch Spanien um Vermittlung bat, antwortete Pombal nur mit schärferen Massnahmen. Schliesslich liess er sogar den allgemein hochangesehenen P. Gabriel Malagrida, einen Greis von über siebzig Jahren, als halsstarrigen Ketzer verbrennen.

Dem Beispiel Portugals folgte bald Frankreich, wo die Feindseligkeit gegen die Jesuiten noch allgemeiner war als andernorts. Seit einem Jahrhundert bekämpften hier schon die Jansenisten und Gallikaner die Gesellschaft, und die Enzyklopädisten mit Voltaire an der Spitze verfolgten sie unentwegt mit bitterem Hass. Aber selbst Mitglieder anderer Orden, Dominikaner und Augustiner, nahmen gegen die Jesuiten Stellung, denen, wie wir schon sahen, die vielfältigsten Vorwürfe gemacht wurden. So brauchte aber schliesslich nur das Signal gegeben zu werden, damit der Vernichtungskampf von allen Seiten unternommen wurde. Den Anlass bot ein fehlgeschlagenes Attentat gegen Ludwig XV., an welchem die Jesuiten durchaus unbeteiligt waren, und der Zusammenbruch eines Handelshauses in Marseille, mit dem P. Lavalette in Verbindung stand.

P. Lavalette hatte auf Martinique grössere Unternehmen gegründet, um die schlechte wirtschaftliche Lage der Mission zu bessern. Seine Geschäfte erlitten jedoch durch den Krieg zwischen Frankreich und England eine schwere Schädigung ; Warensendungen, die seine Schulden bei einem Marseiller Handelshaus decken sollten, wurden von den Engländern beschlagnahmt, und dies führte zum Zusammenbruch des Marseiller Handelshauses. Nun drängten dessen Gläubiger die Gesellschaft zur Bezahlung (1756) und erreichten auch deren Verurteilung in Marseille. Die Gesellschaft legte Berufung an das Pariser Konsulargericht und hernach an das Pariser Parlament ein ; sie suchte mit Berufung auf ihre Ordenskonstitutionen darzutun, dass sie für die Handelsgeschäfte des P. Lavalette nicht haftbar sei. Aber das Parlament verurteilte sie zur Bezahlung der Schulden (1761), und nach Prüfung der Konstitutionen erklärte es diese als den Gesetzen des Königreichs zuwiderlaufend, da sie die Jesuiten verpflichteten, keine andere Autorität als die des Papstes anzuerkennen. Schliesslich wurde für alle Franzosen der Eintritt in die Gesellschaft verboten und allen Jesuiten der Schulunterricht in Frankreich untersagt. Die Parlamente in den Provinzen, die sich ebenfalls mit der Sache befassten, fällten dasselbe Urteil wie das Pariser Parlament.

Noch zögerte der König, diese Massnahmen zu bestätigen, und auf Ersuchen des Papstes verbot er auf die Dauer eines Jahres weitere Massnahmen. Aber auf den Rat von Madame de Pompadour, die die Jesuiten ihrer anstössigen Lebensführung wegen vom Empfang der Sakramente ausgeschlossen hatten, verlangte er vom Papst, dass die französischen Jesuiten einen besonderen Generalvikar erhielten (1762). Da dies eine Änderung der Ordensverfassung in einem wesentlichen Punkte bedeutete, lehnten sowohl der Papst als auch der Ordensgeneral Ricci das königliche Ersuchen ab. Damals tat Klemens XIII. — nicht Ricci — den berühmt gewordenen Ausspruch : *Sint ut sunt aut non sint* (Sie — die Konstitutionen — sollen sein, wie sie sind, oder nicht sein). Nach diesem Bescheid gab der König dem Druck der öffentlichen Meinung nach, und am 6. August 1762 sprach das Pariser Parlament die Auflösung der Gesellschaft aus, da diese der Staatsordnung widerspreche und der Religion und Sittlichkeit schädlich sei. Die Gesellschaft ward auf immer aus Frankreich ausgeschlossen und der gesamte Ordensbesitz beschlagnahmt.

Die Jesuiten suchten sich noch dadurch zu retten, dass sie sich bereit erklärten, auf ihre Ordensprivilegien Verzicht zu leisten und die gallikanischen Artikel von 1682 zu lehren. Aber weder diese Zugeständnisse noch das Eintreten fast des gesamten französischen Episkopats für die Gesellschaft vermochten etwas. Es blieb auch ohne Wirkung, dass der Papst im Konsistorium vom 3. September 1762 die Beschlüsse des Parlaments für nichtig erklärte.

Am 1. Dezember 1764 erhielten diese durch ein königliches Dekret Gesetzeskraft. Der Jesuitenorden wurde in ganz Frankreich aufgelöst und verboten, nur einzeln durften Jesuiten als einfache Priester noch im Lande bleiben. Gallikaner und Jansenisten triumphierten. In ihrem blinden Hass sahen sie nicht, dass sie den Absichten der Gegner ihres eigenen Glaubens gedient und, wie d'Alembert an Voltaire schrieb, nur den aufgeklärten Philosophen Vorschub geleistet hatten, deren Befehlen sie, ohne es zu wissen, folgten.

Klemens XIII. aber trat nun feierlich als Oberhirte der Kirche für den angegriffenen Jesuitenorden ein. In der Konstitution *Apostolicum pascendi munus* vom 7. Januar 1765 hob er entgegen allen Verleumdungen die Verdienste des Ordens hervor und bestätigte ihn neuerdings. Der edeln Absicht, mit dieser Konstitution eine Ungerechtigkeit auszugleichen, entsprach freilich die Wirkung der päpstlichen Kundgebung nicht. Selbst in jesuitenfreundlichen Kreisen fand man, dass unter den gegebenen Umständen die Konstitution denen, die sie schützen sollte, eher schädlich als nützlich wäre. In Frankreich wurde die Veröffentlichung des päpstlichen Erlasses verboten, und auch in anderen Ländern, wie in Österreich, konnte sie nicht erfolgen. Im übrigen reizte sie die Jesuitengegner nur zu neuen Angriffen. Selbst in kirchlichen Kreisen fand der Schritt des Papstes nicht unbedingte Zustimmung. Der Archivpräfekt Giuseppe Garampi, der ruhig und weitblickend zu urteilen pflegte, äusserte Bedenken über die von Klemens XIII. und seinem Staatssekretär befolgte Politik. Seiner Meinung nach hätte eine gründliche und ganz unparteiliche Prüfung der Angelegenheit nach allen Seiten einer Stellungnahme vorhergehen sollen.

Nun aber waren die Würfel gefallen, und die Dinge nahmen ihren Lauf. Zunächst gingen in Spanien die Jesuitengegner weiter vor. Sie drangen in Karl III., dieselben Massnahmen wie in Portugal und Frankreich zu ergreifen, und hatten umso leichteres Spiel, als der König ebenso dem Absolutismus huldigte, wie man dies in Lissabon und Versailles tat. Das päpstliche Verbot des jansenistischen Katechismus von Mésenguy lieferte ihm einen Vorwand, um das königliche Placet für alle römischen Erlasse mit Ausnahme derer in Gewissensangelegenheiten einzuführen (1762). Immerhin erreichte der Papst, dass die Ausführung dieser königlichen Verfügung im nächsten Jahre vorübergehend eingestellt wurde. Im allgemeinen war die Bevölkerung der Gesellschaft Jesu nicht feindlich gesinnt. Die Jesuitengegner fanden sich hier in denselben Kreisen wie in Frankreich und richteten ihre Angriffe vornehmlich gegen die Hofbeichtväter und die im Unterrichtswesen tätigen Jesuiten.

Aber der Einfluss dieser Kreise war so massgeblich, dass schliesslich ein Zwischenfall genügte, um die Stellung des Ordens völlig zu erschüttern. Als

1766 in Madrid die nationale Tracht des breitrandigen Huts und langen weiten Mantels verboten wurde, entstand ein Aufruhr, und diesen legte man nun den Jesuiten zur Last. Tanucci, der frühere neapolitanische Minister des Königs, bewog seinen Herrn, am 27. Februar 1767 ein Dekret zu erlassen, durch das die Jesuiten aus Spanien und den Kolonien ausgewiesen und ihr gesamter Besitz beschlagnahmt wurde. Am 2. April brachte der leitende Minister Aranda, ein Jesuitenfeind wie die meisten anderen Minister, das Dekret schonungslos zur Ausführung. Aranda vor allen hatte dem König eingeredet, dass die Jesuiten die eigentlichen Anstifter des Aufstandes gewesen seien, und behauptet, dies beweisen zu können. Dabei ging er in einer Art zu Wege, die in diesem lügenreichen Jahrhundert nicht aussergewöhnlich war. Man verbreitete in Madrid das Gerücht, dass bei zwei Patres ein Brief an den Kardinalstaatssekretär Torrigiani gefunden worden sei, ein Unbekannter überbrachte dem Rektor des Madrider Kollegs ein Schreiben, und kurz darauf erschien die Polizei, nahm eine Haussuchung vor und förderte das Schreiben zu Tage, das von dem Herzog Alba, einem Anhänger Arandas, verfasst worden war. Es enthielt neben abfälligen Äusserungen über den König hauptsächlich die Mitteilung, die Jesuiten hätten mit Portugal ein Abkommen gegen Spanien getroffen. Der König erklärte in seinem Edikt, die eigentlichen Gründe für die Ausweisung der Jesuiten würden immer sein Geheimnis bleiben. Nach einiger Zeit enthüllte sich indessen der Herzog Alba selbst als Urheber der Fälschung. Aber Klemens' XIII. Protest gegen diese dunkeln Machenschaften war wirkungslos. Der König antwortete darauf nur, er hätte gute Gründe gehabt, so zu handeln, wie er es getan habe, und die Jesuiten würden nun von Spanien wie von Portugal nach dem Kirchenstaat gebracht werden. Als der Papst erklärte, nicht für ihren Unterhalt aufkommen zu können, liess sie Karl III. nach Korsika bringen, wo sie kümmerlich ihr Leben fristeten. Nur ein Teil der Vertriebenen fand später doch noch Aufnahme im Kirchenstaat.

Es war vorauszusehen, dass dieselben Massnahmen wie in Spanien bald auch in den weiteren bourbonischen Staaten, in Neapel und Parma, getroffen würden. Am 31. Oktober 1767 erliess der junge König beider Sizilien, Ferdinand IV., der Sohn Karls III. von Spanien, der ganz unter dem Einfluss Tanuccis stand, ein Dekret, das die Ausweisung der Jesuiten und ihre Überführung in den Kirchenstaat verfügte. Auch hiergegen protestierte der Papst vergeblich. In Parma erliess unter dem Einfluss des leitenden Staatsmannes Guillaume Du Tillot Herzog Ferdinand I., ein Neffe des spanischen Königs, am 3. Februar 1768 ebenfalls das Ausweisungsdekret.

Zu diesen Massnahmen der bourbonischen Staaten gegen die Gesellschaft Jesu fügten sich bald noch Feindseligkeiten gegen das Papsttum, das die

Gesellschaft in Schutz nahm. Die Regierung von Parma weigerte sich, die Oberlehnshoheit des Papstes anzuerkennen, auf die der Apostolische Stuhl seinerseits nicht verzichten wollte. Du Tillot schränkte auch eigenmächtig die Privilegien der Steuerfreiheit und besonderen Gerichtsbarkeit des Klerus ein und unterstellte die Veröffentlichung päpstlicher Erlasse dem Placet. Trotzdem suchte Klemens XIII. zunächst noch eine Verständigung auf dem Verhandlungswege. Als er damit nichts erreichte, erliess er am 30. Januar 1768 ein Breve, das die Massnahmen der Regierung gegen die päpstlichen Rechte für nichtig und deren Urheber als den Zensuren der Abendmahlsbulle verfallen erklärte, die Urban V. 1364 erlassen und Pius V. erweitert hatte.

Die Haltung des Papstes fand im Kardinalkollegium nicht einmütige Zustimmung und rief an den bourbonischen Höfen grosse Entrüstung hervor. Man fand hier die Autorität der Fürsten durch den Papst verletzt und glaubte, dass dies die Rache der Jesuiten sei. Die Veröffentlichung des päpstlichen Breves ward untersagt und dem Papste mit Repressalien gedroht, falls er das Breve nicht widerrufen und die Souveränität des Herzogs von Parma und Piacenza bedingungslos anerkennen sollte. Klemens XIII. erklärte jedoch, dass er sich im Gewissen verpflichtet fühle, die getroffene Massnahme aufrecht zu erhalten. Daraufhin wurden die Drohungen verwirklicht. Frankreich legte die Hand auf Avignon und Venaissin, während spanische und neapolitanische Truppen Benevent und Ponte Corvo besetzten. Trotzdem gab der Papst nicht nach. Er nahm lediglich die Verhandlungen mit den bourbonischen Gesandten dem diesen besonders missliebigen Staatssekretär Torrigiani ab und übertrug sie dem Kardinal Negroni, der den Jesuiten nicht günstig gesinnt war. Aber in Madrid, Paris und Neapel fand man sich mit der Unnachgiebigkeit des Papstes hinsichtlich des Breves nicht ab. Im Januar 1769 überreichten die Gesandten Frankreichs, Spaniens und Neapels Klemens XIII. eine Note, in der die Aufhebung des Jesuitenordens gefordert wurde.

Klemens XIII. war durch das drohende Begehren zutiefst getroffen. Wenige Tage später, am 2. Februar 1769, erlitt er einen Schlaganfall. Der Tod erlöste den sechsundsiebzigjährigen, frommen und schwergeprüften Greis. Jedem Angriff gegen das Papsttum und den Glauben war Klemens XIII. entgegengetreten, aber seine Proteste hatten meist nur die Feindseligkeit seiner Gegner gesteigert, die sich, dem Geist der Zeit entsprechend, gegen jede religiöse und moralische Bindung auflehnten. Es bleibt ein besonderes Verdienst Klemens' XIII., dass er — wie wir zu Ende dieses Buches noch näher sehen werden — die Pflichten seines hohen Amtes unentwegt auch durch sein Auftreten gegen die zersetzenden Lehren der Aufklärung, des Jansenismus, Gallikanismus und Febronianismus erfüllte. Auf Klemens XIII.

geht auch die weitere Verbreitung des Herz-Jesu Festes zurück, dessen Feier er mehreren Kirchen gestattete. Schon 1674 hatte Klemens X. den hl. Jean Eudes ermächtigt, in seiner Kongregation ein Fest des Herzens Jesu und des Herzens Mariä zu feiern. Im folgenden Jahrhundert setzten sich nach den Offenbarungen der hl. Margareta Maria Alacoque in Paray-le-Monial die Jesuiten mit Eifer für die Verbreitung der Herz-Jesu Verehrung ein. Klemens XIII. liess am 2. Februar 1765 ein Dekret der Ritenkongregation veröffentlichen, in dem die Herz-Jesu Verehrung anerkannt wurde. Sie verbreitete sich besonders in Frankreich und wirkte nicht nur gegen jene geistige Versteifung und Gemütsverhärtung, die der Jansenismus mit sich brachte, sondern auch gegen den vagen Deismus und den Atheismus, den die Aufklärer vertraten. Die Jesuiten aber erlebten den grossen Aufschwung der von ihnen geförderten Herz-Jesu Verehrung nun zu eben dem Zeitpunkt, da man sie selbst aus vielen Staaten vertrieb und die Kardinäle, die man als « Protektoren » der einzelnen Länder bezeichnete, sich in das neue Konklave mit dem Auftrag begaben, für die Wahl eines Jesuitengegners zu sorgen.

DAS PONTIFIKAT KLEMENS' XIV. (1769-1774)

Das Konklave dauerte drei Monate und ward erst am 19. Mai 1769 mit der Wahl des Kardinals Lorenzo Ganganelli beendet, der sechsundvierzig auf siebenundvierzig Stimmen erhielt. In Erinnerung an seinen Vorgänger, dem er die Kardinalswürde verdankte, nannte sich der neue Papst *Klemens XIV.* Der Kardinal de Bernis, den Choiseul, der Minister Ludwigs XV., mit bestimmten Instruktionen versehen hatte, war von den spanischen Kardinälen Solis und La Cerda für Ganganelli gewonnen worden und dann massgeblich für dessen Wahl eingetreten. Bernis, ein Kirchenfürst ganz im Stil des *ancien régime*, prunkliebend, klug, geistreich und von vollendetem weltmännischem Geschick, hatte es durchgesetzt, dass man für die Wahl die Ankunft der auswärtigen Kardinäle abwartete, die die Kandidatur Ganganellis immer mehr in den Vordergrund rückten, ohne Druck zwar und ohne Simonie, aber doch nachdem sie von ihrem Kandidaten alle Versprechungen erhalten hatten, zu denen er sich guten Gewissens verstehen konnte. Die spanischen Kardinäle, die unbedingt auf die Wahl eines Papstes drangen, der den Jesuitenorden aufheben würde, hatten sich vergeblich bemüht, eine entsprechende schriftliche Zusage von Ganganelli zu erreichen. Sie mussten sich, nach dem Bericht von Bernis, der dies in der Folge von Klemens XIV. selbst erfuhr, mit einem Schreiben begnügen, in dem der

Kardinal Ganganelli sich dahin aussprach, dass er die Aufhebung des Ordens unter Beobachtung der Vorschriften des Kirchenrechts für möglich halte. In diesen Worten lag keine feste Bindung, weder gegenüber den Freunden, noch gegenüber den Feinden der Gesellschaft Jesu.

Zur Zeit des Konklaves war Kaiser Joseph II. inkognito nach Rom gekommen, um sich hier mit seinem Bruder, dem Grossherzog Leopold von Toskana, dem späteren Leopold II., zu treffen. Obgleich seine Reise keine politischen Ziele verfolgen sollte, hatte der Kaiser doch das Konklave besucht und mit den Worten verlassen: « Wählen Sie einen neuen Lambertini, der gut war und der Freund jedermanns. » Lambertini war, wie erinnerlich, als Benedikt XIV. der Papst der Versöhnung gewesen.

Lorenzo Ganganelli war als Sohn eines Arztes 1705 in Santangelo in Vado bei Rimini geboren und mit achtzehn Jahren in den Orden der Franziskanerkonventualen eingetreten, in dem er später Lektor der Philosophie und Theologie wurde. Benedikt XIV. hatte ihn zum Konsultor der Inquisition und Klemens XIII. 1759 zum Kardinal ernannt. Jeder Franziskaner, sagt man, bewahrt die Erinnerung an Sixtus V., den grossen Franziskanerpapst; Klemens XIV. blieb, auch nachdem er an die Spitze der kirchlichen Hierarchie gelangt und plötzlich über eine Macht verfügte, auf welche er nicht vorbereitet war, doch der schlichte Franziskaner von einst.

Seine Regierung war ganz erfüllt von der Angelegenheit der Aufhebung des Jesuitenordens, und aus diesem Grunde ist Klemens XIV. auch einer der umstrittensten Päpste der Geschichte. Während die Jesuitengegner in ihm die mutige und ganz von evangelischem Geiste erfüllte grosse Persönlichkeit verherrlicht haben und die Entschlusskraft priesen, mit der er einen Orden unterdrückte, dessen Intrigen die Kirche schwerstens schädigten, beklagten die Jesuitenfreunde die Schwäche und Unzuverlässigkeit des Papstes, der, um den Höfen zu Gefallen zu sein und unter dem Druck des spanischen Gesandten Moñino, eine zwei Jahrhunderte alte Institution und die stärkste Stütze des Papsttums preisgegeben habe. Die Wahrheit wird wohl, wie öfters, in der Mitte liegen; wir werden im Folgenden die Gründe zu diesem Entschluss aufzudecken suchen. Wenn der Mensch, unter welchen Umständen auch immer, sich letztlich frei entscheidet — und darin besteht das Wesentliche des freien Willens — dann darf die Bedeutung der Umstände nicht unterschätzt werden. Unleugbar aber waren die Umstände, unter denen Klemens XIV. zu handeln hatte, äusserst schwierig.

Fromm, gütig und liebenswürdig, erwies sich Klemens XIV. auch als Freund und Förderer von Kunst und Wissenschaft. Er liess wohl manchmal Festigkeit und Sicherheit vermissen, und um eine klare Stellungnahme zu vermeiden, zog er es oft vor, etwas geheim zu halten, statt darüber zu verhandeln. Mit diesen Charakterzügen hing es wohl zusammen, dass er fremde Beeinflussung fürchtete, zu einer gewissen Verschlossenheit neigte, manchmal zögernd erschien und sich der Beschuldigung der Unaufrichtigkeit aussetzte, die er, der von Anfang seines Pontifikats an aufrichtig nach Ausgleichung der Gegensätze strebte, nicht verdiente. Allerdings hatte ihn das ständige Klosterleben nicht auf die Führung der Politik vorbereitet, und es erwies sich auch nicht als glücklich, dass er seinen Ordensbruder Bontempi zu seinem engsten Vertrauten nahm.

Gleich zu Beginn seines Pontifikats tat Klemens XIV. durch eine Enzyklika kund, dass er den Frieden mit den Höfen zu wahren und ihre Unterstützung gegen den Unglauben zu erhalten wünsche. Wie sein Vorgänger beschwor er die Fürsten, der Kirche bei der Wahrung ihrer Rechte zu helfen. Seine versöhnliche Gesinnung kam auch dadurch zum Ausdruck, dass er die Verkündigung der Abendmahlsbulle am Gründonnerstag einstellen liess ; er gedachte, an dieser Bulle gewisse Änderungen vorzunehmen, um sie den neuen Zeiten besser anzupassen. Die erste Medaille, die Klemens XIV. prägen liess, trug die Umschrift : *Fiat pax in virtute tua.* An die Stelle des bisherigen Staatssekretärs Torrigiani trat der Kardinal Pallavicini, der lange Nuntius in Madrid gewesen war. Unter den ersten neuernannten Kardinälen befand sich Paolo Carvalho, der Bruder des allmächtigen portugiesischen Ministers und geschworenen Jesuitenfeindes Pombal. In den Beziehungen des Heiligen Stuhls zu Parma und auch Portugal trat alsbald eine Entspannung ein, und allgemein schien sich der politische Horizont aufzuhellen. [1]

DIE AUFHEBUNG DES JESUITENORDENS (1773)

Aber wenn Klemens XIV. infolge seiner nachgiebigen Haltung anfänglich lobende und schmeichelhafte Äusserungen bei den Höfen erntete, so änderte sich dies doch bald. Die Lage spannte sich von neuem, als sich der Papst in einem Breve vom 12. Juli 1769 anerkennend und ermutigend für die Jesuitenmissionen in den Ländern der Ungläubigen aussprach. Die Höfe waren seit langem entschlossen, dem Heiligen Stuhl ein Ultimatum zu stellen, als der

[1] Über das Pontifikat Klemens' XIV. und seines Nachfolgers s. ausser der grundlegenden Darstellung von Pastor : *Geschichte der Päpste*, Bd. 16, T. 2 ; F. Masson : *Le cardinal de Bernis depuis son ministère* 1758 à 1794. (Paris 1884) ; P. Richard : *Le martyre de la papauté* (1769-1799) in : « Revue d'histoire ecclésiastique », T. 31 (Louvain 1935) und A. v. Reumont : *Ganganelli, Papst Clemens XIV. Seine Briefe und seine Zeit.* (Berlin 1847).

Kardinal Bernis am 22. Juli desselben Jahres Klemens XIV. eine Denkschrift der Gesandten Frankreichs, Spaniens und Neapels überreichte, in der die Aufhebung des Jesuitenordens dringend verlangt wurde. Choiseul hatte Bernis eine Frist von zwei Monaten für die päpstliche Entscheidung angegeben. « Nach Ablauf dieser Frist », schrieb er dem Kardinal, « wird man die bourbonischen Herrscher nicht hindern können, alle Beziehungen zu einem Papst abzubrechen, der uns entweder belustigt oder nichts nützt. » Klemens XIV. suchte natürlich Zeit zu gewinnen. In einem Schreiben an Ludwig XV. führte er aus, dass er noch auf Dokumente warte, um die Angelegenheit genau zu prüfen, worauf der « allerchristlichste König » erwiderte, die drei Höfe hätten die « gerechten Beweggründe » ihres Beschlusses schon gründlich genug geprüft. Am 30. November 1769 erklärte der Papst in einem Briefe an Karl III. von Spanien, die Aktenstücke lägen nun gesammelt vor, und er sei bereit, dem König einen Plan für die gänzliche Aufhebung des Ordens zu unterbreiten.

Danach traf er, um den Höfen sein Entgegenkommen zu beweisen, eine Reihe von Massnahmen gegen die Jesuiten im Kirchenstaat. Er verordnete eine strenge Visitation mehrerer Jesuitenanstalten, insbesondere des römischen Seminars, dessen Verwaltung den Jesuiten entzogen wurde. Weitere, noch schärfere Massnahmen folgten. Besonders der spanische Gesandte Moñino aber drang nun rücksichtslos auf die baldige Aufhebung des Ordens ; im Sommer 1772 scheute er sich nicht, dem Papst offen zu drohen, die bourbonischen Staaten würden die Beziehungen zu ihm abbrechen und in Spanien alle Orden aufgehoben werden, wenn er weiter die Entscheidung hinauszögere. Anderseits stellte man dem Papst für ein Entgegenkommen die Rückgabe von Avignon und Benevent in Aussicht, aber hierauf erwiderte, wie Bernis berichtet, Klemens XIV. nur, dass er keinen Handel treibe.

Erst im November 1772 gab Klemens XIV. schliesslich den Widerstand auf. Er versprach, den Orden aufzuheben, und beauftragte den spanischen Titularbischof Zelada, der bald darauf den Kardinalshut erhielt, mit der Ausarbeitung des Aufhebungsbreves, für welches Moñino schon im September einen eingehenden Entwurf vorgelegt hatte. Im Januar 1773 überreichte Zelada seinen Entwurf dem Papst. Aber Klemens XIV. zog auch jetzt noch die Entscheidung hinaus. Das Aktenstück wurde zunächst dem spanischen König und, auf Wunsch des Papstes, auch der Kaiserin Maria Theresia übersandt. Die Kaiserin hatte im März 1770 erklärt, die von den Bourbonen angeführten Gründe für die Aufhebung des Ordens träfen für ihre Staaten nicht zu, aber sie überlasse die Entscheidung dem Papst. Jetzt äusserte sie sich gegenüber Karl III. von Spanien dahin, sie werde sich der Aufhebung nicht entgegensetzen, wenn der Papst sie für angezeigt halte, aber der Klausel, wonach dem Papst das Recht zustehen sollte, über die Güter und Personen des Ordens zu verfügen, könne sie nicht zustimmen. Die Stellungnahme der Kaiserin war durch politische Rücksichten auf die bourbonischen Höfe und durch Familieninteressen begründet. Maria Theresia wünschte nämlich die Heirat ihrer Tochter Marie Antoinette mit dem Dauphin, der im folgenden Jahre als Ludwig XVI. den französischen Thron besteigen sollte.

Es ist nicht ausgeschlossen, dass der Papst noch im letzten Augenblick glaubte, die formelle Aufhebung der Gesellschaft vermeiden zu können, indem er in der Diözese Bologna und hernach noch in anderen Gebieten des Kirchenstaats zur Schliessung der Ordensschulen, zur Entlassung der Novizen und Beschlagnahme des Ordensbesitzes schritt. So wäre praktisch die Aufhebung des Ordens erfolgt, eine formelle Aufhebung hätte sich erübrigt, und rechtlich hätte die Gesellschaft weiter bestanden. Vielleicht aber waren diese Massnahmen doch nur als Vorbereitung der Öffentlichkeit auf die förmliche Aufhebung gedacht.

Tatsächlich unterzeichnete Klemens XIV. nach langer, reiflicher Überlegung und nach weiterem rücksichtslosem Drängen des spanischen Gesandten schliesslich Mitte Juni 1773 das Aufhebungsbreve, das aber das amtliche Datum vom 21. Juli erhielt. Das berühmte, am 16. August in der Jesuitenkirche il Gesù verkündete Breve, das mit den Worten *Dominus ac redemptor noster* beginnt, betont eingangs, dass der Papst, der das Versöhnungsamt Christi verwalte, vor allem die Aufgabe habe, den Frieden der Kirche zu sichern, und dass er um des Friedens willen nötigenfalls selbst das opfern müsse, was ihm persönlich nahestehe und teuer sei. Danach beruft sich Klemens XIV. auf das übrigens schon mehr als einmal angewandte Recht des Heiligen Stuhls, Orden, die ihre eigentliche Aufgabe nicht mehr erfüllen oder durch ihr Wirken die Ruhe der christlichen Völker eher stören als fördern, zu erneuern oder aufzulösen. In der Gesellschaft Jesu, führt er weiter aus, sei « gleich bei ihrem Entstehen mannigfacher Same der Zwietracht und Eifersucht aufgekeimt, nicht allein in ihrem Innern, sondern auch gegen andere Orden, gegen die Weltpriesterschaft, gegen Akademien, Universitäten, öffentliche Schulen, ja sogar selbst gegen die Fürsten, in deren Staaten die Jesuiten Aufnahme fanden. » Von allen gegen die Gesellschaft vorgebrachten Anklagen hielt der Papst eigentlich nur diejenige fest, dass die Jesuiten unruhestiftend gewirkt hätten. Die Beschuldigungen mangelnder Rechtgläubigkeit und Unsittlichkeit wurden beiseite geschoben, die Vorwürfe, die der Gesellschaft wegen ihres Hochmuts, Ehrgeizes und ihrer Habgier gemacht wurden, lediglich erwähnt, nicht als begründet anerkannt.

Das Breve schliesst mit der Erklärung des Papstes, dass er nach reiflicher Überlegung und Anrufung des göttlichen Beistandes zu der Erkenntnis gelangt sei, « dass die Gesellschaft Jesu die reichen Früchte und den Nutzen nicht mehr zu bringen vermöge, derentwillen sie begründet wurde », und dass es « bei ihrem Fortbestand kaum oder gar nicht möglich wäre, den wahren und dauernden Frieden der Kirche wiederherzustellen. » Aus diesen Gründen, sowie aus Erwägungen, welche die Klugheit und die Leitung der Gesamtkirche nahelegen, « und die Wir in Unserm Herzen verschlossen halten », verfügt der Papst kraft apostolischer Vollgewalt : « Wir heben die genannte Gesellschaft auf, unterdrücken sie und schaffen sie ab. Wir beseitigen alle Ämter, Einrichtungen und Verwaltungen, ihre Häuser, Schulen, Kollegien, Hospize, Studienanstalten und sonstigen Besitz, wo immer er gelegen sei. »

Am 16. August erging der Auflösungsbefehl an den Ordensgeneral und die Rektoren der Kollegien und sonstigen römischen Häuser der Gesellschaft. Soldaten begleiteten die Kommissäre der eigens zur Vollstreckung der Aufhebung eingesetzten Kardinalskongregation. Im Namen des Heiligen Stuhls wurden das römische Seminar, sowie alle übrigen römischen Anstalten der Jesuiten mit Beschlag belegt. Überall fügten sich die Patres ohne Widerspruch. Bereits am 17. August konnte kein Jesuit mehr in den Kirchen des Ordens tätig sein. Alle Jesuiten in Rom durften acht Tage lang ihre von Soldaten besetzten Häuser nicht verlassen, damit in dieser Zeit für sie die Kleidung von Weltgeistlichen verfertigt werden könne. Der Ordensgeneral, P. Ricci, ward zunächst mit seinen Assistenten und weiteren hervorragenden Mitgliedern der Gesellschaft ins Englische Kolleg verwiesen, dann in die Engelsburg in strenge Haft gebracht. Der gegen Ricci eingeleitete Prozess zog sich zwei Jahre lang hin, ergab aber nichts Belastendes. Schliesslich erlöste der Tod den Greis, der, nachdem er rückhaltlos sich dem päpstlichen Machtspruch unterworfen, doch bis zuletzt seine und des Ordens Unschuld beteuert hatte.

Die Verkündigung der Aufhebung des Ordens geschah in besonderer Form. Üblicherweise wurden päpstliche Verfügungen an bestimmten Orten in Rom angeschlagen und erhielten durch diese Veröffentlichung Gesetzeskraft für die ganze Kirche. Für die Vollziehung des Aufhebungsbreves wählte Klemens XIV. einen anderen Weg, um den Besitz der Gesellschaft vor der Habgier der Regierungen zu schützen. Durch ein besonderes Breve *Gravissimis ex causis* beauftragte er die Bischöfe, das Breve *Dominus ac redemptor noster* in jedem einzelnen Hause zu verkünden und zur Ausführung zu bringen. Nach der Verlesung des Breves sollte der Bischof im Namen des Papstes allen beweglichen und unbeweglichen Besitz mit Beschlag belegen und die Mitglieder des also aufgehobenen Instituts zum Verlassen des Hauses veranlassen. So kam es, dass die Gesellschaft Jesu in Preussen und Russisch-Polen, wo sich Friedrich II. und Katharina II. der Aufhebung teils aus Ideen der Toleranz, teils aus Nützlichkeitserwägungen widersetzten, rechtmässig weiterbestehen konnte.

Ein Ereignis wie die Aufhebung des Jesuitenordens fand natürlich nicht nur zu seiner Zeit, sondern auch in der Folgezeit noch die verschiedensten, ja gegensätzlichsten Beurteilungen. Die Entscheidung des Papstes wurde sogar von einem einstigen Jesuiten, P. Cordara, verschiedentlich zu rechtfertigen gesucht. Cordara schrieb kurze Zeit nach der Aufhebung : « Ich glaube nicht, dass man den Papst verurteilen kann, der nach so langem Zögern die Gesellschaft Jesu zu verurteilen können glaubte. Ich weiss nicht, ob nicht auch ich, obgleich niemand der Gesellschaft ergebener gewesen sein kann als ich, bei diesem Stand der Dinge sie aufgehoben hätte, und ich bin gewiss, dass jeder beliebige kluge Jesuit, wenn er Papst gewesen wäre, dasselbe getan haben würde. Es handelte sich eben um die höchste Gefahr der Kirche. Um sie abzuwenden, konnte es als berechtigt erscheinen, nicht nur die Gesellschaft, sondern fast alle religiösen Orden zu unterdrücken. Es handelte sich um den höchsten Einsatz. »

Dass der Papst zur Aufhebung des Ordens berechtigt war, ist unbestreitbar. Die Tatsache, dass die Aufhebung in Form eines Breves und nicht durch eine feierliche Bulle erfolgte, ändert nichts an ihren kirchenrechtlichen Folgen. Es handelte sich indessen nicht um eine unfehlbare Entscheidung *ex cathedra* oder um ein gerichtliches Urteil, sondern um eine Massnahme der kirchlichen Verwaltung und Disziplin, wie sie früher schon die Aufhebung des Templerordens darstellte. Offen ist aber noch die Frage, wieweit diese einschneidende Massnahme begründet war. Ein abschliessendes Urteil hierüber wird erst möglich sein, wenn wichtiges und bisher noch unzugängliches Aktenmaterial von der wissenschaftlichen Forschung gesichtet sein wird. Soviel steht aber schon fest, dass der Papst von dem Vorhandensein gewisser Misstände und der Notwendigkeit, sie abzustellen, überzeugt war. Selbst Freunde der Gesellschaft gaben dies zu, obgleich sie fanden, dass deshalb noch nicht die Aufhebung nötig gewesen wäre. Man darf vor allem nicht den Druck unterschätzen, den die bourbonischen Höfe auf den Papst ausübten ; sie drohten geradezu mit einem Schisma, wenn Klemens XIV. nicht nachgäbe. Dabei wirkte im Hintergrund massgeblich jene hasserfüllte Liga der sehr verschiedenen, ja selbst gegensätzlichen Bewegungen der Gallikaner, Jansenisten, Protestanten, Aufklärer und, vor allen führend ,der Freimaurer mit, die vielfach den « Fortschritt » gegen die Autorität vertraten und insgesamt, wenn auch in verschiedener Weise, die geschichtliche Vergangenheit verleugneten. Diese

Ein Saal in der Vatikanischen Bibliothek, Rom

Die Schlacht von Lepanto, 1571

Papst Innozenz X., 1644—1655

Vergangenheit aber war in ihren Augen vornehmlich durch die römische Kirche und das Papsttum verkörpert, als dessen eifrigste und rührigste Verteidiger die Jesuiten aufgetreten waren. Welches auch immer die Schwächen und Fehler der Gesellschaft gewesen sein mögen, sicher wurde sie auch das Opfer eines mit raffiniertester Gehässigkeit und Niederträchtigkeit geführten Verleumdungsfeldzugs, der ihr selbst zahlreiche Katholiken entfremdete. Berücksichtigt man den Zustand und die Macht der öffentlichen Meinung jener Zeit, so kann man Verständnis dafür aufbringen, dass der Papst sich zur Aufhebung eines Ordens entschloss, der die Wirksamkeit der Kirche eher zu hemmen als zu fördern schien. Der Entscheid war allerdings überaus folgenschwer. Die Gesellschaft zählte mehr als zwanzigtausend Mitglieder, von denen mehr als die Hälfte Priester waren. Die Preisgabe des Ordens musste eine Lücke reissen, die nicht leicht auszufüllen war, besonders auf dem Gebiet des Unterrichtswesens, auf dem die Jesuiten eine ausgesprochene Vorrangstellung behauptet hatten, und auf dem Gebiet der Heidenmission, auf dem zahlreiche Kräfte des Ordens zunächst gar nicht zu ersetzen waren. In weiterer historischer Perspektive aber erscheint eigentlich erst die Aufhebung der Gesellschaft Jesu als « der tragische Abschluss der Barockperiode, der die Jesuiten den Geist eingehaucht hatten, und in der die katholischen Mächte die Hauptkräfte dargestellt hatten. »[1]

Die Aufhebung des Jesuitenordens wirkte sich in den katholischen Ländern unmittelbar in einer Weise aus, die der Heilige Stuhl nicht vorhergesehen hatte. Ranke schreibt mit Recht : « Die Jesuiten waren angefeindet, gestürzt worden, hauptsächlich weil sie den strengsten Begriff der Oberhoheit des römischen Stuhles verfochten »... « Die Bestrebungen der Opposition erfochten einen unzweifelhaften Sieg »... « Da das Aussenwerk genommen worden, musste der Angriff einer siegreichen Gesinnung auf die innere Festung noch viel lebhafter beginnen. »[2] Tatsächlich wuchs nach einem oberflächlichen und vorübergehenden Abflauen die Feindschaft gegen den Katholizismus nun zusehends. Klemens XIV. erhielt nach der Aufhebung des Jesuitenordens schliesslich wohl Avignon, Benevent und Ponte Corvo zurück, aber anderseits blieben seine Bemühungen um die Erhaltung Polens erfolglos, dessen erste Teilung im Jahre 1772 zwischen Preussen Österreich und Russland erfolgte. Überall aber drang nun, vielfach beeinflusst vom Freimaurertum, die Aufklärung vor, die schliesslich noch im gleichen Jahrhundert zur Erklärung der Menschenrechte und mit ihrem fanatischen Rationalismus zur Apotheose

---

[1] G. Schnürer : *Katholische Kirche und Kultur im 18. Jahrhundert.* (Paderborn 1941.) S. 52.
[2] L. v. Ranke : *Die römischen Päpste in den letzten vier Jahrhunderten.* S. 696.

der Göttin Vernunft führte. Die scheinbar widersprüchliche Tatsache, dass die zwei grossen Vertreter des aufgeklärten Despotismus, Friedrich II. und Katharina II. von Russland, die Jesuiten gegen das päpstliche Aufhebungsbreve schützten, indem sie den Bischöfen in Schlesien und Russisch-Polen die Verkündigung des Breves untersagten, erklärt sich vornehmlich aus Nützlichkeitserwägungen. Friedrich der Grosse fand, dass in Schlesien die Jesuiten als billige und taugliche Lehrkräfte besonders an den Gymnasien und an der Breslauer Universität, der einzigen Bildungsstätte in Preussen für katholische Theologen, nicht zu ersetzen seien. So konnten nun aber die Söhne des hl. Ignatius in Preussen und Russisch-Polen weiterhin die Bildung der katholischen Theologen und die Erziehung des katholischen Adels betreuen.

TOD KLEMENS' XIV.

Die schweren Ereignisse des Sommers 1773 hatten die Gesundheit des Papstes untergraben, und sein Gemütszustand litt unter den immer wieder böswillig in Umlauf gesetzten Prophezeiungen über seinen baldigen Tod. Er fürchtete schliesslich ernstlich, dass man ihm nach dem Leben trachte. Vom Frühjahr 1774 an verschlimmerte sich sein Befinden zusehends, bis ihn am 21. September der Tod erlöste. Die alsbald auftauchenden Gerüchte, der Papst sei durch die Jesuiten vergiftet worden, wurden rasch als haltlose Verleumdung entlarvt. Am 24. November 1775 folgte der greise Jesuitengeneral, P. Ricci, den die harte Behandlung während seiner Haft schwer mitgenommen hatte, dem Papste ins Grab.

Nach dem Tode des Papstes wurde Rom mehr als sonst während einer Sedisvakanz von einer Unzahl von Satiren überschwemmt. In der heftigsten und boshaftesten Weise wurde Klemens XIV., der noch im Winter 1772-1773 unter schweren finanziellen Opfern den Kirchenstaat vor der Hungersnot bewahrt hatte, angegriffen und geschmäht. Die Satiren richteten sich auch gegen seinen Ordensbruder, P. Bontempi, der ihm nahegestanden hatte,gegen den Grafen Bischi und den jüdischen Bankier Coen, der der päpstlichen Kasse ausgeholfen hatte. Übrigens blühten in Rom im ganzen achtzehnten Jahrhundert die sogenannten « Pasquinaden », Schmäh- und Spottschriften, die auf dem Sockel der Statue des « Pasquino » angebracht wurden. Die Herkunft dieses verstümmelten Marmorbildes ist nicht sicher festgestellt. Am wenigsten unwahrscheinlich ist noch die Erklärung, dass sie das Fragment einer antiken Gruppe von einer Ecke des Palazzo Braschi sei. Pasquino wäre ein boshafter Schneider gewesen, der zu Ende des fünfzehnten Jahrhunderts in Rom lebte und seinen Lehrlingen über die Kurie, für die er arbeitete, pikante Geschichten erzählte. Das Volk hätte seinen Namen der verstümmelten Statue gegeben, da man sie bei Ausgrabungen in der Strasse, an der der spöttische Schneider seinen Laden hatte, zu Tage förderte. « Es wäre indessen eine irrige Vorstellung, Pasquino für eine Verkörperung antiklerikalen Geistes in der von Geistlichen regierten Stadt zu halten und anzunehmen, dass sich seine Anzüglichkeiten nur gegen die Geistlichkeit richteten. Wohl hielt er nicht vom Spott über Kardinäle, Prälaten, Ordensleute, ja selbst den Papst zurück, aber je nach den Ereignissen suchte er sich auch Opfer unter den Feinden der bestehenden Ordnung aus. Pasquino muss als ein vollkommener Ausdruck der Gesinnung des römischen Volks aufgefasst werden. Wenn es auch schonungslos die schwachen Seiten des Klerus und der hohen geistlichen Würdenträger insbesondere aufdeckt, hat es doch Achtung vor der Religion, ist zutiefst gläubig, kann sogar fanatisch werden und verabscheut jeden Fremden, der sich in seine Angelegenheiten mischt. »[1] Zu jener Zeit, da es noch keine Zeitungen in Rom gab, konnte sich die Kritik des Volks nur durch Spottschriften äussern. Viele von diesen, die übrigens oft recht witzig waren und zuweilen in gutem Latein die Klassiker nachahmten, wurden unter der Hand verbreitet, nachdem sie jeweils in der Nacht zuvor auf dem Sockel der Pasquino-Statue erschienen waren.

Dem kurzen, aber folgenschweren Pontifikat Klemens' XIV. sollte die lange Regierung Pius' VI. folgen, während der das Papsttum die traurigsten Zeiten der Missachtung und Ohnmacht erlebte.

PIUS VI.

Aus dem Konklave, das sich nach Klemens' XIV. Tode während viereinhalb Monaten hinzog, ging am 15. Februar 1775 der Kardinal Gianangelo Braschi als *Pius VI.* hervor, der seinen Namen in Erinnerung an den heiligen Papst Pius V. wählte. Die Kardinäle, die ihm ihre Stimme gegeben hatten, waren grossenteils schon die Wähler des verstorbenen Papstes gewesen. Pius' VI. Wahl war schliesslich einstimmig erfolgt, da sich sowohl die Kardinäle, die eine Fortsetzung der Politik Klemens' XIV. wünschten, als auch die auf Unabhängigkeit der Kirche vom Druck der Mächte bedachte Partei mit seiner Erhebung abfanden. Auch bei dieser Wahl hatte der Kardinal Bernis wieder eine massgebliche Rolle gespielt.

---

[1] F. Hayward : *Histoire des papes* (Paris 1942 [2]). S. 49 f.

Der neue, kaum achtundfünfzigjährige Papst war eine ausserordentlich würdevolle, imponierende Erscheinung. Gœthe, der ihn während seines römischen Aufenthaltes bei einer Amtshandlung sah, schildert ihn als « die schönste, würdigste Männergestalt », und auch Lessing, der dem Papst im Jahre 1775 vorgestellt wurde, fand, dass Pius VI. « durch sein Betragen jedermann bezaubert ». Pius VI. entstammte einer alten, in Cesena ansässigen Adelsfamilie, war sehr fromm und wohltätig, aber auch prachtliebend und leider nicht frei von Nepotismus. Für einen seiner Neffen, Onesti, der auf seine Veranlassung hin den Namen und das Wappen der Braschi annahm, erbaute er den prachtvollen Palazzo Braschi auf der Piazza Navona, einen der berühmtesten Paläste Roms. Immerhin verband Pius VI. mit der Begünstigung seiner Familie auch ein grosszügiges Mäzenatentum. Rom verdankt ihm den Ausbau des von seinem Vorgänger begonnenen Antikenmuseums, das danach den Namen Museo Pio-Clementino erhielt. Ein grosses soziales Verdienst erwarb sich der Papst dadurch, dass er mit Aufwendung beträchtlicher Mittel einen Teil der pontinischen Sümpfe austrocknen liess. Während mehr als zehn Jahren verfolgte er mit Aufmerksamkeit den Fortgang dieses Werks, das eine bedeutende Besserung der Verhältnisse in den kirchenstaatlichen Gebieten schuf.

Pius VI. wurde bei seiner Thronbesteigung jubelnd vom Volke begrüsst, das sich ganz hingerissen von seiner schönen und würdevollen Erscheinung zeigte. Die Jesuitenfreunde wussten, dass er das harte Vorgehen gegen die Gesellschaft missbilligte, und die Juden waren dem neuen Papste besonders dankbar dafür, dass er ihnen erlaubte, des Nachts die Tore zu ihrem Ghetto offen zu lassen. Auch von den Höfen wurde Pius' VI. Erhebung begrüsst. Maria Theresia und ihr Sohn, Joseph II., sandten dem neuen Papst Glückwünsche, die in den wärmsten Worten gehalten waren. Selbst die nichtkatholischen Fürsten begegneten ihm anfänglich mit Ehrerbietung. Katharina II. von Russland erhielt Pius' VI. geheime Zustimmung zum Weiterbestehen der Gesellschaft Jesu in ihrem Reich (1778). Im selben Jahre kam König Gustav III. von Schweden nach Rom und bestätigte dem Papst das Edikt, das den Katholiken in Schweden freie Religionsübung gestattete. Für die Vereinigten Staaten von Nordamerika ernannte Pius VI. bald nach ihrer Unabhängigkeitserklärung (1776) einen eigenen apostolischen Vikar, und danach errichtete er das Bistum Baltimore, zu dessen erstem Bischof John Carroll, ein persönlicher Freund Washingtons, ernannt ward. Diese Ereignisse weckten grosse Hoffnungen. Aber zu derselben Zeit verschärfte sich die revolutionäre Bewegung in Frankreich, die danach auf ganz Europa übergreifen und das Papsttum zur schmählichsten Erniedrigung führen sollte.

Pius' VI. bis 1799 dauerndes Pontifikat wird durch die französische Revolution deutlich in zwei Perioden gegliedert. Indessen gab sich der Papst von Anfang an keinen Täuschungen über die Gefahr hin, die der Kirche durch die Aufklärung drohte, und über die Schwierigkeiten, die ihm aus den Ansprüchen der Mächte erwachsen würden. Schon in seiner ersten Enzyklika vom Weihnachtstage 1775 wies er den unheilvollen Irrtum der ungläubigen Philosophen auf, die mit ihrer ständig wiederholten These, dass der Mensch ursprünglich frei sei und sich der Herrschaft keines andern unterstellen solle, schliesslich die Auflösung jeder Gesellschaftsordnung, ja aller die Menschen vereinender Bande herbeiführten. Aber Pius VI. ahnte doch nicht, dass der Ausbruch des schweren Sturms so unmittelbar bevorstand.

Zunächst war der Papst durch die Auseinandersetzungen mit jenen Staaten in Anspruch genommen, die auf verschiedenen Gebieten die Rechte der Kirche bestritten. Einen sonderbaren Streitfall dieser Art bildete der Lehnstribut Neapels an den Heiligen Stuhl. Der Ursprung dieser Abgabe ging auf den Normannenführer Robert Guiskard (11. Jahrhundert) zurück, der sich als Lehnsmann des Heiligen Stuhls bekannt und verpflichtet hatte, dem Papste alljährlich zur Vigil des Festes der Apostelfürsten eine Lehnsgabe von mehreren Tausend Goldgulden auf einem reichgezierten weissen Zelter überbringen zu lassen. Der Papst nahm jeweils die in einem Schrein verwahrte Abgabe unter dem Portal der Petersbasilika entgegen und gab den Zelter erst gegen eine Entschädigung zurück. Diese feudale Zeremonie, die schon lange Gegenstand weitläufiger diplomatischer Auseinandersetzungen war, erhielt sich bis in das Jahr 1787. Die Könige von Sizilien waren immer bestrebt gewesen, sich von dieser Lehnshuldigung zu befreien, die ihnen unvereinbar mit ihrer Souveränität erschien, aber noch Pius VI. wollte in dieser Angelegenheit nicht nachgeben. Erst das Eindringen der französischen Revolutionsheere in Italien erledigte in einer von beiden Teilen unvorhergesehenen Weise den Streitfall, der wohl einfacher hätte beigelegt werden können.

REISE PIUS' VI. NACH WIEN

Die Lage in Österreich musste den Papst mit grosser Besorgnis erfüllen. Wir werden später noch näher auf die Theorien des Josephinismus eingehen, dem der Heilige Stuhl als einer Äusserungsform der allgemeinen revolutionären Krise im deutschen Bereich begegnete. Alsbald nach dem Tode seiner Mutter, der Kaiserin Maria Theresia (1780) ergriff Joseph II. aus eigener Machtvollkommenheit eine Reihe einschneidender kirchlicher Massnahmen. Als Pius VI. sah, dass alle seine Vorstellungen wirkungslos blieben, fasste er Ende 1781 den Entschluss, persönlich in Wien vor Joseph II. zu direkten Besprechungen zu erscheinen. Im März 1782 trat er die Reise an. Es war ein denkwürdiges Ereignis. Seit der letzten Papstreise waren Jahrhunderte vergangen. Nachdem Papst Johannes XXIII. zu dem von ihm berufenen Konzil von Konstanz gekommen, um dort abgesetzt zu werden, und der Neugewählte, Martin V., von Konstanz nach Rom gereist war, hatte man keinen Papst mehr diesseits der Alpen gesehen. Pius VI. wurde vom Kaiser ehrenvoll empfangen und wohnte in der Hofburg. Wohl noch nie waren in Wien so viele Menschen aus allen Provinzen zusammengeströmt wie in diesen Tagen und Wochen, und der Heilige Vater musste sich oftmals an demselben Tage dem den Segen erbittenden Volke zeigen. Deutlich trat in Erscheinung, welche Autorität der Papst damals noch in den breiten Volksschichten genoss.

Die Reise des Papstes nach Wien rief verschiedene Schriften hervor, von denen besonders zwei bemerkenswert sind. Während die eine, von einem Katholiken, dem Inhaber des Lehrstuhls für Kirchenrecht an der Wiener Universität, Joseph Valentin Eybel, verfasste, die alte febronianische Richtung vertrat, wies in der andern der protestantische Schweizer Geschichtsschreiber Johann von Müller auf die weltgeschichtliche Bedeutung der Reisen der Päpste bis zu Innozenz IV. Der protestantische Schweizer stellt die moralische Macht des Papsttums der militärischen, despotischen Gewalt weltlicher Fürsten gegenüber und kennzeichnet den damals in Deutschland erscheinenden Papst mit den Sätzen : « Man sagt, er ist nur ein Bischof. Ebenso wie Maria Theresia nur eine Gräfin von Habsburg, Ludwig XVI. ein Graf von Paris, der Held von Rossbach und von Leuthen einer von Zollern. Man weiss, welcher Papst Karln den Grossen zum ersten Kaiser gekrönt ; wer hat aber den ersten Papst gemacht ?... Bittend etwa, dass eine Anzahl von Menschen ihre althergebrachten Güter behalte, bittend etwa, dass die Kirche von ihrem obersten Hirten (Vater und Kinder) nicht getrennt werde, versuchend, ob unter dem Gerassel der Waffen unseres Jahrhunderts die Könige auch noch hören, oder nur Gott, weit entfernt von aller Furchtbarkeit, gewaltig nur durch Segen, ist er noch heilig in den Herzen vieler Millionen, gross bei Potentaten, die das Volk ehren, der Besitzer einer Macht, vor den in siebzehnhundert Jahren von dem Hause Caesars bis auf den Stamm Habsburg viele grosse Nationen und alle ihre Helden vorübergegangen : das ist der Papst. [1]

---

[1] Johannes v. Müller : Sämtliche Werke. Hrsg. v. J. Georg Müller. VIII (Tübingen 1810). S. 58 f.

Mit dem Kaiser aber kam Pius VI. in den häufigen, vertraulichen Besprechungen doch zu keinem Einvernehmen. Der Staatskanzler Kaunitz und der Vizekanzler Kobenzl, die aufgeklärten Ideen huldigten, bestärkten Joseph II. in seinem Widerstand, und Pius VI. musste nach seiner Rückkehr nach Rom feststellen, dass sich an der kaiserlichen Politik nicht viel geändert habe. Aber Joseph II. war sich doch bewusst geworden, welche Macht das Ansehen des Papsttums im Volke immer noch bedeutete, und hielt es für klug, ihr Rechnung zu tragen.

Das Eingreifen der *russischen Regierung* in die Angelegenheiten der Jesuiten bereitete Pius VI. neue Schwierigkeiten. Der Auflösung der Gesellschaft standen allgemein verschiedene Hindernisse im Wege, und selbst die Bourbonen mussten gelegentlich gewaltsam die Ausführung des päpstlichen Breves in ihren Staaten durchsetzen. In Russland aber stellte sich, wie wir schon sahen, die Zarin selbst der Auflösung entgegen. So konnten hier die Jesuiten einen Druck von Seiten der Regierung für die Verzögerung ihrer Auflösung geltend machen. Sie gaben zudem der Kaiserin Mittel an die Hand, um dem Papste gewisse Vorrechte abzunötigen, die sie für die Regierung über ihre katholischen Untertanen wünschte. Einen besonderen Mithelfer für die Verwirklichung ihrer Pläne fand Katharina II. in der rätselhaften Persönlichkeit des ehrgeizigen litauischen Konvertiten Stanislaus Siestrzencewicz. Alle Unierten, die neue russische Untertanen waren, sollten einem ihrer Bischöfe, dem Erzbischof von Polocz in Litauen, unterstellt werden und ebenso alle Katholiken des lateinischen Ritus einem eigens dafür eingesetzten Bischof mit dem Titel eines Bischofs für Weissrussland, das heisst für das polnische Gebiet, das sich Russland angeeignet hatte. Dieser Bischof sollte natürlich Siestrzencewicz sein.

Katharina II. erreichte vom Nuntius Garampi in Polen, dass ihr Günstling als Titularbischof von Mallo geweiht wurde. Eine kaiserliche Verfügung stellte ihm einen Gehalt von 10 000 Rubel aus, wies ihm Mohilev als Residenz an und verlieh ihm die allgemeine Gerichtsbarkeit über die Katholiken des lateinischen Ritus im Reich (1774). Damit erfolgte aber von seiten der Regierung schon ein ähnlicher Übergriff auf kirchliches Gebiet, wie er in Frankreich bei der Zivilkonstitution des Klerus geschehen sollte.

Wahrscheinlich musste der Bischof von Mallo vor seiner Erhebung zur Bischofswürde das förmliche Versprechen leisten, die Gesellschaft Jesu in Russland zu erhalten und zu schützen. Russland wurde bald eine Zufluchtstätte für die aus Polen, Deutschland und Italien ausgewiesenen Jesuiten; der Bischof von Mallo erteilte den Klerikern die Weihen. Das Weiterbestehen der Gesellschaft in Russland rief aber einen nachdrücklichen Protest der bourbonischen

Höfe hervor, und der Papst, der nicht gewillt war, die Verfügungen des Aufhebungsbreves Klemens' XIV. zurückzunehmen, befand sich in einer schwierigen Lage. Einerseits war er dem Druck der bourbonischen Höfe ausgesetzt und anderseits dem der Zarin. Katharina II. drohte, ihren Untertanen die Freiheit zu nehmen, sich zum katholischen Glauben zu bekennen, wenn ihre Wünsche unberücksichtigt blieben. Pius VI. teilte nun dem französischen und dem spanischen König durch ein Schreiben mit, dass er das Breve seines Vorgängers bestätige, hiess anderseits aber auch mündlich in einer Audienz, die er dem Koadjutor von Mohilev gewährte, das tatsächliche Fortbestehen der Jesuiten in Russland und die Wahl eines Generaloberen gut (1783). Der zum Erzbischof von Mohilev erhobene Bischof von Mallo erhielt den Titel und die Befugnisse eines apostolischen Visitators aller Klöster in Russland. [1]

Während Katharina II., die « Semiramis des Nordens », die Gönnerin Diderots, sich mit aller Energie für das Fortbestehen der Gesellschaft Jesu in ihrem Reich einsetzte, herrschten am Hofe von Toskana jansenistischer und josephinistischer Geist. Grossherzog Leopold, der Bruder Josephs II., wünschte unter dem Einfluss des Bischofs Scipione de' Ricci den Geist von Port-Royal in den toskanischen Klöstern einzuführen. Er berief eine Synode nach Pistoja, deren radikale Reformbeschlüsse unbedingt angenommen werden sollten (1782), aber die grosse Mehrheit der toskanischen Bischöfe — vierzehn auf siebzehn — widersetzten sich. Ihr Widerstand wurde von der öffentlichen Meinung unterstützt, die über gewisse Massnahmen gegen Äusserungen der Volksfrömmigkeit aufgebracht war. Als sich in Prato das Gerücht verbreitete, Ricci beabsichtige die Entfernung einer seit Jahrhunderten hochverehrten Reliquie, des Gürtels der heiligen Jungfrau, zu dessen Aufbewahrung im Dom die Cappella della Cintola mit ihrer reichen Ausstattung durch Künstler der Frührenaissance diente, kam es zu einem Aufstand, dem sogenannten « Madonnenaufruhr ». Riccis Bischofsstuhl und Wappen wurden zerschlagen, sein Palast verwüstet (1787). Trotzdem blieb Ricci bei seiner Haltung und ergriff sogar neue Massnahmen, diesmal gegen die überaus volkstümliche Herz-Jesu-Verehrung. Sein allzu selbstsicheres Auftreten brachte ihn aber schliesslich in Gegensatz zu seinen hohen Gönnern selbst. Als der Grossherzog Toskana verliess, um als Leopold II. den Kaiserthron zu besteigen, ward Ricci aus Pistoja verdrängt und zur Abdankung gezwungen. Pius VI. konnte selbstverständlich nicht die auf der Synode von Pistoja vertretenen Lehren gutheissen, aber ebensowenig eine Volksbewegung, die

---

[1] Einzelheiten dieser merkwürdigen Entwicklung finden sich bei PASTOR: *Geschichte der Päpste.* 16, 3. S. 150 ff.

schwere Unruhen gestiftet hatte. Er liess einige Zeit vorübergehen und verurteilte dann nach Leopolds II. Tode (1792) durch die Bulle *Auctorem fidei* die Pistojeser Beschlüsse. Fünf Jahre später unterwarf sich Ricci.

DIE FRANZÖSISCHE REVOLUTION

Alle Bedrängnisse, alle Kämpfe, die die Kirche bisher im achtzehnten Jahrhundert zu bestehen hatte, erschienen indessen nur wie Vorboten des schwersten Sturms, der nun mit der französischen Revolution hereinbrechen sollte.

Die französische Revolution, von europäischer, ja weltgeschichtlicher Tragweite, stellt das folgenschwerste Ereignis nach der Reformation dar. Wir berührten im Laufe dieser Darstellung schon die Bildung ihrer Ideologie. Sie führte auf politischem und sozialem Gebiet den Individualismus und den Bruch mit der Tradition durch, die auf geistigem und religiösem Gebiet Renaissance und Reformation heraufgeführt hatten. Sie triumphierte, weil die alte, auf die Vorrechte gewisser Gesellschaftsschichten gegründete Ordnung, das *ancien régime*, nicht mehr den Bedürfnissen der Zeit entsprach und zu einer Umbildung von innen heraus unfähig war. Sie stürzte das französische Königtum, weil sich der König auf die Seite der Privilegierten stellte, statt als Schiedsrichter der Nation aufzutreten. Sie suchte die Kirche zunächst dem neuen Staatswesen unterzuordnen und danach zu zerstören, weil sie selbst als eine Religion auftrat.

Wenn auch die französische Revolution nicht einfach durch die hintergründigen Intrigen des Freimaurertums oder sonstiger im Verborgenen wirkender Kräfte erklärt werden kann — die Bedeutung der geheimen Gesellschaften, Freidenker-Klubs und Logen darf zwar nicht unterschätzt werden —, so kann man doch nicht um die Feststellung umhin, dass von der revolutionären Bewegung alles, was in Zusammenhang mit der Religion stand, verkannt und gehasst wurde. Von der verfassunggebenden Versammlung bis zur Direktorialregierung war die französische Politik durchgehend gegen die Katholiken gerichtet ; am kleinlichsten gingen dabei die Vertreter des Direktoriums vor, die zwar gleichzeitig auch weiter wüteten und vor keiner Niederträchtigkeit zurückschreckten, bis sie von Napoleon verdrängt wurden. Diese grundsätzliche Feindseligkeit gegen die Religion beeinträchtigt aufs schwerste die Errungenschaften, die im übrigen der Revolution auch zuerkannt werden müssen. Sie spaltete die Gesellschaft in zwei gegnerische Lager, die sich kaum verständigen und für den Ausbau eben dieser Errungenschaften zusammenarbeiten konnten.

Ausgesprochene Gegner der Revolution waren von Anfang an diejenigen, die der Religion ihrer Vorfahren treu blieben. Ihr Abscheu vor der revolutionären Bewegung war umso tiefer, als diese die Lehren des Evangeliums über wahre Menschlichkeit und Nächstenliebe in den hochtrabenden Phrasen von Freiheit, Gleichheit und Brüderlichkeit verzerrte und entheiligte, im Blute unzähliger Opfer der Guillotine ertränkte und im Grauen jener doppelten Kriege, des Bürgerkrieges und der Koalitionskriege, zunichte werden liess, in die die Revolution durch ihre Fehler, Verbrechen und ihren blinden Hass getrieben ward.

Und doch kann trotz aller Abwegigkeit der Revolution eine gewisse Grösse nicht abgesprochen werden. Die nach dem Wort Chestertons, des tiefen und originellen englischen Denkers, « irrgewordenen christlichen Wahrheiten » der « Erklärung der Menschenrechte » haben bei allem doch auch etwas von eigentümlich französischer Hochherzigkeit an sich. Die ganze Nation setzte sich für eine übernationale Idee ein, so wie sie es schon einmal zur Zeit der Kreuzzüge, allerdings in anderem Geiste, getan. Wie sie sich damals als Vorkämpferin für die Ausbreitung des Glaubens bewährt hatte, so wollte sie nun die Vorkämpferin der Freiheit im modernen Europa sein. Ein derart schwungvoller und hochherziger Einsatz für eine allgemeine, übernationale Idee mit Aufopferung der engeren nationalen Interessen tritt nicht ebenso deutlich in den andern Revolutionen der Neuzeit hervor, die von einem eigennützigeren Streben, dem Machtwillen eines Staates, einer Klasse, eines Volks getragen erscheinen.

Die Logik der Tatsachen trieb die Revolution gleich zur Auseinandersetzung mit der Religion. Die Revolutionsgläubigen wollten und mussten hier ansetzen. Ihre Ideologie gab ihnen die Überzeugung, dass sie neue gültige Gesetze für die Menschheit schlechthin aufstellten und berufen seien, eine neue Religion zu gründen. Schon zu Beginn der verfassunggebenden Versammlung, im Jahre 1790, rief ein Vertreter des Dritten Standes, der jansenistische Advokat Camus, aus : « Wir sind ein Nationalkonvent. Wir haben sicher die Befugnis, die Religion zu ändern. » Aber da er nur Gallikaner war, fügte er hinzu : « Wir werden es trotzdem nicht tun, wir könnten sie, ohne ein Verbrechen zu begehen, nicht aufgeben. »

Andere nach Camus empfanden diese Bedenken nicht und trieben stürmisch die Entwicklung weiter. Dabei zeichnen sich deutlich drei Phasen ab. Die verfassunggebende Versammlung nahm der Kirche Gut und Rechte, die gesetzgebende Versammlung und der Nationalkonvent verfolgten Priester und Gläubige, Nationalkonvent und Direktorium versuchten, den kirchlichen Kult durch einen neuen zu ersetzen. Durch drei Dekrete der verfassunggebenden

Versammlung ward die Macht der französischen Kirche vernichtet. Das Dekret vom 2. November 1789 — sechs Monate nach der Einberufung der Generalstände — stellte den bedeutenden Besitz der Kirche « der Nation zur Verfügung », das Dekret vom 13. Februar 1790 untersagte die Ordensgelübde, und am 12. Juli 1790 ward durch die Zivilkonstitution des Klerus die ganze Organisation der französischen Kirche umgestürzt.

Papst Pius VI., der übrigens weder zutreffend noch von allem unterrichtet war, und den die Entwicklung mit tiefster Besorgnis erfüllte, verurteilte öffentlich die Zivilkonstitution. Der Sturz des Königtums, der Tod des Königs und die Diktatur der Jakobiner verschlimmerten die Lage schliesslich so sehr, dass die Existenz nicht nur des Kirchenstaates sondern auch des Papsttums selbst gefährdet war.

DIE ERSTEN MASSNAHMEN

Die Erklärung der Menschenrechte am 26. August 1789 durch die verfassunggebende Versammlung, die aus den am 4. Mai zusammengetretenen Generalständen hervorgegangen war, sollte ursprünglich nur eine grundsätzliche Zusammenfassung der Beschwerden sein, welche die drei Stände, Klerus, Adel und Dritter Stand, in ihren Beschwerdeheften *(cahiers de doléances)* vorgebracht hatten. In der Tat wurde sie aber unter dem Einfluss der Klubs und Logen zum Ausgangspunkt von Verfolgungsmassnahmen gegen die Religion. Rousseaus demokratische Lehren hatten die von Montesquieu gebildeten Auffassungen vom konstitutionellen System überwältigt. Die Erklärung der Menschenrechte liess sich in die drei Schlagworte : Freiheit, Gleichheit, Volkssouveränität zusammenfassen. Die Mitglieder des Klerus, die der Versammlung beiwohnten, unterschrieben indessen die Erklärung einhellig, da sie noch auf eine verständige Auslegung der aufgestellten Grundsätze hofften. Aber die Anwendung des « göttlichen Rechts der Massen », nach dem Ausdruck des rationalistischen Psychologen Gustave Le Bon, [1] an Stelle des « göttlichen Rechts der Könige » sollte bald gründlich alle Illusionen zerstören, die man sich anfänglich noch machen konnte.

Wie der Adel hatte auch der Klerus in der Nacht des 4. August 1789 auf seine Privilegien und Feudalrechte verzichtet. Zu diesem freiwilligen Verzicht fügte die Versammlung noch eigenmächtig die Abschaffung der Annaten,

---

[1] Gustave Le Bon : *La psychologie des foules.* Paris 1916 [21].

die das Konkordat von 1516 der Kirche gesichert hatte. Von einer vorhergehenden Verständigung mit dem Papst war dabei keine Rede. Am 2. November schritt man zur Beschlagnahme der Kirchengüter weiter, um auf diese Weise die drückende Schuldenlast zu beseitigen, die die Verschwendungen des Hofes geschaffen hatten, und dem Staatsbankerott vorzubeugen. Aber die Beraubung der Kirche half praktisch nichts mehr. Allerdings wurde die grosse Masse derjenigen, die dieses neue « Nationalgut » erwarben, nun zur sichersten Stütze der Revolution.

Bald drang man auch in das Innere der Kirche ein. Am 13. Februar 1790 wurden nach stürmischer Auseinandersetzung im Namen der Freiheit die Ordensgelübde untersagt. Die Männer- und Frauenorden, deren Mitglieder die religiösen Gelübde ablegten, wurden aufgehoben und die Bildung ähnlicher Orden in Frankreich für die Zukunft verboten. An Mönche und Ordensfrauen erging die Aufforderung, ihre Klöster zu verlassen, eine Rente war ihnen in Aussicht gestellt. Im Grunde war dies alles nur eine Fortsetzung der Übergriffe auf kirchliches Gebiet, die sich schon das *ancien régime* hatte zuschulden kommen lassen ; es waren alte Grundsätze, die man nun wieder, freilich viel umstürzender anwandte.

DIE ZIVILKONSTITUTION DES KLERUS

Die Dekrete vom 2. November 1789 und 13. Februar 1790 stellten den Anfang der religiösen Politik des neuen Regimes dar ; mit der Zivilkonstitution des Klerus fand diese Politik ihre volle Verwirklichung. Der radikale Historiker Albert Mathiez kennzeichnet die Zivilkonstitution folgendermassen : « Zweifellos war eines der Hauptziele dieser Gesetzgebung, die französische Kirche unabhängig von Rom zu machen. Es wäre kindlich, bestreiten zu wollen dass bei dieser Verfügung der verfassunggebenden Versammlung ein ausgesprochener Gallikanismus hervortrat »... « Die französische Kirche zu nationalisieren »... « sie als moralische Stütze zur Sicherung des neuen politischen Regimes zu brauchen, das war letztlich die Absicht. » [1] Man wollte den Weltklerus für eine moralische Schulung des Volks im Sinne von Rousseaus « Glaubensbekenntnis des Vikars von Savoyen » einsetzen, das dafür allerdings noch eigens von Mirabeau und den Enzyklopädisten ausgelegt wurde. Im Grunde wurden wieder die alten Ansprüche der weltlichen Macht auf die Vorherrschaft erhoben. Die Gesetzgeber von 1790 brauchten nur auf

---

[1] A. Mathiez : *Rome et le clergé français sous la Constituante.* Paris 1911. S. 78.

«Il Pasquino», an dessen Sockel im 18. Jh. häufig beissende Spott- und Schmähschriften wider die Päpste und ihre Politik befestigt wurden. Der Name stammt angeblich von einem Schneider, der boshafte Geschichten über die Kurie in Umlauf setzte. Bruchstücke einer alten Skulptur, Rom, Piazza Navona.

Zusammenkunft zwischen Papst Pius VI. (1775—1799) und Kaiser Joseph II. (1765—1790) in Wien, 1782. Italienischer Stich nach einer Zeichnung von J. Beys, 18. Jh., Stift Göttweig, Österreich.

Auf der Reise zu Kaiser Joseph II. (1782) erteilt Pius VI. (1775—1799) auf dem Marktplatz in Venedig den Segen. Gemälde von Fr. Guardi, 18. Jh., London, Privatbesitz.

Empfang des schwedischen Königs Gustav III. (1771—1792) durch Pius VI. (1775—1799) im Antikenmuseum des Vatikans.

Gemälde von Bénigne Gagneraux, 18. Jh., Stockholm, Nationalmuseum.

Pius VI. (1775—1799) regierte in der Zeit der französischen Revolution. Durch Napoleon «abgesetzt» und entführt, starb er in der Verbannung in Valence. Kupferstich von J. W. Winkler, 18./19. Jh., Stift Göttweig, Österreich.

Pius VI. (1775—1799) lässt die Trockenlegung der Pontinischen Sümpfe bei Rom beginnen. Gemälde von Domenico De Augelis, 19. Jh., Rom, Vatikanische Bibliothek.

Der von Domenico Fontana 1586 erbaute Lateranpalast, die frühere päpstliche Residenz, rechts: Die älteste Patriarchalkirche Roms, San Giovanni in Laterano, die Kathedrale des Papstes.

jene gallikanischen Lehren zurückzugreifen, die wir in einem früheren Kapitel kennzeichneten; Pierre Pithou lieferte ihnen schon alle Argumente, deren sie bedurften. Auch die Jansenisten kamen nun auf ihre Rechnung und fanden eine Gelegenheit zur Rache, ebenso die Protestanten und die aufgeklärten Philosophen, die offenen Feinde des Katholizismus. « Die Kirche muss ausschliesslich von den Gesetzen des Herrschers abhängen », hatte zwanzig Jahre früher Voltaire geschrieben, der Patriarch der französischen Aufklärung, der in dieser Politik das Mittel sah, « das Ungeheuer des Aberglaubens in Ketten zu legen. » Es ist kaum übertrieben, wenn Albert Sorel schreibt, die Zivilkonstitution sei « der Versuch einer von Ungläubigen errichteten Staatskirche » gewesen.

Erst am 12. Juli kamen durch eine Schlussabstimmung die am 29. Mai 1790 begonnenen Auseinandersetzungen über das neue Gesetz zum Abschluss. Während die Versammlung im Saale beriet, füllten sich die Tribünen mit tobenden Volkshaufen. Am 29. Juni fand sich ein Abenteurer aus Deutschland, der preussische Baron Anacharsis Clotz ein, der mit dem Blasphem die Lächerlichkeit verband, indem er sich als « persönlicher Feind Jesu Christi » erklärte. Er war von einer Schar von Überspannten aus aller Herren Länder begleitet, die, in Theatergewänder gekleidet, die Ächtung der Tyrannei und Priester forderten. Der von Clotz gestellte Antrag ward in aller Form behandelt und danach von einer tobenden Mehrheit angenommen. Dass dieser zugelaufene Wahnsinnige, der sich als « der Redner des Menschengeschlechts » erklärte, bei den radikalen Jakobinern Gehör fand, zeigt deutlich, welch wütender Religionshass die Versammlung beherrschte, obgleich der Klerus noch zahlreich vertreten war. Die Diskussion leiteten die jansenistischen Advokaten Camus, Treilhard und Martineau. Alle Argumente, die die Redner der Rechten, Maury, Cazalès und andere, anführten, wurden verworfen, selbst der Antrag des Kartäusers Dom Gerle, der wie so manche Mitglieder des niederen Klerus zur Linken hielt und den Katholizismus zur Nationalreligion erklären lassen wollte.

Die Zivilkonstitution hatte, gewollt oder ungewollt, schismatischen Charakter. Die mit der Seelsorge Betrauten, Bischöfe und Pfarrer, sollten gleich wie die Mitglieder der Nationalversammlung und andere Vertreter der Nation durch dieselben, gläubigen und ungläubigen, Wähler gewählt werden. Die kanonische Institution der Bischöfe kam dem Metropoliten und gegebenenfalls an seiner Stelle den Suffraganen zu; dem Papste, der ja auch in den Augen der Gallikaner nur ein Bischof wie die andern, nur mit einem gewissen Ehrenvorrang war, hatten die neueingesetzten Bischöfe nur schriftlich mitzuteilen, dass sie in Gemeinschaft mit ihm blieben, sonst waren sie dem Oberhaupt der Kirche gegenüber zu nichts gehalten. Die vor der Revolution bestehenden hundertdreissig Diözesen wurden auf dreiundachtzig, den neuen Départements entsprechende beschränkt. Über diese neue Einrichtung verständigte man sich ebenso wenig mit Rom wie über alle übrigen kirchlichen Massnahmen. Aber schon vor den Revolutionären war auch Joseph II. ähnlich vorgegangen. Der Pariser Nuntius, Dugnani, und der französische Botschafter in Rom, der Kardinal Bernis, wurden nur in grossen Zügen über die Entwicklung der Lage unterrichtet. Dem Papst gegenüber nahm Ludwigs XVI. Regierung, vertreten durch den Minister des Auswärtigen, den Grafen Montmorin, eine verächtlich reservierte Haltung ein ; man behandelte ihn genau so wie den Sultan von Konstantinopel.

So gut wie möglich suchte sich indessen Bernis durch die Zeitungen auf dem Laufenden zu halten, die er aus Paris bekam, und er liess diese auch dem Papst zugehen, der sich langsam ein Bild von der Lage machte. Am 29. März 1790 hatte Pius VI. schon in einer Ansprache in geheimem Konsistorium die Gesetze verurteilt, die die französische Kirche enteigneten. Am 10. Juli sandte er dem König und seinen beiden geistlichen Hauptberatern, den Erzbischöfen von Vienne und Bordeaux, ein Breve, dem später noch zwei weitere folgten, in dem er auf die begangenen Unregelmässigkeiten hinwies. Eine politische Versammlung, führte der Papst aus, sei nicht zur Gesetzgebung in Belangen ermächtigt, für die der Papst zuständig sei, und daher möge der König sich im Gewissen gebunden fühlen, schismatische Verfügungen nicht zu bestätigen. Aber Ludwig XVI. war schwach, und seine geistlichen Berater besassen weder genügend Festigkeit noch genügend Einsicht, um ihn wirkungsvoll zu unterstützen. Unter diesen Umständen konnte Montmorin ungehindert die Verhandlungen so führen, wie es der Nationalversammlung und den Gallikanern am besten entsprach, und dabei hoffen, den Papst einzuschüchtern. Am 22. Juli tat Ludwig XVI. der Versammlung seine Absicht kund, die Zivilkonstitution zu bestätigen ; er zögerte jedoch seine Entscheidung noch bis zum 26. Dezember hinaus, um noch weiter zu verhandeln. Auch der Papst suchte die Verhandlungen in der Hoffnung hinauszuziehen, dass sich die französische Regierung doch noch besinnen und zur Einsicht kommen werde.

Aber in Paris wuchs nur die Feindseligkeit gegen Rom, und am 26. und 27. Dezember 1790 stimmte die Versammlung für die berühmten Dekrete, die den Klerus unter schwersten Strafen verpflichteten, den Eid auf die Zivilkonstitution zu leisten. Damit begingen jedoch die Revolutionäre den für sie selbst verhängnisvollsten Irrtum. Ihr Beschluss führte den Bürgerkrieg, die Religionsverfolgungen und die Schreckensherrschaft herauf. « Nehmt euch in Acht », hatte der Abbé Maury in der Versammlung ausgerufen, « es ist nicht gut, Märtyrer zu schaffen. » Aber die Warnung war umsonst. Es zeigte sich auch, dass dem Klerus die Disziplin fehlte : von den vierundvierzig Bischöfen wiesen zwar zweiundvierzig den Eid zurück, aber im niederen Klerus fügte sich eine — allerdings schwache — Mehrheit von hundertsieben Abgeordneten der vom Pöbel auf den Tribünen lärmend unterstützten Forderung der Linken. Zwanzig Abgeordnete des Klerus nahmen zwar im Januar 1791 ihre Zustimmung wieder zurück. Allgemein im Lande leistete ein Drittel des gesamten Klerus den Eid, aber nur vier Bischöfe auf hundertsechsunddreissig. Der Papst beriet sich vier Monate lang mit der Kardinalskongregation, die mit den französischen Angelegenheiten betraut war. Nachdem er die Gewissheit erlangt, dass die Mehrheit des französischen Klerus und die Gläubigen sein Einschreiten erwarteten, antwortete er am 10. März 1791 auf das Memorandum des an der Versammlung teilnehmenden Klerus, der ihn ersucht hatte, die Anwendung jener Gesetzesartikel zu gestatten, die er mit der alten Disziplin vereinbar und also zulässig hielte. In seiner Antwort nahm der Papst einen Artikel nach dem andern vor und erklärte die Nichtigkeit des Gesetzes, das eine Versammlung erlassen hatte, die in keiner Weise zur Gesetzgebung in Religionssachen befugt sei.

Nachdem diese päpstliche Entscheidung gefallen war, überstürzten sich die Ereignisse. Der Kardinal Bernis, der den Eid verweigert hatte, wurde abberufen und durch einen General ersetzt. Daraufhin erliess der Papst, ohne eine Antwort auf sein Breve abzuwarten, am 13. April 1791 ein zweites Breve an den Klerus und die Gläubigen. Die Geistlichen, die nicht binnen vierzig Tagen den Eid auf die Zivilkonstitution widerriefen, die an einer Weihe oder sonstigen Amtshandlung teilnähmen, welche kraft dieses Gesetzes vorgenommen und null und nichtig wäre, sollten suspendiert sein, die Hartnäckigen aus der Kirchengemeinschaft ausgeschlossen werden. Am gleichen Tage teilte der Papst auch dem König mit, dass er keinen diplomatischen Vertreter annehmen könne, der den Zivileid geleistet habe. Damit waren die Beziehungen zwischen Rom und Frankreich abgebrochen, der Kampf hatte begonnen.

In Europa rührte sich keine Macht. Vergeblich hatte sich Ludwig XVI. nach dem Erlass der Zivilkonstitution mit der dringenden Bitte an die Höfe gewandt, ihm wieder zu seinen alten Rechten zu verhelfen. Es gab damals keine christliche europäische Gesellschaft mehr. Als zwei Jahre später eine königliche Koalition ihre Heere gegen die Revolution in Bewegung setzte, geschah dies nicht aus einem monarchischen Solidaritätsgefühl, noch weniger zur Verteidigung der Kirche, sondern nur in der Hoffnung, jenseits des Rheins ein anderes Polen aufteilen zu können.

Am 2. Mai 1791, am gleichen Tage, da der Pariser Nuntius Dugnani sich zur Abreise anschickte, veranstalteten die « Patrioten » eine groteske Protestkundgebung. Sie verbrannten vor dem königlichen Palast eine Riesenpuppe, die auf dem Kopf eine Tiara trug, in der einen Hand das Verurteilungsbreve und in der andern einen Dolch hielt, und auf deren Stirne und Brust die Inschrift stand : *Fanatisme et guerre civile.* Die verfassunggebende Versammlung ihrerseits nahm die Jakobiner von Avignon, die gegen die päpstliche Verwaltung rebellierten, unter ihren Schutz, und am 17. September wurde die Aneignung von Avignon und Venaissin durch Frankreich ohne die geringste Entschädigung für den Papst dekretiert.

Noch weitere Bedrängnis erfuhr der Papst durch eben jene, die berufen waren, ihn zu unterstützen. Am 3. Mai 1791, am Tage, da der Nuntius Paris verliess, sandten die Bischöfe der Versammlung ein Schreiben an Pius VI., in dem sie ihre Haltung während der Auseinandersetzungen zu rechtfertigen suchten. Sie boten auch an, sämtlich als Obere der Diözesen zurückzutreten, wenn dieses Opfer das Schisma beenden und den Frieden wiederherstellen könnte. « Feige und unnütze Flucht aus einer Lage, die grössere Opfer, ja selbst das Martyrium erforderte ! »[1] Bald danach begannen die Bischöfe und hohen kirchlichen Würdenträger auszuwandern, während die Gläubigen und eine ansehnliche Mehrheit des niedern Klerus unter Lebensgefahr, getreu der päpstlichen Autorität, auf ihrem Posten verharrten und starkmütig dem Martyrium entgegensahen.

Pius VI. hielt dem Sturme stand. In eben dem Masse, als die Jakobiner-Regierungen ein Verfolgungsdekret nach dem andern erliessen, die Verurteilungen zur Guillotine sich häuften und die Grausamkeit des Bürgerkrieges sich steigerte, ergingen von Rom die päpstlichen Anordnungen und Ratschläge. Am 29. März 1792 ward der konstitutionelle Klerus, der den Eid geleistet hatte, nochmals durch ein Breve auf die Strafe der Exkommunikation aufmerksam gemacht ; ein anderes Breve erweiterte der Lage entsprechend die Befugnisse der eidverweigernden Oberhirten der Diözesen. Auf Unterstützung durch die katholischen Mächte konnte die römische Kirche — das hatte die ganze Entwicklung im achtzehnten Jahrhundert schon zur Genüge gezeigt — nicht rechnen. Der Sturz des Königtums (10. August 1792), die Erklärung der Republik (21. September) und die Hinrichtung des Königs (21. Januar 1793) erregten zwar die europäischen Fürsten, und so glaubte damals der Papst, auf eine Besserung auch seiner Lage hoffen zu können. Er versuchte

---

[1] P. Richard, a.a.O. S. 335.

sogar, England, das die Seele der antifranzösischen Koalition bildete, für seine Sache zu gewinnen. Aber schon bald musste er einsehen, dass die Verbündeten gegenüber seiner Not völlig gleichgültig und politische Rücksichten allein für sie massgebend waren.

Noch bedrohlicher wurde die Lage des Papsttums, als die Revolution in Rom selbst eindrang. Sie war hier in die Wege geleitet durch jakobinische Agenten aus Frankreich, die eine Freimaurerloge unterstützte. Das oft ungeschickte Vorgehen der Behörden und die heftige Abwehr der römischen Bevölkerung dienten letztlich nur den Revolutionären, die von dem französischen Agenten Mackau in Neapel tatkräftig unterstützt und durch die Gewaltpolitik des Nationalkonvents zu allen Wagnissen ermutigt wurden. Mackau sandte seinen Sekretär Hugou, genannt de Basseville, der den geistlichen Stand aufgegeben hatte, als Beobachter nach Rom. Statt zu vermitteln beteiligte sich Basseville an Herausforderungen wie dem Hissen der Trikolore mit der phrygischen Mütze, den Wahrzeichen des neuen Regimes, auf den französischen Gebäuden. Bei einem Aufruhr fand er am 13. Januar 1793 den Tod. Es ist nicht sicher festgestellt, ob er seine Gesinnungsgenossen zurückhalten oder aufreizen wollte ; jedenfalls suchte der Papst ihn zu retten. Die Jakobiner aber feierten ihn als Märtyrer.

Ludwigs XVI. Hinrichtung löste neue Zwischenfälle aus. In einer Allokution betrauerte der Papst den Tod des Königs, und obgleich er dabei seine Worte sehr vorsichtig wählte, rief dies bei den Jakobinern die wildesten Hassausbrüche hervor. Der Schutz, der dem Abbé Maury gewährt wurde, und dessen Erhebung zum Kardinal, die Hilfe, die der Papst notleidenden Flüchtlingen, Geistlichen und Laien, gewährte, alles nahmen die neuen Herren Frankreichs als Herausforderung auf. Der Nationalkonvent konnte seiner Rachelust nicht mehr freien Lauf lassen, aber das an seine Stelle tretende Direktorium war der Kirche gegenüber gleich gesinnt. Um den Staatsfinanzen aufzuhelfen, sandte es nun den Sieger über Italien, Napoleon Bonaparte, gegen das päpstliche Rom (1796).

Am 25. März übernahm Napoleon den Oberbefehl über das italienische Revolutionsheer, und in einem Jahre führte er dieses Heer, dem anfänglich jede Ausrüstung, fast sogar Lebensmittel fehlten, zu den glänzendsten Siegen, die die Kriegsgeschichte kennt. Nun schien dem Direktorium die Stunde der Rache am Papst gekommen. Am 7. Mai erhielt Napoleon den Befehl, gegen Rom zu ziehen. Aber da der General, der soeben den König von Sardinien besiegt hatte, den Angriff gegen die Österreicher, die Herren der Lombardei, vorbereitete, begnügte er sich damit, dem Heiligen Stuhl zu drohen. Am 20. Mai trat er in Mailand vor seine Soldaten mit den Worten : « Wir wollen das

Kapitol erneuern, dort in Ehren die Statuen jener Helden aufstellen, die sich berühmt machten, und das römische Volk aus langer Knechtschaft befreien: das soll die Frucht eurer Siege sein.» Nach dem glänzenden Siege von Lodi zog er am 19. Juni, ohne Widerstand zu finden, in Bologna ein; der päpstliche Legat, Kardinal Valenti, hatte jeden Akt der Feindseligkeit verboten. Nun sah Pius VI. nur noch die Möglichkeit, einen Waffenstillstand zu schliessen, der dann auch am 23. Juni in Bologna unterzeichnet wurde. Die französische Republik nahm Besitz von Bologna und Ferrara, besetzte den Hafen von Ancona und legte den Besiegten schwere Tribute auf: ausser der Lieferung von Artillerie, Pferden und Lebensmitteln mussten sie 21 Millionen Scudi in drei Raten binnen drei Monaten zahlen und zudem hundert Kunstgegenstände und fünfhundert Manuskripte abliefern, die eine französische Sachverständigenkommission näher zu bestimmen hatte.

Durch den Vertrag von Bologna glaubte der Papst der schlimmsten Gefahr entronnen zu sein. Aber bald darauf stellte das Direktorium masslose Forderungen hinsichtlich religiöser Angelegenheiten. Im August 1796 verlangte die Pariser Regierung die Annulierung aller seit 1789 erfolgten Erlasse des Heiligen Stuhls und der von ihm abhängigen kirchlichen Stellen. Während die Intrigen Englands und Neapels das Direktorium aufs äusserste aufbrachten, verordnete nun der Papst den gewaltsamen Widerstand gegen die überspannten französischen Forderungen. Er wurde dabei bestärkt sowohl durch Österreich, das auf einen Sieg über Napoleon hoffte, als auch durch Neapel, das dem Papst gegen Überlassung von Benevent und Ponte Corvo Unterstützung versprach. Indessen spielte König Ferdinand IV. von Neapel ein Doppelspiel, indem er gleichzeitig auch im geheimen mit dem Direktorium über eine Vergrösserung des Herzogtums Parma durch kirchenstaatliches Gebiet verhandelte, und Österreich suchte sich seinerseits das Gebiet von Ferrara und Bologna zu sichern. Angesichts der gefahrvollen Lage liess sich schliesslich der Papst in Verhandlungen ein, und am 19. Februar 1797 kam mit Napoleon, der trotz des Drängens des Direktoriums sich Roms nicht bemächtigen wollte, der Friede von Tolentino zur grossen Unzufriedenheit der französischen Regierung zustande. Napoleon meinte, dass bei den harten Bedingungen, die er stellte, der Kirchenstaat schliesslich innerlich zusammenbrechen werde.

Nach den Friedensbestimmungen hatte der unglückliche Papst die reichsten kirchenstaatlichen Provinzen in Italien, Avignon und Venaissin abzutreten und eine Kriegssteuer von sechsundvierzig Millionen Scudi zu zahlen, wozu noch namhafte Sachlieferungen kamen. Zur Aufbringung dieser Summe mussten der Papst, die Kurie und die besitzenden Gesellschaftsklassen ihr Gold und Silber und ihre Schmuckstücke hergeben; der Schatzmeister des französischen Heeres, der Schweizer Haller, drang unnachgiebig auf die Erfüllung der Bedingungen. [1]

Die zweite Hälfte des Jahres 1797 war verhängnisvoll für die Freiheit der kleinen Staaten überhaupt. Durch den Staatsstreich vom 4. September 1797 kam in Frankreich eine Linksregierung zur Macht, die antiklerikal und kriegerisch gesinnt war und die « natürlichen Grenzen » erstrebte, unter welch volkstümlicher Bezeichnung sich in Wirklichkeit ein grenzenloser Imperialismus verbarg. Wenige Wochen später, am 17. Oktober, ward Österreich durch den siegreichen Bonaparte im Frieden von Campo Formio gezwungen, die aus dem Mailändischen, der Lombardei, dem Herzogtum Modena und der Romagna gebildete cisalpinische Republik anzuerkennen. Diese Republik, die so eng wie im folgenden Jahre die helvetische Republik an Frankreich angeschlossen wurde, stellte Italien in der Tat unter französische Vorherrschaft.

Dem Heiligen Stuhl nützte es nicht viel, dass er den eingegangenen Verpflichtungen in loyaler Weise nachkam. Bonaparte und das Direktorium sannen auf seinen Sturz, und zugleich schritt die Revolution in Rom voran. Der französische Oberbefehlshaber suchte auch Spanien in seine Pläne einzuspannen, die auf die Errichtung einer einzigen italienischen Republik zielten. Dabei kamen ihm die Unruhen zustatten, die an verschiedenen Orten ausbrachen. Am 28. Dezember 1797 kam es in Rom zu einem Aufruhr gegen die Franzosen, worauf die Jakobiner in die Gärten der französischen Gesandtschaft im Palazzo Corsini flüchteten. Vergeblich versuchten der Gesandte, Joseph Bonaparte, der Bruder Napoleons, und der mit einer Schwester der Bonaparte verlobte General Duphot die Aufrührer zu beschwichtigen ; es kam zu einer Schiesserei, bei der Duphot von einer Kugel tödlich getroffen ward. Nun nahmen die Dinge unaufhaltsam ihren Lauf.

DIE RÖMISCHE REPUBLIK

Der Tod Duphots und die darauffolgende Abreise des französischen Gesandten brachten den Heiligen Stuhl in eine höchst missliche Lage. Das Direktorium nahm die Entschuldigungen des Papstes nicht an und war entschlossen, Rache zu nehmen. Ferdinand IV., an den sich Pius VI. wandte,

---

[1] Rudolf Emmanuel Haller war der Sohn des Berner Dichters und Gelehrten Albrecht von Haller und der Oheim Karl Ludwigs v. Haller, der mit seinem berühmten Werk : *Restauration der Staatswissenschaft* unter den Schriftstellern der gegenrevolutionären Bewegung bedeutsam hervortritt.

Einmarsch der französischen Armee in Rom am 11. Februar 1798.

beteuerte seine Ergebenheit gegenüber dem Heiligen Stuhl und versprach feierlich, die heilige Person des Papstes und dessen Gebiet zu schützen, aber gleichzeitig spann er seine Intrigen weiter, um selbst ein Stück des Kirchenstaates zu erwerben und die Nachfolge der päpstlichen Regierung in Rom zu übernehmen, deren Sturz er bevorstehen sah. Um den Doppelspiel des Bourbonen zuvorzukommen, befahl Bonaparte nun dem General Berthier, sich Roms zu bemächtigen und die Republik in Rom zu errichten. Berthier trat alsbald den Zug mit sechzehntausend Mann an ; am 10. Februar 1798 besetzte seine Vorhut die Engelsburg, und am folgenden Tage zog die Hauptmacht in die Ewige Stadt ein.

Zu Ende des achtzehnten Jahrhunderts gehörten zum Kirchenstaat ausser den italienischen Gebieten noch die ineinander verschränkten Gebiete von Avignon und Venaissin in Südfrankreich. In Italien reichte der Kirchenstaat an das linke Ufer der Po, von dessen Mündung im adriatischen Meer bis gegen Felonico, danach berührte er sich mit dem Herzogtum Modena auf einer dem Panaro fast parallelen Grenze, zog sich dann am Apennin hin, langte über diesen hinüber und grenzte an das Grossherzogtum Toskana bis unterhalb der Lagunen von Burano. Danach verlief seine natürliche Grenze am Mittelmeer bis nach Terracina, wo sie aus dem mageren und sumpfigen Küstengebiet nach Norden abbog. Sie umschloss die Campagna, verlief zunächst in nordwestlicher, dann von Polino an in östlicher Richtung bis zu ihrem natürlichen Endpunkt bei Porto d'Ascoli am adriatischen Meer. Ponte Corvo und Benevent bildeten zwei kirchenstaatliche Enklaven in neapolitanischem Gebiet. [1]

Die Verwaltung dieser verschiedenartigen, teils armen, teils reichen Gebiete war deshalb keine einheitliche, weil sie einzeln im Laufe der Zeit zum Kirchenstaat gekommen waren und ihre eigenen Gesetze und Bräuche beibehalten hatten. Im achtzehnten Jahrhundert hatten diejenigen, die Italien bereisten, den Eindruck, dass die weltliche Herrschaft des Papstes im Verfallen und, wie einer von ihnen schreibt, dem Gewalthaber ausgeliefert sei, der über mehr Macht als die anderen verfüge.

Die französische Revolution griff nun hart an die Existenz des Kirchenstaats. Sie warf jene *Römische Frage* auf, die bis zur Gegenwart umstritten bleiben sollte, und der das schwierige, politische und religiöse, Problem zugrundeliegt, ob die Kirche einer weltlichen Herrschaft bedarf, um ihre geistige Aufgabe auf dieser Welt zu erfüllen. Das ganze neunzehnte Jahrhundert, das Jahrhundert der Demokratie und der Nationalitäten, ist von der « römischen Frage » erfüllt.

---

[1] Vgl. G. Mollat : *La question romaine de Pie VI à Pie XI.* Paris 1932. S. 9-10.

Bonaparte kündigte voll Stolz an, dass der Papst vor ihm werde fliehen müssen. In Rom drängten einige Zaghafte oder von Frankreich Gekaufte oder solche, bei denen beides zugleich der Fall war, unter anderen der als Vermittler auftretende spanische Gesandte Azara, den Papst zur Flucht. Aber Pius VI. blieb standhaft in seiner Stadt. Sein Starkmut wurde von der ganzen Welt bewundert. Das römische Volk, bestürzt über den auf den Papst ausgeübten Druck und ohnehin der Neuerung abgeneigt, rührte sich nicht. So sah sich General Berthier veranlasst, den Umsturz durch Hintermänner zu betreiben, die sich auf dunkle Elemente stützten, wie sie in jeder Grosstadt vorhanden sind. Am 12. Februar wurden die päpstlichen Truppen entwaffnet, und drei Tage später ward die Republik proklamiert. Vier- bis fünfhundert mehr oder weniger überzeugte Jakobiner hatten ihre Unterschrift unter die Proklamation gesetzt, in der sich « das römische Volk als freier und unabhängiger Souverän nach den unveräusserlichen Menschenrechten » erklärte. Die Religion, die Würde und geistliche Autorität des Papstes sollten unverletzt bleiben, der Papst persönlich durch eine Nationalgarde beschützt werden. Eine von sieben Konsuln gebildete Regierung übernahm die Macht, und der als Militärgouverneur Roms amtende General Cervoni teilte dem Papst offiziel mit, dass er als weltlicher Souverän abgesetzt sei.

Am 16. Februar flatterte die Trikolore auf dem Vatikan, während die Soldaten Berthiers an Stelle der Schweizer, die tags darauf entlassen wurden, die Wache im päpstlichen Palast übernahmen. Am 17. begann Haller mit seinen Leuten die Haussuchungen und legte die Siegel an. Danach aber schritt man zur Vertreibung des Papstes aus Rom, die nach Absicht der Kirchenfeinde den letzten Triumph der französischen Revolution über das christliche Abendland darstellen sollte.

Es war bezeichnend, dass General Haller, ehe er Pius VI. die bevorstehende Ausweisung mitteilte, diesem die beiden Ringe abverlangte, die er an der Hand trug. « Den einen kann ich euch geben », antwortete der Papst, « denn er ist mein Eigentum, der andere aber soll auf meinen Nachfolger übergehen. » Es war der Fischerring. Der unverbrüchliche Glaube an den zukünftigen Sieg der geknechteten Kirche und die opferwillige Unterordnung unter den Willen Gottes kam in dieser kurzen Antwort Pius' VI. zum Ausdruck. Haller aber teilte nun förmlich dem Papst den Befehl mit, Rom binnen drei Tagen zu verlassen. Diesem tyrannischen Befehl konnte und wollte der Papst nicht Folge leisten ; er erklärte, man möge mit ihm tun, was man wolle, er werde seine Kirche nicht verlassen. Erst als Haller und Cervoni mit Gewalt drohten, fügte sich der Papst, da er es nicht für richtig hielt, seine Person Tatsächlichkeiten auszusetzen. Er erteilte den zurückbleibenden Mitgliedern des Kardinalkollegiums alle nötigen Vollmachten und schickte sich dann zur Reise nach Toskana an.

« Es war der 20. Februar 1798. Lange vor Tagesanbruch hörte Pius VI. die heilige Messe und schloss darauf nach altem Brauch das Allerheiligste in eine Kapsel, die er um den Hals nahm. Im Damasushofe bestieg der achtzigjährige, gebrechliche und todkranke Greis den Reisewagen. Zwei Geistliche, der Maestro di Camera Caracciola und der Exjesuit Marotti, sowie sein Arzt Tassi waren die Begleiter, als er eine Stunde vor Sonnenaufgang, unbeachtet, nur von französischen Offizieren in einem begleitenden Wagen bewacht, Rom verliess. Mit Tränen in den Augen grüsste er zum letzten Mal die Peterskirche und das Grab des Apostelfürsten. »[1] In fünf Tagesstrecken, unter zuweilen heftigen Schneestürmen, von der Bevölkerung allenthalben ehrfurchtsvoll gegrüsst, gelangte Pius VI. am 25. Februar nach Siena.

Der ängstlich auf die Wahrung seiner guten Beziehungen zu Frankreich bedachte Grossherzog von Toskana musste sich zu der wenig rühmlichen Rolle eines Kerkermeisters des Papstes hergeben, suchte allerdings, noch so viel Rücksicht als möglich walten zu lassen. Berthier drängte auf die Weiterreise Pius' VI. nach Malta oder Portugal. Indessen bildete sich um den hohen Verbannten in Siena schon wieder ein kleiner Hof. Der apostolische Nuntius zu Florenz, Odescalchi, siedelte nach Siena über und besorgte in dieser Zeit die Geschäfte eines Staatssekretärs, indem er den Briefwechsel mit den auswärtigen Nuntiaturen unterhielt und die päpstlichen Reskripte entwarf. Die französischen Gewalthaber in Rom wollten den Papst weiter von den Grenzen der römischen Republik entfernen, aber der Grossherzog von Toskana weigerte sich, seinen hohen Gefangenen auszuliefern, damit er nach Cagliari auf Sardinien verbracht würde. Schliesslich erklärten sich die Herren von Rom mit einer vorläufigen Verlegung des päpstlichen Hofes in die Kartause von Ema bei Florenz einverstanden, wohin sich Pius VI. am 3. Juni 1798 begab. Da sich sein ohnehin schwacher Gesundheitszustand verschlimmerte, musste der Papst hier mehrere Monate verweilen. Als es ihm besser zu gehen schien, drängte das Direktorium gleich zu seiner Überbringung nach Sardinien durch den Grossherzog von Toskana. Schon war alles für die Reise gerichtet, als ein aus Furcht vor einem englischen Geschwader erlassener Gegenbefehl eintraf, der ein anderes Reiseziel bestimmte. Am 28. März 1799 musste Pius VI. die Kartause von Ema verlassen. Mit den Worten « Der Wille Gottes geschehe ! » hatte er willig die Anordnung hingenommen, obgleich eine kurz zuvor eingetretene Lähmung ihn wieder so geschwächt hatte, dass vier der kräftigsten

[1] Pastor, a.a.O. 16, 3. S. 592-93.

Diener den starren, von Schmerzen durchzuckten Körper in den Wagen heben mussten. Noch fünf Monate lang sollte der furchtbare Leidensweg des Papstes währen.

Man hatte Pius VI. versichert, dass Parma das Endziel seiner Reise sei. Aber die Siege der österreichisch-russischen Heere in Deutschland und Italien veranlassten die Verfolger, ihr Opfer weiter, über die Alpen hinweg nach Norden zu schleppen. In einer fürchterlichen Gebirgsfahrt ward der todkranke und doch mit keinem Laut klagende Greis bei grimmigster Kälte und heftigem Schneetreiben über den Mont-Genèvre nach dem alten Städtchen Briançon gebracht. Am 30. April langte er hier an, und dann wurde ihm bis zum 27. Juni Ruhe in einem jeder Bequemlichkeit entbehrenden Hause gelassen. Als jedoch die Nachricht vom weiteren Vormarsch der österreichischen und russischen Truppen eintraf, drängte der französische Kommissär sofort zur Weiterreise, obgleich der Papst nun fast völlig gelähmt war und sich kaum mehr aufrecht halten konnte. Am 6. Juli traf Pius VI. in Grenoble ein. Kaum hatte sich die Nachricht von seiner Ankunft verbreitet, als das Volk zusammenströmte und laut rufend nach dem Segen des Papstes verlangte, bis man den Todkranken auf den Balkon des Hauses trug, das die Marquise von Vaux zur seiner Verfügung gestellt hatte. Der spanische Gesandte Labrador, der von seiner Regierung den Auftrag hatte, dafür zu sorgen, dass der Papst wenigstens die allernotwendigste Pflege erhielt, schrieb, die Behandlung, die Pius VI. erfahre, sei so unmenschlich hart, dass sie einem langsamen Mord gleichkomme. Auf Vorstellungen hin liess nun der Kommissär wieder die Bildung eines bescheidenen päpstlichen Hofes zu, drängte aber zur Abreise nach Valence.

Am 14. Juli traf Pius VI. hier ein, und damit war endlich seine furchtbare Leidensfahrt beendet. Man erklärte ihn als regelrechten Gefangenen der französischen Republik und gab ihm zur Wohnung das sogenannte Hôtel du Gouvernement, ein dreistöckiges, halbverfallenes, unwohnliches Gebäude mitten in der Zitadelle. Der Opferwille der Bevölkerung, besonders des eingesessenen Adels, richtete aber binnen kurzem das Haus wohnlich ein, in dem der Papst seine letzten Lebenstage unter strenger militärischer Bewachung verbringen sollte. Zwei Offiziere und über zehn Mann bezogen ununterbrochen die Posten vor den päpstlichen Gemächern, weitere Patrouillen waren zur Vermeidung von Volksansammlungen in der Umgebung verteilt. Der Sterbende konnte täglich zwei Messen beiwohnen, er empfing öfters die heilige Kommunion und war immer ins Gebet versunken. Abends versammelte er seine ganze Umgebung zum gemeinsamen Rosenkranz. Um die Leitung der Kirche konnte er sich nicht mehr kümmern.

Die Strenge, mit der der Gefangene von Valence bewacht wurde, genügte indessen dem Direktorium noch nicht, und in der heissesten Sommerzeit, am 22. Juli erging der Befehl, den « ehemaligen sogenannten Papst » nach Dijon überzuführen. Aber diese Unmenschlichkeit konnte nicht mehr begangen werden. Pius VI. war am Ende seiner Kräfte. Am 27. August verlangte er dringend, in priesterliche Gewänder gekleidet zu werden und die Kommunion zu empfangen. Als ihm sein treuer Begleiter auf seinem ganzen Leidenswege, Monsignore Spina, das Allerheiligste ins Krankenzimmer brachte, legte er die Hand aufs Evangelium, beschwor feierlich mit klarer Stimme das Glaubensbekenntnis und sprach dann das Confiteor. An demselben Tage unterzeichnete er eine neue Fassung seines Testaments, in dem er alle treuen Gefährten seines Unglücks mit Belohnungen bedachte, wie sie ihm die Dürftigkeit seiner Hinterlassenschaft gestattete ; Spina ward zum Vollstrecker seines letzten Willens eingesetzt. Am darauffolgenden Tage erhob er sich nochmals von seinem Lager, später spendete ihm Spina die heilige Ölung. « Am Abend drückte er den anwesenden Geistlichen die Hand wie zum Dank und zum Abschied und sprach mit lauter Stimme : « Herr verzeih ihnen », worauf ihm sein Beichtvater den vollkommenen Sterbeablass erteilte und alle Anwesenden die Sterbegebete sprachen. Zwanzig Minuten nach 1 Uhr hielt Fantini, der Beichtvater, plötzlich im Gebet inne, als er sah, wie der Papst mit letzter Kraft seine Rechte erhob und mit dem Kruzifix in der Hand den dreifachen Segen spendete über die Anwesenden und mit diesen über die gesamte, gegen ihn so undankbare Welt, die er zu verlassen im Begriffe war. Alsdann sank der Arm müde aufs Lager, das Sterbekreuz entglitt der Hand, nach einigen Minuten schwerer Agonie ein leises Zucken im Gesicht, und der Arzt stellte den eingetretenen Tod fest. »[1] Es war zu Tagesanbruch des 29. August 1799.

So ging im Morgengrauen dieses Hochsommertages der Leidensweg des Papsttums zu Ende. Die Behörden von Valence sorgten für eine doch einigermassen ehrenvolle Beisetzung, an der vor allem das gläubige Volk innigen Anteil nahm. Drei Jahre später konnte der Leichnam Pius' VI. dank der Einwilligung Napoleons nach Rom überführt und in den Grotten des Vatikans bestattet werden, und 1822 erstellte Canova gegenüber der Confessio von Sankt Peter eine gewaltige Statue, die den leidvollen Papst kniend im Gebet darstellt. Pius VI. war das letzte, erlauchteste Opfer der französischen Revolution. Das hasserfüllte Streben der Revolutionäre, über den zu Tode geplagten Greis die ganze katholische Kirche tödlich zu treffen, war nicht ohne Zusammenhang mit der Geisteswelt des gallikanischen Jansenismus mit seinem

[1] Pastor, a.a.O. 16, 3. S. 627 f.

hochmütig verzerrten Christentum und der atheistischen Aufklärungsphilosophie.

Die *römische Republik* überlebte den Papst nicht lange. Nach kaum mehr als zwanzig Monaten fand sie mit den österreichisch-russischen Siegen, die die Franzosen zur Räumung Italiens zwangen, am 13. November 1799 ihr Ende. Zu jenem Zeitpunkt kam es zu dem berühmten Rückzug Suworows über die Alpen. Die Schweiz, der fast zur gleichen Zeit, da der Kirchenstaat aufgelöst wurde, die helvetische Republik aufgezwungen ward, blieb in der Hand der Armeen des Direktoriums auch nach deren Rückzug aus Italien. Massenas Sieg bei Zürich (25.-26. September 1799) über die Verbündeten rettete Frankreich vor der Invasion. Nach dem Wegzug der Franzosen von Rom besserte sich die Lage des Kirchenstaats kaum. Die Legationen und das zwischen Rom und Pesaro liegende Gebiet kamen unter österreichische Herrschaft, während das Land zwischen Rom und Termini und Rom selbst den Neapolitanern verblieben, die der zweiten Koalition beigetreten waren. Es dauerte aber keine zwei Jahre, bis eine Wendung des Kriegsglücks die neuen Herren wieder vertrieb. Inzwischen war ein für die Zukunft ganz Europas bedeutungsschweres Ereignis, Napoleons Machtergreifung durch den Staatsstreich vom 9. November 1799, erfolgt. Die Revolution war damit beendet, und es begann die Konsularregierung, die das Kaisertum einleitete. Das Papsttum aber behauptete sich trotz aller Stürme auch in der neuen Phase des Geschehens, in der sich Papst und Kaiser entgegentreten sollten.

Kapitel IX.

DER KAMPF GEGEN IRRLEHREN UND UNGLAUBEN

DIE KATHOLISCHE KIRCHE IM ACHTZEHNTEN JAHRHUNDERT

Selbst in der schweren Zeit, da das Papsttum durch den aufgeklärten Despotismus in grösste Bedrängnis geriet, einen Leidensweg ohnegleichen gehen musste und von der triumphierenden französischen Revolution zur äusseren Ohnmacht verurteilt wurde, liess es sich nicht vom Kampf gegen Irrlehren und Unglauben abhalten. Dieser Kampf, der das ganze achtzehnte Jahrhundert erfüllte, sollte von den Päpsten mit gleicher Energie und mit neuen, zeitentsprechenden Mitteln auch im neunzehnten Jahrhundert nach dem Verlust ihrer weltlichen Herrschaft weitergeführt werden.

Als das Jahrhundert des Unglaubens und der Revolution folgte das achtzehnte dem noch stark katholisch und konservativ geprägten siebzehnten Jahrhundert. Im Protestantismus kam im achtzehnten Jahrhundert eine nach der Ungläubigkeit neigende Richtung auf, im Jansenismus machte sich der Geist der Auflehnung mehr und mehr geltend, der Gallikanismus setzte sich im Josephinismus fort und verband sich mit einem starken Antiklerikalismus, und im allgemeinen erfuhr der christliche Geist in der Gesellschaft eine merkliche Verflachung. Um die Jahrhundertmitte verbrüderten sich Ungläubige und laue Christen in der Geheimgesellschaft der Freimaurer, die nicht nur in ganz Europa, sondern auch in den europäisierten Ländern der übrigen Welt ihre organisierten Mitglieder hatte. Die Freimaurer aber waren die eigentlichen geistigen Führer und die Organisatoren der revolutionären Bewegungen des ausgehenden Jahrhunderts.

Gegenüber den neuen geistigen Mächten, die an Stelle des Offenbarungsglaubens den Glauben an die Wissenschaft, den Fortschritt und die sozialen Kräfte setzten, erwies sich die herkömmliche Apologetik als unzureichend. Indessen war die Macht des Katholizismus doch nicht belanglos geworden — die Heftigkeit der gegnerischen Angriffe beweist allein schon das Gegenteil — und das Papsttum wahrte seinen Vorrang. Es hatte zu dieser Zeit die Misstände völlig beseitigt, die in der Renaissancezeit sein Ansehen untergraben und seine geistige Kraft gelähmt hatten. Seine übernationale Geltung zeichnete sich wieder deutlich im geistigen Leben ab. Nach der vorübergehenden Entspannung der Lage, die unter Benedikt XIII. eingetreten war, hatte die römische Kirche wieder einen Glanz entfaltet, der in den Gläubigen neue Hoffnungen erweckte. Unter Pius VI. wurden die liturgischen Zeremonien, die religiösen und weltlichen Feste in Rom mit einer Pracht umgeben, die durch die würdevolle und schöne Erscheinung des Papstes noch erhöht wurde, und Rom übte auch als Mittelpunkt der Christenheit eine ausserordentliche Anziehungskraft aus. Die kirchlichen Feierlichkeiten, die Kirchenbauten und Denkmäler, die päpstlichen Audienzen, die Landsitze der römischen Campagna, der Zauber einer noch in ihren Ruinen unvergleichlich grossen Vergangenheit zogen in jener Zeit der Frühromantik unzählige Reisende aus allen Staaten, besonders aus dem Norden, Deutschland, England, Skandinavien, nach Rom. Der Kardinal Henry von York, der Enkel Jakobs II., der letzte Spross des Königshauses der Stuart, unterhielt vielfache Beziehungen zu seinen protestantischen Landsleuten und wusste sie auch von manchen ihrer Vorurteile gegen die römische Kirche abzubringen.

Vor allen aber stellte Pius VI. selbst den internationalen Charakter des römischen Hofes wieder her, indem er die zahllosen Besucher aus aller Welt zuliess. Deutsche, österreichische, englische und französische Fürstlichkeiten, die berühmtesten Vertreter des geistigen Lebens, unter anderen auch Goethe und Herder, fanden in Rom grösstes Entgegenkommen. Besonders gewann das Ansehen des Papsttums durch die Förderung, die die Päpste Kunst und Wissenschaft zuteil werden liessen. Zur Zeit Klemens' XI., Benedikts XIV. und Pius' VI. trafen sich in den römischen Museen, vor allem dem Museo Pio-Clementino, und den römischen Kunstakademien die hervorragendsten Künstler jener Zeit : Piranesi, Canova, Louis David, Mengs, Tischbein. Mit den Päpsten aber wetteiferten die Kardinäle, besonders Garampi, Stefano Borja, Zelada, Gerdil, Leonardo Antonelli, in feinsinnigem und prunktliebendem Mäzenatentum.

Zur selben Zeit, da die römischen Päpste sich bemühten, das Vertrauen der Christenheit durch eine Art von Apologetik zu stärken, in die Kunst, Wissenschaft und Geselligkeit miteinbezogen wurden, waren sie jedoch den ständigen Angriffen von seiten all jener ausgesetzt, die sich gegen den Katholizismus zusammenschlossen. Während die einen danach trachteten, dem Heiligen Stuhl ihren Willen aufzuzwingen — wir sahen, wie sich dies gegenüber dem Jesuitenorden auswirkte — suchten die andern unbedingt, nicht nur das Papsttum, sondern das Christentum überhaupt zu verdrängen, um es durch eine Religion zu ersetzen, die man indessen nicht genauer zu bestimmen vermochte oder wagte. Diese Angriffe aber wurden zusehends heftiger, stürmischer und führten schliesslich über die Revolution der Geister zum Umsturz der ganzen bestehenden Gesellschaftsordnung.

DER KAMPF GEGEN DIE IRRLEHREN

Ehe sie gegen den offenen Unglauben und die umstürzlerischen Sekten vorgingen, mussten die Päpste des achtzehnten Jahrhunderts noch jenen Irrlehren entgegentreten, die Jansenismus und Gallikanismus schon im vorhergehenden Jahrhundert entwickelt hatten, die aber, der allgemeinen Entwicklung entsprechend, auch ihrerseits eine revolutionäre Richtung nahmen.

Der Jansenismus hatte, wie wir schon sahen, seinen grossen Führer Arnauld überlebt und danach in Pachasius Quesnel einen neuen Führer erhalten. Eine anonym erscheinende Schrift unter dem Titel *Cas de conscience* (Gewissensfall) liess plötzlich zu Beginn des achtzehnten Jahrhunderts den Streit um den Jansenismus mit aller Heftigkeit wieder aufleben. In der Schrift wird der Sorbonne die Frage vorgelegt, ob einem Beichtenden die Lossprechung erteilt werden könne, der die von der Kirche verurteilten Sätze des Jansenius in jedem Sinne verwerfe, sich aber darüber nicht klar werden könne, ob diese Sätze wirklich im Werk des Jansenius enthalten seien, und der hierüber ein ehrerbietiges Stillschweigen wahre. Über diesen « Gewissensfall », der tatsächlich vorkam und nicht bloss theoretisch war, gaben vierzig Doktoren der Sorbonne im Juli 1701 ihr Urteil dahin ab, die Absolution sei nicht zu verweigern. Papst Klemens XI. hingegen verurteilte und verbot am 12. Februar 1703 die Schrift, in welcher der « Gewissensfall » dargelegt war, und machte die Sorbonne auf die Verwegenheit aufmerksam, die sich in dem Urteil ihrer Doktoren bekunde. Fénelon widerlegte die Schrift, indem er unter anderm die Widersprüchlichkeit des « ehrerbietigen Schweigens » hervorhob, das der

Verurteilung durch die unfehlbare Lehrautorität der Kirche nicht Rechnung trage.

Der Streitfall erregte die öffentliche Meinung und veranlasste Ludwig XIV., der ohnehin den Jansenisten, der « republikanischen Partei in Kirche und Staat », nach dem Ausdruck Saint-Simons, abgeneigt war, den Papst zu drängen, dass er den Jansenismus neuerdings durch eine Bulle verurteile, die von den Parlamenten einregistriert werden und im ganzen Königreich als Gesetz gelten sollte. Daraufhin erliess Klemens XI. am 15. Juli 1705 die Bulle *Vineam Domini*, in der die Konstitutionen Innocenz' X. und Alexanders VII. ausdrücklich bestätigt wurden und zur Beseitigung jeglichen Irrtums erklärt war, das ehrerbietige Stillschweigen genüge nicht, vielmehr seien alle Christgläubigen verpflichtet, den durch die fünf Sätze verurteilten Sinn des Buches von Jansenius nicht nur mit dem Munde, sondern auch im Herzen zu verwerfen. Nachdem diese päpstliche Erklärung einmütig von Parlament und Klerus angenommen war, schien die Sache des Jansenismus verloren.

Aber ein Widerstand war zur völligen Niederringung des Jansenismus noch zu überwinden, nämlich die Unterwerfung der Nonnen von Port-Royal, der letzten offiziell noch bestehenden Jansenistengruppe, zu erreichen. Um schonend vorzugehen, setzte man die Nonnen durch ihren Beichtvater von der päpstlichen Bulle in Kenntnis. Statt aber die päpstliche Erklärung mit christlicher Unterwerfung anzunehmen, verlangten die Nonnen Bedenkzeit und berieten sich mit ihren Gesinnungsfreunden. Quesnel sorgte nun von Holland aus dafür, dass sich der Widerstand versteifte und unbeugsam ward. In geschickter Weise wurden so von den Jansenisten die Nonnen vorgeschoben, die sich zwar schliesslich zur Unterwerfung bereit erklärten, aber unter Vorbehalt der Zugeständnisse, die ihnen der Klementinische Friede gewährt habe. Diese Haltung stellte die zuständigen Autoritäten vor die Wahl, entweder zurückzuweichen oder den Widerstand zu brechen. In dem einen Fall wie in dem andern mussten sie mit einem Stimmungsumschwung zugunsten einer Sache rechnen, in der Port-Royal triumphieren, oder als deren Opfer es fallen würde.

Der König und der Erzbischof von Paris, Kardinal Noailles, entschlossen sich, mit Strenge vorzugehen. Es wurde den Nonnen von Port-Royal-des-Champs verboten, eine Äbtissin zu wählen und Novizinnen aufzunehmen, und der Besitz des Klosters ward zu demjenigen von Port-Royal-de-Paris genommen. Als die Nonnen protestierten, exkommunizierte sie Noailles, und schliesslich erteilte Klemens XI. durch eine Bulle die Genehmigung zur Aufhebung der Abtei und Überführung der Nonnen in andere Klöster (1709). Bei der Ausweisung der Nonnen gingen die königlichen Beauftragten mit einer rücksichtslosen Härte vor, die selbst bei den Gegnern der Jansenisten Unwillen erregte. Am 29. Oktober 1709 erschien die Polizei in Port-Royal-des-Champs, drang mit Gewalt in das Kloster ein und vertrieb die Nonnen. Beschämt über den Auftrag, den er auszuführen hatte, bat der Truppenführer d'Argenson die so hart Ausgewiesenen um Vergebung.

Die Massnahme löste grösste Erregung aus, und von verschiedenen Seiten suchte man den König umzustimmen. Aber er blieb bei seinem Entschluss, Port-Royal zu zerstören. Es erschien ihm als Vorposten der Jansenisten, in deren Reihen sich die schärfsten Gegner des in ihm verkörperten Staatsabsolutismus befanden, und auch im Interesse der Glaubenseinheit in seinem Reich wollte er das Ende der jansenistischen Treibereien herbeiführen. Im Jahre 1710 befahl er die Zerstörung des Klosters. Aber damit schuf er Opfer der Gewalt, und anderseits fanden sich die Jansenisten doch wieder um verschiedene Mittelpunkte zusammen, während die Unschlüssigkeit des Pariser Erzbischofs dem Ansehen der Autorität schadete. Die Lage forderte schliesslich ein Eingreifen des Papstes selbst.

DIE BULLE «UNIGENITUS»

Es geschah durch die berühmte, am 8. September 1713 erlassene *Bulle Unigenitus*, die zu einer neuen schweren Krise in der französischen Kirche führte. Die heftigen Polemiken, die sie hervorrief, zogen sich durch das ganze Jahrhundert hin. Die Bulle verurteilte hundert und einen Satz aus dem Werke des Quesnel und besagte ausdrücklich, dass unter den zensurierten Sätzen sich auch die verurteilten Propositionen des Jansenius befänden. Klerus, König und Parlament nahmen sie an, und sie erhielt im ganzen Königreich Gesetzeskraft.

Der Tod Ludwigs XIV. (1. September 1715) und die Übernahme der Regierung durch den in religiöser Hinsicht völlig gleichgültigen Regenten Philipp von Orléans gaben den Jansenisten neuen Mut und bestimmten sie, bis zum letzten Widerstand zu leisten. Die neuauflebende jansenistische Bewegung unterschied sich jedoch stark von dem Jansenismus des siebzehnten Jahrhunderts. Sie war, nach dem Port-Royal freundlich gesinnten Historiker Sainte-Beuve, rein politisch, sodass sich auch manche der Partei anschliessen konnten, die ihrer Lehre und religiösen Einstellung nicht folgten. Auch die Parlamente beteiligten sich nun am Streit, und zwar auf Seiten der Jansenisten, zu deren Unterstützung sie ihr alter Wunsch nach Unabhängigkeit der gallikanischen Kirche und ihre Feindschaft gegen die « ultramontane » Gesinnung und deren Exponenten, die Jesuiten, trieb. Den Parlamenten aber folgte die grosse Menge in Paris, ohne sich recht über die umstrittenen Belange klar zu sein, einfach aus Oppositionslust, aus dem Hang zur Fronde gegen die Regierung. Diese Massenopposition gegen die Autorität während der neuen schweren Krise der französischen Kirche trug viel zur Vorbereitung der Revolution bei.

Im Jahre 1717 legten vier Bischöfe förmlich Berufung an ein künftiges allgemeines Konzil ein, fast einmütig schloss sich ihnen alsbald die Sorbonne an, und danach fand die Partei der sogenannten Appellanten immer mehr Zuzug aus den Kreisen der Bischöfe, der Orden und der Pfarrer. Auch der Kardinal de Noailles hielt zu den Appellanten, die zwar immer noch eine Minderheit, aber eine stark agitierende bildeten, die mit allen Mitteln die staatliche und kirchliche Ordnung störte. Schliesslich erliess Klemens XI. die strenge Bulle *Pastoralis officii* (8. September 1718), die ohne Namensnennung die Exkommunikation gegen alle diejenigen aussprach, die der Konstitution *Unigenitus* den gebührenden Gehorsam verweigerten, ganz gleich welchen Standes oder welcher Würde sie seien. Die Folge dieser Bulle war eine neue Appellation, der wiederum die Sorbonne und Kardinal de Noailles beitraten. Die Regierung konnte sich über die Tragweite dieser stürmischen Opposition keiner Täuschung mehr hingeben. Die leitenden Minister, Dubois und nach ihm Fleury, schritten scharf ein, die Partei der Jansenisten fiel allmählich auseinander, der greise Kardinal de Noailles gab schliesslich doch seine schwankende, zweideutige Haltung auf und entschloss sich wenige Monate vor seinem Tode zur vorbehaltlosen Annahme der Bulle *Unigenitus*, und auch die Sorbonne fand sich nun zur Unterwerfung bereit. Die Vorkämpfer der Bewegung gingen freilich noch so weit, mit der russischen und anglikanischen Kirche über ein Einvernehmen zu verhandeln, das die Abschaffung der Gelübde, der Ohrenbeichte und des Zölibats mit sich gebracht hätte, aber nicht zustande kam. Das Pariser Parlament hatte diese Bestrebungen unterstützt. Als vier seiner Mitglieder verbannt wurden, erklärten sich die übrigen mit ihnen solidarisch, und die Mehrheit demissionierte. Unter der Hand wurden bis zu Ende des Jahrhunderts aus mysteriösen Geheimfonds finanzierte Flugschriften verbreitet.

Zu sonderbaren Vorfällen kam es während der jansenistischen Streitigkeiten im Friedhof von Saint-Médard. Nach dem Tode eines gewissen Diakons François Paris (1727), über den man nicht viel mehr weiss, als dass er seiner Wohltätigkeit und seines Widerstands gegen die Bulle wegen in der Gegend bekannt war, sollen an seinem Grabe Extasen und Wunder sich ereignet haben, aus denen die Appellanten bei den Leichtgläubigen ein grosses Wesen machten.

Bei den Verständigen brachten sie sich mit dieser Propaganda allerdings allmählich um ihr Ansehen. Als die ekstatischen Zustände in Saint-Médard zu einer Art Epidemie ausarteten, wie dies ja in solchen Fällen schon zu geschehen pflegt, sah sich die Regierung zur Schliessung des Friedhofs veranlasst, wonach die Vorfälle geheim gehalten wurden (1732).

Die Vorkommnisse in Saint-Médard sind in gewisser Hinsicht bezeichnend für die völlige Wandlung, die mit dem Jansenismus in Frankreich vor sich gegangen war. In den unteren Volkskreisen war er zu einem abergläubischen Sektenwesen ausgeartet, in den oberen Gesellschaftsschichten, besonders in den Kreisen der Parlamentsmitglieder, zu einer politischen Partei geworden, die vor allem gekennzeichnet war durch ihr Eintreten für die « gallikanischen Freiheiten », ihren Hass gegen die Jesuiten und ihre feindselige Haltung gegen alle, Papst, Bischof oder König, die erstere zu bedrohen und letztere zu beschützen schienen.

Einen neuen Konflikt löste später die Verweigerung der Sakramente in gewissen Fällen aus. Einige Pfarrer lösten nämlich den « Gewissensfall » auf ihre Weise, indem sie von Sterbenden die Erklärung ihrer Unterwerfung unter die Bulle *Unigenitus* oder auch einen, von einem nichtjansenistischen Priester ausgestellten Beichtzettel verlangten. Der Erzbischof von Paris, Christophe de Beaumont, veranlasste selbst seinen Klerus zu solchem Vorgehen. Als nun einmal ein Pfarrer einem Jansenisten die Sakramente verweigerte, ging das Parlament über die königliche Verordnung hinweg und liess den Pfarrer verhaften (1752). Es fiel dem Erzbischof von Paris und seinem Klerus nicht schwer, nachzuweisen, dass die kirchliche Obrigkeit allein zuständig für die Beurteilung der Umstände sei, unter denen die Sakramente gespendet werden könnten. Aber das Pariser Parlament verteidigte hartnäckig seinen Standpunkt, die übrigen Parlamente traten auf seine Seite, und der König gab, nachdem er anfänglich noch einige Energie gezeigt, wieder nach und verbot die Verweigerung der Sakramente. Papst Benedikt XIV. erklärte nun (16. Oktober 1756), dass die Verordnungen des Erzbischofs aufrecht erhalten, aber nur auf jene bezogen werden sollten, die öffentlich und bekanntermassen sich der Bulle *Unigenitus* widersetzten. Trotzdem blieb das Parlament hartnäckig, ja es unterdrückte das päpstliche Breve, da es den Gesetzen des Königreichs Eintrag tue. Als die Versammlung des französischen Klerus 1765 die Bulle *Unigenitus* als dogmatische und von der ganzen Kirche angenommene Entscheidung bezeichnete, erklärte das Parlament die Beschlüsse der Versammlung für nichtig.

DAS SCHISMA IN DEN NIEDERLANDEN

So schwer auch die Unruhen in Frankreich waren, es kam hier doch nicht zum offenen Schisma, wie dies in den Niederlanden geschah. In den Niederlanden war der Kalvinismus Staatsreligion und der nicht unbeträchtlichen katholischen Minderheit die öffentliche Religionsübung verboten. Während des Aufstandes gegen Spanien waren die Bistümer vernichtet worden, und seither unterstanden die Katholiken einem apostolischen Vikar, der den Titel des Erzbischofs und sein Kapitel beibehalten hatte. Im Laufe der Zeit kam es zu Zerwürfnissen zwischen den apostolischen Vikaren und den Jesuiten, die man angesichts des Mangels an Weltpriestern in das Land gerufen hatte. Diese Spannung wussten die Jansenisten auszunützen. Arnauld und Quesnel gewannen bald Anhänger, unter denen vornehmlich der im Jahre 1688 zum apostolischen Vikar bestellte Oratorianer Petrus Codde wirkungsvoll hervortrat. Schon unter Innocenz XII. wurden gegen ihn von verschiedenen Seiten Beschwerden und Anklagen erhoben und er daraufhin nach Rom vorgeladen. Codde entschloss sich aber erst zur Reise, als ihm mit Suspension von seinem Amte gedroht ward. Da er sich trotz gewisser Ausflüchte doch weitgehend zu jansenistischen Auffassungen bekannte, wurde er im Mai 1702 seines Amtes enthoben und durch einen Provikar ersetzt. Gegen diesen machte sich nun aber starker Widerstand geltend. Utrecht wurde eine Zufluchtsstätte der Jansenisten. Die Generalstaaten, die dem Heiligen Stuhl immer feindselig gesinnt waren, unterstützten den Widerstand gegen Rom.

Schliesslich erwählten die Räte des Utrechter Vikariats aus eigener Machtvollkommenheit den Generalvikar Cornelius Steenoven zum Erzbischof (1723). Da seine Anerkennung von Rom verweigert wurde, erteilte ihm ein von seinem Amte suspendierter Missionsbischof die Weihe. Benedikt XIII. erklärte die Wahl für ungültig und verhängte über den Gewählten die Suspension.

Damit war das Schisma in den Niederlanden zur Tatsache geworden. Zwar gaben sich die Mitglieder der kleinen Utrechter Kirche als Katholiken aus, sie anerkannten auch den päpstlichen Primat, verurteilten sogar die Lehre des Jansenius, weigerten sich aber, die Bulle *Unigenitus* anzunehmen. Verschiedentliche, besonders unter Klemens XIV. unternommene Bemühungen um Beseitigung des Schismas blieben ergebnislos, und so besteht dieses bis heute weiter. Die Schismatiker, einige Tausend an der Zahl, schlossen sich 1872, nach dem Vatikanischen Konzil, den Altkatholiken an.

DER FEBRONIANISMUS

Bis zur Mitte des achtzehnten Jahrhunderts hatten sich die gallikanischen Lehren massgeblich nur in Frankreich und den unter bourbonischer Herrschaft stehenden Ländern ausgewirkt. Indessen fanden die Schriften des Franzosen Elias du Pin und des Flamen van Espen, nach denen die Könige ihre Macht von Gott haben, während anderseits die Macht der Päpste nur kirchlich begründet ist, überall in Europa Verbreitung. Sie entsprachen natürlich besonders den Wünschen der absolutistischen Herrscher. Im Jahre 1763 erschien nun unter dem Decknamen *Justinus Febronius* ein Werk « Über den Zustand der Kirche und die rechtmässige Gewalt des römischen Bischofs », das gewaltiges Aufsehen erregte. Sein Verfasser war der Trierer Weihbischof Nikolaus von Hontheim, der sich durch zwei grosse gelehrte Werke über die Trierer Geschichte berühmt gemacht hatte und der Ratgeber des Trierer Kurfürsten war.

Hontheim stellte in seinem Werk mit einem geschichtlichen Begründungsversuch ein System auf, das den gallikanischen Auffassungen entsprach. Für ihn ist die wahre Verfassung der Kirche keine monarchische ; nicht Christus, sondern die Kirche hat dem Bischof von Rom den Primat verliehen. In der Gesamtheit der Gläubigen wurzelt nach der Verfügung Christi die oberste Gewalt der Kirche, und von jener ist sie dem Papst erst verliehen worden. Der Papst besitzt unter den Bischöfen nur einen Ehrenvorrang ; wesentlich und notwendig sind ihm nur die Rechte, die mit der Aufgabe zusammenhängen, über die Befolgung der kirchlichen Vorschriften und die Reinerhaltung des Glaubens, überhaupt über die Einheit und den Zusammenhalt der Kirche zu wachen, aber er besitzt keine richterliche Gewalt über die Bischöfe, die ihre Autorität unmittelbar von Gott selbst haben. Der Papst kann wohl einem einzelnen Bischof befehlen, aber deren Gesamtheit steht über ihm. Das Recht, das der Papst für sich in Anspruch genommen hat, die Bischöfe zu bestätigen und abzusetzen, sich durch Nuntien bei den weltlichen Herrschern vertreten zu lassen, ist nur eine Folgerung aus den Pseudoisidorischen Dekretalen. [1] Päpstliche Entscheidungen in Glaubenssachen und Disziplinargesetze sind zwar von den Gläubigen ehrfurchtsvoll anzunehmen, verpflichten aber erst durch die ausdrückliche oder stillschweigende Zustimmung der Gesamtkirche und durch ihre Annahme in den nationalen Kirchen und den einzelnen Diözesen. Die Stunde ist nun, nach Hontheim, gekommen, um den römischen Päpsten wieder die Rechte zu nehmen, die sie im Laufe der Zeit, sei es durch Zugeständnisse der Bischöfe, sei es durch Zwang, erwarben, und die Kirche zu

---

[1] S. Bd. I unserer Darstellung, S. 197 f.

ihrer ursprünglichen Verfassung zurückzuführen. Sollten sich die Päpste weigern, diese Reform anzunehmen und von ihren unrechtmässigen Ansprüchen zurückzutreten, so wäre es Pflicht der katholischen Fürsten, sie dazu zu zwingen.

Das Werk, dessen Verfasser erst nach einiger Zeit ausfindig gemacht wurde, erregte grösstes Aufsehen[1], da die febronianischen Ideen der staatskirchlichen Praxis jener Zeit direkt entgegenkamen. Durch neue erweiterte Auflagen und eine Reihe von staatlich geförderten Übersetzungen ins Französische, Italienische, Spanische, Portugiesische wurde es rasch weit verbreitet. In Deutschland fand es auch noch deshalb besonderen Anklang, weil es sich gegen die päpstlichen Reservationen und Exemtionen wandte, und das päpstliche Steuerwesen hier schon lange als schwere Bedrückung empfunden wurde.

Auch in gewissen protestantischen Kreisen fanden Hontheims Ausführungen grosse Beachtung, mit denen der Verfasser in der Tat Protestanten zur Kirche zurückführen wollte. Er meinte, dass nach dem Zusammenbruch der römischen Zentralisation eine weite religiöse Einigungsbewegung einsetzen werde. Aber der strenge Protestantismus bekämpfte die febronianischen Ideen ebenso wie Rom. Auch Lessing und der grosse Geschichtschreiber Johannes von Müller hielten nicht mit der Kritik zurück. Die Päpste, Klemens XIII. 1764, Klemens XIV. 1769 und Pius VI. 1775, verurteilten förmlich den Febronianismus. Hingegen stellte eine beträchtliche Gruppe des deutschen Klerus eine lange Denkschrift auf, in der alle Beschwerden gegen den Papst aufgeführt waren. Die Schrift wurde an Maria Theresia gesandt, aber die Kaiserin wollte nicht darauf eingehen (1769). Hontheim schien sich 1778 zu unterwerfen, gab jedoch drei Jahre später eine Erklärung seines Widerrufs, die dessen Bedeutung abschwächte. So sah sich Pius VI. nach anfänglicher Beruhigung doch wieder zu neuen Zensuren veranlasst (1781).

KIRCHLICHE REFORMEN MARIA THERESIAS UND JOSEPHS II. — DER JOSEPHINISMUS

Vor allen deutschen Staaten wurden die österreichischen Kronländer das Versuchsfeld der modernen Ideen vom Verhältnis von Staat und Kirche. Als eifrigster Vorkämpfer dieser Ideen trat der Wiener Kirchenrechtslehrer Valentin Eybel hervor. Die kirchlichen Reformen, die Maria Theresia (1740-1780) und noch weitergehend ihr Sohn Joseph II. (1780-1790) durchführten, waren offenbar von aufklärerischem Zeitgeist beeinflusst. Maria Theresia, die mutig ganz Europa entgegentrat und Österreich rettete, war unbestreitbar eine grosse Herrscherin mit einem starken christlichen Empfinden. Sie beteiligte sich zwar auch an der Teilung Polens, verdiente aber in mancher Hinsicht den ihr vom Papst verliehenen Titel der «Katholischen Majestät». Indessen führte das Bestreben der Kaiserin, die darniederliegende Verwaltung der Monarchie zu verbessern und die Seelsorge zu heben, von Staats wegen zu einer Reihe von Reformen, die dem Zeitgeist schon beträchtliche Zugeständnisse machten.

So wurde die weitere Vermehrung der allerdings zu zahlreichen Klöster und des Kirchenvermögens eingeschränkt, die Verwaltung des letzteren der staatlichen Kontrolle unterworfen, die Steuerfreiheit des Klerus aufgehoben, die klösterliche Professablegung vor dem erreichten vierundzwanzigsten Lebensjahr verboten, die Verkündigung von päpstlichen Erlassen ohne staatliches Placet untersagt, die Zahl der in der Tat zu häufigen Feiertage vermindert. Bei dieser letzteren Massnahme folgte man in Österreich dem Beispiel Spaniens. Benedikt XIII. hatte in Spanien eine Verminderung der Feiertage, an denen nicht gearbeitet wurde, zugelassen und nur das Anhören der Messe an diesen Tagen weiter verlangt. Maria Theresia erhielt ihrerseits von Benedikt XIV. die Zustimmung zur Verminderung der Feiertage um vierundzwanzig unter denselben Bedingungen, wie sie für Spanien gestellt waren (1753). Klemens XIV. ging dann noch weiter und hob auch die Verpflichtung zum Anhören der Messe an diesen Tagen auf.

Bedeutsam war vor allem die staatliche Reform des höheren Studienwesens unter Zurückdrängung des kirchlichen, insbesondere jesuitischen Einflusses. Zuerst wurden unter der Leitung des kaiserlichen Leibarztes Gerhard van Swieten, eines jansenistischen Niederländers und scharfen Jesuitengegners, die Universitäten reorganisiert (1752), später eine Neuordnung des theologischen Studiums (1774-1776) durch den ziemlich freisinnigen Benediktinerabt Stephan Rautenstrauch von Braunau getroffen. Die betonte Erziehung der Geistlichen zu Staatsdienern musste zwar verschiedentlich Bedenken erregen. Anderseits hatte aber der neue Studienplan doch auch sein Gutes. Er brachte die Quellen und Hilfswissenschaften der Theologie mehr zur Geltung und sah die Kirchengeschichte, die in den Jesuitenschulen nachlässig behandelt worden war, die Patrologie und Pastoraltheologie als besondere Fächer vor. Die Kaiserin hob auch die Inquisition in der Lombardei auf. Im grossen ganzen vollzogen sich diese Neuerungen unter Maria Theresia aber noch ohne besondere Anstände, da die Herrscherin doch so weit als möglich die Zustimmung des Heiligen Stuhls zu gewinnen suchte.

Immerhin ward schon damals jenes österreichische Staatskirchentum eingeleitet, das Maria Theresias Nachfolger, Joseph II., in folgenschwerer Weise weiterführte. Zwar war auch Joseph II. ernstlich um das Wohl seiner

Untertanen bemüht, und es gingen ihm weder vorzügliche persönliche Eigenschaften noch politischer Sinn ab. Aber aufklärerischer Zeitgeist hatte schon die Erziehung des jungen Thronfolgers massgeblich beeinflusst. Seine Bildung war in der Hauptsache durch den seit 1753 waltenden, aus altem mährischem Adelsgeschlecht stammenden Staatskanzler Kaunitz bestimmt. Diesem und seinem Kreis galten als leitende Grundsätze die Anschauungen des Febronius, die sich mischten mit denen der Aufklärer überhaupt. Auch zu den Freimaurern bestanden Beziehungen. Dabei hielt man in diesem Kreis auf die Bekundung äusserlicher kirchlicher Haltung ; Kaunitz legte jedes Jahr seinen Osterbeichtzettel der Kaiserin Maria Theresia vor.

Auch Joseph II. wollte durchaus als katholischer Fürst angesehen werden und erkannte die Glaubenssätze der Kirche an. Zugleich aber beabsichtigte er, ohne Rücksicht auf Papst und kirchliche Tradition in seinen Ländern durch den Staat eine den Zeitideen entsprechende Reform durchzuführen. Von 1780 an folgten rasch aufeinander unzählige Hofdekrete. Alles was in der Kirche nicht von göttlicher, sondern nur von menschlicher Erfindung und Einrichtung wäre, sollte durch staatliche Gesetze neugeordnet werden. Das landesherrliche Placet wurde auch in Glaubenssachen erneut vorgeschrieben und auf bischöfliche Verordnungen ausgedehnt, der besondere Gerichtsstand der Geistlichen eingezogen und dem Papste eine unmittelbare Jurisdiktion in Österreich abgesprochen. Die Bischöfe sollten auch ohne päpstliche Dispensation bei Ehehindernissen dispensieren, und Regeln wurden für die Ehe erlassen, in denen diese nur als bürgerlicher Vertrag erklärt wurde. An Stelle der bischöflichen Seminarien wurden 1783 Generalseminarien für die grösseren Provinzen errichtet, in denen allein Welt- und Ordensgeistliche ihre Bildung empfangen sollten. Der direkte Verkehr der Bischöfe mit der Kurie ward unterbunden, jede Appellation nach Rom untersagt, die Beziehungen der Ordensgesellschaften zu auswärtigen Oberen gelöst. Im Jahre 1782 und in den folgenden Jahren verfügte der Kaiser die Aufhebung von etwa sechshundert Klöstern — ein Drittel der Gesamtzahl — zunächst solcher beschaulicher Richtung, dann auch anderer ; der Erlös floss in den sogenannten « Religionsfonds », der « zur Förderung der Religion und zum Besten des Nächsten » verwendet werden sollte, und dessen Verwaltung der Staat im Namen der Kirche besorgte. In den weiterbestehenden Klöstern wurde die Novizenzahl beschränkt. Den Lutheranern, Reformierten und nichtunierten Griechen räumte Joseph II. 1781 als überzeugter Anhänger der Toleranz die bürgerlichen Rechte und private freie Religionsübung ein. Es war das erste Toleranzpatent dieser Art.

Bedeutsam war ferner die Vermehrung der Seelsorgestellen und die Neubegrenzung der Bistümer gemäss der politischen Kreiseinteilung. Es lässt sich nicht bestreiten, dass der Staat durch letztere Massnahmen an Stelle der bisherigen Zersplitterung Zweckmässigeres schuf. Auch die Errichtung der Generalseminarien hätte wohl noch ihr Gutes gehabt, wären nicht der theologische Unterricht und die Priestererziehung meist Anhängern der Aufklärung anvertraut worden. Schliesslich galten viele Verordnungen den Äusserungen der Frömmigkeit; nicht allein Wallfahrten und Prozessionen wurden beschränkt, sondern auch über privilegierte Altäre, Begräbnisse, Kirchenschmuck und Reliquienverehrung statuiert, und dabei ging Joseph II. so bis ins kleinste, dass ihn Friedrich der Grosse spottend den « Erzsakristan des heiligen römischen Reiches » nannte.

Es lässt sich nicht leugnen, dass damals nicht wenige Misstände im kirchlichen Leben Österreichs vorhanden waren und die kaiserlichen Massnahmen teilweise auch Besserung schafften. Aber in Rom verletzte mit Recht das einseitige Vorgehen des Staates und die Aufstellung von Grundsätzen, aus denen ein Recht dazu gefolgert wurde. Wir sahen schon im vorhergehenden, wie sich schliesslich Pius VI. entschloss, selbst nach Wien zu reisen, um den Kaiser umzustimmen, aber letzten Endes von diesem nur Versprechungen erhielt, die dann doch nicht gehalten wurden. Im Grunde stellte der Josephinismus nur eine Sonderform des Gallikanismus dar.

DIE EMSER PUNKTATION (1786)

Während das National- und Staatskirchentum nach französischem Vorbild hauptsächlich in Österreich unter Maria Theresia und Joseph II. seine charakteristische Ausprägung fand, machten sich in Gesamtdeutschland die höchsten Prälaten des Reichs zu Vorkämpfern des Episkopalismus, das heisst jener Bestrebungen, die auf eine wesentliche Beschränkung der direkt oder durch die Nuntien ausgeübten päpstlichen Rechte zugunsten der bischöflichen abzielten. Es lässt sich auch hier erkennen, wie im achtzehnten Jahrhundert Gefahr für die Kirche nicht von einer Übermacht des Papsttums drohte, sondern von einem Zerfall in einzelne Landeskirchen, die nach dem Vorgang Frankreichs sich abschlossen, um zuletzt alle einem Staatskirchentum preisgegeben zu werden. Für diese Gefahr zeigten besonders wenig Verständnis die deutschen Bischöfe, die noch als Reichsfürsten politisch eine selbständige Stellung einzunehmen suchten und als Landesherren grossen Eifer entfalteten, um ihren fürstlichen Glanz zu zeigen, allerdings auch um das Wohl ihrer Untertanen besorgt waren. In Deutschland spielte auch der Umstand eine nicht unwichtige Rolle, dass vom Wiener Konkordat von 1448 her eine Misstimmung gegen die Kurie bestand, und dass den « Beschwerden der deutschen Nation » in der Reformationszeit nicht genügend Abhilfe geschaffen worden war. [1]

Als nun Pius VI. auf Antrag des Kurfürsten von Bayern für dessen Länder 1785 eine Nuntiatur in München errichtete, fühlten sich die Erzbischöfe von Köln, Trier und Mainz und der Fürstbischof von Salzburg beunruhigt. Sie fürchteten ein Übergreifen der Jurisdiktion des Nuntius in ihre eigene und verbanden sich, ermutigt durch Joseph II., zu einem Reformplan, der die Verhältnisse der deutschen Kirche Rom gegenüber neu regeln sollte. Auf einem Kongress im Bade Ems (Sommer 1786) stellten ihre Bevollmächtigten nach längeren Beratungen die sogenannte Emser Punktation auf, die in dreiundzwanzig Artikeln das Programm einer deutschen Nationalkirche nach febronianisch-josephinischem Muster entwickelt. Es wird darin namentlich die Aufhebung der Exemtionen, die Beseitigung der konkurrierenden Jurisdiktion der Nuntien, die Anwendung des bischöflichen Placet auf päpstliche Bullen und Breven und die Erledigung kirchlicher Streitigkeiten durch einheimische Gerichte verlangt. Hinsichtlich der kirchlichen Disziplin werden eine Reihe von radikalen Reformen auf dem Gebiete der Seelsorge, des Gottesdienstes und des Klosterwesens vorgesehen, die selbständig und ohne Einholung einer päpstlichen Genehmigung von den Bischöfen vorgenommen werden sollten. Schliesslich wird der Kaiser gebeten, in längstens zwei Jahren ein Nationalkonzil zur endgültigen Behebung der deutschen Beschwerden zu veranstalten.

Joseph II. war natürlich mit diesen Forderungen einverstanden. Aber die Aktion zerbrach an dem entschiedenen Widerstand, den ihr der Nuntius Pacca von Köln entgegensetzte, der gewandt die päpstlichen Rechte verteidigte. Auch schlossen sich die Suffraganbischöfe dem Vorgehen ihrer Metropoliten nicht an, da sie ihre Rechte durch eine Steigerung der Metropolitangewalt bedroht fanden. Schliesslich lenkten auch die Erzbischöfe wieder ein, nachdem Pius VI. einen Vergleich über die Nuntiaturfrage unbedingt abgelehnt hatte. Der Ausbruch der französischen Revolution und der Einfall der französischen Revolutionsheere in Deutschland drängten dann überhaupt diese Fragen in den Hintergrund, und mit der Säkularisation von 1803, die den Untergang der geistlichen Staaten herbeiführte, wurde den episkopalistischen und nationalistischen Bestrebungen in Deutschland der Boden entzogen.

Die Aufgabe der Emser Forderungen bedeutete auch für Joseph II. einen Misserfolg, dem aber noch weitere folgten. Noch kurz vor seinem Tode musste Joseph II. von Untertanen erfahren, wieviel mehr ihnen die Autorität des

---

[1] Vgl. Bd. I unserer Darstellung, S. 390 f.

Papstes mehr wert war als die des Kaisers. In den österreichischen Niederlanden, die bald den Namen Belgien annehmen sollten, erregten die Reformmassnahmen des Kaisers, besonders die Ersetzung der bischöflichen Priesterseminarien durch die staatlichen Generalseminarien, einen immer heftiger werdenden Unwillen, der sich nach der Festhaltung des trefflichen belgischen Kardinal-Primas, des aus Schlesien stammenden Grafen Frankenberg, in Wien zur Erhebung der gesamten Bevölkerung steigerte. Das Verlangen nach Volksfreiheit vereinte sich dabei mit der Anhänglichkeit an Rom. Joseph II. sah sich zum Nachgeben gezwungen, als ihn der Tod ereilte (1790). Sein Bruder und Nachfolger, Leopold II. (1790-1792), der schon als Grossherzog von Toscana die josephinische Richtung unterstützt hatte, nahm für Belgien notgedrungen sämtliche Reformen zurück und auch sonstige einschneidende Verfügungen, die in seinen Ländern auf kirchlichem Gebiet erlassen worden waren. Im übrigen aber wirkte der Josephinismus nicht nur in Österreich, sondern auch in den südwestdeutschen Ländern bis gegen Mitte des neunzehnten Jahrhunderts nach.

ALLGEMEINE FORTSCHRITTE DER AUFKLÄRUNGSBEWEGUNG

Letzten Endes trieb der Josephinismus, der den Gallikanismus in gewisser Hinsicht noch überbot, auch zur Revolution. « Er verfuhr », wie der Historiker Goyau zutreffend bemerkt, « mit der religiösen Gemeinschaft schon so, wie bald andere mit der bürgerlichen Gesellschaft verfahren sollten. » Auf die Revolution hin hatten letztlich auch die Jansenisten mit ihrem steifen Hochmut und ihrer düster-trockenen Religiosität gesteuert. Alle diese Bewegungen aber förderten den Fortschritt des Unglaubens im Gefolge der Aufklärungsphilosophie und der sittlichen Ungebundenheit der Zeit.

Mit Enthusiasmus geradezu folgte die Gesellschaft des achtzehnten Jahrhunderts der neuen aufgeklärten Geistesrichtung, bei der sich der Empirismus Lockes mit dem Sensualismus Condillacs und dem idealistischen Intellektualismus Descartes verband. Die von den englischen Aufklärern stark beeinflussten französischen Aufklärer verstanden es ausgezeichnet, ihren Anschauungen überall Eingang zu verschaffen und Macht über die Geister zu gewinnen. Hauptsächlich über Holland, das « gelobte Land aller Flüchtlinge », wo auch die Druckfreiheit herrschte, gelangte die neue Geistesbewegung von England nach Frankreich. Die englischen Ideen wurden von den Franzosen noch konsequenter durchdacht und mit echt französischer Beweglichkeit und Beredsamkeit dem ganzen Abendlande weitergeboten. In Frankreich selbst durchdrang der aufklärerische Geist bald alle Gattungen der Literatur ; in der oberen Gesellschaftsschicht wussten die « Philosophen » sich Anhänger von Rang zu verschaffen, bei den Finanzleuten fanden sie Unterstützung durch eine noch neue, aber schon bedeutende Macht, und in den Salons wurden sie tonangebend. Rasch gewannen sie auch das gebildete Bürgertum für sich und schliesslich selbst die breiten Volksmassen, die sich besonders durch das neue Kulturprogramm der « Humanität », der Menschlichkeit, gewinnen liessen, für das die Aufklärer in geschickten, einfachen und eindrucksvollen Formulierungen zu werben verstanden.

Unter allen literarischen Veröffentlichungen diente der Ausbreitung des Aufklärungsgeistes vor allem das grosse Unternehmen der *Enzyklopädie.* Auch hierfür kamen Anregung und Anstoss aus England, wo schon in fünfter Auflage eine Enzyklopädie der Naturwissenschaften verbreitet war. Aber auch dieses Werk wurde in Frankreich erst konsequent ausgeführt und trug dann von hier aus in massgeblicher Weise den neuen Geist in alle Welt. Die Enzyklopädie, deren erster Band 1751 erschien, fasste das ganze Wissen der Zeit in weltanschaulicher Sicht auf allgemein verständliche Art zusammen. Nach dem Programm ihres Gründers, d'Alembert, sollte sie dartun, dass aller Fortschritt durch die Wissenschaft erzielt wird, und der Fortschritt als solcher unbegrenzt ist. An Stelle von Tradition und Autorität sollte die Vernunft treten. Als man den gefährlichen Geist der Enzyklopädie erkannte, schritten Staat und Kirche gegen das neue Unternehmen ein. Aber die Marquise von Pompadour, die sich als Patronin der Wissenschaft und der modernen Bildung zeigen wollte, rettete das Werk, für das es auch sonst nicht an eindrucksvoller Fürsprache fehlte. Dabei waren vielfach dieselben Gründe für den Schutz der Enzyklopädie und für die Bekämpfung der Jesuiten massgebend. Der Heilige Stuhl gab sich keiner Täuschung über die einheitlich kirchenfeindliche Front hin. Im gleichen Jahre 1759 wurden von Klemens XIII. das Buch von Helvetius *De l'Esprit,* das die Quintessenz der Enzyklopädie in nacktestem Materialismus enthüllte, und die Enzyklopädie selbst wegen ihrer falschen, zur Missachtung der Religion und Verderbnis der Sitten führenden Lehren verurteilt. Auch noch durch Klemens XIII. erfolgte, 1763, die Verurteilung des « Emil » von Rousseau mit seinem neuen Erziehungsprogramm, und drei Jahre später, am 15. November 1766, wies der Papst in einer an alle Bischöfe gerichteten Enzyklika auf die Gefahr hin, die mit der Verbreitung der religionsfeindlichen Literatur immer grösser wurde. Die Bischöfe sollten die christlichen Herrscher dringend um Schutz für die bedrohte Kirche bitten.

DAS FREIMAURERTUM

In der grossen geistigen Revolution, die sich im achtzehnten Jahrhundert vollzog und auf den Umsturz der ganzen abendländischen Kulturtradition durch den Sieg einer vom Fortschrittsgedanken beherrschten Welt zielte, wirkte vornehmlich der mächtige Geheimbund der Freimaurer mit. [1] Hinsichtlich seines Ursprungs sind aus gutem Glauben oder bestimmter Absicht die verschiedensten Ansichten selbst von Mitgliedern des Ordens vertreten worden. So wurde er schon auf Salomon zurückgeführt, auf Hiram, der den Tempel von Jerusalem erbaut habe, auf die phönizischen Maurer, auf den Templerorden. In der Tat ist seine Gründung viel jünger und stammt der Orden aus England.

Die sozialen Zustände in England zu Beginn des achtzehnten Jahrhunderts liessen viel zu wünschen übrig. In England, das den Gegnern des Absolutismus vorbildlich schien, war der Gegensatz der Lebensbedingungen der oberen und unteren Schichten noch viel schlimmer ausgeprägt als in Frankreich, und ein erheblicher Teil des Adels und Bürgertums sittlich verkommen. Aber in Frankreich vor allem bewunderte man die parlamentarischen Institutionen, die England seit der Revolution von 1688 und unter dem Hause Hannover (seit 1714) ausgebildet hatte, und die die königliche Macht durch Ober- und Unterhaus beschränkten. In der Tat lag in England die Macht beim Adel und dem oberen Bürgertum und war durch ein Wahlsystem gesichert, bei dem die übelsten Bestechungsmethoden massgeblich mitspielten. Der Katholizismus, der « Papismus », war in England ebenso verhasst wie der Absolutismus, aber anderseits wurde auch der schon in mehrere Kirchen gespaltene Protestantismus stark zersetzt durch den Deismus und das Freidenkertum, die von manchen bis zum ausgesprochenen Atheismus getrieben wurden. Die geistige Auseinandersetzung verwirrte die Geister, und die immer noch vorhandene Volksfrömmigkeit entbehrte der Unterstützung und Leitung.

Nun schlossen sich in England selbst einige, die die Tragweite der Missstände klar sahen und der Unordnung steuern wollten, um den grossen Gelehrten und Philosophen Isaac Newton zusammen. Newton, der Entdecker des Gravitationsgesetzes, war wie alle seine engeren Mitarbeiter Protestant, entschiedener Feind des königlichen Absolutismus und des Papsttums. Seine Freunde kamen auf den Gedanken, in ihrem Sinne eine Geheimgesellschaft

---

[1] Guten Aufschluss über die geschichtliche Bedeutung des Freimaurertums vermitteln B. Fay : *La franc-maçonnerie et la révolution intellectuelle au 18e siècle.* (Paris 1935) ; A. Wolfstieg : *Wesen und Werden der Freimaurerei.* Bde. Halle 1923 [2]; J. Schneider : *Die Freimaurerei und ihr Einfluss auf die geistige Kultur in Deutschland Ende des 18. Jahrhunderts.* Prag 1909.

neu zu beleben, die sich von der mittelalterlichen Steinmetzzunft herleitete, und die nun den Rahmen für eine Zusammenfassung aller desorientierten und nach einer neuen Ordnung strebenden Kräfte bieten sollte.

Gegen Ende des zwölften Jahrhunderts hatte England von Frankreich den gotischen Stil übernommen. Dessen Aufriss und Aufbau, die Lehre von den Gewölben und andere technische Gesetze und Verfahren hüteten die freien Steinmetzen als Geheimnis. Ihrer Freizügigkeit wegen organisierten sie sich zunächst nicht in örtlichen Zünften wie die anderen Handwerker, sondern in einer das ganze Land umfassenden religiösen Bruderschaft unter dem Schutz Johannes des Täufers. In den Bauhütten oder Logen dieser *fraternity of freemasons* wurde den dort beschäftigten Brüdern gewerbliche und bautechnische wie religiössittliche Belehrung erteilt, beides unter geheimnisvollen symbolischen Bräuchen.

Zur Zeit der Reformation hob Eduard VI. mit den religiösen Bruderschaften auch diese Fraternity auf, die übrigens seit der Zeit Elisabeths kaum mehr katholischen Geist hatte. Ihre Überreste organisierten sich darauf neu als *Society of freemasons*, die weiterhin als Erziehungsgemeinschaft wirkte, aber nicht mehr die religiössittliche sondern die Bildung zu Geselligkeit und guten Formen erstrebte. Sie nahm auch kabbalistisch-abergläubische Ideen auf und pflegte sie in geheimnisvollem Dunkel. Im siebzehnten Jahrhundert bot die Gesellschaft dem Deismus den fruchtbarsten Boden. Sie setzte sich massgeblich für seine Verbreitung ein, um jenseits aller religiösen Streitigkeiten eine « Partei der anständigen Leute », eine dogmenlose, rein geistige Kirche zu schaffen. Viele Persönlichkeiten von Rang betrachteten es als Ehre, ihr anzugehören. Bei den politischen Streitigkeiten des siebzehnten Jahrhunderts traten auch die Unterlegenen gerne in die Geheimgesellschaft ein, da sie hier im Verborgenen ihre Ziele weiter verfolgen konnten. Besonders die Anhänger der verdrängten Stuarts fanden sich so zusammen. Um diesen gefährlichen politischen Einfluss zu brechen und auch die deistische Richtung stärker zu betonen, schlossen Anhänger der hannoverschen Dynastie am 24. Juni (Fest Johannes' des Täufers) 1717 vier Londoner Logen, die frei von Stuart-Anhängern waren, zur Grossloge *(The grand Lodge of England)* zusammen.

Diese Grossloge unter Leitung eines Grossmeisters hatte nun gar keinen Zusammenhang mit der ursprünglichen Werkmaurerei mehr ; sie war eine rein weltanschaulich begründete, und zwar dem Deismus huldigende Vereinigung. Nur gewisse Symbole und Gebräuche der alten Werkmaurerei waren beibehalten und wurden als Elemente einer neuen Mystik verwertet. Der erste Grossmeister war noch keine bedeutende Persönlichkeit. Erst durch Georges Payne, einen Archäologen, und die Pastoren James Anderson und

John-Theophil Désaguliers erhielt die englische Freimaurerei ihr festes Programm und ihre Organisation, mit denen sie sich über die ganze Welt verbreiten sollte. Am massgeblichsten trat Désaguliers hervor, der als der eigentlicher Schöpfer freimaurerischen Geistes anzusehen ist. Er war der Sohn einer Hugenottenfamilie von La Rochelle, die bei der Aufhebung des Edikts von Nantes vertrieben worden war. Nachdem er in Oxford akademische Grade erworben, trat er in London durch seine Vorträge über die neusten physikalisch-mathematischen Forschungen hervor. Durch ihn vornehmlich erhielt die Freimaurerei ihr deistisch-naturalistisches Gepräge, und unter seiner Leitung suchte sie das Christentum unauffällig zu verdrängen, um an seine Stelle zu treten. Désaguliers fand Unterstützung beim hohen Adel und der hannoverschen Dynastie, für die er eintrat, während er gleichzeitig dem Katholizismus, den Bourbonen und dem Königtum von Gottes Gnaden entgegentrat. In den von ihm entworfenen Freimaurersatzungen sind schon die Keime aller Umsturzbewegungen des achtzehnten Jahrhunderts enthalten.

Die englische Grossloge hatte bald grossen Erfolg, und zwar hauptsächlich, weil sie den hohen Adel für sich zu gewinnen wusste, dessen vorherrschende Stellung ihr unmittelbar Ansehen im eigenen Lande verschaffte und dann auch die Wege in alle Welt öffnete. Die erste englische Grossloge besass einen ausgesprochen liberalen und nationalen Charakter und setzte sich nur aus Anhängern des Hauses Hannover zusammen. Von 1720 bis 1800 waren alle Grossmeister hohe Adlige oder Mitglieder des königlichen Hauses selbst ; dieser Umstand zog auch viele Ehrgeizige, aktive Politiker und solche, die aus der Konjunktur Glück schöpfen wollten, zu ihr. Ihr Einfluss war ausserordentlich weit- und tiefgehend.

In Frankreich, wo man damals für alles Englische schwärmte, zog das Freimaurertum sofort den hohen Adel und die « Philosophen » mächtig an, aber man wollte die englische Bewegung dem französischen Geist anpassen. Ein schottischer Abenteurer, Ramsay, versuchte indessen vergeblich, in Frankreich eine Form der Freimaurerei einzuführen, die mit dem Katholizismus und dem französischen Königtum vereinbar wäre. Das französische Logenwesen und Hochgradesystem unterschied sich von dem englischen, aber die Zusammenarbeit wurde dadurch nicht behindert. Auch in Frankreich waren die ersten Grossmeister hohe Adlige, auch hier gelangte die Freimaurerei rasch zu grossem Einfluss, und mit ihr verbreiteten sich die neuen englischen Ideen, der Deismus und das Streben nach parlamentarischen Einrichtungen.

Um die Mitte des achtzehnten Jahrhunderts hatte sich das Freimaurertum bereits in ganz Europa und Amerika festgesetzt. Die Freimaurer lösten die amerikanische Revolution aus ; sie stellten deren Führer, George Washington und Benjamin Franklin, organisierten sie durch den Kongress und sorgten für die einheitliche Schlagkraft der jungen Unabhängigkeitsarmee. Entscheidend war, wie sie überall die öffentliche Meinung und besonders die französische Unterstützung für die amerikanische Sache zu gewinnen wussten. Damals verbreiteten die Freimaurer die wirkungsvollen Schlagworte von der « guten Revolution » und dem « Revolutionsrecht der Völker ».

Zu diesem Zeitpunkt war die Freimaurerei in Frankreich schon fest gefügt. Ein Zentrum ihrer Aktivität erstand zwischen 1771 und 1773 unter dem Namen « Grossorient », dem Mitglieder der hervorragendsten französischen Adelsfamilien angehörten. Von 1774 bis 1789 stieg die Zahl der Logen in Frankreich von hundertvier auf über sechshundert, wovon neunundsechzig in der Armee bestanden. Der « Grossorient » von Frankreich und die Loge der « Neun Schwestern » *(Neuf Sœurs)*, die ihm gewissermassen als geistiges Laboratorium diente, in dem Schriftsteller, Künstler und Gelehrte aller Art die radikalsten Ideen ausarbeiteten, verbreiteten den revolutionären Geist. Mit der Revolution verlor dann die französische Freimaurerei ihren Generalstab von Adligen und brach völlig mit dem Christentum, änderte also zugleich Führung und Methode. In England aber wurde sie zum selben Zeitpunkt konservativ und gab sich nach aussen als christlich aus, dies sowohl aus Nationalismus als auch zur Selbstbehauptung gegen das revolutionäre und imperialistische Frankreich.

Bis zur Revolution war die Freimaurerei eine aristokratische Institution, die im religiösen Leben eine wichtige Rolle spielte, einen bedeutenden politischen Einfluss ausübte und in aller Welt die Ideen des englischen Liberalismus verbreitete. Sie wurde schliesslich jene geistige Macht, die vornehmlich die Revolutionen der Jahrhundertwende einleitete und organisierte. Die geoffenbarten Religionen strebte sie durch den Glauben an die Wissenschaft, an den Fortschritt und die natürlichen sozialen Kräfte zu ersetzen. Mit dieser Feststellung wird die französische Revolution nicht zu einem Komplott von Geheimgesellschaften herabgesetzt. Sie war durch die tatsächliche, politische, wirtschaftliche und soziale Lage bedingt und hervorgerufen, aber sie wurde verwirklicht dank den aufgeklärten Philosophen, und diese waren ihrerseits massgeblich vom Freimaurertum beeinflusst. Die aufgeklärte Philosophie stellte grundsätzlich eine neue Geisteswelt derjenigen des *ancien régime* entgegen. Die Revolution aber stürzte dann gewaltsam die alte, doch noch weitgehend christlich bestimmte Ordnung und gründete ihre neue politische Ordnung im wesentlichen auf eine immanentistisch-humanistische Weltanschauung, deren Entwicklung und Auseinandersetzung mit dem Christentum für die ganze Geschichte der neusten Zeit bestimmend ist.

Die Päpste gaben sich über die Entwicklung keinen Täuschungen hin und wiesen als erste die Gefahr auf, die von Seiten der Freimaurer drohte, die daraufhin ihrerseits zum offenen Angriff gegen Papsttum und Kirche vorgingen. Nachdem Klemens XII. durch die Bulle *In eminenti* vom 4. März 1738 schon das Freimaurertum verurteilt hatte, warnte Benedikt XIV. durch die Bulle *Providas* vom 15. Juni 1751 wiederum die Gläubigen vor dem Geheimbund. Im neunzehnten Jahrhundert folgten einander die päpstlichen Verurteilungen und Warnungen : 1821 erliess Pius VII. die Bulle *Ecclesiam*, 1825 Leo XII. die Verordnung *Quo graviora mala*, 1835 Gregor XVI. die Verordnung *Mirari vos*, 1865 folgte die Allokution Pius' IX. *Multiplices inter* und 1884 die Enzyklika Leos XIII. *Humanum genus*. Die Verurteilungen durch die Päpste vermochten zwar ebenso wenig wie die von den Regierungen in Wien, Madrid und Neapel erlassenen Verbote die Ausbreitung der Freimaurerei aufzuhalten, aber es muss anerkannt werden, dass das Papsttum alles tat, was in seiner Macht lag, um der Bewegung entgegen zu wirken, die freilich umso mächtiger war, als sie dem Geist eines jede religiöse und moralische Bindung verwerfenden Jahrhunderts voll entsprach.

In den gebildeten Schichten stiess die Aufklärung kaum auf entschiedenen und wirksamen Widerstand. Um die öffentliche Meinung davon abzuhalten, blindlings Führern wie Voltaire und Rousseau zu folgen, hätte es auch einer Apologetik von ganz anderem Format bedurft, als sie tatsächlich zu Tage trat. Bischöfe, Priester und Gläubige in ihrem Gefolge hätten, wie der belgische Historiker Godefroy Kurth schreibt, aufstehen und die ewigen sozialen Grundsätze des Christentums verkünden müssen. Sie hätten, die Renaissance übergehend, sich wieder den grossen mittelalterlichen Lehrern anschliessen müssen, und die Welt hätte mit Erstaunen von ihnen erfahren, dass es eine christliche Politik gibt, die nicht mit dem königlichen Absolutismus zusammenfällt, und die im Evangelium und der katholischen Lehre, aber nicht im « Geist der Gesetze » und dem « Sozialvertrag » zu suchen ist. »[1] An solcher Apologetik fehlte es. Daher glaubten auch manche, dass mit der französischen Revolution, die den vernachlässigten sozialen Problemen ihre besondere Aufmerksamkeit schenkte, das Ende der katholischen Kirche gekommen sei, und als Pius VI. in Valence als Gefangener starb, meinten viele, dass er der letzte Papst gewesen sei. Aber wenn auch die gesellschaftliche Ordnung des *ancien régime*, der sich die Kirche allzu sehr angeschlossen hatte, zerbrach, das Papsttum blieb bestehen. Die neue europäische Gesellschaftsordnung stellte die Kirche vor neue Aufgaben, für deren Bewältigung sie göttlichem Versprechen gemäss auch wieder neue Kräfte fand.

---

[1] G. Kurth : *L'Eglise aux tournants de l'histoire*. Brüssel 1900. S. 148-149.

Kapitel X.

PAPSTTUM UND FRANZÖSISCHES KAISERTUM

DAS KONKLAVE VON VENEDIG (30. NOVEMBER 1799-14. MÄRZ 1800)

Das 1801 zwischen Papst Pius VII. und Bonaparte abgeschlossene Konkordat leitete für die Kirche eine neue Zeit ein. Nachdem Bonaparte am 9. Oktober 1799 an der provenzalischen Küste gelandet war, wurde ihm vom Volke die Macht übertragen, die er also vielmehr empfing als errang. In der Vorstellung der breiten Volkskreise hatte sich um den ruhmvollen Feldherrn mit seinen glänzenden Siegen in Italien, bei den Pyramiden, bei Abukir und am Berg Tabor damals schon eine strahlende Heldenlegende gewoben. Anderseits war man in Frankreich des Direktoriums, der « République des camarades », die das Land erschöpft hatte, überdrüssig und bereit, sich einem neuen Herrn zu ergeben, sofern nur die bürgerlichen Errungenschaften der Revolution durch ihn gesichert wären. Während nun Napoleon die Aussicht auf ein Konkordat und religiöse Befriedung eröffnete, und einige seiner ersten Taten diese Aussicht auch schon zu verwirklichen schienen, wurde die Aufmerksamkeit der Katholiken gleichzeitig nach Italien gelenkt, wo man die Wahl des neuen Papstes vorbereitete.

Die Umstände liessen Schwierigkeiten für die Versammlung des Konklaves erwarten, das dem am 29. August 1799 im Exil in Valence gestorbenen Pius VI. einen Nachfolger geben sollte. Seit dem Ende der römischen Republik hatte sich die Lage des Kirchenstaates kaum gebessert. Während die Legationen und das Gebiet zwischen Pesaro und Rom noch unter österreichischer Herrschaft standen, waren Rom selbst und das Land zwischen Rom und Termini weiterhin der neapolitanischen Regierung unterstellt. Neapolitanische Truppen hielten Rom besetzt, und der Günstling der Königin Marie-Caroline, der aus Frankreich stammende Acton, regierte im Namen Ferdinands IV. Die Mitglieder des Kardinalkollegiums waren zerstreut, und beunruhigend wirkte zudem die Tatsache, dass sowohl der König von Spanien als auch der König beider Sizilien versucht hatten, Pius VI. zur Niederlassung in ihren Staaten zu bewegen. Indessen hatte Pius VI. vor seinem Tode noch bestimmt, dass mit Rücksicht auf die Zeitverhältnisse das Konklave für seinen Nachfolger sich dort versammeln solle, wo sich gerade die meisten Kardinäle aufhielten. Dies traf nun auf Venedig zu, das seit dem Frieden von Campo-Formio unter österreichischer Herrschaft stand und von Kaiser Franz II. zur Wahlhandlung angeboten wurde. Der Kaiser versprach auch, dem Konklave volle Freiheit zu lassen. Allerdings verwirklichte sich dieses kaiserliche Versprechen nicht; eine österreichische Einflussnahme machte sich in der Folge doch geltend. Ende September 1799 lud der Kardinaldekan Albani die in Venedig wohnenden Kardinäle zu sich ein, weitere Kardinäle kamen aus den Nachbarländern hinzu, und so konnten die Vorbereitungen zum Konklave getroffen werden.

Am 1. Dezember 1799 bezogen vierunddreissig Kardinäle das Konklave im Benediktinerkloster auf der Insel San Giorgio Maggiore, das auf Anordnung Franz' II. für diesen Zweck hergerichtet worden war. Der Kaiser hatte vierundzwanzigtausend römische Dukaten (etwa hundertdreissigtausend Goldfranken) für die Konklavekosten anweisen lassen. Als Konklavesekretär amtete Kardinal Ercole Consalvi, der danach während mehr als zwanzig Jahren die Regierung der Kirche und des Kirchenstaats massgeblich bestimmte. Consalvi hat auch den eingehendsten und genausten Bericht über den Verlauf des Konklaves hinterlassen.[1] Neben Consalvi traten in den Verhandlungen besonders der die österreichischen Interessen vertretende Kardinal Herzan und der einzig gegenwärtige französische Kardinal, Maury, hervor. Aus Rücksicht auf den Kaiser wartete man mit dem Beginn des Wahlgeschäfts bis zum Eintreffen des kaiserlichen Vertreters. Herzan hatte den Auftrag, die Wahl des Kardinals Mattei zu betreiben, von dem man ein Eingehen auf die Wünsche des Wiener Hofes erwartete. Österreich erstrebte die Beibehaltung der Legationen, Bolognas, Ferraras und der Romagna, die in dem von Mattei als Legat Pius' VI. unterzeichneten Frieden von Tolentino an Frankreich abgetreten worden waren. Es schien wenig wahrscheinlich, dass Mattei als Papst die Abtretung rückgängig machen würde, die er als Kardinal zugegeben hatte.

---

[1] *Mémoires du cardinal* Consalvi. Ed. Cretineau-Joly. 2 Bde. Paris 1866.

Der österreichische Kandidat war seines milden, verbindlichen Wesens wegen bekannt, und man glaubte in Wien, dass eine politische Einflussnahme auf ihn nicht allzu schwierig wäre.

Aber bald ergab sich eine starke Stimmenmehrheit für den allgemein beliebten und verehrten Bischof Bellisomi von Cesena. Herzans Bemühungen, seine Wahl abzuwenden, führten zur Bildung von zwei Parteien. Fast zwei Monate lang hatte Bellisomi zweiundzwanzig und Mattei dreizehn Stimmen, während, von Maury angeführt, sechs « Volanti » von einem zum andern flogen, ohne sich festzulegen. Schliesslich fand Consalvi, wahrscheinlich auf Anregung Maurys, einen Ausweg, um die durch den Druck von aussen so sehr erschwerte Entscheidung herbeizuführen. Er wusste, indem er an den Geist der Unabhängigkeit der Versammlung appellierte, die Minderheit für die Wahl eines bisher noch kaum genannten Kardinals der Majorität zu gewinnen. Am 14. März 1800 wurde daraufhin der dem Benediktinerorden angehörende Bischof von Imola, Barnabà Luigi Graf Chiaramonti, einstimmig gewählt. Aus Dankbarkeit gegen seinen Vorgänger nannte er sich *Pius VII.*

Der neugewählte Papst, der im achtundfünfzigsten Lebensjahr stand, entstammte einer hochadligen Familie, die der Kirche schon viele Ordensleute geschenkt hatte. Sein Vater, Graf Scipione Chiaramonti, hatte ihm eine sorgsame religiöse Erziehung und eine seinem Rang entsprechende Bildung angedeihen lassen. Seine fromme Mutter, Marchesa Giovanna Chini, war, nachdem ihre Kinder herangewachsen, in ein Kloster der Karmeliterinnen eingetreten und dort 1771 nach einem heiligmässigen Leben gestorben. Barnabà Luigi Chiaramonti, der zur obersten Leitung der Kirche und zu ihrer Verteidigung gegen den allgewaltigen Herrn Europas berufen war, zeichnete sich durch sein freundliches, mildes und versöhnliches Wesen aus. Dabei war er nach dem Urteil eines seiner Zeitgenossen, des Kardinals Pacca, keineswegs ein schwacher oder furchtsamer Charakter, sondern verband mit einem sehr regsamen Geist eine grosse Entschlossenheit. Als Sechzehnjähriger hatte er der Welt entsagt und war als Novize in das Benediktinerkloster S. Maria del Monte bei Cesena, seiner Geburtsstadt, eingetreten. Hier bildete sich in ihm jene grundsätzliche Festigkeit und Seelenstärke aus, die schweres Schicksal ohne Klage, aber auch ohne Nachgiebigkeit ertragen lässt. Nach seiner theologischen und kanonistischen Ausbildung lehrte er zuerst Philosophie und Theologie im Kolleg seines Ordens zu Parma und siedelte dann nach Rom über, wo er weiter, zunächst in St. Paul philosophische, dann in St. Anselm kirchenrechtliche Vorlesungen hielt. 1782 wurde er von dem mit ihm verwandten Pius VI. mit dem Bistum von Tivoli betraut, das er mit grossem Seeleneifer regierte. 1785 erhielt er den Purpur und das Bistum Imola.

Als die Franzosen hier einrückten, blieb er ruhig auf seinem Posten, und am Weihnachtstage des Jahres 1797 brachte er in einer Ansprache zum Ausdruck, dass er die neue demokratische Regierungsform durchaus nicht als unvereinbar mit dem Geist des Evangeliums halte. Sie verlange im Gegenteil, so führte er aus, alle Tugenden der Schule Christi. Anderseits könne allerdings auch nur die Tugend « das solide Fundament unserer Demokratie » und könnten nur die guten Christen gute Demokraten von wahrer Gleichheit sein. Die Ansprache fand weithin Beachtung. Sowohl in Italien als auch in Frankreich erregte sie vielfach Anstoss. Nachdem der Bischof von Imola Papst geworden, konnte man im Rückblick auf seine derzeitige Haltung erwarten, dass er die neue französische Regierung nicht abweisen würde, sofern sie die Rechte der Kirche achtete. Der Erste Konsul fand sich seinerseits auch bewogen, in Verhandlungen mit demjenigen einzutreten, dessen Mut und friedliche Gesinnung zugleich sich so klar erwiesen hatten. Ehe indessen Pius VII. mit Bonaparte das Konkordat abschloss, unternahm er die Wiederherstellung der weltlichen Macht des Papsttums.

DIE ERSTE KIRCHENSTAATLICHE RESTAURATION

Die erste kirchenstaaliche Restauration konnte nur langsam, schwierig und unvollständig erfolgen. Schon bei der Krönung des neuen Papstes (21. März 1800) traten die Ansprüche des Wiener Hofes offen zu Tage. Obwohl es in jeder Hinsicht angebracht schien, dass die Krönungsfeierlichkeit im Markusdom erfolge, widersetzte sich dem die kaiserliche Regierung, die im Grunde wünschte, dass überhaupt keine Feierlichkeit stattfände, weil diese die weltliche Herrschaft bekunde. Pius VII. löste die Schwierigkeiten, indem er sich in der Konventkirche von S. Giorgio krönen liess. Danach forderte er aber alsbald die Rückgabe des Kirchenstaats.

Diese Forderung stiess auf den hartnäckigen Widerstand Franz' II., und schliesslich drang der Papst nur teilweise damit durch und dies nur dank der Unterstützung des Siegers von Marengo. Napoleon schien nämlich ein Entgegenkommen zu dem Zeitpunkt geraten, da die Verhandlungen um das Konkordat begannen. Österreich aber suchte die kirchenstaatlichen Gebiete, die von den kaiserlichen Truppen besetzt waren, zu behalten, und Herzan drängte den Papst zu einem Besuche des Kaisers in Wien. Als diese Vorstellungen vergeblich blieben, sandte der Kanzler Thugut den Marchese Ghislieri als kaiserlichen Gesandten zu Pius VII. Ghislieri hatte den Auftrag, dem Papst den Verzicht auf die Legationen nahezulegen. Aber nachdem er schon von

Consalvi keinen günstigen Bescheid erhalten hatte, wurde er schliesslich auch vom Papste in freundlicher aber zugleich bestimmter Weise abgewiesen. Pius VII. schloss eine Audienz Ghislieris mit der Anspielung, Seine Majestät möge sich hüten, in ihren Schrank noch Kleider der Kirche zu legen, da sie den Rost den eigenen, das heisst den Erbstaaten, mitteilen könnten. Der König von Neapel fürchtete seinerseits, dass Thugut nach Ausdehnung der österreichischen Herrschaft über ganz Italien strebe, und wünschte deshalb die Wiederherstellung des Kirchenstaats, der für ihn ein umso festeres Bollwerk bedeuten würde als es auch aus religiösen Gründen geachtet werden müsste. Angesichts dieser Widerstände bot nun Ghislieri zunächst dem Papste die Rückgabe des Gebiets von Pesaro bis Rom an, wofür der Papst auf die drei Legationen verzichten sollte. Als Ghislieri mit diesem Vorschlag nichts ausrichtete, versuchte er einen neuen Handel, indem er die Rückgabe des grössten Teils der Romagna gegen Bestätigung des Verzichtes auf die zwei andern Legationen durch den Papst vorschlug. Aber auch dies lehnte der Papst ab.

Indessen drängte Ferdinand IV. auf die Rückkehr des Heiligen Vaters nach Rom, und schliesslich gab nun Wien, wenn auch unwillig, nach. Weil aber die österreichische Regierung fürchtete, dass Pius auf dem Landwege von den Legationen als Landesherr akklamiert werden könnte, legte sie ihm die Seefahrt nach Pesaro nahe und stellte dafür die Fregatte Bellona zur Verfügung. Da diese schlecht ausgerüstet war, brauchte der Papst für die üblicherweise eintägige Reise volle zwölf Tage. Als er in Ancona eintraf, lief hier gerade die Nachricht von der österreichischen Niederlage bei Marengo am 14. Juni ein. Am 3. Juli 1800 zog der Papst, vom Volke jubelnd begrüsst, in die Ewige Stadt ein, die der neapolitanischen Besetzung längst überdrüssig war.

Bald darauf verlor der Kaiser fast das ganze Gebiet der drei Legationen, die durch den Frieden von Lunéville (9. Februar 1801) vorläufig an Frankreich kamen. Knapp zwei Monate später, am 28. März, wurde das kirchenstaatliche Gebiet durch den zwischen Frankreich und Neapel geschlossenen Frieden von Florenz von der neapolitanischen Herrschaft befreit. Aber die Lage der zurückerstatteten Länder war erbärmlich ; die militärischen Requisitionen hatten sie völlig ausgesaugt. Und während Bonaparte so eifrig die Rückgabe der von den Neapolitanern besetzten Gebiete betrieb, war er selbst keineswegs gesonnen, die drei Legationen herauszugeben. Zu Beginn der Konkordatsverhandlungen machten ihn Kardinal Consalvi und Msgr. Spina vorsichtig auf die Forderung der Integrität des Kirchenstaates aufmerksam, aber der Erste Konsul wusste jedesmal der Erörterung dieser Frage geschickt auszuweichen. Erst dreizehn Jahre später, nachdem sich durch den Sturz Napoleons die Lage von Grund aus gewandelt, konnte der Papst endlich den Grossteil des Kirchenstaats wiedergewinnen.

DAS FRANZÖSISCHE KONKORDAT VON 1801

Als dem Papste 1801 ein Teil des kirchenstaatlichen Besitzes durch Napoleon zurückerstattet wurde, waren die Konkordatsverhandlungen bereits im Gange. Am 15. Mai 1800 hatte Pius VII. seine erste Enzyklika erlassen, während Bonaparte mit seinem Heer jenen berühmten Zug über die Alpen vollzog, der den glänzenden, entscheidenden Sieg von Marengo einleitete. Unmittelbar vor seinem Aufbruch gegen die Österreicher, am 5. Juni, hatte Napoleon in Mailand, der Hauptstadt der cisalpinischen Republik, den städtischen Klerus zur Entgegennahme einer lange erwogenen Erklärung seiner Stellungnahme gegenüber der « apostolischen römisch-katholischen Kirche » versammelt. Er sei überzeugt, so führte er aus, dass nur die römisch-katholische Religion eine wahre Stütze und Wohlfahrt jeder Gesellschaft und Regierung bilde, da sie allein dem Menschen Anfang und Ende offenbare und ihn zur moralischen Haltung führe, während ein Staat ohne Religion einem Schiff ohne Kompass gleiche. Deshalb werde er auch die Kirche mit allen Mitteln schützen und verteidigen. Frankreich habe trotz aller gegenteiligen Überredungsversuche der modernen Philosophen nach den bisherigen Religionsverfolgungen eingesehen, dass die katholische Religion sich jeder Regierungsform anpassen und die demokratisch-republikanischen Grundsätze noch verstärken könne. Daher habe Frankreich auch die katholische Religion wieder herbeigerufen, und seine Kirchen füllten sich von neuem mit Gläubigen. Er selbst hoffe nun, bei einer Unterredung mit dem neuen Papste alle Divergenzen zu beseitigen, die einer Versöhnung Frankreichs mit dem obersten Hirten der Kirche noch im Wege stünden. [1]

Es ginge über den Rahmen unserer Darstellung hinaus, hier ein Bild des Mannes zu entwerfen, der zu den überragendsten Gestalten der neueren Geschichte gehört. Welches war im Grunde seine religiöse Gesinnung ? Wieweit waren seine diesbezüglichen Äusserungen aufrichtig ? Es ist nicht leicht, hier klar zu sehen. Die erste Erziehung, die Napoleon in seiner korsischen Familie erhielt, war von religiösem Geist getragen, aber schon der Militärschüler von Brienne und danach der junge Artillerieleutnant hatte ein sehr

[1] *Correspondance de Napoléon.* VI, 339 ff.

freizügiges Interesse für die verschiedensten geistigen Richtungen bekundet. In seiner vielfältigen Lektüre spielten allerdings damals schon Naturwissenschaften neben Geschichte die Hauptrolle. Wie allgemein seine Zeitgenossen hatte auch Napoleon den Einfluss der atheistischen Philosophie erfahren, und seine kleine Schrift « Le souper de Beaucaire » bringt reinsten Jakobinergeist, allerdings auch Soldatengeist zum Ausdruck. In der Tat war Napoleon der grosse Soldat der Revolution, und er rühmte sich später noch oft, dies auch in der Folge geblieben zu sein. Seine politischen Unternehmungen entsprangen einem grenzenlosen Ehrgeiz, dem Verlangen nach einer persönlichen Herrschaft, vor der sich alles zu beugen hätte. Aber zugleich wollte Napoleon auch Frankreich und Europa die bürgerlichen Errungenschaften von 1789 sichern. Die neue, von ihm geschaffene Staatsform war von dem Grundsatz der Gleichheit bestimmt, und sie blieb es auch, als später der Kaiser einen neuen Adel, eine neue bürgerliche Hierarchie, neue Eliten bildete. Welchen Platz aber sollte in diesem Gefüge die Religion einnehmen?

Mit dem ihm eigenen genialen Realismus hatte Napoleon bald erkannt, dass die Wiederherstellung des inneren Friedens in Frankreich, von dessen Beherrschung er zur Beherrschung der Welt schreiten wollte, die Beilegung der religiösen Krise erforderte. Die Zivilkonstitution des Klerus hatte sich als missglückter Versuch erwiesen. Trotz der Verfolgungen, die das Direktorium wieder in brutalster Weise erneuert hatte, war die grosse Mehrheit der Gläubigen dem romtreuen Klerus, den die Regierung als « refraktär » bezeichnete, und dem römischen Katholizismus treu geblieben. Daher galt eine der ersten Massnahmen Napoleons nun der Zurücknahme der Dekrete gegen den Klerus und der Wiederherstellung freier Religionsübung.

Sein Regierungssinn führte Napoleon zur Überzeugung, dass die Religion die Hauptstütze der öffentlichen Ordnung bilde. Diese Überzeugung kommt auch in seiner Mailänder Ansprache zum Ausdruck. Der Klerus, der im Namen Gottes die ewige Gerechtigkeit, die Liebe zum Guten und die Verabscheuung des Bösen lehre, erschien ihm als sicherster Wächter des bürgerlichen Friedens. Aber ging Napoleon dabei nicht soweit, über die Priesterschaft wie über eine « heilige Polizeitruppe », nach dem Wort eines seiner Magistraten, verfügen zu wollen ? Man erzählte sich auch, dass er sich während seines ägyptischen Feldzugs als Mohammedaner erklärt habe, und später, auf der Höhe seiner Macht, äusserte er einmal, als Herrscher über Asien würde er sich zum Buddhismus bekannt haben. So viele verschiedene, gegensätzliche Züge erscheinen in dieser Gigantennatur, dass eine einheitliche Deutung überaus schwierig ist. Es lässt sich schwer unterscheiden, wie weit in Napoleons Wesen altüberliefertes und ererbtes Glaubensgut weiterlebte und verborgen im Grunde seiner leidenschaftlichen Seele und seines rastlosen Geistes wirkte. In der Verbannung auf St. Helena, wo er selbst seine Legende bildete, kam Napoleon auf die Pläne zurück, die er hätte verwirklichen wollen, und auf die Probleme, die sie aufwarfen. Aber dabei stellt er sich so dar, wie er gesehen zu werden wünschte, und wonach letztlich sein Sinn stand, bleibt verborgen. Es ist wohl überhaupt äusserst schwierig, in einer menschlichen Seele reinen Idealismus und eigensüchtig berechnetes Streben klar voneinander zu unterscheiden. « Ein solches Urteil », sagt mit Recht einer der Geschichtschreiber des Konkordats, « steht einem Gericht zu, das mehr Unfehlbarkeit besitzt als das der Geschichte. » [1]

Die Verhandlungen. — Nachdem der Versuch, eine Nationalkirche zu errichten, fehlgeschlagen war, blieb Napoleon nichts anderes übrig als mit dem Papst zu verhandeln. Nach seinem Siege bei Marengo liess er am 18. Juni in Mailand einen feierlichen Dankgottesdienst begehen und erklärte den beiden andern Konsuln, mit denen er die Regierung führte, in einer Depesche : « Heute werde ich, trotz allem, was unsere Pariser Atheisten dazu sagen mögen, mit grossem Zeremoniell dem *Te Deum* beiwohnen, das man in der Hauptstadt Mailand feiert. » Auf der Rückreise nach Paris hielt er sich in Vercelli auf um sich dort mit dem greisen Bischof, dem Kardinal Martiniana zu besprechen. « Ich will die Religion in Frankreich », erklärte er ihm,... « ich will mit der gallikanischen Kirche aufräumen »... « Wenn der Papst vernünftig ist, wenn er die gegenwärtige Lage versteht, werden wir beide Frankreich wieder mit der Kirche versöhnen können. Begeben Sie sich nach Rom und sagen Sie dem Heiligen Vater, dass ihm der Erste Konsul dreissig Millionen französische Katholiken schenken will. » Auf diese Unterredung hin schrieb der heiligmässige und arglose Bischof alsbald dem Papst, dass bei einem Eingehen auf das, was Napoleon allgemein vorschwebe, sich wohl alles Weitere leicht ergeben werde, und er bat Pius VII. dringend, ihn zur Fortführung der Verhandlungen zu ermächtigen.

Aber im Vatikan hatte man ernstliche Gründe zum Misstrauen und zur Zurückhaltung. Zwischen den Bestrebungen des Papstes und denen des Ersten Konsuls bestanden tiefe Verschiedenheiten. Als der Bischof von Imola seinerzeit sich zur Annahme einer demokratischen Regierungsform bereit erklärte, tat er dies, weil er es vom kirchlichen Standpunkt aus für richtig hielt. Sein Entgegenkommen, seine Sorge, unnötige Konflikte zu vermeiden, verbanden

---

[1] O. D'HAUSSONVILLE : *L'Eglise romaine et les négociations du Concordat.* Paris 1866. S. 67. Vgl. auch, ausser SCHMIDLIN, das grundlegende französische Werk über das Konkordat v. Kardinal MATHIEU : *Le Concordat de 1801.* Paris 1902.

sich aber, wie sein Zeitgenosse, Kardinal Wiseman, hervorhebt, mit einem hohen Pflichtgefühl und der unbedingten Entschlossenheit, einem wirklichen Gegner mutig entgegenzutreten. Als Bonaparte die Würde und die Wohltaten des Katholizismus pries — es besteht übrigens kein triftiger Grund, die Aufrichtigkeit dieser Äusserungen in Frage zu stellen —, dachte er doch schon an das Kaisertum und die Kaiserkrönung. Immer wieder suchte er durch aufsehenerregende Aktionen die Blicke auf sich zu ziehen und Eindruck zu machen. Den Italiener nach Abstammung und Sprache, Sohn einer der Inseln des Mittelmeers, bewegte schon früh die Idee eines neuen Kaisertums. Aber damit war auch der Konflikt zwischen ihm und dem Papst unausweichlich.

Weitere Schwierigkeiten ergaben sich aus der beiderseitigen persönlichen Umgebung und aus allgemeinen Umständen. In Rom suchten die von Kardinal Maury, dem Vertreter des Grafen von Provence, des späteren Ludwig XVIII., geführten Emigranten die Verständigung zu verunmöglichen. Ein französischer Katholizismus ohne legitimes Königtum erschien diesen Kreisen unmöglich. Anderseits agitierten in Paris die « Philosophen », die einflussreichen Kreise, die Armee gegen die « refraktären » Priester und ihre Freunde, die mit ihren Machenschaften « den Fanatismus wieder heraufführen » wollten. Die abgefallenen oder revoltierenden Geistlichen in Napoleons Umgebung — Talleyrand, Sieyès, Fouché, Grégoire — suchten in jeder Weise die Versöhnung zu verhindern. Indessen strebte Talleyrand, der einstige Bischof von Autun, nun Minister des Auswärtigen, vor allem nach einer Legitimierung seines Verhältnisses mit einer protestantischen Amerikanerin und wollte schliesslich zum Abschluss des Vertrages mithelfen, wenn für ihn dabei die Erlaubnis der Heirat abfiele.

Während der spätere Ludwig XVIII., der diesen Namen schon seit dem Tode seines unglücklichen Bruders, Ludwigs XVI., führte, vergeblich in Kaiser Paul I. von Russland drang, damit dieser den Papst von der Aufnahme von Beziehungen mit Napoleon abbringe, entschied Napoleon aus eigener Machtvollkommenheit, dass die Verhandlungen in Paris geführt würden. Pius VII. glaubte trotz allem, nicht gegen diese Forderung protestieren zu sollen, und bestimmte als Unterhändler Msgr. Spina, Titularerzbischof von Korinth, der mit unerschütterlicher Treue bei dem verstorbenen Papst ausgeharrt hatte, und P. Caselli, den späteren General des Servitenordens. Der Erste Konsul seinerseits wählte zu Unterhändlern seinen Bruder Joseph, den Staatsrat Crétet und Abbé Bernier von Angers, der sich seinerzeit durch seine mutige Haltung in der Royalisten-Armee in der Vendée ausgezeichnet und danach um die Wiederherstellung des Friedens bemüht hatte. Im folgenden Jahre kam François de Cacault als französischer Gesandter nach Rom. Cacault war aufrichtiger Katholik und, wie er von sich selbst sagte, «korrigierter Revolutionär ». Seine Weisung ging dahin, den Papst so zu behandeln, « wie wenn er über 200 000 Mann geböte ». Anderseits ward eine Kommission von vier Kardinälen eigens mit der Prüfung der französischen Vorschläge betraut.

Die Verhandlungen währten vom November 1800 bis zum Juli 1801. Napoleon verlangte viel : die französischen Diözesen sollten völlig neu umgrenzt und ihre Zahl verringert werden ; er selbst beanspruchte das Recht, die neuen Bischöfe zu ernennen ; eine gewisse Anzahl konstitutioneller Bischöfe, das heisst solcher Bischöfe, die seinerzeit die Zivilkonstitution des Klerus angenommen hatten, sollten im Amte verbleiben und vom Papste die kanonische Institution erhalten. Auf die kirchlichen Güter, die durch die Revolution « der Nation zur Verfügung » gestellt worden waren, sollte förmlich Verzicht geleistet werden. Schliesslich verlangte Napoleon auch noch ein unbeschränktes Polizeirecht hinsichtlich der Ausübung der katholischen Religion, das die französische Kirche der neuen Regierung ebenso unterstellt hätte, wie sie einst dem König unterstellt war. Diese übertriebenen Forderungen stiessen aber auf den unbeugsamen Widerstand der päpstlichen Unterhändler. Spina verlangte seinerseits zunächst die Erklärung der katholischen Religion zur nationalen, den Schutz ihrer Ausübung und die Abschaffung aller entgegenstehenden Gesetze. Bonaparte, an rasche Verhandlungsführung gewöhnt, liess nun seine Vorschläge unmittelbar dem Papst unterbreiten. Als die Prüfung sich hinauszog, wurde er ungeduldig und suchte durch Einschüchterung rascher ans Ziel zu kommen. Trotz gewisser Zugeständnisse von seiten des Papstes und einem persönlichen Schreiben Pius' VII. an den Ersten Konsul (12. Mai 1801) stellte dieser noch vor Empfang des päpstlichen Schreibens, am 19. Mai, ein Ultimatum : wenn sein Vorschlag nicht binnen fünf Tagen angenommen wäre, werde er die Verhandlungen abbrechen, der französische Gesandte sollte Rom verlassen und sich nach Florenz begeben.

In diesem kritischen Augenblick ergriff der französische Gesandte de Cacault die Initiative. Er bat den Staatssekretär Consalvi, sich persönlich nach Paris zur Weiterführung der Verhandlungen zu begeben. Der Vorschlag fand die Zustimmung des Papstes, am 20. Juni war Consalvi bereits in Paris, und am folgenden Tage wurde er von Bonaparte zu einer Unterredung eingeladen. Am 22. fand diese Besprechung in den Tuilerien statt. Napoleon hatte alles berechnet, um den Vertreter der Kirche einerseits einzuschüchtern, anderseits durch Liebenswürdigkeit einzunehmen und so schliesslich für seine Wünsche zu gewinnen. Consalvi hat selbst eine Beschreibung des feierlichen Empfangs hinterlassen, der ihm von seiten des Ersten Konsuls bereitet wurde : durch eine Ehrenkompagnie hindurch wurde er vor den versammelten Hofstaat geführt, wo ihm der Erste Konsul majestätisch und höflich entgegentrat, aber dann alsbald die beleidigsten Beschwerden gegen Rom vorbrachte. Consalvi bewahrte vollkommene Ruhe und verteidigte Rom, indem er aber sorgfältig bedacht blieb, seinerseits niemanden irgendwie zu reizen.

Im Grunde machte seine Haltung guten Eindruck. Bonaparte wusste die Qualitäten seiner Gegner zu schätzen. Die Abreise Talleyrands erleichterte dann noch die Verhandlungen ; von dem Ultimatum, das Napoleon gestellt hatte, war nicht mehr die Rede, und ein Übereinkommen schien unmittelbar bevorstehend, als Consalvi am 13. Juli im letzten Augenblick entdeckte, dass ihm nicht der vereinbarte, sondern ein von Talleyrand abgeänderter Vertragsentwurf zur Unterschrift vorgelegt wurde. Der neue Entwurf enthielt unter anderm einen Artikel, der den Priestern, die während der Revolution die Kirche verlassen hatten, die Heirat erlaubte. Diesen Vertrag weigerte sich nun Consalvi energisch, zu unterschreiben. Daraufhin begann eine neue Auseinandersetzung, die sich über den 13. und 14. Juli hinzog und schliesslich zu gegenseitigen Zugeständnissen führte. Die katholische Religion wurde als « die Religion der grossen Mehrheit des französischen Volkes » anerkannt ; sie sollte frei und offen, entsprechend den Polizeireglements für die öffentliche Ruhe ausgeübt werden können. Rom gab seinerseits die Neuumgrenzung der Bistümer zu, womit sich die Abdankung legitimer Bischöfe und die Ernennung neuer Titulare durch den Ersten Konsul verband, und verzichtete auf die veräusserten Kirchengüter.

Am 14. Juli, dem französischen Nationalfeiertage, fand danach ein grosser Empfang statt, zu dem auch Consalvi geladen war. Als aber der Kardinal eintraf, liess sich Bonaparte vor allen Versammelten zu einem jener Ausbrüche hinreissen, die bei ihm hin und wieder vorkamen, und bei denen nie ganz klar war, ob sie eigentlich spontan oder berechnet gespielt waren. In brutalster Weise griff Napoleon den Papst und die Kurie an, liess sich dann aber durch Consalvis unerschütterliche Ruhe beschwichtigen und fand sich nach einigen Abänderungsvorschlägen bereit, eine letzte Unterredung für den folgenden Tag festzusetzen. Endlich erfolgten am 15. Juli die Unterschriften der Bevollmächtigten. Am 6. August gab Bonaparte persönlich dem ihn kühl anhörenden Staatsrat die Verhandlungsergebnisse bekannt. Am 13. August legte Pius VII. trotz des Widerspruchs mehrerer Kardinäle in einem Breve seine Gründe für die Annahme des Konkordats dar, und am 15. August ermahnte er durch die Bulle *Ecclesia Dei* die französischen Bischöfe zur Verzichtleistung im Interesse der Kirche. Schliesslich erfolgte am 10. September die Auswechslung der Ratifikationsurkunden. Ungeduldig wie immer, wünschte Bonaparte, nun sofort das Konkordat zur Ausführung zu bringen und schon am 9. November, dem Jahrestage seines Staatsstreichs, die offizielle Wiederherstellung des katholischen Kultes und die Einsetzung der neuen Bischöfe vorzunehmen. Aber er bedachte nicht, dass die Verhandlungen mit den einstigen und nun in ganz Europa zerstreuten französischen Bischöfen mehr Zeit beanspruchten. So konnte das Konkordat erst am 5. April 1802 im Gesetzgebenden Körper durchgesetzt werden. Am 8. April wurde es in französischer Sprache als Staatsgesetz verkündet. Damit begann für die französische Kirche eine neue Epoche, die erst 1905 ihren Abschluss fand. Gleichzeitig bereitete sich auch in der Gesamtkirche eine tiefgreifende Erneuerung vor.

Bestimmungen des Konkordats. — Das zwischen dem Heiligen Stuhl und der französischen Regierung getroffene Übereinkommen brachte zwar keine ideale Regelung des Verhältnisses von Kirche und Staat, aber unter den gegebenen Umständen stellte es doch immerhin einen annehmbaren *modus vivendi* dar.

Im Unterschied zu dem Konkordat von 1516 war das Konkordat von 1801 ein zweiseitiges Abkommen und dank der Sanktion durch den Papst einerseits und den Ersten Konsul anderseits zugleich von der Kirche und vom Staate als gesetzlich anerkannt. Einleitend anerkennt die französische Regierung, dass die katholisch-apostolich-römische Religion die Religion der grossen Mehrheit der französischen Bürger und insbesondere auch der Konsuln sei. Die folgenden siebzehn Artikel enthalten die neuen Bestimmungen über die Stellung der kirchlichen Personen, über die Kirchengüter und das Verhältnis des Staats zur Kirche. Der Heilige Stuhl nimmt im Einvernehmen mit der französischen Regierung eine neue Umgrenzung der französischen Bistümer und entsprechende Verteilung der Bischofssitze vor, worauf die Bischöfe ihrerseits mit Genehmigung der Regierung eine neue Umschreibung der Pfarreien vornehmen sollen. Zu den neuen Bistümern ernennt der Erste Konsul; der Papst erteilt nach den vor dem Regierungswechsel (d. h. der Revolution) in Frankreich festgesetzten Normen die kanonische Institution. Fünfundvierzig von den einundachtzig überlebenden Bischöfen aus der Königszeit folgten der päpstlichen Ermahnung, sich diesen Bestimmungen zu fügen ; die übrigen wurden durch die Bulle *Qui Christi Domini* vom 29. November 1801 abgesetzt und leisteten dann bis auf dreizehn Verzicht. Die neunundfünfzig konstitutionellen Bischöfe legten mit zwei Ausnahmen ihr vom Staate empfangenes Amt in die Hände der Regierung nieder.

Besondern Wert legte Napoleon auf Artikel 8 des Konkordats, der bestimmte, dass in allen Kirchen Frankreichs nach dem Gottesdienst das Gebet *Domine, salvam fac rempublicam* ; *Domine, salvos fac consules* zu verrichten sei. Dieses Gebet, das Bonaparte bald in *Domine, salvum fac imperatorem* umänderte, sollte dartun, dass sich die Kirche nicht an das Ancien Régime gebunden erachte.

In weiteren Artikeln versicherte der Papst, dass im Interesse einer friedlichen Wiederherstellung der Religion weder er selbst noch seine Nachfolger die Erwerber veräusserten Kirchenguts beunruhigen würden. So verzichtete die Kirche endgültig auf das durch die Revolution säkularisierte Kirchengut. Dafür sicherte die Regierung den Bischöfen und Pfarrern ein angemessenes Gehalt zu und versprach, dafür Sorge zu tragen, dass die französischen Katholiken zugunsten der Kirchen Stiftungen machen könnten.

Laut Artikel 16 billigte der Papst dem Ersten Konsul dieselben Vorrechte zu, wie sie die königliche Regierung besessen hatte. Der folgende Artikel sah für den Fall, dass ein Nachfolger des Ersten Konsuls nicht katholisch sei, eine neue Regelung dieser Vorrechte und insbesondere der Bestellung der Diözesen vor.

Dem französischen Konkordat von 1801 kommt in der Kirchengeschichte grosse Bedeutung zu. Es schien die politischen Ergebnisse der französischen Revolution insofern zu bestätigen, als dem Ersten Konsul von seiten des Papstes dieselben Vorrechte zuerkannt wurden, die einst die Könige der traditionellen Monarchie besassen. Anderseits ging aber auch das Papsttum mit neugestärktem Ansehen aus einer schweren Krise hervor. Es erwies sich nach den Worten Taines als unumgänglicher Eckstein für den Wiederaufbau nach den revolutionären Zerstörungen.[1] Nach dem Konkordat von 1801 wurden noch manche weitere, wesentlich gleichgeartete Konkordate zwischen dem Heiligen Stuhl und verschiedenen Staaten der alten und neuen Welt abgeschlossen. Und « überall, wo die Umstürzung der traditionellen Institutionen durch den revolutionären Geist eine kirchliche Reorganisation notwendig machte, erwies es sich, dass diese Reorganisation einer unmittelbareren und eingreifenderen Wirkung des Papsttums auf die christlichen Gemeinschaften die Wege bahnte. »[2] Taine folgert aus dieser Entwicklung: « Auf diese Weise werden alle grossen katholischen Kirchen der Welt ganz eigentlich das Werk des Papstes ; keine von ihnen kann sich als legitime behaupten oder gar nur glauben, dies zu sein, ohne die höhere Autorität, von der sie Sein und Leben empfangen, als legitime Autorität zu bezeugen. »

In demselben Jahre, da das französische Konkordat rechtsgültig wurde, 1802, erschien das grosse Werk von *Chateaubriand : Le Génie du christianisme.*

---

[1] H. Taine : *Les origines de la France contemporaine.* XI, S. 68 ff.
[2] Mourret : *Histoire de l'Eglise.* VII, S. 328.

Es legte den französischen Gebildeten dar, dass Napoleon aus politischen Gründen Frankreich zum Christentum und zum Universum zurückführe, dass es noch ein anderes Frankreich gebe als das der aufgeklärten Philosophen, und dass trotz der Aufklärer, der « *esprits forts* », nach einem Ausspruch Bonapartes selbst vor Chateaubriand, die als « *infâme* » gebrandmarkte Kirche ihre Grösse behalten habe. [1] Tatsächlich hatte sich Napoleon durch keine Kritik und überheblichen Vorwürfe jener Gelehrten und Philosophen, nach denen die menschliche Vernunft des Glaubens nicht mehr bedürfe, von der Verständigung mit der Kirche zurückhalten lassen. Er hatte das Empfinden des katholischen Volks geteilt und gewissermassen als ein zweiter Heinrich IV. mit dem Konkordat von 1801 ein zweites Edikt von Nantes unterzeichnet. « Die Philosophen werden es verlachen », sagte er zu einem Minister, « aber Frankreich wird mich dafür segnen. » Und später noch, als Kaiser, äusserte er zu Fontanes, seinem Minister des öffentlichen Unterrichts : « Die Jünglinge müssen in den Schulen zu Männern herangebildet werden. Glauben Sie aber, der Mann könne Mann sein ohne Gott ? Worauf wird er den Hebel stützen, um die Welt, die Welt seiner Leidenschaften und seines wilden Wollens zu heben ? Den Menschen ohne Gott, den habe ich seit 1793 am Werke gesehen ! Diesen Menschen regiert man nicht, den erschiesst man ; von diesem Menschen habe ich genug. Möchten Sie diesen Menschen in meinen Gymnasien heranbilden ? ! Nein, nein ! Um den Menschen zu bilden, den wir brauchen, werde ich zu Gott halten. Es gilt neu zu schaffen, und offenbar haben Sie noch keine schöpferische Kraft gefunden.» [2] In diesem Geiste und in Soldatenart hatte Bonaparte die Konkordatsverhandlungen geführt. Allerdings : er wollte nicht allein zu Gott halten, Gott sollte dafür auch zu ihm halten.

Die « Organischen Artikel ». — Die feierliche Promulgation des Konkordats und die Wiedereinführung des katholischen Gottesdienstes erfolgte am Ostersonntag (18. April) 1802 in der Kathedrale Notre-Dame in Paris mit grossem Pomp unter Teilnahme der Behörden, des Militärs und vieler Damen. Der Erzbischof von Paris reichte den Konsuln am Portal das Weihwasser und der vom Papst zum Legatus a latere ernannte Kardinal Caprara hielt das Hochamt. Aber schon hatte man unterdessen dem greisen Legaten eine Falle mit den sogenannten « organischen Artikeln » gestellt, die der

---

[1] Angeführt von G. Goyau in seinem Beitrag *Histoire religieuse* zu dem Gesamtwerk : G. Hanotaux : *Histoire de la nation française.* VI. (Paris 1922). S. 537.

[2] Angeführt von G. Hanotaux in : *Histoire de la nation française.* (Paris 1920-29.) T. 5 : *Histoire politique.* S. 22.

Kultusminister Portalis am 30. März Caprara vorgetragen hatte. Ermüdet durch eine lange Diskussion mit Bonaparte, hatte der Kardinal nicht sofort die ganze Tragweite des Dokuments erfasst. Er hatte gewisse Abänderungen verlangt, die ihm auch versprochen wurden, aber dann waren am 2. April im Staatsrat und am 8. April im Legislativen Körper die « organischen Artikel » einfach als gesetzlicher Anhang des Konkordats durchgesetzt worden.

In der Tat bildeten aber die organischen Artikel durchaus kein einheitliches Ganzes mit dem Konkordat. Das zwischen zwei Mächten abgeschlossene Konkordat war zugleich von der Kirche und vom Staat als gesetzlich anerkannt. Die organischen Artikel hingegen waren das ausschliessliche Werk der französischen Regierung und nie dem Papste unterbreitet, geschweige denn von ihm gebilligt worden. Bonaparte gab sie als Gesetz aus, das die Einzelheiten des Konkordats festlegen und ihre Ausführung sichern sollte. In Wirklichkeit aber wollte er damit in verdeckter Form gewisse Abänderungen wieder rückgängig machen, die seine ursprünglichen Projekte erfahren hatten. In Anlehnung an die gallikanische Erklärung von 1682 suchte er Rechte über die französische Kirche zu gewinnen, die diejenigen noch übertrafen, die sich einst die absolutistischen Könige angeeignet hatten. Vor allem wollte er den Klerus in der Hand haben, um ihn seinen Zwecken dienstbar zu machen.[1] So erneuerten aber die organischen Artikel die schlimmsten Übergriffe des Gallikanismus ; sie widersprachen der kirchlichen Lehre und Disziplin. Portalis suchte sie durch die Erklärung zu rechtfertigen, dass sie « nur eine neue Bestätigung der alten Grundsätze der gallikanischen Kirche darstellten », aber dadurch waren sie gerade verurteilt.

In den « organischen Artikeln » wurzelten alle weiteren Auseinandersetzungen zwischen Bonaparte und dem Papst. Am 24. Mai 1802 protestierte Pius VII. im Konsistorium gegen die Hinterhältigkeit des Ersten Konsuls und beauftragte danach den Kardinal Caprara, bei Talleyrand Beschwerde gegen diese Artikel einzulegen, « zu deren Prüfung Seine Heiligkeit nicht eingeladen war ». Portalis antwortete am 18. August 1803 mit einer langen Denkschrift auf einen Brief Capraras, der seinerseits hierauf in einem zweiten Schreiben erwiderte. Talleyrands Antwort vom 18. Juli 1804 enthielt die Erklärung, dass das Konkordat durchaus verschieden von den organischen Artikeln sei, « deren Abänderung und Verbesserung Seine Heiligkeit von Seiner Kaiserlichen Majestät erhofft. » Von dieser Erklärung des Ministers des Auswärtigen nahm Kardinal Consalvi im Namen des Papstes Kenntnis. Aber Pius VII. vermochte nichts von Napoleon zu erreichen. Er musste sich

[1] Vgl. E. Chénon in : *Lavisse et Rambaud : Histoire générale.* IX. S. 263 f.

auf eine Wiederholung seines Protestes beschränken, die namentlich in der Bulle *Quam memorandam* vom 10. Juni 1809 erfolgte.

Es lässt sich in gewisser Hinsicht verstehen, dass Napoleon mit der Beendigung der aus der Revolution entstandenen religiösen Anarchie das Streben verband, alle religiösen Kulte mit dem Staat zu verbinden. Alle geistigen Kräfte sollten zur Festigung des kommenden Kaisertums beitragen, alle Geistlichen den Gehorsam gegen die Konsularregierung und spätere kaiserliche Regierung lehren. Daher wurden im Jahre 1802 auch organische Artikel in Bezug auf die *protestantischen Kulte* erlassen; die reformierten (kalvinistischen) Kirchen und die (lutherischen) Kirchen der Augsburger Konfession erhielten allein staatliche Anerkennung. Später, 1806, hielt es Napoleon auch für notwendig, den israelitischen Kult zu « organisieren », dem durch Erlasse von 1808 fast ebenso viel Freiheit und Unabhängigkeit zugestanden wurde wie dem Katholizismus. Mit der Anerkennung des israelitischen Kults war die Anzahl der staatlich anerkannten Kulte auf vier gestiegen. Die übrigen Bekenntnisse durften frei ausgeübt werden unter der Bedingung, dass sie die öffentliche Ruhe in Frankreich nicht störten und den allgemeinen Vereinsgesetzen entsprachen ; die Leiter der Gemeinden erhielten aber weder staatliche Besoldung noch besonderen staatlichen Schutz.

Auch die Mitwirkung der *Freimaurer* suchte Napoleon für die Verwirklichung seiner weitreichenden Herrschaftspläne zu gewinnen. Zahlreiche Magistraten, hohe Staatsbeamte und Generäle waren Logenmitglieder. Schon 1801 trat der Erste Konsul in Beziehung zur Gesellschaft, und 1804 ward durch ein « Konkordat » die Vereinigung des « Grossorient » mit der allgemeinen Grossloge besiegelt. Ruhmvolle Heerführer wie Murat, Masséna, Kellermann und noch manche andere gehörten der Freimaurerei an, die schon in den letzten Zeiten des Ancien Régime im Heere stark Fuss gefasst hatte, und dieser Umstand erklärt wenigstens zum Teil den Antiklerikalismus, der zur Zeit des Konkordats und der Kaiserkrönung in Militärkreisen laut wurde. Napoleon wusste mit ausserordentlichem Geschick, alle geistigen, politischen und sozialen Kräfte seinen Zielen dienstbar zu machen. « Beschützt », meinte er, « ist die Freimaurerei nicht zu befürchten. So wie sie heute besteht, hängt sie von mir ab ; ich will meinerseits nicht von ihr abhängen. »

Die religiöse Lage nach dem Konkordat. — Während der Konkordatsverhandlungen hatte Pius VII. zu seiner Befriedigung erlebt, dass sich die grosse Mehrheit der Bischöfe, Priester und Gläubigen um ihn als ihren Oberhirten scharte. Immer mehr konstitutionelle Priester kehrten wieder in den Gehorsam gegen Rom zurück. Andere verharrten freilich im Widerstand unter

Führung des Abbé Grégoire, der sich für ein sittlich vielleicht weniger bedenkliches, aber wohl noch romfeindlicheres Christentum als das von Talleyrand vertretene einsetzte. Bonaparte hatte seinerseits nie viel für die konstitutionelle Kirche übrig gehabt, aber sich doch ihrer bedient, um während der Konkordatsverhandlungen einen Druck auf den Papst auszuüben. Im Sommer des Jahres 1801 war in Paris ein Nationalkonzil der Konstitutionellen abgehalten worden. Auf Betreiben Talleyrands forderte der Erste Konsul danach die Wiedereingliederung der Konstitutionellen in die Kirche. Schliesslich gelang es jedoch dem Heiligen Stuhl, die französische Regierung zur Annahme eines Breves zu bringen, das die Konstitutionellen in einem Geiste brüderlicher Liebe aufforderte, sich Rom zu fügen. Danach nötigte Bonaparte seinerseits die Konstitutionellen zu einer Unterwerfungserklärung, die Caprara ihnen mündlich erläutern liess. Grégoire selbst blieb hartnäckig im Widerstand bis zu seinem Tode (1831).

Auch eine Anzahl ausgewanderter Bischöfe widerstand dem Konkordat. Die Mehrzahl von ihnen unterwarf sich aber, als der Papst durch die Bulle *Qui Christi Domini* vom 29. November 1801 die bisherigen Bistümer Frankreichs, Belgiens und des linken, zu Frankreich gekommenen Rheinufers aufhob, um sie durch neue zu ersetzen. Eine kleine Gruppe der alten Bischöfe aus der Königszeit, geführt von dem früheren Bischof von La Rochelle, Msgr. de Coucy, und dem früheren Bischof von Blois, Msgr. de Thémines, sonderte sich jedoch in der sogenannten « Kleinen Kirche » ab, der Napoleon nun scharf zusetzte. Dieses Schisma bestand fast ein halbes Jahrhundert lang fort, obwohl die Zahl seiner Anhänger schon bald anfing, ständig abzunehmen.

Folgen des Konkordats in anderen Staaten. — Stellte die religiöse Befriedung Frankreichs in den Augen des Papstes nur den — allerdings wichtigen — Ansatz für die religiöse Befriedung der Welt dar, so bereitete anderseits der wachsende Einfluss Bonapartes dem Papsttum neue Schwierigkeiten. In Italien nahm die cisalpinische Republik eine feindselige Haltung gegenüber Rom an. Zwar wusste der nach dem Kaisertum strebende Erste Konsul durch die berühmte « Konsulta » von Lyon (Januar 1802) diese Haltung der Republik zu mässigen, und zwei Jahre später kam ein vom gleichen Geiste wie das Pariser getragene Konkordat mit der Regierung der cisalpinischen Republik zustande, als deren Präsident sich Napoleon ausrufen liess. In der Folge setzte sich die Regierung jedoch über einige der wichtigsten Konkordatsbestimmungen hinweg. Napoleon versuchte, Pius VII. zu beruhigen, aber die Lage verschlimmerte sich neuerdings, nachdem der Erste Konsul Kaiser geworden war. Die gallikanischen Grundsätze wurden nun auch in Italien massgebend, das als Königtum unter der Herrschaft « Seiner Majestät des Kaisers und Königs » an Frankreich angeschlossen wurde. Ähnliches geschah, wenn auch unter anderen Verhältnissen, in Spanien, Portugal und Deutschland. Fast sklavisch suchten hier die Herrscher in ihrer Religionspolitik Napoleon nachzuahmen. Die berühmten « organischen Artikel » wurden nur allzu oft zum Vorbild genommen; die Fürsten beanspruchten, nach eigenem Gutdünken die inneren Verhältnisse ihrer Kirchen zu regeln, nachdem der Heilige Stuhl eine Neuorganisation dieser Kirchen zugegeben hatte.

In Rom selbst schienen manchen die Zugeständnisse, die Pius VII. dem französischen Herrscher gemacht, zu weitgehend. Zwar war das Ansehen der päpstlichen Regierung durch die Konkordatsverhandlungen gestärkt worden. Aber man warf Pius VII. doch vor, dass er weniger unnachgiebig als sein im Exil gestorbener Vorgänger aufgetreten sei. Auf der Pasquinostatue erschien ein Epigramm, das die Unzufriedenheit der Römer zum Ausdruck brachte: *Pio (VI), per conservar la fede, perdè la Sede* ; *Pio (VII), per conservar la Sede, perdè la fede.* (Pius VI. verlor, weil er den Glauben wahren wollte, den Heiligen Stuhl, Pius VII. gab, um den Heiligen Stuhl zu wahren, den Glauben preis.) [1]

DIE ERRICHTUNG DES KAISERTUMS

Seit seiner Ernennung zum Konsul auf Lebenszeit (1802), die ihn royalistischen Verschwörungen aussetzte, die wiederum die Gefangennahme und den Tod von Cadoudal und Pichegru, die Verbannung von Moreau und die Hinrichtung des unschuldigen Herzogs von Enghien zur Folge hatten, strebte Napoleon nach Errichtung des Kaisertums. Unmittelbar wurde die Kaiserkrönung des Korsen durch den Wiederbeginn des Krieges gegen England nach dem Bruch des Friedens von Amiens herbeigeführt. Es war eine naive Illusion der Bourbonen, dass der ruhmüberhäufte Sieger sich zu der Rolle eines Monk hergeben würde, durch den in England die Stuarts wieder zur Herrschaft gelangt waren. Der Graf von Provence, Ludwig XVIII., hatte sogar zwei Schreiben an Napoleon gerichtet, um seine Unterstützung nachzusuchen, und ihm für die Restauration des alten Königtums eine Belohnung versprochen, die Napoleon selbst nach Belieben festsetzen könnte. Aber mit stolzer Höflichkeit wies Bonaparte diese Angebote zurück: « Wünschen

[1] Angeführt von F. Hayward: *Le dernier siècle de la Rome pontificale*. I. (Paris 1927). S. 172.

Sie nicht Ihre Rückkehr nach Frankreich, die Sie über hunderttausend Leichen führen würde. Opfern Sie Ihr persönliches Interesse der Ruhe und dem Glück Frankreichs... Die Geschichte wird es Ihnen anrechnen. » Und einige Jahre später vertraute er seinem Minister Caulaincourt an : « Ich war nicht so dumm, für andere zu arbeiten, während ich mich allein fähig fühlte, den Erwartungen der französischen Nation zu entsprechen... So nahm ich Stellung. Ich bereitete alles vor, um wieder eine Monarchie zu bilden. Diese Regierungsform ist die einzige, die Frankreich entspricht, sie war damals auch die einzige, die die Könige in Europa beruhigen konnte. Man hatte mich nötig. » Am 23. Oktober 1802, einige Monate vor dem Bruch mit England, der einen zwölfjährigen Krieg einleitete, diktierte Napoleon jene berühmte Depesche an den französischen Gesandten in London : «Der erste Kanonenschuss kann plötzlich das französische Kaisertum erstehen lassen. Geben Sie zu verstehen, in welchem Masse ein neuer Krieg den Ruhm und die Macht des Ersten Konsuls steigern kann. Er steht im dreiunddreissigsten Lebensjahr und hat erst zweitrangige Staaten zerstört. Wer weiss, wie lange er brauchte, um neuerdings, falls er dazu gezwungen würde, das Gesicht Europas zu wandeln und das abendländische Kaisertum wiedererstehen zu lassen ? »

Schon hatte sich in seinem Geiste die Vorstellung von einer erneuten karolingischen Herrschaft über das Abendland mit jener Reichskonzeption verbunden, wie sie unter den französischen Schriftstellern des achtzehnten Jahrhunderts verbreitet war, die sie auf Frankreichs, vom Mutterland über weites Kolonialgebiet reichender politischer Herrschaft und seiner kulturellen Ausstrahlungskraft begründeten. Die gegen den Ersten Konsul verübten Anschläge beschleunigten die Umwandlung der Konsularregierung in die Erbmonarchie. « Die Stimme des Volks hat zur Übernahme des Kaisertitels gerufen... Nun ist die kaiserliche Macht Napoleon Bonaparte und seiner Familie übertragen », verkündete Portalis dem Senat. Und er führte weiter aus : « Indem wir in einer neuen Familie die Erblichkeit der Macht aufstellen, verleihen wir der neuen Ordnung eine Stabilität, die das Wahlsystem nicht bietet und nicht bieten kann. » So suchte man darzutun, dass die Begründung des Kaisertums zur Sicherung der bürgerlichen und sozialen Errungenschaften der Revolution dienen sollte. Carnot, « der Organisator des Sieges » von 1793 und einstiges Mitglied des Direktoriums, stimmte gegen das Projekt und zwar mit der Begründung : « Wenn dieser Bürger die öffentliche Freiheit wiederhergestellt und das Heil seines Volkes bewirkt hat, kann ihm da das Opfer eben dieser Freiheit eine Belohnung sein ? » Aber am 18. Mai 1804 (28. Floreal des Jahres XII) beschloss der Senat : « Die Regierung der Republik wird einem Kaiser übertragen, der den Titel Kaiser der Franzosen annimmt. » « Napoleon Bonaparte, gegenwärtiger Erster Konsul der Republik, ist Kaiser der Franzosen. » Darauf folgten Bestimmungen, die die Erblichkeit der Kaiserwürde in der Familie Bonaparte einsetzten. Als diese Revision der Verfassung des Jahres VIII zur Volksabstimmung gelangte, fand sie Bestätigung durch dreieinhalb Millionen Stimmen und weniger als dreitausend Gegner. Zehn Jahre sollte das neue Regime bestehen.

Napoleon strebte jedoch noch weiter und höher. Als ein neuer Karl der Grosse wollte er das abendländische Kaiserreich wiedererrichten. So fasste er alsbald den Plan, sich in Paris vom Papste krönen zu lassen. Denn er war sich wohl bewusst, dass das Kaisertum nicht lediglich auf weltlicher Macht beruht — die mittelalterliche Geschichte bot genügend Beispiele dafür — sondern ein geistliches Element einbezieht. « Die durch Waffenmacht begründete Ordnung bedarf traditionsgemäss der Legitimierung durch die geistliche Macht. Die Könige werden zwar nicht vom Papste geweiht, aber die Macht der Kaiser ist eine wesentlich andere. Wem Gott die Vorherrschaft über die Könige gewährt, dem steht auch die Konsekration durch jene Autorität zu, die sich mit Recht auf ihre römische Abstammung beruft. Im Papsttum lebt die Idee der Einheit und Universalität fort. » [1] Nach der römischen Herrschaftsidee, die sich Napoleon angeeignet hatte, kann es aber nur ein einziges Kaisertum geben. 1806 hob Napoleon daher die Würde des römisch deutschen Kaisers auf, der sich fortan mit dem Titel eines Kaisers von Österreich begnügen musste.

Der Staatsrat, Cambacérès, Fouché, Talleyrand, und die Armee nahmen den Plan der Krönung durch den Papst kühl auf. Hingegen begrüssten ihn der Kardinallegat Caprara und der Kardinal Fesch, Napoleons Oheim und Gesandter in Rom. Welche Stellung würde der Papst einnehmen ? Pius VII. zögerte mehrere Monate lang. Er fürchtete, durch eine Weigerung Napoleon und durch eine Annahme den Wiener Hof zu verstimmen. Zudem empfand er Gewissensbedenken hinsichtlich der nur bürgerlichen Ehe des Kaisers mit Josephine Beauharnais, der Ermordung des Herzogs von Enghien und der allgemeinen Kultusfreiheit, zu deren Sicherung sich der Kaiser eidlich verpflichten musste. Der Papst hatte auch allen Grund, sich über die organischen Artikel und über die nach dem Abschluss des Konkordats durch den Konsul vorgenommene Aufhebung religiöser Orden zu beklagen. Schliesslich entschloss sich aber Pius VII. doch « im Hinblick auf die Ehre Gottes, das Heil der Seelen und den Fortschritt der katholischen Religion » zur Zusage

---

[1] René Pinon : *Histoire diplomatique.* In : Hanotaux : *Histoire de la nation française.* IX. S. 408.

(29. Oktober 1804). Die Kirche übt Nachsicht gegenüber jenen, die Werkzeuge der Vorsehung sein können ; sie ist geduldig, weil ewig.

Indessen wollte Pius VII. die Verantwortung für den folgenschweren Entschluss nicht allein tragen und versammelte das Kardinalkollegium. Von den zwanzig Kardinälen erklärten sich fünfzehn dem Projekt nicht ungünstig gesinnt, aber unter vier Bedingungen : Napoleon sollte versprechen, einige der organischen Artikel, die die Freiheiten der gallikanischen Kirche überstiegerten, abzuändern ; die Zeremonien der Krönung sollten bis ins einzelne beobachtet werden ; der Papst sollte sich weigern, die konstitutionellen Bischöfe zu empfangen, die seine Beschlüsse hinsichtlich der kirchlichen Angelegenheiten Frankreichs nicht angenommen hätten, und ebenso sollte auch Madame de Talleyrand nicht empfangen und ihre Ehe niemals anerkannt werden. Daraufhin gab der Minister des Auswärtigen, Talleyrand, gewisse Zusicherungen, und Napoleon selbst versprach, den Papst bezüglich des italienischen Konkordats zu befriedigen. Man bemühte sich auch in jeder Weise, den Papst zu überzeugen, dass seine Reise nach Frankreich den Heiligen Stuhl nicht in Schwierigkeiten bringen werde.

Am 2. November verliess Pius VII. Rom. Bei seiner Durchreise durch Italien und Frankreich wurden ihm überall Kundgebungen der Ehrfurcht und Anhänglichkeit von seiten der Bevölkerung zuteil. Besonders in Lyon, wo sich der Papst einige Zeit aufhielt, ward er begeistert empfangen. Napoleon erwartete den Papst in Fontainebleau und begab sich dann mit ihm nach Paris, wo Pius VII. mit allen Ehren aufgenommen wurde. Am 1. Dezember, dem Vorabend der Krönung, segnete der Kardinal Fesch nach Einholung der nötigen Dispensen die kirchliche Trauung Napoleons mit Josephine Beauharnais in der Kapelle der Tuilerien. Die Trauung fand ohne Zeugen und ohne den zuständigen Pfarrer statt. Zwar machte Napoleon, der schon damals an die Trennung dachte, den Kardinal auf die Abwesenheit von Zeugen aufmerksam, aber dieser ging darüber hinweg. Im Jahre 1810 trennte sich Napoleon in der Tat wieder von Josephine Beauharnais unter Umständen, die im folgenden noch dargelegt werden.

Die Krönungsfeier vom 2. Dezember, deren Höhepunkt in dem bekannten Bilde von David festgehalten ist, ward mit ausserordentlichem Glanz umgeben. Alle Glocken der Stadt schwangen ihr Geläute über Paris, während Napoleon in kaiserlichem Gewande unter einem Traghimmel in die alte Kathedrale einzog, deren Inneres mit grossen roten, von goldenen Bienen übersäten Samtdraperien geschmückt war. Dem Kaiser gingen Kronmarschälle voran, die Schwert und Szepter Karls des Grossen trugen. Im Chor nahm der Papst von Bonaparte das Versprechen des Schutzes für die Kirche entgegen und

Pius VII. (1800—1823). Zweimal reiste er nach Frankreich: 1804 zur Kaiserkrönung Napoleons I., 1812 als dessen Gefangener. Gemälde von Louis David, Paris 1805.

Napoleon I. Bonaparte (Erster Konsul ab 1799, Kaiser der Franzosen 1804—1815). Zeitgenössischer Stich.

Pius VII. (1800—1823) wird am 6. Juli 1809 durch Napoleons General Radet in Rom verhaftet und über Florenz und Grenoble nach Savona in Haft gebracht. Zeitgenössischer italienischer Stich.

Kardinal Ercole Consalvi (1757—1824), Kardinal-Staatssekretär Pius' VII., führte die schwierigen, von Napoleon mit heimtückischer List betriebenen Verhandlungen um das Französische Konkordat von 1801. Porträt von Th. Lawrence, 18./19. Jh., Schloss Windsor, England.

salbte dann den Kaiser und die Kaiserin. Als er aber dem Gesalbten die Krone aufs Haupt setzen wollte, nahm sie dieser unter Verletzung des Zeremoniells eigenhändig vom Altar, um sie sich selbst und eine zweite seiner Gemahlin aufzulegen. Gekränkt durch diese Rücksichtslosigkeit, beschwerte sich Pius VII. und erhielt dann auch die Zusage, dass der Zwischenfall im « Moniteur de l'Empire », dem offiziellen Blatt, nicht erwähnt würde. Im übrigen war die Zeremonie wie vorgesehen verlaufen ; bei seinem Auszug aus der Kirche ward der gekrönte Soldat von den begeisterten Zurufen der Menge empfangen, während der Papst unter den Klängen des kaiserlichen Musikkorps und wiederholtem « Tu es Petrus » in das erzbischöfliche Palais zurückgeleitet wurde.

« Sie haben uns », schrieb damals Pius VII. an den Kaiser, « eine grosse Hoffnung fassen lassen, und wir erwarten vertrauensvoll, dass Sie sie als Kaiser der Franzosen erfüllen werden. » Aber geblendet durch seinen Triumph, sollte der Kaiser sich bald wieder mit dem Papste entzweien. Er ertrug nur widerstrebend die geistliche Oberhoheit des Heiligen Vaters und sah im Grunde mit Missgunst, wie der Klerus nun sein Wirken entfaltete. « Die Priester wollen die Seelen behalten und mir nur Leichname lassen », hatte er schon während der Konkordatsverhandlungen einmal geäussert. Nun zog ein neuer Kampf zwischen Papsttum und Kaisertum herauf.

BRUCH DES KAISERS MIT DER KIRCHE

Schon gleich am Tage nach der Kaiserkrönung suchte Napoleon den Einfluss des Heiligen Stuhls auszunützen, um die neue kaiserliche Macht in den Augen der Völker zu sanktionieren. Dabei wollte er aber selbst durchaus unabhängig vom Papste bleiben. Zunächst hielt er, auch um den tiefen Eindruck der Volkshuldigungen zu verwischen, die dem Papste allenthalben zuteil geworden, Pius VII. gegen dessen Willen in Paris zurück und suchte ihn gewissermassen als « seinen Gross-Seelsorger » erscheinen zu lassen. Es ist nicht unwahrscheinlich, dass er den Papst überhaupt in Frankreich zurückzuhalten wünschte. Das Gerücht hiervon verbreitete sich jedenfalls so unaufhaltsam, dass der Papst eines Tages einem hohen Offizier, dessen Namen er immer verschwieg, erklärte : « Man hat die Behauptung ausgestreut, dass man Uns in Frankreich zurückhalten könnte. Aber nehme man Uns nur die Freiheit, für diesen Fall ist schon alles vorgesehen. Vor Unserer Abreise von Rom haben wir eine regelrechte, gültige Abdankungsurkunde unterzeichnet »... « Sollten die Pläne, die man hier schmiedet, zur Ausführung kommen, so wird nur noch ein erbärmlicher Mönch Chiaramonti zurückbleiben.» Indessen konnte Pius VII. seinen erzwungenen Aufenthalt doch auch ausnützen, um persönlich einige kirchliche Angelegenheiten zu regeln. Seine Forderungen an den Kaiser setzte er allerdings grösstenteils nicht durch, so die Aufhebung der organischen Artikel, der gallikanischen Erklärung von 1682 und der neuen gesetzlichen Duldung der Ehescheidung, sowie die Rückerstattung der Legationen, die der Kardinal Fesch in Rom in Aussicht gestellt hatte. Endlich konnte Pius VII. am 4. April 1805 Paris verlassen. Auf der Rückreise wurden ihm ebenso wie einige Monate zuvor bei seiner Herreise allenthalben in Frankreich und Italien die lebhaftesten Huldigungen dargebracht. Aber bei seiner Heimkehr nach Rom war er überzeugt, dass die Schwierigkeiten nun erst recht für ihn beginnen würden.

Er täuschte sich nicht. Am 26. Mai 1805 krönte sich Napoleon in Mailand mit der italienischen Königskrone. Diese eiserne Krone, die Langobardenkrone, die Karl der Grosse getragen, den Napoleon gerne als seinen «berühmten Vorgänger» bezeichnete, war schon lange ein besonderes Ziel von Napoleons Wünschen. Die Ausübung der Macht in Italien übertrug Napoleon seinem Stiefsohn Eugène de Beauharnais als Vizekönig. Gleich nach seiner Krönung führte Napoleon den Zivilkodex ein, der die Ehescheidung zuliess, und ernannte Bischöfe ohne jede Rücksicht auf das kurz zuvor mit der cisalpinischen Republik geschlossene Konkordat. Pius VII. aber verweigerte diesen Neugewählten nun die kanonische Institution.

Eine neue Spannung entstand, als der Papst sich nicht dazu bereit fand, die Heirat von Napoleons Bruder, Jérôme Bonaparte, mit einer Protestantin, Miss Patterson von Baltimore, zu annullieren, da er kein kirchliches Ehehindernis vorliegen fand. Die Absichten des Kaisers mit dieser Angelegenheit waren offensichtlich: da er seine eigene Ehe mit Josephine de Beauharnais aufzulösen wünschte, suchte er einen Präzedenzfall zu schaffen, der vom Heiligen Vater zugelassen wäre. Dass Pius VII. sich diesen Wünschen widersetzte, brachte ihn in höchste Wut, und er besetzte nun, die Neutralität des Kirchenstaats verletzend, Ancona (September 1805). An den Papst sandte er ein in heftigem Ton gehaltenes Schreiben, auf das Pius VII. antwortete: «Wenn die Prüfungen, die Gott Uns vorbehalten, auf ihren Höhepunkt kommen, und wenn Wir der Freundschaft und des Wohlwollens Eurer Majestät beraubt werden sollten, wird der Priester Jesu Christi, der die Wahrheit im Herzen und auf den Lippen führt, alles ergeben und furchtlos ertragen.» Als die Nachgiebigkeit der Pariser Offizialität im nächsten Jahre die Annullierung der Ehe Jérômes ermöglichte, heiratete dieser die protestantische Tochter des Königs von Württemberg.

Die Heiratsangelegenheit seines Bruders war indessen nur ein Zwischenfall in der grossen Auseinandersetzung Napoleons mit dem Papste, und diese Auseinandersetzung hing wiederum in gewisser Hinsicht mit dem grossen Kriege zusammen, den Napoleon gegen England führte. Schon nach dem englischen Seesiege bei Trafalgar (1805) war Napoleon entschlossen, Europa den Engländern zu verschliessen, und nach seinem Siege bei Jena (14. Oktober 1806) suchte er diesen Entschluss durch die am 21. Oktober in Berlin verfügte Kontinentalsperre auszuführen. In diesen politischen Plan fügte sich nun auch die Besetzung Anconas, und im Februar 1806 wollte Napoleon den Papst zur Stellungnahme zwingen, indem er den englischen Schiffen den Zugang zu den Häfen des Kirchenstaats verbot. Er erstrebte die Herrschaft über ganz Italien, um sowohl den englischen Waren als auch der für die englischen Webereien unentbehrlichen orientalischen Baumwolle den Weg zu sperren. Englands Handel und Industrie sollten lahmgelegt und so das stolze Albion zum Nachgeben gezwungen werden.

Das kaiserliche Abenteuer war damals auf jenen Punkt gelangt, da ihm ganz Europa als ein grosser Rekrutierungsraum dienen musste. Alle Länder hatten Soldaten für die napoleonische Verwirklichung der europäischen Einheit zu stellen und erhielten dafür die als unvergleichlich gepriesenen Wohltaten der Revolution, die Napoleon selbst als « das herrliche Ideal der Zivilisation » hinstellte. In Norditalien hatte Napoleon damit begonnen, dass er den Bauern das Land gab und den Zivilkodex einführte. Den Kirchenstaat wollte er dem Sohne vorbehalten, den er von Marie-Luise von Oesterreich erwartete, und der der « König von Rom » werden sollte. Damit war Rom allerdings eine zweitrangige Stellung im Reich zugedacht. Bei allen Plänen, denen Napoleon in Florenz, in Neapel, in Rom nachging, kehrt übrigens immer die rein militärische Konzeption einer Einheitsfront in Hinblick auf den « Krieg des Festlands gegen das Meer » wieder. Aus diesem Grunde wollte der Kaiser auch nicht dulden, dass der Papst mehr als ein Vasall sei. « Eure Heiligkeit », schreibt er Pius VII., « ist die Herrin, ich aber bin der Kaiser Roms. » Und so spricht er auch von « meinen » Bischöfen, « meinen » Diözesen, wie von « meinen Gendarmen ». Pius VII. aber wies diese Ansprüche mit aller Entschiedenheit zurück und hielt Napoleon vor, dass er als « Kaiser der Franzosen, nicht als Kaiser Roms erwählt, gesalbt, gekrönt und anerkannt » worden sei. Während Völker und Könige sich vor dem Despoten beugten, wagte es der greise, hilf- und mittellose Papst, dem Machthaber über das unterjochte Europa entgegenzutreten.

Aber Napoleon war keineswegs gesonnen, nachzugeben, und der Kampf verschärfte sich. 1807 liess der Kaiser die Provinzen Ancona, Macerata, Fermo,

Urbino besetzen, und 1808 zog General Miollis in Rom ein. Diese Gewalttaten beantwortete Pius VII. damit, dass er am 27. Mai 1807 mehrere bedeutsame Heiligsprechungen vornahm. Ein unscheinbares Mädchen, die Erneuerin des Klarissenordens, Coleta Boilet, ein von Haus aus armer sizilianischer Hirte, Benedikt von St. Philadelphia, eine schlichte Ordensfrau, die Gründerin der späteren Ursulinengemeinschaft, Hyazintha Mariscotti, und ein frommer mildtätiger Priester, Franz Caracciolo, wurden zur Ehre der Altäre erhoben. Die Zeremonien der Heiligsprechungen, zu denen sich fromme Scharen aus ganz Europa zusammengefunden hatten, mussten in den Augen des französischen Gesandten in Rom, Alquier, eines jener alten Konventionellen, die die Verantwortung für den Königsmord trugen, in seltsamem Kontrast zu jenen von ihm selbst miterlebten Pariser Feiern erscheinen, die einst von den Revolutionären bei der Überführung der Asche der « grossen Männer der Revolution » in das Pantheon veranstaltet worden waren.

EXKOMMUNIKATION NAPOLEONS UND ENTFÜHRUNG DES PAPSTES (1809)

Nach einer vierzehn Monate langen Besetzungszeit, während der Pius VII. im Quirinal verhaftet war und nicht einmal mit seinen Kardinälen verkehren konnte, von denen übrigens vierundzwanzig deportiert waren, dekretierte Napoleon nach seinem siegreichen Einzug in Wien die Vereinigung des Kirchenstaats mit dem französischen Reich (17. Mai 1809). Dem Papste verblieben nur sein Palast, sein besonderer Besitz und eine Rente von zwei Millionen. Rom wurde zur kaiserlichen Freistadt erklärt. Damit war in der Tat die weltliche Herrschaft des Papstes aufgehoben. Napoleon nahm dem Heiligen Stuhl wieder was ihm Pippin und Karl der Grosse, sein « berühmter Vorgänger », geschenkt. Zwar gab er vor, sich nicht gegen den geistlichen, sondern nur gegen den weltlichen und ihm verfeindeten Herrscher zu wenden, aber später, im Exil von St. Helena, gestand er doch selbst, dass er auch die geistliche Macht in Abhängigkeit von sich bringen wollte. « Die Ansiedelung der Kurie in Paris », schreibt er, « hätte wichtige Folgen gehabt »... « Paris wäre zur Hauptstadt der christlichen Welt geworden, und ich hätte die religiöse Welt ebenso geleitet wie die politische. »

Am 10. Juni wurde das Wiener Dekret zur Ausführung gebracht. Am selben Tage unterzeichnete der Papst einen Protest in italienischer Sprache, der in der folgenden Nacht in Rom angeschlagen ward, und erliess die Bannbulle *Quam memorandam* gegen Napoleon. Die Bulle bezeichnete zwar nicht namentlich den Kaiser, sie verhängte die grosse Exkommunikation über alle jene, die Gewalttaten im Kirchenstaat begingen. Zugleich wurde aber den päpstlichen Untertanen und allgemein den christlichen Völkern verboten, sich unter dem Vorwand der Bulle irgendwie an den Gütern oder Rechten der Betroffenen zu vergreifen.

Die Nachricht von der Exkommunikation des Kaisers erregte die europäischen Monarchen scheinbar nicht, aber umso mehr die öffentliche Meinung. Napoleon spottete über die Blitze, welche die Waffen in der Hand seiner Krieger nicht lähmen könnten, aber gleichzeitig ergriff er alle Massnahmen, um die Veröffentlichung der Bulle zu verhindern. Am 20. Juni schrieb er an Murat, den König von Neapel : « Soeben erhalte ich die Nachricht, dass uns der Papst exkommuniziert hat. Diese Exkommunikation hat der Papst gegen sich selbst ausgesprochen »... « Er ist ein toller Narr, den man einsperren muss. Verhaftet den Kardinal Pacca (den Staatssekretär) und andere Anhänger des Papstes. » Das Schreiben ist vom Schlosse Schönbrunn datiert, in dem einundzwanzig Jahre später der unglückliche junge « König von Rom », dem Napoleon seine glänzende Nachfolge zugedacht hatte, von der Schwindsucht hinweggerafft wurde. Nachdem Murat die Weisung erhalten, den Papst zu verhaften, bestimmte er zur Ausführung dieses sakrilegischen Attentats den Gendarmeriegeneral Radet, der nur seinen Befehl kannte.

In der Nacht vom 5. auf den 6. Juli 1809 drangen die Soldaten in den Quirinal ein, wo sie Pius VII., von den Kardinälen Pacca und Dispuig und verschiedenen Hofprälaten umgeben, mit Mozzetta und Stola bekleidet und dem von Pius VI. bei der Deportation getragenen Ring an der Hand, in seinem Arbeitszimmer empfing. Radet gestand später, dass er von einem heiligen Respekt fast überwältigt worden sei. Nach minutenlangem Schweigen überreichte er dem Papste verlegen ein Schreiben zur Unterschrift, das die Exkommunikation aufhob. Aber der Papst wies es mit einer Handbewegung zurück. « Ich habe in allem », erklärte er, « erst nach Anrufung des Heiligen Geistes gehandelt, und ihr werdet mich eher in Stücke reissen als zur Zurücknahme meiner Verfügungen bewegen. » Als Radet weiter im Namen der Kaisers in ihn drang, auf den Kirchenstaat zu verzichten, erhob er sich majestätisch mit den Worten : « Ich kann, ich darf, ich will es nicht. » Und als ihm daraufhin Radet erklärte, dann müsse er seinen Auftrag ausführen und ihn verhaften, nahm Pius VII. einfach sein Kreuz und Brevier an sich und schritt, auf Paccas Arm gestützt, der Türe zu. Ergriffen beugte sich da Radet nieder und küsste dem Papste den Ring. Pius VII. verliess seine Gemächer und stieg durch die zertrümmerten Türen langsam die grossen Treppen hinunter in den Ehrenhof, wo die übrige französische Mannschaft stand. Hier segnete der Papst ein letztes

Mal die Ewige Stadt und bestieg dann den wartenden Wagen, während die Soldaten, von seiner majestätischen Ruhe zutiefst beeindruckt, das Gewehr präsentierten. [1] Der Wagen, in dem man den Papst hinwegführte, war fest geschlossen, die Vorhänge angenagelt, die Türen verriegelt. So wurde Pius VII. von Rom nach Savona, der Heimatstadt Julius' II., am Golf von Genua gebracht, wo er am 16. August eintraf und bis zum 19. Juni 1812 bleiben sollte. Kardinal Pacca musste sich von ihm trennen und wurde in der Festung Fenestrelle in der Provinz Turin gefangengesetzt.

In Savona erwartete den Papst, der soeben ins siebenundsechzigste Lebensjahr eingetreten und von den Sorgen und Mühseligkeiten schwer hergenommen war, eine strenge Überwachung. Die Ehrungen, die man für ihn vorbereitet hatte, wies er selbst zurück. Er lebte von wenig, verbrachte den grössten Teil des Tages im Gebet und weigerte sich, irgendetwas von dem Usurpator anzunehmen. Mehrmals lehnte er energisch den Vorschlag ab, auf die Rückkehr nach Rom zu verzichten und mit einer Rente von zwei Millionen in Paris Residenz zu nehmen. Napoleon fühlte, wie die Vorwürfe sich immer dichter auf ihn sammelten, und zugleich beunruhigte ihn die deutlich zu Tage tretende Popularität Pius' VII. Er versuchte nun sogar, die Verantwortung für die Verhaftung des Papstes, die er später selbst als « wahnsinnig » bezeichnete, auf Murat abzuwälzen, und befahl strengstes Stillschweigen über die römischen Vorgänge und das Verhalten des Papstes.

Zu alledem ergaben sich bald noch weitere Spannungen. Als Napoleon für neuernannte Bischöfe die kanonische Institution nachsuchte, ward diese vom Papst verweigert, und als der Kaiser auf Umwegen ans Ziel zu gelangen suchte, schnitt ihm Pius VII. diese ab. Nun wollte sich Napoleon dadurch aus der Verlegenheit helfen, dass er die in Rom verbliebenen Kardinäle und die Ordensgeneräle nach Paris berief und auch die römischen Archive hierher bringen liess, um so den Schein zu erwecken, dass Paris der Mittelpunkt der Christenheit werden sollte. Gleichzeitig versammelte er einen « Kirchenrat », dessen Vorsitz Kardinal Fesch führte. Vergeblich suchte jedoch der Kaiser, Fesch zur Erklärung zu bringen, dass man der Zustimmung des Papstes entbehren könne. Anderseits sahen auch zwei nach Savona entsandte Kardinäle, die den Papst zum Nachgeben bestimmen sollten, ihre Bemühungen scheitern. Nun bekam aber die französische Kirche die Enttäuschung des Kaisers zu spüren. Die Bischöfe, die unbedingt Hilfskräfte der Regierung werden sollten, wurde genau überwacht. Im Jahre 1810 erneuerte Napoleon die gallikanische Erklärung von 1682 und dehnte sie zugleich auf das ganze Reich aus. Danach

---

[1] Beschreibung bei H. Welschinger : *Le pape et l'empereur* (1804-1815). Paris 1905.

befahl er den von ihm ernannten Bischöfen, von ihren Diözesen Besitz zu nehmen, ohne die kanonische Institution abzuwarten. Als jedoch Maury, den Napoleon zum Bischof von Paris ernannt hatte, dem Kaiser folgen wollte, verbot ihm dies Pius VII. von Savona aus. Maury setzte sich zwar über das Verbot hinweg, aber Napoleon, wütend über den Widerstand des Papstes, verfuhr nun noch härter mit seinem hohen Gefangenen. Man nahm Pius VII. Bücher und Schreibzeug und verbot ihm jeglichen Verkehr sowohl mit einzelnen Kirchen als auch mit kaiserlichen Untertanen. Widrigenfalls sollten er selbst und die mit ihm Verkehrenden als Rebellen gegen die kaiserliche Autorität behandelt werden. « Ich überlasse es Gott », antwortete Pius VII., « meine Sache zu rächen, die auch die Seine ist. »

NAPOLEONS EHESCHEIDUNG UND ZWEITE HEIRAT (1809-1810)

In der Zwischenzeit hatte Napoleon in neuer und schwerer Weise die Kirchengesetze verletzt. Da er von Josephine keinen direkten Erben mehr erhoffte und keinen seiner Brüder für fähig hielt, seine Nachfolge zu übernehmen, entschloss er sich, seine Ehe scheiden zu lassen. Er sandte Eugène de Beauharnais zur Kaiserin, um sie auf ihr Schicksal vorzubereiten, und bemühte sich dann um die Auflösung der bürgerlichen und die Annullierung der kirchlich gesegneten Verbindung. Nach dem Zivilkodex konnte zwar eine Trennung auf Grund gegenseitigen Einverständnisses erfolgen, aber Josephine war nicht einverstanden, sie gehorchte nur. Man ging also über die Bestimmungen des Zivilkodex ebenso hinweg wie über jene Bestimmungen, die den Mitgliedern der kaiserlichen Familie die Ehescheidung verboten. Kein Gericht ward mit der Angelegenheit befasst ; allein der Senat, der indessen weder eine richterliche noch eine legislative Gewalt besass, bestätigte die Scheidung (16. Dezember 1809).

Nun bestand aber noch die kirchliche Ehe, und ihre Nichtigkeitserklärung erforderte einen zureichenden Grund und einen zuständigen Richter. Napoleon machte zwei Nichtigkeitsgründe geltend: die fehlende freie Einwilligung von seiner Seite — was eine recht gewagte Behauptung war, nachdem er fünf Jahre mit Josephine zusammengelebt hatte — und den Mangel gewisser Formalitäten, der aber in der Tat auch nicht vorlag, da Kardinal Fesch, der die Ehe gesegnet hatte, alle nötigen Dispensen besass. Zuständiger Richter konnte anderseits nur der Papst sein, dem rechtlich diese Fälle bei Souveränen vorbehalten waren. Napoleon sah die Unbeugsamkeit des Papstes voraus und beschloss daher, ihn überhaupt nicht anzugehen. Der von ihm geschaffene « Kirchenrat » erklärte also, dass die diözesane Offizialität in Paris für die Entscheidung zuständig sei, und diese — es steht dahin, ob im Bewusstsein ihrer Zuständigkeit — erklärte die Ehe für nichtig (Januar 1810).

Während Josephine im Schlosse Malmaison ihr zerstörtes Glück betrauerte, sah sich Napoleon nach einer neuen kaiserlichen Gemahlin um. Am 21. Januar 1810 versammelte er einen Kronrat, der zwischen einer russischen Prinzessin, einer Schwester des Zaren Alexanders I., der Tochter des Königs von Sachsen und Marie-Luise, der Tochter des Kaisers von Oesterreich, die Wahl treffen sollte. Die Höflinge sprachen sich für die österreichische, von Napoleon selbst gewünschte Heirat aus, und im März ward der Fürst von Neufchâtel nach Wien gesandt, um dort die Ehe durch Stellvertretung zu schliessen. Kaiser Franz hatte über die Art hinweggesehen, in der Napoleon seine Bindung an Josephine gelöst, und seine Tochter ausgeliefert. Am 1. und 2. April 1810 fand die zivile und kirchliche Trauung mit dem grössten Pomp in Paris statt. Der Papst war aus der schweren Angelegenheit gänzlich ausgeschaltet und seine Autorität in jeder Hinsicht missachtet worden. Dreizehn von den sechsundzwanzig in Paris anwesenden Kardinälen bekundeten ihren Protest durch die Weigerung, an der kirchlichen Feier teilzunehmen. Höchst aufgebracht über ihr Verhalten, wodurch die Legitimität der kaiserlichen Nachkommenschaft angefochten wurde, erklärte Napoleon, dass er « diese Individuen » nicht mehr als Kardinäle betrachte, und liess ihnen den Befehl zugehen, den roten Kardinalstalar abzulegen und statt dessen eine schwarze Soutane zu tragen. Diese « schwarzen Kardinäle » wurden unter polizeiliche Aufsicht gestellt, ihre sämtlichen Einkünfte sequestriert, und schliesslich wurden sie zu je zweien in verschiedene französische Provinzstädte verbannt. Ihr Exil sollte länger als drei Jahre dauern.

DAS PARISER NATIONALKONZIL (1811) UND DAS « KONKORDAT » VON FONTAINEBLEAU (1813)

Alle diese Vorgänge bestärkten Napoleon noch in seinem Plan, eine vom Papste und vom Kardinalkollegium unabhängige kirchliche Regierung zu bilden. In der Erweiterung des « Kirchenrats », der Einberufung eines Nationalkonzils und dem « Konkordat » von Fontainebleau fand dieser kaiserliche Plan seine Verwirklichung. Zunächst verlangte der Kaiser von der umgebildeten Kirchenkommission eine Beantwortung der Fragen, an wen man sich zur Erlangung der Dispensen bei Unterbrechung der Union mit dem Papst wenden müsse, und wie eine kanonische Institution der Bischöfe im Falle einer päpstlichen Weigerung erreicht werden könne. Dem Machthaber zu Gefallen tadelte die Kommission die Haltung Pius' VII., aber sie wies doch keinen Weg zu einer kanonischen Institution ohne den Papst, sondern schlug nur vor, die Hinzufügung einer Klausel zum Konkordat zu verlangen, durch die sich der Papst verpflichten würde, die kanonische Institution innerhalb einer bestimmten Frist vorzunehmen. Sollte der Papst hierauf nicht eingehen, so könnte der Kaiser ein Nationalkonzil einberufen, das vielleicht eine Lösung fände.

Indessen gab es doch einen Mann im « Kirchenkomitee », der dem Kaiser entgegenzutreten wagte. Es war der Sulpizianer-Obere Emery. In der Sitzung vom 11. März 1811 stellte der Herrscher nach einer heftigen Invektive gegen den Papst die Frage an Emery : « Was denken Sie, mein Herr, von der Autorität des Papstes ? », worauf Emery erwiderte : « Dass er das Oberhaupt der Kirche, der Stellvertreter Jesu Christi ist. » « Nun », entgegnete Napoleon, « ich bestreite nicht die geistliche Macht des Papstes, da sie ihm von Christus übertragen wurde, aber die weltliche Macht wurde dem Papst nicht von Christus übertragen, die gab ihm Karl der Grosse, und ich, der Nachfolger Karls des Grossen, will sie ihm wieder nehmen, weil sie ihn an der Ausübung seines geistlichen Amtes hindert. » Hiergegen wandte Emery mit Berufung auf Bossuet ein, dass die weltliche Macht dem Papste deshalb gegeben worden sei, damit der Heilige Stuhl seine Gewalt freier und sicherer auf der ganzen Welt ausüben könne. Aber der Kaiser hierauf : dies möge seinerzeit (d. h. zur Zeit Bossuets) wahr gewesen sein, als Europa mehrere Herrscher kannte, treffe jedoch jetzt nicht mehr zu, « da Europa keinen anderen Herrn kennt als mich allein ». Worauf Emery eine Antwort fand, die fast prophetisch erscheint : « Sire, Sie kennen so gut wie ich die Geschichte der Revolutionen. Was jetzt besteht, kann sehr wohl nicht immer bestehen. » Drei Jahre und einige Tage später, am 6. April 1814, musste Napoleon, von allen verlassen, seine Abdankung unterzeichnen, und derjenige, von dem er gesagt : « Ich werde ihn niemals nach Rom zurückkehren lassen », zog unter dem Jubel der ganzen Bevölkerung wieder in die Ewige Stadt ein. [1]

Am 25. April 1811 berief Napoleon die französischen und italienischen Bischöfe zu einem Konzil nach Paris. Gleichzeitig sandte er drei Bischöfe nach Savona zu Pius VII., um von ihm gewisse Zugeständnisse zu erlangen, die für die Beschlüsse des Konzils massgebend sein könnten. Die drei Abgesandten ersuchten also den Papst, dem Konkordat eine Klausel beizufügen, derzufolge er die kanonische Institution binnen einer bestimmten Frist erteilen

[1] Vgl. Mourret a. a. O. VII. S. 381 f.

würde ; andernfalls sollte sie vom Metropoliten oder von dem ältesten Bischof der Provinz erteilt werden. Die Sendlinge stellten dem Papst die schrecklichen Folgen vor Augen, die seine Weigerung nach sich ziehen würde, und sie baten und drohten so lange und wussten auch so wohl zu täuschen, bis der todmüde Greis nach langem Zögern und Überlegen nachgab und sich mit der Klausel einverstanden zeigte, « in der Hoffnung, dass diese Zugeständnisse den Weg zu einer Verständigung ebnen werden, und so der Friede in der Kirche wiederhergestellt wird ». Die Zusage war also eine bedingte. Napoleon gab sich hierüber auch keiner Täuschung hin, als er die Eröffnung des Konzils befahl, die am 17. Juni unter dem Vorsitz des Kardinals Fesch erfolgte.

Aber wenn Napoleon dachte, die Beratungen und Beschlüsse dieser Versammlung so wie die Bewegungen seiner Armeen kommandieren zu können, so musste er bald einsehen, dass er sich damit täuschte. Eine Kommission, die eigens zur Prüfung der Frage ernannt war, ob das Konzil auch ohne den Papst die Institution entscheiden könne, gelangte zur Verneinung dieser Frage, und mehrere Bischöfe verlangten, dass vor allem dem Papste die Freiheit wieder zurückgegeben werde. Nun liess der Kaiser der Versammlung einen Dekretsentwurf unterbreiten, der, wie er angab, den päpstlichen Zugeständnissen von Savona entspreche. Aber das Konzil stellte daraufhin die Frage, warum denn, wenn der Papst diese Zugeständnisse gemacht habe, es überhaupt noch einer Bestätigung durch das Konzil bedürfe. Erzürnt über diese Wendung, hob der kaiserliche Despot nun einfach in der Nacht vom 10. zum 11. Juli das Konzil auf und ging zum Terror über. In Gegenwart des Polizeiministers wurde jedem einzelnen Bischof ein Blatt mit einer Zustimmungserklärung zum Dekretsentwurf zur Unterzeichnung überreicht. Achtundachtzig Bischöfe liessen sich auf diese Weise die Unterschrift erpressen, aber einige doch unter dem Vorbehalt der Zustimmung des Papstes. Vierzehn Bischöfe verweigerten rundweg jede Unterschrift. Am 5. August wurde nun das Konzil wiedereröffnet, und um jeden Widerstand auszuschalten, versprach Napoleon, dass das vom Konzil angenommene Dekret dem Papste zur Bestätigung vorgelegt würde. Daraufhin stimmten die Konzilsteilnehmer in ihrer Mehrheit dem Dekret zu, und der Kaiser sandte nun sechs Bischöfe nach Savona, um die päpstliche Bestätigung einzuholen. Der harm- und wehrlose, über die Vorgänge ganz im Dunkeln gelassene Papst ward von den Sendligen wie eine Festung mit allen Mitteln der Strategie und Intrige belagert, bis es den Abgesandten gelang, durch ihre suggestiven Einflüsse Pius VII. zum Erlass des Breves *Ex quo* vom 20. September zu bewegen. Dieses Breve approbierte das Dekret mit nur einigen Einschränkungen, die wenigstens einen Rest der päpstlichen Autorität noch retten sollten. Aber zur allgemeinen Überraschung wies nun Napoleon trotz der Zugeständnisse des Papstes das Breve ab. Er wollte mehr. Da er zunächst noch keine Möglichkeit sah, seine Absichten zu verwirklichen, schritt er zur Auflösung des Konzils, auf das er so viele Hoffnungen gesetzt hatte (20. Oktober 1811).

Damit waren aber die kaiserlichen Pläne keineswegs aufgegeben. Am 27. Mai 1812, während seines Aufenthalts in Dresden, kurz vor dem russischen Feldzug, gab Napoleon den Befehl, den Papst heimlich von Savona wegzuführen und nach Fontainebleau zu bringen. Hier glaubte er, ihn nach seiner Rückkehr unmittelbar beeinflussen und zum Nachgeben zwingen zu können. Am 9. Juni trat der greise und kranke Papst, dem man statt der päpstlichen Gewänder ein einfaches Priesterkleid angezogen, die erzwungene Reise an. Bei der Überfahrt über den Mont-Cenis verschlimmerte sich sein Befinden so sehr, dass er versehen wurde, und als ein Sterbender traf er am 20. Juni in Fontainebleau ein, wo er während mehrerer Monate darniederlag. Als er sich langsam wieder erholte, sprachen immer mehr Persönlichkeiten bei ihm vor, um ihn zur Aussöhnung mit dem Kaiser zu bewegen.

Zu jener Zeit hatte sich das Kriegsglück jedoch bereits gewandt. Geschlagen war der grosse Sieger von dem unnützen, verhängnisvollen und verlustreichen russischen Feldzug zurückgekehrt, den Talleyrand als den « Anfang des Endes » bezeichnete. Nun schien es Napoleon angebracht, den Konflikt mit der Kirche zu lösen, der ihm seine katholischen Untertanen entfremdete und seinen Feinden ein Mittel bot, um die Völker zur Erhebung gegen die französische Herrschaft zu bringen. Am 19. Januar 1813 trat er in Fontainebleau in das Gemach, in dem sich der gefangene Papst aufhielt. Die Besprechungen, von Napoleon mit überströmenden Freundschaftsbezeugungen begonnen, zogen sich über fünf Tage hin. Schliesslich liess sich Pius VII. mit seiner unerschöpflichen Güte durch das Drängen Napoleons rühren. Die berühmte, von Vigny berichtete Szene, bei der der Papst Napoleon als « commediante », und dieser ihn daraufhin als « tragediante » bezeichnet habe, ist indessen nicht belegt.

Erschöpft durch die schwierigen Verhandlungen und der Hilfe seiner Ratgeber beraubt, unterzeichnete Pius VII. am 25. Januar das sogenannte *Konkordat von Fontainebleau*, das folgendes bestimmte : der Papst würde seine Residenz in Italien oder Frankreich festsetzen und eine Rente von zwei Millionen beziehen ; das volle Recht der Ernennung der Bischöfe sollte im ganzen Reich mit Ausnahme der sechs suburbikarischen und zehn weiterer, noch zu bestimmender Bistümer dem Kaiser zustehen und das Dekret des Nationalkonzils in Kraft bleiben. Als Gegenleistung für diese Zugeständnisse würden die gefangenen Kardinäle und Bischöfe sofort vom Kaiser befreit.

Je mehr « schwarze » Kardinäle nun aber nach Fontainebleau kamen, desto klarer wurde dem Papst, dass er hintergangen worden war und die ihm durch List und Gewalt abgerungene Unterschrift widerrufen müsse. Er tat dies in einem vom 24. März 1813 datierten und von Consalvi redigierten Briefe, und am 9. Mai folgte ein Breve, das Institutionen, die von den Metropoliten verliehen würden, für nichtig, die also eingesetzten Bischöfe als Eindringlinge und die Bischöfe, die sie weihen würden, als Schismatiker erklärte. Der Widerruf war vollkommen, und nun fand auch der Papst seine Gemütsruhe wieder : « Ich fühle », sagte er, « mein Herz von einer unerträglichen Last befreit. »

RÜCKKEHR DES PAPSTES NACH ROM (1814)

Unterdessen hatten sich die Geschehnisse in Europa überstürzt. Am 25. April 1813 war Napoleon aufgebrochen, um den Feldzug in Deutschland zu führen, nach dessen siegreicher Beendigung er den Papst sich wohl wieder gefügig zu machen gedachte. Noch einmal heftete sich am 2. Mai in der Schlacht von Lützen der Sieg an seine Fahnen, aber dann folgte seine vernichtende Niederlage in der Völkerschlacht bei Leipzig (16-19. Oktober 1813). Im Dezember und Januar 1814 drangen die Verbündeten in Frankreich ein, und wenn hier Napoleon im Kampfe um den eigenen Boden auch sein Feldherrngenie glänzender denn je bewies, so unterlag er schliesslich doch der Übermacht. Verraten von seinen Generälen und von allen verlassen, konnte er Paris nicht mehr halten. Am 31. März zogen die Sieger in die französische Hauptstadt ein. Am 6. April wurde Napoleon zur Abdankung gezwungen und zwar eben in jenem Fontainebleau, wo er den Stellvertreter Christi gefangen halten wollte. Noch am gleichen Tage huldigte der Senat, der sich zur Zeit der kaiserlichen Machtfülle als unterwürfiger Diener der Willkür erwiesen hatte, Ludwig XVIII. als König von Frankreich.

Als er seinen Sturz unmittelbar bevorstehen sah, hatte Napoleon noch dem Papste die Rückkehr nach Rom und die Rückgabe eines Teils seiner Staaten angeboten, aber Pius VII. bestand am 21. Januar 1814 auf der restlosen Restitution. Am übernächsten Tage hatte Napoleon seinem Gefangenen befohlen, Fontainebleau zu verlassen, und nach einer letzten Ansprache an die Kardinäle, die ihn nicht begleiten konnten, war Pius VII. nach Savona zurückgekehrt (11. Februar). Die « schwarzen » Kardinäle hatte man in verschiedene Städte Südfrankreichs gebracht. Am 10. März hatte Napoleon die Befreiung und die Zurückführung des Heiligen Vaters als Bischof von Rom in die Ewige Stadt, und am 15. die Rückerstattung seiner Staaten verfügt. An demselben Tage, da die Verbündeten ihren Einzug in Paris hielten (31. März) zog der Papst in Bologna ein.

Nun aber trat eine neue Schwierigkeit auf. Murat, der König von Neapel, erklärte sich gegen Frankreich, suchte durch Verhandlungen mit Österreich sein Königtum beizubehalten und es auf Kosten des Kirchenstaats zu vergrössern. Am 4. Mai 1814 erschien er in Cesena und überreichte dem Papste eine Denkschrift römischer Grossen, die einen weltlichen Herrscher über Rom wünschten. Der Papst warf jedoch diese Erklärung kurzerhand ins Feuer. Am 24. Mai, nach einer Reise, die ein wahrer Triumphzug war, zog Pius VII. unter dem Jubel der Bevölkerung in die Ewige Stadt ein. Während ganz Rom in Festlichkeiten schwärmte, erliess der Prosekretär ein Edikt, demzufolge als Dank für die Verehrungserweise Steuern nachgelassen, Almosen ausgeteilt und Sträflinge befreit wurden. Pius VII. verzieh auch grossmütig jenen römischen Adligen, die sich laut zu Napoleon bekannt hatten, ja er nahm sogar den Kardinal Fesch, Napoleons Mutter Lätitia und die Borghese in Rom auf. Später, nach den Hundert Tagen, sollte er noch grossmütiger Asylrecht gewähren und sich sogar bei England für eine mildere Behandlung des Gefangenen von St. Helena verwenden. Das war die Rache des Papstes.

Zwei Jahre liegen zwischen dem Tode Pius' VII. und des gestürzten Kaisers. Napoleon starb am 5. Mai 1821, Pius VII. am 24. August 1823, der einstige Kaiser mit den Worten : « Haupt... Armee », der Papst mit den Worten : « Savona... Fontainebleau ». Fast zur gleichen Zeit waren Pius VII. und Napoleon zur höchsten Herrschaft gelangt ; sie hatten die zwei grossen Mächte dieser Welt verkörpert. Nun blickte in der letzten Lebensstunde der eine auf seinen die Menschen blendenden Feldherrnruhm ohnegleichen zurück, der andere auf das erlösende Leid, durch das er das Werk des göttlichen Stifters in der Kirche fortgeführt hatte. Der Kampf zwischen Kirche und Geist der Welt war mit dem Tode dieser beiden so verschiedenen Grossen freilich nicht beendet, sondern ging in neuer Form weiter.

Schon vor der Rückkehr Napoleons von Elba, den Hundert Tagen, der letzten entscheidenden Niederlage des Kaisers bei Waterloo und seinem Tode war der Wiener Kongress zusammengetreten, der die Karte Europas umgestalten und die Restauration heraufführen sollte.

Kapitel XI.

KATHOLISCHE KIRCHE UND RESTAURATION

DIE ALLGEMEINE LAGE

Während fast unmittelbar nach der Revolution schon eine religiöse Restaurationsbewegung einsetzte, folgte dem Sturze Napoleons auch eine politische Restauration. Der Zusammenhang der beiden Bewegungen ist unverkennbar, aber grössere Bedeutung kommt der religiösen Bewegung zu, da sie einem tiefen geistigen Verlangen entsprang und die eigentliche Geschichte sich im Reiche des Geistes vollzieht. Das religiöse Erneuerungsstreben, durch grosse Schriftsteller für breiteste Kreise zum Ausdruck gebracht — 1802 erschien Chateaubriands « *Génie du christianisme* » —, war eine Frucht der schweren Erschütterungen und Leiden, die die Revolution über Europa gebracht hatte. « Wie viele verstümmelte Familien », schreibt Chateaubriand, « konnten nur noch bei dem gemeinsamen Vater aller Menschen ihre verlorenen Kinder suchen ! Aus wie vielen gebrochenen Herzen, wie vielen vereinsamten Seelen kam der Ruf nach helfender, heilender göttlicher Hand ! Die Opfer der Erschütterungen, die wir erlebten, flüchteten zum Altar wie Schiffbrüchige sich an den rettenden Felsen klammern. »[1]

Wer im ausgehenden achtzehnten und beginnenden neunzehnten Jahrhundert, als Bonaparte der Revolution ein Ende setzte, eine lebendige sittliche und religiöse Kraftquelle suchte, der konnte sie schliesslich nur in der vorfolgten, verschmähten, beraubten Kirche finden. So ging einmal mehr aus dem Übel am Ende doch wieder das Gute hervor. Gerade durch ihre Zerstörungswut rief die Revolution schliesslich die Restauration hervor.

[1] CHATEAUBRIAND : *Le génie du christianisme.* Vorwort von 1826.

Indem sie mit dem Ancien Régime auch manche Zustände beseitigte, die der Kirche schädlich waren, veraltete Institutionen und Ansprüche brach, hatte sie, allerdings unabsichtlich, auch einem innern Wiederaufbau der Gesellschaft die Wege gebahnt.

Zu Beginn des neunzehnten Jahrhunderts lebte der religiöse Glaube allgemein wieder auf. Vornehmlich in Frankreich, in Deutschland und in England bildeten sich Zentren dieser Erneuerung, der auch Künstler, Dichter und Denker Anregung gaben und Ausdruck verliehen. In Frankreich, wo der Sturm am heftigsten gewütet hatte, wurde sich das Volk zuerst wieder der geheimnisvoll starken Verbundenheit von Dogma, Hierarchie und Ritus mit dem innern religiösen Leben des einzelnen bewusst. So kam hier auch allenthalben das Verlangen nach Wiederaufrichtung des katholischen Kultes mit unwiderstehlicher Kraft zum Ausdruck. [1] Weniger als drei Jahre nachdem Pius VI. im Exil gestorben war und das Ende des römischen Papsttums gekommen schien, fand sich derselbe Bonaparte, der einst den Auftrag hatte, in Rom die « Fackel des Fanatismus auszulöschen », veranlasst, mit dem Nachfolger des Märtyrer-Papstes eine Verständigung über die Wiederaufrichtung des kirchlichen Kultes zu suchen.

Auch die Romantik wirkte an der Restauration mit. Geistige Bewegungen von solcher Weite und Tiefe scheinen zwar bei ihren sehr verschiedenen und vielfältigen Ursprüngen wenig einheitlich ausgerichtet. Und auf die romantische Bewegung können sich, je nach Zeit und Lage, Katholiken wie Liberale berufen. Es lässt sich indessen nicht verkennen, dass die Zuwendung der Romantiker zum Mittelalter, ihr Sinn für das Historische, insbesondere die nationale Überlieferung, ihre « Sehnsucht nach Verlorenem », ihre Ablehnung des erstarrten Klassizismus des achtzehnten Jahrhunderts bedeutsam an der religiösen Restauration mitwirkten.

Der Sturz Napoleons, durch den sich Aristokratie und Monarchie von Gottes Gnaden wieder über die Revolution erhoben, erschien auch als Niederlage des Freidenkertums und Sieg der Religion. Die Herrscher der « Heiligen Allianz » sahen in der Kirche, in allen Kirchen eine der wichtigsten Stützen gegen Liberalismus und Geheimgesellschaften. Die Verbindung von « Thron und Altar » nach der beliebten Formel der Legitimisten kennzeichnet zur Restaurationszeit die Politik der massgebenden europäischen Regierungen. Dabei muss man bedenken, dass der französische Adel, der nun wieder die

---

[1] Diese Zeitbewegung hat der doch ausgesprochen positivistisch eingestellte französische Historiker Taine in seinem Geschichtswerk *Origines de la France contemporaine* eindrücklich geschildert.

Macht zu gewinnen strebte, auch mit den hohen Vertretern der Kirche im Exil geweilt hatte. In England betrachtete es die « Tory »-Aristokratie als eine ihrer ersten Aufgaben, Institutionen und Autorität der anglikanischen Kirche neu zu festigen. In Deutschland traten frühere Liberale, wie der zu einem der gewandtesten Schriftsteller im Dienste Metternichs gewordene Gentz und Josef von Görres, nun gerade für die Sache ein, die sie früher bekämpft. Das neue Schrifttum, das weitesten Anklang fand, nahm gegen die Aufklärung, insbesondere die voltairesche Philosophie, Stellung, die der Menschheit nur eine prosaische, trockene, kalte Welt gelassen habe, beraubt von allem, was die Seele erhebe, Gefühl und Phantasie beglücke. Nun gab man der Poesie, die ihren tiefsten Ursprung im Religiösen habe, einen Hochwert.

Während die religiöse Erneuerungsbewegung in allen Nationen und kirchlichen Gemeinschaften zur Geltung kam und die politische Restauration mittelbar unterstütze, trat jedoch ein Streben gerade der katholischen Fürsten zu Tage, gegenüber der Kirche wieder die Politik des Ancien Régime weiterzuführen. Der alte Gegensatz der Vorherrschaftsansprüche der geistlichen Gewalt einerseits und der weltlichen Gewalt anderseits lebte damit, zwar zuweilen in milderer Form, wieder auf. Manche von denen, die für « Thron und Altar » eintraten, waren auch in ihrer Geisteshaltung noch weitgehend durch die frivole Ungläubigkeit des achtzehnten Jahrhunderts bestimmt. Es ist freilich eine allgemeine geschichtliche Erscheinung, dass Restaurations- und Renaissancebewegungen nicht schlechthin die Erneuerung früherer Zustände, sondern neue Synthesen ergeben. So schwand auch der Liberalismus, nachdem er einmal aufgetreten, nie mehr ganz aus dem europäischen Geistesleben. Er kam allerdings auch den Katholiken insofern zugute, als sie nun ihrerseits Anspruch auf Rechte erheben konnten, die nicht allen zugestanden und nur der Kirche allein vorbehalten werden dürften. Und wenn die Kirche zur Restaurationszeit von den autoritären Monarchien den Schutz erhielt, dessen sie zur Reorganisation des kirchlichen Kultes und der kirchlichen Disziplin bedurfte, so verdankte sie anderseits der liberalen Bewegung eine gewisse neue, rechtlich gesicherte Freizügigkeit, die ihrem Wirken sehr förderlich war. Die Auseinandersetzung zwischen Katholizismus und Liberalismus wurde zwar trotzdem weitergeführt, während sich anderseits erwies, dass die oft allzu enge Verbindung von « Thron und Altar » sowohl für die Kirche wie für die katholischen Fürsten ihre Nachteile hatte. Schliesslich konnte sich weder die Restauration innerhalb der einzelnen Staaten noch der Versuch einer internationalen Organisation durch die Heilige Allianz der Fürsten gegen den Fortschritt der liberalen Bewegungen und der nationalen Idee behaupten.

DER WIENER KONGRESS

Am 24. Mai 1814 hatte Pius VII. seinen feierlichen Einzug in Rom gehalten. Die Kirche feiert den Jahrestag dieses Festes der « Hilfe der Christen », das von Pius VII. als Dankfest für seine Befreiung eingesetzt ward. Aber eine schwierige Aufgabe blieb dem Heiligen Stuhl noch vorbehalten, nämlich die Rückerstattung des Kirchenstaats von Napoleons Besiegern zu erreichen.

Zwischen den Verbündeten und Frankreich, das jetzt Ludwig XVIII. regierte, kam am 30. Mai der Friede von Paris zustande, der Frankreich auf seine Grenzen von 1792 zurückführte. Im Herbst desselben Jahres sollte ein grosser europäischer Kongress zur Neugestaltung Europas eröffnet werden. Der Pariser Friedensvertrag enthielt einige Bestimmungen, die den Papst mit Recht beunruhigten. Artikel 3 sicherte Frankreich den Besitz von Avignon und der Grafschaft Venaissin zu ; Artikel 6, « der absichtlich dunkel gehalten war », [1] bestimmte, dass Italien, « jenseits der Grenzen jener Länder, die an Österreich kommen werden, aus souveränen Staaten bestehen wird ». Ein Geheimartikel — es gab ihrer mehrere — begrenzte die österreichischen Besitzungen durch den Po und den Tessin, womit die österreichische Herrschaft auf kirchenstaatliches Gebiet übergriff, und nannte nur einen italienischen Herrscher, den König von Sardinien aus dem Hause Savoyen. Anderseits hatte Murat, der sich weiterhin als König von Neapel betrachtete und von ehrgeizigem Streben erfüllt war, seine Angriffe gegen die weltliche Herrschaft des Papstes wieder aufgenommen. Pius VII. beauftragte Msgr. della Genga — den spätern Leo XII. — den Machenschaften Murats bei den Verbündeten entgegenzutreten. Consalvi, der am 17. Mai wieder zum Staatssekretär ernannt ward, vertrat seinerseits nachdrücklich und erfolgreich die Forderung nach Rückgabe des Kirchenstaates.

Consalvi durchschaute klar die Intrigen Murats und der einstigen Anhänger Napoleons, die die Besetzung der Marken durch den König von Neapel und der drei Legationen durch Österreich in jeder Weise zu fördern suchten. Vielleicht hatte er etwas von den am 11. und 14. Januar 1814 zwischen Metternich und Murat geschlossenen Geheimverträgen erfahren, die vorsahen, dass sich der Kaiser von Österreich bemühen werde, den Verzicht des Bourbonen Ferdinand IV. auf das Königtum Neapel zu erreichen. Zudem war vereinbart, dass sich der Kaiser für die Souveränität Murats über die Staaten, die dieser in Italien besass, einsetzen, und dass ein Gebiet von etwa 400 000

---

[1] Mollat a. a. O. (s. o. S. 12).

Seelen nach Übereinkunft zwischen den zwei Staaten dem Kirchenstaat genommen würde. Österreich behielt sich die drei Legationen vor. Der Kaiser wollte auch dafür sorgen, dass der Heilige Stuhl und die Verbündeten in diese Vereinbarung einwilligten, die im Grunde den Kirchenstaat aufteilte. Murat glaubte sich auf Grund dieses Vertrages sowohl seiner Krone als auch einer Vergrösserung seiner Staaten sicher.

Consalvi blieb mangels anderer Mittel, die die verarmte päpstliche Kasse nicht aufbringen konnte, nur übrig, mit Überredungskunst die Sache des Papstes bei den Mächten zu vertreten. Er sprach Ludwig XVIII., der aber von einer Rückgabe von Avignon und Venaissin nichts wissen wollte, den englischen Prinzregenten und Lord Castlereagh, die sich darauf beschränkten, den Kardinal mit aller Höflichkeit zu empfangen, und ihm nichts Bestimmtes versprachen.

Am 23. Juni 1814 richtete Consalvi ein Schreiben an die Grossmächte, in dem er die Wiedereinsetzung des Heiligen Stuhls in alle Staaten, die ihm die Revolution genommen, verlangte. Im September gelang es ihm während der Vorbereitung des Kongresses in Wien, die Sympathie der Fürsten und einflussreicher Politiker zu gewinnen, aber er verhehlte sich keineswegs, welche Schwierigkeiten sich aus der allgemeinen Haltung der Sieger ergaben, die über die in Frage stehenden Gebiete im Namen des Rechts der Eroberer zu verfügen beanspruchten. Eine weitere Denkschrift hatte wenig Erfolg, obwohl der Vertreter Pius' VII. darin sehr stichhaltige Gründe für seine Forderungen anführte.

Diese Lage änderte sich jedoch von Grund aus, nachdem der Kongress die sächsischen und polnischen Angelegenheiten geregelt hatte, die beinahe einen Konflikt unter den Verbündeten heraufgeführt hätten. Von da an fasste Metternich die Möglichkeit eines Krieges gegen Murat ins Auge, und am 25. Februar konnte Consalvi befriedigt schreiben, dass der Untergang Murats beschlossen sei. Er vermied es, irgendwelche Verbindlichkeiten gegenüber dem König von Neapel einzugehen, der sich nun zu territorialen Zugeständnissen bereit fand, sofern er nur sein Königtum behielte. Ein wahnsinniges Vorgehen beschleunigte Murats Sturz. Er brachte Frankreich aufs höchste auf, als er seine Anerkennung als König von Neapel von der französischen Regierung forderte und Metternich um freien Durchzug durch die Lombardei gegen Frankreich ersuchte. Österreich, das keineswegs die Truppen Murats in den von ihm besetzten Gebieten wünschte, beantwortete das Ersuchen mit der Entsendung von hundertfünfzigtausend Mann nach Italien. Völlig verrannte sich Murat, als Napoleon am 1. März 1815 bei Cannes landete. Nun schien dem König von Neapel der Augenblick gekommen, sich als König von Italien ausrufen zu lassen. Er drang mit seinem Heere in den Kirchenstaat ein; der Papst musste Rom verlassen und flüchtete nach Genua (22. März - 3. April). Am 30. März erliess Murat einen Aufruf an die Italiener: « Endlich ruft euch die Vorsehung auf, eine unabhängige Nation zu sein. Von den Alpen bis zur Strasse von Sizilien erhebt sich nur ein Ruf: Unabhängigkeit Italiens! » Aber das italienische Nationalbewusstsein schlummerte noch; die nationale Partei bestand noch lediglich aus einer Gruppe von Theoretikern, einem Teil des Adels und den Geheimgesellschaften und suchte vergeblich, tieferen Einfluss auf die breiten Massen zu gewinnen. Unter diesen Umständen fand Murats Unterfangen ein klägliches Ende. Am 3. Mai wurde er besiegt, und zwar eben bei Tolentino, wo 1797 jener Vertrag geschlossen worden war, der den Kirchenstaat Napoleon auslieferte. Einige Monate später (Oktober 1815) machte ein Exekutionskommando dem bewegten Leben des tapferen, aber auch gewissenlosen und jeden diplomatischen Sinns entbehrenden Revolutionssoldaten Murat ein Ende.

Pius VII. kehrte am 7. Juni nach Rom zurück und erfuhr einige Tage später, dass ihm durch die am 9. Juni unterzeichnete *Wiener Schlussakte* ein grosser Teil seiner Staaten zurückgegeben war. Dieses unverhoffte, nach dem Worte eines Kardinals « wunderbare » Ergebnis verdankte der Papst vor allem Consalvi, aber auch der Politik Talleyrands, des Vertreters Ludwigs XVIII., der mit seinem glänzenden diplomatischen Geschick so erfolgreich für die kleinen, von den grossen bedrängten Staaten eingetreten war und damit Frankreich wieder aus seiner Isolierung herausgeführt hatte. Von seiten des abgefallenen Bischofs von Autun und einstigen Ministers der Republik und des Kaiserreichs war es allerdings eine unerhörte Keckheit gewesen, sich auf das öffentliche Recht und die Legitimität zu berufen. Aber er verstand es so gut, das, was er als die « *convenances de l'Europe* » bezeichnete, als Recht hinzustellen und zugleich Österreich und England, Preussen und Russland in Gegensätze zu bringen, dass er schliesslich die Koalition sprengte. Als es Napoleon gelang, von Elba zu fliehen und in Frankreich zu landen, musste Consalvi zwar fürchten, dass das mit so viel Mühe und diplomatischem Geschick in Wien Erreichte mit einem Schlage zusammenbrechen werde. Aber das Wesentliche konnte er doch durch letzte, mit ebenso grosser Festigkeit wie Mässigung geführte Verhandlungen sichern. Eigentlich besass der Heilige Stuhl, da er nicht am Krieg gegen Napoleon teilgenommen hatte, überhaupt kein Recht, sich in Wien vertreten zu lassen. Aber die Persönlichkeit des Staatssekretärs und die Wichtigkeit der Sache, für die er eintrat, führten schliesslich zu einem sehr ehrenvollen und günstigen Ergebnis. Die Kirche erhielt Ponte Corvo und Benevent, die Legationen von Ravenna,

Bologna und Ferrara mit Ausnahme des am linken Poufer gelegenen Gebiets, die Marken mit Camerino und den dazugehörenden Gebieten wieder zurück. Das Fürstentum Benevent hatte Napoleon seinerzeit Talleyrand verliehen, wie er andere Fürstentümer an andere seiner hohen Würdenträger vergeben hatte. Nun mussten sich der König von Neapel und der Heilige Stuhl zur Zahlung von zwei Millionen bereit finden, um die Rückgabe Benevents von Talleyrand zu erreichen. Metternich hatte sich zum Makler dieses « freundschaftlichen Übereinkommens » mit dem Verräter an allen hergegeben, und Consalvi war nur die Annahme übrig geblieben, bei der er allerdings « die Zähne zusammenzog ».

Im wesentlichen hatte der Heilige Stuhl seine Forderungen durchgesetzt. Da ihm aber einiges doch vom Kongress abgeschlagen worden war, glaubte Consalvi, am 14. Juni bei allen offiziellen Vertretern der Mächte Protest dagegen einlegen zu müssen, dass man ihn zur Aufgabe gewisser Gebiete genötigt habe. Er bestand dabei weiter auf der Nichtigkeit der Verträge von Tolentino und Paris.

Für die Ausführung der Wiener Bestimmungen machten Österreich und das Ferdinand IV. von Bourbon zurückerstattete Königreich Sizilien noch beträchtliche Schwierigkeiten. Zwar wurden Ferdinands IV. Pläne durch den 1820 in Neapel ausgebrochenen militärischen und liberalen Aufstand durchkreuzt, aber bald darauf wurde der Papst neuerdings schwer durch die Nachricht beunruhigt, dass die neapolitanischen Truppen in den Kirchenstaat eindringen würden, wenn die österreichische Armee zu seinem Schutze einrückte. Schliesslich richteten die Österreicher wieder die Herrschaft Ferdinands IV. in Neapel auf (23. März 1821). Durch dieses Eingreifen und die gleichzeitige Unterdrückung des Aufstandes in Piemont wurde nun aber die politische und militärische Vorherrschaft Österreichs in Italien gefestigt. Hingegen war die Unabhängigkeit des Heiligen Stuhls gefährdet, da Metternich noch weitere Eingriffe nahelagen. Auf dem Kongress von Verona (1822), auf dem die Wiederherstellung der absoluten Monarchie in Spanien mit dem Bourbonen Ferdinand VII. beschlossen wurde, fiel es Consalvi nicht schwer, darzutun, dass die Geheimgesellschaften, vor allem die *carbonari*, vornehmlich Zuzug aus den Kreisen der österreichfeindlichen Italiener erhielten. Der kluge Staatssekretär Pius' VII. sah klar, dass zur Erhaltung der Freiheit des Heiligen Stuhls dessen Sache von der seit dem Wiener Kongress von Österreich systematisch geführten Politik zu trennen sei. [1] Indessen suchte eine eifersüchtige Clique das Ansehen des ausserordentlich verdienten Staatssekretärs beim

[1] Mollat a. a. O. S. 127.

Papste zu untergraben. Consalvis Erbitterung darüber war so gross, dass er 1816 schon von Demission gesprochen hatte. Man war soweit gegangen, ihn der Mitgliedschaft an einer Loge zu verdächtigen, indem man eine freundschaftliche Begrüssung Lord Stuarts durch ihn in diesem Sinne deutete. Consalvi hätte mehr Dankbarkeit erwarten dürfen. Aber Undankbarkeit ist nicht eine besondere Eigenschaft der Republiken allein.

DAS PAPSTTUM UND DIE RESTAURATION

Bei dem Grundsatz der « Legitimität », der für die europäische Restauration massgebend war, und dem Verlangen nach Rückkehr zu Gott, das so viele erfüllte, war es natürlich, dass Fürsten und Völker sich dem Papste in der Erwartung zuwandten, er werde der Neuordnung der europäischen Gesellschaft einen sicheren Grund geben. Unter « Legitimität » verstand man im Gegensatz zu den revolutionären Umwälzungen die Achtung der Dynastien und aller durch nationale Tradition ehrwürdigen Institutionen. In dem Worte « Restauration » kam ein allgemeiner Wunsch des damaligen Europa zum Ausdruck. Überall hatten sich die Ruinen gehäuft, es musste wiederaufgebaut werden, aber ein wirklicher Wiederaufbau konnte nur von den Lehren des Christentums geleitet sein. Nach dem Zusammenbruch von Napoleons Gewaltherrschaft strebten die aus der Knechtschaft befreiten Völker allenthalben, sich fortan nach ihren besonderen nationalen Traditionen, ihrer völkischen Eigenart entsprechend zu entwickeln und für ihre Beziehungen allein die gegenseitige Achtung ihrer Rechte und ihrer besonderen Bestrebungen massgebend sein zu lassen.

Die Revolution und Napoleons Kaisertum hatten Tatsachen geschaffen, die nicht mehr aufzuheben waren ; der Liberalismus und im Zusammenhang mit ihm der Nationalismus waren fortan Mächte, denen man, ob man wollte oder nicht, Rechnung tragen musste. Anderseits suchten aber Fürsten und Staatsmänner die grossen Grundsätze, auf die sie sich im Kampfe gegen die Revolution und den « Usurpator » berufen hatten, nun in den Dienst ihres eigenen Machtstrebens zu stellen. Auf dem Wiener Kongress war bei so manchen, oft recht wenig erbaulichen Verhandlungen das Recht der Schwächeren missachtet worden. Selbst der als Schriftsteller im Dienste Metternichs stehende Friedrich Gentz beklagte in vertraulicher Denkschrift die innere Unausgeglichenheit seiner Zeit, in der man von « Wideraufrichtung der gesellschaftlichen Ordnung », von « Neugestaltung des politischen Systemes », vom « dauerhaften, auf eine gerechte Verteilung der Kräfte begründeten Frieden » spreche, aber in Wahrheit eben doch nur die den Besiegten abgenommene Beute unter die Sieger verteile. Wie schon im Westfälischen Frieden wurde das « europäische Gleichgewicht » auf ein Übereinkommen der Mächtigen gegründet. Wie 1648 so schuf man auch 1815 ein Werk, das ganz von politischem Empirismus getragen, unnatürlich und nicht durch rechtliche Grundsätze bestimmt war. [1]

Indessen waren die Fürsten und Staatsmänner zu klug, um über eine Tatsache hinwegzusehen, die Bonaparte schon beim Ausgang der Revolution beeindruckt hatte, und die seither immer deutlicher und wichtiger hervortrat, dass nämlich ohne religiöse Orientierung kein politischer Wiederaufbau festgefügt werden kann. Aus dieser Überzeugung entprang denn auch der Plan eines Bündnisses der Staaten mit dem Heiligen Stuhl, der in einer Reihe von *Konkordaten* verwirklicht werden sollte, denen grösstenteils das französische Konkordat von 1801 zum Vorbild diente.

Von anderem Geiste getragen und von anderer Tragweite war die am 26. September 1815 zwischen dem Zaren, dem Kaiser von Österreich und dem König von Preussen geschlossene *Heilige Allianz*, die auf einer unklaren, verworrenen Idee, einer die konfessionellen Unterschiede übersehenden oder verdeckenden Auffassung des Christentums beruhte. Unter dem Einfluss von Frau von Krüdener und ihrer mystisch-pietistischen Schwärmereien hatte Zar Alexander zuerst diesen Gedanken gefasst. Die Heilige Allianz, von den Liberalen der Restaurationszeit mit allem nur denkbaren Hohn übergossen, brachte zwar sehr grossmütige Absichten zum Ausdruck und suchte sie auf christliche Auffassungen zu gründen, aber sie übernahm diese in zu matter, verwischter Form, um lebenskräftig zu sein. Die Behauptung trifft jedoch nicht zu, dass die Fürsten der Heiligen Allianz diese nur als Knechtungsapparat für die Völker ausnützten. Allerdings verwirklichten sie die hohen Ideale, die sie aufgestellt, in keiner Weise, gedachten dies vielleicht auch von Anfang an gar nicht zu tun, sodass es, nach den Worten Lord Castlereaghs, bei einem « *loudsounding nothing* », einem lauttönenden Nichts, blieb. Immerhin hatte die Allianz das Gute, dass sie, wie Sainte-Beuve schreibt, der europäischen Gesellschaft die schreckliche Glaubensleere, Gleichgültigkeit und Not der Neuzeit zum Bewusstsein brachte.

Wesentlich anderer Art war der *Vierbundvertrag*, der nach den Hundert Tagen und Napoleons endgültiger Niederlage bei Waterloo, am gleichen Tage wie der zweite Pariser Friede, am 20. November 1815, zwischen den vier Grossmächten, Russland, England, Österreich, Preussen, geschlossen wurde. Danach

[1] Über den Westfälischen Frieden und das Papsttum s. Kap. IV.

sollten die Botschafter der vier Mächte fortan zu regelmässigen Konferenzen zusammentreten und den französischen König bei der Aufrechterhaltung der Ruhe unterstützen. Neben diesen Botschafterkonferenzen sahen die verbündeten Grossmächte, die später auch Frankreich in ihren Verein aufnahmen, noch periodische Zusammenkünfte ihrer Fürsten oder Minister vor, um « den grossen gemeinsamen Interessen zu dienen ». Theoretisch sollte für die europäische Ordnung das Prinzip der « Legitimität » massgebend sein, praktisch lief diese Politik auf Sicherung der Verträge von 1815 im Interesse der führenden Grossmächte aus. An die Stelle des niedergerungenen Diktators, der vergeblich versucht hatte, Europa im System des *Empire* neu zu organisieren, trat eine Aristokratie von « Gesetzeswächtern », gebildet von den vier Grossmächten, die den gewaltigen Umsturz der letzten zwanzig Jahre überdauert hatten und jetzt die gemeinsame Verwaltung Europas übernahmen. [1] In gewisser Hinsicht stellte dieser Verein der Grossmächte ein ähnliches System auf wie ein Jahrhundert später der Völkerbund.

Die Verträge von 1815 trugen jedoch von Anfang an den Keim des Verfalls in sich. Das Doppelprinzip der « Legitimität » und des « europäischen Gleichgewichts», das ihnen zugrunde lag, war ihre doppelte Schwäche. Es war unmöglich, Europa, wie dies damals geschah, nach *Staaten* ohne jede Rücksicht auf die europäischen *Nationen* zu organisieren. Die Wiener Verträge brachen in der Folge der Reihe nach überall da zusammen, wo sie dem Nationalitätenprinzip widersprachen. Keine zehn Jahre nach ihrem Abschluss schienen sie schon nicht mehr sicher, 1830 wurden sie ernstlich in Frage gestellt, 1848 zum Teil schon gebrochen und schliesslich 1860, 1866 und 1870 durch die Bildung des unabhängigen Belgiens, der italienischen Monarchie und des Deutschen Reichs endgültig zunichte. Es lässt sich indessen ohne Übertreibung nicht sagen, dass der Wiener Kongress den Kampf zwischen Konservativen und Liberalen ausgelöst habe, der, wie der liberale französische Historiker Seignobos zutreffend bemerkt, die politische Geschichte des neunzehnten Jahrhunderts bestimmte. Diese beiden Parteien bildeten sich erst später. Allerdings haben Metternich, Talleyrand und ihre russischen und preussischen Schüler eine Reaktion hervorgerufen, indem sie die liberalen und nationalen Bestrebungen der Völker verkannten und darin nicht das Legitime vom Revolutionären zu unterscheiden wussten. Joseph de Maistre, einer der hervorragendsten Vertreter des konservativen und legitimistischen Denkens, sah auch hier richtig, als er — schon im April 1815 — schrieb : «Das Befremdende ist, dass die höchsten dieser (d.h. der beim Wiener Kongress versammelten) Fürsten

[1] Vgl. Schnabel a. a. O. Bd 2. S. 37 ff.

offenbar von den philosophischen und politischen Zeitideen beeinflusst waren, und doch die Nationen nie in solchem Masse verachtet, nie in schlimmerer Weise mit den Füssen getreten wurden » ... « Damit wird aber endlos Krieg und Hass gesät. » Tatsächlich waren die Reaktionäre von 1815 noch Geisteskinder des aufgeklärten Jahrhunderts.

Die Haltung des Heiligen Stuhls entsprach der Lage. Während es die Päpste einerseits vermieden, in unbedingter Übereinstimmung mit dem Geist des Wiener Kongresses zu erscheinen, wahrten sie anderseits gegenüber der liberalen Bewegung eine misstrauische Zurückhaltung. Es versteht sich leicht, dass der um die Freiheit des Apostolischen Stuhls und die Interessen des Kirchenstaats besorgte Kardinal Consalvi nicht blindlings auf die Politik einging, die Metternich durch den Vierbundvertrag zu verwirklichen strebte. Nicht dass ein grundsätzliches Bedenken vorlag, aber die Kirche wollte und musste ihre Bewegungsfreiheit wahren und es sich vorbehalten, mit jungen Nationen, auch wenn sie in Konflikt mit ihren Herrn standen, ebenso in Beziehung zu bleiben wie mit den alten, und zwar nicht nur kirchentreuen, sondern auch protestantischen und schismatischen Staaten. Zu Beginn des Pontifikats Leos XII., des Nachfolgers von Pius VII., machte ein russischer Diplomat die feine Bemerkung : « Rom ist unverwundbar auf dogmatischem Gebiet, und in Angelegenheiten, die nichts mit dem Dogma zu tun haben und die man als politische bezeichnet, ist Rom das einzige Gebiet, in dem nie eine gründliche Ungeschicktlichkeit begangen wird. »

DIE KONKORDATE

Zur Sicherung seiner Bewegungsfreiheit und eines fruchtbaren Wirkens für die religiöse Restauration schloss der Heilige Stuhl Konkordate mit den einzelnen Ländern.

Zuerst wurden mit *England* Verhandlungen aufgenommen. Zu Beginn der Restauration war die englische Regierung, die alle Koalitionen gegen Napoleon inspiriert und finanziert hatte, durch die Logik der Tatsachen zur Verteidigung des Papstes geführt worden. Consalvi war, wie wir bereits sahen, bei seinem Besuche in London, 1814, sowohl vom Prinzregenten wie vom Premierminister, Lord Castlereagh, ehrenvoll aufgenommen worden und hatte die Zusicherung erhalten, dass die englische Regierung dem Papst zur Wiedererlangung seiner Staaten helfen werde. Consalvi benützte seinen Aufenthalt in England nun auch, um Verhandlungen über die Rechte der englischen Katholiken aufzunehmen. Seit der Regierung Elisabeths (1558-1603) waren alle Beziehungen zwischen Rom und England abgebrochen.[1] Die anfänglich von allen Untertanen verlangte Abschwörung des Glaubens an die Transsubstantiation und eidliche Anerkennung der Oberhoheit des Königs über die Kirche wurde im neunzehnten Jahrhundert noch von allen verlangt, die in den öffentlichen Dienst treten wollten. Trotzdem hatte die allgemeine Voreingenommenheit gegen die Katholiken sich im Laufe der Zeit gelockert. Die zur Revolutionszeit nach England geflüchteten Mitglieder des französischen Klerus hatten wohlwollende Aufnahme gefunden, erwarben aber auch durch ihr Verhalten die Achtung des Gastlandes. Zudem erweckten die englischen Romantiker, besonders ein Walter Scott, Wordsworth und Coleridge, Sympathie für katholische Persönlichkeiten bei ihren Landsleuten. Die gebildete Schicht und die Regierungskreise waren auch schon durch die geistige Krise der Revolution wieder zum Christentum hingelenkt worden, das den besten Weg zur Befriedung, zur religiösen und politischen Restauration wies. Schliesslich wirkte sich auch die Tatsache aus, dass nach der Union Irlands mit England und der Abschaffung des irischen Parlaments (1800) die englischen Katholiken ungünstiger als die irischen gestellt waren, indem letztere das Wahlrecht besassen, das ersteren weiterhin verweigert blieb. Pitts Versuch, diese Ungerechtigkeit zu beseitigen, schlug zwar fehl — die Emanzipation der englischen Katholiken wurde erst 1829 erreicht — aber er rief doch eine katholikenfreundliche Strömung in der öffentlichen Meinung hervor.

So fand der Kardinalstaatssekretär Consalvi die kirchlichen Verhältnisse, als er 1814 in London die Besprechungen mit Lord Castlereagh aufnahm, mit denen schliesslich der Grund zu einem Konkordat gelegt werden konnte. Der Heilige Stuhl zeigte sich bereit, einen Treueid auf die Verfassung seitens der Katholiken zuzulassen und auch der Regierung das Recht einer gewissen Intervention in die Bischofswahlen zuzugestehen, wollte aber keineswegs in die Forderung der Regierung einwilligen, dass alle von Rom kommenden Schriften dem königlichen Exequatur unterworfen würden. Diese Verständigungsschwierigkeit war noch nicht behoben, als die Eröffnung des Wiener Kongresses die Verhandlungen unterbrach. Es dauerte einige Zeit, bis die Besprechungen wieder aufgenommen wurden. Immerhin hatten sie schon soweit geführt, dass England einen Gesandten beim Heiligen Stuhl einsetzte, und die Verständigung war, wenn sie auch noch lange auf grosse Schwierigkeiten stiess, doch immerhin angebahnt.

Schwierig gestalteten sich auch die Verhandlungen der Kurie mit *Frankreich.* Aber hier bot das Konkordat von 1801 der Kirche wenigstens

---

[1] Vgl. Kap. III, S. 80 ff.

gewisse Sicherungen, die wohl unzureichend, aber doch nicht unwesentlich waren. Die der englischen nachgebildete gemässigte Verfassung *(charte octroyée)*, die Ludwig XVIII. 1814 dem Lande gab, erklärte den Katholizismus zur Staatsreligion und schützte ihn durch verschiedene Gesetze und Massnahmen. Trotzdem bestand im Hintergrund eine Feindseligkeit gegen die päpstliche Autorität. Eine Gruppe von Bischöfen, die das Konkordat von 1801 nicht anerkannten und sich um den Reimser Erzbischof Talleyrand-Périgord, einen Verwandten des berühmten Ministers, scharten, ging bis zur Forderung, dass alle zum Konkordat haltenden Bischöfe abgesetzt, alle vor 1789 bestehenden Bistümer wiederhergestellt und danach die freien Sitze nach den Grundsätzen des Konkordats von 1516 besetzt würden. Der Minister des Auswärtigen, Talleyrand, unterstützte diese Forderungen.

Aber der Heilige Stuhl liess sich seine Haltung nicht von diesen kirchlichen Würdenträgern vorschreiben, auf die das allgemeine Urteil über die Emigranten, dass sie « nichts gelernt und nichts vergessen » hätten, besonders zutraf. Immerhin zeigte der Papst so grosses Entgegenkommen, dass nach langen Verhandlungen schliesslich das Übereinkommen vom 25. August 1816 zustande kam, demzufolge das Konkordat von 1516 erneuert werden sollte. Das Konkordat von 1801 wurde zwar weder verleugnet noch ausdrücklich widerrufen, aber es sollte fortan wirkungslos sein. Anderseits wurden die « organischen Artikel » förmlich aufgehoben; um dies zu erreichen, hatte Pius VII. sich zur Aufgabe des Konkordats von 1801 bereitgefunden. Die Gallikaner waren jedoch noch nicht befriedigt, und der König wollte das Übereinkommen nur unter dem Vorbehalt der gallikanischen Freiheiten bestätigen. Dieser neuerliche Anspruch veranlasste den Papst, nun seinerseits die Bestätigung der Vereinbarung zu verweigern, und damit trat das Konkordat von 1801 wieder in Kraft.

Schliesslich kam aber nach erneuten Verhandlungen am 11. Juni 1817 ein zweites Konkordat zustande, das die päpstlichen Vorschläge grundsätzlich anerkannte, jedoch mit Einschränkungen, die es dem König erlauben sollten, in der Tat seine Absichten auch gegen den Papst zu verwirklichen. Der noch stark von voltairschem Geist beeinflusste Ludwig XVIII., der mehr Vorliebe für Horaz als für die Kirchenväter hatte, hielt durchaus an den Vorrechten seiner königlichen Vorgänger fest. Trotzdem wurde das neue Konkordat vom Papste durch die Bulle *Ubi primum* vom 19. Juli 1817 ratifiziert. Dann verwarf es aber die französische Kammer. Die Liberalen fanden es reaktionär, und die extreme Rechte sah in ihm eine Schädigung der Kirche. Aufgebracht über die ständig wechselnde Haltung der französischen Regierung, erklärte nun der Papst, dem die Vereinbarung von Anfang an nur ein minderes Übel bedeutet hatte, seine Rückkehr zum Konkordat von 1801 (Konsistorialansprache vom 23. August 1819). Diese Rückkehr war nur als eine vorläufige gedacht, wurde aber in der Tat eine endgültige. Es blieb bei der neuen, vom Konkordat von 1801 ausgehenden Zirkumskription der Bistümer durch die Bulle *Paternae caritatis* vom 10. Oktober 1822.

Die Tatsache, dass das *bayrische Konkordat* vom 5. Juni 1817 dem französischen Konkordat von 1801 nachgebildet wurde, zeigt auch, dass letzteres trotz seiner Mängel eine bessere Grundlage zur Verständigung bot als die Projekte von 1816 und 1817, von denen soeben die Rede war. Bayern war nicht der erste deutsche Staat, der die Verbindung mit dem Heiligen Stuhl aufnahm, um wieder ein normales Verhältnis zwischen Kirche und Staat herzustellen. Schon zur Zeit des französischen Kaiserreichs und des unter Napoleons Protektorat stehenden Rheinbunds hatte man in kirchlichen Kreisen Deutschlands Konkordatsprojekte entworfen. Die allgemeine Lage, insbesondere das Exil Pius' VII., hatten jedoch das Zustandekommen solcher Verträge verhindert. Erst nachdem 1815 der Friede wiederhergestellt war, konnten die Verhandlungen wieder aufgenommen werden. Das bayrische Konkordat sicherte der Kirche die « Rechte und Prärogativen » zu, die ihr nach göttlicher Anordnung und kanonischen Satzungen gebühren ; anderseits verlieh der Papst dem König die « Indult », die Bischöfe und Domherren zu ernennen, sowie zu den Patronatspfarreien zu präsentieren ; die Institution der Bischöfe blieb dem Papst vorbehalten. Schliesslich wurde bestimmt, dass der König das Konkordat zum Staatsgesetz erklären werde. In dieser Hinsicht ergaben sich jedoch bald schon Schwierigkeiten. Die Art, wie das Konkordat publiziert wurde, erregte in Rom grösstes Missfallen. Tatsächlich schlug die bayrische Regierung als gelehrige Schülerin Napoleons dessen ränkevolle und zweideutige Wege der organischen Artikel ein. Die Bekanntgabe des Konkordats erfolgte im Rahmen der neuen bayrischen Verfassung vom 26. Mai 1818 und der darin aufgenommenen kirchlichen Gesetzgebung, für welche dieselben Grundsätze wie in dem berüchtigten Religionsedikt von 1809 massgebend waren. Das Konkordat erschien als zweite Verfassungsbeilage und Anhang zum « Edikt über die äusseren Rechtsverhältnisse des Königreichs Bayern in Bezug auf Religion und kirchliche Gesellschaften », gleichzeitig mit einem für die Protestanten geltenden Erlass. Auf diese Weise wurde seine Rechtskraft wesentlich eingeschränkt, und der Staat erhielt weitgehende kirchliche Kompetenzen.[1] Glücklicherweise wurden in der Folge diese Einschränkungen durch ein feierliches Versprechen des Königs in gewissem Masse wieder gutgemacht (1821).

---

[1] Vgl. Schmidlin a. a. O. Bd 1. S. 225 ff.

Für Rom bedeutete es auch schon einen Gewinn, überhaupt die Gesetzeskraft eines Konkordats in einem der noch ganz vom Febronianismus erfüllten deutschen Staaten zur Anerkennung gebracht zu haben.

Der *Deutsche Bund*, der seit dem Wiener Kongress an Stelle des früheren Deutschen Reiches bestand, umfasste eine Reihe protestantischer Staaten mit einer mehr oder weniger grossen Zahl katholischer Untertanen, denen nun der Papst eine bestimmte rechtliche Stellung zu verschaffen wünschte. Unter diesen Staaten trat *Preussen* hervor, das durch die Verträge von 1815 neue katholische Untertanen im Rheinland gewonnen hatte. Eine Gruppe von Reichsständen — Baden, Württemberg, Hessen, Nassau, Mecklenburg, Oldenburg, die sächsischen Häuser, Hamburg, Bremen und Frankfurt — suchte durch ihre Vertreter in Frankfurt eine Regelung der kirchlichen Verhältnisse zu erreichen. Friedrich Wilhelm III. ernannte den berühmten Historiker Niebuhr zum preussischen Gesandten in Rom, einen hochgebildeten, überzeugten aber aufgeschlossenen Protestanten. Niebuhr wurde vom Papste und von Consalvi sehr freundlich aufgenommen ; er erhielt auch Zugang zur vatikanischen Bibliothek, was er besonders zu schätzen wusste. Später, zum Abschluss der Verhandlungen zwischen der Kurie und der preussischen Regierung, kam der preussische Staatskanzler Hardenberg selbst nach Rom und nahm hier die Bulle *De salute animarum* vom 17. Juli 1821 in Empfang, welche die katholische Kirche in Preussen organisierte. Im August 1821 wurde durch die Bulle *Provida solersque* die Freiburger oder Oberrheinische Kirchenprovinz errichtet. Aber die Ausführung dieser Bestimmungen stiess schon gleich auf starken Widerstand bei den Fürsten, und auch eine neue Bulle *Ad Dominici gregis custodiam*, die Leo XII. im April 1827 erliess, vermochte die Absichten der Kurie nicht voll zu verwirklichen. Für das Königreich Hannover, das bis 1837 in Personalunion mit der Krone Englands stand (erst 1866 wurde es von Preussen annektiert), stellte Papst Leo XII., ebenfalls nach längeren Verhandlungen, durch die Zirkumskriptionsbulle *Impensa Romanorum Pontificum* (26. März 1824) die alten Bistümer Hildesheim und Osnabrück wieder her und erklärte sie für exemt. Zudem enthielt diese Bulle Bestimmungen bezüglich der Bischofswahlen. In den deutschen Staaten, mit denen es nicht zum Abschluss eines Konkordats kam, blieben die Katholiken weiterhin einem Apostolischen Vikar unterstellt, sofern sie nicht in das nächstliegende Bistum einbezogen wurden.

Das durch den Wiener Kongress geschaffene Königreich der *Niederlande*, das das protestantische Holland und das katholische Belgien umfasste, hatte dem Papst schon 1815 die Zusicherung gegeben, dass die katholische Kirche in diesen Ländern frei sein und eine völlige Gleichberechtigung mit dem protestantischen Kultus geniessen werde. Der aus dem Hause Nassau-Oranien stammende König suchte zwar die Protestanten zu begünstigen, musste sich aber 1825 doch zur Verhandlung und 1827 zur Unterzeichnung eines Konkordats bereitfinden, dem er dann freilich die Ausführung versagte. Die also andauernde Spannung zwischen den Konfessionen bildete einen der Gründe für die belgische Revolution von 1830, die zur Trennung Belgiens von Holland und zur Errichtung des unabhängigen belgischen Königreichs führte.

In der *Schweiz* wurden schon 1815, als der neue Bundesvertrag in Kraft trat, Verhandlungen über eine Reorganisation der Diözesen aufgenommen, dank welcher nicht länger Schweizer Katholiken der Jurisdiktion fremder Bischöfe unterstellt sein sollten. Die Verhandlungen zogen sich lange hin. Erst 1828 kam eine « Konvention » zustande. Am 7. Mai 1828 erliess Leo XII. die Bulle *Inter praecipua*, die in der Folge noch durch weitere Erlasse ergänzt wurde. Die aufgelöste Diözese Basel wurde zu Solothurn neu errichtet und das dortige Ursusstift zur Kathedrale erhoben. Das Bistum St. Gallen war 1823 mit Chur verbunden worden ; 1836 löste Gregor XVI. die beiden Bistümer wieder voneinander. Die Katholiken des Kantons Genf gehörten seit 1819 zum Bistum von Lausanne-Genf (mit Bischofssitz in Freiburg), das 1924 zum Bistum von Lausanne-Genf-Freiburg wurde. Nur der Tessin blieb noch unter auswärtiger Jurisdiktion, nämlich der von Como und Mailand. Erst 1888 wurde die Diözese Lugano errichtet und gleichberechtigt *aeque et principaliter* mit Basel verbunden. Die von Basel völlig unabhängige Jurisdiktion hat ein aus dem Tessin gebürtiger Apostolischer Administrator mit Bischofsrang inne. Die Bischöfe der heutigen fünf schweizerischen Diözesen, Basel-Lugano, Chur, St. Gallen, Lausanne-Genf-Freiburg, Sitten, unterstehen unmittelbar dem Papst. Durch den Bundesvertrag von 1815, der der allgemeinen europäischen Restauration entsprach, erfolgte auch eine Sicherstellung der schweizerischen Klöster. Der Bruch dieser Bestimmungen durch die Liberal-Radikalen war eine der Ursachen der schweren Unruhen in der Schweiz in den Jahren 1841—1848.

Pius' VII. unermüdliches Bemühen um Regelung der kirchlichen Verhältnisse führte noch zu weiteren Konkordaten : einem Konkordat mit *Russland* (18. Januar 1818) für Polen, mit *Piemont-Sardinien* (1817) und *Neapel* (1818). Der jungen Kirche in *Amerika* wandte der Papst seine besondere Fürsorge zu ; 1808 errichtete er das Erzbistum Baltimore, dem die vier Suffraganbistümer New-York, Philadelphia, Boston und Bardstown zugeteilt waren. Zur Verhinderung fremder Einmischung in die Ernennung amerikanischer Bischöfe erhielt der Erzbischof von Baltimore ein päpstliches Breve, das ausschliesslich den amerikanischen Bischöfen das Recht zur Aufstellung von Kandidaten für die Bischofssitze verlieh. Die Verfügung hatte in doppelter

Weise glückliche Folgen; sie verband den amerikanischen Klerus nicht nur fester mit Rom, sondern zugleich auch mit seinem eigenen Lande. Die amerikanische Kirche hat dem Heiligen Stuhl auch immer eine besondere Anhänglichkeit und Ergebenheit bekundet, und die Trennung von Kirche und Staat wird in den Vereinigten Staaten in einem im besten Sinne liberalen Geist verwirklicht.

REORGANISATION DES KIRCHENSTAATES DURCH PIUS VII.

Bei der allgemeinen religiösen Restauration in den verschiedenen Ländern stellte sich dem Papst nach dem Wiener Kongress noch das besondere und heikle Problem der Reorganisation des Kirchenstaats. Revolution und französisches Kaisertum hatten hier durch die neuen Gesetze und Gewohnheiten, die sie eingeführt, einen nachhaltigen Einfluss ausgeübt. Es war nachgerade unmöglich, das allzu reaktionäre Regime, das mit dem am 13. Mai 1814 von dem Protonotar Rivarola publizierten Edikt begonnen hatte, aufrecht zu erhalten. Consalvis kluger Sinn ermass das Unzeitgemässe dieser Verfügungen; offen äusserte der Staatssekretär dem Kardinal Pacca: «Wird nicht der richtige Weg eingeschlagen, werden verhängnisvolle Irrtümer begangen, so lassen sich die wiedererlangten Gebiete nicht länger als sechs Monate halten»... «Man muss sich klar darüber sein, dass sich in diesen Gebieten»... «ein gründlicher geistiger Wandel vollzogen hat. Gewohnheiten, Bräuche, Ideen, alles ist hier anders geworden. Die jungen Leute können sich kaum noch eine päpstliche Regierung vorstellen oder haben jedenfalls eine sehr üble Vorstellung davon. Es beschämt sie, Untertanen von Priestern zu sein. Da sie unter einer kirchlichen Regierung kein Vorwärtskommen erhoffen, können sie auch nicht mit Freuden unter die päpstliche Herrschaft zurückkehren. Ich sage nicht, dass die älteren Leute und ein Teil des Volkes ebenso denken, aber nicht sie werden über kurz oder lang massgebend sein.» [1] Und er fügte hinzu: « Gegen uns hat sich ein allgemeiner geistig-seelischer Haltungswechsel vollzogen, der noch ziemlich gewichtiger (als die besondere Stellungnahme der jüngeren Generation) ist. Die Mehrzahl derer, mit denen wir Verhandlungen aufnehmen müssen, denkt nicht wie wir, ist von gegensätzlicher Gesinnung.» Diese Äusserungen des Staatssekretärs sind bedeutsam. Sie zeigen seinen staatsmännischen Weitblick, mit dem er die Angriffe des demokratischen Liberalismus gegen die päpstliche

---

[1] Vgl. Mollat a. a. O. S. 129-131.

Regierung voraussah, jene Angriffe, die allmählich die « römische Frage » aufrollen sollten.

In den Edikten vom 5. Juli 1815 versprach der Papst, die Vergangenheit zu vergessen und Milde zu üben. Das von den Franzosen eingeführte Verwaltungssystem wurde vorläufig beibehalten, der Code Napoleon blieb, ausser in den neuerdings zurückerworbenen Landesteilen, in Kraft und ebenso die Handelsgerichte, die übrigens eine glückliche Neuerung darstellten. Die Zivil- und Strafgesetzgebung hingegen, die in gewissen Punkten nicht mit dem kanonischen Recht übereinstimmte, wurde durch neue Verfügungen ersetzt. Die Folter zur Erreichung von Geständnissen und als Strafe ward abgeschafft. Consalvi sah in diesen Erlassen « die bestmöglichen unter den gegebenen Umständen », die weiteren Verbesserungen den Weg offen hielten. Durch ein *Motuproprio* Pius' VII. vom 6. Juli 1816 erhielt das neue Statut Gesetzeskraft. Wenn es auch das Consalvi vorschwebende Ideal nicht voll verwirklichte, so zeugte es doch von einem ehrlichen Bemühen, die alten Institutionen den Bedürfnissen der neuen Zeit anzupassen. Seine Leitgedanken waren die Zentralisierung der Macht, die Vereinheitlichung der kommunalen Verwaltung und die Abschaffung der Privilegien gewisser Städte und des Adels, die die Rückkehr zur vergangenen Ordnung erstrebten. Der Kirchenstaat ward in siebzehn «Delegationen» von drei Klassen eingeteilt, deren erste die vier Delegationen Urbino und Pesaro, Ravenna, Forli, Bologna bildeten, die einem Kardinallegaten unterstellt und daher Legation genannt wurden. Der römische Distrikt erhielt eine eigene Organisation. In den Delegationen übten die Delegaten, die Prälaten sein mussten, die Jurisdiktion in allen öffentlichen Verwaltungsakten, ausser der Zivilgerichtsbarkeit, Finanzleitung und Wasserregulierung aus. Jedem Delegaten zur Seite standen zwei Assessoren und zwei bis vier Konsultoren, die der Souverän aus gut empfohlenen Beamten wählte. Dem Delegaten untergeordnet waren ausser einem Generalsekretär die Gouverneure ersten und zweiten Ranges. Die Konsultoren sollten jeweils in der Gegend geboren, die Gouverneure und Assessoren dagegen aus einem andern Bezirk und teilweise Laien sein. Hand in Hand mit dieser Regierungsreorganisation ging eine Neuordnung des Kadaster- und Finanzwesens, des öffentlichen Unterrichts, der Polizei und des Heerwesens.

Die neue Verfassung fand allgemein gute Aufnahme im Lande. Freilich fehlte es auch nicht an Unzufriedenen. Da waren zunächst jene Kritiker, die es immer und überall gibt, und die immer zu bemerken haben, dass es « doch früher anders gewesen » sei ; zudem konnte sich ein Teil des Adels nicht mit dem Verlust seiner Privilegien abfinden ; schliesslich — und diese Misstimmung wog am schwersten — stellte man mehrfach in Laienkreisen mit Verbitterung den Ausschluss der Laien aus den oberen Stellen fest, die immer den Prälaten vorbehalten waren. Consalvi wies diese Kritik der Laien nicht schlechthin ab ; er hätte selbst wohl eine stärkere Vertretung der Laien in Regierung und Verwaltung gewünscht.

DIE GEHEIMGESELLSCHAFTEN

Gefährlicher war indessen der Widerstand, der von dem Klub- und Sektenwesen ausging, das zu Beginn des neunzehnten Jahrhunderts in Italien mehr denn je blühte. Vor allem griff im damaligen Kirchenstaat die mit der Freimaurerei verbündete, antichristliche oder doch indifferentistische, nach den Köhlerhütten benannte *Carboneria* um sich. « Es dürfte heute erwiesen sein, dass die Carboneria an Stelle des französischen Jakobinertums trat und von den Freimaurer-Logen des Königreichs Neapel ausging, wo 1794 gewisse, von antimonarchistischen Therorien erfüllte Logen-Mitglieder die Absetzung der Königin Maria-Carolina und des Königs Ferdinand IV. betrieben. »[1] In ihrem Fremdenhass zettelten die Carbonari hernach eine Verschwörung gegen Murat an, obgleich er selbst hoher freimaurerischer Würdenträger war, und sie versuchten auch anderwärts die Republik einzuführen. Der Geheimbund verbreitete sich in der Romagna, gewann Patrioten für sich, die über die Restauration der italienischen Fürsten unzufrieden waren, und trat je nach den zeitlichen und örtlichen Umständen bald als republikanische, bald als nur konstitutionelle Bewegung auf.

Die Carbonari behielten immer ihre revolutionäre Gesinnung. Von Anfang an wandten sie Gewaltmittel an, machten reichlich Gebrauch von Feuerwaffen, Dolch und Gift. Sie bildeten kleinere Gruppen, die sogenannten *vendite* mit romantischen, grosstönenden Namen. In der Folge wussten sie sich auch das niedere Volk *(turba)* einzugliedern, aus dem dann « Kompanien » gebildet wurden. Die Aufnahme in eine *vendita* geschah in eher wilder Weise : bedroht durch Pistole oder Dolch, schwor der Eintretende dem Geheimbund Treue, und feierlich wurde ihm ein gewaltsamer Tod angesagt, wenn er die Geheimnisse seiner Genossen verrate. Die Carbonari erhielten aus allen Gesellschaftsklassen Zuzug. Adlige, Bürger, Advokaten, Magistraten, Beamte, Kaufleute, Handwerker, Mitglieder des Heeres und der Polizei, ja selbst Geistliche und Mönche schlossen sich ihnen an. Die *turba* setzte sich grösstenteils aus untersten und dunkeln Volkselementen zusammen. Zu jedem Handstreich

---

[1] Mollat a. a. O. S. 134.

bereit, bildete sie das unerlässliche Instrument für alle Revolutionen. Die genaue Zahl der Carbonari im Kirchenstaat lässt sich nicht ermitteln; für die Zeit zwischen 1820—1825 schwanken die Schätzungen zwischen dreitausend und dreihunderttausend. Wahrscheinlich lag einer der Hauptgründe für ihre rasche Zunahme in der furchtbaren wirtschaftlichen Krise, die sich 1815—1817 im Kirchenstaat, wie übrigens auch in andern Ländern, auswirkte.

Zur selben Zeit wie die Carboneria verbreitete sich noch ein anderer Geheimbund seit 1816: der der *Guelfen*, auch « Freunde der Freiheit » genannt. Im Mittelalter, zur Zeit der grossen Auseinandersetzung zwischen Papsttum und Kaisertum waren als « Guelfen » in Italien die Gegner der kaiserlichen Partei, der « Ghibellinen «, bezeichnet worden. Der Geheimbund der Guelfen zu Beginn des neunzehnten Jahrhunderts scheint vor allem von der Freimaurerei gebildet worden und ohne bestimmtes positives Programm gegen die absolute Monarchie gerichtet gewesen zu sein. Sein Ursprung, der in die Zeit der französischen Herrschaft zurückreicht, ist dunkel. Mit ihren Bestrebungen standen die Guelfen den Carbonari nahe, denen sie auch die intellektuelle Führerschicht stellten. Im übrigen hüllten sie sich ins Geheimnis. Jede Einzelgruppe besass einen eigenen Rat und einen besonderen Führer, der nur dem Ratspräsidenten bekannt war und die in einer Geheimsprache geführte Korrespondenz zu besorgen hatte.

Auch die *Freimaurerei* gewann damals zusehends Bedeutung im Kirchenstaat und verstärkte, wie schon erwähnt, die beiden andern Geheimbünde. « Wir sind umringt vom bösen Geist des Freimaurertums, der uns fast alle Beamten geraubt und uns die begabte Jugend entzieht », schrieb 1820 der Kardinal Castiglioni, der spätere Papst Pius VIII.

So gut auch die von Consalvi reorganisierte Polizei wachte, die Attentate häuften sich. Trotzdem wollte der Kardinalstaatssekretär nicht gewaltsam vorgehen, wie es ihm Metternich riet, und schlug auch das Angebot einer österreichischen Intervention aus, da sie ihm die Unabhängigkeit des Apostolischen Stuhls zu gefährden schien. Im Grunde war er zwar wohl besorgter als er sich den Anschein gab, und wenn er das österreichische Angebot damit beantwortete, die grosse Masse des Volks im Kirchenstaat sei allgemein religiös gesinnt und der päpstlichen Regierung anhänglich, so täuschte er wohl Sicherheit vor. 1820 gab er übrigens zu, dass die Carbonari weniger gefährlich seien als gewisse « unabhängige und liberale » Elemente, « deren stilles und wohlüberlegtes Vorgehen langsam aber sicher zum fernen Ziel der italienischen Einigung führe ». Dreissig Jahre später kam es zum offenen Kampf.

Als Consalvi schliesslich doch zu strengeren Massnahmen griff, blieben diese grossenteils vergeblich. Die eingeschüchterten Magistraten wagten es nicht, strenge Urteile zu fällen, und die Zeugen blieben stumm. In Consalvis Umgebung flüsterte man sogar, dass Österreich unter der Hand die revolutionären Bewegungen unterstütze, um sich den Vorwand zu einem militärischen Eingreifen zu verschaffen. Die päpstlichen Befehle wurden auch nicht immer verständig und mit dem nötigen Takt ausgeführt, und die ausländische liberale Presse tat laut ihre Entrüstung über die Verhaftungen und das gesamte tyrannische Willkürsystem im Kirchenstaat kund. Daraufhin zog Consalvi die Unterdrückungsmassnahmen zurück. Schliesslich aber griff Pius VII. persönlich ein. Durch die Bulle *Ecclesia super* vom 13. September 1821 verfügte er, dass jeder, der sich den Carbonari anschlösse, sie fördere, ihnen Asyl gewähre, bei sich oder anderwärts Unterschlupf gäbe, der Exkommunikation verfallen sei.

Mehr noch als die kirchlichen Zensuren dienten anscheinend die strengen Repressivmassnahmen der österreichischen Regierung gegen die Aufstände in Neapel und Piemont der Aufrechterhaltung der Ordnung im Kirchenstaat. Die Furcht, meinte der Kardinal Spina, Legat von Bologna, hält noch das Volk in Zaum, und er fügte hinzu : « Hoffen wir, dass nach und nach die Liebe folgt und die Bevölkerung aus Pflichtbewusstsein fügsamer und ruhiger wird. » Aber diese Zuversichtlichkeit wurde bald gründlich durch die Ereignisse widerlegt. Bald schon sollten die revolutionären Geheimbünde die Führung der liberalen und nationalen Bewegung in Italien übernehmen, den Hass gegen Österreich aufs äusserste schüren und die weltliche Herrschaft des Papstes ins Wanken bringen.

RESTAURATION DER ORDENSGEMEINSCHAFTEN, WIEDERAUFNAHME DER ZERSTÖRTEN WELTMISSION UND ENTFALTUNG DER RELIGIÖSEN ERNEUERUNG

Dem langen Pontifikat Pius' VII. kommt nicht allein durch die Reorganisation der kirchenstaatlichen Verhältnisse besondere historische Bedeutung zu. Eine der ersten Regierungshandlungen dieses Papstes betraf die *Erneuerung der Gesellschaft Jesu*, die 1773 durch Klemens XIV. aufgehoben worden war. [1] Am 7. August 1814 ward die Restaurationsbulle *(Sollicitudo omnium ecclesiarum)* feierlich in der Gesùkirche promulgiert und damit öffentlich die

[1] Vgl. Kap. VIII, S. 284 ff.

Gesellschaft wiedereingesetzt, die schon unter verschiedenen Namen wieder Gemeinschaften sowohl im Kirchenstaat als auch in Sardinien, Neapel, England, Frankreich, in der Schweiz und in Amerika gegründet hatte. Als die Jesuiten zwischen 1815 und 1819 aus Russland vertrieben wurden, setzte sich der Papst für ihre Zulassung in Österreich ein. In Freiburg in der Schweiz, wohin sie 1818 von dem wieder an die Regierung gelangten Patriziat zurückgerufen wurden, gründeten sie ihr berühmtes Kolleg, das bis 1848 von vielen jungen katholischen Adligen aus ganz Europa besucht wurde.

In Rom liess Pius VII. das englische, schottische und deutsche Kollegium wieder eröffnen ; der vom Erzbischof von Myra, Coppola, im Jahre 1800 errichteten « Akademie der katholischen Religion », neben der auch die Kongregation für das Missionswesen wiederauflebte, wandte er sein besonderes Wohlwollen zu. Welche Hochachtung Pius VII. bei den Fürsten genoss, trat bei dem Besuche des Kaisers von Österreich und des Königs von Preussen in Rom zu Tage, und ward auch durch die Errichtung neuer diplomatischer Vertretungen bezeugt.

Die Befriedung Europas kam in besonderem Masse dem *Missionswesen* zugute. Bei der Wiederaufrichtung der Gesellschaft Jesu wurde den Ordensmitgliedern die Beteiligung am Missionswerk zur Pflicht gemacht, und in der Tat erwiesen sich die Jesuiten auf diesem verdienstreichen Tätigkeitsfelde als würdige Nachfolger ihrer Vorgänger. Zu Beginn des zwanzigsten Jahrhunderts stellte die Gesellschaft Jesu allein fast viertausend Missionäre. In Frankreich richtete Ludwig XVIII. 1815 die von Napoleon aufgehobene Gesellschaft der auswärtigen Missionen wieder auf, und zwischen 1815 und 1822 bildete sich in Lyon der grosse französische « Verein zur Verbreitung des Glaubens ». Nach der Unterbrechung, welche die Ereignisse des vorhergehenden Jahrhunderts mit sich gebracht hatten, setzten sich in Corea, China und Indien nun allenthalben wieder Ordensleute und Weltgeistliche für die Bekehrung der Ungläubigen ein.

In Europa selbst entfaltete sich die religiöse Erneuerungsbewegung immer mehr. Dabei gründete sie, wie wir schon sahen, nicht auf äusseren Umständen, sondern entsprang einem tiefen inneren Bedürfnis, das sich in weiten Kreisen und besonders der geistigen Führerschicht nach dem grossen Umbruch geltend machte. Noch ehe 1802 *Chateaubriands* berühmtes Werk über den Genius des Christentums *(Le Génie du christianisme)* erschien, hatte *Joseph de Maistre*, angeblich in London, tatsächlich in Neuenburg, seine « Erwägungen über Frankreich » *(Considérations sur la France)* 1796 veröffentlicht, und im gleichen Jahre war auch *Louis de Bonald* mit seiner « Theorie der politischen und religiösen Gewalt » *(Théorie du pouvoir civil et religieux)* in Konstanz hervorgetreten. Zu Beginn des neunzehnten Jahrhunderts erschienen die bedeutendsten Werke von Joseph de Maistre : « Vom Papste » (1819), « Abende von St. Petersburg » *(Soirées de Saint-Pétersbourg*, 1821*)*, denen 1809 der « *Essai sur le principe générateur des constitutions politiques* » vorangegangen war. De Maistre, der führende Geist der « Gegenrevolution », dessen glänzend geschriebenes Werk « im neunzehnten Jahrhundert eine geschichtliche Kraft wurde » [1], suchte immer wieder aufzuweisen, wie die religiösen Wahrheiten grundlegend für die soziale Ordnung sind, « Weltgesetze » bilden. Einige seiner Aufstellungen — Joseph de Maistre war nicht Theologe, sondern Jurist, Magistrat und Diplomat — fand man indessen gerade in ultramontanen Kreisen bedenklich. So warf man ihm hier vor, das er die päpstliche Unfehlbarkeit durch ihre philosophische Begründung verweltlicht habe. Als Ganzes hat aber das Werk de Maistres unverkennbar der kirchlichen Sache die grössten Dienste geleistet und auch dem tiefsten Bedürfnis des Zeitalters entsprochen, indem es mitten in der Zerrissenheit und Willkür der modernen Kultur an die ewige Ordnung erinnerte. Mit meisterhafter Logik, in harten und geschliffenen Sätzen stellt sich de Maistre Rousseau und Voltaire entgegen, weist er die Haltlosigkeit und Gefährlichkeit ihrer Utopien auf und führt er seinen noch weitgehend im Geist der Aufklärung befangenen Zeitgenossen die übermenschliche, ewige Wahrheit der christlichen Dogmen und Gesellschaftslehre vor Augen.

Zur selben Zeit, zwischen 1817 und 1823, veröffentlichte der Abbé *de La Mennais* seinen *Essai sur l'indifférence*, in dem er das Christentum dem Unglauben entgegenstellt und eine neue Gewissheitstheorie vom Allgemeinsinn entwickelt, aber auch schon gewisse, auf Rousseau zurückgehende Tendenzen anklingen lässt, mit denen er sich später verirrte. Trotzdem bleibt es das Verdienst La Mennais', die religiöse Indifferenz als eines der Grundübel jener Zeit aufgewiesen zu haben. Auch die Päpste erkannten wohl die ganze Tragweite dieser Gefahr ; die erste Enzyklika Leos XII., des Nachfolgers Pius' VII., sollte eindringlich davor warnen.

Wie in Frankreich sammelten sich auch in Deutschland die Gegenkräfte gegen die Aufklärung. Nachdem die Konkordate mit dem Heiligen Stuhl den verfallenen Aussenbau der deutschen Kirche wieder aufgerichtet, kam eine neue innerkirchliche, und zwar merkwürdigerweise der Revolution und Aufklärung selbst entstiegene und insbesondere vom Laientum getragene Bewegung auf. Sie hatte einen ihrer bedeutendsten Mittelpunkte in dem Münsterschen Kreis um die *Fürstin Gallitzin*. Die Konversion des Grafen *Friedrich von*

---

[1] Schnabel a. a. O. II, S. 24.

Stolberg, der dieser Gruppe angehörte, eröffnete einen eigentlichen Konversionsstrom aus geistig hervorragenden Kreisen hohen und höchsten Standes. Schon vor 1814 folgten dem Grafen unter vielen andern der gefeierte Dichter und Philosoph *Friedrich von Schlegel* und seine Gattin Dorothea; 1820 trat auch der hervorragende schweizerische Restaurationspolitiker *Karl Ludwig von Haller* in Paris zur katholischen Kirche über. Man hatte die auflösenden Wirkungen der autonomen Vernunft und der modernen Wissenschaft vor Augen, hatte den Einsturz des protestantischen Lehrgebäudes infolge der rationalistischen Bibelkritik erlebt, man verlangte nach einer unwandelbaren und unerschütterlichen Autorität und fand sie in der katholischen Kirche. Aber wenn man in diesen Kreisen zur christlichen Tradition zurückkehren wollte, so wies man doch gleichzeitig den Staatsabsolutismus ab und erstrebte vielmehr christliche Kultur als jene grosse Synthese, in der die Rechte des Staates mit denen der Persönlichkeit in Einklang gebracht werden sollten. Am geschlossensten ist das neue Gesellschaftsbild in Hallers « Restauration der Staatswissenschaft » (1816) entwickelt worden, mit der der Berner Patrizier dem Zeitalter den Namen und das Programm gab. Später trat *Joseph Görres* in den « Historisch-politischen Blättern » und in seinem « Athanasius » als grosser kirchlicher Vorkämpfer gegen die staatskirchliche Bevormundung auf, während der Tübinger Dogmatiker und Kirchenhistoriker *Johann Adam Möhler* besonders durch seine « Symbolik » zugunsten des Papsttums wirkte.

In Hinblick auf die weitere Entwicklung des neunzehnten Jahrhunderts erscheinen Chateaubriands Worte über die Bedeutung des Christentums überaus zutreffend : « Das Christentum ist der Gedanke der Zukunft und der menschlichen Freiheit »... « weil es der Gleichheit die Notwendigkeit der Pflicht beigesellt, die den demokratischen Trieb in den richtigen Schranken hält. »

Tod Pius' VII. (1823). — Pius VII. sollte selbst nicht mehr die volle Auswirkung jener Neuorientierung erleben, die unter seinem Pontifikat mit schwerem, entsagungsreichen Bemühen angebahnt wurde. Am 7. Juli 1823, auf den Tag genau vierzehn Jahre nach seiner von Napoleon befohlenen Wegführung von Rom, zog er sich durch einen Sturz Verletzungen zu, die sich bald verschlimmerten. Am 20. August hauchte der Einundachtzigjährige nach dreiundzwanzigjähriger Regierung der Kirche sein Leben aus. Während seines langen Pontifikats, das ihm einige grosse Freuden, aber vor allem grosse Mühsal gebracht, « hatte er sich ständig bemüht, die Völker von den schweren Wunden zu heilen, die ihnen die religionsfeindliche Revolution geschlagen, und fast überall konnte er vor seinem Tode zu seinem Troste noch sehen, wie trotz der verdoppelten Anstrengung der religionsfeindlichen Sekten die katholische Restauration Fuss fasste ».[1] Vor dem Grabmal des verstorbenen Papstes, links vom Chor in Sankt Peter, liess Consalvi durch Thorwaldsen ein Mausoleum aufrichten, das zu den schönsten Werken des dänischen Meisters gehört.

LEO XII.

Zwei kurze Pontifikate folgten dem Pius' VII. in den nächsten sieben Jahren. Von 1823 bis 1829 führte Leo XII., nach ihm, von 1829 bis 1830, Pius VIII. die Regierung der Kirche.

Als Pius VII. ins Grab sank, gab es, nach dem Worte von J. de Maistre, noch vielen Zündstoff in Europa. Die willkürliche Zuteilung von Souveränitätsrechten durch den Wiener Kongress, so führt er weiter aus, lag der tiefen politischen Beunruhigung zugrunde, die trotz majestätischer Formeln, Verträge und Protokolle weiterbestand. Zu der politischen trat eine soziale Krise, die letztlich im revolutionären Individualismus wurzelte. Indem die Revolution dem Eigentum den Charakter einer sozialen Verpflichtung auf Grund des Naturrechts und des Evangeliums nahm, hatte sie zum Missbrauch der Arbeit und zur Zerstörung des Familienlebens geführt. Der Arbeiter war hinsichtlich seines Unterhalts ungesichert und nicht nur allen Schwankungen der Produktionsmöglichkeit, sondern auch jener unmenschlichen Gleichgültigkeit der liberalen Wirtschaftsführung mit ihrem Grundsatz der freien Konkurrenz ausgeliefert.

Für diese Misstände kann indessen nicht allein der Wiener Kongress verantwortlich gemacht werden. Allerdings rief die Allianz der Grossmächte, der « Bund der Kronen », der über Völker wie über seelenlose Dinge verfügte, eine heftige Reaktion hervor, und bald sollten die liberale und nationale Bewegung den Völkern Waffen gegen « die Verträge von 1815 » liefern. Selbst in Rom, an der Kurie, stellten sich die *zelanti*, die gewiss mit den Liberalen nichts gemein hatten, den Machenschaften der Grossmächte entgegen, die 1823 die Wahl von Pius' VII. Nachfolger noch ebenso bestimmen wollten, wie sie 1815 über die Nationen verfügt hatten. Dies führte im Konklave von 1823 zur Auseinandersetzung zwischen den « zelanti » und der sogenannten « Partei der Kronen ». Als « zelanti » bezeichnete man die Kardinäle, nach denen allein das Interesse und die Unabhängigkeit der Kirche für die

[1] Mourret a. a. O. VIII. S. 415.

Papstwahl massgebend sein sollten. Die « zelanti » waren schon im vorhergehenden Jahrhundert bei der Wahl Innocenz' XIII., Benedikts XIII. und Benedikts XIV. hervorgetreten, als die aufgeklärten Höfe die Wahl fügsamer Kandidaten durchzusetzen suchten. Und noch früher hatte sich schon die « squadrone volante », die « fliegende Schar », die je nach der Lage von einer Partei zur andern wechselte, für die Wahl unabhängiger Päpste eingesetzt.

Nach dem Tode Pius' VII. entstand noch eine besondere Verwicklung durch die heftige Gegnerschaft gewisser Gruppen gegen Consalvi. Vor der mächtigen Persönlichkeit des Staatssekretärs Pius' VII. waren die meisten übrigen Kardinäle mehr oder weniger zurückgetreten, und viele von ihnen wussten die hervorragenden Verdienste, die sich Consalvi um die Sache des Heiligen Stuhls erworben, nicht selbstlos zu würdigen. Durch seine geschickte Führung der Konkordatsverhandlungen mit Napoleon, seine diplomatische Kunst, mit der er auf dem Wiener Kongress die Rückerstattung des Kirchenstaats zu erreichen wusste, hatte Consalvi ein ausserordentliches Ansehen gewonnen. Man wusste, das sein Einfluss auf die Wahl des neuen Papstes entscheidend sein konnte. Consalvi war für einen den Höfen genehmen Kandidaten. Seine meist schroffen und unnachgiebigen Gegner wollten, wie der österreichische Gesandte berichtet, unbedingt mit seiner Politik brechen und ihn demütigen. Die Mächte hingegen, die Consalvis verbindliches Wesen schätzten, wünschten die Fortführung seiner Politik. Metternich vor allem liess Intrigen spielen, um jene « Kronenpartei » im Konklave zu bilden, die in Verbindung mit einer Gruppe von Gemässigten die Wahl eines ihrer Gegner verhindern sollte. Von der Kronenpartei ward der Name des frommen, milden und gelehrten Bischofs von Frascati, Kardinal Castiglioni, in den Vordergrund gerückt, von dem die Höfe keine gegen sie gerichteten Initiativen befürchteten.

Aber die Kronenpartei war weder stark noch geeint genug, um sich durchzusetzen. Schon zu Beginn des Konklaves (21. September 1823) erhielt der Kandidat der « zelanti », der Kardinal Severoli, Bischof von Viterbo und einstiger Wiener Nuntius, siebenundzwanzig Stimmen. Da für die nötige Zweidrittelmehrheit der im Konklave Versammelten dreiunddreissig Stimmen erforderlich waren, schien er also viele Aussichten zu haben. Aber nun gab Kardinal Albani als kaiserlicher Bevollmächtigter dem Kardinaldekan und dem Kardinalkollegium unter Ausdrücken des Bedauerns das kaiserliche Veto gegen Severoli bekannt.

Die Erbitterung der « zelanti » über diesen Eingriff einer weltlichen Macht in die Papstwahl war überaus heftig. Sofort versteifte sich auch die Haltung der italienischen Kardinäle, und der Kandidat der Kronenpartei, Castiglioni, der am Morgen noch siebzehn Stimmen erhalten hatte, erhielt am

Abend nur noch acht. Es galt also, einen andern Kandidaten zu finden. Unter ähnlichen Umständen war früher schon hin und wieder bei einer Papstwahl die Stimmenmehrheit schliesslich auf einen Greis gefallen, während dessen kurzen Pontifikats man eine spätere Einigung herbeizuführen hoffte. Es sei dahingestellt, ob ähnliche Erwägungen auch nun mitspielten. Jedenfalls nahmen nun sehr rasch die Stimmen für den Kardinal Annibale della Genga zu, der im siebenundsechzigsten Lebensjahre stand, aber bei seiner schwachen Gesundheit bereits als Greis erschien. Am 28. September erfolgte seine Wahl, die er vergeblich abzuwenden gesucht hatte. In Erinnerung an das Wohlwollen, das seine Familie einst von Leo XI. (1605) erfahren, nannte er sich *Leo XII*. Die Regierung dieses tieffrommen und milden, von der Krankheit schwer heimgesuchten Papstes währte nicht ganz sechs Jahre. Sie ist nicht durch grosse äussere Ereignisse gekennzeichnet, aber versprechend und drohend begann sich zu dieser Zeit schon die Entwicklung abzuzeichnen, die sich in der Folge im geistlichen und weltlichen Bereich massgebend auswirken sollte.

Der Neugewählte musste Schwierigkeiten nicht nur von der Partei gewärtigen, die gegen ihn gewesen war, und von den Mächten, die ihm ihren Kandidaten entgegengesetzt hatten, sondern sogar auch von seinen eigenen Anhängern, die eine belastende Einflussnahme befürchten liessen. Besonders heikel erschien das Verhältnis zu Consalvi, der bis zuletzt zur Kronenpartei gehalten hatte. Aber echt christliche Grossmut behielt sowohl beim Papste als auch beim Kardinal die Oberhand über die persönlichen Divergenzen.

Ende Dezember 1823 liess Leo XII. den ersten Kardinaldiakon Consalvi zu sich bitten, und in einer « wunderbaren Unterredung zweier sterbender Greise » nahm er die letzten Ratschläge des genialen Staatsmanns gewissermassen als Testament entgegen. Nach Consalvi bestanden die zwei nächsten Aufgaben im Kampf gegen die Geheimgesellschaften, insbesondere die Carboneria, und in der Vorbereitung eines grossen Jubiläums für 1825, bei dem die aus aller Welt in Rom zusammenströmenden Pilgerscharen « einen freien Papst in seiner Hauptstadt » sehen sollten. Der Heilige Stuhl müsste sich ferner besonders der Emanzipation der englischen Katholiken annehmen, sowie der Stellung der Kirche in den jungen südamerikanischen Republiken, die in den Revolutionen gegen Spanien ihre Unabhängigkeit erkämpft hatten. Dabei war nach Consalvi keine weitere Rücksicht auf den Widerstand des Mutterlandes zu nehmen, das natürlich in diesen neuen Staatengründungen nur eine Rebellion sehen wollte. Die Fortführung der mit Russland bezüglich der Union der griechischen und lateinischen Kirche angeknüpften Verhandlungen erforderte, wie Consalvi ausführte, grösste Behutsamkeit. Schliesslich sei es überaus wichtig, die bestmöglichen Beziehungen zu Frankreich, zu König Ludwig XVIII. und seinem zu erwartenden Nachfolger, seinem Bruder, dem Grafen von Artois, zu unterhalten. Mit Bewunderung nahm der Papst die Ratschläge des « grossen Kardinals » entgegen, der schon bald danach, am 24. Januar 1824, von dieser Welt schied, betrauert vom Papste, von Rom und von der ganzen katholischen Welt.

Nach Consalvis Tode vollzog sich eine Wandlung der Parteien. Die « zelanti » wurden stärker und suchten beherrschenden Einfluss auf Leo XII. zu gewinnen, während die ihnen entgegengesetzte Partei, vorwiegend Gemässigte, in der Minderheit blieb. Indessen suchte der Papst bald, sich der Einflussnahme seiner Wähler zu entziehen. Er erklärte, dass die im Hinblick auf seine schwache Gesundheit eingesetzte Staatskongregation, der die Häupter der « zelanti » angehörten, lediglich konsultativen Charakter habe, und dass er unter Umständen auch solche Kardinäle zuziehen werde, die der Kongregation nicht offiziell angehörten. In dieser Politik ward der Papst auch durch den neuen Staatssekretär, Kardinal Somaglia, bestärkt.

Die Beziehungen zwischen dem Heiligen Stuhl und Frankreich waren eine Zeitlang ziemlich gespannt. Irregeführt durch gewisse extreme Parteigänger der « Ultras », die, königlicher als der König, sich um den Grafen von Artois sammelten, hatte Leo XII. ein Schreiben an Ludwig XVIII. gerichtet, in dem er dem König vorwarf, dass er « die Religion nicht genügend beschütze », und ihn aufforderte, sich andere Mitarbeiter zu wählen. Das Schreiben verstimmte Ludwig XVIII. schwer. Dann aber konnte, vornehmlich dank dem französischen Geschäftsträger in Rom, Artaud de Montor, der übrigens später eine Biographie Leos XII. verfasste, die Verstimmung wieder behoben werden. Der Papst entzog sich in der Folge noch mehr dem Einfluss der « zelanti » und nahm gleichzeitig auch ganz unabhängig von den Höfen mehrere Kardinalsernennungen vor.

Im Jahre 1824 erliess Leo XII. zwei wichtige Veröffentlichungen : seine an den Episkopat der ganzen Welt gerichtete *Antrittsenzyklika* vom 3. Mai und die *Induktionsbulle* (27. Mai 1824) zum Jubiläum von 1825.

Die Enzyklika sprach von den Angriffen gegen die katholische Religion, die wie eine Flamme um sich griffen. Vor allem eine sich Philosophie nennende und Liberalität heuchelnde Sekte lehre den Tolerantismus oder Indifferentismus nicht nur in bürgerlichen, sondern auch in religiösen Dingen ; sie behaupte, Gott lasse jedem volle Freiheit, die seinem Privaturteil zusagende Meinung ohne Heilsgefahr anzunehmen. Diese Indifferentisten und Pseudophilosophen würden nicht nur allen unkatholischen Sekten eine erlaubte Basis schaffen, sondern auch die zum reinen Deismus sich bekennenden Gesellschaften als auf dem richtigen Wege befindlich erklären. Diese Papstworte trafen in der Tat eines der Grundübel der Zeit. In verschiedenen Formen und unter verschiedenen Namen erscheint der religiöse Indifferentismus als der grosse Irrweg des neunzehnten Jahrhunderts, den übrigens nicht nur die Liberalen, sondern auch gewisse Führer der konservativen Reaktionsbewegung gingen. Die Verfechter der politischen Freiheit wurden durch die Logik ihrer Forderungen dahin geführt, aber selbst ein Talleyrand und Metternich, die doch ihre Theorie des Rechts und der « Legitimität » auf religiöse und sittliche Grundsätze stützen wollten, waren im Grunde nicht ganz unberührt von der indifferentistischen Zeitströmung. Sie blieben eben doch noch im Geist der Aufklärung befangen, wenn sie auch gegen den Liberalismus die schärfsten Unterdrückungsmassnahmen ergriffen. Die Enzyklika vom 3. Mai bildet gewissermassen die Einleitung zu den berühmten Enzykliken, die in der Folge den Liberalismus verurteilten : *Mirari vos* von 1832 und *Quanta cura* von 1864. Sie rief aber noch nicht die leidenschaftliche Abwehr hervor, die die Rundschreiben Gregors XVI. und Pius' IX. erfahren sollten.

Leos XII. Bulle vom 27. Mai 1824 hingegen, durch die die ganze christliche Welt zum Begehen des Jubiläums eingeladen ward, löste eine beträchtliche allgemeine Erregung aus. War es auch natürlich, dass, einer dreihundertjährigen Tradition ensprechend, der Papst die Christgläubigen aufforderte, sich um ihn zu scharen, so rief diese Initiative doch lauten Widerspruch hervor. Die Sektierer sahen mit Feindseligkeit die völkergewinnende Ausstrahlung des päpstlichen Ansehens, und um ihr entgegenzuwirken, streuten sie die üblichen Verleumdungen über den Handel mit religiösen Dingen aus. Aber selbst katholische Regierungen nahmen Anstoss am Jubiläum, und sogar an der Kurie suchten einige den Papst durch die Befürchtung zurückzuhalten, dass auch politische Verschwörer und Mitglieder der Geheimgesellschaften sich verräterischer Weise in frommem Pilgergewande in Rom einschleichen könnten. Leo XII. ging jedoch über die Widerstände hinweg. Er zweifelte nicht an der neuerwachten Glaubensbegeisterung der Völker, und in der Tat sollten die Feiern des Jubeljahres 1825 sich in geradezu triumphaler Weise entfalten.

Die katholische Kirche in den einzelnen Ländern. — Bestimmt, aber in keiner Weise zuvorgreifend nahm Leo XII. zu der religiösen und politischen Entwicklung in den einzelnen Ländern Stellung. Erst sein Nachfolger sollte, wo es nötig wurde, den entscheidenden Kampf aufnehmen.

Obwohl es mit dem französischen König zu einer persönlichen Verständigung gekommen war, blieben doch immer noch gewisse Zustände in der französischen Kirche bestehen, die dem Heiligen Stuhl schwere Sorge bereiteten, vor allem der Gallikanismus, der Liberalismus und die andauernde Opposition gegen die Jesuiten. War auch die Verteidigung der berühmten « gallikanischen Freiheiten », wie sie die Parlamente im siebzehnten und achtzehnten Jahrhundert geführt, unter dem neuen Konkordatsregime gegenstandslos geworden, so bestand trotzdem der Gallikanismus weiter. Manche Royalisten glaubten, den Absolutismus des Ancien Régime wiederherstellen zu sollen und wiederherstellen zu können, während andere die liberale Opposition durch Zugeständnisse entwaffnen wollten. Zudem war noch jener kirchliche Gallikanismus weiter am Werk, der danach strebte, den Episkopat dem Papst entgegenzustellen, und den die heftigen Angriffe eines Joseph de Maistre und La Mennais nicht zurückzudrängen vermochten.

Noch schwerer war die Gefahr, die von Seiten des *katholischen Liberalismus* drohte. La Mennais' « Essai sur l'indifférence » und die Gründung des « Mémorial catholique » wirkten stark auf die französische Jugend. Mit seinen heftigen Angriffen gegen den Gallikanismus als ein Versklavungssystem und der Lehre, dass die christliche Erneuerung der Gesellschaft nur durch den Triumph der Kirche möglich sei, dieser Triumph aber nur in Freiheit erfolgen könne, löste La Mennais eine weitgehende Erregung aus. Selbst ein abenteuerlicher Geist, wurde La Mennais vielleicht auch durch gewisse persönliche Umstände und die Berührung mit der liberalen Partei zu Übertreibungen und literarischen Ausfälligkeiten getrieben, die im Klerus Beunruhigung oder Protest hervorriefen. Der Papst selbst hielt aber den Zeitpunkt für ein Eingreifen in diese Auseinandersetzungen noch nicht für gekommen.

Zugleich machte sich in Frankreich ein heftiger Widerstand gegen die *Gesellschaft Jesu* geltend, die nach ihrer Restauration durch Pius VII. sich besonders in Frankreich stark verbreitet hatte, immer mehr aufblühende Anstalten besass und mit der sogenannten « Congrégation » an zahlreichen Werken der Frömmigkeit und Nächstenliebe arbeitete. Während diese « Congrégation » nun von den Liberalen als eine Geheimgesellschaft ausgegeben wurde, geschaffen, um gewisse ihrer Mitglieder in die Regierung und die Staatsämter zu bringen, griff vor allem der Graf von Montlosier, ein scharfer gallikanischer Polemiker, die Jesuiten überhaupt an. Er stellte sie als Feinde der Könige und der bürgerlichen Gesellschaft hin. Die Liberalen spendeten diesen Angriffen vollen Beifall; sie glaubten nun schon, gemeinsam mit den Gallikanern die Vertreibung der Jesuiten von Karl X., dem Nachfolger Ludwigs XVIII., erreichen zu können.

Karl X., dessen Krönung mit dem althergebrachten kirchlichen Zeremoniell in Reims erfolgt war, hatte zu Beginn seiner Regierung gute Beziehungen zu Rom gesucht. Aber schwach, wankelmütig und leicht beeinflussbar, wusste er nicht wie sein Vorgänger die königliche Autorität zur Geltung zu bringen. Zudem riefen ein Gesetz, das den Emigranten eine Entschädigung von einer Milliarde zusprach, und ein weiteres, das für Sakrilegien die Todesstrafe vorsah, eine heftige, von den Geheimgesellschaften geschürte religionsfeindliche Bewegung hervor. Unter diesen Umständen gelang es der zum Königtum haltenden Gruppe der Linken, die sich bei den Wahlen durchgesetzt hatte, Karl X. zu überreden, dass er die Jesuiten preisgebe, um seine Krone zu retten.

In der Tat hoffte der Minister Martignac, den Angriffen der Liberalen gegen die « Priester-Partei » die Spitze zu nehmen, als er Karl X. dazu brachte, die zwei Erlasse vom 16. Juni 1828 zu unterzeichnen. Der erste dieser Erlasse vertrieb die Jesuiten aus acht, ihnen von den Bischöfen übertragenen Unterrichtsanstalten und forderte von ihren Nachfolgern eine schriftliche Erklärung, dass sie keiner ungesetzlichen Kongregation angehörten. Der zweite Erlass erging zugunsten des von Napoleon geschaffenen Unterrichtsmonopols der Universitäten. Er schränkte die Schülerzahl der Kleinseminarien auf zwanzigtausend ein, verbot die Aufnahme von Externen in diese Anstalten und verlangte für die Zulassung zum Bakkalaureat die Absolvierung der letzten Studienzeit in einer Staatsanstalt *(Lycée d'Etat)*. Die Liberalen feierten diese Erlasse, die den freiheitlichen Grundsätzen doch durchaus zuwiderliefen, als einen Sieg ihrer Partei, liessen sich aber doch nicht für die Regierung Karls X. gewinnen. Die Bischöfe anderseits protestierten beim König, gaben dann aber, wenn auch widerstrebend nach.

Mit gespannter Aufmerksamkeit verfolgten der hinsiechende Papst und die römische Kurie den aufsteigenden Konflikt in Frankreich. Leo XII. hatte aber noch nicht persönlich eingegriffen, als ihn am 10. Februar 1829 der Tod ereilte. In der Folge nahm Karl X. wieder eine ausgesprochene Rechtspolitik auf und betraute mit dem Ministerium Polignac, der jedoch bald in Konflikt mit den Kammern geriet. Mit Polignac ward auch der König in der Revolution von 1830 gestürzt, die das liberale Bürgertum zur Macht und Louis-Philippe aus der jüngeren Linie des Hauses Bourbon auf den Thron brachte. Der neue Herrscher nannte sich nicht mehr « König von Frankreich », sondern « König der Franzosen », um auch dadurch dem Grundsatz der Volkssouveränität Ausdruck zu verleihen.

In *Deutschland* nahm die politische Entwicklung zur gleichen Zeit einen sehr verschiedenen Verlauf. Das « System Metternich » triumphierte, aber der Grundsatz der Unabhängigkeit der Kirche vom Staat begann doch schon Geltung zu erlangen. Metternich bekannte sich selbst zum katholischen Glauben und wusste die Kirche zu schätzen und schützen, allerdings weitgehend nur insofern sie ihm zur Aufrechterhaltung der öffentlichen Ordnung und Disziplin nützlich schien. Indessen stärkte er durch seine strengen Unterdrückungsmassnahmen in Italien die nationale Bewegung, und in Deutschland entfremdete er sich durch sein absolutistisches und josephinistisches Regime die führenden Katholiken. Unter diesen trat vornehmlich der Tübinger Dogmatiker und Kirchenhistoriker *Johann Adam Möhler* als der bedeutendste Theologe seiner Zeit hervor. In seinem Buch über « Die Einheit der Kirche » weist er auf, dass das belebende Prinzip der christlichen Gesellschaft nicht ein furchtsamer Gehorsam sondern die erhebende und seelenverbindende Liebe sei. Das neue religiöse Bewusstsein sammelte sich in Deutschland um verschiedene ausstrahlende Mittelpunkte im Süden und Westen. [1] Von dem Münsterschen Kreis um die Fürstin Gallitzin war bereits die Rede. In Wien trat als geistiger Führer der volkstümliche *Clemens Maria Hofbauer* auf, und mit ihm wirkte vornehmlich *Friedrich Schlegel*, « der grosse Anreger des neunzehnten Jahrhunderts », der mit erstaunlichem Gedankenreichtum alle Gebiete der modernen Geisteskultur in neue Bahnen führte. In Landshut sammelte *Johann Michael Sailer* einen grossen Schülerkreis um sich, der in der Folge auch ausserhalb Deutschlands, namentlich in der Schweiz, wirkte. Beträchtlichen Einfluss gewann der Landshuter Kreis in München, wohin Ludwig I., der persönlich von Sailer manche Anregungen empfangen hatte, im Jahre 1826 die Landesuniversität verlegte. An die Münchner Universität ward bald *Josef Görres* berufen, der hier eine katholische Elite sammelte, die in der Wissenschaft und dann auch in der Politik den katholischen Wiederaufbau weiterführte. Auch *Clemens Brentano* und *Döllinger* kamen nach München. Die bayrische Hauptstadt trat besonders als Mittelpunkt des wissenschaftlichen und politischen Katholizismus hervor, nachdem Redaktion und Verlag der « Historisch-politischen Blätter » hierher verlegt worden waren. Auch die Führer der katholischen Bewegung in Frankreich und England machten auf ihren Romfahrten gerne in München Station ; um Döllinger bildete sich eine eigentliche « englische Kolonie ».

Für den *englischen Katholizismus* kamen damals entscheidende Zeiten. Mit rastloser Energie und hinreissender Beredsamkeit setzte sich der grosse irische Volksführer *Daniel O'Connell* für die Freiheit der Kirche in England und Irland ein.

Die irischen Katholiken wurden zu Beginn des neunzehnten Jahrhunderts noch schwer durch England bedrückt. Im sechzehnten Jahrhundert endgül-

---

[1] Vgl. Schnabel a. a. O. Bd 4. S. 44 ff.

tig der englischen Herrschaft unterworfen, waren die Iren doch katholisch geblieben. Als sie sich im siebzehnten Jahrhundert gegen ihre protestantischen Herren erhoben, ward der Aufstand in härtester Weise von Cromwell niedergeschlagen (1650). Dezimiert, aus ihrem Eigentum vertrieben und in die unfruchtbarsten Gegenden der Insel zusammengedrängt, mussten sie nun als Pächter der englischen Aristokratie das Land bebauen, das ihr Eigentum gewesen und ihnen vom Sieger entrissen war. Zur materiellen kam eine noch härtere seelische Bedrückung. Den irischen Katholiken war es nicht nur verboten, irgendeinen Grundbesitz zu kaufen, verkaufen, vermachen oder sonstwie zu vergeben, sie durften auch gar kein öffentliches Amt bekleiden und weder Wähler noch wählbar für das Scheinparlament sein, das allein noch in Irland geduldet war. Dem protestantischen Klerus hatten sie den Zehnten zu entrichten, und die katholischen irischen Waisenkinder wurden protestantisch erzogen.

Erst zu Ende des achtzehnten Jahrhunderts brachten die Unruhen, die die französische Revolution auch in Irland auslöste, die Engländer zu einer Lockerung der harten Herrschaft. So wurde das Wahlrecht den Iren zurückgegeben. Aber die Zugeständnisse waren unzureichend, und von Frankreich gefördert, brachen Revolten aus. Daraufhin vollzogen die Engländer die Union Irlands mit England (1800), das irische Parlament ging im grossbritannischen auf.

Die Union Irlands mit England wirkte sich indessen in unerwarteter Weise auf die Stellung der englischen Katholiken aus, die jetzt im öffentlichen Leben schlechter gestellt waren als die irischen Katholiken. Seit der unter Karl II. erlassenen Testakte (1673), waren die englischen Katholiken von den öffentlichen Ämtern ausgeschlossen. Nun erneuerte O'Connell, um die Abstellung dieser Ungerechtigkeit zu erreichen, 1823 die « Katholische Assoziation », und 1828 erreichte er, obwohl eigentlich nicht wählbar, seine Wahl in das Unterhaus durch die Bauern von Clare (Irland). Allerdings konnte er dann doch nicht an den Sitzungen teilnehmen, weil er den erforderlichen Testeid verweigerte. Dann aber gelang es dem Innenminister Robert Peel, einem reformfreundlichen Tory (Konservativen), die Aufhebung der Testakte durch das Parlament zu erlangen, worauf im nächsten Jahre endlich die so heiss ersehnte Emanzipation der englischen Katholiken zustande kam. Die *Emanzipationsbill* von 1829 befähigte die Katholiken zum aktiven und passiven Wahlrecht für beide Häuser und zur Anteilnahme am Staatsdienst. Nur zwei Ämter blieben ihnen unzugänglich bis 1909 : das des englischen Lordkanzlers und das des Lord-Lieutenant (Generalgouverneurs) von Irland.

Nach dieser günstigen Entwicklung der Lage suchten die englischen und irischen Katholiken neuerdings, eine Lösung der irischen Frage durch Parlament und Volk herbeizuführen. Zehn Jahre nach der grossen Reform des englischen Wahlsystems (1832), die das Wahlrecht erweitert hatte, nahm O'Connell wieder den Kampf für die Aufhebung der Unionsakte von 1800 und für die politische Autonomie Irlands *(Home rule)* auf. Zunächst wurde er als Aufrüher verurteilt, dann wieder befreit, schliesslich aber brach der unentwegte Kämpfer zusammen; er zog sich zur Wiederherstellung seiner überbeanspruchten Kräfte nach Italien zurück, wo er 1847 als Zweiundsiebzigjähriger starb. Nach ihm artete die irische Befreiungsbewegung zeitweise in Demagogie aus, bis O'Connell in Charles Stewart Parnell einen würdigen Nachfolger erhielt. Die *Home rule* sollte jedoch erst im zwanzigsten Jahrhundert durchgesetzt werden, und bis dahin hatte Irland noch schwere Notzeiten zu überstehen. [1]

Fast allgemein waren O'Connells Bestrebungen mit Sympathie aufgenommen worden. Auf Widerstand stiessen sie bei den Führern einer ernsten und tiefen religiösen Bewegung, die zur selben Zeit in der anglikanischen Kirche aufkam, der *Oxfordbewegung.* Sie erstrebte die Reinigung der Hochkirche vom theologischen Liberalismus der Zeit, ihre Befreiung aus den Machtarmen des Staats und ihre innere Erneuerung aus dem Geist der Urkirche. Die gewisse Befreiung des Katholizismus, die sich damals in England vollzog, wurde in diesen Kreisen als Verrat der Nationalkirche aufgefasst. Einer der Führer der neuen Bewegung war der der Oxforder Universität angehörende *John Henry Newman* (1801—1890), eine der bedeutendsten religiösen Persönlichkeiten des neunzehnten Jahrhunderts. Newman fand allmählich von der Oxfordbewegung den Weg zur katholischen Kirche zurück, der er dann hervorragende Dienste leistete. 1879 erhob ihn Leo XIII. vom einfachen Priester zum Kardinal. Manche seiner Freunde schlossen sich wie er selbst der katholischen Kirche an, andere blieben auf halbem Wege stehen, alle aber brachten Newman immer eine ausserordentlich tiefe Verehrung entgegen.

Leo XII. war es nicht mehr vergönnt, die Veröffentlichung der Emanzipationsbill zugunsten der englischen Katholiken und die von Newman eingeleitete Konversionsbewegung zu erleben. Die Kunde von der Befreiung der englischen Katholiken konnte, wie sein Biograph schreibt, nur noch auf seinen

---

[1] Öfters wurden während dieser Zeit in den katholischen Ländern Sammlungen zugunsten der Iren veranstaltet, die von schrecklichen Hungersnöten heimgesucht wurden. Eines Tages liess der Abbé Mermillod, der spätere Bischof von Lausanne und Genf und Kardinal, eine solche Sammlung in Notre-Dame in Genf veranstalten, nachdem er selbst von der Kanzel aus in ergreifender Weise von der irischen Not gesprochen hatte. Ein Arbeiter, so wird erzählt, legte daraufhin seine Uhr in den Sammelteller, den ihm der Priester reichte, mit den Worten : « Unnötig zu wissen, wieviel Uhr es ist, wenn ein Volk Hungers stirbt ».

Sarg gelegt werden. Vorsichtig und doch wirksam hatte Leo XII. die Sache der Kirche in England unterstützt. In eine politische Bewegung wie die von O'Connell geführte hätte er nicht eingreifen können, ohne dass sich die Romfeinde herausgefordert gefühlt hätten. Hingegen trugen der Briefwechsel des Papstes mit Georg IV. und die Ermutigungen und Richtlinien, die die englischen Bischöfe von Rom erhielten, wesentlich zum Erfolg der Befreiungsbewegung bei. Einmal mehr hatten die Imponderabilien, auf die Bismarck gerne hinwies, eine wichtige Rolle bei der Tätigkeit des Papsttums gespielt und ihre Bedeutsamkeit für den Verlauf des geschichtlichen Geschehens erwiesen.

Mit derselben Vorsicht, die grundsätzliche Bestimmtheit keineswegs ausschloss, nahm sich Leo XII. der kirchlichen Angelegenheiten *Spaniens* an. Der auf Beschluss des Kongresses von Verona (1823) durch eine französische Militärexpedition wieder in seine absolute Herrschaft eingesetzte Bourbone Ferdinand IV. übte seine zurückerlangte Macht in unkluger Weise aus. Der Kirche gegenüber liess er sich von gallikanischen und josephinistischen Ideen leiten. Der Papst bekundete zwar seine Freude über den Sturz der « revolutionären Sekten » in Spanien und verlieh dem Befehlshaber der französischen Expeditionstruppen, dem Herzog von Angoulême, hohe kirchliche Auszeichnungen, aber er brachte doch auch deutlich zum Ausdruck, dass er sich mit der Sache Ferdinands IV. nicht restlos solidarisch erklären wolle. Mit den südamerikanischen Republiken, die soeben ihre Unabhängigkeit erklärt hatten, leitete er, trotz des Missfallens, dass er damit in Madrid erregte, Beziehungen ein, und ohne Übereinkommen mit der spanischen Regierung nahm er die Bistumsbesetzungen in Südamerika vor.

Besondere Schwierigkeiten ergaben sich für den Papst aus den Verhältnissen in *Italien*, wo sich die Geheimgesellschaften in beunruhigendem Masse vermehrten. Die Carbonari hatten in Rom selbst Gruppen bilden können, und 1826 kam es zu einem Attentat gegen den Kardinal Rivarola. Auch wirkten sich die spanischen Unruhen nach Italien aus. Die liberale Konstitution, die sich Spanien 1812 gegeben hatte, fand in Italien begeisterte Bewunderer, und eine Welle des Aufruhrs ging von Süden nach Norden. Daraufhin griff Österreich im Auftrag des Vierbunds ein; die Aufständischen wurden niedergeschlagen und die Stellung der einzelnen italienischen Fürstenhäuser wieder gefestigt. Damals warf der König von Neapel, unterstützt von Frankreich und Österreich, neuerdings die Streitfrage seiner Verpflichtung zu einer Lehnsabgabe an den Papst auf.[1] Aber Leo XII. liess sich nicht einschüchtern und hielt den Fürsten entgegen, dass er sich für die Wahrung seiner Rechte

---

[1] Vgl. Kap. VIII, S. 293.

ebenso auf die Legitimität berufen könne wie sie, die schlecht beraten wären, wenn sie ihm dies bestreiten wollten.

Im westlichen Europa bereitete der König der *Niederlande*, Wilhelm I., der Kirche Schwierigkeiten. Während die Katholiken in den Niederlanden verfolgt wurden, genossen die schismatischen Bischöfe staatlichen Schutz. Diese Zustände riefen besonders bei den katholischen belgischen Untertanen des protestantischen Herrschers grosse Erbitterung hervor, und diese Erbitterung war einer der Gründe für den Ausbruch der nationalen Revolution von 1830, aus der das unabhängige Belgien hervorging. Das 1827 zwischen dem Heiligen Stuhl und den Niederlanden geschlossene Konkordat brachte nur eine vorübergehende Beruhigung; es wurde von der niederländischen Regierung häufig verletzt.

Im Osten entspann sich in *Russland* ein ähnlicher Konflikt zwischen Rom und dem autokratischen Zaren. Die katholischen, vertragswidrig zu Untertanen des schismatischen Reichs gewordenen Polen waren schwer bedrückt. Der Metropolit von Mohilew, der intrigante Stanislaus Siestrzencewicz [1], hielt entschieden zur weltlichen Macht. Schliesslich führte die Unterdrückung der Polen zur Revolution von 1830-31, aber trotz ihrer Tapferkeit wurden die Aufständischen besiegt, worauf, nach der berüchtigten Formel, « die Ordnung in Warschau herrschte ». Leo XII. hatte die Thronbesteigung Nikolaus' I. (1825) mit einiger Hoffnung begrüsst, musste aber bald feststellen, dass der neue Herrscher skrupellos nach Ausdehnung der russischen Macht strebte.

Die Berichte, die Leo XII. von den *Missionen* in Asien zugingen, lauteten nicht günstig. Bis in diese fernen Gegenden hatte sich die Revolutionsbewegung ausgewirkt. Die Missionen desorganisierten sich vielfach. Umso mehr bemühte sich Leo XII., die Propagandakongregation und das Propagandakolleg zu festigen und auszubauen und die verschiedenen Missionsgesellschaften zu fördern. Seine Bemühungen bereiteten den neuen Aufschwung des Heidenapostolats vor, der sich unter seinen Nachfolgern entfalten sollte.

Der Kirchenstaat. — Die Sorge für das kirchliche Leben in den einzelnen Ländern und die Inanspruchnahme durch Belange der internationalen Politik liessen Leo XII. doch nicht seine eigene politische Staatsleitung vernachlässigen. Er sorgte für die Ordnung im Kirchenstaat, schritt gegen das Räuberwesen ein, liess grosse öffentliche Arbeiten, besonders die Eindämmung des Anio, ausführen und ergriff eine Reihe wichtiger Massnahmen zur Reorganisation von Verwaltung, Finanzwirtschaft und Gerichtsbarkeit. Eine der

---

[1] Vgl. S. 295.

Reformen der Zivilgerichte, nämlich die Abschaffung der Kollegialtribunale für die Rechtsprechung in erster Instanz und ihre Ersetzung durch Einzelrichter, wurde nicht sehr gut aufgenommen. Die neue Ordnung führte zwar eine Vereinfachung durch, liess aber einer gewissen Willkür Spielraum. Auch für die römischen Bauten sorgte der Papst. Die unter dem vorhergehenden Pontifikat durch eine Feuersbrunst zerstörte St. Paulsbasilika liess er wiederaufbauen und verfolgte diese Arbeiten mit lebhaftem Interesse. Das Unterrichtswesen ward neugeregelt und das klösterliche Leben in zahlreichen männlichen und weiblichen Ordensgemeinschaften reformiert. Leo XII. führte auch eine Besserung der hygienischen Zustände im römischen Ghetto und damit eine allgemeine Hebung der Lebensverhältnisse der Juden in Rom herbei. Nach einer Statistik von 1827 hatte Rom damals mehr als 137 000 und der gesamte Kirchenstaat zweieinhalb Millionen Einwohner.

Besondere Wachsamkeit erforderte vom gemeinsamen Vater aller Gläubigen und Herrscher über den Kirchenstaat die Entwicklung der *Geheimgesellschaften*. Mit Grund wurden sie der Verbreitung der religiösen Indifferenz und der Lehre vom rechtmässigen Aufstand beschuldigt. Indem der Papst nun gegen die Geheimgesellschaften vorging, schützte er nicht nur den Heiligen Stuhl sondern vertrat auch die Interessen der Fürsten der Heiligen Allianz. Trotzdem fand er nicht die Unterstützung, die er wünschte, da geschickte Sektierer ihren Einfluss bis in die nächste Umgebung der Fürsten geltend zu machen wussten. Hatte sich Pius VII. besonders gegen die Carbonari gewandt, so verurteilte nun Leo XII. 1825 die Freimaurerei durch die Bulle *Quo graviora*, wie dies schon Klemens XII. 1738 und Benedikt XIV. 1751 getan hatten.

Tod Leos XII. — Leo XII. war zeitlebens kränklich gewesen, aber seine Willenskraft und Zähigkeit hatten ihn immer wieder emporgehoben. Allmählich war jedoch seine Widerstandskraft den vielfältigen Sorgen und Belastungen nicht mehr gewachsen. Zu Beginn des Jahres 1829 setzte er seine Tätigkeit zwar noch regelmässig fort, aber Todesahnungen beseelten ihn schon. Am 5. Februar begann sich sein Befinden in schmerzlicher Weise zu verschlimmern, und am 9. Februar verlangte er das Viatikum und die Letzte Ölung. Mit grosser Andacht empfing er die Sterbesakramente und antwortete noch selbst auf die liturgischen Gebete. Am nächsten Morgen hauchte der Neunundsechzigjährige sein Leben aus.

Folgte auch Leo XII. nicht wie seinem Vorgänger die einmütige Liebe der Römer ins Grab — woran wohl besonders sein Einschreiten gegen ihre Vergnügungssucht schuld war, das eines der üblichen Pasquille hervorhob — so blieb dieser « Papst der Heiligen Allianz » doch allgemein in gutem Gedenken. Gerecht und gütig, vorsichtig und doch bestimmt, überaus pflichteifrig trotz schwerer körperlicher Gebrechen, hatte er sich in allen Kreisen und Ländern ehrerbietiges Ansehen erworben. Während seines kurzen Pontifikats kündigten sich schon die entscheidenden Kämpfe an, die die Kirche in nächster Zukunft sowohl im geistlichen als auch im weltlichen Bereich erwarteten. Die Riesenstatue der Religion, die sich auf dem von Valadier entworfenen und von Cadolini ausgeführten Katafalk Leos XII. erhob, sollte an die Hauptsorge dieses Papstes erinnern, der in der religiösen Gleichgültigkeit die grosse Gefahr des Jahrhunderts erkannt und aufgewiesen hatte.

PIUS VIII. (1829-1830)

Ein Pontifikat von nur zwanzig Monaten (31. März 1829-30. November 1830) folgte demjenigen Leos XII. Schon lange hatte in Anbetracht der schwachen Gesundheit des Gengapapstes die Nachfolgefrage die Höfe beschäftigt, und bei der Eröffnung des Konklaves am 23. Februar 1829 sah man in kirchlichen und politischen Kreisen mit einer gewissen Spannung den Erklärungen der Vertreter der Grossmächte entgegen. Graf Lützow, der österreichische Gesandte, und Graf Labrador, der Vertreter Spaniens, äusserten sich in konservativem Sinne ; sie betonten die Notwendigkeit, der Kirche einen Oberhirten zu geben, der seine Macht zur Beruhigung und zum Glück ganz Europas ausüben und den « schlechten Lehren » einen unerschütterlichen Damm entgegensetzen werde. Der französische Gesandte, Chateaubriand, erschien liberaler, als er in einer schwungvollen Ansprache im Namen seines Landes die Wahl eines Papstes verlangte, der, stark durch die traditionelle Lehre und Autorität, doch auch die Bedürfnisse der Gegenwart und Zukunft kenne.

Auf Chateaubriands Ansprache antwortete Kardinal Castiglioni als Vertreter der Kardinalbischöfe, dass das Kardinalkollegium die Schwierigkeiten der Zeit wohl kenne. Von allen *papabili* hatte Castiglioni gleich die meisten Aussichten, und nach mehreren Wahlgängen, bei denen die unabhängigsten Stimmen auf Kardinal Pacca gefallen waren, der gemeinsam mit dem vorhergehenden Papst die harten Massnahmen Napoleons erduldet hatte, wurde Castiglioni am 31. März erwählt. Er nannte sich *Pius VIII.* aus Dankbarkeit gegen Pius VII.

Franz Xaver Castiglioni entstammte einer Adelsfamilie von Cingoli bei Ancona, wo er 1761 geboren war. Er war ein bekannter Kanonist und hatte mehrere italienische Diözesen sehr klug verwaltet. Bei einer milden und verbindlichen Art war ihm doch auch grosse Festigkeit eigen ; nie hatte er sich seinerzeit dem allgewaltigen Herrn Europas gebeugt. Sein Pontifikat begann zu einer Zeit, da nicht nur in der europäischen Politik, sondern auch auf religiösem und allgemein geistigem Gebiet eine Neuorientierung unter dem Einfluss der romantischen und liberalen Bewegung zur Geltung kam. Damit stellte sich dem neuen Papst eine schwierige Aufgabe. Es galt, « klar zu sehen, wo unbeugsamer Widerstand nötig war, gerechtfertigte Forderungen der Völker anzuerkennen, ohne dadurch die Höfe zu verstimmen, energisch das Autoritätsprinzip zu vertreten, ohne doch jene Katholiken zu entmutigen, die im Namen der Freiheit begeistert für ihren Glauben kämpften ». [1] Bei seiner kurzen Dauer stellt Pius' VIII. Pontifikat einen Übergang zwischen der beschwichtigenden Politik Leos XII. und der kampffreudigen Regierungsweise Gregors XVI. dar.

Als Staatssekretär ward vom neuen Papste der fast achtzigjährige, aber geistig noch völlig frische Kardinal Albani ernannt, der die Tradition Consalvis weiterzuführen gesonnen schien und bereits durch seine diplomatische Tätigkeit hervorgetreten war. Am 24. Mai 1829 erliess Pius VIII. seine erste Enzyklika *Traditi humiliati*, in der er vor der religiösen Gleichgültigkeit, der rationalistischen Bibelkritik und den Geheimgesellschaften warnt und im besondern auch die Achtung vor der Heiligkeit der Ehe gegenüber den Irrungen gewisser Regierungen und breiterer Kreise fordert.

Die Revolutionen von 1830. — Nicht nur die politischen Revolutionen, sondern auch der vielfach edle Ziele erstrebende, aber trotzdem gefährliche religiöse Liberalismus nahmen die Aufmerksamkeit des Papstes voll in Anspruch. Pius VIII. sollte allerdings nicht mehr das Ende des folgenschweren Jahres 1830 erleben.

Die politischen Revolutionen von 1830, unter denen die Pariser Julirevolution hervortritt, waren je nach den einzelnen Ländern mehr liberal oder nationalistisch ausgerichtet, zuweilen auch beides zugleich. « Das grosse Wetterleuchten jenes Juli », nach den Worten des französischen Historikers Michelet, « blendete das damalige Europa, das das Werk von 1789 wiederaufnahm. » Während die Revolution in Paris eine politische war, die das Bürgertum zur Macht brachte und die breiteren Volksmassen enttäuschte, indem deren Streben nach Errichtung der Republik vereitelt wurde, und ebenso in der Schweiz mit der Begründung der repräsentativen Demokratie ein innenpolitischer Umbruch erfolgte, handelte es sich in Belgien, Polen und Italien um eine

---

[1] Mourret a. a. O. VIII, S. 120-121.

nationale Revolution. Die französische Julirevolution hatte zudem einen ausgesprochen antireligiösen Zug, der sich aus der noch von der Aufklärung bestimmten Geisteshaltung des Bürgertums und der in den grossen staatlichen Schulen gebildeten Jugend erklärt. Diese antireligiöse Tendenz wirkte auch bei der italienischen Revolutionsbewegung mit, wohingegen in Polen und besonders in Belgien Katholiken und Liberale gemeinsam nur das eine Ziel, die Abschüttelung der Fremdherrschaft, verfolgten. Dabei bewies die belgische Revolution deutlich, dass parlamentarische und demokratische Institutionen durchaus nicht unvereinbar mit der religiösen Freiheit und der Achtung der Rechte aller Bürger sind. Das Gleiche gilt auch von den Bewegungen, die sich in den katholischen Schweizer Kantonen gegen die Herrschaft des Patriziats auswirkten.

Pius VIII. sah wohl mit Besorgnis das mächtige Anschwellen der Revolutionsbewegung. Aber er wusste die einzelnen Bestrebungen voneinander zu unterscheiden, und wenn er sich auch keineswegs über die Gefährlichkeit einiger von ihnen täuschte, so anerkannte er anderseits doch die neuen Regierungen in Paris und Brüssel, indem er ihnen allerdings zugleich zur Mässigung riet. Dabei entging ihm nicht, dass die französische Julimonarchie ihre Errichtung dem vorangehenden Ansturm aller revolutionären Kräfte gegen Restauration und Kirche verdankte. Noch schwerer mussten ihn die Auseinandersetzungen um den liberalen Katholizismus beunruhigen, deren Ausgang er nicht mehr erlebte, und das Wirken der Geheimgesellschaften, das er wohl durchschaute. Er wusste, dass die Geheimgesellschaften nicht nur massgeblich an der Pariser Julirevolution mitgewirkt hatten, sondern ebenso an den revolutionären Bewegungen in der Romagna, also im Kirchenstaat selbst, beteiligt waren und auch in Deutschland eine Rolle spielten, wo ein Teil des Klerus den neuerlichen josephinischen Ansprüchen der Regierungen nachgab. Durch das Breve *Litteris* vom 27. März 1830 nahm Pius VIII. zu der grossen Auseinandersetzung über die gemischten Ehen in Preussen Stellung, und am 30. Juni tadelte er scharf die Bischöfe der oberrheinischen Kirchenprovinz, die sich der Bevormundung der Kirche durch die Landesregierungen widerspruchslos fügten.

La Mennais und die Gründung der Zeitschrift « L'Avenir ». — Die Wachsamkeit des kirchlichen Oberhirten ward indessen vornehmlich auf die Fortschritte des liberalen Katholizismus in Frankreich gelenkt. Das Jahr 1830 erscheint als ein Wendepunkt in der religiösen Geschichte Frankreichs. Gegen Ende von Karls X. Regierung hatten junge Katholiken unter Führung des Abbé *Félicité de La Mennais* sich zur Bildung einer Gruppe zusammengetan, die bald als sogenannter La Mennaischer Kreis hervortrat und begeistertes Interesse in Belgien, Irland, Polen, Italien, der Schweiz und Deutschland fand. Dem Kreise gehörten namhafte Vertreter der jungen Intelligenz Frankreichs an, auch der Graf *Charles de Montalembert*. Der spätere Dominikaner Abbé *Lacordaire* schloss sich der Gruppe zur Zeit der Gründung der aufsehenerregenden Zeitschrift *L'Avenir* an. [1] La Mennais' *Essai sur l'indifférence* hat nicht nur die Philosophie und Theologie Frankreichs, Belgiens und Italiens auf Jahrzehnte hinaus nachhaltig beeinflusst, sondern auch das Erwachen des Katholizismus in England gefördert und die Theologie der Rheinlande lebhaft beschäftigt. Die in den Zeitschriften seines Kreises vertretenen Ideen befeuerten den Freiheitskampf der Belgier, Iren und Polen; sie bestimmten den Kampf, den die Katholiken Deutschlands im neunzehnten Jahrhundert um den Einfluss katholischer Prinzipien auf die Kulturpolitik führten. La Mennais' *Paroles d'un croyant* und *Le livre du peuple* haben mit ihren eindringlichen Forderungen für Hebung des Vierten Standes durch ein volles Jahrhundert hindurch bald dem religiösen, bald dem atheistischen Sozialismus die lockende Sprache und die werbende Kraft geliehen.

Es war sehr bedeutsam, dass gerade in Frankreich, wo die Verbindung von « Thron und Altar » besonders eng war, während gleichzeitig und vornehmlich unter der Jugend die Irreligiosität geradezu herausfordernd auftrat, der La Mennaische Kreis nun mit allem Nachdruck volle Freiheit für die Kirche forderte. In seiner zu Beginn des Jahres 1829 erschienenen Schrift über die Fortschritte der Revolution und des Kampfes gegen die Kirche (*Des progrès de la révolution et de la guerre contre l'Eglise*) wandte sich La Mennais gegen den Gallikanismus, der verantwortlich sei für das « unheilvolle Missverständnis zwischen Katholiken und Anhängern der Freiheit ». Ebenso wies er den Absolutismus zurück, dessen scheinbar wohlwollende Bevormundung der Kirche dieser nur schädlich sei. Nun wurden aber gerade damals an Frankreichs Grenze — und dieser Umstand muss berücksichtigt werden, will man die geistige Atmosphäre von 1830 richtig erfassen — die neuen Freiheitsideen von dem kleinen, tapfern Volk der Belgier durch eine Revolution in die Tat umgesetzt. « Seht was in Belgien vorgeht », schreibt La Mennais in einem Briefe vom 24. Dezember 1829, « seht diese Verschmelzung aller Parteien in dem einen nationalen Streben »... « diesen

---

[1] Eine ausgezeichnete Übersicht über diese Bewegung bietet G. GOYAU : *Un tournant d'histoire religieuse : 1830. Catholicisme et libéralisme.* (*La vie intellectuelle.* 10. 1. 1930. Dieses von mehreren Verfassern zusammengestellte Heft behandelt im übrigen die politischen und allgemein geistigen Bewegungen um 1830 in den verschiedenen Ländern.)

überaus edlen Schwung eines ganzen Volkes, das erklärt, in Freiheit leben und sterben zu wollen, und hoch erhobenen Hauptes auszieht, die Freiheit der Kirche, die Freiheit der Erziehung und alles, was unter den Menschen gross, edel und heilig ist, zu erringen»... «Man zittert vor dem Liberalismus: nun, macht ihn zu einem katholischen, und die Gesellschaft wird neu aufleben.»

In Frankreich bekämpfte La Mennais ebenso «den alles ertötenden Royalismus» zur Zeit Karls X. wie die «legale Hölle» zur Zeit Louis-Philippes. Nach ihm war das Ende einer Welt gekommen, da «unsere unverbesserlichen Bischöfe»... «sich anscheinend verschworen haben, unter dem wankenden Thron der sie erdrückenden Tyrannei die letzten Reste des Christentums in Frankreich zu begraben», und «die Regierungen heute am meisten die Vereinigung von Katholizismus und Freiheit fürchten und diese am wenigsten verzeihen». Er aber sieht gerade «in dieser Vereinigung die wahre Kraft und also die Zukunft»... «Hier und nur hier ist das Heil». In der Tat war, als der von den Legitimisten wiedererrichtete Thron zusammenbrach, die Kirche, wie später Montalembert schreibt, «von der öffentlichen Meinung und dem Volksempfinden verstossen». Nur zu deutlich bezeugen dies gewisse Vorkommnisse der dreissiger Jahre, wie die Plünderung des erzbischöflichen Palais' in Paris, das Herunterreissen von Missionskreuzen, die Steinigung von Prozessionen. La Mennais zog aus diesen Vorfällen den Schluss, dass «Prinzip der Ordnung und Stabilität» nur die Religion sein könne, dass es aber unbedingt nötig sei, «die Kirche zu befreien»... «durch ihre völlige Trennung vom Staat».

In vollem Umfang suchte die La Mennaische Schule dieses Programm durch die Gründung der Zeitschrift *L'Avenir* zu verwirklichen, deren erste Nummer am 16. September 1830 erschien. Nach dem Ideal, das La Mennais vorschwebte, galt es, die Freiheit zu verwerten, um zunächst Frankreich zu einigen und danach eine christliche Renaissance der ganzen Menschheit herbeizuführen. «Gott und Freiheit», «Ordnung und Freiheit», das waren die Parolen seines Kreises. Der bekannte Schriftsteller Gerbet, der der Gruppe auch angehörte, schrieb am 28. Dezember 1830: «Wie Rom das unverrückbare Zentrum des Glaubens ist, so ist Frankreich der Mittelpunkt des europäischen Geisteslebens.» Und, so führt er weiter aus, man mag sich hinsichtlich des Prinzips der Ordnung und Stabilität umso ruhiger auf Rom stützen als Rom alle katholischen Schriftsteller und besonders die französischen ihrer Berufung folgen lässt, die Kraft der anderen Prinzipien, nämlich des Prinzips der Aktivität und des Fortschritts auszuwerten.

«Was aber dachte Rom», schreibt G. Goyau, «zu dieser Verteilung der Rollen, dieser Unterscheidung zweier Funktionen, dieser Abgrenzung der

Wirkung Roms einerseits und des französischen liberalen Katholizismus anderseits ? »[1] Der Pariser Nuntius, Msgr. Lambruschini, der Frankreich mit der Revolution gleichsetzte, anerkannte wohl, dass die neue Zeitschrift *L'Avenir* « der Religion Dienste leistet », aber über ihren Begründer, der sich zwar damals noch dem Heiligen Stuhl unbedingt ergeben zeigte, schrieb er nach Rom : « Ich bin entsetzt über seine Lehren »... « Meiner Meinung nach neigt er durch seine Grundsätze dazu, die Gesellschaft in einen revolutionären Zustand zu bringen »... « Es ist ein neues Unglück, dass die Guten mit den Schlechten sich zum Übel zu verschwören scheinen. Hier strömt die Atmosphäre sozusagen nur Liberalismus und Demokratie aus. » Indessen erfuhr Pius VIII. nichts mehr von diesen Befürchtungen des Pariser Nuntius und konnte auch nicht mehr die Ergebenheitserklärungen La Mennais' entgegennehmen. Am 30. November 1830 war der Papst bereits gestorben.

Seinem Nachfolger, Gregor XVI., blieb es vorbehalten, die Verurteilung des liberalen Katholizismus durch die Enzyklika *Mirari vos* vom 15. August 1832 auszusprechen. Nach dieser Verurteilung trennte sich La Mennais trotz aller dringlichen Vorstellungen Lacordaires und Montalemberts von der Kirche.

Die Verurteilung durch Rom war darin begründet, dass im *Avenir* die Auffassung zum Ausdruck gekommen war, in der grossen geistigen Auseinandersetzung gebühre dem Christentum eine Stellung, die wohl achtenswert sei, aber doch nur in dem Masse, in dem auch alle anderen Meinungen achtenswert seien. « Die katholische Theologie musste über dieses Gemeinrecht hinaus, das man nun auch ihr zubilligen wollte, — und als tatsächliche Lage war dies vorläufig auch annehmbar — doch getreu der Lehre des Evangeliums und der Kirche unablässig weiterhin den Anspruch auf das absolute Recht der Wahrheit aufrecht erhalten, jenes göttliche Recht, kraft dessen die Wahrheit über die menschliche Gesellschaft herrschen soll. » « Höher als ein gesellschaftlicher Zustand, bei dem alle Freiheiten, darunter auch die Freiheit der Wahrheit, bestehen, und bei dem diese Freiheiten zu ständigen Auseinandersetzungen innerhalb der Gesellschaft führen, steht nach einem gesunden geistigen Urteil und nach der Lehre der Kirche ein gesellschaftlicher Zustand, bei dem die Übereinstimmung der Geister und Gemüter unter der obersten Führung eines einzigen, freiwillig bekannten Glaubensbekenntnisses die Grundlage der Einheit bildet. *Ut unum sint*, auf dass sie eins seien : die volle Verwirklichung dieses Evangeliumwortes setzt die Einheit in der Wahrheit voraus »... « ein ständiges Vorwärtsschreiten über die tatsächliche Lage hinaus »... « der Herrschaft der

[1] G. Goyau a. a. O. S. 40.

Leo XII. (1823—1829). Denkmal von A. de Fabris, 19. Jh., Rom, Peterskirche.

Pius VIII. (1829—1830). Denkmal von Tenerani, 19. Jh., Rom, Peterskirche.

Wahrheit entgegen, die eint und gleichzeitig die Freiheit des Menschen krönt *(veritas liberabit vos :* die Wahrheit wird euch frei machen). » Das wahre Ziel der Freiheit ist « die Einsetzung der sozialen Herrschaft Christi in immer weiterem Umkreis. »[1] In diesem Sinne sollten später auch Pius IX. im Syllabus und Pius XI. in seiner berühmten Enzyklika über das Königtum Christi sprechen.

Das kurze Pontifikat Pius' VIII. ging seinem Ende entgegen, als die schweren Auseinandersetzungen zwischen dem *Avenir* und dem von La Mennais heftig befehdeten *Ami de la religion*, dem Organ des französischen Episkopats und Klerus, ihren Höhepunkt erreichten. Am 30. November 1830 starb der Papst, dessen schon lange dauerndes Leiden durch die Sorgen seines oberhirtlichen Amtes verschlimmert worden war. Angelegenheiten der ganzen Welt hatten ihn in Anspruch genommen. Es war ihm noch vergönnt, die beginnende Befreiung des englischen Katholizismus zu erleben, und den Klerus der Vereinigten Staaten hatte er zum Schluss des Provinzialkonzils von Baltimore (Oktober 1829) noch ermahnt, sich nicht zu sehr mit weltlichen Angelegenheiten abzugeben, und vor dem Geist der religiösen Indifferenz und den Auswüchsen der Demokratie gewarnt. Er hatte auch noch die Freude gehabt, in Konstantinopel für alle armenischen Katholiken und Sprengel der Stadt und des Reichs, soweit sie bisher dem lateinischen Patriarchalvikar unterstanden, einen erzbischöflichen Primatialsitz errichten zu können (Bulle *Quod jamdiu* vom 6. Juli 1830). In Italien hingegen waren dem Papst schwere Sorgen aus der allgemeinen revolutionären Stimmung erwachsen. Sie wurde besonders von den Geheimgesellschaften geschürt, die sich zum Ansturm gegen die Fremdherrschaft und die weltliche Herrschaft des Papstes rüsteten.

Während der zwanzig Monate, da Pius VIII. die Kirche regierte, hatten sich Ereignisse vollzogen, die einerseits eine neue politische Ordnung, anderseits aber auch zukünftige Umwälzungen einleiteten. Bei manchen der hervortretenden Bewegungen verband sich edles Streben mit vielen Illusionen ; revolutionäre Leidenschaft und irrige Lehren verdunkelten ein an sich hohes Ideal von Gerechtigkeit und Freiheit. Pius' VIII. Nachfolger sollte diese Irrungen mit gesteigerter Aufmerksamkeit verfolgen, kraftvoll verurteilen und durch eine streng konservative Politik die weltliche Herrschaft des Papsttums noch aufrecht erhalten.

---

[1] G. Goyau a. a. O. S. 48-51 passim.

Kapitel XII.

GREGOR XVI. UND DER KAMPF GEGEN DEN LIBERALISMUS

DER LIBERALISMUS

Es wäre wohl aufschlussreich, die Geschichte des Pontifikats Gregors XVI., des Nachfolgers Pius' VIII. mit einer Geschichte des Begriffs « Liberalismus » einzuleiten. Dieser Begriff wurde nämlich — und wird auch heute noch — in den einzelnen Ländern und selbst in einzelnen Gesellschaftsgruppen in sehr verschiedenem Sinne gebraucht. Mit Recht bemerkte seinerzeit der französische Kritiker Emile Faguet, dass das Wort Liberalismus zu jenen Bezeichnungen gehört, die am meisten Missverständnisse heraufbeschworen. Es sei hier nur darauf hingewiesen, dass sich der vom extremen « Ultramontanismus » ausgehende, übrigens diesen Ultramontanismus mit der Freiheit gleichsetzende La Mennais, der schliesslich von der Kirche abfiel und zur offenen Revolte gegen den Heiligen Stuhl gelangte, und seine Schüler, die sich der kirchlichen Autorität unbedingt fügten, gleicherweise « Liberale » nannten. Anderseits berief sich der republikanische und religionsfeindliche Revolutionär Mazzini ebenso auf den Liberalismus wie die katholischen Monarchisten Gioberti, Balbo, d'Azeglio und die gläubigen Schriftsteller Silvio Pellico und Manzoni. In Frankreich gaben sich so verschiedenartige Vertreter der Julimonarchie wie Thiers, Guizot, Casimir-Périer und Molé und der König selbst als liberal aus. Auch die Belgier, die den König von Holland vertrieben, die Schweizer, die die Oligarchien stürzten, waren « Liberale », aber im jungen belgischen Königreich erhielt « liberal » in der Folge den Sinn, den « radikal » in der Schweiz hat. Für Newman besass die Bezeichnung

Liberalismus eher eine dogmatische Bedeutung ; vor seiner Konversion beschuldigte Newman O'Connell und die irischen Katholiken, « liberal » zu sein.

Diese Vieldeutigkeit fand erst eine Abklärung, als der Heilige Stuhl zu einer Bestimmung und Verurteilung des Liberalismus schritt. Zwar wurde auch nach Gregor XVI. und Pius IX. das Wort noch zur Bezeichnung verschiedener Geisteshaltungen und Parteien verwandt, aber im Grunde war man sich doch über seinen Sinn einig. Katholizismus und Liberalismus sind wesensverschieden, und ihr Gegensatz bestimmt weitgehend die neueste Geschichte. Wenn auch christliche Nächstenliebe, verständige Aufgeschlossenheit, Sinn für Mass und Einsicht in die Notwendigkeit, den Umständen Rechnung zu tragen, anderseits ein natürlicherweise zur Toleranz neigender Skeptizismus und schliesslich die persönliche Haltung gewisser Führer Zusammenstösse zu verhindern oder doch wenigstens zu mildern vermochten : im Grunde blieb der Gegensatz, wenn auch unter verschiedenen Namen, bestehen.

DIE AUFSTÄNDE IN ITALIEN UND DIE WAHL GREGORS XVI.

Zu der Zeit, da sich das Konklave zur Wahl eines Nachfolgers für Pius VIII. versammelte (14. Dezember 1830), drohte in Europa der Ausbruch eines allgemeinen Konflikts, und in Italien waren schon verschiedentlich Revolutionen ausgebrochen. Die von der französischen Julirevolution hervorgerufene Beunruhigung war umso grösser als einerseits die französischen Liberalen von jeher « die Verträge von 1815 » als tiefste Demütigung Frankreichs hingestellt hatten und ihre Parole auf Tilgung dieser Schmach lautete, während anderseits die verbündeten Sieger von 1815 selbst durch die Abweisung gewisser nationaler Ansprüche Frankreich in die Revolution zurückdrängten. So bestand also 1830 ausserhalb Frankreichs Grund zur Befürchtung, dass das neue französische Regime vor allem die Politik der natürlichen Grenzen wieder aufnehmen werde. Indessen suchten Louis-Philippe und die gemässigten Liberalen, die Höfe zu beruhigen, und mehr als einmal gelang es ihnen auch, den Ausbruch eines Konflikts zu verhüten, der sich unvermeidlich ausgeweitet hätte. Trotzdem war zu Ende des Jahres 1830 die Lage noch äusserst gespannt. Kriegsgerüchte gingen um, während sich der Bund der absolutistischen Mächte — Österreich, Preussen und Russland — nach seiner Erschütterung durch die russisch-türkische Krise wieder festigte. In Deutschland hatte das Streben des liberalen Frankreich nach der Rheingrenze — ein napoleonisches Erbe —

eine starke patriotische Bewegung heraufgeführt, und gleichzeitig gewann auch die deutsche Einigungsbewegung nach der Anbahnung des Zollvereins weiter an Boden. Frankreich suchte Anlehnung an England, und schliesslich ergab sich aus der belgischen Frage die *Entente cordiale* der beiden Westmächte. Ein neutralisiertes Belgien unter einem deutschen, England genehmen Herrscherhaus ging aus den französisch-englischen, den letzten noch von Talleyrand geführten Verhandlungen hervor.

In Italien entfaltete zur selben Zeit die liberale, von den Geheimgesellschaften geschickt gewählte Parole der Unabhängigkeit, der Einigung der ganzen Halbinsel und der Abschaffung der weltlichen Herrschaft des Papstes ihre Werbekraft. Mazzini wusste gleicherweise das Nationalgefühl wachzurufen und den Hass gegen Österreich zu schüren, das noch in der Lombardei und in Venezien herrschte und immer bereit war, gegen die Liberalen einzuschreiten. Im Kirchenstaat hatte sich die Lage während des kurzen Pontifikats Pius' VIII. nicht gebessert, und die italienischen Flüchtlinge in Paris fühlten sich von der französischen Regierung unterstützt. Laffitte versicherte sie, dass Frankreich für die Achtung des Prinzips der Nichteinmischung sorgen werde. Metternich zeigte sich jedoch entschlossen, in der Romagna einzugreifen, selbst wenn daraus Krieg entstehen sollte. Anderseits bekundete Louis-Philippe, der sein Königtum erhalten wollte, zwar seinen Friedenswillen, aber indem er Zweifel über seine wirklichen Absichten bestehen liess, ermunterte er mittelbar doch die italienischen Revolutionäre, ihr Glück zu versuchen.

Der Zeitpunkt schien hierfür günstig. Während Metternich noch seine Verhandlungen weiterführte und die Sekten brandmarkte, « die die Gesellschaftsordnung bedrohen », war in Modena der Aufstand bereits ausgebrochen. Im letzten Augenblick konnte der Grossherzog Franz IV. noch den Hauptanstifter Menotti verhaften lassen. Auch in Bologna setzte die Erhebung ein und drohte, von hier aus auf den ganzen Kirchenstaat überzugreifen. Vorübergehend konnte sie zwar noch unterdrückt werden, als sich das Konklave am 14. Dezember 1830 versammelte.

Die Stimmen der fünfundvierzig am Konklave teilnehmenden Kardinäle verteilten sich auf verschiedene Kandidaten, auf Pacca, den Dekan des Kardinalkollegiums, Cappellari, den Präfekten der Propaganda, und Giustiniani, den früheren Madrider Nuntius. Nachdem Spanien gegen letzteren die Exklusive ausgesprochen, erhielten sowohl Pacca als auch Cappellari noch lange eine beträchtliche, aber doch nicht zur erforderlichen Zweidrittelmehrheit reichende Zahl von Stimmen. Endlich konnte, nachdem das österreichische Einverständnis eingelaufen war, die Entscheidung herbeigeführt werden, und am

2. Februar 1831 wurde Cappellari, der bevorzugte Kandidat der *zelanti*, erwählt. Er nannte sich *Gregor XVI.*

Der Neugewählte gehörte dem im elften Jahrhundert vom hl. Romuald gegründeten und der Benediktinerregel folgenden Kamaldulenserorden an und trug den Ordensnamen Mauro. Im Jahre 1765 als Sohn einer Adelsfamilie von Belluno in Venetien geboren, war er seit den Wiener Verträgen österreichischer Untertan. Seine gründliche theologische Bildung und seine Unbeugsamkeit in grundsätzlichen kirchlichen Belangen war der breiteren Öffentlichkeit durch ein Werk bekannt geworden, das er 1799 unter dem Titel « Triumph des Heiligen Stuhls und der Kirche über die Anstürme der Neuerer » erscheinen liess, und das eine gewisse Berühmtheit erlangte. Schon die Überschrift des Werks kündigte eine entschiedene Stellungnahme gegen die kirchenfeindlichen Strömungen an. 1823 war Cappellari General seines Ordens, 1826 Kardinal geworden. Verschiedenartige Aufzeichnungen, die er noch zu seiner Klosterzeit in emsiger Gelehrtenarbeit angehäuft, wurden später von Moroni in dem bekannten, von 1840 bis 1861 in hundertunddrei Bänden in Venedig erscheinenden *Dizionario di erudizione storico-ecclesiastica* verwertet. Der neugewählte Papst war eine stattliche Erscheinung; gross, sehr aufrecht in der Haltung und sicher im Auftreten, legte er doch ein einfaches, leutseliges Wesen an den Tag, aber sein Gesichtsausdruck konnte geradezu erschreckend entschlossen wirken, wenn er sich im Gewissen gegen eine Ungerechtigkeit aufgerufen fühlte. Bei seinem zurückgezogenen Gelehrtenleben hatte er wenig Weltkenntnis in zeitlichen Dingen erworben, und die Bestrebungen seiner noch weitgehend von der französischen Revolution bestimmten Zeit waren ihm ebenso schwer verständlich wie die Verwicklungen der Politik. « Ich bin nur ein armer, über die Politik wenig unterrichteter Ordensmann », sagte er selbst einmal dem französischen Gesandten. Seine Umgebung, die in ihrer Mehrheit ebenso wie er selbst eine unbedingt konservative, ja reaktionäre Regierung wollte, suchte ihm das bestehende Regime im Kirchenstaat als unabänderlich hinzustellen. Anderseits konnten die Leidenschaftlichkeit und Gewalttätigkeit der italienischen Revolutionäre einen Papst dieser Art auch nicht reformfreundlich stimmen.

Zum Staatssekretär erhob Gregor XVI. den Kardinal Thomas Bernetti, der schon die rechte Hand Consalvis gewesen und einer der hervorragendsten Staatsmänner war, die die Kirche im neunzehnten Jahrhundert besass. Stendhal, den man kaum der Kirchenfreundlichkeit verdächtigen kann, nennt ihn « den vernünftigsten Kardinal », und nach den Worten des Papstes selbst besass der neue Staatssekretär « einen eisernen Arm und ein goldenes Herz ».

Am 4. Februar 1831 erhoben sich die Bolognesen neuerdings, worauf der erschreckte Prolegat eine von Gemässigten gebildete « provisorische Kommission » einsetzte. Aber unter dem Druck der Carbonari überschritt diese Kommission bald ihre Befugnisse, setzte eine « provisorische Regierung » ein und erklärte die weltliche Herrschaft des Papstes über Stadt und Provinz Bologna als abgeschafft. Die Aufstandsbewegung griff rasch auf weite Gebiete des Kirchenstaats über und nötigte die päpstlichen Truppen, sich zu ergeben. Es geschah, obgleich die Carbonari die Bewegung antrieben, fast ohne Blutvergiessen. In Rom selbst behielt die Regierung die Lage in der Hand.

EINGREIFEN ÖSTERREICHS

Kühn geworden durch ihre Erfolge, errichteten die Aufständischen eine « provisorische Regierung der vereinigten italienischen Provinzen ». Aber schon am 15. Februar zeigte sich Metternich zum Eingreifen entschlossen, und Bernetti unterrichtete hiervon die Regierungen. Dem französischen König, Louis-Philippe, liess Metternich sagen, die italienische Revolution sei « die Revolution der von den französischen Anarchisten unterstützten Bonapartisten », und Louis-Philippe habe also « ein Interesse daran, dass kein bonapartistischer Thron neben dem seinen aufgerichtet würde ». In der Tat hielten zwei Bonaparte, Louis-Napoleon, der spätere Napoleon III., und sein Bruder Charles-Louis, zu den Carbonari und kämpften in den Reihen der Aufständischen in der Romagna. Da die meisten seiner Soldaten zum Feinde übergegangen waren, konnte der Papst mit eigenen Mitteln den Aufstand seiner Untertanen nicht mehr eindämmen. Am 7. März kündigte ein Anschlag des Staatssekretariats das Einrücken der Österreicher an. In weniger als drei Monaten wurde mit ihrer Hilfe die Aufstandsbewegung im Kirchenstaat unterdrückt. Frankreich, auf das die Aufständischen gehofft, hatte sich nicht gerührt. « Wir gestehen keinem Volke das Recht zu », hatte der Minister Casimir-Périer erklärt, « uns zum Kampf für seine Sache zu nötigen ; französisches Blut gehört nur Frankreich. »

Trotzdem erregte das österreichische Eingreifen in Italien Frankreich aufs stärkste, und die französische Regierung suchte unbedingt, eine weiterdauernde österreichische Besetzung zu verhindern. Der französische Botschafter in Rom, Graf von Sainte-Aulaire, erhielt den Auftrag, Gregor XVI. zur Milde gegenüber den Aufständischen und zum « freiwilligen Zugeständnis der als notwendig anerkannten Reformen » zu bewegen. Aber diese Vorstellungen blieben fast ganz wirkungslos, obgleich der Staatssekretär sich zustimmend geäussert hatte. Zwar wurden nur verhältnismässig leichte Strafen über die

Papst Pius VII. und Napoleon Bonaparte in Fontainebleau, 1804

Papst Pius VII. bei der Kaiserkrönung Napoleons I. in der Kathedrale Notre-Dame in Paris, 1804

Die Raphaels-Logen im Vatikan, Rom

Aufständischen verhängt, aber die im ganzen doch nicht unbedingt von der Hand zu weisenden Neuerungen der provisorischen Regierungen von Bologna schlechthin verworfen. Als nun Casimir-Périer erklärte, es müsse mit der Möglichkeit eines Krieges gerechnet werden, wenn Österreich die Legationen besetzt halte, Österreich aber darauf hinwies, dass ohne sein Eingreifen die Aufstandsbewegung nicht bezwungen werden könne, sandten die Grossmächte Bevollmächtigte nach Rom, um dem Papste ein Reformprojekt zu unterbreiten.

DAS REFORMPROGRAMM

Die Konferenz trat in Rom selbst unter den Augen, aber ohne die Beteiligung des Papstes zusammen. Im Grunde waren Frankreich und Österreich gleicher Meinung über die Notwendigkeit der Reformen, und so verständigten sie sich schliesslich auch über ihre Durchführung. Aber die Einwilligung der absolutistischen Mächte erfolgte nur aus Vorsichtsgründen in Hinblick auf die gespannte Lage und vornehmlich mit Rücksicht auf Frankreich und England, von denen sie eine Unterstützung der liberalen Bewegung befürchteten. Sie suchten diese also zurückzuhalten, indem sie sich nicht völlig von Frankreich und England trennten. [1] In gewisser Hinsicht erscheint indessen die österreichische Einmischung in die kirchenstaatlichen Angelegenheiten wie ein nachwirkender Josephinismus und die französische Einmischung wie eine Wiederaufnahme der bourbonischen Kirchenpolitik im vorhergehenden Jahrhundert. Das am 21. Mai 1831 von den fünf Grossmächten — Österreich, Frankreich, England, Preussen, Russland — dem Kardinal Bernetti überreichte Memorandum beschränkte sich nicht auf ein vorübergehendes Eingreifen. Es verlangte unter anderem die allgemeine Zulassung der Laien zu den administrativen und gerichtlichen Funktionen, sowie hinsichtlich der Rechtspraxis die vollständige Ausführung und folgerichtige Entwicklung der Zusagen und Grundsätze des Motuproprio vom 6. Juli 1816, das Leo XII. ausser Kraft gesetzt hatte, die Wiederherstellung der vom Volk erwählten Munizipalitäten und die Bewilligung von Gemeindefreiheiten. Ferner sollten Provinzialräte eingesetzt werden, die dem Schosse der neuen Munizipalitäten entnommen würden, und deren Aufgabe darin bestünde, den Provinzgouverneuren zu helfen, die Verwaltung zu verbessern, und die Regierung über die

---

[1] Vgl. Guizot : *Mémoires pour servir à l'histoire de mon temps.* II, S. 291. Diese Memoiren gehören mit denen Metternichs zu den wichtigsten Quellen für die Geschichte jener Zeit.

wahren Bedürfnisse der Provinz aufzuklären. Ein oberster Rechnungshof sollte die öffentliche Finanzverwaltung und die Staatsschulden überwachen. Man fand es auch angebracht, dass eine zentrale Institution in Form einer Verwaltungsjunta oder Konsulta gebildet werde, die sich aus vom Souverän ernannten Regierungsräten, Geburts-, Vermögens- und Geistesnotabilitäten zusammensetzen sollte.

Diese Einmischung der Mächte in die inneren Angelegenheiten des Kirchenstaats musste Gregor XVI. verletzen und auch bei der zahlenmässig starken Partei der Kardinäle, die jeder Neuerung abgeneigt und für die österreichische Besetzung waren, auf Ablehnung stossen. Stendhal legte dieser Gruppe den Ausspruch bei : « Wenn wir wirkliche Zugeständnisse machen, sind wir für immer verloren. » Indessen gab Bernetti den Vertretern der Mächte beruhigende, aber unverbindliche Zusicherungen und stellte auch die geschickte Frage, welche Haltung Frankreich bei einem neuen Aufstand im Kirchenstaat einnehmen würde. Durch eine von dem preussischen Vertreter, Bunsen, redigierte Denkschrift liess die Konferenz den Staatssekretär wissen, dass sie seine Vorschläge als unzureichend für die päpstlichen Untertanen erachte. Frankreich forderte zudem weiterhin die Zurückziehung der österreichischen Truppen, worauf Metternich erwiderte, es liege beim Papste, der die Intervention selbst gefordert habe, den Zeitpunkt hierfür zu bestimmen. Auch darüber, welche Intervention bei einem neuen Aufstand zu erfolgen hätte, konnten sich die beiden katholischen Mächte nicht einigen. Österreich wollte in diesem Falle die Initiative dem Heiligen Stuhl überlassen, während Frankreich eine solche Intervention von der Zustimmung der Grossmächte abhängig zu machen wünschte.

Schliesslich entschloss sich Gregor XVI., seinen Untertanen Reformen zuzugestehen. Das Edikt vom 5. Juli 1831, das sie verkündete, löste jedoch schwere Enttäuschung aus. Die vorgesehenen Massnahmen waren unzureichend, und die Romagnolen drangen in den Papst, sie abzuändern. Das zuweilen brutale Vorgehen der reorganisierten päpstlichen Truppen erregte zudem die Bevölkerung, und die Misstimmung wuchs, als Kardinal Bernetti sich nicht zu gewissen von Ravenna und Forli erbetenen Zusicherungen bereit fand. Als auch die Übernahme der Militärkosten durch den Staat verweigert wurde, legten die Romagnolen Hand auf die in den Staatskassen verwahrten Steuereinnahmen. Trotzdem griff die päpstliche Regierung nicht gleich ein, sondern suchte zunächst noch schweizerische Truppen einzustellen. Die Verhandlungen über eine Militärkapitulation mit den Kantonen kamen im nächsten Jahre zum Abschluss. Zwei Regimenter von je mehr als zweitausend Mann, deren Offiziere und zum Teil auch Mannschaften in den von der französischen

Julimonarchie entlassenen Truppen gedient hatten und deren militärische Qualitäten hervorragend waren, traten in päpstlichen Dienst. Aber diese Truppen waren der italienischen Bevölkerung verhasst, und in der Schweiz selbst stand die öffentliche Meinung grösstenteils auf der Seite der italienischen Patrioten. [1]

Bei alledem lag Österreich ein neuerliches Eingreifen nahe. Um es jedoch gerechtfertigt erscheinen zu lassen, musste die Bevölkerung der Romagna ins Unrecht gesetzt werden, indem man ihr Zugeständnisse machte, die sie als unzureichend abwiese. In der Tat wurden nun gewisse Reformen des Gerichtswesens von den Bologneser Juristen nicht angenommen und dadurch eine nicht unwesentliche Besserung der Zustände verunmöglicht. « Die Übertreiber in Bologna haben alles verdorben », bemerkte bedauernd der französische Gesandte. Die Kurie aber entschloss sich nun, durch Waffengewalt ihre Autorität in den Legationen wieder zur Geltung zu bringen, und da vorauszusehen war, dass sie dies aus eigener Kraft allein nicht konnte, musste mit einem österreichischen Eingreifen gerechnet werden. Aber Frankreich setzte sich mit aller Entschiedenheit einer österreichischen Aktion entgegen. Casimir-Périer plante auch schon, den König von Sardinien mit der Polizei im Kirchenstaate zu betrauen. Für den Fall, dass er dies abwiese, und die Österreicher tatsächlich in Bologna einrückten, nahm Frankreich für sich das Recht einer Besetzung Anconas in Anspruch. « Sie können », erklärte daraufhin Bernetti dem französischen Gesandten, « nach Paris berichten, der Heilige Vater sei gewohnt, sich ins Unvermeidliche zu fügen ». Diese in ihrer Tragweite überschätzte Erklärung aber bewog nun die französische Regierung, ein Expeditionskorps in Toulon zusammenzustellen. [2]

BESETZUNG ANCONAS (1832)

Während sich die Spannung zwischen Wien und Paris noch verstärkte, rückten die päpstlichen Truppen am 18. Januar 1832 vor, und die österreichische Armee sammelte sich an den Grenzen des Kirchenstaats. Nach zwei Tagen war der Aufstand in der Romagna von den päpstlichen Truppen bei Cesena niedergeschlagen. Aber die Ausschreitungen der päpstlichen Soldaten riefen eine allgemeine Erhebung in den Legationen hervor, und nun wusste sich Rom nicht mehr anders zu helfen als wiederum die Österreicher herbei-

[1] Vgl. G. Castella : So ist die Treue dieses Volkes. S. 171-176.
[2] Vgl. Mollat a. a. O. S. 165.

zurufen, die daraufhin am 28. Januar in Bologna einrückten. Am Ende des Monats war die päpstliche Autorität in allen Provinzen wiederhergestellt.

Nun hielt Casimir-Périer die Stunde für Frankreich gekommen. Er glaubte zudem, dass eine französische Besetzung Anconas Österreich zwar missfallen, aber doch nicht bis zum völligen Bruch mit der Julimonarchie führen werde. Am 7. Februar 1832 verliessen drei französische Kriegsschiffe Toulon, am 21. trafen sie im Hafen von Ancona ein, und am 23. waren Stadt und Festung besetzt.

Dieser Handstreich verursachte grosse Aufregung bei den europäischen Regierungen, und Metternich erklärte geradezu, noch nie sei « ein ausgesprocheneres politisches Verbrechen mit grösserem Leichtsinn begangen » worden. Aber auch die päpstliche Regierung war empört ; sie fand sich hintergangen, hatte sie doch, sobald sie von dem Aufbruch der französischen Schiffe von Toulon erfahren, erklärt, eine Landung nicht dulden zu wollen. Übrigens bestanden im französischen Ministerium selbst verschiedene Absichten : Casimir-Périer wollte trotz allem nicht in die inneren Angelegenheiten des Kirchenstaats eingreifen, während der Kriegsminister Soult für eine energische Intervention war. Schliesslich beruhigte der Ministerpräsident die Höfe durch die entschuldigende Erklärung, dass die französischen Befehlshaber ihre Instruktionen überschritten hätten und ihres Amtes enthoben würden. Der Papst fand sich daraufhin bereit, die Besetzung Anconas als eine vorübergehende hinzunehmen, und Kardinal Bernetti wäre nach dem Bericht des italienischen Historikers Cantù im Grunde nicht unzufrieden gewesen, wenn die französische Intervention die österreichische Einflussnahme in Italien einigermassen ausgeglichen hätte. Die französischen Truppen blieben in Ancona, bis 1838 die österreichische Besetzung kirchenstaatlichen Gebiets aufgehoben wurde. Im übrigen herrschte unter der Wacht sowohl der französischen als auch der österreichischen und der Schweizer Truppen sowie der päpstlichen Carabinieri und Freiwilligen nun überall Ordnung.

DIE REFORMEN

Damit war aber auch der Zeitpunkt für Verwaltungsreformen von seiten des Heiligen Stuhls gekommen, die den Wünschen der Bevölkerung und den Vorschlägen der Konferenz der Mächte besser entsprächen als die früher getroffenen Massnahmen. Der Vertreter Frankreichs, Graf von Sainte-Aulaire, wies den Staatssekretär auf die Notwendigkeit hin, die Gemeinde- und Provinzialräte durch Wahlen zu bestellen. « Aber Gregor XVI. hatte », schreibt einer der besten Kenner der Verhältnisse, « eine unüberwindliche Abneigung gegen alles was irgendwie den Anschein konstitutionellen Regimes besass. [1] In seiner abweisenden Haltung wurde er noch von Metternich bestärkt, der fast immer zur Zurückweisung von Zugeständnissen riet, es aber gleichzeitig nicht an strengster Kritik der päpstlichen Regierung fehlen liess, die « zur Kategorie jener gehört, die am wenigsten zu regieren befähigt sind ». Unter diesen Umständen waren die Reformen, die vorgenommen wurden, nicht sehr weitreichend ; immerhin führten sie zu einer unbestreitbaren Besserung der Verhältnisse. Guizot, der protestantische französische Konservative, der 1848 gestürzt wurde, weil er nicht rechtzeitig die Reform des französischen Wahlsystems zugegeben hatte, fand, dass die päpstlichen Reform-Edikte beträchtlicher seien als die Mächte nach der Weigerung des Papstes, sich ihnen gegenüber irgendwie festzulegen, hätten hoffen können. Freilich war dies noch keine hohe Einschätzung der getroffenen Massnahmen, und schon liess sich auch voraussehen, welche Bahnen Gregors XVI. Innenpolitik weiter einschlagen würde. Das zeichnete sich noch deutlicher ab, als der Papst 1836 dem zu gütlicher Verständigung neigenden Kardinal Bernetti sein Vertrauen entzog und an seiner Stelle den viel strengeren, unnachgiebigeren, als österreichfreundlich geltenden Kardinal Lambruschini zum Staatssekretär ernannte.

Die durch verschiedene Edikte im zweiten Halbjahr 1831 eingeführten Neuerungen betrafen hauptsächlich die Verwaltung der Provinzen und Gemeinden und die Gerichtsbarkeit. Bezüglich der Provinzen wurde die allgemeine Regel aufgestellt, dass die Räte vom Souverän nach einer von den Munizipalräten und ausgesuchten Wählern aufgestellten Liste ernannt würden. Für die Gemeinden war ein komplizierteres, je nach den Orten verschiedenes Wahlverfahren vorgesehen. Durch die Reform der Gerichtsbarkeit wurden die Ausnahmegerichte und insbesondere das missliebige Institut des *Uditore santissimo* mit seinen unbeschränkten Befugnissen in Zivil- und Kriminalgerichtsbarkeit abgeschafft und letztere überhaupt neugeordnet.

Aber viele Verbesserungen blieben noch übrig. Zunächst war eine Finanzreform auch wegen der steigenden Ausgaben nötig, die das österreichische Eingreifen und die Reorganisation der Armee zur Folge hatten. Obgleich die Zolleinnahmen sich erhöhten, gelang es jedoch nicht, das chronische Defizit zu beseitigen. Im übrigen zeugten manche Unternehmungen, wie die weitere Eindämmung des Anio und die Schaffung einer römischen Handelskammer, für die Sorge der Regierung um die materiellen Interessen des

---

[1] Mollat a. a. O. S. 174.

Kirchenstaats. Nicht mit Unrecht machte man indessen Gregor XVI. einen Vorwurf wegen seiner Weigerung, Eisenbahnen im Kirchenstaat anlegen zu lassen. Die Weigerung war in der Befürchtung des Papstes begründet, dass eine solche Verkehrsförderung auch der kosmopolitischen Revolutionsströmung Vorschub leisten könnte. Aus demselben Grunde verbot Gregor XVI. auch seinen Untertanen die Teilnahme an wissenschaftlichen und literarischen Kongressen, in die sich in der Tat oft revolutionäre Elemente, besonders aus den Geheimgesellschaften, einschlichen. Dabei war der Papst doch keineswegs ein Feind geistiger Regsamkeit. Dies bezeugt auch die Fürsorge, die er den Akademien, der *Arcadia* und der wissenschaftlichen Akademie *dei Lincei* zuwandte, die Gründung des ägyptischen und etruskischen Museums im Vatikan, die Förderung, die Gelehrte wie Maï, Mezzofanti und Moroni, der Philosoph Rosmini, der Historiker Crétineau-Joly und Künstler, insbesondere die fromme Nazarenerschule, von ihm erfuhren. Und noch in mancher weiteren Hinsicht erwies sich der Kamaldulenser auf Petri Stuhl als eifriger Förderer und Gönner von Kunst und Wissenschaft.

GREGORS XVI. AUSWÄRTIGE POLITIK

Nicht nur zu Reformen im Kirchenstaat hatten die Revolutionen von 1830 den Heiligen Stuhl genötigt. Indem sie überall die Volkssouveränität der « Legitimität » entgegensetzten, erforderten sie auch eine Stellungnahme des Papstes zu den neuen, aus den Revolutionen in den einzelnen Ländern hervorgegangenen Regierungen und ebenso zu jenen Führern, die zwar die päpstliche Autorität achteten, aber doch die neuen Volksbewegungen gegen die alten Monarchien verteidigten. Die Aufgabe, die sich dem Oberhirten der Kirche damit stellte, war umso schwieriger als die extremen Liberalen, die Mitglieder der Geheimgesellschaften und die Revolutionäre die Unabhängigkeitsbestrebungen unterstützten und ihren Zielen dienstbar zu machen suchten.

Bei seiner ausgesprochen konservativen Gesinnung lag Gregor XVI. eine den legitimistischen Interessen entsprechende Stellungnahme nahe. Aber er konnte doch auch nicht um die tatsächliche Lage umhin, die sich in mehreren Ländern ergeben hatte. Schon zu Beginn seines Pontifikats hielt er diesbezüglich eine grundsätzliche Erklärung für angebracht. Sie erfolgte in der Konstitution *Sollicitudo Ecclesiarum* vom 7. August 1831. Die römischen Päpste, so führte Gregor XVI. aus, würden hinsichtlich der kirchlichen Angelegenheiten der entsprechenden Länder und insbesondere der Bischofsernennungen mit jenen in Beziehung treten, die tatsächlich die Macht in Händen hätten, aber dabei diese letzteren doch weder in ihrer Stellung bestätigen, noch ihnen irgendwelche neuen Rechte verleihen.

Zu einer Anwendung dieses Grundsatzes bot sich gleich in Portugal und Spanien Gelegenheit. Der Kampf in *Portugal* zwischen Don Miguel, dem Vertreter der « Legitimität », und Don Pedro, dem vom englischen und französischen Hofe unterstützten Liberalen und Konstitutionellen, brachte den Heiligen Stuhl in eine schwierige Lage. Gregor XVI. setzte sich zuerst mit Don Miguel in Verbindung und war nach dessen Absetzung in Konflikt mit Don Pedro, der sich durch Verfolgung der portugiesischen Kirche rächte. 1840 trat jedoch wieder eine Entspannung der Lage unter der Regierung Marias II., der Tochter Don Pedros, ein, mit der ein für beide Teile befriedigendes Konkordat abgeschlossen werden konnte.

In *Spanien* entstand eine ähnliche Krise durch den Thronstreit zwischen Isabella, der Tochter Ferdinands VII. und seiner dritten Gemahlin, Maria Christina von Neapel, und Don Carlos, dem Bruder Ferdinands VII., der das weibliche Erbfolgerecht bestritt. Während die Liberalen zu Isabella hielten, scharten sich die Absolutisten, die « Karlisten », um Don Carlos. Die Mächte nahmen zu diesem Konflikt je nach ihren politischen Bindungen verschieden Stellung. Die spanische Kirche war schon unter Maria Christina, die zunächst für ihre Tochter Isabella die Regentschaft führte, und nach deren Abdankung unter dem Regenten Esparteros bedrängt. Ohne sich für die Legitimität Don Carlos' auszusprechen, protestierte Gregor XVI. gegen die Verletzung der kirchlichen Rechte durch die liberale Regierung. Nach dem Sturze Esparteros' schlug die spanische Kirchenpolitik wieder friedliche Wege ein, sodass sich ein Konkordat einleiten liess, das allerdings nicht mehr Gregor XVI. sondern erst sein Nachfolger, Pius IX., unterzeichnen konnte.

In *Russland* kam es zur selben Zeit zu einer Auseinandersetzung zwischen dem Papst und dem autokratischen Zaren. *Polen*, das mehr als einmal im Laufe der Zeit der Christenheit als Schutzwall gegen östliche Barbarei gedient, hatte sich gegen den Zaren erhoben, um seinen Glauben und seine Freiheit zu schützen, die ihm durch dieselben Verträge zugesichert worden waren, die seine nationale Selbständigkeit beseitigten. Nun ersuchte der als Verteidiger der Legitimität auftretende Zar den Papst, für ihn und gegen die revolutionäre Bewegung Stellung zu nehmen. Allerdings gab es unter den polnischen Führern, die sich heldenmütig für ihr Vaterland und ihren Glauben einsetzten, auch einige, die Religion und Politik zu eng verbanden oder sich offen auf den Liberalismus beriefen. Am 30. April 1832 überreichte der russische Gesandte in Rom, Fürst Gagarin, dem Papst eine Denkschrift, in der Gregor XVI.

dringend ersucht wurde, die Polen zum Gehorsam zu ermahnen. Im Falle einer Weigerung von seiten des Papstes sei dieser für die Repressalien verantwortlich, die der Zar ergreifen würde.

Diesem Drängen gab Gregor XVI. nach und richtete am 9. Juni 1832 ein Breve an den polnischen Klerus, in dem er auf die katholische Lehre von der Unterwerfung unter die Regierungsgewalt wies und auf die Machenschaften gewisser dunkler Elemente, die mit Intrigen und Lügen « unter dem Vorwand der Religion » ... « sich gegen die fürstliche Gewalt erheben ». Die Wirkung dieses Schreibens war höchst bedauerlich. Die russische Regierung missdeutete und missbrauchte es, um noch schärfer gegen die Polen vorzugehen. Daraufhin erklärte sich nun Gregor XVI., nachdem er noch vergeblich Beschwerde über die Lage der katholischen Kirche in Russland beim Zaren eingelegt, für die bedrückten Polen. In einer Konsistorialansprache vom 22. Juli 1842 rechtfertigte er sich gegenüber dem Vorwurf, dass er durch sein Schweigen die Bedrückung der Polen gedeckt und dem Zaren zu Gefallen die Sache der katholischen Religion preisgegeben habe. Dieser Protest machte allenthalben in Europa grossen Eindruck.

Drei Jahre später, am 13. Dezember 1845, stattete Zar Nikolaus I. dem Papste einen persönlichen Besuch ab, und nach diesen Besprechungen erschienen die Verhältnisse gewandelt. Stolz und majestätisch, wie ein glänzender Adler, nach der dramatischen Schilderung Wisemans, war der russische Kaiser zum Stellvertreter Christi geschritten, aber mit bleichem Antlitz, gesenkten Hauptes und fliegenden Schrittes wieder von dannen gegangen. Als man den Papst nach dem Verlauf der Unterredung frug, antwortete er nur : « Ich habe ihm alles gesagt, was der Heilige Geist mir eingab. » Erst zwanzig Jahre später erfuhr man durch Pius IX., was bei dieser Unterredung vorgefallen war. Der Papst hatte sich zunächst darauf berufen, dass er eindringlich zum Gehorsam gegen die Staatsautorität gemahnt und auf die Pflicht hingewiesen habe, dem Kaiser zu geben, was des Kaisers ist. Nun müsse er den Kaiser aber auch an das erinnern, was Gott gehöre und der Kaiser Gott schulde. Danach hatte er den Zaren auf die unkanonische und katholikenfeindliche Gesetzgebung des Reichs aufmerksam gemacht, sich über die Brutalität der Unterdrückungsmassnahmen beschwert und eine Denkschrift überreicht, in der die Tatsachen genau festgehalten waren. Wahrscheinlich war das Konkordat, das am 3. August 1847 zwischen den zwei Gewalten zustande kam, eine unmittelbare Folge dieser historischen Unterredung. Als die europäische Presse von ihrem Verlauf erfuhr, verstand sie wohl ihre Bedeutung. « Der Kampf des Rechts gegen die Gewalt », schrieb eines der führenden Organe des französischen Liberalismus, *La Réforme*, « ist immer ein grossartiges

Schauspiel » ... « Das Papsttum hat sich seiner besten Zeiten würdig erwiesen » ... « Das moderne Gewissen kann befriedigt sein. »

Kirchenpolitische Kämpfe in der Schweiz. — Auch in der Schweiz kam es zu dieser Zeit zwischen weltlicher Gewalt und Kirche zu einer Auseinandersetzung, die für die Geschichte des Verhältnisses beider Gewalten nicht weniger bedeutsam ist als die Auseinandersetzung, die in Russland erfolgte.

Die Schweiz, der auf dem Wiener Kongress und im zweiten Pariser Frieden auf ihr eigenes Verlangen hin die Neutralität zuerkannt worden war, da diese Neutralität « im wahren Interesse der allgemeinen europäischen Politik » liege, war wie andere Länder in Konservative und Liberale gespalten. Die Konservativen hielten unbedingt an dem auf der Souveränität der Kantone beruhenden Bundesvertrag von 1815 fest und widersetzten sich einer weitergehenden Zentralisierung. Aber 1830 kamen in mehreren Kantonen die eine Verfassungsrevision anstrebenden Liberalen ans Ruder. Tatsächlich war unter den allgemeinen europäischen Verhältnissen jener Zeit — man denke nur an die Einigungsbewegung in Deutschland und Italien und an die rasch vorwärtstreibende Entwicklung der zwischenstaatlichen Wirtschaftsbeziehungen — eine in vernünftigen Grenzen gehaltene Umwandlung der Bundesverfassung geboten. Die katholischen Kantone verlangten jedoch mit Recht, dass eine Beschränkung der Souveränitätsrechte der Kantone keinen Übergriffen auf die kirchlichen Verhältnisse von seiten der Zentralgewalt Vorschub leiste. Indessen gewann bald nach 1830 die radikale Richtung bei vielen Liberalen die Oberhand, und die internationale politische Agitation fand in der Schweiz manche Stützpunkte, Anhänger und Mittreiber. Mazzini gründete hier 1834 das « Junge Europa », die Geheimgesellschaften konnten ihr Wirken entfalten, und fast öffentlich wurde ein Handstreich gegen den König von Sardinien organisiert. Weitere diplomatische Schwierigkeiten schuf die Verhaftung des französischen Agenten Conseil. Die Mächte, die behaupteten, den Bundesvertrag und die schweizerische Neutralität eigentlich garantiert zu haben, wollten zudem der Schweiz nicht das Recht zuerkennen, die Bundesverfassung ohne ihre Zustimmung abzuändern, und machten von der Einholung dieser Zustimmung ihre Garantie der schweizerischen Neutralität abhängig.

Bald verband sich diese innenpolitische Krise auch noch mit einer Auseinandersetzung über religiöse Fragen. Je mehr bei den Liberalen eine radikale Richtung aufkam, desto schwerer wurde der innere Friede bedroht. Eine, übrigens sehr gemässigte, Verfassungsrevision ward 1832 durch die Koalition der extremen Rechten und Linken vereitelt. 1834 stellten die Kantone mit liberalen Regierungen, Luzern, Bern, Solothurn, Basselland, Aargau, Thurgau und Sankt Gallen, ein kirchliches Reformprogramm auf, das eine freie Nationalkirche, die Errichtung eines schweizerischen Metropolitanverbandes, das Plazet für bischöfliche Erlasse, Garantien hinsichtlich der gemischten Ehen, Verminderung der Feiertage, staatliche Aufsicht über Seminarien und Klöster vorsah und so im Grunde denselben Geist zum Ausdruck brachte wie die Zivilkonstitution des französischen Klerus zur Revolutionszeit. Zum Teil hätte dieses kirchenpolitische Programm, die sogenannten « Artikel von Baden », wohl durch Verhandlungen mit dem Heiligen Stuhl verwirklicht werden können. Aber es war eine völlige Verkennung der geschichtlichen Entwicklung, wenn die Radikalen meinten, dass Rom sich von aussen Reformen solchen Ausmasses aufdrängen liesse. Am 17. Mai 1835 verwarf Gregor XVI. die vierzehn Artikel von Baden in einem Schreiben an die schweizerischen Bischöfe und Gläubigen. Er wandte sich darin gegen jene « Böswilligen, die unter dem heuchlerischen Vorwand des öffentlichen Interesses irrige und verderbliche Lehren zum Gesetz erheben » wollen.

Indem die Badener Artikel in gewissen Kantonen, vornehmlich Aargau, rücksichtslos in die Tat umgesetzt wurden, übertrugen sie, wie ein protestantischer Schweizer Historiker schreibt, « in das religiöse Bereich eine Auseinandersetzung, die sonst hätte politisch bleiben und vielleicht auf friedlichem Wege gelöst werden können. So aber wurden sie der Hauptgrund für die Bildung des *Sonderbunds* der sieben katholischen Kantone, für den also die radikalen Führer verantwortlich waren ». [1]

Von nun an entwickelten sich die Dinge immer rascher und mit innerer Folgerichtigkeit. Die eidgenössische Tagsatzung vermochte nicht, die Achtung des Bundesvertrags durchzusetzen, vielleicht erstrebte sie dies auch nicht einmal ernstlich, wie es, und nicht ohne Grund, den Katholiken schien. Nach der Verurteilung der Badener Artikel drohte Frankreich 1836 mit einer Intervention im Berner Jura, wenn die Berner Regierung nicht die zur Ausführung der Artikel getroffenen Bestimmungen zurücknähme. Daraufhin gab Bern nach. Aber die Radikalen blieben doch bei ihrer herausfordernden Haltung. Zürich übertrug die Leitung seines Lehrerseminars dem ausgesprochen freisinnigen Scherr, der übrigens deutscher Herkunft war, und ernannte David Strauss von Tübingen, der die Gottheit Christi leugnete, auf den theologischen Lehrstuhl der Universität.

Allenthalben kam ein offener Antiklerikalismus auf, und besonders die Jesuiten wurden von den Katholikenfeinden mit Hass verfolgt. Die Klöster-

[1] William Martin : *Histoire de la Suisse.* Paris 1926. S. 258.

Gregor XVI. (1831—1846), nach seinen eigenen Worten mehr Mönch als Politiker. Denkmal von L. Amici, 19. Jh., Rom, Peterskirche.

Zur Nikolaus I. von Russland (1825—1855) besucht am 13. Dezember 1845 Gregor XVI. Die energischen Vorhaltungen des Papstes über die Behandlung der Katholiken im russischen Reichsgebiet verfehlten ihre Wirkung auf den Zaren nicht. Stich von A. und E. Kretzschmar, «Illustrirte Zeitung», Leipzig, 19. Jh.

aufhebung im Aargau (1841), die Rückberufung der Jesuiten durch die wieder konservative Luzerner Regierung (1844), die Schritte, die katholische Führer wie Bernhard Meyer und Siegwart-Müller von Luzern unternahmen, um die Unterstützung der konservativen Regierungen von Wien und Paris zu gewinnen, der gewaltsame Druck der Radikalen auf die konservativen Regierungen von Luzern und der Waadt und die Ermordung des konservativen Luzerner Führers Leu (1845) führten zur Bildung des Sonderbunds, durch den sich die katholischen Kantone, Luzern, Uri, Schwyz, Unterwalden, Zug, Freiburg und Wallis, zur Verteidigung des Bundesvertrags und der religiösen Interessen zusammenschlossen. Die Radikalen, die inzwischen die Mehrheit auf der Tagsatzung erlangt hatten, stimmten für die Auflösung des Sonderbunds, und als diese nicht freiwillig erfolgte, wurde sie durch einen kurzen, glücklicherweise nur wenig Opfer erfordernden Feldzug (1847) erzwungen. Vergeblich hatten Österreich, Frankreich, Preussen und Russland eine diplomatische Intervention versucht ; die englische, den Radikalen günstig gesinnte Regierung war ihnen entgegengetreten.

Die Sieger wussten jedoch Mass zu halten. Die Bundesverfassung von 1848, die aus der Schweiz einen Bundesstaat schuf, verbot zwar den Jesuiten das Land, aber sie berücksichtigte die jahrhundertealten Überlieferungen der Schweiz, indem sie die Oberhoheit der Kantone trotz einer Verstärkung der Bundesgewalt bestehen liess. Man hatte einen Vergleich gefunden, der sich auch in der Zukunft noch als festgefügt und anpassungsfähig zugleich erweisen sollte. So hatten aber die Ereignisse von 1830-1848, in denen die Mächte bereits eine Auflösung der Schweiz zu sehen glaubten, schliesslich im Gegenteil zu einer Festigung des schweizerischen Nationalgefühls und damit des Bundes geführt. Die schweizerische « Regenerationsbewegung » erscheint als eine Reaktion gegen das demütigende Abhängigkeitsverhältnis, in das die Heilige Allianz die Eidgenossenschaft gebracht hatte. Indem die « Gesetzeswächter » von 1815 die Garantie des Bundesvertrags mit der Garantie der Neutralität und Unabhängigkeit unlöslich verbinden wollten, forderten sie nur den Nationalstolz der Schweizer heraus. Der « Restauration » als innerer Erneuerung der Kräfte war die « Regeneration » gefolgt, die die Unabhängigkeit nach aussen stärkte. Gregor XVI., der 1846 starb, erlebte nicht mehr den Sieg der Radikalen, der unter dem Pontifikat seines Nachfolgers, Pius' IX., erfolgte. Zum letzten Mal hatte er 1842 zu den Schweizer Ereignissen Stellung genommen, als er die gegen die Kirchengesetze getroffenen Massnahmen für rechtlich ungültig erklärte und die Schweizer Katholiken zum Widerstand aufforderte.

Italien. — Die Ereignisse in der Schweiz liessen Metternich ein Übergreifen des Radikalismus auf die unter österreichischer Herrschaft stehenden italienischen Gebiete befürchten und bewogen ihn daher, die Entwicklung in Italien noch schärfer zu überwachen. Italien sollte nach Metternich lediglich « ein geographischer Begriff » bleiben. Übrigens teilte auch Gregor XVI. Metternichs Befürchtungen angesichts der Fortschritte der politischen Erneuerungsbewegung, des allenthalben, wenn auch in verschiedener, zum Teil sogar gegensätzlicher Weise auflebenden *Risorgimento.*

Schon gleich zu Beginn der Regierung König Karl Alberts von Sardinien, 1831, wurde unter den italienischen Patrioten ein in Marseille gedruckter und an den neuen König gerichteter Brief verbreitet, der grosse Erregung auslöste. Es stand unter anderem darin : « Habt ihr niemals einen Blick, einen jener Adlerblicke, die eine Welt umfassen, auf Italien geworfen, dieses Italien, schön im Lächeln der Natur, gekrönt von hohen Erinnerungen aus zwanzig Jahrhunderten, Heimat des Genies, mächtig durch unendliche, nur noch nicht zusammengefasste Möglichkeiten, umgeben von einem so starken natürlichen Verteidigungsgürtel, dass es nur eines kräftigen Willens und einiger Mutiger bedürfte, um es gegen die Beleidigungen von seiten des Auslands zu schützen ? Und habt ihr nie gesagt : Dieses Land ist für eine hohe Bestimmung geschaffen ? » [1] Der fast zwanzig Seiten lange Brief, in dem mit echtem südländischem Gefühlsschwung heisse Vaterlandsliebe zum Ausdruck kam, trug die Unterschrift : « Ein Italiener ». Der sich so bezeichnete war ein sechsundzwanzigjähriger, der Mitgliedschaft an der Carboneria verdächtigter und soeben erst aus dem Gefängnis von Savona befreiter Genuese : *Giuseppe Mazzini.* Nachdem er die Freiheit wiedererlangt, hatte er sich nach Marseille begeben und dort 1831 das *Junge Italien* gegründet ; 1834 organisierte er in Genf das « Junge Europa ».

Mazzinis Programm war einfach und klar. Hatten bisher der Widerstand der Fürsten und ein gewisser Partikularismus das Haupthindernis der Befreiung Italiens dargestellt, so galt es nun, eine einheitliche italienische Republik zu schaffen, die es Italien ermöglichen sollte, seine besondere Berufung in der Menschheit zu erfüllen. Durch die Universitäten, durch wissenschaftliche Kongresse und historische Veröffentlichungen sollten die zwanzig Millionen Italiener zum neuen Nationalbewusstsein erzogen und zum Aufstand geführt werden. Mazzinis Revolutionsprogramm forderte auch den Sturz des Papsttums und die Vernichtung des Katholizismus, eine Aufgabe zu

---

[1] Nach P. Orsi : *Histoire de l'Italie moderne.* (Französ. Übers. aus d. Italien.) Paris 1911. S. 103.

deren Bewältigung das italienische Volk besonders berufen sei. Seine Religion, schreibt Mazzini, sei die der Menschheit, die allein das Gesetz Gottes auf Erden auslege; der Katholizismus sei nur noch ein verbrauchtes Symbol. Mit diesen gewagten Theorien schreckte er allerdings auch einige seiner Anhänger ab, die dem Katholizismus verbunden blieben. Die revolutionäre Bewegung brach in Genua, Savoyen, Calabrien und in der Romagna aus, wurde aber mit unerbittlicher Entschlossenheit niedergeschlagen. Karl Albert war damals noch nicht bereit, die Führung der nationalen Bewegung zu übernehmen, sondern stand noch auf der Seite derer, die ihr entgegentraten.

Das traurige Ende der ersten Freiheitskämpfer musste die Italiener davon überzeugen, dass vereinzelte Bewegungen nicht zum Ziel führen konnten. Besser schien es, vorderhand eine gemässigte Richtung einzuschlagen, wie sie eine Gruppe piemontesischer Schriftsteller unter Führung des Abbate *Gioberti* vertrat. Gioberti war eine Zeitlang Anhänger Mazzinis gewesen, wollte aber nicht in dessen Gefolge bis zum äussersten gehen. Trotzdem hatte er aus Turin fliehen müssen und sich nach Brüssel begeben, wo er nun 1843 ein Buch veröffentlichte, das ausserordentliches Aufsehen erregte. Unter dem Titel *Il primato morale e civile degli Italiani* (Der moralische und bürgerliche Vorrang der Italiener) verherrlichte er in glühender Sprache die Vorrangstellung der Italiener auf allen Gebieten der Kultur. Alle Völker und Fürsten Italiens, die es zu einigen gelte, wurden mit Lob bedacht, und das Papsttum als der Ruhm Italiens bezeichnet. Gioberti schwebte ein friedlicher, ewiger Bund der italienischen Fürsten vor, der unter der Leitung und dem Schutz des Papstes stünde, und an dem selbst Österreich teilnehmen würde. « Nachdem ich darlegte », schreibt er, « was ich unter dem moralischen und politischen Vorrang Italiens verstehe, werde ich nun die Berechtigung dieser Vorrangstellung aufweisen, indem ich die verschiedenen kulturellen Bereiche durchgehe, und zwar sowohl hinsichtlich der gedanklichen Leistung als auch der Tat. Bei allem einzelnen, das ich dabei berühre, werde ich beweisen, dass Italien allein die erforderlichen Eigenschaften besass, um die vorherrschende Nation zu sein, und dass Italien, obgleich es diese Vorrangstellung heute gänzlich verloren hat, sie doch wiedererlangen kann; danach werde ich die Hauptbedingungen dieses Wiederaufstiegs aufweisen. » Tausende von Geistern liessen sich von Gioberti für dieses Programm gewinnen, die einen durch seinen hochaufschwingenden Patriotismus, die andern vielmehr durch sein Befriedungsstreben. Aber letztlich hatte Gioberti doch mehr eine Theorie als ein Aktionsprogramm aufgestellt. Seine föderalistischen, katholischen und monarchistischen Ideen fanden indessen weit mehr Anklang als Mazzinis areligiöse und republikanische Einigungsformel. Die Anhänger des Piemonteser Abbate schlossen sich zu einer neuen Partei zusammen und nannten sich *Neoguelfen*, weil sie den Papst an die Spitze des *Risorgimento* stellen wollten. Die einzigen vielleicht, die die ganze Tragweite des *Primato* richtig einschätzten, waren die Jesuiten. Sie griffen heftig das Werk und seinen Verfasser an, der ihnen 1845 durch die *Prolegomeni del Primato* und 1848 durch *Il Gesuita moderno* antwortete, zwei Schriften, in denen er die Gesellschaft schwer bekämpfte.

Noch ein anderes Buch zog zu jener Zeit die Aufmerksamkeit auf sich, die 1844 von *Cesare Balbo* in Paris veröffentlichten «Hoffnungen Italiens», *Le speranze d'Italia.* Auch Balbo, ein Politiker und Praktiker und früherer Magistrat, erwies dem Papsttum alle Ehre, auch er wünschte einen italienischen Staatenbund, aber dessen Verteidigung dachte er dem König von Sardinien, Karl Albert, zu, da er der einzige italienische Fürst sei, der über eine starke Armee verfüge. Hauptziel des Zusammenschlusses sollte die nationale Unabhängigkeit Italiens sein, und so wollte Balbo auch Österreich ausscheiden. Die nationale Einigung und Unabhängigkeit sollte indessen nicht durch Krieg erreicht werden, sie würde sich, meinte Balbo, von selbst aus der allgemeinen europäischen Lage ergeben. Der Zusammenbruch des türkischen Reichs sei nämlich bevorstehend, und danach könnte sich Österreich nach Osten ausdehnen und Italien das lombardo-venezianische Königreich überlassen. Von den extremen Liberalen in Mazzinis Geist wurden Giobertis und Balbos gemässigte Ideen natürlich mit Spott übergossen. Aber diese Mässigung war klug bedacht; auf diese Weise konnte ein Verbot der Reformschriften durch die Regierung vermieden werden.

Ein Jahr nach Balbo, 1845, trat *Lodovico Carlo Farini*, ebenfalls ein früherer Anhänger Mazzinis, mit dem *Manifest von Rimini* hervor, in dem die Patrioten das Papsttum zu achten versprachen unter der Bedingung, dass der Papst liberale Reformen durchführe, unter anderem die fremden Söldnertruppen — die Schweizer — entlasse. Im Grunde stellte das Manifest, das die allgemeinen Forderungen der päpstlichen Untertanen zusammenfasste, eigentlich nur eine Abwandlung des Memorandums der Mächte von 1831 dar.

Nach einem neuerlich von den päpstlichen Truppen niedergeworfenen Aufstand in der Romagna erschien 1846 eine neue aufsehenerregende Schrift: *Gli ultimi casi di Romagna* (Die jüngsten Ereignisse in der Romagna). Ihr Verfasser, der Marchese *Massimo Taparelli d'Azeglio*, verurteilt zwar die Verschwörungen und Gewaltsamkeiten, nimmt aber doch scharf gegen die päpstliche Regierung Stellung. In anderen Schriften vertrat er die Rechtmässigkeit eines Aufstands der Italiener gegen Österreich und wies auf den König von Sardinien als den berufenen Führer seiner Landsleute. So wurde von allen Seiten die italienische Frage aufgeworfen. In dem ebenfalls 1846 in Paris erschienenen Buch von *Giacomo Durando : Della nazionalità italiana* wurde die Idee eines von zwei grossen verbündeten Staaten gebildeten Italiens entwickelt, eines Nordstaates unter Karl Albert und eines Südstaates unter den Bourbonen. Dazwischen sollte, aber stark verkleinert, ein weltliches Herrschaftsbereich des Papstes bestehen bleiben.

In den Augen Gregors XVI. mussten Gioberti und seine Anhänger trotz ihrer gemässigteren Haltung doch schlechthin als Liberale sowohl in religiöser als auch in politischer Hinsicht erscheinen. Übrigens entging dem Papst nicht die Vielseitigkeit dieser Bewegungen, bei denen sich religiöse, politische und nationale Belange aufs engste verbanden. Er erachtete es deshalb für notwendig, den Einfluss der Geheimgesellschaften sowohl auf die gemässigte als auch auf die radikale, nach der Einigung Italiens strebende Bewegung aufzudecken. Das Staatssekretariat war nämlich im Besitz gewisser Dokumente, die diese Einflussnahme bezeugten. 1846 beauftragte Gregor XVI. den mutigen und durch seine glänzende Darstellungskunst berühmten französischen Schriftsteller Jacques Crétineau-Joly, eine Geschichte der Geheimgesellschaften zu schreiben. Diese Geschichte erschien zwar als solche nie, aber die wichtigsten der ihm vom Papste anvertrauten Dokumente benützte Crétineau-Joly in seinem 1858 erschienenen Werk über die römische Kirche gegenüber der Revolution « *L'Eglise romaine en face de la Révolution* ». [1]

Gregor XVI. ergriff zu jener Zeit noch weitere Massnahmen gegen die revolutionäre Bewegung, die, bald offener, bald verdeckter, aber unaufhaltsam im Kirchenstaat wirkte. Der neue Staatssekretär Lambruschini ging energisch gegen die Liberalen und die Geheimgesellschaften vor, wies aber einmal mehr 1845 das Angebot einer österreichischen Waffenhilfe zur Niederwerfung des Aufstands in den Legationen zurück. Im übrigen liess es der Papst nicht bei der Unterdrückung des Aufstands bewenden; er sah wohl, dass gleichzeitig auch der Propaganda durch Propaganda entgegengewirkt werden müsse. Deshalb förderte er die religiösen Genossenschaften, die sich für die Erhaltung des Glaubens und Werke der Nächstenliebe einsetzten. Manche neue Gemeinschaften wie die Oblaten der Heiligen Jungfrau, die Oblaten des hl.

---

[1] CRÉTINEAU-JOLY veröffentlichte auch eine *Geschichte der Jesuiten* sowie eine *Geschichte des Sonderbunds*, die 1850 in zwei Bänden in Paris und in einer anderen Ausgabe mit einem Anhang im gleichen Jahre in Freiburg und in Genf erschien. In einem Artikel über die Entstehung dieses Werks :*Comment fut composée l'Histoire du Sonderbund de Crétineau-Joly (1850). (Mélanges offerts à M. Marcel Godet, directeur de la Bibliothèque nationale suisse, à l'occasion de son soixantième anniversaire.* Neuchâtel 1937) habe ich aufgewiesen, dass der wertvollste und unentbehrlichste Mitarbeiter des französischen Historikers ein Freiburger Jesuit, P. Pierre Hartmann, war. Ohne ihn, der ihm alle Materialien verschaffte, hätte Crétineau-Joly sein Werk nicht ausführen können.

Alphons von Liguori, das römische Institut der Anbetungsschwestern, die Genossenschaft von der Barmherzigkeit unter dem Titel Mariä Empfängnis und die von Antonio Rosmini gegründete Genossenschaft der Schwestern von der Vorsehung wurden vom Papste bestätigt und gefördert. Die Sorge Gregors XVI. für die religiösen Genossenschaften war eine der vielen Bekundungen der kirchlichen Erneuerungsbewegung in der ersten Hälfte des neunzehnten Jahrhunderts. Ein gewissermassen verjüngter Katholizismus strebte damals allgemein danach, sowohl die gebildeten Kreise als auch das Volk zu gewinnen, und Hand in Hand mit Wissenschafts- und Glaubenseifer ging werktätige Nächstenliebe. Mit der Propagandakongregation blühten die Vinzenzkonferenzen auf, während Dom Guéranger den Benediktinern von Solesmes aus ein neues Wirkungsfeld erschloss, und eine ausgesprochene Restaurations-und Reformbewegung von Frankreich aus im Dominikanerorden hervortrat.

Eine Erneuerung der italienischen Philosophie erstrebte der 1797 zu Rovereto geborene, einem adligen Südtiroler Geschlecht entstammende *Antonio Rosmini-Serbati*, der 1821 die Priesterweihe empfangen hatte, von seinen Freunden als Heiliger verehrt und auch von Gregor XVI. persönlich sehr geschätzt wurde. Er wollte Glauben und Wissen in Einklang bringen, indem er auf seine Weise die *Summa* Thomas' von Aquin verwertete. Unter dem Pontifikat Leos XIII. wurden 1887 einige seiner Sätze verurteilt. Schon 1832 hatte Rosmini eine etwas gewagte Schrift über die « Fünf Wunden der heiligen Kirche », *Delle cinque piaghe della S. Chiesa*, erscheinen lassen. Diese fünf Wunden waren nach ihm die Kluft zwischen Klerus und Volk, die Unwissenheit der Priester, mangelnde Einigkeit unter den Bischöfen, die Einmischung der weltlichen Gewalt in die Bischofswahlen und die bedrückende Bevormundung der Kirche durch den Staat in Belangen der Kirchengüter. Eifriger Patriot, bezeugte Rosmini wie Silvio Pellico und Manzoni, dass auch die italienischen Katholiken nach der Unabhängigkeit ihres Vaterlandes strebten.

DIE KATHOLISCHE BEWEGUNG IN ENGLAND, DEUTSCHLAND UND FRANKREICH

Unter dem Pontifikat Gregors XVI. wirkte sich die katholische Bewegung in gewissen Ländern besonders stark aus. Während der Kampf der Iren gegen England weiterging, und die Konversion Newmans über England hinaus weithin Aufsehen erregte, die Kirche in Deutschland sich gegen staatliche Übergriffe, und zwar letztlich erfolgreich, zur Wehr setzte, löste in Frankreich die Verurteilung La Mennais' und des Liberalismus durch die Bulle *Mirari vos* eine heftige Erregung aus, und setzte hier der parlamentarische Kampf um die Unterrichtsfreiheit ein.

In *Irland* war nach der Emanzipationsbill von 1829 keine Befriedung eingetreten, vielmehr erreichte unter dem Pontifikat Gregors XVI. die von O'Connell geführte Bewegung ihren Höhepunkt, wenn sie sich auch in legitimen Grenzen hielt. O'Connell stritt unermüdlich, solange seine Kräfte ausreichten. Seine letzten Lebensjahre wurden durch die grosse Hungersnot verdüstert, die Irland 1845-46 heimsuchte, und die infolge einer Krankheit der Kartoffelpflanze eintrat, die dem ärmlichen Lande das Hauptnährmittel lieferte. Eine Enttäuschung für O'Connell war zudem die Abspaltung der radikal revolutionären Bewegung « Jungirlands ». 1847 starb der grosse irische Volksführer in Genua. Als sein Sohn kurz darauf von Pius IX. empfangen wurde, sprach der Papst von dem Verstorbenen als einem « Helden der Christenheit ».

In *England* führte zur selben Zeit merkwürdigerweise die unerschütterliche Anhänglichkeit der Konservativen, der « Tories », an die anglikanische Kirche zu einem Neuaufleben des Katholizismus. Das von Newman und seinen Freunden ursprünglich verfolgte Ziel bestand in einer Reform der anglikanischen Kirche, die ihnen gewissermassen als innerste Festung des alten England erschien. Sie wollten diese Kirche verjüngen, ihre Institutionen erneuern. Aber mit ihrem Reformstreben gelangten sie unversehens zur katholischen Kirche zurück. Es ginge über den Rahmen unserer Darstellung hinaus, näher auf diese eindrucksvolle Phase der englischen Kirchengeschichte einzugehen, in der der hohe Idealismus, die Aufrichtigkeit und Lauterkeit der Oxfordbewegung zu vollem Ausdruck kamen. Die von *Nikolaus Wiseman*, dem späteren Erzbischof von London, Kardinalprimas von England, veranstalteten und vielbesuchten öffentlichen Vorträge über die katholische Lehre und allgemeine Kulturfragen und die von Wiseman mit O'Connell gegründete *Dublin Review* übten den nachhaltigsten Einfluss auf den englischen Katholizismus jener Zeit aus.

Damals fand *Newman* immer eindeutiger den Weg zur katholischen Kirche. « Eben zu jener Zeit, da er zu höchstem Ansehen gelangt und seine Autorität unbestritten war, da er allem Anschein nach eine neue Kirche hätte gründen können, deren Oberhaupt er geworden wäre, eben damals wurde sich Newman immer klarer bewusst, dass der Mittelweg, die *Via media*, die er zwischen der anglikanischen und der römischen Kirche einzuschlagen gedachte, doch nicht gangbar sei. Er sah ein, dass die nationale Institution der anglikanischen Kirche, die sich einst von der grossen Kirche getrennt, weder Katholizität besitze noch sich auf apostolische Herkunft berufen könne, und dass jede andere neue Kirche dieselben Fehler haben würde, die römische Kirche hingegen allein von rechtswegen und in der Tat die ununterbrochene Dauer und den grenzenlosen Raum besitze ».[1] Zwischen 1842 und 1844 schrieb er in der Einsamkeit von Littlemore sein Werk « Über die Entwicklung der christlichen Lehre », in dem er eine neue Apologetik im Begriff der fortschreitenden Entwicklung des Dogmas zu begründen sucht. Am 8. Oktober 1845 schliesslich trennte sich der einstige anglikanische Pfarrer von St. Mary in Oxford vom Anglikanismus und trat zur katholischen Kirche über. Mehrere seiner Schüler waren ihm auf diesem Wege schon vorangegangen, und mehr als dreihundert Konversionen folgten der seinen, sodass ein bekannter englischer Historiker, Leecky, schreiben konnte, seit den Stuarts sei in der englischen Geistesgeschichte kein grösseres Ereignis vorgekommen.

Eine der am meisten Aufsehen erregenden Konversionen jener Zeit war die *Henry Mannings*, der Kardinal Wiseman auf dem erzbischöflichen Stuhl von Westminster folgen sollte. Was Newman für den geistigen Gehalt und die religiöse Geltung der katholischen Kirche in England leistete, wirkte Manning für ihren innern und äusseren Aufbau. Während Newman besonders die gebildeten Kreise, in erster Linie die studierende Jugend beeinflusste, trat Manning besonders für die Arbeiter ein und suchte durch eine unermüdliche soziale Tätigkeit ihre schlechte Stellung zu verbessern, sodass man ihn später den « Arbeiterkardinal » nannte. Wie Newman wurde auch Manning von Leo XIII. zum Kardinal erhoben. Die beiden grossen englischen Kardinäle starben mehr als achtzigjährig, Newman 1890, Manning 1892.

Weniger erfreulich als die Entwicklung der Oxfordbewegung war für den Heiligen Vater die Entwicklung der Lage in *Deutschland*, deren Bedeutung schon den Zeitgenossen nicht entging. Schliesslich kam es aber auch hier zu einer Festigung der Kirche, nachdem die Bedrückung von staatlicher Seite abgewiesen werden konnte. Die « Kölner Wirren », der Mischehenstreit und die durch den Münsterschen und später Bonner Theologieprofessor Georg Hermes ausgelösten Lehrstreitigkeiten waren nicht nur für die innerkirchliche, sondern auch für die allgemein geistige und politische Geschichte Deutschlands im neunzehnten Jahrhundert von massgeblicher Bedeutung.

Das Streben nach der Einigung Deutschlands, die schliesslich durch Bismarck verwirklicht wurde, hatte schon zur Zeit der Befreiungskriege ein-

---

[1] Mourret a. a. O. VIII, S. 229.

gesetzt, und mit diesem Streben verband sich die Entwicklung der Vormacht Preussens. Dem Freiherrn Christian von Bunsen, der 1831 als preussischer Gesandter in Rom dem Papste das Memorandum der Mächte überreicht hatte, schwebte eine grosse preussische Nationalkirche vor, genauer eine preussische Hochkirche nach englischem Muster, deren Oberhaupt der König wäre, und durch die Preussen eine Art weitausgreifender protestantischer Kolonisation unternehmen könnte. Dabei stand Bunsen, der übrigens mit einer englischen Aristokratin verheiratet war, und dessen Sohn später anglikanischer Geistlicher wurde, in seinen Bestrebungen nach Erneuerung des deutschen Protestantismus stark unter dem Eindruck der Oxfordbewegung. Wie er dachte auch Friedrich Wilhelm IV. an einen Bund der deutschen mit der anglikanischen Kirche, der erstere aus ihrem Verfall herausbrächte.

Eine Auseinandersetzung zwischen der preussischen Staatsmacht und der katholischen Kirche ergab sich zunächst im Rheinland. Die Erweiterung der preussischen Herrschaft im Rheinland durch den Wiener Kongress, durch die viele protestantische Beamte in das katholische Land kamen, hatte eine starke Zunahme von *gemischten Ehen* zur Folge. Nun bestimmte 1825 die preussische Regierung, dass die Kinder aus gemischten Ehen der Religion des Vaters zu folgen hätten, und verbot Verträge über die religiöse Erziehung der Kinder vor Abschluss der Ehe. Der gewissenhafte Klerus im Rheinland und in Westfalen widersetzte sich diesen Bestimmungen, die Pfarrer verweigerten die Einsegnung gemischter Ehen, wenn die Brautleute nicht die katholische Kindererziehung verhiessen, sowie die Absolution jener Ehegatten, die ohne Erfüllung dieser Bedingungen von akatholischen Predigern sich trauen liessen. Die Regierung ihrerseits zog jedoch solche Pfarrer vor Gericht und forderte von den Bischöfen deren Bestrafung. 1830 erliess nun Pius VIII. ein Breve, in dem er die gemischten Ehen für unerlaubt, aber für gültig erklärte, und dies auch dann, wenn sie ohne Beobachtung der tridentinischen Form abgeschlossen würden, sonst jedoch kein trennendes Ehehindernis vorliege. Er gestattete den Pfarrern die passive Assistenz nach vorgängigem Aufgebot und erteilte den Bischöfen Fakultäten, bei den bisher auch vor akatholischen Geistlichen abgeschlossenen Ehen eine Dispensation in der Wurzel eintreten zu lassen, liess aber den Geistlichen einschärfen, dringlich die katholischen Gatten an ihre Pflichten bezüglich der religösen Kindererziehung zu mahnen.

Diese weiten Zugeständnisse des Heiligen Stuhls beantwortete jedoch die Regierung, die keine Missbilligung der gemischten Ehen und kein Abraten davon dulden wollte, mit unredlichen diplomatischen Winkelzügen. Zunächst hielt sie das päpstliche Breve zurück, und dann gelang es Bunsen 1834, den

Erzbischof von Köln, Grafen Ferdinand von Spiegel, zu einer geheimen Übereinkunft zu bewegen, bei der das Breve Pius' VIII. gegen seinen Wortlaut im Sinne der Regierung gedeutet wurde. Die Bischöfe von Münster, Paderborn und Trier traten, allerdings nicht ohne Bedenken, dieser Übereinkunft bei. Aber der nach dem Tode Spiegels 1836 zum Erzbischof von Köln erwählte Klemens August Freiherr von Droste-Vischering trat, sobald ihm die ganze Tragweite der geheimen Übereinkunft bekannt war, der Regierung mit aller Bestimmtheit entgegen. Daraufhin ward er am 20. November 1837 verhaftet und auf die Festung Minden verbracht. Der ungeheure Eindruck, den die Gefangennahme des Erzbischofs in der katholischen Welt machte, war im Vergleich mit dem weit geringeren Aufsehen, das die vielen Einkerkerungen von Kardinälen und Bischöfen unter Napoleon erregt hatten, ein deutlicher Beweis dafür, dass das katholische Bewusstsein sich in den letzten zwanzig Jahren mächtig gehoben hatte. Der Eindruck wurde noch verstärkt durch die kraftvolle Allokution, in der Gregor XVI. am 10. Dezember 1837 gegen das Vorgehen der preussischen Regierung protestierte. Auch die katholischen deutschen Publizisten, insbesondere Görres mit seinem « Athanasius », traten unerschrocken für die Sache des gefangenen Prälaten ein.

Während dieser schweren Auseinandersetzung zwischen Kirche und Staat hatten sich zudem heftige theologische Lehrstreitigkeiten entsponnen. Unter dem Einfluss der rationalistischen Zeitrichtung war der sonst edel gesinnte und rastlos tätige *Georg Hermes*, Professor in Münster, dann in Bonn, zur Aufstellung eines rationalisierenden supernaturalistischen Systems gelangt, das viele Anhänger am Rhein fand. Hermes wollte die Wahrheit des Christentums auf die Vernunft allein stützen. Vom ernstlich praktischen Zweifel ausgehend, suchte er diesen nach Art von Kant und Fichte zu überwinden und das Dasein Gottes, die Möglichkeit und Wirklichkeit der Offenbarung vernunftgemäss zu beweisen. Während die preussische Regierung den Hermesianismus unterstützte, war Gregor XVI. am 26. September 1835 zu dessen Verurteilung durch ein besonderes Breve geschritten. Klemens August von Droste-Vischering hatte von den Bonner Professoren unbedingte Unterwerfung unter die päpstliche Entscheidung verlangt und den Studenten den Besuch der Vorlesungen und die Lesung der Schriften von Hermes untersagt. So war er mittelbar auch anlässlich dieser theologischen Auseinandersetzung dem Staate entgegengetreten.

Auch im Erzbistum Gnesen-Posen war inzwischen der Kampf um die gemischten Ehen zum Ausbruch gekommen. Wie Klemens August trat hier Erzbischof Martin von Dunin den staatlichen Verfügungen entgegen, worauf auch er 1839 in Festungshaft genommen wurde. Schliesslich blieb aber für den preussischen Staat nichts anderes übrig als eine Rückkehr zum Frieden einzuleiten. Hatte schon Friedrich Wilhelm III. in der Einsicht, er sei « als Protestant zu falschen Schritten hingerissen worden, da der Katholizismus in seinen Staaten nie solche Fortschritte gemacht wie seit der unglücklichen Kölner Geschichte », durch eine Kabinettsordre von 1838 engelenkt, die den Geistlichen in der Vollziehung und Verweigerung der Trauung freie Hand liess, so betrachtete es sein Nachfolger, Friedrich Wilhelm IV., als seine Regentenpflicht, die guten Beziehungen mit Kirche und Kurie wiederherzustellen. Die gefangenen Erzbischöfe wurden befreit und 1841 der freie Verkehr mit Rom, die Beobachtung der Bischofswahl nach der Zirkumskriptionsbulle, die Freiheit der kirchlichen Mischehenbehandlung und die Nichtbegünstigung des Hermesianismus vereinbart. Einen harmonischen und symbolischen Abschluss fand der kirchenpolitische Versöhnungsakt in der Vollendung des Kölner Doms, die durch die reiche Unterstützung des Königs ermöglicht ward, und im Dombaufest von 1842 unter Teilnahme des neuen Königs und des Fürstkanzlers Metternich. Während langer Jahre genoss nun die katholische Kirche in Preussen völlige Freiheit, und ein allgemeiner Aufschwung des katholischen Lebens setzte in Deutschland ein. Dreissig Jahre später sollte der neugestärkte deutsche Katholizismus im Kulturkampf die Kraftprobe mit dem Staate siegreich bestehen.

Auch in *Frankreich* war es zu aufsehenerregenden Auseinandersetzungen gekommen. Durch La Mennais' mächtige Persönlichkeit, Montalemberts und Lacordaires Glaubenseifer und Beredsamkeit hatte hier die katholische Bewegung eine Weite und Kraft erhalten, die Gallikanern, Voltairianern und Sozialisten den Kampf beträchtlich erschwerten. Mit Aufmerksamkeit verfolgten die französischen Katholiken die Ereignisse in Deutschland, wo sie viele Freunde besassen ; sie teilten die Sorge des Papstes hinsichtlich der Entwicklung in Italien und fochten in ihrem eigenen Lande unentwegt gegen alle Widerstände für die Freiheit der Kirche. « Wir sind die Söhne der Kreuzfahrer », rief Montalembert 1844 in der Pairskammer aus, « und werden nicht vor den Söhnen Voltaires zurückweichen. » Geschlossen stellten sich die französischen Katholiken sowohl der von voltairschem Geist durchdrungenen Bourgeoisie als auch jenem idealistischen Sozialismus entgegen, der durch die Saint-Simonistische Schule einen gewissen religiösen Zug erhalten hatte, und ebenso kämpften sie gegen abwegige Tendenzen im literarischen Leben. In der 1830 gegründeten Zeitschrift *L'Avenir* fanden, wie wir schon sahen, diese katholischen Bestrebungen beredten Ausdruck, und wenn auch die Zeitschrift in der Folge von ihrer ursprünglichen Richtung abwich, so lassen sich die Verdienste, die sie sich erworben, doch nicht verkennen. Sie hatte den ganzen La Mennais zum Ausdruck gebracht mit seiner Hochherzigkeit, seinem hinreissenden Schwung, aber auch seiner Neigung zu Ausfälligkeiten, seinen allzu kühnen Gedankengängen und taktischen Unvorsichtigkeiten, die schliesslich sein Werk fehlschlagen liessen und zu seiner Verurteilung durch den Papst führten.

La Mennais forderte die sofortige und restlose Trennung von Kirche und Staat und damit auch den Verzicht auf die staatliche Unterstützung der Kirche, die dieser ja doch nur « wie ein Stück Brot hingeworfen » werde und dem Staate nur « einen Rechtstitel zu ihrer Unterjochung » gebe. Wortmächtig trat er für die Befreiung der Völker ein, deren neue Souveränität niemals so bedrückend wie die der Könige sein und die Freundschaft der Völker mit der Kirche ermöglichen würde. Das grosse Erneuerungsprogramm, das La Mennais aufstellte, zeugte von einem hohen, aber auch verschwommenen Idealismus. Bei seinem Eintreten für eine Reform des ganzen Geisteslebens, insbesondere die Neugestaltung einer eigentlich katholischen Wissenschaft, verkannte er doch das mittelalterliche Geisteserbe, und sein Zukunftsbild von einem auf die Liebe gegründeten, die individuellen und nationalen Gegensätze überwindenden allgemeinen politischen Friedenszustand verlor sich in eine Utopie. Sein Ideal von einer sozialen Organisation, bei der der Arme und der Arbeiter die Freunde des Priesters wären, hatte zwar in gewisser Hinsicht einen echt evangelischen Grundzug, aber den Weg zu seiner Verwirklichung vermochte La Mennais nicht aufzuzeigen.

Präziser wusste er seine Forderung nach den « sechs wesentlichen Freiheiten » zu formulieren, unter denen er Vortreffliches verstand, die jedoch bei einem Mangel an Mass und Klugheit in übelste Ungebundenheit ausarten konnten. Die « sechs Freiheiten » bestanden in der Gewissensfreiheit, der Unterrichtsfreiheit, der Freiheit der Presse, des Vereinswesens, der Wahlen und der Freiheit der Provinzen und Gemeinden dank einer lösenden Dezentralisation. Beunruhigender als dieses Programm erschien den kirchlichen Autoritäten der sogenannte « Unionsakt », durch den La Mennais die Katholiken und die Liberalen aller Länder in einer grossen Föderation zusammenschliessen wollte. Viele seiner ursprünglichen Anhänger wurden ihm auch durch die heftigen Ausfälligkeiten des *Avenir* gegen die Monarchisten abwendig gemacht. Schliesslich beschloss die Gesellschaft, in deren Besitz die Zeitschrift war, deren Veröffentlichung vorderhand einzustellen (November 1831), worauf La Mennais, Lacordaire und Montalembert nach Rom reisten, um sich persönlich vor Gregor XVI. zu rechtfertigen.

La Mennais beklagte sich später, dass er zwei Monate lang auf die Antwort des Papstes habe warten müssen, den fast alle europäischen Höfe zu einer

Verurteilung des « gefährlichen Republikaners » gedrängt hätten. Nach den heute zugänglichen Dokumenten erscheinen die Dinge jedoch anders. Gregor XVI. war tatsächlich nicht so engen und unnachgiebigen Geistes und so schlecht unterrichtet, wie dies seine Gegner behaupten. Vielmehr bewies er gerade seinen Regierungssinn dadurch, dass er sich genau unterrichten liess, danach aber seine Informationsquellen nicht gleich bekannt gab und nicht den ersten besten wissen liess, was er erfahren hatte. Die Untersuchung über die Angelegenheiten des *Avenir* übertrug er dem General der Theatiner, P. Ventura, bei dem La Mennais in Rom Quartier genommen hatte, dem Kardinal Lambruschini, dem einstigen Pariser Nuntius, und dem mit der La Mennaischen Richtung sympathisierenden Weltgeistlichen Baraldi aus Modena. Im Grunde waren sich die drei päpstlichen Beauftragten darüber einig, dass La Mennais ein überaus begabter, ja in gewisser Hinsicht «genialer» Streiter sei, sie suchten auch auf seine grosse Empfindlichkeit Rücksicht zu nehmen, vermieden es jedoch gleichzeitig, ihn in seinen Unternehmungen zu ermutigen, da ihnen seine Lehre als ganzes die kirchliche und gesellschaftliche Ordnung schwer zu gefährden schien.

Die drei Redaktoren des *Avenir* überreichten ihrerseits dem Papste eine Rechtfertigungsschrift, in der sie Gregor XVI. zu einer Stellungnahme drängten, da sein Stillschweigen alle jene entmutigen würde, die ihm ergeben seien. Als die Antwort des Papstes auf sich warten liess, und auch seine eigenen Freunde Zurückhaltung übten, wurde La Mennais von einer Ungeduld erfasst, die sich zu höchster Erregung steigerte, als jenes päpstliche Breve bekannt wurde, das die Polen zur Unterordnung unter die rechtmässige Gewalt ermahnte. Am 9. Juli 1832 verliess er mit Montalembert Rom und begab sich nach München, wo er auch Lacordaire wiedertraf. Indessen hatte La Mennais auch bei dem von gallikanisch-legitimistischen Tendenzen erfüllten französischen Episkopat schweren Anstoss erregt, und einige Wochen nach seiner Ankunft in München wurde dem Papste vom Erzbischof von Toulouse der Wunsch nach vorläufiger Missbilligung des heftigen Streiters zum Ausdruck gebracht. Auf Gregors XVI. Aufforderung hin sandte der Erzbischof danach eine Liste von sechsundfünfzig theologischen Irrtümern La Mennais' mit den Unterschriften von zwölf französischen Bischöfen und der Bitte um Bestätigung nach Rom.

Daraufhin verurteilte die Bulle *Mirari vos* vom 15. August 1832 ausser andern Misständen die von La Mennais vertretene absolute Gewissens- und Pressefreiheit — zwar ohne nominelle Bezeichnung des Urhebers — sowie die Auflehnung der Untergebenen gegen die Souveräne als eine Auflehnung gegen Gott selbst, da Freiheit nicht Lösung von allen Banden bedeute, und die von manchen vertretene Unabhängigkeit zur Trennung von Kirche und Staat führe. Dieses Dokument, das durch die Münchener Nuntiatur an La Mennais gelangte, sprach übrigens nicht schlechthin, wie schon behauptet wurde, eine Verurteilung der modernen Gesellschaft aus. Es wandte sich gegen laizistische und revolutionäre Staatsauffassungen und gegen die Meinung, dass eine unbedingt freie geistige Auseinandersetzung, bei der rücksichtslos mit wahren und falschen Ideen gefochten würde, schon an sich etwas Gutes sei. Metternich vermisste übrigens in der Bulle eine eigentliche Bestätigung der « legitimistischen » Grundsätze.

Obgleich der Heilige Stuhl bei seiner Stellungnahme eine vorsichtige Zurückhaltung gewahrt hatte, löste die Wiedergabe der Bulle im *Ami de la religion* eine heftige Diskussion in der Presse aus. Voreingenommene entstellten den wahren Sinn des Dokuments, und La Mennais erklärte verbitterter denn je, keine seiner Aufstellungen zurücknehmen zu wollen. Als man ihn zur bedingungslosen Unterwerfung drängte, gab er schliesslich eine rein formale Erklärung ohne entsprechende persönliche Überzeugung ab. Seiner Auffassung nach handelte es sich nur noch um eine Frage des « Friedens um jeden Preis ». Im selben Jahre 1834 veröffentlichte er die « Worte eines Gläubigen » (*Paroles d'un croyant)*, in denen sich tiefsinnige und erhebende Betrachtungen, Gebete und Visionen mit den schlimmsten Schmähungen der völkerknechtenden Könige und selbst harten Ausfälligkeiten gegen den Papst verbanden. Es war wie der Aufschrei einer zerrissenen, verzweifelten Seele, die nach Höchstem gestrebt, sich aber in eine hochmütige, wilde Unabhängigkeit verloren hatte.

Als die Enzyklika *Singulari vos* vom 25. Juni 1834 die « Worte eines Gläubigen » verurteilte, hatte sich La Mennais bereits von der Kirche getrennt, und war ganz zum revolutionären Sozialismus übergegangen. Schliesslich scheint er in seiner 1848 herausgekommenen Schrift « Über die ursprüngliche Gesellschaft und ihre Gesetze oder über die Religion » zu Anschauungen gekommen zu sein, die ein moderner Historiker als eine Art « Demotheismus » bezeichnet. Der geniale Schriftsteller, der anfänglich als extremer « Ultramontaner » aufgetreten war, brach am Ende völlig mit dem Papst, und die gewisse demokratisch-sozialistische Mystik, als deren Wortführer er danach erschien, sollte in seinem eigenen Lande und andernorts ein starkes geistiges Ferment für die Bewegung abgeben, die zur Revolution von 1848 führte.

La Mennais selbst wurde durch diese Revolution in die Nationalversammlung gebracht, aber er war hier nun merkwürdig gehemmt und inaktiv ; sein unbedingter Idealismus konnte sich nicht mit den Bedingtheiten der Politik abfinden. Er starb am 27. Februar 1854, nachdem er noch in seiner letzten Stunde priesterlichen Beistand abgewiesen hatte. Am folgenden Sonntag führte P. Gratry in einer Predigt im Oratorium aus : « Sollen wir am Heile dieser armen Seele zweifeln ? Nein. Damit dieses grosse Beispiel als Lehre diene, hat Gott zugelassen, dass dieses Ende jeder Hoffnung entbehre. Aber diese Seele hat an der Wiederaufrichtung der religiösen Gesinnung in unserem Lande mitgewirkt. Können wir uns nicht denken, dass eine unseren Augen verborgene Rückkehr stattgefunden und dass sie Barmherzigkeit gefunden habe ? »[1] Worte aus tiefster christlicher Hoffnung und Nächstenliebe !

So traurig auch La Mennais' Ende erscheint, das Verdienst dieses Mannes um die religiöse Bewegung bleibt bedeutend. Seine Anhänger trennten sich übrigens nicht wie er von der Kirche, und in der 1833 gegründeten Zeitung *L'Univers* ging der unentwegt für die katholische Sache kämpfende Louis Veuillot offen in den Bahnen des *Avenir* weiter. Später, zur Zeit des Vatikanischen Konzils, erklärte Veuillot unumwunden, dass niemand mehr als La Mennais « Frankreich dem rettenden Dogma von der Unfehlbarkeit des Papstes zugeführt » habe. Wir können hier nicht näher die geistige, religiöse und politische Erneuerung aufweisen, die jene heraufführten, die La Mennais bis zu seinem Bruch mit der Kirche anhingen. Lacordaires Kanzelreden in Notre-Dame in Paris, das historische Werk Rohrbachers, die Erneuerung der Liturgie unter Führung von Dom Guéranger, die Gründung der Vinzenzkonferenzen durch Ozanam, Montalemberts parlamentarischer Kampf für die Unterrichtsfreiheit und die Gründung einer katholischen Partei waren die reichen Früchte der vom Gründer des *Avenir* ausgestreuten Saat. Diese aus Frankreichs tiefen geistigen Kraftquellen schöpfende katholische Erneuerungsbewegung liess Frankreich einmal mehr vor aller Welt als das Land der « unbesieglichen Hoffnung » erscheinen.

Der erfolgreiche Kampf der französischen Katholiken für die Unterrichtsfreiheit veranlasste nun aber die Kirchenfeinde, gewissermassen als Ablenkungsmanöver einen neuerlichen Angriff gegen die Jesuiten zu unternehmen. Man beschuldigte sie aller Verbrechen und Laster ; in Presse, Theater, Romanliteratur und Karikaturen wurden sie mit den übelsten Verleumdungen überschüttet, bei denen die Gehässigkeit oft zu Phantasien führte, die schlechthin lächerlich gewesen wären, hätten sie nicht so trübe Gründe gehabt und so viel Anklang gefunden. Mit äusserster Heftigkeit griffen Michelet und Quinet im Collège de France die Gesellschaft an (1843), deren Verteidigung P. de Ravignan mit einer Ruhe und Würde führte, die selbst die Liberalen zur Achtung zwang. Schliesslich fand sich aber die Regierung Louis-Philippes

---

[1] Mourret a. a. O. VIII, S. 269.

doch durch diese Agitation beunruhigt und beschloss, die Jesuitenfrage dem Heiligen Stuhl vorzulegen. Pellegrino Rossi, ein Franzose italienischer Herkunft, früherer Professor an der Genfer Akademie, der am revidierten schweizerischen Bundesvertrag von 1832 mitgearbeitet und sich als sehr geschickt erwiesen hatte, ward beauftragt, gemeinsam mit Rom eine Lösung der Frage zu suchen. Seine Verhandlungen mit dem Kardinalstaatssekretär führten auch tatsächlich zu einem diplomatischen Ausweg. Auf Bitten Rossis riet der General Roothaan am 14. Juni 1845 den französischen Provinzen der Gesellschaft, ihre Hauptniederlassungen zu vermindern oder zu schliessen, sodass die Jesuitenfrage aus dem Wege geräumt würde, ohne dass die Jesuiten selbst verschwänden, oder der Papst zu ihrer Vertreibung seine Hand hergegeben hätte. In der Schweiz sollte zwei Jahre später dieselbe Frage eine weniger glückliche Lösung finden.

Mit der katholischen Erneuerungsbewegung, die in den einzelnen Ländern trotz schwerer Hindernisse einen erfreulichen Aufschwung nahm, kam es auch zu einer Wiederbelebung der philosophischen, theologischen und historischen Studien in katholischem Geiste. Gregor XVI., der selbst durch seine Gelehrsamkeit hervorgetreten war, begleitete sie mit besonderem Interesse. In Frankreich ermutigte und förderte er insbesondere das grosse wissenschaftliche Unternehmen der *Patrologie* von *J. P. Migne.* Anderseits trat er energisch und nachdrücklich gegen gewisse Verirrungen und Entgleisungen der damaligen Gottesgelehrsamkeit auf, wie wir dies bereits im Falle La Mennais' und des Hermesianismus in Deutschland sahen. Gregor XVI. wies aber zugleich auch jenen romanischen Traditionalismus oder *Fideismus* zurück, der im Gegensatz zum Hermesianismus die Vernunft dem Glauben opferte. Der Hauptvertreter dieser Richtung, der Professor Abbé Bautain von Strassburg, anerkannte auf Veranlassung Gregors XVI. seinen Irrtum, und wie er selbst unterwarfen sich auch seine Schüler (1840). Auch in dieser Angelegenheit bekundete sich der kluge Sinn des Papstes, der in Anlehnung an die beständige kirchliche Lehre die richtige Mitte gegen eine Überschätzung der Vernunft einerseits und einen übersteigerten Traditionalismus anderseits zu wahren wusste.

DIE WELTMISSION

Eine Darstellung von Gregors XVI. Pontifikat bliebe unvollständig ohne Erwähnung dessen, was dieser Papst, der den Ehrentitel eines Missionspapstes in besonderem Masse verdient, für die Glaubensverbreitung in den Ländern der Ungläubigen tat. Im Vorderen Orient — Türkei und Ägypten —, im Fernen Osten — Indien, Indochina, Korea und Japan —, in Afrika wie in Nordamerika und in Ozeanien ging unter seinem Pontifikat der Same des Evangeliums, manchmal in einem von Märtyrerblut getränkten Erdreich, auf. Gregor XVI errichtete neue apostolische Vikariate, förderte die Gründung neuer Missionsgesellschaften und bekämpfte die Sklaverei. Bei jeder Gelegenheit wusste er günstige politische Umstände und eine mehr oder weniger wohlwollende Haltung der Kolonialmächte der Ausbreitung des Reiches Christi dienstbar zu machen. Unter den neuen Missionswerken erfuhr vornehmlich seinen Schutz das 1843 in Paris gestiftete Werk der Heiligen Kindheit, das bei der katholischen Bevölkerung, insbesondere den wenig Bemittelten, bereitwilligste Unterstützung fand.

BEURTEILUNG DES PONTIFIKATS GREGORS XVI.

Als Gregor XVI. im Jahre 1846 in sein einundachtzigstes Lebensjahr und das sechzehnte Jahr seines Pontifikats trat, hatte er schon ein Vorgefühl seines nah bevorstehenden Todes. Tieffrommer Kamaldulensermönch, der er auch als Papst geblieben war, schrieb er in sein Testament : « Wir Gregor XVI., unwürdiger Erbe des Stuhles Petri, da wir unsere Todesstunde und den Ruf vor das göttliche Gericht vor unserem Geiste haben »... « empfehlen unsere arme Seele Unserem Herrn Jesus Christus »... « Wir empfehlen zugleich dem göttlichen Heiland die Kirche, seine vielgeliebte Braut, in den vielen Heimsuchungen und Verfolgungen, denen sie ausgesetzt ist. » Am 26. Mai 1846 verschlimmerte sich die Krankheit, unter der Gregor XVI. schon seit einiger Zeit litt, und am 1. Juni starb der Papst, nachdem er noch mit vollem Bewusstsein und tiefer Frömmigkeit die Sterbesakramente empfangen. Er schied von dieser Welt wie ein armer Mönch : « Ich will als Frate, nicht als Souverän sterben », sagte er zu denen, die ihn an die grossen Werke seines Pontifikats erinnerten.

Der französische Maler Delaroche, dessen Werke vielleicht kein ausserordentliches Künstlergenie, aber eine grosse Wirklichkeitsnähe auszeichnet, hat die äussere Erscheinung des Cappellaripapstes in einem lebendigen Bilde festgehalten. Die breite, in Falten gelegte Stirn, die starke Nase, das ausgeprägte, auf Willensstärke deutende Kinn, die hochgeschwungenen, dichten Augenbrauen über dem lebhaften Blick, die scharfgezogenen Mundwinkel lassen Gregor XVI. eher streng erscheinen. Der Künstler hat recht treffend den Ausdruck des besorgten, klugen, überlegten Souveräns festgehalten, der sich gegen das hasserfüllte Streben der Revolutionäre nach dem Sturz der päpstlichen Macht zu wehren hatte.

Gregor XVI. ist von seinen Zeitgenossen sehr verschieden beurteilt worden. Bei dem zeitlichen Abstand, dessen es zu unbefangener geschichtlicher Beurteilung bedarf, lassen sich heute wohl leichter die Licht- und Schattenseiten dieses Pontifikats in einer schwierigen Übergangszeit voneinander unterscheiden. Die von dem Organ der französischen Legitimisten, *La Quotidienne*, vertretene Ansicht, dass Gregor XVI. « das Recht der Kronen geachtet, die Gewissensfreiheit proklamiert und »... « soweit er es vermochte, die christliche Ideenwelt und die Heiligkeit der christlichen Grundsätze gewahrt » habe, wird auch heute noch allgemeine Zustimmung finden. Aber anderseits wird man auch dem frommen Ozanam nicht unbedingt widersprechen können, der 1848 schrieb, das vergangene Pontifikat sei das Pontifikat « eines gelehrten Fürsten, eines von Eifer für die Verteidigung und Ausbreitung des Glaubens erfüllten Priesters » gewesen, « der aber auf seine Beschlüsse hinsichtlich weltlicher Angelegenheiten den Feinden Italiens und der Freiheit zuviel Einfluss eingeräumt » habe. « Ein Schweigen der Entmutigung herrschte in den römischen Staaten, wo man nichts mehr erhoffte, weder von der Macht noch vom Aufstand. » Ein anderer katholischer Schriftsteller, Léopold de Gaillard [1], war noch schärfer in seinem Urteil : « Revolten hat er unterdrückt, Reformen hat er versucht und dann vergessen. Das war, die Geschichte muss dies sagen, der Irrtum dieses Papstes gegenüber seinem Volke und gegenüber Europa. » Ein entschiedener Konservativer, der Tradition mehr zugeneigt als Neuerungen, war Gregor XVI. doch zugleich von kluger Mässigung. Leider liess ihn seine Umgebung vielfach in Unkenntnis der berechtigten Bestrebungen und wirklichen Bedürfnisse seines Volks und der Mängel einer Verwaltung, die im ganzen tatsächlich viel zu wünschen übrig liess. Ein strenges, aber wohl doch in mancher Hinsicht zutreffendes Urteil über Gregors XVI. Pontifikat ist 1854 auch von dem italienischen Historiker Cesare Cantù gefällt worden. [2]

Letztlich lassen sich die verschiedenen Kritiken dahin zusammenfassen : Die fast ausschliesslich in den Händen von Geistlichen liegende Regierung und Verwaltung des Kirchenstaats sei nicht mehr zeitgemäss gewesen, und man habe mit Recht verlangt, dass diesem Zustand ein Ende gesetzt und den gerechtfertigten Forderungen der Laien Rechnung getragen werde. Ebenso

---

[1] Léopold de Gaillard ist der Verfasser der « Politischen Briefe über die Schweiz an den Herrn Grafen von Montalembert » *(Lettres politiques sur la Suisse à Monsieur le comte de Montalembert)*, die 1852 in Genf erschienen und aufschlussreich für die Geschichte des Sonderbunds und seine Folgen sind.

[2] Vgl. F. X. Seppelt- K. Löffler : *Papstgeschichte.* (München 1938.) S. 310.

sei die italienische Einigungsbewegung nicht aufzuhalten gewesen, wie es die folgende Ereignisse bewiesen. Es ist zwar nicht weiter erstaunlich, dass die konservativen Mächte, in erster Linie Österreich, glaubten, es könne dieser Bewegung noch erfolgreich Widerstand geleistet werden. Einerseits verfügte die habsburgische Monarchie noch über Mittel um ihre Ziele zu verfolgen, und anderseits lag es den Führern der österreichischen Politik aus gewissen Gründen nahe, die Dinge in falscher Perspektive zu sehen. Sie waren beherrscht von politischem Erhaltungswillen. Die Nationalitätenbewegung, die im folgenden Jahrhundert den Sturz der habsburgischen Monarchie herbeiführen sollte, musste den Widerstand einer Regierung herausfordern, die über so viele verschiedene Völker gebot. Dabei galt die erste Sorge der österreichischen Regierung den italienischen Angelegenheiten, und Österreich hatte tatsächlich allen Grund, die Übertragung des italienischen Liberalismus und Nationalismus und des schweizerischen Radikalismus auf das lombardo-venezianische Königreich zu befürchten. Im übrigen war das österreichische Interesse an der Erhaltung des Kirchenstaats selbstverständlich, und ein Metternich konnte hier nur eine konstitutionelle Monarchie möglich finden. Frankreich seinerseits wünschte wohl gewisse liberale Reformen des Kirchenstaats, aber doch auch nicht die Einigung Italiens. Wir werden im folgenden noch sehen, dass selbst die aus der Revolution von 1848 hervorgegangene Zweite Republik den italienischen Patrioten noch unangenehme Überraschungen bereiten sollte. Um die Mitte des neunzehnten Jahrhunderts, als Gregor XVI. starb, schien in dem Europa, wie es der Wiener Kongress gestaltet hatte, die Existenz eines Kirchenstaates noch manchen unerschütterlich. In der Tat aber waren wohl die Worte eines römischen Prälaten, des mit einer ausserordentlichen Mission in Turin betrauten Msgr. Corboli-Bussi, zutreffend : « Alle unsere Völker haben das Gefühl der italienischen Einheit und Unabhängigkeit im Blut, und es ist unmöglich, dieses Gefühl zu ersticken. Fraglich ist nur, ob es die Fürsten sein werden oder die Agitatoren, die dieses Gefühl für ihre Zwecke auswerten, und ob sich dementsprechend ein Prinzip der Stabilität für die italienischen Throne oder ein Prinzip der Vernichtung daraus ergeben wird. »[1] Darin gründete in der Tat die « italienische Frage », die im nächsten, dem längsten aller Pontifikate, die die Geschichte kennt, aufgerollt werden sollte.

---

[1] Angeführt von Mollat a. a. O. S. 192.

Kapitel XIII.

PIUS IX.

DIE ZEITLAGE

Das am 16. Juni 1846 beginnende und am 7. Februar 1878 endende Pontifikat Pius' IX. ist nicht nur das längste, sondern auch eines der denkwürdigsten Pontifikate der Geschichte. In der langen Reihe der Nachfolger Petri hat Pius IX., der zweihundertfünfundfünfzigste Papst, die Kirche in der grossen Epoche des Aufschwungs der Erfahrungswissenschaften, der Demokratie und der Nationalitäten zu leiten. Zur Zeit Pius' IX. zieht der neue Kampf zwischen Wissenschaft und Glauben, die grosse Auseinandersetzung zwischen der Kirche und der modernen Gesellschaft herauf, bilden sich die neuen Grossstaaten, das deutsche Kaiserreich und das Königreich Italien, und schliesslich muss sich Pius IX. mit dem Verlust der weltlichen Herrschaft des Papsttums abfinden. Der Syllabus, der die hauptsächlichsten Irrtümer dieser Zeit verurteilt, das Vatikanische Konzil, das die päpstliche Unfehlbarkeit verkündet, die Besetzung Roms durch die italienischen Truppen, mit der eine neue Epoche in der Geschichte des Papsttums beginnt, sind die hervortretendsten Ereignisse, die dieses Pontifikat kennzeichnen.

Pius IX. regierte noch keine zwei Jahre, als eine neue Revolutionswelle über Europa flutete. Der Umsturz von 1848, in dem die bürgerliche Gesellschaft unter dem Ansturm des Sozialismus und Kommunismus schon zusammenzubrechen glaubte, rief aber auch eine neue religiöse Bewegung hervor. Die erschütternden Erlebnisse jener Zeit, die Furcht vor der europäischen—liberalen, sozialen und nationalen—Revolutionsbewegung führte in breiten Kreisen zu einer Vertiefung des Glaubenslebens und einem verstärkten Missionseifer ;

Fragen inneren Glaubenslebens und tätiger Nächstenliebe beschäftigten damals die kirchlichen Kreise noch mehr als die geistige Auseinandersetzung der Zeit. Aber schon bereitete sich eine neue Revolution vor, der eine ganz andere Weltbedeutung zukommen sollte als der Schaffung der neuen Staaten oder dem Auseinanderfallen der politischen Gesellschaftsgebilde. Die Eröffnung des Suezkanals (1869), die grossen Tunnelbauten in den Alpen, die Umwälzung, die die Metallurgie durch die neuen Schmelzverfahren für Eisen und Stahl erfuhr, die erweiterte Anwendung der elektrischen Kraft, die Begründung der organischen Chemie durch Liebig und Wöhler, der Aufschwung der Farbenindustrie, die Revolutionierung der Biologie durch Claude Bernard und Louis Pasteur und die neuen Heilverfahren, die sich daraus ergaben, wogen schwerer auf der Wage der Geschichte als Sadowa, Sedan, die Besetzung Roms, die Proklamation der Königin Viktoria zur Kaiserin von Indien oder selbst das Aufkommen des modernen Japan. Die Verbreitung des Positivismus rief eine Art naturwissenschaftlichen Messianismus hervor ; die Wissenschaft sollte die grosse geistige Befreiungskraft und das Ordnungsprinzip der Gesellschaft werden, und diesen Bestrebungen kam umso mehr Bedeutung zu, als — wie wir schon öfters hervorhoben — die eigentliche Geschichte sich im Bereiche des Geistes vollzieht.

Um 1860 liessen sich immer breitere Kreise für eine auf philosophische und naturwissenschaftliche Spekulationen gestützte rationalistische, jede Metaphysik verwerfende Weltanschauung gewinnen. Im Werke Auguste Comtes und Littrés ist die Kritik von Theologie und Metaphysik von wesentlicher Bedeutung. Littré formulierte 1876 seine Ansichten dahin, dass die Unveränderlichkeit der Naturgesetze und der Verzicht auf jede unbegrenzte und absolute Erkenntnis « die doppelte Grundlage der positiven Philosophie » seien.

Eine Verbindung von Positivismus und experimenteller Forschung trat besonders in den biologischen, physikalischen und chemischen Wissenschaften zu Tage. Aus der gegenseitigen Beeinflussung von Wissenschaft und Philosophie aber ergab sich, dass die metaphysische Perspektive aus beiden verbannt wurde, die Philosophie fast ganz zur Psychologie und diese zu einer Analyse der Empfindungen herabsank. Zu der Zeit, da Pius' IX. Pontifikat endete, hatte jedoch jene Wissenschaft und Vernunft überschätzende Richtung, die in Frankreich als *scientisme* viele Geister in ihren Bann zog, ihren Höhepunkt bereits überschritten. Sie war übrigens auch in den historischen und philologischen Wissenschaften hervorgetreten, wo sie zu einer Ausschliesslichkeit der kritischen Methoden in den Veröffentlichungen allgemein und vornehmlich in der Textinterpretation geführt hatte. Folgenschwer wirkte sich der Rationalismus besonders in der protestantischen Theologie Deutschlands aus, wo er vor allem in Tübingen hervortrat.

Die ausserordentlichen Fortschritte der Naturwissenschaften und ihre erstaunliche praktische Auswertung, die in weitem Masse neue Lebensbedingungen schuf, waren eine der Hauptursachen der damaligen religiösen Krise, des Konflikts zwischen Glauben und Wissenschaft. Schien es nicht, als baue die neue Wissenschaft gerade auf den Ruinen des Glaubens auf, als erhebe sie sich gerade auf den Trümmern jener altüberlieferten Anschauungen, die unerklärliche Tatsachen auf übernatürliche Gründe zurückführten ? Die Geister standen im Bann von Rationalismus und Positivismus. Philosophen, Kritiker, Exegeten, die die Metaphysik verwarfen, suchten ihre Systeme naturwissenschaftlich zu begründen, mit naturwissenschaftlichen Methoden aufzubauen ; dabei griffen sie vielfach dem wissenschaftlichen Fortschritt vor und begingen den Fehler, einzelne Forschungsergebnisse fälschlicherweise zu verallgemeinern. Diese Bewegung musste bei den christlichen Kirchen, in erster Linie bei der katholischen Kirche auf Widerstand stossen, und dies umso mehr als, wie wir schon sahen, seit dem Beginn des neunzehnten Jahrhunderts hier eine starke Gegenbewegung gegen den Rationalismus des vorhergehenden Jahrhunderts aufgekommen war.

Auf einem Gebiete insbesondere bedrohte die neue Entwicklung der Wissenschaft, die übrigens infolge der Ausweitung des Unterrichtswesens, der Presse und des Buchwesens auf immer breitere Kreise wirkte, nicht nur den Glauben an die Übernatur schlechthin, sondern unmittelbar wesentlich christliche Lehren, nämlich auf dem Gebiete der *Bibelkritik.* Für alle christlichen Bekenntnisse ist die Bibel eine göttliche Offenbarungsurkunde. Nun aber wurden mit Berufung auf die Fortschritte der Naturwissenschaften, der historischen und philologischen Methoden die schwersten Vorstösse gegen die überlieferte Autorität der Bibel unternommen, in den Ländern französischer Zunge am aufsehenerregendsten durch *Ernest Renans* 1863 erschienenes « Leben Jesu », eine Schrift, in der zwar die Phantasie die kritische Gelehrsamkeit überwiegt. Renans Vorläufer, der Württemberger David Friedrich Strauss, konnte am Ende seiner Laufbahn eindeutig erklären : « Wir sind keine Christen mehr. »

Zur selben Zeit lösten sich auch fast überall die engen Bande, die unter dem *Ancien Régime* noch zwischen den einzelnen Staaten und bestimmten Bekenntnissen bestanden hatten. Die alte konfessionell geprägte Auffassung des Staates schwand immer mehr dahin, wenn sich auch die neue Verweltlichung der Staatsauffassung in Europa solange nicht durchzusetzen vermochte, als die Regierenden noch die Anhänglichkeit des Volks an die Religion als nützlich für die soziale und politische Ordnung und den Atheismus als sozial gefährlich erachteten. Aber der *Indifferentismus*, das Bestreben, die verschiedenen christlichen Bekenntnisse völlig gleich zu behandeln, trat um 1860 immer deutlicher in der Religionspolitik aller Länder hervor. Die zu Beginn des Jahrhunderts unternommenen Restaurationen waren schliesslich gescheitert, und Liberalismus, Demokratie, sowie der in Frankreich geheim aber wirkungsvoll von der Freimaurerei geförderte « Laizismus » kamen zusehends stärker auf. Immer deutlicher trat als Grundtendenz der allgemeinen geistigen und politischen Entwicklung die fortschreitende Verweltlichung der gesamten Gegenwartskultur zu Tage.

Indessen wirkten sich Rationalismus und politischer Liberalismus in verschiedener Weise auf die einzelnen christlichen Bekenntnisse aus. Der Widerstand der katholischen Kirche gegen diese Zeitströmungen war im Wesen der Kirche selbst begründet, in ihrer mit unfehlbarer Autorität, besonders zur Zeit des Tridentinums festgelegten Lehre, über deren Reinerhaltung der Papst kraft seiner unbedingten Disziplinargewalt wachte. Übrigens unterschätzte der Heilige Stuhl, der immer darauf bedacht war, den richtigen Einklang zwischen Vernunft und Glauben zu wahren — wir sahen soeben noch, wie dies auch unter Gregors XVI. Pontifikat der Fall war — nicht die Bedeutung der durch den wissenschaftlichen Fortschritt aufgeworfenen Fragen. Mit voller Aufmerksamkeit verfolgte er aber auch die *politische Gefahr*. In der Tat war der Papst in seinem eigenen Staat durch die allgemeine demokratische, liberale und « laizistische » Bewegung bedroht, und Pius IX. legte grossen Wert auf die Aufrechterhaltung seiner weltlichen Macht. Es schien ihm unmöglich, dass der Papst aufhören sollte, Souverän zu sein, ohne Untertan eines anderen Fürsten und auf diese Weise auch in seiner geistlichen Unabhängigkeit bedroht zu werden. Daher stand die *römische Frage* im Vordergrund dieses Pontifikats und bestimmte weitgehend die Haltung Pius' IX. gegenüber den politischen Geschehnissen wie gegenüber der allgemeinen geistigen Bewegung. Die Enzyklika *Quanta cura*, der ihr folgende *Syllabus* und das *Vatikanische Konzil*, das die päpstliche Unfehlbarkeit verkündete, müssen entsprechend auch in Zusammenhang mit der römischen Frage gesehen werden.

Allein der Übersichtlichkeit wegen sollen im folgenden zunächst gesondert die politische Entwicklung und anschliessend die dogmatischen Auseinandersetzungen dargestellt werden.

WAHL, VORLEBEN UND PERSÖNLICHKEIT PIUS' IX.

Der kurz nach dem europäischen Umsturz von 1830, dem Aufstieg des Bürgertums zur Macht und dem Sieg des Parlamentarismus gewählte Gregor XVI. war am Vorabend einer neuen, noch viel tiefergreifenden Revolution als derjenigen von 1830 gestorben. In Frankreich, Deutschland und Italien kündigten sich bereits die Ereignisse an, die die politische und soziale Umwälzung von 1848 und die neue Machtverlagerung zugunsten des Volks herbeiführten. In katholischen Kreisen sah man dieser Entwicklung ohne besondere Beunruhigung entgegen. Die französischen Katholiken hatten sich durch die Julirevolution und den Sturz der Bourbonen schwer betroffen gefühlt und die Folgen dieser Umwälzungen stark empfunden. Jetzt setzten sie ihre Hoffnungen auf eine Zukunft, in der den Völkern mehr Bedeutung als den Königen zukäme und grössere politische Freiheit herrschen würde. Besonders im *Correspondant* und *Univers* kamen diese Erwartungen zum Ausdruck. In Italien begeisterten sich damals immer breitere Kreise für die Idee eines Bundesstaats, an dessen Spitze der Papst, allerdings ein liberaler und für den patriotischen Gedanken gewonnener Papst, treten würde. Der Kardinal Mastai Ferretti begab sich mit der Absicht ins Konklave, dem neuen Papst die « schönen » Werke von Gioberti, Balbo und d'Azeglio als Geschenk zu überreichen.

Metternich aber fand die Lage im Kirchenstaat so beunruhigend, dass er nach Gregors XVI. Hinscheiden alsbald Massnahmen traf, um gegebenenfalls zu raschem Eingriff bereit zu sein, worauf ihn Guizot wissen liess, dass Frankreich im Falle einer österreichischen Intervention seinerseits sofort Truppen nach Civitá Vecchia oder Ancona schicken werde. Beeindruckt durch den Anklang, den die « neoguelfischen » Schriften in Italien fanden, legte Metternich grössten Wert darauf, den Heiligen Stuhl unter dem Einfluss der österreichischen Regierung zu halten, und beauftragte entsprechend den Kardinal Gaysruck, Erzbischof von Mailand, sich der Wahl eines Papstes zu widersetzen, der die national-italienischen Bestrebungen begünstigen würde.

Die zum Konklave versammelten Kardinäle standen allgemein unter dem Eindruck der drohenden Revolutionsbewegungen, waren aber in zwei Parteien gespalten. Während die eine Partei keine Konzessionen wollte und Lambruschini als Kandidaten aufstellte, zog diesem die andere, versöhnlich gesinnte Partei den in der römischen Bevölkerung beliebten Legaten von Forli, Kardinal Gizzi, vor. Weder der eine noch der andere stieg schliesslich zur höchsten kirchlichen Würde empor. Während Lambruschini nur fünfzehn Stimmen erhielt, vereinigte sich am 16. Juni 1846 eine Mehrheit von sechsunddreissig Stimmen auf den Kardinal Giovanni Maria Mastai Ferretti. Wahrscheinlich spielte bei dieser Wahl der Umstand massgeblich mit, dass Kardinal Mastai Ferretti gerade in jenen Gebieten eine gewisse Volkstümlichkeit genoss, wo die päpstliche Regierung allgemein am unbeliebtesten war.[1] In Erinnerung an Pius VII., seinen Vorgänger auf dem Bischofsstuhl von Imola, dem er sich zu besonderer Dankbarkeit verpflichtet fühlte, nannte sich der Neugewählte *Pius IX.*

Der neue Papst war am 13. Mai 1792 in Sinigaglia als Sohn des Grafen und Gonfaloniere Mastai Ferretti und seiner Gemahlin Caterina Solazzi geboren. Durch sein anspruchsloses, freundliches Wesen, das sich mit einer reichen Begabung verband, hatte er sich schon als Knabe allgemein in seiner Umgebung beliebt gemacht, aber seine Jugend wurde verdüstert durch epileptische Anfälle, die sich seit 1808 in Folge eines früheren Sturzes einstellten, und die ihm den Zugang zum Priester- wie zum Soldatenstand zu versperren drohten. Glücklicherweise verschwanden jedoch später die Anfälle, und 1819 erhielt der junge Graf dank des Wohlwollens Pius' VII. die Priesterweihe. Danach übernahm er zunächst die Leitung der Waisenanstalt Tata Giovanni, deren Kinder er mit Güte und Geschick betreute. Kurz vor seinem Hinscheiden ernannte Pius VII. den seeleneifrigen Priester zum Auditor der Mission Muzzi, welche die Kirchenfragen in den unabhängig gewordenen südamerikanischen Staaten, vorab für Chile, regeln sollte. Nach seiner Rückkehr nach Rom, 1825, wurde Mastai Ferretti 1827 von Leo XII. zum Erzbischof von Spoleto und 1832 von Gregor XVI. zum Bischof von Imola erhoben. Hier ward er auch mit dem Grafen Giuseppe Pasolini, einem eifrigen Patrioten und Bewunderer der neoguelfischen Wortführer bekannt. Man wusste, dass der Bischof von Imola selbst mit Vorliebe Gioberti, Balbo und Azeglio las, und da sein mildes, versöhnliches Wesen auch Verurteilten und Verschwörern zugute kam, geriet er bald in den Ruf eines « liberalen Bischofs ». In Wirklichkeit handelte es sich bei diesem « Liberalismus » nur um eine tiefe priesterliche Sorge für das Gemeinwohl. Mastai wünschte allerdings, dass der Heilige Stuhl Reformen unternehme, und bedauerte die unter Gregor XVI. ergriffenen Unterdrückungsmassnahmen. Trotzdem schätzte Gregor XVI. die edle Gesinnung des Bischofs von Imola, und am 14. Dezember 1840 proklamierte er ihn als Kardinalpriester mit dem Titel SS. Marcellino e Pietro « wegen des einzigartigen und fortgesetzten Beispiels der Liebe hervorragend durch Sammlung, Bewahrung und Erziehung der ärmsten Knaben Roms »... « durch vorzügliche Leistungen rühmlichst bekannt, durch Geburt, Wissen, Tugend,

---

[1] Vgl. Mollat a. a. O. S. 193.

Frömmigkeit und Klugheit wie in der Treue und Ergebenheit gegen Unsere Person und diesen Heiligen Stuhl ausgezeichnet ».

Es ist nicht leicht für den Historiker, ein Bild dieses Papstes zu entwerfen, dem man zu seiner Lebenszeit und nach seinem Tode noch tiefe Bewunderung und Verehrung, aber auch hartnäckige Feindseligkeit entgegenbrachte. Die meisten über seine Persönlichkeit vorliegenden Urteile stammen entweder von unbedingten Verteidigern oder scharfen Gegnern. Wir führen ihnen gegenüber einen Kirchenhistoriker unserer Tage an, der sich offenbar um eine gerechte Würdigung bemüht, und dessen Urteil auch feinfühliger als das der Biographen des grossen Papstes scheint : « Der kennzeichnende Wesenszug Pius' IX. », schreibt Mollat [1], « war seine tiefe Seelengüte, die sich auch auf seinem Antlitz in einem freundlichen Lächeln wiederspiegelte. Seine Einfachheit und Menschenfreundlichkeit, seine verbindliche, herzliche Art, seine Tugenden, insbesondere seine unbedingte Rechtlichkeit und Gerechtigkeit, machten ihn überaus beliebt ». Mit grosser Klugheit verband er Witz, Phantasie und Schlagfertigkeit, aber es fehlte ihm wohl ein gewisser politischer Weitblick. « Man will einen Napoleon aus mir machen », schrieb er selbst einmal dem König von Sardinien, Karl Albert, « während ich ein Landpfarrer bin. » Zudem besass er, vielleicht infolge seiner Jugendkrankheit, ein nervöses Temperament, war leicht umzustimmen, unbeständig und unberechenbar. Er « bedachte nicht immer genügend die Tragweite seiner Worte und seiner Haltung, neigte von Natur aus zu Unbestimmtheit und Zaudern, war in seiner Entschlusskraft gehemmt und kam zu halben Massnahmen, die niemand befriedigten, im Gegenteil allgemein verstimmten und als Zeichen der Schwäche angesehen wurden ». Seine Laufbahn hatte ihn auch nicht auf die diplomatischen Intrigen vorbereitet, die jene bewegte Zeit der europäischen Geschichte stark bestimmten, und für die er eher Verachtung zeigte. Nachdem er zu Beginn seines Pontifikats den Kardinal Gizzi zum Staatssekretär gewählt, ersetzte er ihn 1848 durch den Kardinal Antonelli, dem er die Leitung der Geschäfte weitgehend überliess, obwohl er keine persönliche Vorliebe für ihn hatte.

Nach den Worten des Fürsten von Ligne, eines überzeugten Katholiken, der in nähere Beziehungen zum Papste trat, hatte Pius IX. auch « die Fehler seiner hohen Tugenden ; er konnte nicht an das Böse glauben, und als Mensch wie als Souverän neigte er in seinem Wesen zu Schwäche und Unentschlossenheit ». Aber « fest und von grosser Energie in allen kirchlichen Belangen und allem, was seine geistliche Macht betraf, gab sein Gewissen nie nach ».

---

[1] a. a. O. S. 193-198.

Es wäre ungerecht, Pius IX. für den Verlust der weltlichen Herrschaft des Papsttums allein verantwortlich zu machen. Ein katholischer, in der Kirchen- und Weltgeschichte des neunzehnten Jahrhunderts sehr bewanderter französischer Historiker, Anatole Leroy-Beaulieu, trifft in dieser Hinsicht das gerechte Urteil : « Das ganze Talent eines Politikers, das ganze Genie eines Staatsmanns hätte den Sturz der kirchlichen Monarchie doch nur hinauszögern können »... « Der Sturz der weltlichen Macht war das Endergebnis einer jahrhundertelangen Entwicklung, die unvermeidliche Auswirkung einer unaufhaltsamen Bewegung, die überall die Säkularisierung des Staats durchsetzte. »[1] Mit diesem historischen Faktor, auf dessen Zusammenhang mit der modernen Geistesgeschichte wir schon hinwiesen, wirkten noch vielfache, besondere Umstände zusammen : das politische Geschick Cavours, des sardinischen Ministers und eigentlichen Begründers der italienischen Einheit, die schwankende, manchmal geradezu zweideutige Haltung Napoleons III., die zuweilen unkluge Stellungnahme päpstlicher Berater und der Einfluss Antonellis, der die Interessen der Kirche zu eng mit denen Österreichs verband. Dieser Kirchenfürst, der übrigens nur Diakon war und nie Priester wurde, verstand es, wie ein Jesuit, P. Boudou, bemerkt, vorzüglich, « Ausgleiche im einzelnen zu finden, einzelne Schwierigkeiten zu lösen », aber « die grundlegenden Schwierigkeiten wurden damit nur vorübergehend abgeschwächt oder hinausgeschoben, nicht überwunden » [2]. Scharfsinnig, auch leise Andeutungen gleich verstehend, nach Cavours eigenem Urteil befähigt, auch hinter die bestgehüteten Geheimnisse zu kommen, besass Antonelli doch keinen politischen Weitblick. Er verstand es nur, « so lange als möglich eine Katastrophe hinauszuschieben, die er unausweichlich kommen sah ».

ANFÄNGE DES PONTIFIKATS UND ERSTE REFORMEN

Pius' IX. Wahl war in Italien und darüber hinaus mit Begeisterung begrüsst worden. Verehrten die Katholiken den Neugewählten um seines evangelischen Geistes willen, so fanden die Liberalen, dass er aus Familienüberlieferung und persönlicher Gesinnung ihren Anschauungen nicht feindselig gegenüberstehe, und selbst die Revolutionäre waren ihm in jener Zeit, da « der vieldeutige Revolutionsgedanke oft eine religiöse und christliche

---

[1] A. Leroy-Beaulieu : *Un empereur, un roi, un pape, une restauration.* Paris 1879. S. 210-213.
[2] Angeführt von Mollat a. a. O. S. 198.

Färbung erhielt »[1], erkenntlich für die Milde, die er gegenüber Aufständischen in Spoleto geübt. Offenbar hatte Pius IX. auch Sympathie für die neoguelfische, nationale und doch nicht revolutionäre Partei, die die fremde Bevormundung abschütteln und die Unabhängigkeit Italiens unter Wahrung der kirchlichen Rechte herstellen wollte. Als Italiener und Patriot war der neue Papst entschlossen, dem Streben nach politischer Freiheit und nach materiellem Fortschritt rechzeitig Zugeständnisse zu machen, und er wurde in diesem Entschluss noch bestärkt durch den über die Volksstimmung wohlunterrichteten Msgr. Corboli-Bussi. Wie sein Ratgeber hoffte auch der Papst selbst, die Gemässigten von der radikal-revolutionären Linie Mazzinis abbringen zu können. Alsbald griff er die Reformmassnahmen auf, die die Mächte in ihrem Memorandum von 1831 Gregor XVI. vorgeschlagen hatten.

Aber die Durchführung dieser Massnahmen stiess auf Schwierigkeiten. Schon am 17. Juli 1846 erliess Pius IX. ein Amnestiedekret zugunsten der wegen politischer Delikte Verurteilten, obgleich die Mehrzahl der Kardinäle gegen diesen Gnadenakt war. In Zusammenhang mit diesem Amnestiedekret wird übrigens eine Anekdote erzählt, die die gütige und witzige Art des Papstes kennzeichnet. Die Abstimmung ging so vonstatten, dass die Zustimmenden weisse, die Ablehnenden schwarze Kugeln in eine Urne legten. Der Papst soll nun sein weisses Käppchen genommen und damit die schwarzen Kugeln zugedeckt haben. « Jetzt sind sie weiss », habe er ausgerufen, und das Dekret sei in den Strassen Roms angeschlagen worden. Der Jubel über diesen Erlass war unbeschreiblich ; als der Papst am dritten Morgen ausfuhr, spannten die Römer die Pferde aus und zogen die Karosse, die sie mit Blumen förmlich überschütteten, selbst zum Palast. Aber auch im übrigen Italien kam es zu Freudenkundgebungen, und selbst im Ausland war der Eindruck so gross, dass sogar die liberale Presse, wie Guizot in seinen Memoiren schreibt, « um die Wette diese Massnahme feierte, die die Versöhnung des Papstes mit der modernen Gesellschaft anzukündigen schien ». Der Zuruf *Coraggio, Santo Padre !* «Mut, Heiliger Vater !», der Pius IX. damals empfing, in der Erwartung, dass er sich zum Vorkämpfer der italienischen Unabhängigkeit aufwerfen würde, entsprach jedoch nicht seinen eigenen Absichten, wie er es auch dem französischen Gesandten eindeutig erklärte. Später fasste er seine Stellungnahme kurz dahin zusammen : « Ich will nicht tun, was Mazzini will ; ich kann nicht tun, was Gioberti will. » Damit wies er auch deutlich auf die Schwierigkeiten, die ihm die politische Lage Italiens und Europa bereitete.

---

[1] Mourret a. a. O. VIII, S. 336.

Der Kardinalstaatssekretär Gizzi brachte seinerseits die Gedanken seines Herrn zum Ausdruck, als er erklärte, Seine Heiligkeit sei « zutiefst überzeugt, dass die Wohlfahrt seiner Völker sich nur aus dem Streben nach dem Guten ergeben könne, nicht aus der Annahme gewisser Theorien, die ihrer ganzen Natur nach nicht mit der Lage und inneren Beschaffenheit des Kirchenstaats übereinstimmen, und ebenso wenig aus dem Anschluss an gewisse Bestrebungen, die Seine Heiligkeit in keiner Weise billigt ». Pius IX. verwahrte sich auch selbst gegen einen Missbrauch seines Namens, als er sich in seiner Antrittsenzyklika vom 9. November 1846 gegen jene Indifferenz wandte, « die jede Unterscheidung zwischen Tugend und Laster, Wahrheit und Irrtum verwischt ». Zugleich verurteilte er die geheimen Sekten, « die dem Schosse der Dunkelheit entstiegen, zum Ruin der Religion und der Staaten treiben », sowie « die verabscheuungswürdige Lehre des Kommunismus » und die Lehre vom unbegrenzten Fortschritt und wies auf die Existenz einer lebendigen und unfehlbaren Autorität in der Kirche hin.

Aber Pius IX. führte zugleich auch eine Reihe nützlicher Neuerungen ein (November 1846 - Oktober 1847) : ein Projekt bezüglich des Baus von Eisenbahnen wurde aufgestellt, ein Edikt zur Regelung der Kornausfuhr und ein anderes zur Herabsetzung des Steuertarifs erlassen, eine bessere Organisation verschiedener Gerichte durchgeführt, die politische Zensur gemildert, eine relative Pressfreiheit gewährt, ein Ministerrat geschaffen, mit Sardinien ein Handelsvertrag abgeschlossen, die Bürgerwehr wiederhergestellt und ein Gemeinderat in Rom eingesetzt. Diese Reformen wurden in ganz Italien lebhaft begrüsst. Metternich aber verhehlte nicht seine tiefe Unzufriedenheit ; er beschuldigte den Papst, dass ihm jeder praktische Sinn abgehe, dass er « ein gutes Herz aber schwache Ideen » habe und den Ruin der weltlichen Macht herbeiführe. Er ging sogar so weit, die französische Regierung warnend auf die päpstlichen Neuerungen aufmerksam zu machen, die Italien in Verwirrung brächten. Guizot, der diesen Massnahmen unbedingt zustimmte, antwortete jedoch, dass Frankreich alles in seinen Kräften liegende tun werde, um den Papst bei seiner Aufgabe zu unterstützen.

Indessen ward die Ausführung der päpstlichen Reformen durch die Trägheit der einen und die Übereile jener andern gefährdet, die nur darauf bedacht waren, dem Heiligen Stuhl so viele Freiheiten als möglich zu entreissen. Beunruhigt durch die Vorgänge im Kirchenstaat, verstärkte die österreichische Regierung die Garnison von Ferrara trotz des Protestes des Kardinallegaten Ciacchi (Juli 1847), worauf der König von Sardinien dem Papste militärische Unterstützung anbot. Um kriegerische Verwicklungen zu vermeiden, lehnte jedoch Pius IX. das sardinische Anerbieten ab. Der Partei Mazzinis war die österreichische Politik nur willkommen, die allenthalben in Italien Erregung auslöste. Mit Recht brachte der französische Gesandte de Broglie an der Kurie die Meinung zum Ausdruck, dass sobald als möglich den Radikalen eine konservative Partei entgegengestellt werden müsse, der sich auch die gemässigten Liberalen anschliessen könnten. Aber es war leichter, diesen Rat zu geben als ihm zu folgen.

Immerhin kamen zwei päpstliche Dekrete dem Reformverlangen weiter entgegen. Das erste Dekret, vom 14. Oktober 1847, setzte einen Staatsrat unter einem Kardinalpräsidenten mit vierundzwanzig besoldeten, auf Grund der Provinziallisten vom Papst ernannten Räten ein; das zweite, vom 29. Dezember 1847, schuf neun verantwortliche Ministerien, von denen eines, dasjenige für Armee und Polizei, einem Laien übertragen wurde, und setzte vierundzwanzig Auditoren ein, von denen die Hälfte Nichtkleriker waren. Aber das Verhältnis zwischen Laien und Klerikern blieb weiterhin gespannt. Mazzini sah auch wohl richtig, als er bei einer Kritik des Programms von Guizot und Pellegrino Rossi erklärte, die « Gemässigten » seien eigentlich keine Partei, sondern nur « Zaghafte », und es bestehe im Grunde « nur eine Partei in Italien », die seine, die er die « nationale Partei » nannte.

Der letztliche Grund für das Scheitern der Reformen muss indessen in der internationalen Lage und in erster Linie im Zerwürfnis zwischen Frankreich und England gesucht werden. Die *Entente cordiale* zwischen den beiden Ländern, die sich nach der Beendigung der Orientkrise durch den die Türkei rettenden Dardanellenvertrag von 1841 ergeben hatte, war nicht lange ungetrübt geblieben. Verschiedene Zwischenfälle hatten Guizot und Lord Palmerston in Gegensatz gebracht. Das Visitationsrecht, das von der die Meere beherrschenden englischen Flotte unter dem Vorwand einer Überwachung des Negerhandels ausgeübt wurde (1845), und die Heirat zweier spanischer Infantinnen mit zwei französischen Prinzen (1846) lösten schliesslich die *Entente cordiale* auf. Palmerston war infolge dieser Vorfälle verstimmt und setzte das Gerücht in Umlauf, dass Louis-Philippe und sein Minister die Sache Italiens aufgegeben hätten und ein Geheimbündnis mit Österreich eingegangen seien, « um einen Druck auf den Papst auszuüben und die Römer unterjocht zu halten ». Die Entsendung von Lord Minto nach Italien, der sich als einfacher Italienreisender ausgab, verfolgte in Wirklichkeit den Zweck, den König von Sardinien zu kühner Fortführung der Reformen zu ermutigen und zudem das Gerücht einer Verständigung zwischen Frankreich und Österreich auszustreuen. In der Tat hatte sich die österreichische Regierung angesichts der besorgniserregenden Entwicklung der Lage in Italien, in der Schweiz, in Deutschland und in Österreich selbst Frankreich genähert, wo

Guizot sich als « Liberalkonservativer » erklärte und für allgemeine, gemässigte Reformen eintrat. Sogleich aber stellte nun die italienische Presse Guizot als Verräter an der italienischen Sache hin.

In Wahrheit lagen die Dinge anders. England verfolgte tatsächlich in Italien dieselbe Politik wie Frankreich und wollte von einem Eingreifen nichts wissen. Frankreich gab dabei jedoch keineswegs die italienischen Patrioten preis und setzte auch die Räumung Ferraras durch die Österreicher durch (Dezember 1847). Aber die Erregung auf der Halbinsel bestand weiterhin, und im Januar 1848 kam es in Rom zu stürmischen Volksaufläufen. Unter dem Anschein, dem Papst zu huldigen und ihn lediglich zu beschleunigter Durchführung der Reformen zu drängen, wandten sich die demokratischen Elemente in Wirklichkeit gegen den Klerus, besonders die Jesuiten, und die bestehende Ordnung.

Einen neuen starken Antrieb erfuhr die italienische Reformbewegung durch die Revolution, die am 23.-24. Februar 1848 die Monarchie in Frankreich stürzte und die französische Republik begründete. Auch auf Deutschland und Österreich wirkten sich diese Ereignisse aus. Der Aufstand in Wien am 13. März 1848 nötigte Metternich zur Flucht nach England, und neuerliche Aufstandsbewegungen in Österreich und Ungarn zwangen Kaiser Ferdinand I., zugunsten seines jungen Neffen Franz Joseph abzudanken. In Berlin kam es am 18. März 1848 zu Strassenkämpfen ; am 21. März erfolgte die Proklamation Friedrich Wilhelms IV. an die deutsche Nation, worin der König erklärte, dass er sich zur Rettung Deutschlands an die Spitze des Gesamtvaterlandes stelle ; eine preussische Nationalversammlung wurde nach Berlin einberufen und am 22. Mai eröffnet. Der König von Sardinien, Karl Albert, hatte am 4. März eine liberale Verfassung eingeführt, den berühmten *Statuto*, und am 23. März drangen die königlichen Truppen ohne vorausgehende Kriegserklärung in die Lombardei ein. Nach einigen anfänglichen Siegen wurde Karl Albert jedoch bei Custozza von dem alten Feldmarschall Radetzki vollständig geschlagen (24.-25. Juli 1848) und Mailand wieder von den Österreichern eingenommen. Im folgenden Frühjahr sollte der Krieg neu aufleben, aber am 23. März 1849 durch die Niederlage von Karls Alberts Truppen bei Novara beendet werden. Österreich behielt die Herrschaft über das ganze lombardo-venezianische Königreich.

In einer Proklamation vom 24. März 1848 hatte Karl Albert dem Volk der Lombardei und Veneziens erklärt : « Im Vertrauen auf die Hilfe Gottes, der wirklich mit uns ist, der Italien einen Pius IX. schenkte, und der durch einen wunderbaren Antrieb Italien in die Lage versetzte, sich selbst zu helfen *(Italia farà da se)*, werden wir eure gerechten Wünsche unterstützen. »

Mittelbar war damit die Erwartung zum Ausdruck gebracht, dass der Papst an der Einigung Italiens mitwirken werde, aber die Geschehnisse sollten einen andern Verlauf nehmen.

Nach dem Sturz Louis-Philippes war Pius IX. noch mehr dem Drängen nach Umbildung der Regierungsform ausgesetzt und in einer sehr schwierigen Lage. Wie sollte er das moderne Freiheitsverlangen, die Gewissensfreiheit unter anderem, mit seiner Eigenschaft als Haupt einer Kirche vereinen, die niemals dem Irrtum das gleiche Recht wie der Wahrheit gewähren kann ? Wie sollte er seine Souveränität mit einer repräsentativen Regierung verbinden können ? Unter dem Druck der Geschehnisse machte nun Pius IX. ein letztes Zugeständnis, das liberalste von allen. In dem *Fundamentalstatut für die weltliche Regierung des Kirchenstaates* vom 14. März 1848 bewilligte er nach dem Beispiel der Nachbarregierungen eine Konstitution mit zwei beschliessenden Kammern, von denen die erste als hoher Rat vom Souverän, die zweite als Abgeordnetenparlament vom Volk gewählt werden sollte, freilich unter Vorbehalt aller kirchlichen Rechte für das Kardinalkollegium als unabhängigen Senat. Die Beteiligung der Laien an der Regierung blieb zwar sehr beschränkt ; kirchliche und gemischte Angelegenheiten wurden dem Parlament überhaupt entzogen, und ebenso wenig sollte es sich mit der auswärtigen Politik befassen.

Obgleich also diese Verfassung in gewissem Masse einen Scheincharakter trug, wurde sie mit Jubel aufgenommen, und dies um so mehr als man auf weitere Zugeständnisse hoffte. Aber schon damals zeigte sich, dass das Schicksal der weltlichen Macht weniger mit inneren Reformen als mit der Lösung des viel weiteren und viel verschlungeneren Problems der italienischen Unabhängigkeit verknüpft war.

Schon längere Zeit vor der Veröffentlichung des « Fundamentalstatuts » war Pius IX. zur Teilnahme am Nationalkriege, am « heiligen Kreuzzug » gegen Österreich gedrängt worden. Mazzini hatte am 8. September 1847 aus London ein Manifest ausgehen lassen, in dem er den Papst aufforderte, die Österreicher als Feinde zu behandeln und im Interesse des Friedens die Jesuiten aus der Schweiz zu entfernen, wo man unmittelbar vor dem Sonderbundskrieg stand. Der Heilige Stuhl beschränkte sich indessen darauf, eine nationale Zollunion in Italien zu betreiben, die jedoch nicht zustande kam. Karl Albert wollte mehr.

Die öffentliche Meinung beharrte trotzdem bei der Annahme, dass Pius IX. sich mit Piemont gegen Österreich zu verbinden wünsche, und umsonst versuchte der Papst, dieses falsche Gerücht durch eine Proklamation vom 10. Februar 1848 zu widerlegen, in der er jeden Gedanken an Krieg zurückwies. Die Tatsache, dass er die göttliche Barmherzigkeit für Italien erflehte, wurde geradezu als Ruf zu den Waffen gedeutet. Am 12. Februar ward Pius IX. vom Volk genötigt, auf der Loggia des Quirinal zu erscheinen. Er erteilte der Menge den Segen unter der Bedingung, dass « gewisse Rufe » und « gewisse Forderungen » aufhörten, die, sagte er, « ich nicht annehmen kann, nicht annehmen darf und nicht annehmen will ». Aber die Bewegung flutete über seinen Widerstand hinweg. Übererregt durch die aus Österreich und Oberitalien eintreffenden Nachrichten, akklamierten die italienischen Patrioten mehr denn je den Papst als Befreier. Karl Alberts Offensive bewog Pius IX., am 28. März eine neue Initiative zu ergreifen, nämlich die Einberufung eines italienischen Kongresses zu unternehmen, an dem die Vertreter der in verschiedenen Provinzen errichteten provisorischen Regierungen teilnehmen sollten. Aber Karl Albert brachte das Unternehmen zum Scheitern.

Als die piemontesisch-sardinischen Truppen vorrückten, und in Rom der Barnabit Gavazzi durch seine Brandreden die Volksstimmung noch mehr erregte, hielt es Pius IX. für geboten, eine Truppe von 17 000 Mann an der Pogrenze aufstellen zu lassen, deren Oberbefehl General Durando erhielt. Diese Armee sollte nicht zur Offensive übergehen, sondern lediglich das päpstliche Gebiet schützen. Am 5. April rief jedoch Durando entgegen den erhaltenen Weisungen seinen Truppen in einer Proklamation zu : « Pius IX. hat eure Schwerter gesegnet, die mit denen Karls Alberts vereinigt sind. Eure Schwerter müssen die Ausrottung der Feinde Gottes und Italiens herbeiführen »... « Dieser Krieg der Zivilisation gegen die Barbarei ist kein nationaler Krieg, er ist ein christlicher Krieg. »

Die schicksalsschwere Stunde der Entscheidung für Pius IX., der ja nicht nur italienischer Fürst, sondern in erster Linie gemeinsamer Vater aller Gläubigen war, rückte immer näher. Die Minister drängten den Papst, am Krieg gegen Österreich teilzunehmen, da Wahrung der Neutralität zum Untergang der weltlichen Macht führen würde. Österreich hingegen wies drohend darauf hin, dass eine päpstliche Intervention wahrscheinlich ein deutsches Schisma zur Folge hätte. Pius IX. erachtete es als seine Pflicht, die universelle Bedeutung des Papsttums über nationale Befangenheit zu stellen. Am 29. April 1848 erklärte er feierlich in einer Konsistorialansprache, es sei ihm unmöglich, gegen Österreich Krieg zu führen, da er kraft seines Amtes des obersten Apostolates alle Völker mit der gleichen väterlichen Liebe umfasse. Er werde auch niemals an die Spitze einer italienischen Konföderation treten. Dann ermahnte er seine Landsleute zur Treue gegen ihre Fürsten und erklärte, dass er nie etwas anderes gewollt, als « das Reich Christi, das die Kirche ist, zu mehren ». Vergeblich sagte man ihm, dass er durch seine Zurückhaltung die nationale Sache preisgebe, er blieb unbeugsam. Nun aber brach eine tobende Volkswut aus, und wie man früher den Papst mit enthusiastischem Jubel gefeiert, so überschüttete man ihn jetzt mit Schmähungen und Drohungen. Die Radikalen verlangten die Bildung eines nur aus Laien gebildeten Ministeriums. Am 4. Mai übernahm Graf Mamiani, der einst verbannt und dann von Pius IX. begnadigt worden war, das Innenministerium und in der Tat auch die allgemeine Leitung der Geschäfte, die Kardinal Ciacchi nur dem Schein nach führte.

Angesichts der furchtbaren Aufregung suchte der Papst, die Wirkung seiner Ansprache abzuschwächen und erklärte in einer Proklamation in italienischer Sprache (1. Mai), dass er die italienische Sache nicht unbedingt verurteile. Er bezeichnete den Unabhängigkeitskrieg nicht als ungerecht, erklärte nur, dass er ihn als Papst nicht hervorrufen werde. Auf das Drängen von Msgr. Corboli-Bussi, seines Vertreters in Turin, ging er noch einen Schritt weiter und richtete einen Brief an den österreichischen Kaiser, worin er ihn zu bewegen suchte, seine italienischen Besitzungen freiwillig abzutreten. Er bot ihm auch seine Vermittlung auf Grund der Anerkennung « der italienischen Nationalität in ihren natürlichen Grenzen » von seiten Österreichs an und meldete die Entsendung eines ausserordentlichen päpstlichen Bevollmächtigten nach Wien.

Aber Österreich wollte auf diese Vorschläge nicht eingehen, und der österreichische Gesandte, Graf Lützow, schickte sich bereits zur Abreise von Rom an. Anderseits waren auch die italienischen Patrioten mit den päpstlichen Vermittlungsversuchen unzufrieden. Nicht mehr Pius IX. umjubelte man nun, sondern Karl Albert in seinem Wortführer Gioberti. Als der Papst neuerlich auf den König von Sardinien einzuwirken suchte und gegen den Einigungsgedanken Stellung nahm, verstärkte er noch die Misstimmung, auf die von vornherein alle päpstlichen Schritte stiessen.

Mamiani hielt sich nicht lange in der Regierung. Er hatte nicht ohne Eitelkeit geglaubt, als Vermittler zwischen Pius IX. und seinem Volke auftreten und eine Trennung zwischen der geistlichen Autorität und der weltlichen Oberherrschaft des Papstes vornehmen zu können. Aber der von den Radikalen ausgeübte Druck, die ungünstigen Meldungen vom Kriegsschauplatz und die Gegenrevolution in Neapel nötigten ihn bald zur Demission (Juli 1848). Nach der Niederlage der piemontesischen Truppen bei Custozza und dem Waffenstillstand, den Karl Albert schliessen musste, kannte die Aufregung in Rom keine Grenzen mehr. Angetrieben von Mazzini, verlangten die Republikaner den Sturz der Fürsten ; nach wenigen Wochen herrschte das Chaos, und Österreich sicherte sich durch die Wiederbesetzung Ferraras.

In der höchsten Bedrängnis wandte sich nun Pius IX. an die französische Regierung und ersuchte sie Anfang August um drei- bis viertausend Mann Hilfstruppen. Die Entsendung nur schwacher Kräfte hätte jedoch der Sache des Papstes mehr geschadet als genützt, und so zog es die Zweite Republik vor, weiterhin die neutrale Haltung zu wahren, die sie zur grossen Enttäuschung der italienischen Patrioten eingenommen hatte, und sich lediglich zur Vermittlung zwischen Österreich und Sardinien bereit zu erklären. Angesichts der französischen Absage fand sich Pius IX. mit der Bildung eines neuen Ministeriums unter der Leitung von Pellegrino Rossi ab, der einst römischer Gesandter Louis-Philipps gewesen, dann aber wieder die italienische Nationalität angenommen hatte (16. September 1848).

Zu diesem Zeitpunkt die Leitung des Ministeriums zu übernehmen, erforderte Mut. Aber Rossi, der dem Heiligen Vater ergeben und doch zugleich auch eifriger Patriot war, nahm es entschlossen mit den Schwierigkeiten auf. Volkswirtschaftler, Jurist und Diplomat, früherer Professor in Genf und am Collège de France, besass er auch ein hervorragendes Verwaltungstalent. Er wollte die inneren Misstände beseitigen, nach aussen eine sowohl von Piemont als auch von Österreich unabhängige Politik führen und gleichzeitig eine italienische Konföderation in die Wege leiten. Aber den Reaktionären als zu liberal verdächtig, war er den Revolutionären verhasst, weil er ihnen den Weg verlegte, und von den Geheimgesellschaften wurde er zum Tode verurteilt. Öfters gingen ihm, teils von ungenannten Feinden, teils von Wohlgesinnten, Warnungen zu, die er jedoch nicht beachtete. Als er sich am 15. November 1848 zur Kammer begab, um sie mit einer Rede zugunsten des angegriffenen Papstes zu eröffnen, fiel er auf der Treppe der Cancelleria, vom Dolch getroffen, nieder, wonach die Abgeordneten zur Tagesordnung übergingen, und ein wüster Haufe den Mörder als den neuen Brutus feierte.

Bei dem offenen Aufruhr, der nun in Rom ausbrach, versagten die päpstlichen Truppen, nur die Schweizergarde blieb standhaft und hielt die Aufständischen zurück. Um weiteres Blutvergiessen zu verhüten, erklärte Pius IX., dass er der Gewalt, « der Gewalt allein » weiche, und genehmigte die ihm vorgelegte neue Ministerliste, die lauter Namen von Rossis Feinden trug. Zugleich aber erklärte der Papst vor den versammelten Diplomaten, er wolle an der neuen Regierung keinen Anteil haben und ihr völlig fremd bleiben. Unter dieser Regierung, die selbst unter dem Druck des « Volksvereins » stand, war der Papst nun in der Tat der Gefangene seiner Untertanen. Mitglieder des Kardinalkollegiums und des diplomatischen Korps suchten ihn zu befreien, und Frankreich bot ihm Aufnahme an. Aber Pius IX. wollte in der Nähe seiner Staaten bleiben. Am 24. November 1848 verliess er in der

Kleidung eines einfachen Priesters durch eine verborgene Tür den päpstlichen Palast und flüchtete mit Hilfe des bayrischen Gesandten, des Grafen Spaur, nach dem zum Königreich Neapel gehörenden Gaëta, wo ihm Ferdinand II. Schutz versprach. Während siebzehn ereignisschweren Monaten sollte er hier verweilen. [1]

Schon am 27. November erliess er ein Protestbreve, das alle seit der Ermordung Rossis von dessen Feinden in Rom getroffenen Verfügungen für nichtig erklärte und die Verwaltung einer ständigen, von ihm selbst ernannten Kommission übertrug. Am 4. Dezember wandte er sich an die Mächte mit dem Ersuchen, die weltliche Herrschaft wiederherzustellen, und wies darauf hin, dass er sich bei seiner Inthronisation entsprechend der Konstitution Pius' V. (1566-1572) eidlich verpflichtet habe, die Rechte und Besitzungen der Kirche unversehrt zu erhalten. Von da an traten zwei gegensätzliche Stellungnahmen zur « römischen Frage » auf. Einerseits vertrat Spanien mit Berufung auf die Wiener Verträge den Standpunkt, dass der Kirchenstaat internationalen, nicht ausschliesslich italienischen Charakter habe und infolgedessen sein Oberhaupt mit Recht auswärtige Unterstüzung verlangen könne. Mit dieser Begründung machte die Madrider Regierung der französischen, österreichischen, portugiesischen, bayrischen, sardinischen, toskanischen und neapolitanischen Regierung den Vorschlag, eine Konferenz einzuberufen, die es ermöglichen sollte, dass der Papst wieder alle seine geistlichen und weltlichen Rechte frei ausübe. Aber dieser Stellungnahme widersetzte sich die Turiner Regierung nachdrücklich. Sie vertrat den Standpunkt, dass eine fremde Einmischung einen allgemeinen Krieg in Italien herbeiführen würde, Pius IX. als italienischer Fürst nur den Schutz der italienischen Höfe nachzusuchen habe, und dieser ihm auch gewährt würde, wenn er nach Rom zurückkehre und seinem Volke die Aufrechterhaltung des konstitutionellen Regimes zusichere. Pius IX. lehnte jedoch diesen Vorschlag ab, und als ihn eine römische Abordnung bitten wollte, in seine Hauptstadt zurückzukehren, ward ihr vom König von Neapel der Eintritt in sein Staatsgebiet verwehrt. Daraufhin stellte nun die römische Kammer am 11. Dezember ein Triumvirat als oberste Staatsgiunta auf, die bis zur Rückkehr des Papstes den Kirchenstaat regieren sollte. Pius IX. erklärte von Gaëta aus diesen Beschluss für ungesetzlich und nichtig, während anderseits die Republikaner für die Errichtung einer verfassunggebenden Versammlung Propaganda machten. Die Giunta löste das Parlament auf und berief eine Nationalversammlung von zweihundert Mitgliedern, die auf Grund allge-

---

[1] Interessante Einzelheiten über die Flucht Pius' IX. finden sich bei Mollat a. a. O. S. 244 f.

meinen Wahlrechts am 21., 22. und 23. Januar 1849 erwählt wurden. In der Nacht vom 8. und 9. Februar nahm die Versammlung ein Dekret an, dessen erster Artikel das Papsttum tatsächlich und rechtlich der zeitlichen Regierung des römischen Staats für verlustig erklärte, ihm aber alle zur freien Ausübung seiner geistlichen Herrschaft nötigen Sicherungen zugestand. Die *Römische Republik* ward proklamiert, deren Regierungsform absolut demokratisch und deren Verbindung mit dem übrigen Italien in der gemeinsamen Nationalität bestehen sollte.

Indessen suchte in Gaëta der Staatssekretär Antonelli die Politik so zu führen, dass eine fremde Intervention unumgänglich würde. Aber nicht nur das von Frankreich unterstützte Sardinien, sondern auch England und die Niederlande widerstrebten einer Intervention. Am 7. Februar 1849 ersuchte der Papst nochmals Österreich, Frankreich, Spanien und Neapel unter Ausschluss Piemonts um bewaffnetes Einschreiten. Österreich zeigte sich bereit, auf die Bitte des Papstes einzugehen, aber Piemont erhob natürlich nachdrücklich gegen eine Einmischung Österreichs in die römischen Angelegenheiten Einspruch. Danach kam es zum Kriege zwischen Österreich und Karl Albert, dem Frankreich und England vergeblich zum Frieden geraten hatten, und zu der schweren Niederlage der piemontesischen Armee bei Novara am 23. März 1849.

RÜCKEROBERUNG ROMS (1849)

Nach seinem grossen Siege besetzte Österreich die Legationen und schickte sich zum Zuge nach Rom an. Nun entschloss sich aber auch die französische Regierung zu handeln. Nach ihrer Proklamation am 24. Februar 1848 hatte die Zweite französische Republik eine sehr bewegte Zeit erlebt. Von Anfang an musste sich die Regierung gegen die sozialistische Gefahr wehren ; schon im März, Mai und Juni 1848 waren schreckliche Aufstände in Paris ausgebrochen, und nur durch ihre blutige Unterdrückung vermochte General Cavaignac Herr der Lage zu bleiben. Der Bürgerkrieg hatte Entsetzen in der Bevölkerung hervorgerufen, und Bauern wie Bürger verlangten daraufhin einstimmig nach einer Regierung, die den Bürgerfrieden und die öffentliche Ruhe zu sichern vermöge. Diese allgemeine Stimmung wirkte sich auf die Wahl des Präsidenten der Republik aus. Am 10. Dezember 1848 wurde Napoleons I. Neffe, Louis-Napoleon Bonaparte, zum Präsidenten erwählt, und zwar mit fünfeinhalb auf sieben Millionen Stimmen. Er verdankte seinen Erfolg in starkem Masse seiner entgegenkommenden Haltung gegenüber den Katholiken.

Als Kardinal Antonelli wiederum die Frage eines Eingreifens der Mächte zugunsten des Papstes aufwarf, hatten sich jedoch diejenigen, die in Paris dieses Eingreifen befürworteten, noch nicht durchgesetzt. Nicht zuletzt fiel dabei ins Gewicht, dass der Präsident selbst, der als einstiger Carbonaro 1831 gegen die päpstlichen Truppen gekämpft hatte, für das Nationalitätenprinzip gewonnen war. Andere Umstände, unter anderem Giobertis Mission in Paris, wirkten mit. Schliesslich aber brachte die Entwicklung der Lage in Italien die Entscheidung. Einer der besten Kenner der Geschichte der Zweiten Republik schreibt über diese Zusammenhänge : « Man konnte erwarten, dass das siegreiche Österreich es sich nicht versagen würde, seine Erfolge mit der Rückführung des Papstes nach Rom zu krönen. Dann aber wäre es mit dem französischen Einfluss in Italien vorbei gewesen und ebenso mit dem liberalen Programm, das auf Frankreichs Rat Pius IX. schon durchzuführen versucht hatte. Frankreich konnte Österreich bei Novara siegen lassen, es aber nach dem Siege von Novara auch noch in der Hauptstadt der Christenheit eingreifen zu lassen, wäre eine allzu zurückhaltende Politik für Frankreich gewesen. Es galt jedoch Eile, wenn Österreich einem französischen Eingreifen nicht zuvorkommen sollte. So wurde damals die französische Expedition nach Rom beschlossen. »[1]

Nach dem am 16. April 1849 von Regierung und Nationalversammlung gefassten Beschluss landete schon am 25. April die französische Sonderexpedition von zehntausend Mann unter dem Befehl von General Oudinot in Civitavecchia. Der General versicherte den Römern, die er der revolutionären Gewaltherrschaft überdrüssig glaubte, er komme als Freund, um die Versöhnung mit dem Papst herbeizuführen. Seiner Erklärung lag die auf unzutreffenden Informationen beruhende Voraussetzung zu Grunde, dass schon eine Vereinbarung mit dem Papst und den Aufständischen in Rom bestehe. In Wirklichkeit konnte man, nachdem Pius IX. am 20. April in einer Konsistorialansprache die Reformfrage beiseite gelassen hatte, keine rasche Verständigung zwischen dem Papst und den Römern erhoffen. Die *Costituente* in Rom war ihrerseits nicht zu Zugeständnissen bereit und das Triumvirat Mazzini-Armellini-Saffi, das seit dem 29. März die Macht in Händen hielt, zum Kampf entschlossen, um seine Selbständigkeit zu wahren. Als die französischen Truppen am 30. April in die Ewige Stadt eindringen wollten, stiessen sie auf so energischen Widerstand, dass sie sich um einige Meilen von Rom zurückziehen, Verstärkungen abwarten und eine eigentliche Belagerung vorbereiten mussten.

---

[1] P. DE LA GORCE : *Histoire de la Seconde République française.* Paris 1911[6]. Bd 2, S. 85.

In Paris rief dieser militärische Fehlschlag eine beträchtliche Aufregung hervor. Am 7. Mai 1849 tadelte die Nationalversammlung die Regierung, dass sie eine militärische Expedition zur Wiederherstellung des « Absolutismus » unternommen habe. Ferdinand de Lesseps, der spätere Erbauer des Suezkanals, der als Liberaler bekannt war, wurde nach Rom entsandt, um mit den Triumvirn zu verhandeln. Ehe er aber noch in Rom eintraf, unternahm der französische Präsident einen Schritt, der die Mission von vornherein vereitelte. In einem offenen Briefe an Oudinot erklärte er mit Worten, die schon Napoleon III. ankündigten : « Unsere militärische Ehre steht auf dem Spiel, und ich werde nicht dulden, dass sie angetastet wird. » Übrigens wirkte de Lesseps' Mission auch wie eine Herausforderung gegenüber den Mächten, die seit dem 30. März in Gaëta zu einer Konferenz versammelt waren. Die Weisungen de Lesseps' waren tatsächlich schwer vereinbar mit dem in Aussicht genommenen Zusammenwirken der französischen mit den österreichischen, spanischen und neapolitanischen Armeen zur Unterstützung des Papstes.

Bei alledem war die römische Republik durchaus nicht gesonnen, nachzugeben, und der Papst nicht geneigt, eine liberale Verfassung zu versprechen. Trotzdem wurde am 31. Mai von den römischen Triumvirn und dem vielleicht von ihnen getäuschten de Lesseps ein Vertrag entworfen. Danach versprach Frankreich, die Bevölkerung des Kirchenstaats zu unterstützen, die ihrerseits die französische Armee als « befreundete Armee » betrachten wollte. Zudem versprach die französische Republik, die von ihren Truppen besetzten Gebiete gegen jeden fremden Einfall zu schützen. Diese Vereinbarung musste aber noch von der französischen Regierung ratifiziert werden. Nun weigerte sich schon Oudinot, sie zu unterzeichnen, und als de Lesseps nach Paris zurückkehrte, nahm die Regierung seinen Vertragsentwurf nicht an. Inzwischen hatten nämlich am 27. Mai die Wahlen stattgefunden, die der katholischen Rechten eine starke Mehrheit gaben.

Alsbald erhielt General Oudinot den Befehl zur Weiterführung des Krieges, und die Belagerung Roms begann. Vergebens suchte die Linke in Paris, das Volk gegen diesen Beschluss aufzubringen, die Regierung unterdrückte die Aufstandsversuche. Das entschlossene militärische Vorgehen gegen Rom führte am 2. Juli zur Kapitulation des Triumvirats ; am nächsten Tage zogen die französischen Truppen in die Ewige Stadt ein, und am 15. Juli flatterte wieder die päpstliche Fahne auf der Engelsburg. Aber es gelang den Siegern nicht, die Bevölkerung zu grösseren Kundgebungen für den Papstkönig zu veranlassen, und ausserhalb der Hauptstadt leisteten die päpstlichen Untertanen weiterhin den Österreichern Widerstand, die Bologna erst nach hartem Kampf bezwangen.

Statt unverzüglich in seine Hauptstadt zurückzukehren, wie er zuerst den Wunsch geäussert, schob Pius IX. die Reise auf, und den Vorstellungen seiner Umgebung nachgebend, beschränkte er sich auf ein Schreiben an seine « vielgeliebten Untertanen », durch welches er lediglich eine Kommission von drei Kardinälen einsetzte, die in seinem Namen die dringendsten Massnahmen ergreifen sollten. Vom zukünftigen Statut des Kirchenstaates war keine Rede, auch nicht von Begnadigungen, die doch sehr angezeigt gewesen wären. Das erste Manifest der Kommission vom 1. August 1849 fand schlechte Aufnahme. Waren die darin aufgestellten Massnahmen auch an sich gerecht, so entsprachen sie doch nicht den Umständen und verstärkten so noch die herrschende Misstimmung. Selbst den französischen Besatzungsbehörden kamen sie ungelegen.

Während sich die französische Regierung durch ihre Vertreter beim Papste bemühte, Pius IX. zur Aufstellung eines umfassenden Reformprogramms zu bewegen, fanden die preussischen, russischen, österreichischen und spanischen Abgesandten Unnachgiebigkeit angezeigt, und Antonelli beharrte bei seiner Meinung, dass der Papst durch grössere Reformen « nur Undankbarkeit geerntet habe und weiter ernten werde ». Vielleicht hätte sich die französische Auffassung aber doch durchgesetzt, wenn nicht ein privates, aber von einer Florentiner Zeitung verbreitetes Schreiben des französischen Präsidenten an den in Rom weilenden französischen Obersten Ney bekannt geworden wäre. In diesem Schreiben hiess es: « Die französische Republik hat nicht ein Armee nach Rom gesandt, um hier die italienische Freiheitsbewegung zu ersticken, sondern vielmehr um sie zu lenken, vor eigenen Übertreibungen zu bewahren und ihr festen Grund zu geben durch Wiedererhebung jenes Fürsten auf den päpstlichen Thron, der als erster mutig alle nützlichen Reformen einleiten wollte »... « Ich fasse die Wiederherstellung der weltlichen Macht des Papstes dahin zusammen: allgemeine Amnestie, Übernahme der Verwaltung durch Laien, Code Napoleon und liberale Regierung »... « Als unsere Armeen durch ganz Europa zogen, blieben überall als Spuren ihres Durchzugs die Abschaffung der Missbräuche des Feudalwesens und die Saat der Freiheit zurück; man soll nicht sagen können, dass 1849 eine französische Armee in einem anderen Sinne handelte und andere Ergebnisse herbeiführte ». Es ist nicht unzutreffend bemerkt worden, dass sich in diesem Briefe « schon die launenhafte, überraschungsreiche Politik ankündigt, die Louis-Napoleon später führen sollte » [1]. Die Zeitgenossen

[1] P. de la Gorce a. a. O. Bd 2, S. 225.

deuteten das Schreiben je nach ihrer politischen Anschauung, die einen als schwere Beleidigung des Papsttums, die anderen als Ankündigung eines neuen Cäsarentums.

Dem französischen Abgesandten in Gaëta gelang es indessen, die Wirkung dieser Botschaft des Präsidenten abzuschwächen, und am 12. September setzte Pius IX. durch ein Motuproprio einen Staatsrat und eine Finanzkonsulta ein, die allerdings in voller Abhängigkeit vom Souverän amten sollten. Der Papst erklärte auch, dass die ihm zu Hilfe gekommenen « tapferen Armeen der katholischen Mächte » nur den Auftrag haben konnten, die « volle Freiheit und Unabhängigkeit der Regierung des Heiligen Stuhls im weltlichen Machtbereich wiederherzustellen ». Bestimmte politische Freiheiten sah das Motuproprio nicht vor und verstimmte deshalb die öffentliche Meinung Europas. Lord Palmerston bemerkte mit wenig respektvollem Humor dazu : « Der Papst kann seine Dekrete in drei Zeilen zusammenfassen : Ich werde einen Staatsrat ernennen, dessen Ratschläge ich befolgen werde, soweit es mir passt ; ich verspreche Reformen und verzeihe allen Unschuldigen ».[1] In der Tat schloss das Begnadigungsdekret mancherlei Leute aus, wurde aber von dem von Natur aus gütigen Papste in grossmütiger Weise angewandt ; viele Schuldige konnten ins Ausland entfliehen, ohne belangt zu werden.

Schliesslich wurden 1850 auch Reformen durchgeführt, allerdings in sehr beschränktem Masse. Wie es der herrscherlichen Art Antonellis entsprach, förderten sie eine Zusammenfassung der Macht in den Händen des Staatssekretärs und beschränkten die politischen Freiheiten. Der Kirchenstaat ward in Provinzen eingeteilt, die wiederum in vier Legationen zusammengefasst wurden. Die Regierung der Legationen führte ein Kardinal, diejenige der Provinzen ein Delegat; ihnen zur Seite stand ein vom Papst ernannter Rat mit nur konsultativer Stimme. Graf Falloux, der katholische und monarchistische französische Minister, durch den die französischen Katholiken im gleichen Jahre 1850 die gesetzliche Unterrichtsfreiheit erhielten, sagte in Hinblick auf diese Reformen in Gegenwart eines Nuntius : «Bei Reformen wird leider immer alles genommen und nichts gegeben. Wie gut stünde es doch der Kirche an, wie wäre es ihrer würdig, eine andere Methode einzuführen ! »[2]

Für eine Beurteilung der Haltung des Heiligen Stuhls stellt sich jedoch zunächst die Frage, ob die Wiederherstellung des konstitutionellen Regimes überhaupt möglich war. Die liberale, fähiger Führer entbehrende Partei hatte vor der Demagogie kapituliert, und mit der politischen Erziehung des Volks

[1] P. de la Gorce a. a. O. S. 239.
[2] Falloux : *Mémoires d'un royaliste.* Paris 1888. I, S. 527.

musste erst noch begonnen werden. Selbst ein Renan, der doch gewiss nicht der Voreingenommenheit für die Kirche verdächtigt werden kann, meinte, dass « vorderhand am wünschenswertesten für dieses Land noch die päpstliche Regierung » sei.

Trotz allem ward Pius IX., als er am 12. April 1850 wieder in Rom einzog, mit hellem Jubel empfangen. Dies mochte ihn allerdings über die wahre Stimmung seiner Untertanen täuschen. Die freudigen Begrüssungsrufe « *Evviva Pio Nono! La benedizione, Santo Padre!* » der rasch sich begeisternden südländischen Menge waren zwar im Augenblik wohl aufrichtig. Die jahrhundertelange Lebensgemeinschaft der Römer mit dem Oberhaupt der Christenheit hatte eine tiefe und in der Erinnerung an die Grösse Roms verwurzelte Verbundenheit zwischen Volk und Herrscher geschaffen. Aber unter den überschwenglichen jungen Leuten und den früheren Carbonari, die den Grossteil des italienischen « Nationalkomitees » bildeten, wirkten nun doch anarchische Elemente weiter, die die Feindseligkeit schürten. So häuften sich bald die Attentate gegen Prälate und Beamte, und wenn sich die « Fusionisten » oder « Konstitutionellen » damit begnügten, die Befreiung Italiens von der Fremdherrschaft zu betreiben, so riefen die revolutionären oder republikanischen « Puritaner » (Mazzinisten) zum gewaltsamen Aufstand. Von diesen Kreisen wurden 1853 sogar Vorbereitungen zu einem Attentat auf den Papst getroffen, deren Entdeckung fünf Todesurteile und vierzig Verurteilungen zu Gefängnisstrafen oder zu den Galeeren zur Folge hatte.

Nur scheinbar herrschte danach und bis zum Wiederaufleben des italienischen Unabhängigkeitskampfes im Jahre 1859 im allgemeinen Ruhe. Die Einsichtigen liessen sich dadurch nicht täuschen, und es liegen auch nicht wenige Zeugnisse von Staatsmännern und diplomatischen Vertretern vor, die klar die Entwicklung voraussahen. Die Misstimmung gegen die Priesterregierung, die keine repräsentativen Institutionen wollte und dabei beharrte, ohne, ja gegen das Volk zu regieren, war tief. Der grosse englische Staatsmann, der liberale, christliche Gladstone sah wohl richtig, als er 1851 schrieb: « Mit der weltlichen Herrschaft des Papstes, diesem grossen, herrlichen alten Gefüge, ist es zu Ende. Das Problem geht seiner Lösung entgegen. Der Boden ist mit Sprengstoff geladen und die Zündschnur gelegt. Nur eine fremde, naturgemäss vorübergehende Kraft hält die Hand jener noch auf, die den Ausgang beschleunigen möchten, indem sie das Feuer anlegen ». [1] In der Tat ging ein jahrhundertealtes historisches Staatswesen dem Verfall entgegen; zwanzig Jahre später bestand es nicht mehr.

---

[1] Angeführt von Mollat a. a. O. S. 280.

CAVOUR UND DIE KIRCHE

Bei der Rückkehr Pius' IX. in den Kirchenstaat war die politische Gliederung Italiens noch dieselbe wie 1815 nach dem Wiener Kongress. Die Bewegungen von 1820-1821 und 1831-1832 waren daran gescheitert, dass die Völker allein kämpften, und ihnen gegenüber die Fürsten von Metternichs Österreich unterstützt wurden. Auch die aus der europäischen Revolution und den liberalen Reformen Pius' IX. und Karl Alberts hervorgegangenen Bewegungen von 1848-1849 blieben ergebnislos ; die Herrscher hatten den kaum begonnenen Kampf aufgeben müssen. Österreich blieb im Besitz des lombardo-venezianischen Königreichs, während eine französische Garnison das kirchenstaatliche Gebiet schützte. Trotz des Fehlschlags von 1849 hielt aber die nationale und liberale Partei in ganz Italien eine feste Organisation aufrecht, der die Geheimgesellschaften gewissermassen als Festungen dienten, und das Haus Savoyen war mit Viktor Emanuel II. entschlossen, die Einigung Italiens zu seinem Vorteil zu verwirklichen.

Viktor Emanuel II. hatte noch am Abend der Niederlage von Novara (23. März 1849) von seinem Vater, Karl Albert, die Regierung übernommen, die er bis 1878, dem Todesjahre Pius' IX. führen sollte. Mit ruhmfreudiger Tatkraft, mit Schlauheit, Folgerichtigkeit und Wirklichkeitssinn unternahm es der junge König, das italienische Einheitsstreben zum Ziele zu führen. Er hielt entschlossen zu seinem Minister Cavour, der bei dem hervorragenden Geschick, mit dem er die Einigung Italiens verwirklichte, für Piemont war was Bismarck für Preussen wurde. Der König und sein Minister waren auch ebenso weitherzig in der Wahl ihrer Mittel wie ihr späterer preussischer Partner.

Camillo Benso Graf Cavour (1810-1861) besass eine selten vielseitige Begabung. « Er vereinte Kühnheit und Vorsicht, Geschmeidigkeit und Hartnäckigkeit, stürmische Energie und liebenswürdige Überredungskunst, kühles Berechnungsvermögen und Intuition, scharfen Verstand und mächtigen Willen, überaus lebhafte Phantasie und nüchternste Überlegungsgabe, Verständnis für rein geistige Belange und für die Leidenschaften des Volks ». [1] Seine Erziehung war mehr französisch als englisch und mehr englisch als italienisch gewesen, englisch den Ideen, französisch der Sprache nach. Seine protestantische Mutter entstammte einer Familie von Nîmes, die sich zu Ende des siebzehnten Jahrhunderts in Genf eingebürgert hatte. Gründlich kannte sich

[1] Maurice Paléologue : *Cavour.* Paris 1926. S. 318. — S. auch F. X. Kraus : *Die Erhebung Italiens im neunzehnten Jahrhundert. Cavour.* (Weltgeschichte in Karakterbildern. Abt. 5.) Mainz 1902.

Cavour eigentlich nur in der Mathematik und den technischen Wissenschaften aus, aber bei seinem erstaunlichen Auffassungs- und Urteilsvermögen wusste er sich die ihm fehlenden weiteren Kenntnisse rasch anzueignen. Unter den Staatsmännern seiner Zeit nimmt er eine einzigartige Stellung ein. Wäre Italien ohne ihn geworden ? « Man frägt damit nach nicht weniger als nach dem Wert der persönlichen Leistung in der Regierung menschlicher Gesellschaften überhaupt, nach dem Vermögen von Initiative, Intelligenz, Willen, Kühnheit der grossen Einzelpersönlichkeit, der Bedeutung des Genies inmitten der unendlich vielfältig zusammenwirkenden geheimnisvollen Kräfte, die die Welt bewegen ».[1] Die grosse Einzelpersönlichkeit ruft wohl nicht die massgebenden geschichtlichen Entwicklungen hervor, aber sie kann offenbar ihren Ablauf beschleunigen oder hemmen und ihre Auswirkungen formen.

Minister für Handel und Industrie im Jahre 1850, piemontesischer Ministerpräsident im Jahre 1852, wusste Cavour gleichzeitig eine eigentlich italienische Finanz-, Religions-, Schul- und Wirtschaftspolitik zu führen. Noch ganz durchdrungen von den Grundsätzen der französischen Revolution hinsichtlich der Zivilgesetzgebung und der Religionspolitik, führte er gemeinsam mit seinen Mitarbeitern Siccardi und Rattazzi die bürgerliche Ehe ein, beschlagnahmte Kirchengüter, hob Immunitäten und Zehnten auf und verdrängte den Klerus aus dem öffentlichen Unterrichtswesen. Die ausgesprochenen Liberalen stimmten diesen Massnahmen zu, die der katholischen Tradition des Landes widersprachen und den Welt- und Ordensklerus, seine gesetzlich geschützte Freiheit und insbesondere seine Tätigkeit schwer trafen. Vergeblich erhoben die Bischöfe des Königreichs Sardinien und Pius IX. energischen Protest.

Die alten Privilegien der Kirche entsprachen nicht mehr dem Statut, das Karl Albert im März 1848 seinem Volke bewilligt hatte. Daher beschloss die Regierung, Verhandlungen über ihre Abschaffung oder Abänderung mit dem Heiligen Stuhl aufzunehmen, wies aber dann die Gegenvorschläge Antonellis in so scharfer Art zurück, dass der Gegensatz bald unüberbrückbar wurde. Die Verhandlungen hatten schon begonnen, als Cavour zur Macht kam, wurden dann aber durch ihn viel entschiedener und rascher geführt. Der von Piemont hervorgerufene kirchenpolitische Konflikt warf zwischen 1850 und 1855 eine grundsätzliche Frage von allgemeiner Bedeutung auf : « Besassen die Konkordate den Charakter internationaler Verträge — die Regierung leugnete dies — oder nur den Wert kirchlicher und wesentlich von Zeitumständen abhängiger Ordnungsbestimmungen, die entsprechend im Notfall auch ohne Einwilligung des Heiligen Stuhls von einem Staate kraft

---

[1] Paléologue, S. 316 f.

seiner Autonomie aufgehoben oder abgeändert werden können ? »[1] Kardinal Antonelli vertrat, der traditionellen kirchlichen Stellungnahme entsprechend, die erstere Auffassung.

Der damalige piemontesische Ministerpräsident, Massimo d'Azeglio, dem wir als politischem Schriftsteller schon begegneten, suchte zu zeigen, dass er einer Verständigung nicht abgeneigt sei. Die Kurie jedoch gab klar zu verstehen, dass sie grundsätzlich nicht nachgeben werde. Daraufhin wurde sie von der Turiner Regierung einfach vor die vollendeten Tatsachen gestellt, die Kammern stimmten für die Vorschläge der Regierung. Unter der Präsidentschaft Cavours wurden die Enteignungsgesetze genehmigt ; der König unterschrieb sie, nachdem er erst noch einige Bedenken geäussert hatte. Pius IX. aber, dessen versöhnliche Haltung im Piemonteser Parlament keine entsprechende Entgegnung gefunden hatte, erklärte nun sämtliche die Rechte der Kirche verletzenden Gesetze für nichtig und sprach, allerdings ohne bestimmte Personen zu nennen, den Bann über alle daran Beteiligten aus (26. Juli 1855).

DER PARISER KONGRESS (1856)

Cavour hatte aus den Ereignissen von 1848-1849 die Lehre gezogen, dass es zur Einigung Italiens erforderlich sei, Piemont aus seiner Isolierung herauszubringen. Es gelang ihm nun vorzüglich, England und besonders Frankreich an seiner Sache zu interessieren.

Der Krimkrieg, den Frankreich und England gegen Russland führten, um die Integrität des türkischen Reichs zu verteidigen und die freie Durchfahrt durch die Dardanellen zu sichern, bot dem Minister Viktor Emanuels II. eine erste Gelegenheit zur Verwirklichung seiner Pläne. Er stellte sich auf die Seite der beiden Grossmächte, indem er Truppen in Stärke von 15 000 Mann nach der Krim entsandte. Diese Truppen erwiesen sich als sehr tapfer und leisteten den Verbündeten wertvolle Waffenhilfe. « Da es die Vorsehung wollte », schrieb Cavour 1855, « dass in Italien nur Piemont frei und unabhängig sei, muss Piemont seine Freiheit und Unabhängigkeit gebrauchen, um für die unglückliche Halbinsel einzutreten. Wir werden vor dieser gefährlichen Aufgabe nicht zurückweichen. König und Volk sind entschlossen, sie bis zum letzten zu erfüllen.»

Nach der Beendigung des Krieges durch den Sieg der Verbündeten über Russland begab sich Cavour als Vertreter Piemonts zum Pariser Kongress

---

[1] Mollat a. a. O. S. 287.

und warf hier offiziell die italienische Frage auf. Bereits hatte er in Reden und Schriften seinen Leitgedanken in die Formel gefasst : Freie Kirche im freien Staat. Das geistliche Bereich sollte eigenständig wie das weltliche, und beide sollten wohl voneinander abgegrenzt sein ; dabei schwebte Cavour als weiteres Ziel vor, « sich Rom von der Kirche geben zu lassen ». In Napoleon III., dessen Ansehen durch den Pariser Kongress ausserordentlichen Glanz erhielt, fand Cavour einen wertvollen Helfer, den er auch mit vollendetem Geschick für seine ehrgeizigen Pläne auszunützen verstand.

Napoleon III. war von Natur aus grossmütig, aber auch ein eitler Abenteurer, zugleich verschlossen, schwankend, ohne Weitblick, leicht zu täuschen und durch Vorspiegelungen zu gewinnen. « Er bringt jeden zur Verzweiflung, der ihn treffend schildern will », schreibt P. de la Gorce, der beste Kenner des zweiten französischen Kaiserreichs. « Er war voller Gegensätze. Bald sah man ihn so verschlungene Intrigen spinnen als hätte er sich an Machiavelli gebildet, bald humanitären Utopien nachhängen als wollte er Don Quichotte nachahmen»... «Er hatte zuweilen edle Anwandlungen, war von hochherzigem Streben erfüllt, aber er verwechselte dabei beständig das scheinbar Grosse mit dem wahren Grossen »... « Mit vorzüglichen Eigenschaften war ihm zugleich alles eigen, was bei einem Herrscher verhängnisvoll ist : hohe Ziele ohne den Wirklickheitssinn, der auf die gegebenen Umstände Rücksicht nimmt, und ohne die vorausschauende Klugheit, die zur Verwirklichung dieser Ziele unerlässlich ist. » Während er einerseits unbedingt für das « Nationalitätenprinzip eingenommen war, das er als das eigentlich « napoleonische » Prinzip erklärte, und davon träumte, das auf dem Prinzip der «Legitimität» beruhende Werk des Wiener Kongresses zu verbessern, schwankte er doch anderseits zwischen seiner Sympathie für Italien und der ständigen Furcht um seine eigene Stellung. Er wusste wohl, dass die französischen Katholiken, denen er sein Kaisertum verdankte, das sie als eine Ordnungsmacht unterstützt hatten, einer Politik zugunsten des romfeindlichen Piemont widerstrebten. Aber zugleich musste er auch auf die Liberalen Rücksicht nehmen, die den Nationalitäten günstig gesinnt und gegen die weltliche Herrschaft des Papstes waren. Seine Regierung war daher ganz in dem Dilemma befangen : sollte er die Bildung der italienischen Einheit fördern, auch wenn er sich dadurch die Katholiken entfremdete, oder sollte er vielmehr die Unabhängigkeit und die weltliche Herrschaft des Heiligen Stuhls schützen, selbst wenn er deshalb die Unterstützung der Liberalen verlöre ? Sein Hauptfehler, in der Innen- wie in der Aussenpolitik war, dass er sich nie rechtzeitig entscheiden konnte. Das ständige Bemühen, zwischen den Gegensätzen zu vermitteln, brauchte schliesslich seine Kräfte und sein Ansehen auf. Napoleons III. endgültiges

Scheitern war in Umständen begründet, die er nicht zu meistern wusste, allerdings auch in der Stärke seiner Gegenspieler: Cavour und Bismarck waren Persönlichkeiten von ganz anderem Format.

Cavour nützte seinen Pariser Aufenthalt aus, um häufig mit dem Kaiser zusammenzutreffen und ihn mit vollendetem Geschick für sich zu gewinnen. Dabei fehlte es ihm auch nicht an Verbündeten am Kaiserhofe selbst. Sowohl Jérôme, der Exkönig von Westfalen, Napoleons Onkel, als auch der Prinz Napoleon, der Vetter des Kaisers, die Prinzessin Mathilde Bonaparte und die schöne Gräfin von Castiglione verständigten sich mit Cavour. Die wertvollste Hilfe aber erhielt dieser von seiten des Doktor Conneau, der Napoleons volles Vertrauen genoss. So gelang es Cavour, Napoleon zu Angeboten zugunsten Italiens zu bewegen, und gleichzeitig verstand er es auch, einen gewissen Einfluss auf die Vertreter der Mächte in Paris zu gewinnen. Weder Walewski, der damalige französische Aussenminister, noch der Gesandte beim Heiligen Stuhl, Rayneval, noch die sehr fromme Kaiserin Eugenie vermochten gegen den listigen Minister Viktor Emanuels und seinen Einfluss auf den Kaiser aufzukommen.

Zunächst zeigte sich Cavour klugerweise sehr gemässigt. Er schlug vor, man solle Österreich zur Räumung der Romagna und der Legationen bewegen und diese hernach unter die Herrschaft eines weltlichen Fürsten, des Herzogs von Modena oder des Grossherzogs von Toskana stellen, oder, als andere Lösung, die Regierung in diesen Gebieten säkularisieren, aber unter der Oberherrschaft des Papstes belassen. Napoleon blieb gegenüber diesen einzelnen Vorschlägen noch zurückhaltend, erklärte sich nur, wie auch England, bereit, nach dem Friedensschluss mit Russland die italienische Frage aufzuwerfen.

Tatsächlich wurde nach der Unterzeichnung des Pariser Friedens (30. März 1856) die Diskussion über die italienischen Angelegenheiten eröffnet. Walewski sprach den Wunsch aus, dass der Papst den Rückzug der österreichischen und französischen Truppen ermögliche. Daraufhin griff der Vertreter Englands, Lord Clarendon, in einer heftigen Rede die päpstliche Regierung an, « die übelste, die es je gab », und verlangte die Zusammenfassung der Legationen in einem eigenen Staat, der so stark wäre, dass sich eine fremde Besetzung erübrige. Cavour fügte hinzu, dass die österreichische Besetzung dieser Gebiete auch eine Gefahr für Piemont darstelle.

Der Pariser Kongress stellt ein wichtiges Datum in der Geschichte der italienischen Einigungsbewegung und der Entwicklung der römischen Frage dar. Das sardinische Königreich erhielt zwar keine neuen Gebiete. Aber die Möglichkeit, die ganze italienische Frage aufzuwerfen, war von grosser Bedeutung, umsomehr als Cavour es, nach den Worten des französischen Botschafters in Rom, Gramont, vorzüglich verstand, « Unordnung zu schaffen, um dadurch das Recht auf Wiederherstellung der Ordnung zu gewinnen ». Gemeinsam mit La Farina erneuerte er den italienischen Nationalverein, der seinen Mittelpunkt in Turin hatte. Er setzte sich auch in Verbindung mit Garibaldi, dem sonderbaren, unfügsamen Condottiere, von dem ein italienischer Aussenminister einmal sagte, er sei « eine wahre Rothaut » und habe « nie etwas von der Gesellschaft verstanden ». Der italienische Nationalverein trat an Stelle der Mazzini-Partei, schloss die Mehrheit der Patrioten verschiedenster Richtung zusammen, untergrub das Ansehen der anderen italienischen Regierungen und ebnete so Viktor Emanuel den Weg zum italienischen Königsthron.

In katholischen Kreisen Europas erkannte man wohl die Tragweite der Vorgänge. In Frankreich wurden nach dem Pariser Kongress in einer sachlich unzutreffenden, aber wirkungsvollen Vermengung sowohl die Verträge von 1815 als auch Österreich und die weltliche Herrschaft des Heiligen Stuhls, sowie der klerikale Einfluss im allgemeinen äusserst heftig angegriffen. Msgr. Pie, Bischof von Poitiers, legte hiergegen energisch Protest ein, was ihm die laute Zustimmung der katholischen Gruppe um Veuillot und den *Univers* eintrug, die ihn als kirchlichen Führer der « Ultramontanen » feierte. Vierzehn Jahre später, beim Vatikanischen Konzil, sollte Msgr. Pie wieder als einer der eifrigsten Verfechter der päpstlichen Unfehlbarkeit hervortreten.

Um der feindlichen Propaganda im Gefolge des Pariser Kongresses entgegenzutreten, unternahm Pius IX. am 4. und 5. September 1857 eine Reise durch seine Staaten. Er wurde von seinen Untertanen mit Ehrerbietung, aber doch nicht, wie die Regierungspresse behauptete, mit Enthusiasmus empfangen. « Niemand », erklärte der Papst hernach mit Befriedigung, « hat etwas verlangt, was nicht mit Recht verlangt werden konnte ». Aber bei dieser Erklärung blieb die Anwesenheit der fremden Besatzungstruppen unbeachtet, die die Ordnung aufrecht erhielten. Der Papst fühlte sich jedoch wieder sicherer; dem sardinischen Minister Minghetti äusserte er: « Herr Konstitutioneller, Gott segne Sie. Die Welt ist zu aufgeregt, der Zeitpunkt zu ungünstig, um gegenwärtig die Reformen durchzuführen. » In der Tat nahm Pius IX. angesichts der Revolutionsgefahr, die ihm einige immer wieder als unmittelbar drohend hinstellten — und lokale Aufstände in Genua und Livorno sprachen auch hierfür —, nun wieder von Zugeständnissen Abstand, die wahrscheinlich wenigstens vorderhand die öffentliche Meinung befriedigt hätten. So aber ward die nationale Partei bestärkt und die Kluft zwischen dem Heiligen Vater und seinem Volke noch vertieft.

Pius IX. (1846—1878), das längste Pontifikat der Geschichte). Photographie.

Pellegrino Rossi (1787—1848), Innenminister und Regierungschef des Kirchenstaates unter Pius IX., wird am 15. November 1848 von fanatischen Revolutionären ermordet. Zeitgenössischer Stich, «Illustrirte Zeitung», Leipzig, 19. Jh.

Am Tage nach der Ermordung Rossis erstürmen die Revolutionäre den Quirinal. Pius IX. flüchtet sich, als einfacher Priester verkleidet, nach Gaëta (24. November 1848). Stich von E. Hartmann, «Illustrirte Zeitung», Leipzig, 19. Jh.

Proklamation der Römischen Republik in der Nacht vom 8. auf den 9. Februar 1849. Der Papst wurde seiner Länder verlustig erklärt, die ungehinderte Ausübung der geistlichen Herrschaft indes wurde ihm zugesichert. Zeitgenössischer Stich, «Illustrirte Zeitung», Leipzig, 19. Jh.

Frankreich sendet Truppen unter General Oudinot, die Rom für den Papst zurückerobern sollen: Kämpfe um Rom, 1849. Zeitgenössischer Stich, «Illustrirte Zeitung», Leipzig, 19. Jh.

Einmarsch der Franzosen in Rom am 3. Juli 1849, nach der Kapitulation der Römischen Republik. Ab 15. Juli wehte über Rom wieder die päpstliche Flagge. Zeitgenössischer Stich, «Illustrirte Zeitung», Leipzig, 19. Jh.

In feierlicher Prozession zieht im Mai 1850 der zurückgekehrte Papst Pius IX. (1846—1878) vom Lateran zur Peterskirche. Zeitgenössischer Stich, «Illustrirte Zeitung», Leipzig, 19. Jh.

Verkündung des Dogmas von der Unbefleckten Empfängnis Mariae durch Pius IX. am 8. Dezember 1854. Fresko-Ausschnitt von Podesti, 19. Jh., Rom, Vatikan, Sala della Concezione.

DIE ZUSAMMENKUNFT VON PLOMBIÈRES UND DER KRIEG FRANKREICHS UND SARDINIENS GEGEN ÖSTERREICH (1858-1859)

Nach seiner Rückkehr nach Turin hatte Cavour in seiner berühmten Rede vom 4. Mai 1856 unter anderem erklärt : « Die grossen Lösungen werden nicht mit der Feder verwirklicht ; die Diplomatie ist unfähig, die Lebensbedingungen der Völker zu ändern »... « Hinsichtlich der italienischen Frage ist man nicht zu bedeutenden Ergebnissen gelangt ; immerhin sind meines Erachtens zwei Dinge erreicht worden : zunächst, dass Europa die anormale und unglückliche Lage Italiens vor Augen geführt wurde »... « ferner, dass die Mächte die Notwendigkeit anerkannten, nicht nur im italienischen, sondern im europäischen Interesse den unglücklichen Zuständen in Italien Abhilfe zu schaffen. » Bezüglich der österreichisch-sardinischen Beziehungen aber hatte er hinzugefügt, dass « die Politik der beiden Länder weiter denn je von einem Einvernehmen entfernt ist, und die von jedem der beiden Länder vertretenen Grundsätze unvereinbar sind ».[1]

Diese Erklärungen waren schwerwiegend. Sie kündigten eine neue, kühnere Phase der piemontesischen Politik an. Österreich erhob denn auch gleich Protest gegen die Anmassung Piemonts, im Namen ganz Italiens zu sprechen, und stellte den kühnen Minister als Revolutionär hin. Napoleon III. aber stimmte im Grunde, wie wir schon sahen, den italienischen Nationalbestrebungen zu. Nun wusste Cavour ihn zur Überzeugung zu bringen, dass der Krieg gegen Österreich eine Notwendigkeit sei. Der französische Gesandte Rayneval, den man zu papstfreundlich fand, ward von Rom abberufen und nach Sankt Petersburg versetzt.

Ein blutiger Zwischenfall, der eigentlich Napoleon hätte umstimmen sollen, veranlasste ihn im Gegenteil, Cavour noch weiter nachzugeben. Als der Kaiser am 14. Januar 1858 mit der Kaiserin die Oper betreten wollte, explodierten drei Bomben in seiner nächsten Umgebung. Acht Personen wurden getötet, mehr als hundertfünfzig verletzt. Das Attentat war von Felix Orsini, einem Italiener aus Imola, also einem Untertan des Papstes, verübt, der dem « Jungen Italien » angehörte und Napoleon dafür strafen wollte, dass er « Italien nicht die Unabhängigkeit wiedergab, die die Italiener 1849 durch die Schuld der Franzosen verloren ». Mit diesen Worten drang Orsini vom Gefängnis aus in den Kaiser, der diesen Brief veröffentlichen liess. Orsini wurde

---

[1] Nach P. Orsi a. a. O. (s. S. 115) S. 226-227.

mit seinen Hauptmitverschworenen zum Tode verurteilt, aber Napoleon hielt nun noch enger zu Cavour.

Ein weiterer, ganz zufälliger Zwischenfall im gleichen Jahre stimmte Napoleon zudem gegen die päpstliche Regierung. Ein Judenkind, der kleine Edgar Mortara aus Bologna, war während einer schweren Erkrankung insgeheim von einer katholischen Dienerin getauft worden. Als der Knabe jedoch das siebte Lebensjahr erreicht hatte und jüdischen Religionsunterricht erhalten sollte, zeigte die Dienerin angsterfüllt den Fall den kirchlichen Behörden an. Nach Beschluss des Heiligen Stuhls sollte daraufhin das Kind seinen Eltern genommen werden. Am 24. Juni 1858 entführten es Polizeibeamte in eine katholische Erziehungsanstalt. Nun hetzte die liberale Presse, angeregt durch die Allgemeine Israelitische Vereinigung, die öffentliche Meinung gegen Pius IX. auf und brandmarkte das « theokratische Regime » im Kirchenstaat. Vergeblich traten die französische und piemontesische Regierung zugunsten der betroffenen jüdischen Familie ein.

Auch diese bedauerliche Angelegenheit wusste Cavour bei Napoleon auszunützen. Bald darauf kam ein Einvernehmen zwischen Kaiser und Minister zustande, und am 21. Juli 1858 trafen sich die beiden in Plombières, einem Kurort in den Vogesen. Hier wurde nun beschlossen, Österreich aus Italien zu vertreiben und danach vier Staaten in Italien zu schaffen : ein oberitalienisches Königreich unter Piemont sollte von den Alpen bis zum adriatischen Meer reichen und die Romagna und die Legationen einbeziehen ; ein mittelitalienisches Königreich sollte Toskana und Umbrien umschliessen, während Rom und das Patrimonium Petri allein den Kirchenstaat bilden, und im Süden das Königreich Neapel weiterbestehen würde. Diese vier Staaten sollten unter dem Ehrenvorsitz des Papstes eine italienische Konföderation bilden. Das Gebiet, das man dem Heiligen Stuhl lassen wollte, war indessen noch nicht näher bestimmt.

Ermutigt durch das kaiserliche Versprechen, trafen Cavour und sein König nun Vorbereitungen zum Kriege. Napoleon III. nahm beim Neujahrsempfang des diplomatischen Korps am 1. Januar 1859 den österreichischen Gesandten, Baron Hübner, zur Seite und erklärte ihm, er bedauere, dass die Beziehungen Frankreichs zu Österreich nicht mehr so gut wie früher seien, bitte ihn aber, Kaiser Franz Joseph mitzuteilen, dass seine Einstellung ihm gegenüber sich nicht geändert habe. Im endgültigen, am 26. und 28. Januar 1859 unterzeichneten Vertrag zwischen Frankreich und Piemont wurde die politische Neugestaltung Italiens nicht erwähnt, sondern nur vereinbart, dass Italien von der österreichischen Herrschaft befreit und ein oberitalienisches Königreich mit etwa elf Millionen Einwohnern geschaffen würde. Ein anderer, im einzelnen auch unbestimmter Artikel besagte, dass, wie immer auch die Ereignisse verlaufen würden, die Souveränität des Papstes im Interesse der katholischen Religion aufrecht erhalten bleiben sollte.

Ende April 1859 brach der in Plombières beschlossene Krieg gegen Österreich aus, der zu den Siegen der verbündeten Franzosen und Piemontesen bei Magenta und Solferino und schliesslich zu dem Waffenstillstand von Villafranca (11. Juli) führte. [1] Der Heilige Stuhl war über den Ausbruch der Feindseligkeiten sehr bestürzt ; im ganzen Kirchenstaat herrschte Aufregung, als man die Gefahr erkannte, in die ein Abzug der französischen und österreichischen Heere den Papst bringen musste. Der Kriegsverlauf zwang tatsächlich schon bald die österreichischen Truppen zum Rückzug, worauf sich denn auch sofort Vertreter der Legationen nach Turin begaben, um ein Übereinkommen mit Viktor Emanuel zu suchen. Cavour war zu klug, um nicht einzusehen, dass es nachteilig für ihn wäre, die Katholiken durch Übertreibungen herauszufordern, und suchte einen Mittelweg. Er sandte Massimo d'Azeglio als Kommissar in den Kirchenstaat, um dort Freiwillige für Piemont anzuwerben — viele päpstliche Soldaten hatten desertiert — und die Ordnung aufrecht zu erhalten. Pius IX. erhob jedoch gegen diese Agitation Protest und beschloss, die ausgebrochenen Aufstände zu unterdrücken. Am 20. Juni zogen die Schweizerregimenter in Perugia ein und brachen energisch jeden Widerstand, worauf sich die Marken unverzüglich unterwarfen. [2] Die Romagna hingegen verlangte, sich Viktor Emanuel anzuschliessen. Der König und Cavour wussten jedoch, dass Napoleon dies nicht dulden würde, und verboten Azeglio, diese Bestrebungen zu unterstützen. Aber der Kommissar ging über seine Weisungen hinweg und beschloss einfach von sich aus, die Romagna unter die Diktatur seines Herrn zu bringen.

Die Aktion Azeglios schien zwar dann zunächst lahmgelegt durch den Waffenstillstand von Villafranca, der für alle Welt überraschend kam und für manche eine Enttäuschung war. Napoleon hatte geglaubt, klugerweise den siegreichen Feldzug abbrechen zu sollen. Die Truppen waren durch die erdrückende Hitze erschöpft, der Sanitäts- und Versorgungsdienst war schlecht organisiert, und vor allem fiel für Napoleon ins Gewicht, dass man sich in Europa über diesen Krieg beunruhigt zeigte. Preussen mobilisierte schon und liess eine Offensive am Rhein befürchten. Italien selbst war in höchster Erregung. In Toskana, Parma und Modena waren die Herrscher vertrieben worden

---

[1] Bekanntlich veranlasste der furchtbare Anblick des Schlachtfelds von Solferino den Genfer Henry Dunant zur Gründung des Roten Kreuzes.

[2] Bezüglich der Haltung der Schweizer in Perugia verweise ich auf meine Geschichte der Schweizer in päpstlichen Diensten : « So ist die Treue dieses Volkes ». S. 182 f.

und verlangte die Bevölkerung den Anschluss an Piemont, während die Legationen sich gegen die päpstliche Regierung erhoben. Das Abkommen von Villafranca lief nun im wesentlichen darauf hinaus, dass eine italienische Konföderation unter dem Heiligen Vater nach Einführung der unvermeidlichen Reformen in seinem Staate in Aussicht genommen wurde und Österreich die Lombardei an Napoleon III. für Piemont abtrat, während es Venezien behielt, das aber der italienischen Konföderation einverleibt werden sollte. Schliesslich wurde eine allgemeine Amnestie gewährt.

Mit alledem löste aber Napoleon sein Versprechen, dass Italien von den Alpen bis zum adriatischen Meer befreit würde, nur zur Hälfte ein, und die Italiener waren hierüber sehr verstimmt. Cavour demissionierte, an seine Stelle trat General La Marmora, während General Dabormida die Führung der Aussenpolitik übernahm. Dabormida erklärte, dass die Turiner Regierung keinerlei Konföderationsplan beitreten werde, sofern dieser Österreich einbeziehe. In der Folge musste Piemont seine Kommissare aus den Legationen und Toskana zurückziehen, aber die Romagnolen schlossen sich dem von den provisorischen Regierungen von Toskana und Modena eingegangenen Defensivbündnis an, sprachen die Absetzung ihres Souveräns, des Papstes, aus und riefen ihre Vereinigung mit Piemont aus (August 1859). Daraufhin ersuchte Pius IX. den sardinischen Gesandten, Rom zu verlassen.

Am 10. November 1859 wurde schliesslich in Zürich der Friede zwischen Frankreich, Österreich und Sardinien geschlossen. Frankreich und Österreich zeigten sich beide nicht geneigt, Piemont Annexionen zu gewähren. Aber die sardinische Diplomatie konnte doch verhindern, dass der Friedensvertrag die italienische Konföderation erwähnte, und Dabormida erklärte befriedigt: « Wir haben also keinen der Grundsätze aufgeben müssen, deren Aufrechterhaltung uns ebenso durch unsere nationalen Pflichten wie durch unser eigenes Interesse geboten war. Hinsichtlich dieser schweren Fragen ist Sardinien die Handlungsfreiheit nicht genommen. » Frankreich liess sich im folgenden Jahre als Preis für seine Intervention Nizza und Savoyen von Viktor Emanuel abtreten.[1] Wie ein italienischer Staatsmann schreibt, war es Napoleon gelungen, den Widerspruch zu verwirklichen, « mit zweihunderttausend Mann nach Italien zu ziehen, eine halbe Milliarde auszugeben, mehrere Schlachten zu gewinnen, den Italienern eine ihrer schönsten Provinzen zurückzugeben und verwünscht von ihnen heimzukehren. »

---

[1] Bekanntlich führte die Abtretung dieser Gebiete zu einer schweren Spannung zwischen Frankreich und der Schweiz infolge der Annexion von Faucigny und Chablais. Die beste Darstellung dieser Auseinandersetzung bietet Luc Monnier (Professor an der Universität Genf): *L'annexion de la Savoie à la France et la politique suisse* (1860). Genf 1932.

DAS KÖNIGREICH ITALIEN

Mit Ausnahme der Abtretung der Lombardei wurden die Bestimmungen von Villafranca nicht ausgeführt, und der Friedensvertrag von Zürich blieb auf dem Papier stehen. Der Einsatz der italienischen Patrioten, die geschickten Schachzüge Cavours, der 1860 wieder zur Macht gelangte, und das kühne Vorstürmen Garibaldis vereitelten die künstlichen Kombinationen der Diplomaten.

Zunächst ging es um Mittelitalien. Am 22. Dezember 1859 erschien eine anonyme Schrift unter dem Titel *Le pape et le Congrès*, die in Wirklichkeit auf Napoleon III. selbst zurückging und bei aller Betonung der päpstlichen Souveränität die Entziehung der Romagna und Beschränkung des Papstbesitzes auf Rom befürwortete. Über den eigentlichen Autor der Broschüre gab es keinen Zweifel mehr, als das offizielle französische Blatt, der *Moniteur universel* am 11. Januar 1860 einen Brief aus den Tuilerien veröffentlichte, der dem Papste riet, auf die aufständischen Provinzen zu verzichten und die Mächte zu ersuchen, « ihm den Besitz des übrigen zu garantieren ». Pius IX. erwiderte hierauf, dass zunächst die aufständischen Provinzen unter seine Autorität zurückzukehren hätten, und dass er dann nach einer Verwirklichung der Reformen sehen werde, deren Unterlassung ihm der Kaiser vorwerfe. Indessen richteten mehrere bekannte französische Katholiken, unter anderen auch Lavigerie, der später eine wichtige Rolle beim Anschluss der französischen Katholiken an die Dritte Republik spielen sollte, eine Adresse an Pius IX., die den Papst zum Verzicht auf die Romagna zu bewegen suchte. Auch Lacordaire, der doch von der Unerlässlichkeit der weltlichen Herrschaft überzeugt war, trat im gleichen Jahre für die italienische Unabhängigkeit ein.

Viktor Emanuel seinerseits machte dem Papste den Vorschlag, unter Wahrung Roms, des Bundespräsidiums und der Oberhoheit die Romagna samt den Marken und Umbrien als Lehen an ihn abzutreten. Aber Pius IX. antwortete hierauf nur wie Antonelli, der Papst könne « nicht abtreten, was nicht ihm, sondern allen Katholiken gehöre », und das Genommene solle zurückerstattet werden. Pius IX. und sein Staatssekretär wiesen auch eine internationale Garantie ab, da sie es vorzögen, selbst für die Sicherheit des Kirchenstaates zu sorgen.

In der katholischen Welt wurde die Auseinandersetzung zwischen dem Heiligen Stuhl und Piemont natürlich mit gespannter Aufmerksamkeit verfolgt. Man beschloss, die finanzielle Unabhängigkeit des Heiligen Stuhls durch die Gründung des *Peterspfennigs* zu sichern, und der Papst beauftragte seinerseits den unternehmenden belgischen Prälaten Msgr. de Mérode mit der Aufstellung eines *Korps päpstlicher Freiwilliger* zum Schutze des Heiligen Stuhls. Besonders nachdem Kardinal Antonelli den « Peterspfennig » den Katholiken der ganzen Welt empfohlen (6. Oktober 1860), strömten die Gaben zusammen, während zahlreiche französische, belgische, schweizerische, irische, spanische, holländische Freiwillige sich für die päpstliche Armee anmeldeten. Deren Oberbefehl ward dem französischen General Lamoricière übertragen, der sich bereits in den algerischen Feldzügen ausgezeichnet hatte. Msgr. de Mérode wurde zum Kriegsminister ernannt. Die neue, etwa 18 000 Mann starke, aus päpstlichen Untertanen und Ausländern gebildete Armee war in drei Brigaden eingeteilt, von denen die erste unter dem Schweizer General Schmid in Foligno, die zweite unter dem französischen General de Pimodan in Spoleto, die dritte wiederum unter einem Schweizer General, Raphael de Courten, in Macerata stand. Die übrigen Truppen besetzten Ancona und verschiedene feste Plätze. Noch weitere Schweizer hatten wichtige Befehlsstellen inne, so zwei Walliser, Oberst Allet und Oberstleutnant Cropt, und Oberstleutnant Jeannerat von Porrentruy. [1]

Die Gefahr für Rom erschien plötzlich sehr gross, als Garibaldi am 6. Mai 1860 in Sizilien landete und in Neapel eindrang. Schon bereitete sich der verwegene Abenteurer zum Marsche auf Rom vor, als Cavour, dessen eigene Pläne durch dieses Unternehmen durchkreuzt wurden, beschloss, ihm zuvorzukommen und mit seinen Truppen in die Marken und Umbrien einzudringen. Dabei verliess er sich auf den von Napoleon III. angenommenen Grundsatz der Nichteinmischung und erwartete, dass die französische Garnison nichts unternehmen werde, solange Rom nicht unmittelbar bedroht sei. Zudem vergewisserte er sich noch besonders des kaiserlichen Einverständnisses. Dass Napoleon seine Einwilligung durch den berühmten Ausspruch vor Farini und General Cialdini in Chambéry : « Gut Glück, beeilt euch ! » « *Fate, ma fate presto* ! » geäussert habe, ist indessen nicht sicher belegt.

Mit Hilfe des « Nationalkomitees » rief nun Cavour Unruhen in Umbrien und den Marken hervor, und liess dann unter dem Vorwand, die Ordnung wiederherstellen zu wollen, seine Truppen gegen den Kirchenstaat vorrücken. Am 7. September stellte er dem Heiligen Stuhl ein Ultimatum : wenn der Papst nicht den Befehl zur Auflösung der fremden « Söldnerheere » gäbe, die « jede Kundgebung des Nationalgefühls in italienischem Blut zu ersticken drohen », und « deren Vorhandensein eine ständige Bedrohung der Ruhe Italiens » darstelle, so würde Piemont mit Waffengewalt einschreiten. [2]

---

[1] Vgl. Castella : *So ist die Treue dieses Volkes*. S. 184 ff. und H. de Schaller : *Histoire de la garde suisse pontificale*. Fribourg 1897.

[2] Vgl. Mollat a. a. O. S. 322.

Antonelli antwortete, dass der Heilige Stuhl, gestützt auf sein gutes Recht, diese Aufforderung zurückweise, und berief sich auf « das Völkerrecht, unter dessen Schutz man bisher in Europa lebte ». Am 12. September gab die Turiner Regierung die beschwichtigende Erklärung ab, dass sie die Wahrung der Interessen Italiens mit der schuldigen Achtung vor dem Oberhaupt der Kirche wohl zu verbinden wisse, dass ihre Truppen Rom und seine Umgebung in jeder Weise respektieren und im Notfalle die Residenz des Heiligen Vaters verteidigen würden.

Bei den europäischen Regierungen löste das Vorgehen Piemonts lediglich die Reaktion aus, dass Napoleon III., Russland und Spanien ihre Gesandten in Turin abberiefen. Niemand vermutete, dass Napoleon seine Hand im Spiele hatte; selbst Antonelli und Lamoricière liessen sich durch Depeschen aus Paris täuschen und glaubten noch, dass die französische Garnison in Rom eingreifen werde. Vom 11. bis zum 17. September besetzten die Piemonteser Truppen rasch nacheinander Pesaro, Osimo, Castelfidardo, Orvieto, Perugia und Spoleto, und am 18. September 1860 wurden in einer blutigen Schlacht bei Castelfidardo Lamoricière und Pimodan von der Übermacht überwältigt. Pimodan selbst fiel durch einen Verräter, Lamoricière konnte sich noch knapp nach Ancona zurückziehen, aber schon am 29. September musste sich die von der Landseite und von der Seeseite durch die Flotte von Persano eingekreiste und von moderner Artillerie beschossene Stadt ergeben.

Angesichts dieser gefahrvollen Lage gedachte Pius IX., Rom zu verlassen und sich durch ein österreichisches Kriegsschiff nach Triest bringen zu lassen, aber Frankreich wirkte dieser Absicht entgegen, und so blieb der Papst in Rom, nachdem ihm Napoleon die Delegationen von Civitavecchia, Viterbo, Velletri und das Gebiet um Rom bis Civitá-Castellana zugesichert hatte. Im Oktober ward auf der internationalen Konferenz von Warschau der Grundsatz der Nichtintervention in die italienischen Angelegenheiten bekräftigt, am 4. und 5. November ergab eine Volksabstimmung in den Marken und Umbrien eine erdrückende Stimmenmehrheit für den Anschluss an das Königreich Sardinien, und am 17. März 1861 ward Viktor Emanuel II. vom Turiner Parlament zum « König von Italien » proklamiert.

Schon vor und noch nach diesem entscheidenden Ereignis wurden doch noch einige, allerdings vergebliche, Vermittlungsversuche unternommen. Während eine neue, auf Anregung Napoleons veröffentlichte Broschüre *La France, Rome et l'Italie* (Februar 1861) die Behauptung aufstellte, der Papst sei durch seine Hartnäckigkeit an allem schuld, was ihm geschehen, versuchte Cavour noch, durch halboffizielle Agenten Verhandlungen mit dem Heiligen Stuhl aufzunehmen. Ein Arzt, Dr. Pantaleoni, setzte sich mit dem Exjesuiten

Passaglia in Verbindung, der als Theologe zur Zeit der Verkündigung der Lehre von der Unbefleckten Empfängnis (1854) hervorgetreten war. Aber nach verschiedentlichen Projekten und Verhandlungen, bei denen Cavour mehr als einmal schon die Lösung nahe sah, verliefen die Besprechungen ergebnislos. Am 18. März 1861 erklärte Pius IX. in einer Konsistorialansprache mit allem Nachdruck, dass er denen, die ihn hassten, verzeihen werde, sobald sie sich zur Umkehr entschlössen, aber niemals in ein « ungerechtes Zugeständnis » einwilligen werde.

Bereits am Vortage war aber das « Königreich Italien » ausgerufen worden, und die Haltung der Turiner Regierung in kirchlichen Belangen musste den Heiligen Stuhl schwer beunruhigen. Am 25. März erklärte Cavour in einer grossen Rede, dass Rom die Hauptstadt Italiens sein müsse, dass ohne Rom als Hauptstadt Italien sich nicht bilden könne, und dass « im Einvernehmen mit Frankreich » der Zug nach Rom unternommen werde. Einen Monat zuvor hatte der Bischof von Poitiers, Msgr. Pie, in einem Hirtenbrief mit Anspielung auf Napoleon geschrieben : « Wasche deine Hände in Unschuld, Pilatus ! »

Als Spanien und Österreich nun die Einberufung einer internationalen Konferenz vorschlugen, erklärte die französische Regierung, dass es ihr allein zustehe, zu entscheiden, wann ihr die Umstände erlaubten, ihre Truppen aus Rom zurückzuziehen. Ein neues, vom Prinzen Napoleon verfasstes Projekt schlug eine unmittelbare Verständigung zwischen Frankreich und Italien in dem Sinne vor, dass die Franzosen Rom verlassen würden, wenn sich die Italiener verpflichteten, die Ewige Stadt nicht anzugreifen, sondern vielmehr zu schützen (13. April 1861). Nach Cavours Tod am 6. Juni 1861 nahmen die Verhandlungen wieder einen andern Verlauf. Frankreich anerkannte die neue italienische Regierung und erklärte, dass seine Truppen in Rom verblieben, bis eine Vereinbarung zwischen dem Papst und dem König zustande käme. Passaglia veröffentlichte eine Broschüre, in der er mit grossem Aufwand an theologischen und historischen Beweisgründen die Auffassung vertrat, dass der Papst auf Rom verzichten solle. Die Schrift kam auf den Index. Auf neue Vorschläge Napoleons, der die römische Frage mit steigender Ungeduld betrachtete, und auf die Angebote internationaler Garantien, zu denen europäische Höfe bereit gewesen wären, antwortete der Heilige Stuhl wiederum, dass er « weder unmittelbar noch mittelbar auch nur eine Parzelle eines Gebiets aufgeben könne, das Besitz der Kirche » sei.

Als nun aber Garibaldi ankündigte, dass er auf Rom marschieren werde, musste die neue italienische Regierung ihr Festhalten an den eingegangenen Verpflichtungen unter Beweis stellen. In der Tat wurden die Scharen Garibaldis von den Piemonteser Truppen in dem Gefecht von Aspromonte (28. August 1862) aufgehalten. Mit Spannung verfolgte die katholische Welt diese Ereignisse und trat nachdrücklich für den Heiligen Stuhl ein. Die europäischen Regierungen aber waren allmählich der römischen Frage überdrüssig geworden und verlangten nach ihrer Lösung. Italiens Stellung festigte sich, Österreich wich einer Stellungnahme aus, und England verlangte offen die Beendigung der französischen Besetzung und unterstützte « das Recht Italiens auf den Besitz Roms ».

DIE SEPTEMBERKONVENTION VON 1864

Nun unternahm es Italien, eine Verständigung mit Frankreich zu suchen. Nach langen Verhandlungen kam am 15. September 1864 eine Einigung zustande, die im Grunde dem früher schon vom Prinzen Napoleon gemachten Vorschlag entsprach. Viktor Emanuel verpflichtete sich, « das gegenwärtige Gebiet des Heiligen Vaters nicht anzugreifen und wenn nötig durch Gewalt jeden Angriff von aussen auf das besagte Gebiet abzuwehren ». Frankreich seinerseits versprach, seine Truppen allmählich, entsprechend der Organisierung der päpstlichen Armee aus dem Kirchenstaat abzurufen ; in zwei Jahren sollte die Räumung beendet sein.

Indessen verlangte Napoleon III., um sich gegen die Angriffe von seiten der französischen Katholikenpartei zu schützen und seine guten Absichten zu beweisen, noch eine weitere Sicherung von Viktor Emanuel : die Septemberkonvention sollte erst in Kraft treten, nachdem der König von Italien seine Hauptstadt an einen neuen Ort nach seiner Wahl verlegt hätte. Erst als die italienische Regierung in *Florenz* ihren Sitz genommen, begann Napoleon die französischen Truppen abzuberufen. Aber die erhoffte Beruhigung trat danach noch nicht ein.

Die Katholiken erkannten wohl, dass die Septemberkonvention den Verzicht des Papstes auf die weltliche Herrschaft nur aufschob. Pius IX. selbst zeigte sich verletzt, dass man über sein Schicksal verfügt habe, ohne ihn zu fragen. Graf Nigra aber, der italienische Unterhändler, erklärte offen, dass für die italienische Regierung weder ein Verzicht auf die nationalen Bestrebungen noch eine gemeinsame Garantie der katholischen Mächte in Frage komme ; Italien würde alle moralischen Mittel gebrauchen, um eine Aussöhnung mit dem Papsttum auf der von Cavour vorgeschlagenen Grundlage, nämlich im Sinne einer freien Kirche im freien Staat herbeizuführen. Trotz des offiziellen Optimismus, den einige — übrigens immer weniger —

Persönlichkeiten noch an den Tag legten, und der beschwichtigenden Versicherungen der französischen Regierung trat doch immer deutlicher hervor, dass Florenz nur einen Haltepunkt auf dem Wege nach Rom darstellte.

SADOWA UND MENTANA

Als Ersatz für Rom verlangten die Italiener zunächst wenigstens das immer noch von Österreich gehaltene Venedig, und Napoleon wollte ihnen auch diese Entschädigung vermitteln. Infolge der deutschen Einigungsbewegung stand der Konflikt zwischen Österreich und Preussen unmittelbar bevor, und nun suchte die italienische Regierung in Florenz, durch ein Bündnis mit Preussen ihr Ziel zu erreichen. Von Napoleon in jeder Weise gefördert, kam dieses Bündnis am 8. April 1866 zustande; es wurde auf drei Monate geschlossen. Schon 1865 hatten sich bei einer Zusammenkunft in Biarritz Napoleon und Bismarck verständigt. Der Kaiser hatte die Zusicherung gegeben, dass er den preussischen Plänen hinsichtlich Österreichs nicht abgeneigt sei und eine Verständigung zwischen Italien und Preussen bezüglich Veneziens begrüssen würde. Umsonst bot Franz Joseph Napoleon noch an, ihm Venedig zur Abtretung an Viktor Emanuel zu überlassen, wenn Italien ebenso wie Frankreich als Gegenleistung im kommenden Konflikt Österreichs mit Preussen neutral bliebe. Aber unmittelbar vor dem Kriegsausbruch (12. Juni) unterzeichneten Frankreich und Österreich noch eine Vereinbarung, wonach sich Österreich gegen die Zusicherung der französischen Neutralität verpflichtete, Venezien abzutreten und die italienischen Verhältnisse unbelangt zu lassen. So wurde Italien dank Napoleon selbst gegen eine Niederlage versichert.

Der Krieg verlief günstig für Preussen, aber ungünstig für Italien. Während die preussischen Truppen am 3. Juli 1866 den entscheidenden Sieg von Sadowa erfochten, der die Neugestaltung Deutschlands unter Ausschluss Österreichs zur Folge hatte, wurden die Italiener zu Lande bei Custozza (24. Juni) und in der Seeschlacht von Lissa (20. Juli) geschlagen. Danach kam zwischen Preussen und Österreich allein der Friede von Prag (August 1866) zustande. Den Italienern blieb nichts anderes übrig, als wieder die französische Vermittlung in Anspruch zu nehmen. Franz Joseph trat Venezien an Napoleon III. ab, der es nach einer Volksabstimmung Viktor Emanuel überliess (Oktober 1866).

In Rom hatte man, wie übrigens allgemein in Europa, mit einem österreichischen Siege gerechnet und sah sich nun unerwarteten Schwierigkeiten gegenüber. Kaum war die venezianische Frage gelöst, trat die römische Frage wieder in den Vordergrund. « Italien ist geschaffen, aber noch unvollständig », erklärte Viktor Emanuel in einer Rede vor den Venezianern. Diese Äusserung zu eben der Zeit, da die französischen Truppen allmählich von Rom abgezogen wurden, musste den Papst beunruhigen. Zwar suchte Napoleon nach Möglichkeit der Gefahr zu steuern, indem er in Antibes eine besondere Truppe, die sogenannte *Légion d'Antibes*, hauptsächlich aus französischen Freiwilligen und mit französischen Kadern aufstellte und gleichzeitig zwanzigtausend Mann zwischen Toulon und Marseille zusammenzog, um einen Druck auf Italien auszuüben. Aber Pius IX. gab sich keinen grossen Hoffnungen mehr hin und sprach offen seine Befürchtung aus, dass die Revolution doch bald in Rom eindringen werde.

Nach einigen verhältnismässig ruhigen Monaten entstand infolge Garibaldis Vorbereitungen zu einem Handstreich gegen den Kirchenstaat neue Erregung bei den mit der zögernden, schwankenden Politik der italienischen Regierung unzufriedenen Nationalisten. Die Florentiner Regierung liess zwar auf Drängen Frankreichs zunächst Garibaldi verhaften (September 1867), aber nachdem er entkommen war, verhinderte sie nicht, dass er eine etwa zehntausend Mann starke Truppe aufstellte und damit das Tibertal hinabzog, während auf der ganzen Halbinsel der Ruf nach der Hauptstadt Rom, *Roma capitale!* laut wurde.

Unter diesen Umständen fiel die Septemberkonvention dahin, und Napoleon liess in aller Eile Rom wieder von französichen Truppen besetzen. Beinahe wäre es hierfür zu spät gewesen.[1] Im letzten Augenblick traf General Failly mit seiner Truppe ein und half der kleinen päpstlichen Armee die Scharen Garibaldis bei *Mentana* zu schlagen (3. November 1867). Die neuerliche französische Intervention rief jedoch in ganz Italien laute Entrüstung hervor, die sich aufs höchste steigerte, als der französische Minister Rouher am 5. Dezember 1867 erklärte : « Es besteht ein Dilemma : der Papst hat Rom zur Wahrung seiner Unabhängigkeit nötig, Italien verlangt nach Rom, weil es ihm für seine Einigung unbedingt erforderlich scheint. Nun, im Namen der französischen Regierung erklären wir : Italien wird sich Roms nicht bemächtigen ! Niemals ! » Dabei verstand er unter Rom das « ganze gegenwärtige Gebiet ».

Nach diesem « Niemals » erübrigten sich weitere Verhandlungen, und

[1] Einige Tage vor dem Gefecht von Mentana hatten bereits die Brüder Cairoli und Francesco Cucchi einen Handstreich auf Rom vorbereitet, der jedoch durch die Entschlossenheit des päpstlichen Kommandanten, Julius Meyer von Solothurn, vereitelt wurde. Meyer, den Leo XIII. in den Grafenstand erhob, starb 1907 in Freiburg, Schw. Vgl. A. Büchi: *Eine schweizerische Heldentat um Rom (1867)*. (Schweizer. Rundschau 1. Juli 1929) und *Etrennes fribourgeoises*. 1908, S. 122-125.

die zur Lösung der römischen Frage geplante internationale Konferenz wurde vertagt. Merkwürdigerweise erschien nun gerade Frankreich, das die italienische Einigungsbewegung so stark gefördert hatte, als das Haupthindernis ihrer Vollendung. Daraus ergab sich eine schwere Trübung der französisch-italienischen Beziehungen, wenngleich auch jetzt noch Verhandlungen zwischen Paris und Florenz weiterliefen und die italienischen Bestrebungen unbedingte Befürworter am französischen Hofe selbst besassen. Aber die römische Frage trug 1870 doch zur Isolierung Frankreichs bei.

HISTORISCHE WENDE

Die Jahre 1861 und 1870, in denen sich die Einigung Italiens und Deutschlands vollzog, gehören zu den entscheidensten der europäischen Geschichte des neunzehnten Jahrhunderts. 1862 wurde *Otto von Bismarck* (1815-1898) von Wilhelm I. zum preussischen Ministerpräsidenten berufen. Bismarck, der gleich zu Beginn seiner politischen Laufbahn als Abgeordneter im « Vereinigten Landtag » für die Rechte der Krone gegen die Ansprüche des Parlaments aufgetreten war, hatte anfänglich noch den « friedlichen Dualismus » zwischen Preussen und Österreich als die erstrebenswerte Lösung angesehen. Aber als preussischer Gesandter beim Deutschen Bundestag in Frankfurt (1851-59) kam er zur Überzeugung, dass das alte Einvernehmen nicht wiederhergestellt werden könne, vielmehr der Kampf um die Vorherrschaft in Deutschland unausweichlich sei und für Preussen eine staatliche Notwendigkeit darstelle. Mit siebenundvierzig Jahren übernahm er die Leitung der Staatsgeschäfte. Schon seine äussere Erscheinung, seine Hünengestalt, der gerade, kühne Blick der blauen Augen, aus denen Ironie und Herrscherwille sprach, brachte die titanische Kraft, die rücksichtslose Entschlossenheit, ja oft Verwegenheit des grossen Kämpfers zum Ausdruck. Aber mit dem Machtwillen verband sich ein sehr klarer Geist, souveräne Beherrschung aller diplomatischen und gesellschaftlichen Formen, eine weise Mässigung und Voraussicht in der Ausnützung des Erfolgs, ein starker praktischer Sinn. Feind aller blossen Theorie, war Bismarck zugleich ein entschlossener, verachtungsvoller Gegner der Demokratie, insbesondere der Sozialdemokratie, obgleich er die Entwicklung der sozialen Republik vorausahnte. Bei aller politischen Meisterschaft übersah er vielfach wichtige Imponderabilien, war er oft verständnislos für fremde Auffassungen, die er leicht persönlich oder als Reichsfeindschaft deutete und mit persönlichen Schärfen erwiderte. Massgebend war für ihn allein das Interesse Preussens und des Reichs. Hinsichtlich der deutschen Frage gelangte er bald schon zu der Überzeugung, dass sie auf dem Grunde einer starken und führenden preussischen Machtstellung gelöst werden müsse, nicht durch « Parlamentsreden und Majoritätsbeschlüsse », sondern durch « Eisen und Blut ». In drei Kriegen während sechs Jahren sollte er die Einigung Deutschlands in kleindeutschem Sinne, das heisst mit Ausschluss Österreichs, durchführen.

In gewissem Sinne ein Opportunist wie Cavour, war der « eiserne Kanzler » entschlossen, die erste günstige Gelegenheit zur Verwirklichung seiner Ziele zu ergreifen. Sie bot sich bald schon mit der schleswig-holsteinischen Frage, die zum dänischen Kriege führte, in dem Preussen und Österreich gemeinsam Dänemark die Herzogtümer nahmen (1864). Danach kam es aber zur Auseinandersetzung zwischen Österreich und Preussen über die Teilung der eroberten Gebiete und zum Kriege zwischen den beiden Mächten, der bei Sadowa (1866) zu Gunsten Preussens entschieden wurde. Bismarck, der es immer verstand, feindliche Mächtegruppierungen geschickt zu verhindern, war von vornherein der wohlwollenden Neutralität Russlands im Falle eines preussisch-österreichischen Krieges gewiss, da er Russland 1863 bei der Niederwerfung des polnischen Aufstandes unterstützt hatte. Zudem war er aber auch bemüht gewesen, sich die Neutralität Frankreichs und das Bündnis mit Italien zu sichern.

Napoleon III. hatte sich 1865 in Biarritz Bismarck gegenüber entgegenkommend gezeigt. Nach dem Siege von Sadowa bot er jedoch auf Verlangen Österreichs seine Vermittlung zwischen den Kriegführenden an. Preussen kam dieses Angebot unwillkommen, das sich doch nicht schlechthin abweisen liess. Napoleon hätte damals wohl tatsächlich eine gewisse schiedsrichterliche Stellung einnehmen können, wenn er es gewagt hätte, sie militärisch zu stützten. Eine Zeitlang schien er auch entschlossen, die Mobilisation zu befehlen. Aber dann war er wieder schwankend geworden, hatte die ihm eigene, wohl auch in seiner Krankheit begründete Unsicherheit und Unentschlossenheit gezeigt und sich von gegensätzlichen Einflüssen hin und her ziehen lassen. Unter seinen Beratern vertraten einige die Ansicht, dass Preussen den Fortschritt gegenüber dem reaktionären Österreich vertrete und zur Vernichtung des deutschen Katholizismus ebenso berufen sei wie Italien zur Vernichtung des Papsttums. Wahrscheinlich wäre ein französisches Eingreifen entscheidend gewesen. Bismarck gestand später selbst, dass die Unterstützung der mit Österreich verbündeten Süddeutschen durch eine französische Armee Preussen um alle seine Erfolge in Österreich gebracht hätte. Nun aber kam Bismarck durch die überaus massvollen Friedensbedingungen, die er Österreich nach dem Siege von Sadowa stellte, einer Vermittlung Napoleons zuvor. In sehr kluger Weise verlangte er gar keine Gebietsabtretung und beschränkte sich auf den Ausschluss Österreichs aus dem Deutschen Bund. So blieb trotz allem die Möglichkeit eines weiteren friedlichen Zusammenarbeitens mit Österreich gewahrt.

In Frankreich wirkte der preussische Sieg von Sadowa «wie ein Donnerschlag» und die Entwicklung der preussischen Vormacht in Deutschland, die danach einsetzte, immer beunruhigender. Viele von denen, die bisher noch Preussen günstig gesinnt waren, begannen nun, die Dinge in einem anderen Lichte zu sehen, und die Feinde des Kaisertums machten Napoleon III. schwere Vorwürfe wegen seiner mangelnden Voraussicht. Napoleon suchte die öffentliche Meinung zu beruhigen, indem er « gerechte » Kompensationen für Frankreich verlangte. Zu dem denkbar ungünstigsten Zeitpunkt, da Preussen über seine ganze militärische Macht verfügte, legte er, was Bismarck mit scharfem Spott die « Wirtsnote » nannte, vor. Die französischen Absichten auf das linke Rheinufer und weiterhin auf Belgien und Luxemburg, von Bismarck im richtigen Augenblick bekanntgegeben, entzogen dem kaiserlichen Frankreich allgemein die Sympathien und bewirkten die Einigung der Deutschen gegen den « Erbfeind ». Danach bedurfte es nur noch des Zwischenfalls der spanischen Thronkandidatur des Hohenzollern, der von Bismarck ebenso geschickt herbeigeführt und ausgenützt wie von Napoleon ungeschickt für die Hebung seines Ansehens aufgegriffen wurde, um den Krieg zu entfesseln, der in rascher Folge von der Emser Depesche über Sedan zum Sturze Napoleons, der Proklamation der Republik in Paris, der Gründung des neuen deutschen Kaiserreichs und der Abtretung Elsass-Lothringens durch Frankreich im Frieden von Frankfurt führte (Juli 1870-Mai 1871). Damit war die deutsche Vorherrschaft in Europa begründet, die unerschütterlich blieb bis zur Entlassung des « eisernen Kanzlers » im Jahre 1890.

Napoleon III. hatte vor dem Ausbruch des Krieges von 1870 die militärische Stärke Frankreichs überschätzt, aber trotzdem vorsichtigerweise 1869 ein Bündnis zwischen Frankreich, Österreich und Italien herzustellen gesucht. Österreich hatte sich nicht sehr entgegenkommend, höchstens zu einem Defensivbündnis geneigt gezeigt, Italien als Preis für seine Beteiligung den Abzug der französischen Truppen aus Rom verlangt. Russland aber war in jeder Weise bemüht gewesen, das Zustandekommen des Bündnisses zu verhindern, und schliesslich kam es auch zu keinerlei Beschluss und keinerlei Verpflichtung. Nach der Kriegserklärung wurden jedoch die Verhandlungen wieder aufgenommen, und sie führten zum Plan eines durch Truppenaufgebote wirksam unterstützten österreichisch-italienischen Vermittlungsversuchs, dessen Ablehnung durch Preussen das Eingreifen der beiden Mächte zugunsten Frankreichs zur Folge haben sollte. Dabei stellte die italienische Regierung jedoch zur

Bedingung, dass ihr volle Bewegungsfreiheit in Rom gewährt würde, und hierzu konnte sich Frankreich nicht entschliessen. « Frankreich », erklärte der Minister des Auswärtigen, der Herzog von Gramont, einer der Hauptverantwortlichen für das Scheitern der französischen Bestrebungen in der spanischen Thronfolgeangelegenheit, « kann nicht seine Ehre am Rhein verteidigen und am Tiber preisgeben ». Trotzdem wurden die Besprechungen nochmals wiederaufgenommen, da Viktor Emanuel persönlich zur Verständigung bereit war, aber dann vereitelten bald die französischen Niederlagen die von Anfang an wenig aussichtsreichen Verhandlungen.

Bei alledem wäre es übertrieben, in der römischen Frage die einzige Ursache für die Isolierung Frankreichs zu Beginn des Krieges von 1870 zu sehen. Die römische Frage wirkte wohl mit, aber noch ausschlaggebender die militärische Schwäche des französischen Kaisertums, die Irrtümer, die der Kaiser 1866 begangen hatte, und seine Unentschlossenheit, die schon 1859 verhängnisvoll gewesen war. Unter den Umständen, wie sie die Fehler von Napoleons III. Politik geschaffen hatten, war es nicht erstaunlich, dass Österreich und Italien ihr Schicksal nicht an das des Kaisers binden wollten. Die Ansicht gewisser französischer Historiker, dass der Einsatz für die Verteidigung der weltlichen Herrschaft des Papstes an der französischen Niederlage von 1870 schuld gewesen sei, trifft nicht ganz zu. Die römische Frage dürfte lediglich der italienischen Regierung in Florenz eine Gelegenheit und einen Vorwand geboten haben, um sich einer verfänglichen Verpflichtung gegenüber dem Kaiser zu entziehen, dessen unsichere Politik übrigens weitgehend in der Erschöpfung seiner Kräfte infolge seines unheilbaren Leidens begründet war, und auch gegenüber der weiteren französischen Regierung, die durch ihre Leichtfertigkeit Frankreich um die Sympathie der öffentlichen Meinung in Europa gebracht hatte. Bismarck seinerseits empfand bei seiner tiefen Abneigung gegen den Katholizismus offenbar um so mehr Befriedigung über die Erniedrigung Frankreichs als Frankreich bisher noch als romanisch-katholische Vormacht erschienen war.

DAS ENDE DER WELTLICHEN MACHT DES PAPSTTUMS

Die römische Frage blieb also seit der Erklärung Rouhers in der Schwebe bis zu Frankreichs Kriegserklärung an Preussen (19. Juli 1870). « Dann aber wurde die Erhaltung einer französischen Brigade im Kirchenstaat unnütz ; ihre Bedeutung als Vorhut fiel in dem Augenblick dahin, da ihr keine weitere

Unterstützung mehr gegeben werden konnte. Besser schien es von da an für Frankreich, nicht in Konflikt mit Italien zu geraten und sich mit 'politischen Garantien' für die Sicherheit des Heiligen Stuhls zu begnügen. »[1]

Nachdem die italienische Regierung zu Kriegsbeginn noch beruhigende Zusicherungen gegeben hatte, enthüllte sie am 29. August 1870, nach den ersten grossen Niederlagen der Franzosen ihre wirklichen Absichten. In zwei Rundschreiben, von denen das eine an die italienischen Gesandten und weitere Vertreter der Regierung im Ausland, das andere an die Mächte gerichtet war, stellte der Minister Visconti-Venosta Rom als einen Mittelpunkt hin, von dem aus die gefährlichsten Intrigen gegen das neue Italien gesponnen würden. Trotz der starr unnachgiebigen Haltung des Heiligen Stuhls schlage die italienische Regierung aus versöhnlichem Geist einen « bilateralen Vertrag » vor, über dessen Artikel man sich mit jenen Mächten verständigen würde, die katholische Untertanen haben. Der Papst sollte « die Würde, Unverletzlichkeit und alle anderen Vorrechte der Souveränität » behalten, sowie die volle Gerichtsbarkeit und Souveränität über die durch den Tiber und den Verlauf der alten, von Leo IV. (9. Jahrhundert) erstellten Ummauerung begrenzte Leostadt. Zudem sollte eine feste Dotation ausgeworfen, den Kardinälen, Nuntien oder Legaten bestimmte Ehrenvorrechte gesichert und eine weitherzige Regelung der umstrittenen religiösen Angelegenheiten getroffen werden. [2]

Der Sturz des französischen Kaisertums und die Proklamation der Republik in Paris am 4. September 1870 beschleunigten das Ende der weltlichen Herrschaft. Zwei Tage später benachrichtigte die italienische Regierung die provisorische « Regierung der nationalen Verteidigung » in Paris, dass sie dem Papste eine Verständigung vorschlagen und im Falle seiner Unnachgiebigkeit Rom besetzen werde. Graf Nigra, der italienische Gesandte in Paris, erklärte dem französischen Aussenminister, Jules Favre : « Die unerhörten Erfolge Preussens haben die Lage von Grund aus gewandelt. Sie haben die Konservativen niedergeworfen und den Radikalen Mut zum äussersten gemacht. Unsere Untätigkeit würde vollends alles verderben. Die demagogischen Parteien würden in Rom zur Herrschaft kommen, und der Sturm, der das Papsttum zum Verschwinden brächte, würde uns der schlimmsten Unordnung aussetzen»... «Warum sollten Sie nicht die Konvention vom 15. September 1864 kündigen ? Sie haben sie ständig angegriffen, in der Tat ist sie nichtig geworden. » Der französische Aussenminister gab zu, dass die Septemberkonvention hinfällig geworden sei, weigerte sich aber, «einen ehrwürdigen

---

[1] Mollat a. a. O. S. 360.
[2] Ebenda S. 361.

Greis », « der unter dem unnützen Schauspiel einer Preisgabe leiden würde », und seine eigenen katholischen Landsleute « zu betrüben ». « Ich werde also », schloss er, « die Septemberkonvention nicht kündigen. Ich werde mich auch nicht auf sie berufen »... « Ich kann und will nichts verhindern ». [1]

Österreich, dessen auswärtige Politik der aus Sachsen herübergekommene, protestantische Beust leitete, lehnte, zwar in höflicher Form, ein Eingreifen von seiner Seite ab ; es erklärte sich nur besorgt, dass die persönliche Sicherheit des Papstes besser gegen Angriffe Garibaldis gewährleistet werde, die nach dem Rückzug der Franzosen aus Rom wohl vorauszusehen wären. Im übrigen beschuldigte es den Papst, dass er sich nicht bereitgefunden habe, mit dem König von Italien zu verhandeln ; diese Weigerung versperre nun einer österreichischen Vermittlung den Weg. Demgegenüber war Bismarcks Antwort wenigstens offen und ehrlich : « Die Sympathie Preussens für die Person des Papstes und der Wunsch, dass dieser weiterhin eine unabhängige und geachtete Stellung behalten möge, sind natürlicherweise begrenzt durch die guten Beziehungen zwischen Preussen und Italien ; diese Beziehungen verbieten es der Berliner Regierung, Italien Schwierigkeiten zu verursachen oder an ihm feindlichen Kombinationen teilzunehmen. »

So war der Weg für die italienische Regierung offen. Sie befürchtete nur, dass der Papst Rom verlassen könnte, aber Pius IX. war entschlossen, « seinen Truppen keine entehrenden Befehle zu geben ». Am 10. September schrieb Viktor Emanuel II. eigenhändig dem Papst : « Ich sehe die unausweichliche Notwendigkeit, dass meine schon Grenzwacht haltenden Truppen vorrücken und die Stellungen besetzen, die für die Sicherheit Eurer Heiligkeit und die Aufrechterhaltung der Ordnung unerlässlich sind. » Worauf Pius IX. dem König antwortete, dass « sein Brief nicht eines liebenden Sohnes würdig » sei, und dass er seine Sache in die Hand Gottes lege.[2] Am folgenden Tage rückten sechzigtausend Mann unter dem Befehl von General Cadorna in den Kirchenstaat ein. Nach einem kleinen Gefecht bei Cività Castellana zog sich die nur etwa zehntausend Mann starke päpstliche Armee auf Civitavecchia zurück, das sich nach einer Belagerung von der Land- und Seeseite am 15. September ergab. Pius IX. wollte kein unnötiges Blutvergiessen und schrieb am 19. September seinem General Kanzler bezüglich Roms : « Es ist meine Pflicht, zu befehlen, dass durch seine Verteidigung nur ein Protest gegen die offenbare

---

[1] Mollat a. a. O. S. 361-364. « Sie haben sie ständig angegriffen » war eine Anspielung auf die Politik der Republikaner, die sich unter dem Kaisertum einem Schutz des Heiligen Stuhls heftig widersetzt hatten. Nun, da sie zur Macht gelangt waren, sollte nichts mehr die Besetzung Roms durch das neue Italien hindern.

[2] Mourret a. a. O. VIII, S. 574.

Gewalt erhoben werde, nichts mehr, das heisst, dass bei den ersten Kanonenschüssen Verhandlungen über die Übergabe aufgenommen werden sollen. »

Der Angriff begann am Morgen des 20. September. Die Päpstlichen leisteten tapfere Gegenwehr, bis Pius IX. gegen neuneinhalb Uhr befahl, die weisse Fahne zu hissen. Eine halbe Stunde später ward das Feuer eingestellt, und Cadornas Truppen zogen durch die Bresche, die ihre Artillerie zwischen der Porta Salara und der Porta Pia in die Festungsmauern geschlagen, in Rom ein. Um drei Uhr nachmittags musste Kanzler eine Kapitulation eingehen, wonach Rom ausser der Leostadt (mit Vatikan und Engelsburg) samt Waffenausrüstung und Regierungseigentum durch eine Kommission den königlichen Truppen übergeben und die päpstlichen Truppen aufgelöst werden sollten. « Meine Herren », wandte sich Pius IX. an die Vertreter des diplomatischen Korps, « Sie sind Zeugen, dass ich der Gewalt weiche, von nun an ist der Papst der Gefangene Viktor Emanuels ». Nach fünf Tagen waren so viele dunkle Elemente in das der italienischen Besetzung entzogene Stadtgebiet eingeströmt, dass Kardinal Antonelli General Cadorna um die Aufstellung militärischer Posten ersuchen musste. Man kam aber ausdrücklich überein, dass dadurch weder theoretisch noch praktisch einem Übereinkommen über dieses Stadtgebiet vorgegriffen werde.

Nach der Einnahme Roms wurden die päpstlichen Truppen entlassen mit Ausnahme der Schweizergarde und der Nobelgarde. Da ein eidgenössisches Gesetz von 1859 auswärtigen Militärdienst verbot, waren sechshundert Schweizer Offiziere und Soldaten den vorgesehenen Strafen verfallen, aber die Bundesversammlung bewies Verständnis und Geradsinn, indem sie ihnen auf Antrag des Bundesrates Straffreiheit gewährte.

Am 2. Oktober sprach sich die Bevölkerung Roms und der umliegenden Provinzen in einer Volksabstimmung mit 133.681 gegen 1507 Stimmen für ihre Vereinigung mit dem Königreich Italien aus. Die Frage, die der Abstimmung zugrunde gelegt und mit Ja oder Nein zu beantworten war, lautete : « Wollt Ihr Eure Vereinigung mit dem Königreich Italien unter der konstitutionell monarchischen Regierung Viktor Emanuels II. und seiner Nachfolger ? » Dass die Abstimmung wirklich den Willen der Bevölkerung zum Ausdruck brachte und ohne Druck erfolgte, erscheint etwas zweifelhaft angesichts der Tatsache, dass vier Monate später 27.161 mündige und im vollen Besitze ihrer bürgerlichen Rechte stehende Römer durch beglaubigte Unterschriften erklärten, der päpstlichen Autorität treu zu bleiben. [1]

Für die europäischen Regierungen war aber durch die Volksabstimmung

---

[1] Mourret a. a. O. S. 582.

vom 2. Oktober die Abschaffung der weltlichen Herrschaft des Papstes legitimiert. Am 4. Oktober erliess der König von Italien auf Grund dieser Abstimmung ein Dekret, das die Einverleibung Roms und der römischen Provinzen in das Königreich, aber zugleich auch die Beibehaltung der souveränen Prärogativen des Papstes und die durch ein Gesetz zu sanktionierende freie Ausübung der geistlichen Autorität des Heiligen Stuhls aussprach. Da ihr die Schlüssel zum Quirinal verweigert wurden, liess die italienische Regierung dessen Tore sprengen und gleichzeitig auch das Römische Kolleg besetzen, in dem bisher die Jesuiten gelehrt hatten. Am 18. Oktober sandte der Minister des Auswärtigen, Visconti-Venosta, ein Rundschreiben an die Regierungen, in dem er über das Schicksal, das dem Papsttum durch die Abschaffung der weltlichen Macht bereitet war, beruhigende Zusicherungen gab.

Kardinal Antonelli protestierte seinerseits in einem ähnlichen Schreiben vom 8. November gegen die Unterstellungen des Rundschreibens von Visconti-Venosta und verwies auf die schwerwiegendsten Massnahmen der italienischen Regierung gegen die Freiheit der Kirche. Am 1. November hatte Pius IX. bereits den Bann mit allen Zensuren über sämtliche Urheber und Teilnehmer der sakrilegischen Usurpation ohne Unterschied der Würde verhängt. Viktor Emanuel II. zögerte noch einige Zeit, dachte sogar schon daran abzudanken, entschloss sich aber schliesslich doch am 1. Dezember 1870, im Quirinal Residenz zu nehmen. Am 31. Dezember zog er feierlich in seine neue Hauptstadt ein.

Dem Papste aber gingen aus der ganzen Welt von zahlreichen Bischöfen, Priestern und Gläubigen Adressen und gemeinsame Schreiben mit Treuebezeugungen zu, und in mehreren Ländern fanden Protestversammlungen statt. Die Regierungen jedoch schwiegen fast überall. Ein einziger Staat, die kleine Republik Ekuador unter dem Präsidenten Garcia Moreno, erhob einen offiziellen Protest « vor Gott und den Menschen im Namen der verletzten Gerechtigkeit ». Als der mutige Moreno vier Jahre später einem von den Kirchenfeinden gedungenen Mörder zum Opfer fiel, rief er sterbend noch aus : « Gott stirbt nicht ! »

DAS GARANTIEGESETZ

Die italienische Regierung fürchtete trotz allem noch eine Intervention der katholischen Mächte zugunsten des Papstes. Um die öffentliche Meinung zu beruhigen, liess sie am 13. Mai 1871 das sogenannte Garantiegesetz vom Parlament beschliessen, das auf Veranlassung Frankreichs noch gewisse Abänderungen zugunsten des Papstes erhielt. Das Gesetz bestimmte im ersten

Titel, dass die Person des Papstes heilig und unverletzlich sei. Vatikan, Lateran und Castelgandolfo sollten zur exterritorialen Nutzniessung des Heiligen Stuhls gehören, bei der Sedisvakanz das Konklave frei bleiben und kein öffentlicher Beamter in die Papstresidenz eindringen. Zum Unterhalt der Paläste, Kardinäle, Kongregationen und Diplomaten versprach der italienische Staat, dem Papst eine steuerfreie Jahresdotation von 3.225.000 Lire zu leisten. Ferner wurde dem Papst das Recht zuerkannt, sich durch Nuntien bei den auswärtigen Regierungen vertreten zu lassen, die ihrerseits Gesandte beim Heiligen Stuhl haben könnten. Auch sollte der Papst frei seine geistlichen Funktionen ausüben und frei mit dem gesamten Episkopat der ganzen katholischen Welt durch eigenes Post- und Telegraphenamt verkehren können.

Aber dieses einseitige Garantiegesetz besass, wie Mollat kurz und treffend die ganze Lage kennzeichnet, weder internationale Tragweite noch war es unwiderruflich. Es lieferte vielmehr den Heiligen Stuhl den italienischen Regierungen und Kammern aus. Was eine Regierung verfügt hatte, konnte von einer andern aufgehoben werden. Dementsprechend lehnte Pius IX. am 15. Mai 1871 feierlich und in ganz eindeutiger Form das Garantiegesetz ab: « Wir erklären, dass wir niemals, weil uns dies durchaus unmöglich ist, die von der subalpinen Regierung ausgedachten Immunitäten oder Garantien zulassen und annehmen werden, welche auch immer ihre Fassung sei, und ebenso wenig eine andere derartige Garantie oder Immunität, von welcher Bestätigung sie auch begleitet sei, in einem Worte, dass wir niemals irgendeine Immunität oder Garantie, welche sie auch sein möge, zulassen, niemals eine solche annehmen werden ». [1]

Eine bewegte, tragische Periode der Geschichte des Papsttums hatte ihren Abschluss gefunden, und eine neue Periode begann, die erst mit den Lateranverträgen am 11. Februar 1929 enden sollte. Die Vernichtung der weltlichen Gewalt beeinträchtigte zwar ebenso wenig wie die Ablehnung des Garantiegesetzes durch Pius IX. die Ausübung der geistlichen Gewalt des Papsttums. Der Papst behielt weiterhin den Rang eines Souveräns, und im übrigen besserte sich seine Lage sogar in zweifacher Hinsicht. Er trug nicht mehr die Verantwortung für eine theokratische Regierung, in der die öffentliche Meinung eine Beeinträchtigung seines Ansehens sah. Seine völlige Beraubung, sein unbedingter Bruch mit der italienischen Regierung und seine freiwillige Gefangenschaft im Vatikan erhöhten vielmehr noch das Ansehen, das ihm schon die Grösse seiner Kulturmission verlieh. So zog das Papsttum

---

[1] Mollat, a. a. O. S. 367.

letztlich einen grossen moralischen Gewinn aus der Enteignung, die es so sehr befürchtet hatte und weiterhin unablässig als Ungerechtigkeit erklärte.

Wahrte indessen Pius IX. nicht trotz allem die Möglichkeit einer künftigen Verständigung mit Italien? Nach dem Grafen d'Harcourt, dem vom ersten Präsidenten der französischen Republik, Thiers, im gleichen Jahre ernanten französischen Gesandten beim Vatikan, hätte sich Pius IX. am 26. April 1871 dahin geäussert, er wisse besser als irgend jemand anderes, dass Souveränität unter den Zeitumständen nichts Begehrenswertes sei. Alles, was er verlange, sei ein Gebiet, das noch so klein sein könne, aber auf dem er Herr sei. Würde man ihm die Rückgabe seiner Staaten anbieten, so würde er sie ablehnen, aber solange er nicht jenes kleine Gebiet besässe, könne er sein geistliches Amt nicht voll ausüben. War mit diesen Worten nicht schon auf den Kern der römischen Frage hingewiesen? Und erscheinen sie nicht heute von noch tieferer Bedeutung für jeden, der nach der Zukunft einer vom grauenvollsten Kriege verheerten Welt frägt?

PIUS' IX. OBERHIRTLICHES WIRKEN

« Die Frage des Wechsels der römischen Politik ist die schwerste und schwierigste, die es gibt, aber sie beunruhigt mich trotzdem nicht weiter » ... « Pius IX. ist vor allem ein grosser Beter. Darum bin ich ohne Sorge hinsichtlich des Enderfolgs. Was vermag die Revolution gegen einen Menschen, der mit Gott verbunden ist? » So beurteilte kurz vor seinem Tode der spanische Philosoph und Apologet Balmes die Lage des Papsttums, als dessen Leidensweg begann, der schliesslich zum Verlust der weltlichen Herrschaft führte. Der spanische Denker hatte es sich zur Lebensaufgabe gestellt, die Lehre des hl. Thomas auf die tieferen geistigen Bedürfnisse des neunzehnten Jahrhunderts anzuwenden, und nachdrücklich den bedeutenden Anteil des Katholizismus an der Bildung der modernen Kultur hervorgehoben.

Nachdem wir die Tätigkeit Pius' IX. als Staatsoberhaupt verfolgten, wollen wir nun einen Einblick in sein oberhirtliches Wirken zu gewinnen suchen. In allen Ländern vertrat der Papst die Rechte der Kirche und stellte die kirchliche Lehre gegenüber dem Zeitgeist klar. Aus seinem Glauben, seiner tiefen Frömmigkeit, seiner besonderen Verehrung der jungfräulichen Gottesmutter schöpfte Pius IX. für dieses Wirken Kräfte, die rein menschliche Stärke überstiegen. Schon ein flüchtiger Überblick über sein Pontifikat von der ersten Enzyklika vom 9. November 1846 bis zur Definition der Unfehlbarkeit auf dem Vatikanischen Konzil am 18. Juli 1870 enthüllt einen merkwürdig einheitlichen Grundzug. Das religiöse Wirken dieses Papstes hängt, wie wir schon bemerkten, eng mit der römischen Frage zusammen, aber man würde die Bedeutung der päpstlichen Kundgebungen von 1864 und 1870 willkürlich unterschätzen, wollte man in ihnen nur eine Reaktion gegen den Raub des Kirchenstaats oder eine Erwiderung auf die aufsehenerregenden Veröffentlichungen der Vertreter des Rationalismus und Unglaubens sehen.

Die Haltung Pius' IX. gegenüber den religiösen Angelegenheiten, den mit religiösen Belangen in Zusammenhang stehenden politischen Angelegenheiten in den einzelnen Ländern und seine dogmatischen Definitionen werden im folgenden dargestellt. Dabei sollen die neuen politischen und religiösen Konflikte, die sich aus der Verkündigung des Unfehlbarkeitsdogmas ergaben, ihrer Bedeutung wegen gesondert behandelt werden.

PIUS IX. UND FRANKREICH

Frankreich war immer stark an der Ausbreitung des Katholizismus beteiligt, selbst zu den Zeiten, da es politisch der Kirche entgegentrat. Zu Beginn des Pontifikats Pius' IX. übernahm Frankreich, wie wir schon sahen, die Verteidigung des Heiligen Stuhls. Die starke Entwicklung des französischen Katholizismus in der zweiten Hälfte des neunzehnten Jahrhunderts, die bedeutenden Persönlichkeiten, die dabei hervortraten, die Tragweite der geistigen Auseinandersetzungen beanspruchten die besondere Aufmerksamkeit des gemeinsamen Vaters aller Gläubigen und rechtfertigten auch das väterliche Vertrauen, das er auf das katholische Frankreich setzte. Aber in der Dritten Republik, deren Anfänge mit denen der nachvatikanischen Periode zusammenfallen, sollten auch die politischen und religiösen Kämpfe mit rasch steigender Heftigkeit wiederaufleben.

Als Pius IX. die Regierung der Kirche übernahm, ging die Julimonarchie ihrem Ende entgegen. Die Gesetzgebung hinsichtlich des Unterrichtswesens war wieder einmal an der Tagesordnung. Das vergleichsweise gemässigte Projekt des Ministers Salvandy hatte die Kritik des *Univers* herausgefordert und die bisher hinsichtlich des Liberalismus gespaltenen Katholiken wieder geeinigt, aber doch keine beträchtlichere Aktion hervorgerufen. Unter der am 24. Februar 1848 proklamierten Zweiten Republik lebte die Auseinandersetzung über die Unterrichtsfreiheit wieder stärker auf. Dabei zeigte sich die Zweite Republik von Anfang an dem Katholizismus gewogener als die vorhergehende bürgerliche Monarchie Louis-Philippes. Anderseits hatte sich auch der Klerus bereit gefunden, die vom Volk zur Feier seines Sieges errichteten « Freiheitsbäume » zu segnen.

Nach Unterdrückung der sozialistischen Aufstände und Wiederherstellung der Ordnung stimmte die Kammer, in der die Konservativen eine starke Mehrheit besassen, am 15. März 1850 für das Gesetz über die Unterrichtsfreiheit *(Loi Falloux)*. Es war ein Kompromiss, der die freie Schule gegen das Monopol der Universitäten sicherte, aber bei den Katholiken im Gefolge Veuillots nur bedingte Zustimmung fand. Als jedoch der Papst die französischen Katholiken aufforderte, das Gesetz « im Interesse der christlichen Gesellschaft » anzunehmen, fügte sich der *Univers*, und die folgende Entwicklung bestätigte dann auch die Stellungnahme des Heiligen Stuhls und derjenigen, die in Frankreich das Gesetz verteidigten. Es ermöglichte in der Tat ein Aufblühen des katholischen Schulwesens, und dreissig Jahre später sollten die Verfechter der weltlichen Schule, der *école laïque*, sich in erster Linie gegen dieses Gesetz wenden.

Nach dem Staatsstreich Louis-Napoleons (2. Dezember 1851) und der Wiedererrichtung des Kaisertums im folgenden Jahre schloss sich die Mehrheit der Katholiken, zwar nicht ohne Zögern, Napoleon III. an, der zu Beginn seiner Regierung auch mehrere den Katholiken günstige Massnahmen ergriff. Innere Streitigkeiten unter den französischen Katholiken veranlassten in der Folge Pius IX. zum Erlass der Bulle *Inter multiplices* vom 21. März 1853, die den französischen Bischöfen empfahl, die katholischen Journalisten zur Verteidigung der Wahrheit zu ermuntern, aber auch vor Fehlgriffen zu warnen.

Bei der heftigen Auseinandersetzung, die zehn Jahre später die Veröffentlichung von Ernest Renans *Leben Jesu* hervorrief, verfolgte der Papst mit Beunruhigung die Stellungnahme der liberalen Katholiken. Während der Bischof von Poitiers, Msgr. Pie, das Einschreiten der Behörden gegen den Verfasser forderte, stellten sich die Freunde Montalemberts auf den Standpunkt, dass auch in dieser Frage die Gewissensfreiheit zu achten sei. Bei einem Kongress in Malines (Belgien) im August 1863 kamen sie überein, nicht über die Regierungsformen zu diskutieren, da die Kirche keine ablehne, nahmen zugleich aber auch die Erklärung Montalemberts entgegen, dass « die Kirche nur im Rahmen der allgemeinen Freiheit frei sein kann ». Der heftige Ton von Montalemberts Reden und der an die Formel Cavours erinnernde Titel, unter dem er sie hernach veröffentlichte : « Die freie Kirche im freien Staat » *(L'Eglise libre dans l'Etat libre)*, liessen Montalembert allmählich verdächtig erscheinen. Zwar widersprachen seine Erklärungen im Grunde nicht der Enzyklika *Mirari vos* Gregors XVI., aber der *Univers* sah in ihnen doch das Wiedererstehen des verurteilten Liberalismus. Bei dem zweiten, im folgenden Jahre ebenfalls in Malines abgehaltenen Kongress, an dem Montalembert nicht teilnahm, begnügten sich Msgr. Dupanloup und der Jesuit P. Felix, das Beispiel Grossbritanniens und der Vereinigten Staaten von Amerika zu feiern, wo « die öffentliche Freiheit für die fortschrittliche Entwicklung des katholischen Lebens massgebend ist ».

Aus Rücksicht auf die grossen Verdienste, die sich Montalembert durch die Verteidigung der Freiheit des religiösen Lebens im Staate erworben, sah Pius IX. von einem öffentlichen Tadel des grossen Redners ab und beschränkte sich darauf, ihm seine Unzufriedenheit durch ein vertrauliches Schreiben des Kardinalstaatssekretärs Antonelli zum Ausdruck zu bringen. Zu Ende des gleichen Jahres sollte jedoch die Enzyklika *Quanta cura*, von der noch die Rede sein wird, die Irrtümer jener Zeit überhaupt verurteilen.

DIE VERHÄLTNISSE IN DEUTSCHLAND

Während Frankreich trotz allem noch seine alte Verbundenheit mit der Kirche wahrte, trat in Deutschland zu jener Zeit das Streben Preussens nach politischer Vorherrschaft und damit verbunden nach der Vorherrschaft des Protestantismus hervor. Wir wiesen schon bei der Darstellung des Pontifikats Gregors XVI. auf die Verbindung zwischen den staatspolitischen Plänen der Hohenzollern und deren protestantischer Kirchenpolitik. In der deutschen Einigungsbewegung sollte die religiöse Frage nicht unbeträchtlich mitspielen. [1]

Schon seit 1848 stellte sich die Frage, ob das als katholische Vormacht erscheinende Österreich in dem im Werden begriffenen neuen Deutschen Reich nicht von der wachsenden Macht Preussens ganz in den Schatten gestellt, ja sogar aus jenem Staatenbund hinausgedrängt würde, den Preussen an Stelle des vom Wiener Kongress geschaffenen zu stellen strebte. In der Tat zielten die Pläne der Hohenzollern auf die Schaffung eines Bundes der protestantischen Staaten gegenüber dem Katholizismus und Österreich im besondern. Der bekannte Historiker Heinrich von Sybel äusserte schon 1847, dass es unmöglich sei, zugleich Ultramontaner und deutscher Patriot zu sein, und Bismarck schrieb am 20. Januar 1854 dem wie er selbst konservativen und mit dem Pietismus sympathisierenden Leopold von Gerlach, Katholizismus und Preussenfeindlichkeit gingen zusammen. Bismarcks Einstellung

---

[1] Für die weiteren Zusammenhänge s. SCHNABEL : *Deutsche Geschichte im 19. Jahrhundert.* Bd 4 : *Die religiösen Kräfte.* (Freiburg i. Br. 1937) und H. BRÜCK : *Geschichte der katholischen Kirche in Deutschland im 19. Jahrhundert.* Bd 1-4. 2. Aufl. 1902-08.

gegenüber dem Katholizismus hat sich im Grunde nie geändert, wenn der grosse Staatsmann auch aus politischen Rücksichten zuweilen entgegenkommender war. Ihm erschien Österreich mit seinen italienischen Besitzungen, seiner vielfältigen völkischen Zusammensetzung, seinem Herrscherhaus und Hofe, in dem noch starke spanische Einflüsse wirkten, nicht als wahres Deutschland. Und es war von vornherein klar, dass das neue Deutschland, wenn es zustande käme, von dem früheren gründlich verschieden sein würde. « Mit Österreich an der Spitze konnte das Deutsche Reich noch gewissermassen als katholische Macht erscheinen, ohne Österreich und von Berlin aus massgeblich bestimmt, würde es als wesentlich protestantische Macht gelten. » [1] Nach der Einigung Deutschlands, vierzig Jahre später, stellte sich für Leo XIII., den Nachfolger Pius' IX., die Gefahr, die sich aus dieser Entwicklung für den Katholizismus ergab, sehr deutlich dar. Übrigens fand das Streben nach einem neuen Deutschland unter Führung Preussens auch von Anfang an bei den Geheimgesellschaften Unterstützung, die überall die politische und soziale Ordnung der Restaurationszeit zu untergraben suchten. Seit 1821 sammelte sich die deutsche Freimaurerei um Berlin und wurde ein neues staatliches Machtinstrument.

Im England Lord Palmerstons sah man die preussischen Bestrebungen nicht ungern. Eine festgefügte preussische Macht zwischen Frankreich und Russland konnte der englischen Politik nur willkommen sein, und die politischen Interessen Englands deckten sich in dieser Hinsicht mit den Interessen des Protestantismus. Das Programm Palmerstons fasste 1849 eine führende Freimaurerzeitung dahin zusammen : Auflösung der vom Wiener Kongress geschaffenen Ordnung und Wiedererrichtung einer kraftvollen auf Preussen gestützten deutschen Monarchie. Noch überraschender als dieses englische Programm als solches war die Zustimmung, die es bei den französischen Liberalen fand. Sie erklärt sich aus deren Hass gegen Österreich, in dem sie die Verkörperung der Reaktion und katholische Starrheit gegenüber dem fortschrittlichen, aufstrebenden Preussen sahen. Aber der tiefere Grund, der gemeinsame Nenner sozusagen, all dieser Sympathien für ein neues junges Europa im Gegensatz zu dem alten, auf das traditionelle Gleichgewicht gestützten war der Hass gegen Rom, der folgerichtig nach dem Sturz des Papsttums, zunächst nach der Vernichtung seiner weltlichen Herrschaft verlangte.

Die deutschen Katholiken widerstrebten nicht einer Einigung Deutschlands, sie zeigten sich sogar vielfach dafür begeistert. Aber wie schon Görres,

[1] G. Goyau : *L Allemagne religieuse. Le catholicisme.* Bd 3. (Paris 1907) S. 14.

einer ihrer bedeutendsten Vertreter in der ersten Jahrhunderthälfte, der als Vorkämpfer des deutschen Gedankens gegen Frankreich und den Länderschacher des Wiener Kongresses hervortrat und gegen den seelenlosen Polizeistaat des Absolutismus das Ideal eines organisch gegliederten, im Widerspiel der Kräfte ausgewogenen christlichen Ständestaats aufstellte, so wünschte in der Folge die Mehrheit der deutschen Katholiken einen Bundesstaat und wies die Idee eines um Berlin als Hauptstadt straff geeinigten Deutschland unter Ausschluss oder völliger Zurückdrängung Österreichs zurück. Diese Föderalisten und « Grossdeutschen », so genannt, weil sie ein grösseres Deutschland mit Einbezug Österreichs erstrebten, wollten eine möglichst weitgehende Selbständigkeit der Einzelstaaten, und zwar nicht nur, um so das Reich mit den zwei Grossmächten zu ermöglichen, sondern auch um grundsätzlich das Stammesgefühl zu schonen und die politische und kulturelle Dezentralisation, den Partikularismus, als deutsche Eigentümlichkeit dem lateinischen Zentralismus entgegenzustellen. Die Gegenpartei verlangte hingegen vor allem nach einer starken Reichsgewalt und Reichseinheit, die mit zwei Grossmächten nicht möglich schien; daher wollten diese « Kleindeutschen » nur das kleinere Deutschland mit Preussen an der Spitze und dem preussischen König als erblichem Kaiser. Allerdings sollte sich dieser « engere Bund » mit Österreich zu einem völkerrechtlichen « weiteren Bunde » vereinigen können.

Bei alledem war die Entwicklung der kirchlichen Verhältnisse in Preussen von besonderer Bedeutung. Nachdem die Verfassung von 1848 den Grundsatz der Freiheit der Kirche ausgesprochen hatte, war das kirchliche Leben aufgeblüht. In der Folge wollte jedoch Bismarck nicht dulden, dass gewisse liberale protestantische Kreise zu den Katholiken hielten, und er suchte diese Verbindung zu sprengen, indem er, der sich vorzüglich darauf verstand, Gegnerschaften zu schaffen und diese hernach für seine Zwecke auszunützen, die einen durch die anderen blosstellte. Einerseits stellte er diese Liberalen als Verbündete der Jesuiten und anderseits die Katholiken als Liberale hin. Nachdem er auch Friedrich Wilhelm IV. überzeugt hatte, gelang es ihm, die beiden protestantischen Richtungen, den « liberalen » und den « konfessionellen » Protestantismus, zum Kampf gegen die römische Kirche zusammenzuschliessen. Um zudem über den Vatikan einen Druck auf die « katholische Fraktion » in der Kammer auszuüben und sie der Regierung willfähriger zu machen, versuchte die preussische Regierung mit dem Heiligen Stuhl Verhandlungen aufzunehmen. Sie bot ihm verschiedene kirchliche Zugeständnisse und Unterstützung in den italienischen Angelegenheiten an, wofür der Papst als Gegenleistung die deutschen Katholiken zur Unterwerfung unter die gesetzliche

Macht ermahnen sollte. Es war gewissermassen schon ein Vorspiel der späteren diplomatischen Schachzüge, mit denen Bismarck einen Tadel des Zentrums durch den Papst zu erreichen suchte. Die Verhandlungen wurden aber schon 1854 abgebrochen.

Die deutschen Katholiken besassen damals Führer, denen es nicht an Mut und Entschlossenheit fehlte. In der oberrheinischen Kirchenprovinz reichte gleich nach den Stürmen des Jahres 1848 Erzbischof Hermann von Vicari der badischen Regierung eine Denkschrift über die Postulate der Kirche ein, die jedoch unberücksichtigt blieb. Nachdem der später durch seine grosse soziale Wirksamkeit hervortretende Freiherr *Wilhelm Emanuel von Ketteler*, Bischof von Mainz geworden war (1850), beschlossen die Bischöfe der Provinz gemeinsame Schritte bei ihren Regierungen und stellten ihnen eine Denkschrift zu. Im Januar 1853 berief der Erzbischof von Freiburg seine vier Suffraganbischöfe zu einer Versammlung und erliess mit ihnen eine zweite ausführliche Denkschrift an die Regierungen. Die Bischöfe führten dann die Verwaltung ihrer Diözesen, ohne sich weiter um die einschränkenden Gesetze zu kümmern, die ihnen die Regierungen entgegenstellten, und schliesslich setzte sich der mutig durchgehaltene passive Widerstand der Gläubigen in ihrem Gefolge gegen die herrschende Bürokratie durch. Württemberg und Baden schlossen Konkordate mit dem Heiligen Stuhl (1857 und 1859), wonach zwar die Bischöfe noch lange und zum Teil schwere Auseinandersetzungen mit der staatlichen Gewalt zu führen hatten.

DIE LAGE IN DER SCHWEIZ

Die Entwicklung der Lage in der Schweiz gab dem Heiligen Stuhl ebenfalls Grund zur Sorge. [1] Zu Beginn von Pius' IX. Pontifikat war der Sonderbund besiegt worden (1847), und am 12. September 1848 hatte sich die Schweiz eine neue Bundesverfassung gegeben, durch welche die Zentralgewalt gestärkt und der Bundesstaat geschaffen wurde.

Die Bundesverfassung von 1848 gewährte volle Kultusfreiheit, untersagte aber die Gründung neuer Klöster und jegliche Tätigkeit der Gesellschaft Jesu

---

[1] *Literatur :* Ausser allgemeinen Darstellungen (J. Dierauer : *Geschichte der schweizer. Eidgenossenschaft.* Bd 6. — G. Castella : *Histoire du Canton de Fribourg.* Fribourg 1922. Kap. 23. — H. Schneider : *Geschichte des schweizer. Bundesstaates* 1848-1918. 1. Halbbd. 1848-1874. Zürich 1931.) : A. Büchi : *Die katholische Kirche in der Schweiz.* (München 1902.) — Siegwart-Muller : *Kampf zwischen Recht und Gewalt in der schweizer. Eidgenossenschaft.* (Altdorf 1864.) — Msgr. Luquet (ausserordentlicher Beauftragter Pius' IX. in der Schweiz) : *Lettre à N. S. Père le Pape Pie IX sur l'état de la religion catholique en Suisse.* (Fribourg 1853.)

und der ihr angegliederten Ordensgemeinschaften. Gleich nach dem Unterliegen des Sonderbunds waren in den katholischen Kantonen radikale Regierungen zur Macht gekommen. In Luzern, das der Nuntius Macioti nach dem Regierungswechsel verlassen musste, waren ausser dem Jesuitenkolleg die Cisterzienserabtei St. Urban und das Cisterzienserinnenkloster Rathausen säkularisiert, in Freiburg, dessen neue Regierung besonders scharf auftrat, ausser den Jesuiten noch viele andere Ordensgemeinschaften aufgehoben, die Anhänger des Sonderbunds einzeln verfolgt und zu ausserordentlichen Abgaben — sie gingen von 100 bis zu 200.000 Franken — verurteilt worden. Ähnliche Massnahmen und Gesetze in St. Gallen, Solothurn, Thurgau und im Tessin hatten jahrelange Auseinandersetzungen mit dem Heiligen Stuhl zur Folge, die sich besonders schwierig mit dem Tessin gestalteten, da dieser noch zu den lombardischen Diözesen Como und Mailand gehörte.

Schon am 17. Dezember 1847 hatte Pius IX. in einer Konsistorialansprache seinem Schmerz über die Entwicklung der religiösen Lage in der Schweiz Ausdruck gegeben und sie als eine Niederlage des Katholizismus beklagt. Durch Breve vom 28. Dezember betraute er Bischof Luquet von Hebron als ausserordentlichen Gesandten mit der Diözesanzirkumskription, der Regelung der Bischofswahlen, den Kloster- und Seminarfragen, sowie der Frage der gemischten Ehen und der Feiertage. Als aber der Nuntius Macioti im Frühjahr 1848 die Tagsatzung hiervon benachrichtigte und danach beurlaubt wurde, weigerte sich die Tagsatzung, Verhandlungen mit Luquet aufzunehmen. Ebenso wies sie die Note des Kardinalstaatssekretärs vom 30. September 1848 und seine Bitte um Achtung der kirchlichen Freiheit ab. Der päpstliche Nuntius hatte übrigens wie Rossi den Sieg der Radikalen kommen sehen und richtig vorausgesagt, dass die Radikalen als die Verteidiger der nationalen Einheit erscheinen würden. Er neigte vielleicht dazu, den Jesuiten einen zu grossen Teil der Schuld am Bürgerkrieg zuzuschieben, jedenfalls irrte er mit der Annahme, dass deren Gegner von einem Geiste der Toleranz und Gerechtigkeit beseelt seien ; leider lag ihnen eine derartige Gesinnung fern.

In der Tat standen die Sieger nicht nur den Jesuiten, sondern vielfach der Kirche überhaupt feindlich gegenüber und wollten sogar von christlichen Grundlagen des Staatswesens und der Gesellschaftsordnung nichts wissen. Die Art, wie sie in den protestantischen Kantonen die Gläubigen behandelten, die die sogenannte Nationalkirche nicht anerkannten — man denke nur an das Geschick des edelgesinnten Alexander Vinet und an die «freie Kirche» — und, jedenfalls zeitweise, Unordnung stiftende Elemente gewähren liessen, erschien übrigens selbst den Liberalen bedenklich.

Der Papst verfolgte mit besonderer Besorgnis den Konflikt, der sich seit dem 15. August 1848 zwischen den fünf Regierungen des Bistums Lausanne-Genf (Freiburg, Genf, Waadt, Bern, Neuenburg) und Bischof Marilley entwickelte. Die Regierungen beanspruchten das Recht, jeweils den Bischof zu ernennen, der seinerseits einen Eid auf die Verfassung und die Kantonalgesetze leisten sollte. Die Priesteramtskandidaten sollten eine Prüfung vor einer gemischten Kommission bestehen, die kirchlichen Erlasse dem Plazet unterworfen sein. Als Bischof Marilley sich bereit erklärte, über die Grundlagen einer Vereinbarung zu verhandeln, bei welcher die Rechte der Kirche gewahrt würden, forderte die Freiburger Regierung vorherige Unterwerfung unter die Gesetze. In einem Schreiben vom 18. September erhob der Bischof Protest gegen den Kleruseid in Freiburg, und am 30. desselben Monats protestierte auch der Kardinalstaatssekretär Soglia gegen die kirchenfeindlichen Massnahmen der fünf Regierungen. Daraufhin liess die Freiburger Regierung in vollem Einverständnis mit den anderen Regierungen am 25. Oktober den Bischof verhaften und im Schlosse Chillon gefangen setzen.

Klerus und Gläubige weigerten sich jedoch beharrlich, eine andere geistliche Autorität als die ihres Bischofs anzuerkennen, und dieser sorgte weiter, vom Papste getröstet, von seinem Gefängnis aus für die Leitung seiner Diözese. Schliesslich entschlossen sich 1853 die Regierungen von Genf und Freiburg — letztere war durch den Widerstand der Bevölkerung beeindruckt, der bis zu eigentlichen Erhebungen ging —, Verhandlungen mit Rom aufzunehmen. Aber sie brachen sie dann wieder ab, als der Papst die vorhergehende Befreiung des Bischofs verlangte. Erst im Dezember 1856, nach der völligen Niederlage der Freiburger Radikalen bei den Wahlen, konnte Bischof Marilley wieder in seine Residenz zurückkehren.

Die Vorgänge in der Schweiz hatten in weiterem Umkreis Aufsehen erregt. Am 14. Januar 1848 frug Montalembert in der Pairskammer die französische Regierung an, warum sie nicht Stellung genommen habe, und wies dabei auf die Gefahr « eines neuen Barbareneinfalls der grossen demokratischen Horde » hin. Als 1852 Freiburger Konservative Napoleon III. vergeblich baten, die Schweizer Katholiken zu unterstützen, schrieb Montalembert seinem Freunde L. de Gaillard, die grossen europäischen Mächte würden über kurz oder lang « für ihre grausame Gleichgültigkeit gegenüber der katholischen Schweiz büssen müssen ». Indessen trat allmählich in der Schweiz in eben dem Masse, in dem sich die politische Lage zugunsten der Gegner des Radikalismus wandelte, wieder eine Beruhigung ein, sodass sich der Heilige Stuhl über viele schwebende Fragen mit verschiedenen Kantonen verständigen konnte. Der Ausbruch des Kulturkampfes in Deutschland sollte jedoch noch starken Widerhall in der Schweiz finden.

ENGLAND, BELGIEN, HOLLAND UND SPANIEN

Wie sein Vorgänger konnte Pius IX. mit Freude die katholische Erneuerungsbewegung in *England* verfolgen, mit der besonders die Namen Newmans, Wisemans und Mannings verbunden sind. Nach der Gründung des Oratoriums in Birmingham und der Ernennung Wisemans zum Apostolischen Vikar in London richtete Pius IX. durch Breve vom 29. September 1850 die katholische Hierarchie in England wieder auf. Das bedeutete die Rückkehr zu der alten Ordnung, die vor dem durch Heinrich VIII. vollzogenen Schisma bestanden hatte. In der Tat waren die englischen Katholiken seit jener Zeit wie ein Missionsland von Rom aus betreut worden, indem unmittelbar dem Heiligen Stuhl unterstellte apostolische Vikare die geistliche Regierung führten. Das Breve Pius' IX. löste nun aber im protestantischen England einen Sturm der Entrüstung aus, es kam zu öffentlichen Protestkundgebungen gegen diese « päpstliche Aggression », in heftigen Artikeln warfen die Zeitungen dem römischen Hof einen wahnsinnigen und unverschämten Ehrgeiz vor, und allenthalben flammte die alte Papstfeindlichkeit wieder auf. Als Wiseman nach seiner Ernennung zum Erzbischof von Westminster und Kardinal nach London kam, wurde er mit Schmährufen empfangen und Steine wurden gegen seinen Wagen geschleudert. Diesem aufschäumenden Fanatismus begegnete er jedoch mit seinem ebenso beredten wie würdevollen « Appell an das englische Volk », worauf sich die öffentliche Meinung allmählich wieder beruhigte.

Die in der letzten Zeit an mehr Toleranz und Verständnis gewohnten englischen Katholiken waren über den Aufruhr sehr bestürzt gewesen. Die Ereignisse hatten indessen die überraschende Folge, dass Manning, der spätere Kardinal, von dem schon die Rede war, zur katholischen Kirche übertrat (1851). Innerhalb der anglikanischen Kirche trat zur selben Zeit der katholikenfreundlichen Hochkirche die antirömische, liberale *Broad Church* gegenüber, die mit gleichgerichteten deutschen Bewegungen in Verbindung stand.

Auch in *Holland* rief die Wiederherstellung der katholischen Hierarchie durch Pius IX. am 4. März 1851 und die Errichtung von fünf Diözesen im Jahre 1853 eine starke Erregung hervor. Die streng kalvinistischen Konservativen und die mit der Freimaurerei in Verbindung stehenden Radikalen reagierten heftig, so heftig, dass sie sich schliesslich selbst um den Erfolg brachten. Ein jansenistischer Bischof, der unrechtmässiger Weise vom erzbischöflichen Stuhl von Utrecht Besitz ergriff, wurde vom Papst gebannt, und eine Bulle forderte die Schismatiker zur Rückkehr zur Kirche auf.

In *Belgien* überlebte das Bündnis zwischen Katholiken und Liberalen, die sich 1830 zur Verteidigung der Unabhängigkeit des Landes zusammengeschlossen hatten, nicht lange den Sieg der nationalen Bewegung. Ein weiteres Zusammenwirken wurde unmöglich, als man der Freiheit der Kirche die Forderung der « Unabhängigkeit der weltlichen Gewalt » entgegenstellte, was praktisch auf die Überordnung letzterer über erstere hinauslief. Bis zum Ende des Jahrhunderts lösten sich hernach die zwei grossen Parteien in der Regierung ab. Als 1850 die Liberalen, eigentlich Radikale, an der Macht waren, brachte Pius IX. am 20. Mai in einer Konsistorialansprache seine Sorge angesichts « der gefahrvollen Lage der Religion in Belgien » zum Ausdruck.

In *Spanien* war nach den Schwierigkeiten, von denen schon berichtet wurde, 1851 doch ein Konkordat zustande gekommen. Dann aber kam es infolge einer neuen Revolution 1854 zu neuerlichen Angriffen gegen die Kirche. Als einer der Hauptvertreter des spanischen Katholizismus jener Zeit erscheint der gelehrte Weltpriester Jakob Balmes, der auf die ernsten Gefahren hinwies, die dem spanischen katholischen Geistesleben damals aus der kulturpolitischen Propaganda des Protestantismus und dem europäischen Siegeszug der modernen Philosophie erstanden. Unter den katholischen Laien ragte der Staatsmann Donoso Cortès hervor, der eine streng christliche Staats- und Geschichtsphilosophie entwickelte und gegen den Liberalismus für den politischen Einfluss der Kirche eintrat. So zeigte sich auch in Spanien der Gegensatz zwischen Liberalismus und Kirche, der überall zu Tage trat, und der auch den Papst zu einer Verdeutlichung seiner Stellungnahme gegenüber der modernen Gesellschaft veranlasste.

DIE BULLE « INEFFABILIS » ÜBER DIE UNBEFLECKTE EMPFÄNGNIS

Wie so viele seiner Vorgänger hatte Pius IX. eine besondere, kindliche Verehrung für die Gottesmutter, und wie der hl. Bernhard setzte er ein unbedingtes gläubiges Vertrauen in die Wirksamkeit ihrer Fürbitte. Um nun allgemein der Marienverehrung einen neuen Aufschwung zu verleihen, schritt er zur Verkündung des Dogmas von der Unbefleckten Empfängnis. Schon seit langem gingen dem Heiligen Stuhl besonders von französischen und amerikanischen Bischöfen dringende Gesuche zu, diese Lehre zu definieren, die die Päpste von jeher unterstützt hatten.

Die Lehre von der Unbefleckten Empfängnis, die in der Heiligen Schrift eine sichere Grundlage besitzt, ist alte kirchliche Tradition. Im Abendlande ist sie um die Mitte des neunten Jahrhunderts besonders von dem Mönch von Corbie, Paschasius Radbert, bezeugt. Nach der Einführung des Festes der Unbefleckten Empfängnis in Lyon um 1130 war sie zu Beginn des vierzehnten Jahrhunderts vornehmlich durch Duns Scotus vertreten worden, danach hatte ihr auch das Konzil von Basel zugestimmt (1449), und um die Mitte des siebzehnten Jahrhunderts war sie bereits allgemein verbreitet, trotz des gewissen Widerspruchs, der besonders von seiten der Dominikaner erhoben wurde, die sich auf eine, übrigens umstrittene, Stelle bei Thomas von Aquin stützten.

Zu dieser allgemeinen Anerkennung hatte die höchste kirchliche Autorität wesentlich beigetragen. Von Sixtus IV. (1471-1484) war die Verehrung der Unbefleckten Empfängnis und zugleich auch die Rosenkranzandacht schon stark gefördert worden, und seine diesbezüglichen Verfügungen wurden wie die entsprechenden Pius' V. (1566-1572) 1616 von Paul V. bekräftigt. Paul V. mahnte dabei erneut die Verfechter verschiedener Meinungen, sich bei der Auseinandersetzung über die Lehrfrage nicht gegenseitig der Häresie zu beschuldigen, und erlaubte die Erörterung allein den Theologen. Im folgenden Jahre, 1617, verbot er den Dominikanern, ihre Stellungnahme öffentlich zu vertreten. Auch zwischen der Pariser Universität und dem Jesuiten Maldonat kam es zu einer Auseinandersetzung über die Frage. Der spanische Hof drang unentwegt auf eine Festlegung der Lehre. Trotzdem verbot Gregor XV. 1622 noch lediglich, dass von welcher Seite auch immer öffentlich gegen die Unbefleckte Empfängnis Stellung genommen werde. Sogar zur Erörterung in engerem Kreise war eine Erlaubnis erforderlich. Alexander VII. untersagte 1661 Angriffe gegen die Lehre und das Fest der Unbefleckten Empfängnis, aber gleichzeitig verbot er auch, dass man diejenigen, die sie nicht annehmen wollten, einer schweren Sünde oder der Häresie beschuldige. Im Jahre 1708 dehnte Klemens XI. das schon seit 1328 in der Provinz von Canterbury und seit 1629 in den österreichischen Erblanden gefeierte Fest der Unbefleckten Empfängnis auf die ganze Kirche aus. So fehlte schliesslich nur noch die Definition der Lehre.

Am 2. Februar, am Feste Mariä Lichtmess des Jahres 1849 erliess Pius IX. die Enzyklika *Ubi primum* an den Weltepiskopat, in der er darlegte, er habe auf Bitten der Bischöfe und Orden den Zusatz *Immaculatam* in der Präfation und das Offizium von der Empfängnis bewilligt, dann, entsprechend seiner besonderen Verehrung für die Gottesmutter, zur Prüfung der Frage, ob er ihre Sündenfreiheit erklären solle, eine Kardinalskommission eingesetzt und wünsche nun zu wissen, wie Klerus und Volk sich dazu einstellten. Darauf erwiderten 536 Bischöfe zugunsten einer Proklamation, während nur vier über die Frage selbst und 36 über deren Opportunität Zweifel aussprachen. Die zu Rate gezogenen Theologen antworteten zustimmend. Daraufhin beschloss der Heilige Vater, die Definition nicht länger hinauszuschieben.

Die Bedeutung der päpstlichen Enzyklika wurde nur von den frommen Gläubigen erfasst ; für die politische Welt war das Rundschreiben nebensächlich. Diejenigen, die die Weltgeschicke zu lenken glauben, haben meistens nur ein mehr oder weniger verächtliches Lächeln für jene übrig, deren Sinnen auf die höhere Wirklichkeit des Glaubens gerichtet ist. Indessen eröffnete der Schritt Pius' IX. eine neue Phase dieses Pontifikats. Gab der Papst damit doch deutlich kund, dass er das Heil der Kirche und der Gesellschaft vielmehr in der Festigung der Glaubenswahrheiten und der Autorität der Kirche als in politischen Reformen des Kirchenstaates suche.

Am 1. August 1854 lud Pius IX. in einer neuen Enzyklika alle Gläubigen zum Gebet um Erleuchtung für die bevorstehende Definition ein und berief die Bischöfe auf den 8. Dezember des Jahres nach Rom. An diesem Tage begab sich der Papst in feierlicher Prozession nach St. Peter und brachte dort die Messe dar. Nach dem Evangelium verlas er vor den zweihundert versammelten Bischöfen und Kardinälen die Definitionsbulle, die zur Zierde der Gottesgebärerin und Mehrung der Religion unter Berufung auf die kirchliche Tradition und die Zeugnisse der Päpste, Bischöfe, Theologen und Kirchenväter die Lehre zum Glaubenssatz erhob, dass die allerseligste Jungfrau vom ersten Augenblick ihrer Empfängnis an durch besondere Gnade Gottes im Hinblick auf die Verdienste Christi von jeder Erbschuld bewahrt geblieben sei.

Der durch übernatürliche Erscheinungen besiegelte päpstliche Schritt [1] hatte in der Tat einen neuen Aufschwung der Marienverehrung zur Folge. Aber die päpstliche Definition war noch mehr als nur die Bestätigung der traditionellen kirchlichen Marienverehrung. « Durch die Erklärung, dass allein die Gottesmutter von der Makel der Erbsünde frei sei, wies der Papst entgegen dem Hochmut der Welt erneut auf die allgemein zu sehr in Vergessenheit geratene Tatsache einer allgemeinen Sündhaftigkeit der Menschheit. Indem er darlegte, dass die Menschwerdung des Sohnes Gottes nur in einem makellosen Leibe sich vollziehen konnte, hob er die erhabene Würde des Gottmenschen selbst in seiner menschlichen Natur hervor » ... « Und indem

[1] Die Erscheinungen von Lourdes in den Monaten Februar-März des Jahres 1858 zogen erstmals Pilger zu der wunderbaren Grotte, die heute noch unzählige Wallfahrer besuchen.

er alle Gläubigen unter Strafe des Ausschlusses aus der Kirchengemeinschaft kraft seiner Autorität zur Annahme des neuen Dogmas verpflichtete, betonte Pius IX. seine souveräne Autorität in Dingen der kirchlichen Lehre und deutete schon die Proklamation der päpstlichen Unfehlbarkeit an. Die Sorge um äussere Angelegenheiten, Konflikte mit den Mächten durchziehen wohl noch weiterhin das Pontifikat Pius' IX., aber von nun an herrscht die Sorge um die Festigung der Lehre und der Disziplinargewalt doch stark über alle anderen Anliegen vor. »[1]

Alsbald nach der Verkündung des Dogmas von der Unbefleckten Empfängnis ward die mit seiner Ausarbeitung betraute Kommission beauftragt, die Vorarbeiten für die Verurteilung der hauptsächlichsten modernen Irrtümer aufzunehmen. Der Gedanke, sie nach einer übersichtlichen Zusammenfassung zu verurteilen, scheint schon 1849 bei dem Provinzialkonzil von Spoleto von dem Erzbischof von Perugia, Joachim Pecci, dem späteren Leo XIII., geäussert worden zu sein. Pius IX. nahm die Anregung auf; 1852 wurde ein erstes Projekt einer Anzahl von Bischöfen und hervorragenden Laien vertraulich mitgeteilt, und am 8. Dezember 1864, genau zehn Jahre nach der Verkündiung der Lehre von der Unbefleckten Empfängnis, gelangte es zur Ausführung.

DIE ENZYKLIKA «QUANTA CURA» UND DER «SYLLABUS»

Innerkirchlich am bedeutendsten im Pontifikat Pius' IX. ist offenbar die Festigung der Autorität des Heiligen Stuhls über die gesamte katholische Welt. Wir sahen im vorhergehenden, wie zur Zeit des *Ancien Régime* das Ansehen der Päpste durch die gallikanischen Theorien der Bourbonen und den Josephinismus in Österreich und Deutschland untergraben wurde. In der ersten Hälfte des neunzehnten Jahrhunderts hatte jedoch die religiöse Erneuerungsbewegung dazu geführt, dass die Katholiken, Klerus und Volk, sich wieder viel mehr Rom zukehrten, von Rom nicht nur die Richtlinien für das Glaubensleben, sondern auch Unterstützung in ihren Schwierigkeiten und Hilfe in ihren Unternehmungen erbaten. Der alte katholische Spruch von der entscheidenden Bedeutung des Urteils von Rom, *Roma locuta est, causa finita est*, entsprach wieder voll der Wirklichkeit.

Pius IX. wusste in glücklicher Weise die geistige Bewegung auszunützen,

---

[1] Mourret a. a. O. VIII, S. 444.

die sich wieder dem Mittelpunkt der Einheit zuwandte. Wir sahen schon, wie er mit den schweren Schwierigkeiten zu kämpfen hatte, die sowohl die tatsächliche politische Lage als auch den christlichen Grundsätzen widersprechende philosophische und politische Theorien schufen, die durch kirchenfeindliche Veröffentlichungen aller Art überallhin verbreitet wurden. Zudem hatte sich auch eine gewisse hintergründige Verschwörung gegen den Papst gebildet, die ihre Weisungen von den Geheimgesellschaften, den Carbonari und Freimaurern, erhielt und mit allen, auch den dunkelsten Mitteln nach Vernichtung des Einflusses strebte, den die Religion immer noch auf die einzelnen, die Familien und die Gesellschaft ausübte. In zahlreichen Schreiben und Ansprachen von 1846 bis 1863 hatte Pius IX. wie seine Vorgänger die Theorien verurteilt, mit denen man die Kirche und ihre Autorität bekämpfte. Seit langem wünschte er aber auch schon, die wichtigsten dieser verurteilten Lehren in einem Dokument zusammenzufassen, um die katholische Welt vor ihnen zu schützen und soweit als möglich ihre verderbliche Verbreitung zu verhindern. Diese Veröffentlichung erfolgte am 8. Dezember 1864 durch die Enzyklika *Quanta cura* und den ihr beigefügten *Syllabus.*

Wie wir schon sahen, waren die Jahre 1863 und 1864 besonders schwer für den Papst gewesen. Das 1863 erscheinende, aufsehenerregende Werk Renans über das Leben Jesu, die für die weltliche Herrschaft bedrohliche Septemberkonvention von 1864, die Kongresse von Malines, die neuerdings schwere Meinungsverschiedenheiten zwischen den Katholiken hervortreten liessen, hatten Pius IX. schwere Sorgen bereitet. Dazu kam auch noch die *Verfolgung der polnischen Katholiken* durch die russische Regierung und die von schrecklichen Gewalttätigkeiten und sakrilegischen Vernichtungen begleitete Niederwerfung des Aufstandes der bedrückten Polen (1863). Zahlreiche katholische Priester und Mönche waren erschossen oder nach Sibirien verschleppt, 130 Männerklöster auf 155 und 32 Frauenklöster auf 42 aufgehoben worden (1864). 1866 wurde das Konkordat mit dem Heiligen Stuhl gekündigt. Russische Popen traten an Stelle der katholischen Priester in den Pfarreien, und die Polen wurden gezwungen, an den von den Popen abgehaltenen Gottesdiensten teilzunehmen und ihre Kinder von diesen Eindringlingen taufen zu lassen. Bereits am 24. April 1864 hatte Pius IX. energisch Protest erhoben : « Ich will nicht », sagte er, « eines Tages vor dem ewigen Richter ausrufen müssen : Wehe mir, dass ich schwieg ! » Als der russische Geschäftsträger Meyendorff am 1. Januar 1866 bei einer Audienz auf neuerliche Klagen des Heiligen Vaters in grober Weise antwortete, wies ihm Pius IX. die Tür und liess durch Antonelli erklären, er werde keinen Vertreter mehr anerkennen, worauf die Legation eingestellt und die Beziehungen abgebrochen wurden.

Am 15. November legte ein Exposé des Staatssekretariats mit hundert Dokumenten den ganzen Hergang des Konflikts und Bruches dar. Aber obgleich der Kaiser nun einzulenken suchte, nahmen die Verfolgungen noch kein Ende.

Es konnte mit Recht gesagt werden, dass die Enzyklika *Quanta cura* mit dem *Syllabus* neben der Bulle *Unam sanctam* Bonifaz' VIII. (1302) und der Bulle *Unigenitus* Klemens' XI. (1713) « einen der drei päpstlichen Erlasse darstellt, die im Laufe der Jahrhunderte die öffentliche Meinung am tiefsten erregten ». [1] Ihre Veröffentlichung erforderte weitgehende Vorarbeiten. 1862 war schon den Bischöfen eine Liste irriger Sätze der Gegenwart analog zu den 85 Thesen der Pastoralinstruktion des Bischofs Gerbert von Perpignan (1860) überreicht und danach eine Sonderkommission mit der Zusammenstellung des Syllabus unter Berücksichtigung der bischöflichen Bemerkungen beauftragt worden.

In der Enzyklika *Quanta cura* erklärt der Papst einleitend, dass er sich mit den Lehren, die er in dieser feierlichen Form verkünde, nicht allein an die einzelnen sondern auch an die Nationen, nicht allein an die Völker sondern auch an die Herrscher wende. Diese Lehren betrafen sowohl die wissenschaftlichen als auch die sozialen und die politischen Zeitfragen. Hatte Gregor XVI. schon das Wesen des Liberalismus durch die Enzyklika *Mirari vos* und auch die traditionalistische oder fideistische Richtung in der Schule La Mennais' verurteilt, so wandte sich nun Pius IX. gegen den irrigen Rationalismus, demzufolge die menschliche Gesellschaft unter völligem Absehen von der Religion gebildet und regiert werden sollte, so als existiere die Religion überhaupt nicht. Damit war zugleich auch der Naturalismus verurteilt.

In sozialer Hinsicht verurteilt der Papst den Kommunismus und Sozialismus, die die Religion aus der Familie ausschalten wollen, indem sie behaupten, dass alle Rechte der Eltern auf ihre Kinder sich vom bürgerlichen Gesetz herleiten. Ebenso werden auch jene Wirtschaftslehren zurückgewiesen, die darauf hinauslaufen, dass die ganze soziale Organisation keinen anderen Zweck habe als Reichtum zu sammeln und anzuhäufen.

Auf politischem Gebiet verurteilt der Papst die schon dem Gallikanismus und Josephinismus zugrunde liegende Lehre, dass die Kirche Christi der weltlichen Gewalt untergeordnet und die kirchliche Gewalt nicht kraft göttlichen Rechtes eine besondere, von der weltlichen Gewalt unabhängige sei, ferner dass die auf Sachen der Religion bezüglichen Erlasse der römischen Päpste der Bestätigung durch die Regierungen bedürften. Ebenso wird der demokratische Liberalismus verworfen, insofern er den Grundsatz vertritt, dass jeder

---

[1] Mourret a. a. O. VIII, S. 492.

Bürger volle Freiheit besitzt, öffentlich, sei es in Reden, in der Presse oder sonstwie, jedwelche Meinung zu vertreten, und dass der kirchlichen Gewalt kein Recht auf Einschränkung dieser Freiheit zukommt.

Im engeren religiösen Bereich verlangt der Papst für die Kirche das Recht, sich durch ihre eigenen Gesetze zu regieren und keinem zu erlauben, ihre Freiheit zu behindern. Er protestiert gegen die Aufhebung religiöser Ordensgemeinschaften und weist auch das Staatsmonopol im Unterrichtswesen ab, insofern damit die Bildung und Erziehung der Jugend der heilsamen Lehre und dem Einfluss der Kirche gänzlich entzogen werden. Dem allem gegenüber betont der Papst die menschliche Freiheit, den freien Willen, weist aber darauf hin, dass die Menschen den Schöpfer vergessen, wenn sie seine Macht leugnen, um sich als frei zu erweisen.

So hob Pius IX. in der Enzyklika *Quanta cura* von neuem hervor, was seine Vorgänger schon öfters bei verschiedenen Anlässen und besonders Gregor XVI. in der Enzyklika *Mirari vos* dargelegt hatten. Trotzdem erregte Pius' IX. Kundgebung unvergleichlich mehr Aufsehen als diejenige Gregors XVI. Der Grund dafür liegt darin, dass Pius IX. eine sehr deutliche und energische Sprache führte, dass er mehr oder weniger ausdrücklich auf jüngste Ereignisse Bezug nahm, die noch in aller Erinnerung standen, und überhaupt damals die Gemüter sehr erregt waren.

Der Syllabus. — Der Enzyklika, die den Gläubigen durch die Bischöfe mitgeteilt werden sollte, war noch ein weiteres, nicht zur Veröffentlichung bestimmtes Dokument beigegeben, der *Syllabus*, der « die in den Konsistorialallokutionen, Enzykliken und anderen apostolischen Briefen von Sr. Heiligkeit vermerkten hauptsächlichen Irrungen unseres Zeitalters » enthielt. In Form einer Liste sind in zehn Abschnitten achtzig Thesen zusammengefasst, die der Papst als irrig verwirft. Paragraph 1 verurteilt den Pantheismus, den Naturalismus und den Rationalismus, Paragraph 2 auch den gemässigten Rationalismus, der die Religion mit der Vernunft gleichsetzt und behauptet, alle Dogmen seien als Objekte natürlicher Wissenschaft von der Vernunft als Naturprinzipien zu erkennen. In Paragraph 3 kommen die Grundsätze des Indifferentismus und Latitudinarismus zur Ablehnung, wonach jeder die von seiner Vernunft für wahr gehaltene Religion befolgen und der Mensch in jedweder Religionsform selig werden kann. In Paragraph 4 werden Sozialismus und Kommunismus, Geheim- und Bibelgesellschaften sowie liberale Klerusgesellschaften verurteilt, in Paragraph 5 Irrtümer über die Kirche und deren Rechte zurückgewiesen, die alle darauf hinauslaufen, die Unterordnung der Kirche unter die weltliche Gewalt zu behaupten. Paragraph 6 wendet sich gegen Irrtümer hinsichtlich der bürgerlichen Gesellschaft an sich und in ihren Beziehungen zur Kirche, Irrtümer auf die sich auch Josephinismus und Gallikanismus stützten, Paragraph 7 weist falsche Lehren bezüglich der natürlichen und christlichen Ethik zurück. Paragraph 8 behandelt die christliche Ehe, die Leugnung ihrer sakramentalen Würde und ihrer Unauflöslichkeit, Paragraph 9 lehnt die Meinung ab, dass über die Vereinbarkeit der weltlichen Papstgewalt mit der geistlichen gestritten werden könne und die Aufhebung der weltlichen Gewalt zur kirchlichen Freiheit und Wohlfahrt führe. Paragraph 10 schliesslich verurteilt den modernen Liberalismus, wenn er zum Beispiel die Ansicht vertritt, dass die Religions- und Meinungsfreiheit nicht zur Verderbnis der Sitten und Verbreitung des Indifferentismus führe.

Die durchgehend in negativer Form gehaltenen Sätze des Syllabus sind nicht immer leicht auszulegen. Es sind ihnen jedoch Verweise auf päpstliche Ansprachen oder Schreiben beigegeben, aus denen jeweils genau ersichtlich ist, in welchem Sinn und in welchem Masse die einzelne Verurteilung gilt. Auch auf katholischer Seite wird die Auffassung vertreten, dass in der Aufführung dieser Quellen und dem ausdrücklichen Hinweis auf sie der Lehrwert liegt, den der Syllabus als solcher nicht eigentlich besitzt. Tatsächlich stellt der Syllabus als solcher keine päpstliche Kathedralentscheidung dar, und er besitzt solche Autorität nur insofern sie der jeweiligen Stelle zukommt, auf die er verweist. Zudem ist manchmal nur die äusserste grundsätzliche Position verworfen, ohne Anpassungen an historisch Gewordenes oder an Zeitbedürfnisse auszuschliessen.

Aufnahme des Syllabus. — Der Syllabus war eigentlich nicht zur Veröffentlichung bestimmt. Als er trotzdem, unter nicht ganz klaren Umständen, zur Veröffentlichung gelangte, löste er grösste Erregung aus, obgleich er im Grunde zu entsprechenden früheren päpstlichen Kundgebungen nichts Neues hinzufügte. Von den Gegnern der Kirche als eigentliche Kampfparole aufgegriffen, als « amtliche Kriegserklärung an den modernen Staat », als « Absagebrief des sterbenden Papsttums an die moderne Kultur », kam er auch den Regierungen ungelegen, die seine Veröffentlichung zu verhindern suchten, und brachte die liberalen Katholiken in grösste Verlegenheit.

Die scharfe Gegnerschaft gegen den Syllabus rührte indessen vielfach daher, dass man seine Tragweite im allgemeinen und diejenige gewisser Sätze im besondern missverstand und in dem Dokument schlechthin die ausdrückliche Verwerfung aller seit der französischen Revolution eingeführten Freiheiten sah. So missdeutete man zum Beispiel die Sätze, in denen lediglich jene Lehre verurteilt wird, nach der die Autorität nur auf einer zahlenmässigen

Summe und auf der Summe materieller Kräfte beruht, als Ablehnung der nationalen Souveränität und des allgemeinen Stimmrechts. Ebenso legte man jenen Sätzen einen falschen Sinn bei, die sich auf die Freiheit nichtkatholischer Religionsübungen beziehen ; in der Tat wird diese nur insofern abgelehnt als sie eine dogmatische Toleranz einbegreift, nicht insofern sie nur bürgerliche Toleranz ist. Auch die Sätze bezüglich der Pressefreiheit wurden in falscher Auslegung angeprangert ; sie wenden sich nur gegen eine unbeschränkte Freiheit, wie sie auch keine Regierung je duldete. In solcher Weise wurde das Dokument allenthalben missdeutet und angefeindet. Besonders heftigen Widerspruch rief die Ablehnung der liberalen Ansicht hervor, dass sich der Papst mit dem Fortschritt, dem Liberalismus und der modernen Kultur versöhnen könne und müsse. Aus dieser Ablehnung folgerte man, dass der Papst alle gesellschaftlichen Organisationen, so wie sie zu seiner Zeit bestanden, verurteile, während in der Tat nur eine Stellungnahme gegen ein organisiertes Streben nach Schwächung, ja geradezu Vernichtung der Kirche vorlag.

Als Napoleon III., Viktor Emanuel II. und Zar Alexander II. die Veröffentlichung des Syllabus verboten, protestierten mehrere Bischöfe in Frankreich, Italien und Russland gegen das Verbot und zugleich auch gegen die Missdeutung des Syllabus durch die Kirchenfeinde. Die liberalen Katholiken waren zunächst vielfach völlig verwirrt, unterwarfen sich aber schliesslich. Eine Klärung und Entspannung brachte die im Januar 1865 veröffentlichte Schrift des Bischofs von Orléans, Msgr. Dupanloup : *La convention du 15 septembre et l'Encyclique du 8 décembre 1864*, die den wahren Sinn des umstrittenen Dokuments aufzeigt, indem sie darlegt, dass der Syllabus das Ideal einer vollkommenen christlichen Gesellschaft aufstellt, es aber den Gläubigen anheimgestellt bleibt, bei ihrem Handeln auf die Umstände Rücksicht zu nehmen, die mit der bestehenden politischen Gesellschaft gegeben sind. 630 Bischöfe der ganzen Welt, darunter auch deutsche, beglückwünschten den gelehrten Bischof von Orléans, und der Papst selbst lobte die Arbeit.

Die Katholiken, die den zuletzt besonders auf den Kongressen von Malines hervorgetretenen liberalen Katholizismus bekämpften, begrüssten es natürlich, dass der Syllabus und die ihn begleitende Enzyklika mit allgemeinen liberalen Grundsätzen auch den liberalen Katholizismus verurteilte. Aber auch von seiten dieser antiliberalen Katholiken wurde der Sinn der päpstlichen Kundgebung zuweilen durch Übertreibungen entstellt. Besonders Louis Veuillot führte in der Folge schärfste Angriffe gegen die liberalen Katholiken, wozu er zwar keine Zustimmung, aber auch keine Zurechtweisung von seiten Pius' IX. erhielt.

Andere Katholiken, die sich von der Polemik fernhielten, hoben die soziale Bedeutung der Enzyklika hervor. Sie fanden richtigerweise in der päpstlichen Kundgebung Grundsätze einer Soziallehre und politische Richtlinien, die den Katholiken ein weites, fruchtbares Tätigkeitsfeld erschliessen konnten. Unter diesen Katholiken trat besonders der französische Abgeordnete Emil Keller hervor, der mutig in der Kammer gegen die antirömische Politik Napoleons III. protestiert hatte. In einer Abhandlung über die Enzyklika, *L'Encyclique du 8 décembre 1864 et les principes de 1789, ou l'Etat, l'Eglise et la liberté*, zeigt Keller auf, dass Pius IX. die liberale Wirtschaft ebenso wie den Sozialismus verurteilte. In der Tat findet man bei näherem Eingehen in der Enzyklika Pius' IX. schon gewissermassen die Grundzüge der grossen Rundschreiben Leos XIII. über die soziale Frage vorgezeichnet. Angesichts der Tiefgründigkeit von Kellers Darlegungen überrascht es nicht, dass einer der Führer der neuen katholisch-sozialen Bewegung zur Zeit der Dritten Republik, Albert de Mun, in ihnen die erste Anregung zu dem sozialen Apostolat fand, dem er sein ganzes Leben widmen sollte. De Mun wie Keller heben richtig in der Enzyklika *Quanta cura* und im *Syllabus* die wahre christliche Auffassung hervor, dass die soziale Frage wesentlich eine ethische Frage ist, deren wirkliche Lösung nur auf Grund der Achtung der Wahrheit und der menschlichen Person gefunden werden kann und einem übertriebenen Individualismus ebenso fernstehen wird wie dem Materialismus, einem gleichmacherischen Kollektivismus und einer despotischen Staatsallmacht. [1]

DAS ALLGEMEINE VATIKANISCHE KONZIL

Kaum hatte sich die durch den Syllabus hervorgerufene Erregung einigermassen gelegt, wurde die katholische Welt schwer beunruhigt durch Garibaldis laute Forderung nach der römischen Hauptstadt. Zu eben dem Zeitpunkt aber, da Garibaldi erklärte, man müsse ohne Verzug ein « freimaurerisches Rom » schaffen, und die neugegründete Arbeiterinternationale den Umsturz der gesamten sozialen Ordnung plante, erfuhr die Weltöffentlichkeit, dass der Papst ein allgemeines Konzil einberufe. Schon seit langem hatte sich Pius IX. mit diesem Gedanken getragen. Zwei Tage vor dem Erlass der Enzyklika *Quanta cura*, am 6. Dezember 1864, hatte er den Plan bereits fünfzehn Kardinälen und 1865 fünfunddreissig Bischöfen mitgeteilt, und nachdem er

---

[1] Vgl. Joseph Lecler : *L'Evangile de la Révolution française devant l'histoire et l'expérience.* In : *Construire.* I. (Paris 1941.) S. 195-222.

die Zustimmung einer starken Mehrheit gefunden, im Juni 1867 sein Vorhaben offiziell den fünfhundert, zur achtzehnten Jahrhundertfeier des Martyriums der Apostelfürsten nach Rom gekommenen Bischöfen bekannt gegeben. Ein Jahr später, am 29. Juni 1868, am Feste Peter und Paul, erging die Induktionsbulle *Aeterni Patris*, die den Beginn des Konzils auf den 8. Dezember 1869 in Rom ansetzte, den Gegenstand der Konzilsarbeiten festlegte und die Hoffnung aussprach, dass die zum Konzil berufenen geistlichen Würdenträger nicht durch die Regierungen an der Teilnahme verhindert würden.

Am 8. Dezember 1868 lud Pius IX. durch das Rundschreiben *Arcano divinae* auch die nichtunierten orientalischen Prälaten zur Teilnahme am Konzil ein. Dabei betonte er zwar seine Primatialrechte, gab aber zugleich der Hoffnung auf die von allen so sehr gewünschte Union Ausdruck. Die Einladung wurde nicht angenommen, und die Armenier, die ihr Folge zu leisten wünschten, durch den Patriarchen von Konstantinopel zum Schweigen gebracht. Am 13. September erging auch ein päpstliches Schreiben *(Jam vos omnes)* an die Protestanten und andere Nichtkatholiken, in dem der Papst die Mahnung zur Rückkehr in die eine katholische Kirche aussprach. Aber dieser päpstliche Ruf ward allgemein mit Spott oder Schmähungen aufgenommen, nur ganz wenige wussten ihn zu würdigen, wie der französische Ministerpräsident Guizot, der führende Anglikaner Pusey und der damals noch protestantische deutsche Politiker Reinhold Baumstark.

An die katholischen Staatsoberhäupter erging nicht mehr wie zum Konzil von Trient, dem letzten allgemeinen Konzil, eine Einladung. Erst nach längerem Zögern war dieser Beschluss am 28. Juni 1868 in Rom gefasst worden. « Er bedeutete », schreibt der französische Historiker Chénon, « den offiziellen Abbruch der Verbindung zwischen weltlicher und geistlicher Gewalt, aber da dieser Abbruch tatsächlich schon von der weltlichen Gewalt vollzogen war, hätte der gegenteilige Beschluss, der im Mittelalter verständlich war, im neunzehnten Jahrhundert kein Verständnis mehr gefunden. Die Regierungen waren sich auch selbst dieses Wandels bewusst, hielten sich zurück und wagten keinen Einspruch. » [1]

Trotzdem löste die Einberufung des Konzils schon eine gewisse Erregung aus. In der französischen Kammer anerkannte im Juli 1868 Emile Ollivier, der spätere Ministerpräsident unter dem liberalen Kaisertum, noch lediglich « die eindrucksvolle Kühnheit des Papstes », während Louis Veuillot schon einen « allgemeinen Bund » der Nationen « in der Einheit des Glaubens und unter dem Präsidium des römischen Papstes » ankündigte, die Bildung eines

[1] CHÉNON in : *Lavisse et Rambaud : Histoire générale.* XI, S. 985.

« heiligen Volks, wie es einst ein heiliges Reich gab, einer getauften und geweihten Demokratie » ... « durch die Christus ewig herrschen wird ». In Deutschland suchte der Münchner Theologieprofessor Döllinger, der in der Folge noch bedeutsam hervortreten sollte, den bayrischen Aussenminister, den Fürsten Hohenlohe, zu bewegen, dass er sich mit den europäischen Regierungen ins Einvernehmen setze, um das Konzil zu verhindern. In der Tat liess Hohenlohe am 9. April 1869 eine entsprechende Depesche ausgehen und unterbreitete den Regierungen das Projekt einer internationalen Konferenz. Aber Bismarck wies den Plan mit der Bemerkung ab, dass auf diese Weise Verhältnisse anerkannt würden, die doch für immer verschwunden schienen, und die französische Regierung erklärte, dass der Kaiser bereit sei, das Konzil weitherzig und liberal nach seinen Taten zu beurteilen. Allerdings erklärten Bismarck und die französische Regierung zugleich, dass sie gegebenenfalls energisch die Rechte des Staates gegenüber der Kirche verteidigen würden. Im Grunde lief diese deutsche und französische Stellungnahme auf ein « drohendes Abwarten » hinaus.

Für die Kirche war die Lage beunruhigend. Die antiklerikale Bewegung trieb zusehends dem Atheismus und der Anarchie zu und verband sich immer enger mit der Freimaurerei. Msgr. Dupanloup und Montalembert warnten laut vor dieser Entwicklung, und Pius IX. selbst hatte bereits am 26. Oktober 1865, anlässlich des Begräbnisses des Grossmeisters der französischen Freimaurerei, Marschall Magnan, in einem Briefe an Msgr. Darboy die Geheimgesellschaft neuerdings verurteilt. Mehrere französische Politiker, die einige Jahre später in der Dritten Republik eine führende Rolle spielen sollten, wie Léon Gambetta, Jules Ferry, Georges Clémenceau, traten durch ihren freimaurerischen Eifer und ihre antireligiöse Haltung hervor. Unter dem Vorwand, den « Klerikalismus » zu bekämpfen, griffen sie in Wirklichkeit überhaupt jede religiöse Gesinnung an. Am 8. Juli 1869 wurde im Generalkonvent des französischen Grossorient die Abhaltung einer allgemeinen Freimaurer-Versammlung vorgesehen, die als eigentliches Gegenkonzil « gegenüber der allgemeinen Kirchenversammlung die grossen Grundsätze des allgemeinen Menschenrechts » hervorheben sollte. Die italienischen Freimaurer blieben nicht hinter den französischen zurück, und tatsächlich trat im Dezember 1869 das Gegenkonzil in Neapel zusammen. Aber dabei wurden derart umstürzlerische Erklärungen laut, dass schliesslich die Polizei die Versammlungen verbot.

In der katholischen Welt war die Nachricht von der Einberufung des Konzils zuerst allgemein mit Freude aufgenommen worden, aber bald danach kündigten sich auch schon die Kontroversen an, zu denen es in der Folge kommen sollte, und begannen sich zwei Parteien, die der Anhänger und die der Gegner der päpstlichen Unfehlbarkeit, zu bilden. Ein Artikel der von Jesuiten geleiteten Zeitschrift *Civiltà cattolica* zugunsten einer Unfehlbarkeitsakklamation rief heftige Gegenschriften von Döllinger unter dem Decknamen « Janus » hervor, denen wiederum der spätere Kardinal Hergenröther mit dem « Antijanus » entgegentrat. In Frankreich entbrannte der Federkrieg zwischen dem fanatischen Veuillot vom *Univers* und dem im Grunde gallikanischen Titularbischof Maret, der 1869 ein grösseres Werk über das Verhältnis des Primats zum Episkopat erscheinen liess, in dem er sich gegen die « persönliche und besondere Unfehlbarkeit » ausspricht. Zum Wortführer der liberalen Katholiken in Frankreich aber wurde jetzt Bischof Dupanloup, der früher die päpstliche Unfehlbarkeit verteidigt hatte, sich nun aber unter dem Einfluss Döllingers, mit dem er in freundschaftlichen Beziehungen stand, und deutschen Bischöfen, die er vor kurzem besucht hatte, in einem Schreiben an seinen Klerus und in einem Hirtenbriefe gegen die Definition aussprach. So traten sich schon vor der Konzilseröffnung die Gegner zuweilen scharf gegenüber trotz der eindrucksvollen Friedensermahnungen besonders Erzbischof Darboys von Paris und Erzbischof Mannings von London.

Im Winter 1868-1869 hatte Pius IX. bereits eine grosse Zahl von Theologen aus Italien, Frankreich, Belgien, Deutschland, Spanien und Amerika für die Vorarbeiten zum Konzil nach Rom berufen. Es wurden sieben Kommissionen geschaffen, deren jede bestimmte Aufträge erhielt und unter dem Vorsitz eines Kardinals stand. Am 27. November 1869 gab der Papst durch die Bulle *Multiplices inter* die Konzilsordnung bekannt, die ziemlich verschieden von derjenigen des Konzils von Trient war. Die Konzilsväter erhielten das Recht zu Vorschlägen, aber der Papst konnte diese Vorschläge nach seinem Gutbefinden dem Konzil unterbreiten oder auch nicht. Die Beratungen sollten geheim bleiben, die Konzilsbeschlüsse in den « Generalkongregationen » besprochen und in den « öffentlichen Sitzungen » unter dem Vorsitz des Papstes bekannt gegeben werden. In den Generalkongregationen hatte jeder Teilnehmer mündlich durch Ja *(Placet)*, Nein *(Non placet)*, Ja, aber mit Abänderungswünschen *(Placet juxta modum)* abzustimmen ; in den öffentlichen Sitzungen sollte nur durch *Placet* oder *Non placet* gestimmt werden. [1]

Am 8. Dezember, am Feste Mariä Empfängnis 1869 eröffnete Pius IX. das neunzehnte allgemeine Konzil und hielt die erste öffentliche Sitzung in

[1] Gute Angaben über die grosse Bibliographie zum Vatikanum finden sich bei SCHMIDLIN a. a. O. Bd 2.

dem in der Peterskirche eingerichteten Konzilssaal ab in Gegenwart von 723, aus allen Teilen der Welt eingetroffenen Konzilsvätern. Unter diesen befanden sich 49 Kardinäle, 123 Erzbischöfe, 481 Bischöfe, 48 Äbte oder Ordensgeneräle. Bis zum 20. Dezember erhöhte sich die Zahl der Konzilsväter auf 743, danach sank sie bei der dritten Sitzung (24. April 1870) infolge von Krankheiten, Todesfällen, Urlauben und Enthaltungen auf 667 und bei der vierten Sitzung (18. Juli) auf 535. Die zweite öffentliche Sitzung war auf das Dreikönigsfest (6. Januar) 1870 festgesetzt.

In der Zwischenzeit fanden mehrere Generalkongregationen statt, in denen die einzelnen Kommissionen zur Prüfung der Vorschläge der Konzilsväter und zur Ausarbeitung der nach Sachgebieten zusammengestellten Vorlagen (dogmatische Vorlagen, Vorlagen über die Ordensbedürfnisse, über die orientalischen Fragen, über Kirchenpolitik und Disziplin) ernannt wurden. Pius IX. selbst unterschied später im vatikanischen Konzil drei Abschnitte : « die kurze Periode des Teufels, der alles trüben will, die mehr oder weniger lange der Menschen, die alles zu vermengen suchen, endlich die Periode des Heiligen Geistes, der das letzte Wort hat und alles aufklärt, reinigt und herrlich beschliesst ». Die erste Phase des Konzils begann tatsächlich am 28. Dezember 1869 und dauerte bis zum 10. Januar 1870. Sie war erfüllt durch die Auseinandersetzung über die dogmatische Vorlage *De fide catholica*, die gegen die rationalistischen Irrtümer Stellung nimmt. Nach langen Besprechungen in sechs Generalkongregationen, bei denen 35 Redner verschiedener Nationalität aufgetreten waren, wurde die Vorlage an die Glaubensdeputation zur Umarbeitung entsprechend den Konzilsbeschlüssen zurückgeleitet. Am 20. Februar erliess der Papst auf Wunsch vieler Väter eine neue Konzilsordnung, die die Diskussionen beschleunigen sollte. Sie rief aber lebhafte Proteste von seiten etwa hundert deutscher, französischer und anderer Prälaten hervor, die an der Einengung der Redefreiheit Kritik übten und entgegengesetzte Anträge stellten. Die Mehrheit äusserte sich aber zustimmend zu der neuen Ordnung, und so trat diese in Kraft, sollte aber weitherzig durchgeführt werden. Am 14. März 1870 wurde die umgearbeitete dogmatische Vorlage unter dem Titel *Constitutio de fide catholica* wieder der Versammlung unterbreitet, nach langer, frei geführter Auseinandersetzung am 24. April in der dritten öffentlichen Sitzung einstimmig angenommen und daraufhin vom Papst bestätigt. Die Konstitution bietet den Ungläubigen und den Gläubigen, « deren katholischer Sinn geschwächt ist », eine vollständige, lichtvolle Darlegung der katholischen Lehre über Gott, die Offenbarung, den Glauben, das Verhältnis zwischen Glauben und Vernunft. « Sie stellt », schreibt Kardinal Manning, « die weiteste und kühnste Erklärung dar, die noch je bisher der Welt entgegengeschleudert wurde, jener Welt, die mehr denn je in dumpfes Sinnenleben versunken und vom Materialismus beschwert ist. »

Mittlerweile hatten zwei weitere päpstliche Dokumente neuerdings grosse Erregung hervorgerufen, nämlich die Bulle *Apostolicae Sedis* vom 12. Oktober 1869, mit der Pius IX. die von diesem Zeitpunkt an für die ganze Kirche geltenden Zensuren *latae sententiae* veröffentlichte, und die Konstitution vom 4. Dezember des gleichen Jahres, die Bestimmungen über die Papstwahl erliess für den Fall, dass während des Konzils eine Sedisvakanz eintreten sollte. Schliesslich konnte aber das Staatssekretariat die durch diese beiden Dokumente bei verschiedenen Prälaten und Staatsmännern hervorgerufenen Bedenken und Befürchtungen durch Erklärungen an Bischöfe und Regierungen beschwichtigen.

Aber die « Frage » schlechthin, die jetzt immer stärker die Konzilsentwicklung und- stimmung beherrschte war die der päpstlichen Unfehlbarkeit. Zu Beginn des Jahres 1870 stellten achtzehn Bischöfe den Antrag, dass das Konzil die päpstliche Unfehlbarkeit definiere, mit der es sich bis dahin noch nicht beschäftigt hatte. Ein zweiter Antrag in gleichem Sinne wurde von vierhundertzwanzig Vätern unterzeichnet, wonach ein dritter, gegensätzlicher Antrag von hundertvierzig Bischöfen ausging, die den Papst baten, keine Auseinandersetzung über die Frage zuzulassen. Bald zeichneten sich noch deutlicher die verschiedenen Stellungnahmen der Konzilsväter ab.

Die Befürworter einer sofortigen Definition der Unfehlbarkeit scharten sich um Erzbischof Dechamps von Malines, den Bruder des belgischen Ministers, der seinerseits den liberalen Katholiken zuneigte. Als hervorragendste Vertreter dieser Gruppe traten auf der Erzbischof von Westminster, Manning, der Erzbischof von Dublin, Kardinal Cullen, Bischof Pie von Poitiers, Bischof Plantier von Nîmes, Bischof Räss von Strassburg, Bischof Martin von Paderborn, Bischof Senestrey von Regensburg, Erzbischof Spalding von Baltimore und der apostolische Vikar von Genf, Mermillod. [1]

Unter den Gegnern der Definition wollte nur eine Minderheit von dem Dogma als solchem nichts wissen, da es der Tradition und Verfassung der Kirche widerspreche, nach welchen nur den Lehrentscheidungen der allgemeinen Konzilien mit dem Papst Unfehlbarkeit zukomme. Die Mehrheit war nicht eigentlich gegen das Dogma, aber sie hielt seine Verkündigung, jedenfalls zu jener Zeit, nicht für angezeigt, für inopportun. Nachdem schon der Syllabus die Regierungen gereizt habe, würde, nach Ansicht dieser Gruppe,

---

[1] Bezüglich Mermillods sei auf die lebendige Schilderung von Ch. Comte verwiesen : *Le cardinal Mermillod*. Paris, Genf 1924.

die Verkündung der Unfehlbarkeit den Eindruck erwecken, als strebe der Papst wie im Mittelalter nach der Weltherrschaft. Am massgeblichsten wurde diese Opposition durch Bischof Dupanloup von Orléans und Erzbischof Darboy von Paris vertreten. Die Opposition, die sich in Deutschland kundtat, ging im allgemeinen noch weiter als die französische; hier wurde von einigen die Lehre selbst in Zweifel gezogen. Als Wortführer der deutschen Opposition traten besonders Bischof Hefele von Rottenburg, Kardinal Schwarzenberg von Prag, Erzbischof Rauscher von Wien und Bischof Strossmayer von Diakovo hervor.

Eine dritte, genauer vierte Gruppe schliesslich erschien als mittlere Partei, wie sie sich allgemein in öffentlichen Versammlungen zwischen den Extremen zu bilden pflegt, und war besonders durch den Erzbischof von Rouen, Kardinal de Bonnechose, Erzbischof Guibert von Tours, Erzbischof Lavigerie von Algier, Erzbischof Bernadou von Sens und Bischof Forcade von Nevers vertreten.

Den Gegnern der Unfehlbarkeit hielten deren Befürworter entgegen, dass ein Glaube, der schon vom hl. Augustinus und vom hl. Thomas von Aquin und von zwei allgemeinen Konzilien (demjenigen von Lyon 1274 und demjenigen von Florenz 1439) vertreten worden sei, nicht als der kirchlichen Tradition zuwiderlaufend hingestellt werden könne. Gegenüber den « Inopportunisten » wiesen sie darauf hin, dass es im Gegenteil sehr opportun sei, die Autorität des Papstes gerade in einer Zeit genau zu umschreiben, da sie von allen Seiten angegriffen und zu vernichten gesucht werde.

Während man in der zweiten Phase des Konzils noch mehrere Disziplinarkonstitutionen bezüglich der Bischöfe, der Synoden, der Generalvikare, des Klerus im allgemeinen und der Redaktion eines kleinen Katechismus für alle Gläubigen behandelte, beherrschte doch im Grunde schon die Unfehlbarkeitslehre alle Auseinandersetzungen. Und während der Heilige Vater überlegte und sich mit der Initiativkommission besprach, entspannen sich schon in der Öffentlichkeit immer heftigere Diskussionen. Englische, französische und italienische Zeitungen erörterten die Frage ; im *Univers* trat Veuillot voll Eifer für die Unfehlbarkeit und für die « Einigung von Papst und Volk » ein, die Görres schon zu jener Zeit verlangt hatte, als noch der Bund von « Thron und Altar » gefeiert wurde. « Papst und Volk ! Ich glaube », schrieb Veuillot, « dass diese Worte sichtbar über dem Eingang des vatikanischen Konzils stehen, und dass dieser Eingang auch zu einer neuen Welt führt, ja dass er sich wie ein Triumphbogen über dem wiedergefundenen Wege des Menschengeschlechtes erhebt. » Anderseits bekämpfte Döllinger weiterhin die Unfehlbarkeit und rief wiederum zahlreiche Entgegnungen hervor. Diese oft mit äusserster Heftigkeit geführte Polemik warf ein falsches Licht auf die Absicht des Heiligen Stuhls und spornte alle irreligiösen Kräfte an. Auch die Diplomatie mischte sich ein ; entgegen der Zurückhaltung, die der französische Ministerpräsident Emile Ollivier geübt wissen wollte, setzte sich der französische Aussenminister Daru in Verbindung mit den Regierungen von Wien und Berlin und liess schliesslich dem Heiligen Stuhl ein Memorandum zugehen (April 1870), das jedoch wirkungslos blieb. [1]

Nun aber beantragte die Glaubensdeputation, dass die Beratungen über die Primats- und Unfehlbarkeitsfrage aufgenommen würden, und damit begann die dritte und letzte Phase des Konzils. Es ist hier nicht möglich, näher auf die verschiedenen Anträge und Entwürfe einzugehen, die bezüglich der dogmatischen Definition gemacht wurden. Der aufgestellten Ordnung gemäss hätte eigentlich diese Proposition erst nach der Abstimmung über den ersten Teil des Dekretsentwurfs über die Kirche im allgemeinen behandelt werden sollen. Aber mit Rücksicht auf die steigende politische Spannung in Europa, insbesondere zwischen Frankreich und Deutschland, und den Protest der Regierungen gegen den Dekretsentwurf über die Kirche im allgemeinen hatten die Konzilsväter, die für die Freiheit der Versammlung fürchteten, diese Umstellung verlangt und wünschten eine Beschleunigung der allgemeinen Diskussion. Die Auseinandersetzungen dauerten vom 11. Mai bis zum 3. Juni ; vierundsechzig Prälaten äusserten dabei sehr freimütig die verschiedensten Ansichten. Vierzig weitere Redner waren noch vorgemerkt, als etwa hundert Väter den Schluss der Generaldebatte beantragten.

Die Spezialdebatten über die einzelnen Teile des Entwurfs nahmen noch zweiundzwanzig Sitzungen in Anspruch, die in der Zeit vom 16. Juni bis zum 13. Juli stattfanden. Die ersten zwei Kapitel betreffend Einsetzung und Fortdauer des Primats wurden ohne grosse Auseinandersetzungen abgehandelt. Eingehender und lebhafter war die Diskussion über das dritte Kapitel betreffend Art und Charakter der päpstlichen Gewalt. Am höchsten stiegen die Wogen bei der Besprechung des vierten Kapitels über die päpstliche Unfehlbarkeit. Siebenundfünfzig Reden wurden gehalten und sechsundneunzig Abänderungsvorschläge gemacht. Die Prälaten Pie, Hefele, Strossmayer, Dupanloup nahmen nacheinander für und gegen die Unfehlbarkeit oder die Opportunität der Definition Stellung. Am 13. Juli, an demselben Tage, da die Emser Depesche den deutsch-französischen Konflikt auslöste, konnte man zur namentlichen Abstimmung über den gesamten Dekretsentwurf schreiten, der schliesslich nach einigen Abänderungen am 16. Juli mit starker Mehrheit angenommen wurde. Die Minorität — fünfundfünfzig

---

[1] E. Ollivier veröffentlichte eine beachtenswerte Darstellung der politischen und diplomatischen Bedeutung des Konzils : *L'Eglise et l'Etat au Concile du Vatican.* 2 Bde. Paris 1879.

deutsche, österreichische, französische und amerikanische Bischöfe — beschloss daraufhin mit päpstlicher Genehmigung aus Gründen der Pietät gegen den Papst und um das Ansehen der Kirche nicht zu schädigen, der definitiven Abstimmung in der vierten öffentlichen Sitzung vom 18. Juli fernzubleiben und abzureisen. Übrigens fügten diese Bischöfe in ihrem Schreiben an den Papst das Versprechen ihrer Unterwerfung bei, das sie dann auch tatsächlich hielten.

Um neun Uhr vormittags fand am 18. Juli mit dem üblichen Zeremoniell im grossen Konzilssaal die vierte öffentliche Sitzung statt. Gerade als die Abstimmung vorgenommen wurde, brach ein schon seit dem frühen Morgen über Rom drohendes Gewitter mit aller Macht aus. Ein protestantischer Augenzeuge schildert die historische Szene : « Die *Placet* der Väter rangen gewissermassen mit dem Sturm, während der Donner grollte und die Blitze, die an allen Fenstern aufleuchteten, sekundenlang den Petersdom mit all seinen Kuppeln in hellstem Licht erscheinen liessen ... Ununterbrochen während anderthalb Stunden währte das erschütternde, grossartigste Schauspiel, das ich je erlebte. » Von den 535 anwesenden Vätern stimmten 533 mit Ja, die zwei andern, die das *non placet* aussprachen, knieten beide nachher vor dem Papst nieder mit den Worten : « Jetzt glaube ich. » Die also fast einstimmig angenommene dogmatische Konstitution erklärt, dass der Papst « die volle und höchste Jurisdiktionsgewalt über die ganze Kirche besitzt, und zwar nicht nur in Sachen des Glaubens und der Sitten, sondern auch in Sachen, die die Disziplin und die Regierung der über die ganze Erde verbreiteten Kirche betreffen ». Das vierte Kapitel erklärt es als « einen von Gott geoffenbarten Glaubenssatz, dass der römische Papst, wenn er von seinem Lehrstuhl aus *(ex cathedra)* spricht, das heisst, wenn er in Ausübung seines Amtes als Hirte und Lehrer aller Christen, kraft seiner höchsten apostolischen Gewalt eine von der gesamten Kirche festzuhaltende, den Glauben oder die Sitten betreffende Lehre entscheidet, vermöge des göttlichen, ihm im heiligen Petrus verheissenen Beistandes, jene Unfehlbarkeit besitzt, mit der der göttliche Erlöser seine Kirche bei der Entscheidung einer den Glauben oder die Sitten betreffenden Lehre ausgestattet wissen wollte, und dass daher solche Entscheidungen des römischen Papstes aus sich selbst, nicht aber erst durch die Zustimmung der Kirche unabänderlich sind ».

Am Tage nach der Verkündigung des Unfehlbarkeitsdogmas, am 19. Juli, erfolgte die Kriegserklärung Frankreichs an Preussen, und Napoleon war nun bereit, seine Truppen aus Rom zurückzuziehen, die in der Tat, wie der Geschichtschreiber des Konzils, Ganderath, schreibt, dem Konzil den bewaffneten Schutz gegeben hatten, dank dessen es bis dahin dauern konnte.

Erstes Vatikanisches Konzil, Rom (1869—1870). Oben: Eröffnungsprozession in die Peterskirche am 8. Dezember 1869. Unten: Eine der ersten Konzilssitzungen 1869 in der Peterskirche. Zeitgenössische Stiche «Illustrirte Zeitung», Leipzig, 19. Jh.

Das Ende des Kirchenstaates, 1870.

Italienische Truppen auf den zerschossenen Wällen der Porta Pia vor Rom, kurz bevor Pius IX., um Blutvergiessen zu vermeiden, die weisse Fahne hissen liess. Photographie.

Das Vatikanische Konzil verkündet am 18. Juli 1870 das Dogma von der Unfehlbarkeit des Papstes in Entscheidungen über die Kirchenlehre. Jubelnde Volksmengen erfüllten die Peterskirche. Zeitgenössische Zeichnung, Pariser Historische Bibliothek.

Übrigens war die Hitze in Rom nachgerade unerträglich geworden, und die Bischöfe hatten es eilig, nach so langer Abwesenheit wieder in ihre Diözesen heimzukehren. Die meisten von ihnen machten daher von der allgemeinen päpstlichen Ermächtigung zur Rückkehr Gebrauch. Als danach die Einnahme Roms durch die Piemontesen dem Kirchenstaat ein Ende machte, vertagte der Papst am 20. Oktober das Konzil, da unter den neuen Umständen die Versammlung in Rom die notwendige Freiheit, Ruhe und Sicherheit vermissen würde.

Die Definitionen, die die Zustimmung des Konzils gefunden hatten, entsprachen der kirchlichen Tradition. Aber allgemein waren die Gemüter so erregt und vielfach so voreingenommen, dass von vorneherein mit Entstellungen des wahren Sinns der Konzilsbeschlüsse gerechnet werden musste. Zur Aufklärung der öffentlichen Meinung liess daher der Konzilssekretär, der österreichische Bischof Fessler von St. Pölten, eine Schrift über die wahre und falsche Infallibilität erscheinen, in der er darlegte, wie die definierte Wahrheit zu verstehen und einzuschränken sei. In der Tat handelt es sich dabei « nicht etwa um eine menschliche Autorität oder eine rein persönliche Unfehlbarkeit, auch nicht um eine auf blindem Gehorsam fussende Willkürherrschaft oder das Dogma, sondern um die irrtumsfreie Ausübung der dem kirchlichen Oberhaupt obliegenden Pflicht und Vollmacht, unter Erleuchtung des Heiligen Geistes die Unversehrtheit des katholischen Glaubensschatzes zu behüten, keine neuen Lehren aufzustellen, sondern von bereits geglaubten zu erklären, dass sie in der Offenbarung enthalten sind. Nur wenn und soweit der Papst als oberster Lehrer der Gesamtkirche entscheidet, und dann bloss in dogmatischen, nicht etwa in disziplinären oder kirchenpolitischen Dingen, weist ihm das Vatikanum ein *donum infallibilitatis* zu, sodass die gegnerischen Entstellungen und Übertreibungen schon durch den Wortlaut der Konstitution gerichtet sind » ... « Darum empfindet der Katholik diese Definition nicht als Fessel oder Schranke, sondern als Befreiungstat, befreiend mit und in der Wahrheit. » [1] « Es kann nicht oft genug wiederholt werden », schreibt einer unserer schweizerischen Bischöfe, « dass die Unfehlbarkeit dem Papste nicht das Recht verleiht, neue religiöse Wahrheiten zu schaffen. » [2]

Pius IX. billigte in einem warmen Dankschreiben die Broschüre von Bischof Fessler und umschrieb selbst noch genauer die Tragweite des Unfehlbarkeitsdogmas hinsichtlich der Selbständigkeit der staatlichen Gewalt. Die Bischöfe der Opposition unterwarfen sich alle der Entscheidung. Aber in

---

[1] SCHMIDLIN a. a. O. II, S. 280-81.

[2] M. BESSON (Bischof v. Lausanne, Genf und Freiburg) : *L'infaillibilité pontificale*. Fribourg 1919. S. 78.

weiteren Kreisen versteifte sich nun zum Teil der Widerstand. In Frankreich versuchte der frühere Karmeliter Hyacinthe Loyson eine « französische Kirche » zu gründen, die aber nur wenig Anhänger fand und kein Ansehen erlangte. In Deutschland hingegen führte die hauptsächlich von Döllinger betriebene Opposition zu einem Schisma von Theologen und Laien und — dies gegen Döllingers Abraten — zur Bildung der *altkatholischen Kirche* (1871). Allerdings konnte die altkatholische Kirche, obgleich sie sich mit den Anglikanern, den Russen und Lutheranern in Verbindung setzte, ebenso wenig wie die « französische Kirche » eine Macht werden. Sie erhielt sich nur dank der Unterstützung, die ihr einige Regierungen in Deutschland und in der Schweiz gewährten. Aber gewisse kirchenpolitische Kämpfe wie der österreichische Konflikt und der Kulturkampf in Preussen wurden wenigstens zum Teil durch den Verlauf des vatikanischen Konzils beeinflusst.

Auf die breiten Schichten des katholischen Volks übten indessen die heftigen Polemiken und die feindselige Haltung der Regierungen, die sich als bedroht hinstellten, keinen Einfluss aus. Der nichtgläubige, aber loyale und aufgeschlossene französische Ministerpräsident zur Konzilszeit, Emile Ollivier, schrieb mit gutem Wirklichkeitssinn : « Niemand wird einsehen, dass Männer, die an die Offenbarung, an die Gottheit Christi und die Unfehlbarkeit der Kirche glauben und keine der von den Päpsten seit achtzehn Jahrhunderten getroffenen Lehrentscheidungen bestreiten, sich von der Gemeinschaft, in der sie leben, trennen sollen, weil eine Unfehlbarkeit, deren Notwendigkeit und Macht sie nicht leugnen, nun durch göttlichen Beistand statt durch die, selbst stille, Zustimmung der Bischöfe erklärt wird. » [1] Bezüglich der Autorität des Konzils stellte derselbe Staatsmann fest, dass « die verschiedenen Einwände, die man dagegen erhob, sich bei nüchterner Prüfung in der Folgezeit alsbald als hinfällig erwiesen ».

Für die schweren Zeiten, denen die Kirche damals entgegenging, war die Definition des Unfehlbarkeitsdogmas offenbar von grösster Bedeutung. Mit Recht schrieb Kardinal Manning, dass « das unfehlbare Oberhaupt einer unfehlbaren Kirche nie einer menschlichen Herrschaft unterworfen werden » könne und « das Schifflein der Kirche nun für die kommende Zeit ausgerüstet » sei. Allerdings war die Wirkungslosigkeit des « altkatholischen Schismas » nicht nur ein Sieg der Kirche, sondern auch in nicht zu unterschätzendem Masse eine weitere Folge der zunehmenden Entchristianisierung der modernen Gesellschaft. In dem früheren gläubigen Europa hatten die Widerstände gegen das Papsttum noch zu Schismen und zur Gründung neuer christlicher

---

[1] Emile Ollivier a. a. O. II, S. 396.

Kirchen geführt. Im halb entchristlichten Europa des neunzehnten Jahrhunderts war überhaupt die Glaubenskraft zu schwach geworden, um neue Kirchen hervorzubringen. Der Widerstand gegen das Papsttum nahm nun eine ganz andere Form an, er trat als eine mächtige antiklerikale Bewegung und als ein sich verallgemeinernder Konflikt zwischen den weltlichen Regierungen und der katholischen Kirche zu Tage. Der Anfang dieser Kämpfe fällt noch in das Pontifikat Pius' IX. und bleibt uns hier noch darzustellen; von ihrem Fortgang unter den folgenden Pontifikaten wird später die Rede sein.

KIRCHENFEINDSCHAFT UND KULTURKAMPF

Der schwere Gewittersturm, der sich über der Peterskirche zu der Stunde entlud, da Pius IX. die Lehre von der päpstlichen Unfehlbarkeit verkündete, war wie ein Vorzeichen. Bald sollte noch ein anderes Gewitter, in einigen Ländern ein eigentliches Sturmgewitter, über die Kirche kommen. Allgemein entzog sich die moderne Gesellschaft immer mehr der kirchlichen Autorität und setzte sich ihr schliesslich offen entgegen. Diese Bewegung trat schon im Altkatholizismus zu Tage, der freilich ohne staatliche, besonders ohne Bismarcks Unterstützung, bedeutungslos geblieben wäre, und hernach viel stärker im Kulturkampf, dieser schweren Auseinandersetzung zwischen dem Bismarck-Deutschland, insbesondere dem Nationalliberalismus, und der römischen Kirche, und in dem heftigen Antiklerikalismus nicht nur der Dritten Republik, sondern auch noch weiterer romanischer Staaten. Die allgemein unerwartete Folge dieser Auseinandersetzungen aber war, dass sich die von den Regierungen zurückgedrängte und bekämpfte Kirche wieder in erster Linie an das Volk wandte und sich in besonderem Masse der sozialen Frage annahm, wie dies übrigens Veuillot zur Zeit des Vatikanums schon vorhergesehen und gewünscht hatte.

In *Italien* ergriff zwischen 1872 und 1877 die Regierung Massnahmen gegen die religiösen Gemeinschaften und die Kirche allgemein. Zur selben Zeit begann das junge Königreich, sich in seiner Aussenpolitik Deutschland anzunähern. Während in Frankreich die legitimistischen Katholiken für die Restauration des Königtums arbeiteten und dem Grafen Chambord als Heinrich V. den Weg zu ebnen suchten, der sich seinerseits für die Wiederherstellung der weltlichen Macht des Papsttums einzusetzen versprach, knüpfte Viktor Emanuel jene Verbindungen an, die sich zehn Jahre später, 1882, im Dreibund verfestigten.

In *Frankreich* trat alsbald nach der Niederlage von Sedan und der Ausrufung der Republik am 4. September 1870 der unüberbrückbare Gegensatz zwischen der republikanischen Linken und der monarchistischen Rechten zu Tage. Die Katholiken waren unter sich in Legitimisten, Orleanisten, Imperialisten und Republikaner gespalten und konnten sich nicht verständigen. Versuche einer Restauration des Königtums zwischen 1871 und 1874 schlugen fehl, da Graf Chambord den liberalen Grundsatz der Volkssouveränität und die Trikolore ablehnte. Trotz des Rücktritts des im Grunde republikanisch gesinnten Thiers (1873) und der Erfolge der Rechten, die in der im Februar 1871 gewählten Nationalversammlung die Mehrheit bildete und 1875 die gesetzliche Freiheit des höheren Unterrichtswesens erwirkte, setzte sich noch im gleichen Jahre 1875 bei der Abstimmung eine republikanische Verfassung durch. Die Wahlen von 1876 ergaben eine republikanische Mehrheit in der Kammer, und der gegen sie gerichtete Staatsstreich des Präsidenten Mac-Mahon vom 16. Mai 1877 hatte nur bei den neuen Wahlen im Oktober 1877 den Sieg der antiklerikalen Republikaner zur Folge, deren weiterer Erfolg bei den Wahlen von 1879 schliesslich zum Triumph der « Republik der Republikaner » führte. Vor allem Gambettas Kampfparole : *Le cléricalisme, voilà l'ennemi !* hatte die Republikaner zusammengeschart und zur Macht gebracht. Mit dem « Klerikalismus » war aber in der Tat, wie es die diese Bewegung führenden Freimaurer selbst gestanden, der Katholizismus schlechthin gemeint. Die antiklerikalen Republikaner nützten ihren Sieg alsbald gründlich aus. Sie setzten die Gesetze durch, die die Geistlichkeit aus dem Unterrichtswesen ausschalteten, und gaben, indem sie an deren Stelle traten, ihrer Macht eine feste Grundlage. Diese Entwicklung der Lage in Frankreich musste Pius IX. mit schwerer Sorge erfüllen, wenn ihm auch nicht entging, dass die guten Kräfte im Stillen unentwegt weiterwirkten. Auch Pius' IX. Nachfolger tat mit unermüdlicher, durch eine besondere, grossmütige Zuneigung gestärkten Geduld noch alles, um das offizielle Frankreich wiederzugewinnen, aber auch sein Bemühen sollte vergeblich bleiben. [1]

Unmittelbar nach dem vatikanischen Konzil bereitete indessen noch nicht Frankreich, sondern *Deutschland* dem Heiligen Stuhl besondere Sorge. Wir sahen schon, dass die Auseinandersetzungen über die Unfehlbarkeit in Deutschland mit äusserster Heftigkeit geführt wurden. Nach dem Konzil entwarf auf einer von Döllinger nach Nürnberg einberufenen Konferenz eine

---

[1] Eine gute Darstellung dieser französischen Verhältnisse bietet LECANUET : *L'Eglise de France sous la Troisième République*. I. *Les dernières années du pontificat de Pie IX*. Paris 1931. Die folgenden drei Bände dieses Werks stellen die weitere Entwicklung unter dem Pontifikat Leos XIII. und Pius' X. dar.

Anzahl Theologen eine sowohl allgemein gegen das Konzil als auch gegen die Bulle *Pastor aeternus* im besonderen gerichtete Protesterklärung, die jedoch nicht veröffentlicht wurde. Auch Laien schlossen sich dann der Bewegung an. Aber die Gegner der Unfehlbarkeit suchten vergeblich bei den Bischöfen Unterstützung. Schon im Oktober 1870 erklärten diese in einem gemeinsamen Hirtenbrief von Fulda aus ihre Annahme der römischen Entscheidung. Döllinger und einige andere Theologen wurden nach einer letzten Aufforderung zur Rückkehr exkommuniziert.

Mit der Opposition gegen das Unfehlbarkeitsdogma wurde die altkatholische Bewegung eingeleitet. Im Unterschied zu ihrem anfänglichen Führer Döllinger, der, obwohl er beim Widerstand verharrte, nicht mit ihr weiterging, organisierte sie sich im September 1871 auf dem Münchener Kongress unter dem Kanonisten Johann Friedrich von Schulte. Danach bildeten sich unter Regierungsschutz in Bayern, Baden und Preussen altkatholische Gemeinden, die 1873 den Breslauer Professor für Kirchengeschichte, Joseph Hubert Reinkens zum Bischof wählten und von dem jansenistischen Bischof Heykamp von Deventer weihen liessen. Da sie auch zahlenmässig sehr schwach waren, suchten die Altkatholiken sich durch Verbindung mit der anglikanischen und der griechischen Kirche zu stärken, und allmählich gewannen sie auch Laien in grösserer Zahl und selbst einige Priester, die sich indessen weder in religiöser noch in sittlicher Hinsicht auszeichneten. Zur Zeit des Kulturkampfs konnten die Altkatholiken mit staatlicher Unterstützung vielfach an Stelle der verdrängten katholischen Kirche treten, aber schon seit 1878 zeigte sich, dass ihre Bedeutung unaufhaltsam im Schwinden war.

Ihr Hervortreten war wesentlich durch den *Kulturkampf* begründet, zu dem es damals unter Bismarck kam und bei dem viele verschiedene treibende Kräftc mitwirkten. 1848 war zwar der Grundsatz der Freiheit der Kirche in den deutschen Ländern ausgesprochen worden, was auch der Gesinnung des damaligen Liberalismus entsprach. Aber gewisse Spannungen zwischen Kirche und Staat bestanden weiter, und sie verschärften sich dann mit dem Aufkommen der an Hegel angelehnten Theorie von der unbeschränkten Staatsallmacht, wie sie besonders von der vorherrschenden Partei der Nationalliberalen vertreten wurde, die sich 1867 mit Bismarck verständigt hatte. Diese Kreise erblickten schon im Syllabus und dann besonders im Vatikanum und der Unfehlbarkeitserklärung eine Rückkehr zu mittelalterlicher Theokratie mit versteckten politischen Zielen und nahmen gemeinsam mit den romfeindlichen Protestanten scharf dagegen Stellung. Als dann innerhalb der Kirche aus der Opposition gegen das Vatikanum der Altkatholizismus entstand, hoffte man durch ihn eine « romfreie », ganz dem Staat ergebene Kirche. Die Spannung erweiterte sich noch durch den Gegensatz zwischen protestantischen Kleindeutschen und katholischen Grossdeutschen, zwischen protestantischen Unitariern und katholischen Föderalisten. [1]

Den ersten Anlass zum ausbrechenden Konflikt gab das Einschreiten des deutschen Episkopats gegen die staatlich geschützten Altkatholiken. Der Protest, den die deutschen Bischöfe diesbezüglich beim König einlegten, wurde damit beantwortet, dass eine Kabinettsordre vom 8. Juli 1871 die katholische Abteilung im Kultusministerium aufhob. Danach ging trotz des Einspruchs der katholischen Abgeordneten der sogenannte « Kanzelparagraph » im Reichstag durch, der über die an den Regierungsmassnahmen Kritik übenden Prediger Gefängnisstrafen verhängte ; 1872 wurde in Preussen das Schulaufsichtsgesetz erlassen, das dem Staat die Aufsicht über alle, auch die privaten Unterrichts- und Erziehungsanstalten zugestand, und darauf folgte im Reich das Jesuitengesetz, das die Gesellschaft Jesu und verwandte Orden aus dem ganzen Gebiet des Deutschen Reichs ausschloss. Die Jesuiten wurden nämlich vom kirchenfeindlichen Liberalismus als die eifrigsten Verfechter der Unfehlbarkeitslehre und einer schrankenlosen Diktatur der päpstlichen Universalherrschaft hingestellt. Als im Frühjahr 1872 der Kardinal Hohenlohe zum preussischen Botschafter am päpstlichen Hof ernannt, aber dann vom Papst abgelehnt wurde, wollte Bismarck hierin eine Beleidigung des Reichsoberhaupts erblicken. Bei dieser Gelegenheit sprach der « eiserne Kanzler » das berühmte Wort, er gehe nicht nach Canossa.

Seinen Höhepunkt erreichte der Konflikt durch die 1873 in Preussen erlassenen « Maigesetze », die tief in das innere Leben und die Rechte der Kirche eingriffen. Auf Grund einer Abänderung der bisher noch kirchenfreundlichen Artikel der Verfassung bestimmten sie, dass der Klerus unter schweren Geldstrafen erst nach dreijährigem Studium an einer deutschen Hochschule und Ablegung des Staatsexamens angestellt werden dürfe und die Ernennung dem Oberpräsidenten anzuzeigen sei ; dass ferner die kirchliche Disziplinargewalt nur den deutschen Kirchenbehörden zukomme und gegen sie die staatliche Berufung offenstehe, die Regierung sich beliebig darein einmischen und Geistliche absetzen könne ; dass weiterhin die kirchlichen Straf- und Zuchtmittel einzuschränken seien und jeder von den kirchlichen Lasten befreit werde, wenn er vor dem Richter seinen Austritt aus einer Religionsgemeinschaft erkläre. 1874 folgten im Reich ein Gesetz betreffend

---

[1] Über den Kulturkampf s. H. Brück und J. B. Kissling : *Geschichte der katholischen Kirche in Deutschland im 19. Jahrhundert.* IV, 1 u. 2. (1907-08).

die Verhinderung der unbefugten Ausübung von Kirchenämtern mittels Landesverweisung durch die Polizeibehörden, in Preussen Gesetze über die eidliche Verpflichtung der Bistumsverweser auf die Staatsgesetze und über die obligatorische Zivilehe. Im selben Jahre wurde die preussische Gesandtschaft beim Vatikan aufgehoben. 1875 erging das sogenannte Sperr- oder Brotkorbgesetz zur Gehaltsentziehung für die widersetzlichen Priester ; die religiösen Orden, die sich nicht ausschliesslich mit Krankenpflege beschäftigten, wurden verbannt und die früheren Verfassungsartikel über die Stellung der Kirche im Staat völlig aufgehoben. Das Altkatholikengesetz schliesslich gewährte den Neugläubigen Teilnahme am Kirchengut und Mitbenützung der katholischen Gotteshäuser.

Gegen diese Massnahmen legten der deutsche und preussische Episkopat schon seit 1872 energisch Verwahrung ein, und die überwiegende Mehrheit der Katholiken in Preussen leistete « passiven Widerstand ». Daraufhin kam es zu Einbehaltung der Staatszuschüsse für die kirchlichen Anstalten und deren Schliessung, zur Verhängung von Geldstrafen, Zwangsvollstreckungen, Gefängnisstrafen und Amtsentsetzungen. In kurzer Zeit wurden die Erzbischöfe Ledochowski von Gnesen und Posen und Melchers von Köln, die Bischöfe von Münster, Limburg, Breslau und Paderborn für abgesetzt erklärt. Die preussischen Bischöfe konnten teilweise ihre Sprengel nur noch notdürftig aus dem Ausland weiter leiten, und ein Viertel der Pfarreien in Preussen war ohne Seelsorger.

Aber die Gegenwehr von katholischer Seite wurde nicht nur von den Bischöfen sondern auch durch die 1870 von katholischen Mitgliedern des Abgeordnetenhauses gegründete *Zentrumspartei* unter Führung des Hannoveraners Windthorst mit Energie und Klugheit geführt. Die deutsche Zentrumspartei wurde rasch immer stärker und einflussreicher. Während in Frankreich und Belgien, wohl aus einer gewissen allgemeinen Neigung zum Individualismus, die katholische Bevölkerung mehrheitlich den konfessionnellen Parteien widerstrebte, schlossen sich die deutschen Katholiken mit Disziplin dem Zentrum an. Dieser feste Zusammenschluss erklärt sich auch daraus, dass in den konfessionnell gemischten deutschen Ländern gegenüber den Protestanten ein stärkeres Solidaritätsgefühl herrschte als in Frankreich und Belgien gegenüber den « Antiklerikalen ». Zudem war Deutschland auch das erste Land, in dem Klerus und katholische Partei sich ernstlich und erfolgreich um die Gewinnung des Proletariats bemühten. Besonders im Rheinland, wo die Arbeiterschaft ganz überwiegend katholisch, die Industriellen hingegen grossenteils protestantisch und liberal waren, lag es nahe, dass sich der Klerus einerseits auf die Volksmassen stützte, anderseits auch ihrem Streben entgegenkam. Neue Vereine entstanden, auf breiter Grundlage angelegt, um die Interessen verschiedener Gruppen in religiöser wie in wirtschaftlicher Hinsicht zu pflegen, so besonders der Volksverein, der Caritasverband, die katholischen Arbeitervereine, die verschiedenen katholischen Studentenvereinigungen, der katholische Frauenbund. Der grosse, wegweisende Führer der sozialen Bewegung war der aus Westfalen stammende Bischof von Mainz, Freiherr von Ketteler, der die gerechtfertigte Kritik an der kapitalistischen und liberalen Gesellschaftsordnung übernahm und in Wort und Tat für eine christliche Lösung der Arbeiterfrage eintrat. Durch seine bahnbrechende Schrift : « Die Arbeiterfrage und das Christentum » (1864) verlieh er dem sozialen Katholizismus höchste Sinngebung und wirksamsten Antrieb. Die erfolgreiche Tätigkeit des Zentrums war weitgehend in seiner breiten Grundlage begründet, die nicht nur die katholischen Kreise des Adels, des Bürger- und Bauerntums, sondern gleichzeitig auch die Arbeiterschaft umfasste. So erschien aber der deutsche Katholizismus und insbesondere das Zentrum immer mehr als eine Macht, mit der selbst ein Bismarck rechnen musste. Zudem führte der Kulturkampf zu Massnahmen, mit denen auch der strenggläubige Protestantismus nicht einverstanden sein konnte. Durch die Gewandtheit des neuen Papstes, Leos XIII., sollte schliesslich die Verständigung noch erleichtert werden.

Inzwischen war der Kulturkampf aber auch in Österreich ausgebrochen, wo das obere Beamtentum immer noch zum Josephinismus neigte, sowie in der Schweiz, wo gewisse protestantische und liberale Kreise weiterhin stark kirchenfeindlich eingestellt waren. Diese Ausbreitung der Kulturkampfbewegung missfiel Bismarck offenbar nicht, und die gewisse Gleichläufigkeit der Massnahmen, die bei aller Verschiedenheit der Umstände in Berlin, Wien, Bern und Genf getroffen wurden, war wohl nicht ganz zufällig.

In *Österreich* kündigte die Regierung am 30. Juli 1870 das Konkordat von 1855 und begünstigte hernach die Altkatholiken. Sie schlug auch ein Gesuch des Episkopats ab, das eine österreichische Intervention zugunsten des Heiligen Stuhls erbat, und kam vielmehr der italienischen Regierung entgegen (1872). Schon seit 1869 war durch neue Schulgesetze der Einfluss der Geistlichkeit zurückgedrängt, und 1874 wurden auch in Österreich drei Maigesetze über die Staatskirchlichkeit, das Kirchenvermögen und die Konfessionen erlassen. Sowohl die österreichischen Bischöfe als auch der Papst erhoben Protest, aber er blieb vergeblich. Trotzdem brach Pius IX. nicht die Beziehungen zu Kaiser Franz Joseph, der persönlich von einem « Kulturkampf » nichts wissen wollte, und dem Wiener Hofe ab.

In der *Schweiz* kam es nur in einigen Kantonen, aber hier zu einem heftigen Kulturkampf, der auch den Abbruch der diplomatischen Beziehungen zwischen der Eidgenossenschaft und dem Heiligen Stuhl nach sich zog. In Genf hatte Pius IX. 1873 Pfarrer Mermillod von Notre-Dame zum apostolischen Vikar ernannt, doch wurde diese Ernennung von der Regierung nicht anerkannt und Mermillod noch im gleichen Jahre vom Bundesrat ausgewiesen. Den religiösen Genossenschaften wurde von der radikalen Genfer Regierung jede Tätigkeit in den Schulen und Caritasanstalten entzogen, vom Klerus durch die Kirchenorganisation vom 12. März und 27. August Volkswahl und Treueid verlangt und der eidverweigernde Teil durch abgefallene Priester ersetzt. Die Anerkennung des Bischofs wurde von der Ratifikation seiner Ernennung durch den Staatsrat abhängig gemacht und die Bildung eines Genfer Bistums untersagt. Als Pius IX. in einem Sendschreiben vom 21. November 1873 die Bedrückung der katholischen Kirche in Genf und auch in Basel verurteilte, antwortete der Bundesrat darauf am 23. Januar 1874 durch Aufhebung der Nuntiatur und Ausweisung des päpstlichen Geschäftsträgers Agnozzi. Erst 1920 ist die schweizerische Nuntiatur wiederhergestellt worden.

In der Basler Diözese nahmen die Einzelregierungen nicht nur gegen die Erklärung der päpstlichen Unfehlbarkeit Stellung, sondern setzten auch gewaltsam wie die Genfer Regierung altkatholische Priester ein. Besonders heftig war der Kampf im Berner Jura. Erst allmählich konnten unter Leo XIII. und nach dem Eintritt versöhnlicherer Männer in den Bundesrat die schweren Auseinandersetzungen beendigt und auch eine Lösung der Tessiner Bistumsfrage gefunden werden. Mittlerweile hatte übrigens auch das Schweizer Volk eindeutig sein Verlangen nach Beilegung der religiösen Streitigkeiten zum Ausdruck gebracht, und diesem Wunsche entsprachen der Gerechtigkeitssinn und die Duldsamkeit, die immer mehr in den einzelnen Parteien zur Geltung kamen.

Auch in *Spanien* riefen die Lehrentscheidungen Pius' IX. religiöse Konflikte hervor. Die scharfen Massnahmen, die unter der Regentschaft von Marschall Serrano und zur Zeit der Republik (1868-1874) gegen die Kirche ergriffen wurden, sollten erst nach der Thronbesteigung Alphons' XII. eine Milderung erfahren. Die Kirche sah zunächst den rechtmässigen Herrscher in Don Carlos, dessen Anhänger, die Karlisten, gegen die in Madrid eingesetzte republikanische Regierung kämpften. Als Alphons XII. 1875 den Thron bestieg, suchte er den Klerus von den Karlisten zu lösen und für sich zu gewinnen. Im folgenden Jahre wurden die Karlisten besiegt. Die Verfassung von 1876 erklärte den Katholizismus zur Staatsreligion, öffentliche akatholische Kundgebungen wurden untersagt, aber einzelne sollten doch nicht wegen einer anderen religiösen Meinung oder Übung belästigt werden. Im Vergleich zu der Regierungszeit Isabellas war indessen die Macht der katholischen Kirche in Spanien offenbar im Niedergang.

Wie das katholische Spanien nahm das protestantische *England* nach dem vatikanischen Konzil eine feindselige Haltung gegenüber der Kirche ein. Unter den Katholiken machten sich die Unfehlbarkeitsverteidiger mit Manning an der Spitze stärker geltend als Newman, der die Erklärung der Unfehlbarkeit inopportun gefunden hatte und seinen alten Freunden, wie Pusey, und dem politischen Liberalismus gegenüber eine vermittelnde Haltung wahren wollte. In der anglikanischen Hochkirche kam der Unwille über das neue Dogma in der Verleihung des Doktortitels von Oxford an Döllinger und in der Teilnahme am altkatholischen Kongress zu Köln zum Ausdruck. In Regierung und Kammer wirkte sich die Verstimmung in der Annahme einer *Bill* über die Organisation und Besetzung der Klöster aus. Aber auch die katholische Gegenaktion regte sich. Die irischen Katholiken verlangten eine gerechtere Behandlung ihrer Schulen und protestierten gegen die kirchenfeindlichen Massnahmen der deutschen und italienischen Regierung (1872). In England selbst wurde 1873 durch Bischof Vaughan ein Verein zur Verteidigung der religiösen Freiheiten gegründet. Anderseits war das Parlament klug genug, trotz allem die Aufrechterhaltung eines diplomatischen Agenten beim Heiligen Stuhl zu beschliessen (1872). Der über diese Entwicklung hocherfreute Papst äusserte 1872 öffentlich seinen Wunsch, dass die englische Nation bald zur Kirche zurückkehren möge. Am 28. Januar 1878 stellte Pius IX. die katholische Hierarchie in Schottland wieder her.

DIE GLAUBENSVERBREITUNG UNTER PIUS IX.

Neben den vielen Werken der Frömmigkeit und Caritas, die dank dem apostolischen Eifer Pius' IX. damals in der Kirche aufblühten, nahm das Missionswerk eine hervorragende Stellung ein. Die unablässigen Bemühungen des Heiligen Vaters, die aufopfernde, unermüdliche Tätigkeit der Missionare und die Spendefreudigkeit der Katholiken wirkten sich erfolgreich aus. In England besonders dank Manning, in Deutschland vornehmlich dank Bischof Ketteler, in Rom und dem übrigen Italien entfalteten sich die Missionsinstitute. Vor allem aber entwickelten sie sich in Frankreich unter der Führung von Albert de Mun und René de la Tour du Pin, den Gründern der katholischen Arbeitervereine, und dank der eifrigen Mitwirkung zahlreicher Lehr- und Wohltätigkeitskongregationen. Selbst die verschiedenen französischen Regierungen unterstützten im allgemeinen die Missionen. In

Palästina, Chaldäa, Syrien, Ind. .n, China, Korea, Japan, Afrika und Ozeanien konnte unter diesen Umständen die Glaubensverbreitung einen erfreulichen Aufschwung nehmen. Japan begann, sich nach der gegen die Grossen, die Daimios, gerichteten Revolution von 1868 unter dem Mikado Mutsuhito der europäischen Zivilisation zu öffnen und leitete damit eine neue Aera ein, die im allgemeinen für den Katholizismus vorteilhaft war.

Hingegen litt die Kirche in den Staaten Lateinamerikas unter dem Einfluss der Freimauer auf das öffentliche Leben. Ungleich günstiger waren die Verhältnisse in Nordamerika, Kanada und den Vereinigten Staaten, wo sich die Kirche voller Bewegungsfreiheit erfreute und ihr Einfluss mit der Zahl der Gläubigen rasch wuchs. Ein besonderer Erfolg des nordamerikanischen Katholizismus jener Zeit war die Gründung der Universität Laval in Quebec (1876-1887).

Das erstaunliche Wachstum des Katholizismus in den Vereinigten Staaten, über das die Nationalkonzilien von Baltimore (1852 und 1866) dem Heiligen Stuhl berichten konnten, wurde auch durch die starke Einwanderung herbeigeführt. Dabei erhielt das religiöse Leben in den Vereinigten Staaten durch die eigenartigen Verhältnisse einen besonderen Charakter. Die gewaltigen Anstrengungen, die der Ausbau der innerkirchlichen Organisation und die Glaubensverbreitung erforderten, lenkten die amerikanischen Katholiken, die übrigens im allgemeinen bescheidener Herkunft waren, von Lehrstreitigkeiten ab und ersparte ihnen auch Konflikte mit den Andersgläubigen. Die Laien nahmen regen Anteil an den kirchlichen Angelegenheiten. Die amerikanischen Katholiken — Laien und Klerus — hatten wie die übrigen Bürger einstimmig die demokratisch-liberalen Institutionen des Landes angenommen ; die Bildung einer besonderen konfessionnellen Partei lag ihnen immer fern. Als Vertreter des eifrigen, demokratischen und sozialen Katholizismus der Vereinigten Staaten ragten der spätere Kardinal Gibbons und im Ordensklerus der Gründer der Paulisten, P. Hecker, hervor. Unter dem Nachfolger Pius' IX. sollte das kirchliche leben in Amerika noch stärker aufblühen, nicht zuletzt dank der engen, aber völlig freien Verbindung der amerikanischen Staatsbürger römisch-katholischen Bekenntnisses mit Nation und Regierung.

DIE LETZTEN TAGE PIUS' IX.

Gegen Ende des Jahres 1877 begannen die Kräfte des Heiligen Vaters in besorgniserregender Weise zu schwinden. Pius' IX. hohes Alter, eine schmerzhafte Krankheit und die schweren Prüfungen, die dem Papst beschieden waren, hatten allmählich doch seine Gesundheit untergraben, die sich lange erstaunlich gut erhalten hatte. Aber selbst in seiner leidvollen letzten Lebenszeit wahrte Pius IX. noch den rastlosen apostolischen Eifer, die Lebhaftigkeit, ja selbst die freundliche und gütige Scherzhaftigkeit, die ihm von jeher eigen waren. Als er infolge der Verschlimmerung eines schweren Beinleidens, das ihn schon seit längerem quälte, sich schliesslich nicht mehr aufrecht halten und nicht mehr das hl. Messopfer darbringen konnte, verlangte er trotz aller Schmerzen und Ermüdung, aufgestützt zu werden, um Pilger zu empfangen und Ansprachen an sie zu richten, in denen noch der ganze Glaubenseifer des Papstes schwang, den die berühmte Malachiasweissagung als unter dem Zeichen des Kreuzes, *Crux de cruce*, stehend bezeichnet.

Am 28. Dezember 1877 hielt Pius IX. noch ein Konsistorium, in dem er zwei Kardinäle und sechs Bischöfe ernannte, und danach empfing er auch noch den spanischen und den portugiesischen Gesandten. Aber bald darauf verschlimmerte sich infolge eines Sturzes sein Zustand so sehr, dass er sich nicht mehr vom Krankenlager erheben konnte. Am 7. Februar fanden sich die Kardinäle und Prälaten bei dem Sterbenden zum Gebet ein. Auf ihr Bitten erhob der dem Tode nahe Papst noch die Hand zum letzten Segen über sie und über die ganze katholische Welt. Während danach die Umstehenden den schmerzhaften Rosenkranz beteten, entschlief Pius IX. kurz vor dem Angelus um 5.40 Uhr nachmittags am 7. Februar 1878 im Alter von sechsundachtzig Jahren nach zweiunddreissigjährigem Pontifikat. Einen Monat zuvor, am 9. Januar, war ihm Viktor Emanuel II. im Tode vorhergegangen, nachdem er noch durch den Heiligen Vater vom Bann gelöst und mit den Sakramenten der Kirche versehen worden war.

Noch am Abend des 7. Februar wurde der tote Papst, mit den Paramenten bekleidet, in der « brennenden Kapelle » aufgebahrt, und die Nobelgarde übernahm die Ehrenwache. Der Gesichtsausdruck des Toten war mild und gütig lächelnd als ob er schliefe. Am nächsten Morgen vollzog Kardinal Pecci die gebräuchliche Rekognition, indem er dreimal mit einem kleinen silbernen Hammer an die Stirn des Toten klopfte und ihn dabei dreimal mit seinem Taufnamen Johannes rief. Nach dieser üblichen Feststellung des Todes und der Ausstellung der entsprechenden Urkunde übergab der Maestro di Camera dem Camerlengo den Fischerring. Am 10. Februar ward der Leichnam in die Sakramentskapelle von St. Peter übertragen, wo während der nächsten vier Tage ein ungeheurer Menschenstrom dem toten Pius die letzte Ehrung erwies.

Die italienischen Behörden hatten den Ordnungsdienst verstärkt, sodass sich kein Zwischenfall ereignete. Am 13. Februar wurden die Überreste in feierlichem Trauerzug zur provisorischen Papstgruft gebracht, von der sie drei Jahre später, einer Testamentsverfügung Pius' IX. entsprechend, nach S. Lorenzo fuori le Mura übertragen werden sollten.

Das längste aller Pontifikate, das die Geschichte bisher kennt, und auch eines der bedeutendsten war zu Ende gegangen. Als seine wichtigsten Ereignisse treten das Ende der weltlichen Herrschaft des Papsttums und die Erklärung der päpstlichen Unfehlbarkeit hervor. Die « römische Frage » war zwar bei Pius' IX. Tode noch nicht gelöst, aber die päpstliche Autorität hatte, durch das Vatikanum bestärkt und zugleich näher bestimmt, ihre alte Macht zurückgewonnen. In der neuen Epoche, die nun begann, sollte die Kirche gegenüber den Regierungen, die eine rein weltliche Kultur erstrebten, mit neuer Kraft den Anspruch auf die freie Erfüllung ihrer Weltmission erheben, nämlich die Völker durch ihre Lehre zu leiten und die menschliche Not durch ihre Werke der Nächstenliebe zu lindern.